OS GRANDES JULGAMENTOS DA HISTÓRIA

OS GRANDES JULGAMENTOS DA HISTÓRIA

Alberto de Orléans e Bragança
Antônio Augusto de Souza Coelho
Antonio Cláudio Mariz de Oliveira
Carlos Affonso Souza
Carlos Gustavo Direito
Daniela Vargas
Edgard Silveira Bueno Filho
Edson Vasconcelos
Eduardo Secchi Munhoz
Gilberto Giusti
Gustavo Brigagão
Ivan Nunes Ferreira
José Alexandre Tavares Guerreiro
José Gabriel Assis de Almeida
Luís Roberto Barroso
Luiz Alberto Colonna Rosman
Luiz Gustavo Bichara
Luiz Olavo Baptista
Marcelo Roberto Ferro
Marco Aurélio Bezerra de Melo
Marcos Alcino de Azevedo Torres
Marcus Vinicius Furtado Coêlho
Nadia de Araujo
Paulo Penalva Santos
Pedro Paulo Salles Cristofaro
Roberto Rosas
Thiago Bottino
Vera Jacob de Fradera

Organização
JOSÉ ROBERTO DE CASTRO NEVES

Copyright da organização © 2018 by José Roberto de Castro Neves

Copyright © 2018 by Alberto de Orléans e Bragança, Antônio Augusto de Souza Coelho, Antonio Cláudio Mariz de Oliveira, Carlos Affonso Souza, Carlos Gustavo Direito, Daniela Vargas, Edgard Silveira Bueno Filho, Edson Vasconcelos, Eduardo Secchi Munhoz, Gilberto Giusti, Gustavo Brigagão, Ivan Nunes Ferreira, José Gabriel Assis de Almeida, José Alexandre Tavares Guerreiro, José Roberto de Castro Neves, Luís Roberto Barroso, Luiz Alberto Colonna Rosman, Luiz Gustavo Bichara, Luiz Olavo Baptista, Marcelo Roberto Ferro, Marco Aurélio Bezerra de Melo, Marcos Alcino de Azevedo Torres, Marcus Vinicius Furtado Coêlho, Nadia de Araujo, Paulo Penalva Santos, Pedro Paulo Salles Cristofaro, Roberto Rosas, Thiago Bottino, Vera Jacob de Fradera

Direitos de edição da obra em língua portuguesa no Brasil adquiridos pela EDITORA NOVA FRONTEIRA PARTICIPAÇÕES S.A. Todos os direitos reservados. Nenhuma parte desta obra pode ser apropriada e estocada em sistema de banco de dados ou processo similar, em qualquer forma ou meio, seja eletrônico, de fotocópia, gravação etc., sem a permissão do detentor do copirraite.

EDITORA NOVA FRONTEIRA PARTICIPAÇÕES S.A.
Av. Rio Branco, 115 — Salas 1201 a 1205 — Centro — 20040-004
Rio de Janeiro — RJ — Brasil
Tel.: (21) 3882-8200

CIP-Brasil. Catalogação na publicação
Sindicato Nacional dos Editores de Livros, RJ

G779

    Os grandes julgamentos da História / organização José Roberto de Castro Neves. – 1. ed. – Rio de Janeiro: Nova Fronteira, 2018.
    ISBN 9788520943359

    1. Julgamentos - História. I. Neves, José Roberto de Castro.

18-52924

CDU: 34.028(091)

Sumário

Os Grandes Julgamentos da História   9

Joana d'Arc   11
    Vera Jacob de Fradera

Nuremberg   21
    Luiz Olavo Baptista

O.J. Simpson   29
    Gilberto Giusti

Flaubert   83
    Pedro Paulo Salles Cristofaro

Olga Benário   105
    Luiz Gustavo Bichara
    com a colaboração de Marcela Nogueira Reis

Nottebohm   133
    Daniela Vargas e Nadia de Araujo

São Thomas More   147
    Alberto de Orléans e Bragança

LUTERO   173
José Roberto de Castro Neves

DILERMANDO DE ASSIS   183
Antonio Cláudio Mariz de Oliveira

DANTON   195
Ivan Nunes Ferreira

PADRE ANTÔNIO VIEIRA   207
Carlos Affonso Souza
com a colaboração de Guilherme Cundari

ALFRED DREYFUS   235
Marcelo Roberto Ferro

CLARENCE EARL GIDEON   265
Thiago Bottino

JOSÉ RUBEM FONSECA   279
Luiz Alberto Colonna Rosman

TÓQUIO   321
Antônio Augusto de Souza Coelho

JESUS CRISTO   359
Marco Aurélio Bezerra de Melo

MARBURY CONTRA MADISON   379
Luís Roberto Barroso

EICHMANN   395
Edson Vasconcelos

Tiradentes   417
    Gustavo Brigagão

Sexto Róscio   443
    Carlos Gustavo Direito

Templários   457
    Marcus Vinicius Furtado Coêlho

Visconde de Mauá   479
    Paulo Penalva Santos

Philippe Pétain   495
    Edgard Silveira Bueno Filho

Luiz Gonzaga Pinto da Gama e Thurgood Marshall   507
    Eduardo Secchi Munhoz

A Fera de Macabu   543
    José Gabriel Assis de Almeida

São Paulo Apóstolo   581
    Marcos Alcino de Azevedo Torres

Charlotte Corday   617
    José Alexandre Tavares Guerreiro

Antônio Callado e Carlos Heitor Cony   627
    Roberto Rosas

Autores   631

Os Grandes Julgamentos da História

Em muitos momentos da história, um julgamento fez toda a diferença. De uma forma ou de outra, a nossa civilização foi moldada por decisões dos tribunais. Foi assim com Sócrates, com Jesus, com reis e com revolucionários, com os nazistas, com heróis e com vilões. Julgamentos injustos e justos. Julgamentos vingativos e reparadores. Desde que aprendeu a ter opiniões, o homem julga — e julga mais facilmente os outros do que a si próprio. Por meio desses julgamentos, o mundo caminhou.

Na obra que o leitor tem nas mãos, advogados, magistrados, professores, entre outros destacados profissionais do mundo jurídico, analisam grandes julgamentos que, de uma forma ou de outra, marcaram a história do Brasil e do mundo. Com inteligência e cultura, vários desses momentos cruciais são explicados com profunda sensibilidade por talentosos profissionais do Direito. Cada um é escrito no estilo de seu autor, o que permite ao leitor experimentar diferentes verves e temperos.

Conhecer esses julgamentos é muito mais do que apenas reter uma informação. Esses momentos explicam o caminho da humanidade e os valores que ela persegue. A nossa civilização seria outra se, por exemplo, Jesus não fosse condenado à crucificação e se os revolucionários franceses não tivessem recebido a pena da guilhotina. Da mesma forma, caso os criminosos nazistas tivessem sido simplesmente colocados numa câmara de gás, sem chance de defesa — como fizeram com milhões de inocentes —, isto é, sem um julgamento, tudo teria sido em vão. A mera existência de um julgamento, por pior que seja o tribunal, já demonstra alguma civilidade.

Já se disse que julgamentos injustos nunca acabam. Eles seguem recebendo eternamente um novo julgamento por quem os examina. O destino de muitos dos casos narrados neste livro será o de ecoar nas nossas reflexões. Certamente despertarão nobres sentimentos que tocam os homens: a alegria pela justiça e o repúdio, por vezes violento, à iniquidade. Há, nesta obra, lições da história, daqueles momentos em que a humanidade é colocada em disputa, o que nos serve de valioso aviso quanto ao modelo a se seguir e quanto ao que não se deve repetir.

A boa leitura é aquela da qual se sai melhor do que se entrou. Esse, certamente, é o caso deste livro, o qual o leitor terá, a partir de agora, a oportunidade de julgar.

Rio de Janeiro, junho de 2018

José Roberto de Castro Neves

Joana d'Arc

Vera Jacob de Fradera

A temática proposta pelos autores desta obra é, sem dúvida alguma, muito original e haverá de contribuir para a difusão de certos aspectos da história — no caso, a forma como alguns julgamentos revelaram ora um grande senso de justiça, ora, como no caso que narraremos, um alto grau de injustiça.

A primeira pergunta a aflorar na mente do leitor e da leitora será, certamente, quanto ao porquê de minha escolha, pois, ao longo do tempo, inúmeros foram (infelizmente) os casos de julgamentos tanto ou até mais injustos do que este sobre o qual discorrerei. A resposta é relativamente simples e vem de meu sentimento do quanto a injustiça praticada contra Joana deveu-se ao fato de ser ela mulher — uma simples camponesa — e ter atuado sempre com franqueza e honestidade máximas, sem perceber com que tipo de gente estava lidando. Por outro lado, desde as minhas primeiras leituras sobre sua vida, dei-me conta da forma como o rei Carlos VII, um sujeito extremamente fraco, aproveitou-se da disposição de Joana em ajudá-lo a retomar o trono, abandonando-a em seguida aos seus algozes sem esboçar um só gesto para livrá-la de sua terrível condenação à morte na fogueira.

Outra reflexão que sempre me ocorreu é a de que a humanidade, desde aqueles recuados tempos, em nada mudou, porquanto existiram, em todas as épocas, pessoas com perfil semelhante ao de Joana (ainda que não fossem heroínas), bem como outras que obtêm proveito de ações empreendidas por estas e depois lhes dão as costas, a exemplo do rei da França.

Esta minha heroína nasceu em 6 de janeiro de 1412 no vilarejo de Domrémy-la-Pucelle, no vale da Meuse, entre duas províncias, a de Champanhe e a de Lorena. Era filha de um casal de camponeses, Jacques d'Arc e Isabelle Romée, que viviam do produto de sua terra e da criação de ovelhas, gozando de uma condição econômica razoável, embora não pudessem ser considerados abastados. Além de Joana, tiveram outros quatro filhos: três rapazes e uma moça.

Desde muito cedo, os parentes, os amigos e os vizinhos da família deram-se conta do quanto Joana era uma menina especial: mostrava-se extremamente piedosa, religiosa e devotada ao trabalho (em casa, auxiliando sua mãe, e como pastora do rebanho de seu pai), assim como caridosa com os necessitados de auxílio material ou espiritual. Isso, porém, nunca a impediu de ser uma criança como as demais de sua época e região, apreciando os divertimentos comuns aos de sua idade. Entretanto, seu comportamento começou a mudar aos 13 anos, quando passou a manifestar certas atitudes insólitas aos olhos dos demais — por exemplo, deixava a companhia de seus jovens amigos, entretidos com brincadeiras, para ir rezar, demonstrando uma fé ardente e uma grande piedade, mas sem chegar a exageros: conservava o bom senso e a razão ao mesmo tempo que se entregava a longos períodos de oração.

Um de seus mais importantes biógrafos — e ela teve muitos! — a define como uma pessoa "viva e alegre, mas não menos séria e reflexiva".[1] Nessa época, isto é, no início da adolescência, Joana começou a ter visões de anjos e santos, sobretudo de São Miguel, da Virgem Maria e de Santa Catarina, os quais, segundo sua narrativa, a exortavam a libertar o rei e, consequentemente, a França, então sob o jugo inglês. Ademais, no meio como estavam da Guerra dos Cem Anos (1337-1453), período no qual a França foi devastada por sangrentos conflitos, seu fervoroso amor pela pátria era percebido por todos.

O motivo principal dessa guerra, como sabemos, foi a disputa entre os membros da dinastia Plantageneta, titulares do Reino da Inglaterra, contra a Casa de Valois, titulares do Reino da França. No início do século XIV, o rei da Inglaterra, Eduardo III (Plantageneta), filho de Isabela, princesa da família dos Capeto, a dinastia fundadora do Reino da França, reivindica o trono francês, uma vez que seu avô materno era o rei Filipe IV, o Belo. Ao autodeclarar-se herdeiro do trono francês em razão de sua origem parcialmente francesa, ele dá início a um conflito dos mais sangrentos, que persiste durante 116 anos. Decorridos 16 anos da guerra, os franceses sofrem uma derrota em Crécy, na Picardia. Os reis morrem, a situação fica estagnada e o conflito permanece sem solução. Nesse ínterim, desencadeia-se uma guerra civil na França, dividindo em campos opostos os Borguinhões, favoráveis à Inglaterra, e os Armagnacs, partidários do rei francês. É então assinado um tratado entre o duque de Borgonha e o rei da Inglaterra, Henrique V, pelo qual a França capitula e fica entregue aos ingleses, sendo o reino dividido entre as duas facções da guerra civil. Na ocasião, os ingleses invadem o norte da França, dominando Reims e Paris, de tal sorte que o delfim — mais adiante, por obra de Joana, rei da França — reina apenas sobre a metade sul da França. A situação será modificada após Joana assumir o comando de um pequeno exército, chegando a libertar Orléans e Reims, expulsando dali os ingleses e instaurando a tão desejada paz. Sagra-se, então, na catedral de Reims, o delfim como rei da França: Carlos VII. Essas vitórias, contudo, não impedirão que ela seja aprisionada, julgada e condenada à morte na fogueira, após um julgamento pleno de erros e injustiças.

Vejamos, na primeira parte deste artigo, como se deram as campanhas militares de Joana, cujo intuito era a liberação do delfim e a sua sagração como rei da França. Na segunda parte, chegará a vez do iníquo julgamento de Joana.

O aprisionamento de Joana d'Arc na campanha para a libertação da França durante a Guerra dos Cem Anos

Como antes referido, Joana, a partir de seus 13 anos, passou a ouvir vozes, mas nada revelava aos demais. Ficava, afinal, muito preocupada e assustada com a missão que aquelas vozes lhe conferiam: repor o delfim no trono e libertar a França do jugo inglês. Temerosa, a jovem permaneceu inerte durante quatro anos, até que, encorajada pelo que ouvia e auxiliada por um parente próximo, habitante da sua localidade, partiu para um povoado vizinho, onde obteve uma entrevista com o capitão Robert de Baudricourt cuja finalidade era obter outra entrevista, agora com o delfim, que à época se encontrava em uma localidade chamada Chinon. Apesar de pouco convencido pelas palavras da jovem, o capitão fê-la chegar ao delfim, que ouve os relatos de Joana acerca das vozes que escutava e a manda para Poitiers, a fim de ser interrogada pelas autoridades religiosas. Sua normalidade mental fica demonstrada, e nesse momento Joana faz quatro profecias: os ingleses haveriam de levantar o cerco de Orléans, o rei seria coroado em Reims, Paris retornaria ao poder real de Carlos (o delfim) e o duque de Orléans ficaria livre de seu cativeiro na Inglaterra. Impressionado com a maturidade e a forte convicção da jovem camponesa, o delfim lhe concede então um exército para libertar a cidade de Orléans, então dominada pelos ingleses.

Nesse momento, Joana começa a atuar em favor do rei, mas também em seu próprio desfavor, pois, ao revestir-se de armadura, cortar os cabelos como se fosse um pajem e portar uma espada, desencadeava o primeiro de uma série de motivos absurdos para sua condenação à fogueira, uma vez que, à época, uma mulher jamais poderia usar trajes masculinos, quanto mais cortar os cabelos como um homem.

Ao partir para Orléans, Joana envia uma missiva aos ingleses a fim de adverti-los de sua chegada e ordenar que se retirem, o que foi recusado. Para desqualificá-la como soldado, os ingleses a taxaram de feiticeira. Não obstante, Joana, animada pelas vozes que lhe ordenavam a atuar na guerra, logrou manter seus soldados confiantes e a seu lado. Isso fica evidente na noite entre 7 e 8 de maio de 1429, quando ela triunfa sobre os ingleses, numa vitória que se dissemina por toda a França. Em seguida, ela segue para Reims, realizando a libertação de todos os vilarejos por que passava.

Finalmente, em 17 de julho de 1429, Carlos VII é coroado rei da França na catedral de Reims. Joana cumpre, assim, a missão de dar aos franceses um monarca legítimo. Conta a lenda ter ela dito, na cerimônia de coroação: "Nobre rei, assim é cumprida a vontade de Deus, que desejava que eu libertasse a França e vos trouxesse a Reims, para receberdes esta sagrada missão e provar à França que sois o verdadeiro rei."

Sua missão, todavia, não estava terminada, pois ela pretendia, com o assentimento do monarca, libertar Paris. Nisso acaba fracassando, e o resultado não poderia ter sido mais desastroso: Joana é aprisionada em Compiègne, pelos Borguinhões, no dia 23 de maio de 1430. Vendem-na para os ingleses, que decidem enviá-la a Rouen para ser julgada por um tribunal eclesiástico francês, tendo como primeira de várias acusações a de bruxaria. Em vista disso, é condenada a morrer na fogueira, na Place du Vieux-Marché, em Rouen, na data de 30 de maio de 1431. Decorridos 25 anos desde a execução, sua mãe consegue que o processo seja reaberto e anulado, e Joana é reabilitada pelo papa Calisto III. Em 1920, acaba por ser canonizada por Bento XV, sendo hoje considerada uma das três santas mais importantes da França, junto com Nossa Senhora de Lourdes e Santa Teresa de Lisieux.

Por que o julgamento de Joana d'Arc é considerado um dos mais injustos da história?

Dos vários inimigos granjeados por Joana ao longo de sua breve e tumultuada vida, nenhum pode ser comparado em maldade, astúcia e iniquidade a Pierre Cauchon, o bispo de Beauvais. É importante descrever as suas artimanhas com mais vagar, para avaliar o quão baixo pode chegar o ser humano a fim de conservar privilégios obtidos sem mérito. Professor e, durante algum tempo, reitor da Universidade de Paris, ao ser desencadeada a guerra civil entre Borguinhões e Armagnacs, ele tomou o partido dos primeiros, favoráveis aos ingleses, e por isso recebeu inúmeras honrarias e títulos — por exemplo, a nomeação ao episcopado, seu título de nobreza (conde de Beauvais) e o de par da França.

O bispo passou a ocupar o centro do julgamento de Joana porque os ingleses, que lhe eram próximos, conheciam sua ambição desmedida e sua fidelidade ao rei inglês. Para piorar, conheciam também sua vontade de vingar-se da derrota infligida por Joana. Ao mesmo tempo, Cauchon ambicionava obter, como prêmio por sua fidelidade aos ingleses, o arcebispado de Rouen, então vago. Uma vez, então, capturada a Donzela (*la Pucelle*, em francês) pelos Borguinhões e vendida aos ingleses, "teve início a obra de iniquidade a que este homem cruel deveria vincular para sempre o seu nome".[2] Em 3 de janeiro de 1431, o governo do rei Henrique VI, soberano inglês, entregava a jovem à jurisdição do bispo de Beauvais. Em vez de permanecer numa prisão da Igreja, onde poderia ter sido mais bem tratada, Joana foi enviada à prisão militar.

O bispo Cauchon pretendia julgá-la ele próprio — dado que fora capturada em sua diocese —, tomando por acusação a prática de bruxaria, heresia, idolatria, sortilégio e invocação de demônios. Transferida para Rouen, que fazia parte do território eclesiástico onde Cauchon exercia sua autoridade e era guardado fortemente pelos ingleses, Joana é encarcerada então na torre do castelo de Bouvreuil. Neste local, foram realizados vários testes físicos em Joana, entre eles a verificação de sua "condição feminina" e sua virgindade.

Coube a Cauchon iniciar as formalidades precedentes aos processos em matéria de fé. Desse modo, nomeou como promotor o cônego Jean d'Estivet, seu confidente. Jean mostrou-se ainda mais impiedoso do que Cauchon no propósito de condenar a Donzela. O bispo, ademais, tinha liberdade para convocar para seu auxílio quem desejasse, e por isso jamais deixava de reclamar a assistência dos mais renomados doutores da Universidade de Paris, junto à qual acabava por acumular créditos.

Durante as preliminares do processo, iniciadas em 9 de janeiro de 1431, nada havia para incriminar Joana, não obstante a realização de longos e duros interrogatórios, dirigidos por teólogos deveras experimentados. A jovem demonstrava sempre um bom senso extraordinário, logrando fazer frente aos seus juízes — ou melhor, seus algozes, que a atormentaram com mais de setenta perguntas. Diante disso, Cauchon decide realizar os interrogatórios a portas fechadas. Quando lhe perguntaram por que usava roupas masculinas, Joana responde que assim tornava-se mais prático viajar, além de ser indispensável para o combate. Instada a vestir-se como mulher, recusa-se então a fazê-lo, pois, prisioneira na torre do castelo, dormia acorrentada entre dois soldados e temia ser violada.

Não obstante, a Inquisição considerava crime alguém travestir-se, fosse mulher ou homem. Assim, diante da negativa da prisioneira, Cauchon encontrou enfim motivo para acusá-la, podendo dar por encerrada a fase preliminar e iniciar o processo, o qual é instaurado em dois meses. Em 23 de maio, no cemitério de Saint-Ouen, uma ostensiva cerimônia pública é organizada pelo bispo. Após um interrogatório conduzido com rara violência, Cauchon informa a Joana que ela tinha sido condenada à fogueira, e a jovem, com 19 anos, fica aterrorizada. O bispo então lhe apresenta um Ato de Abjuração, que ela assina com uma cruz. Graças a esse ato, pelo qual se comprometia a usar trajes femininos, ela escapa, naquele momento, da morte na fogueira.

Contudo, sua libertação é vista com desaprovação pelos ingleses, que pretendiam eliminá-la o mais rápido possível, cientes de que representava um perigo para os seus planos. Cauchon, por sua vez, estava ciente do que aconteceria a seguir. Retornando Joana à sua cela, ela é agredida, insultada e, sem dúvida, violada. Em face dos sofrimentos infligidos, acaba optando por retomar o uso de roupas masculinas, preferindo a fogueira a terminar seus dias aprisionada e acorrentada. Não teria, ademais, alternativa, pois durante a noite seus guardiões, instruídos por Cauchon, furtavam suas vestes femininas. Tem início então o processo em que é acusada de ser relapsa, entre 28 e 30 de maio de 1431. Ali, toda espécie de manobras e subterfúgios é empreendida por Cauchon e seus cúmplices, encorajados vivamente pelos ingleses. Em 30 de maio, ainda de madrugada, um dos membros do colegiado de julgadores entrou na prisão, instando Joana a comparecer, às oito horas, diante de seus juízes na Place du Vieux-Marché, onde seria entregue ao poder secular. Nesse mesmo instante o, chega o sacerdote encarregado de ouvi-la em confissão. Marius Sepet descreve com maestria esse momento, no qual a jovem de 19 anos se revolta contra o seu horrível destino: ser queimada viva. Contudo, nem a mais fértil imaginação poderia imaginar que Cauchon, seguido dos que o tinham auxiliado durante o processo, viria assistir às últimas e supremas angústias de sua vítima para atormentá-la um pouco mais, iniciando um interrogatório, o derradeiro, em que atingiu o cúmulo da habilidade e da infâmia, exigindo novamente que ela abjurasse de suas declarações a respeito das vozes. As vozes, dizia ele, malgrado suas promessas, não haviam libertado Joana de seu cativeiro, nem a livrado de seu suplício. O objetivo do bispo era vê-la abjurar em público, ou ao menos diante dos doutores.

Chegada a hora do suplício, a praça encheu-se de gente: calcula-se que tenham sido mais de 10 mil pessoas, vindas tanto da região quanto de cidades das redondezas de Rouen.

Muitas explicações podem ser dadas ao *mistério* de Joana, segundo narra Colette Beaune.[3] Alguns chegam a afirmar que ela seria, na verdade, a filha de Isabel da Baviera e Luís de Orléans; outros, que agiu como agiu porque queria renunciar ao destino comum a todas as mulheres na época: casamento, filhos, exclusão da vida política… Outros, ainda, entendem que sua história pode ser lida no plano dos acontecimentos e no plano do misticismo, uma vez que seus contemporâneos também estavam perplexos, perguntando-se se ela teria recebido sua missão de anjos, santos ou fadas — estas últimas, personagens que povoavam a imaginação das pessoas na Idade Média.

Chegando ao término deste texto, redigido de forma extremamente resumida, gostaria de responder à questão que guia este volume: por que este julgamento importa?

Muitas poderiam ser as respostas, é claro, a depender da perspectiva dos que leram o relato. A minha parte do princípio — facilmente observável — de que o mal sempre existiu, em todos os momentos da história e em todas as biografias, em maior ou menor intensidade. O mesmo ocorre com as manifestações da injustiça dos homens, as quais podem ter as origens mais diversas: a inveja, o despeito, o egoísmo, a vontade de conquistar os próprios objetivos a qualquer custo... Estes, em especial, foram os motivos de Cauchon.

Outro aspecto do julgamento diz respeito à vergonhosa omissão do rei Carlos VII, exemplo máximo da ingratidão. Ele nada fez ou tentou fazer por aquela a quem devia sua coroação como rei da França. Ao mesmo tempo, há o aspecto político, pois os ingleses, assaz interessados na morte de Joana, colaboraram intensamente para os diversos desdobramentos do julgamento, a começar pela permanência da jovem em uma de suas prisões. Também trataram de lavar as mãos em relação à consecução de seu atroz martírio, utilizando-se de seu aliado Cauchon. Aqui, uma vez mais, deve-se dar razão ao conhecido dito de Mirabeau: "Existe alguém pior que o carrasco: é o seu ajudante."

BIBLIOGRAFIA

GAUVARD, Cl.; LIBERA, A. de; ZINK, M. (orgs.). *Dictionnaire du Moyen Âge*. Paris: PUF, 2002.
SEPET, Marius. *Jeanne d'Arc*. Tours: Alfred Mame et Fils, 1886.

NOTAS

1 Sepet, 1886, p. 59.
2 Sepet, *op. cit.*, p. 189.
3 "Jeanne d'Arc". In: Gauvard; Libera; Zink, 2002, p. 775.

Nuremberg

Luiz Olavo Baptista

Por que Nuremberg?

Um castelo no topo de uma montanha de arenito deu origem, na Idade Média, à cidade de Nuremberg, desenvolvida ao longo de suas muralhas, tal como hoje vilarejos crescem e tornam-se cidades ao redor de postos de abastecimento. Na Idade Média, além do atrativo do mercado, havia a possibilidade de os habitantes abrigarem-se dentro dos muros do castelo em caso de ameaça, o que lhes dava segurança.

Nuremberg cresceu e tornou-se um importante centro cultural no tempo da Renascença. Artistas como Dürer, cientistas como Copérnico e pensadores como Hartmann Schedel vieram a Nuremberg para trabalhar. Depois, a cidade decaiu. Recuperou-se, todavia, no final do século XIX, agora como polo industrial: Faber-Castell, Man AG e Siemens-Schuckert são algumas das indústrias que refizeram a importância e riqueza da região.

Depois da Primeira Grande Guerra, a cidade polarizou-se politicamente. Celebrou-se, à época, o Tratado de Versalhes, pelo qual a Alemanha obrigou-se a pagar os danos causados pelo conflito.

Tanto a rendição alemã como o custo das reparações provocaram reações no país. Havia os que não queriam a paz, mas sim a continuação dos conflitos. O ônus do pagamento das reparações foi de fato terrível para a Alemanha. Houve hiperinflação e enorme desemprego. Esse foi o caldo cultural em que a revolta e a insatisfação levaram à criação de partidos nacionalistas, ao antissemitismo, ao antibolchevismo; ao mesmo tempo, nascia o partido comunista alemão. Comunistas e nacional-socialistas (os nazistas) faziam manifestações e batiam-se pelas ruas. Estes últimos terminaram por assumir o poder, liderados por um pintor fracassado mas carismático, um orador veemente, bem como um dos piores tiranos da história: Adolf Hitler.

Munique e Nuremberg, cidades ao sul da Alemanha, foram os focos da expansão do partido nazista. Nuremberg, em especial, foi escolhida por Hitler como sede das reuniões do partido, o *Nationalsozialistische Deutsche Arbeiterpartei*. Lá, em 15 de setembro de 1935, durante o comício anual da agremiação, foram publicadas as famigeradas e repugnantes Leis de Nuremberg, que tornavam a prática do antissemitismo uma política de Estado. Uma delas discorria que somente arianos poderiam ser membros do partido.

O PARTIDO NAZISTA E OS CRIMES COMETIDOS

Quando, em 1925, refundou o partido nazista, Hitler já contava com a SA (*Sturmabteilung*), o "destacamento tempestade", para atemorizar os adversários. Em 1933, foi escolhido chanceler e se autonomeou Führer. Em 1935, na famosa Noite das Facas Longas, eliminou seus adversários no partido. Tomou então o poder na Alemanha e iniciou os preparativos para a guerra. Promoveu a industrialização, apoiando as indústrias líderes — uma espécie de "campeões nacionais" —, e rearmou a nação.

Em 1939, sentindo-se suficientemente forte no poder, à frente de uma nação fortalecida e militarizada, Hitler desencadeou a Segunda

Grande Guerra, que duraria até 1945. Durante todo o tempo em que esteve à frente da Alemanha, o Führer praticou crimes contra a humanidade: genocídios, expropriações, saques...

A GÊNESE DO TRIBUNAL MILITAR INTERNACIONAL

No final da Segunda Grande Guerra, Winston Churchill propôs e bateu-se pela ideia de julgar os dirigentes nazistas pelos crimes cometidos. Os Estados Unidos foram favoráveis, e seu Departamento de Estado elaborou um amplo estudo a ser discutido na Conferência de Ialta, em 1945.

Os Aliados, após um encontro de Churchill e Roosevelt em Casablanca, haviam estabelecido a Comissão das Nações Unidas para os Crimes de Guerra, com a missão de identificar os dirigentes nazistas que deveriam ser julgados após o fim da Segunda Grande Guerra. As negociações entre o Reino Unido, França, Estados Unidos e União Soviética chegaram, em 8 de agosto de 1945, a um acordo, assinado em Londres, para a criação do Tribunal Militar Internacional (TMI) (da sigla em inglês IMTFE — International Military Tribunal for the Far East). Este, com o suporte de 26 países que haviam lutado contra os nazistas, iria julgar Herman Göring e outros 24 líderes do movimento, bem como seis organizações nazistas.

As acusações eram: "(1) Conspiração para cometer os atos constantes nas acusações 2, 3 e 4, definidas a seguir; (2) Crimes contra a paz — definidos como a participação no planejamento e na provocação de guerra em violação a vários tratados internacionais; (3) Crimes de guerra — definidos como violações das leis e das regras internacionais acordadas para a deflagração de uma guerra; e (4) Crimes contra a humanidade — *ou seja, assassinato, extermínio, escravização, deportação e qualquer outro ato desumano cometido contra quaisquer populações civis, antes ou durante a guerra; ou perseguição baseada em questões políticas, raciais ou religiosas, na execução de ou em conexão com qualquer crime sob a alçada deste Tribunal, estejam ou não violando as leis dos países onde sejam perpetrados.*"

O processo

Os principais promotores atuando no Tribunal Militar Internacional foram Robert H. Jackson (Estados Unidos), François de Menthon (França), Roman A. Rudenko (União Soviética) e Sir Hartley Shawcross (Grã-Bretanha). Cada um deles, com sua equipe, preparou e apresentou a acusação dos integrantes da alta liderança nazista.

Sucederam-se sessões de trabalho diárias, que sempre se iniciavam com a resolução de questões burocráticas ou procedimentais (autorizações, negativas ou instruções), ao que se seguiam as manifestações da acusação e da defesa e o interrogatório de testemunhas, especialistas e réus. O julgamento duraria 315 dias.

Os réus

Foram acusados, entre outros, Hermann Göring (herdeiro indicado por Hitler), Rudolf Hess (vice-líder do partido nazista), Joachim von Ribbentrop (ministro das Relações Exteriores), Wilhelm Keitel (chefe das Forças Armadas), Wilhelm Frick (ministro do Interior), Ernst Kaltenbrunner (chefe das Forças de Segurança), Hans Frank (governador-geral da Polônia ocupada), Konstantin von Neurath (governador da Boêmia e da Morávia), Erich Raeder (chefe das Forças Navais), Karl Dönitz (sucessor de Raeder), Walther Funk (ministro da Economia), Alfred Jodl (do comando das Forças Armadas), Alfred Rosenberg (ministro dos territórios ocupados do Leste), Baldur von Schirach (chefe da Juventude Hitleriana), Julius Streicher (nazista, editor antissemita radical), Fritz Sauckel (chefe da alocação de trabalhadores escravos), Albert Speer (ministro de Armamentos), Arthur Seyss-Inquart (comissário para a Holanda ocupada), Hjalmar Schacht (banqueiro alemão e ministro da Economia do III Reich), Franz von Papen (político alemão que desempenhara papel importante na nomeação de Hitler como chanceler) e Hans Fritzsche (chefe de imprensa e rádio). Martin Bormann (ajudante de Hitler) foi julgado *in absentia*.

Sentença e execução

A sentença do Tribunal foi publicada em 30 de setembro de 1946 e condenou à pena de morte 12 dos acusados: Göring, Ribbentrop, Keitel, Kaltenbrunner, Rosenberg, Frank, Frick, Streicher, Sauckel, Jodl, Seyss--Inquart e Bormann. Três foram condenados à prisão perpétua: Hess, Funk e o almirante Raeder. Outros quatro receberam penas de dez a vinte anos de prisão: Dönitz, Schirach, Speer e Neurath. Finalmente, o Tribunal absolveu três dos acusados: Hjalmar Schacht, Franz von Papen e Hans Fritzsche.

As sentenças de morte foram executadas em 16 de outubro de 1946 por um sargento americano que, antes da guerra, fora carrasco profissional. Dois condenados não foram mortos: Göring, que se suicidara na prisão antes de sua execução, e Martin Bormann, desaparecido. Os executados tiveram seus corpos cremados e suas cinzas atiradas no rio Isar.

As penas de reclusão foram cumpridas na prisão de Spandau, em Berlim.

Desdobramentos de Nuremberg

Na esteira do julgamento de Nuremberg, houve outros 12 processos, diferentes e independentes.

Ocorreram julgamentos de *indivíduos*: o processo contra o marechal do ar Erhrard Milch (2 de janeiro a 17 de abril de 1947), o processo Pohl (13 de janeiro a 3 de novembro de 1947) e o processo Flick (18 de abril a 22 de dezembro de 1947). Outros abrangiam indivíduos agrupados sob diferentes *categorias profissionais*: o processo contra os juristas (17 de fevereiro a 14 de dezembro de 1947), conhecido como "Nuremberg 2" pelo relevo do seu objeto, e o processo contra os médicos (9 de dezembro de 1946 a 20 de agosto de 1947). Houve também processos contra *dirigentes de empresas*: o processo IG Farben (14 de agosto de 1947 a 30 de julho de 1948) e o processo Krupp (8 de dezembro de 1947 a 31 de julho de 1948).

Os *militares*, por sua vez, foram julgados no processo contra o alto comando das Forças Armadas da Alemanha nazista (30 de dezembro de 1947 a 29 de outubro de 1948) e no processo dos generais no sudeste da Europa (15 de julho de 1947 a 19 de fevereiro de 1948). Quanto às *organizações nazistas e seus integrantes*, deram-se o processo RuSHA (1º de julho de 1947 a 10 de março de 1948), envolvendo um grupo de oficiais da SS, isto é, da tropa de elite do nazismo, que perseguiram os judeus e outros segmentos, e o processo Einsatzgruppen (15 de setembro de 1947 a 10 de abril de 1948) contra um grupo da SS que atuara nos países ocupados pela Alemanha nazista. Entre 1941 e 1943, eles mataram ou organizaram a morte de mais de um milhão de judeus e dezenas de milhares de *partisans*, inimigos políticos, ciganos e deficientes físicos. Note-se ainda a existência do processo contra os ministros, conhecido como julgamento de Wilhelmstrasse, nome da rua em que ficavam os ministérios de Relações Internacionais, Propaganda, Economia e outros.

O QUE RESTOU DO JULGAMENTO DE NUREMBERG

Como recorda o historiador Kevin Jon Heller, "os crimes contra o Direito Internacional são cometidos por homens, e não por entes abstratos, e apenas punindo os indivíduos que cometem esses crimes é possível fazer cumprir as provisões do Direito Internacional".[1]

O TMI serviu de modelo para a criação de inúmeros tribunais internacionais, entre eles o recente Tribunal Penal Internacional. Os princípios de Nuremberg, fruto do julgamento, definiram os crimes de guerra e serviram como orientação para os processos que se seguiram. As experiências médicas dos doutores alemães julgados levaram à criação do Código de Nuremberg, cujo intuito era nortear futuros julgamentos contra os que praticassem experimentos ou se valessem da profissão para dar suporte a torturas (como ocorreu no próprio Brasil, durante o Regime Militar). O mesmo código estabeleceu uma série de princípios éticos para experimentos em seres humanos.

O julgamento de Nuremberg, ademais, é o pano de fundo do julgamento de Eichmann. Também inspirou uma série de tratados: a Convenção para a Prevenção e a Repressão do Crime de Genocídio, a Declaração Universal dos Direitos Humanos (São Francisco, 1948), a Convenção sobre a Imprescritibilidade dos Crimes de Guerra e dos Crimes Contra a Humanidade (1968), a Convenção de Genebra (1949) e os protocolos suplementares a esta convenção (1977).

O julgamento também foi objeto de discussões por conta dos que se opunham à pena de morte, dos que criticavam a ideia de que se pudesse julgar os crimes — neste caso, tomava-se por base a tese de Beccaria, segundo a qual não há crime se não houver lei que o anteceda — e dos que colocavam em xeque a licitude do julgamento e das sentenças.

Várias questões processuais, bem como inúmeras regras quanto à admissibilidade de provas, entre outros elementos, aborreceriam o leitor. Fica aqui o registro geral delas, o qual já faz vislumbrar a importância histórica e cultural desse julgamento. Esperemos que nunca mais seja necessário repeti-lo e que a humanidade vá aprendendo a viver em paz, prescindindo da violência.

Notas

1 International Military Tribunal for the Trial of German War Criminals 41 (1946) *apud* Heller, Kevin Jon, *The Nuremberg Military Tribunals and the Origins of International Criminal Law*. Oxford: Oxford University Press, 2011, p. 3.

O.J. Simpson

Gilberto Giusti

Introdução — Santa Mônica, 1997

Naquele 4 de fevereiro de 1997, dia claro de inverno em Santa Mônica, município do condado de Los Angeles, fazia cerca de 14ºC, e a mínima não baixara dos 8ºC durante a madrugada.

Desanuviadas também estavam as redondezas do fórum de Santa Mônica da Corte Municipal de Los Angeles (posteriormente incorporada à Corte Suprema de Los Angeles), com poucas pessoas do lado de fora do prédio portando faixas e cartazes pedindo justiça, quando, no meio da tarde, o juiz Hiroshi Fujisaki leu o veredito entregue pelo *foreman* (coordenador) do corpo de 12 jurados:

> *We the jury in the above-entitled action find the defendant, Orenthal James Simpson, liable for the wrongful deaths of Nicole Brown Simpson and Ronald Lyle Goldman.*[1]

Orenthal James Simpson, mais conhecido como O.J. Simpson, acabava de ser julgado *liable* (responsável) pelas mortes de sua ex-esposa, Nicole Brown, e do amigo dela, Ronald Goldman, ambos esfaqueados, quase três anos antes, na frente da casa de Nicole, com consequente condenação de O.J. ao pagamento de indenização às famílias das vítimas.

Não havia imprensa na sala de julgamento. Nem sequer o réu e seus advogados estavam presentes no momento do anúncio do veredito. A notícia da condenação foi transmitida verbalmente aos manifestantes postados no lado de fora do tribunal.

Em seguida, a notícia havia chegado a todas as emissoras de rádio e televisão dos Estados Unidos, mas sem impacto suficiente para desbancar, como principal manchete do dia, o *State of the Union Address* (discurso do Estado da União) proferido pelo presidente Bill Clinton perante o Congresso, naquele início de noite em Washington.

A essa altura, o leitor deve estar se perguntando se o autor deste texto estava em Marte na década de 1990 ou se pretende reescrever a história. Afinal, como é possível que a quase singela sessão de julgamento de fevereiro de 1997, anteriormente descrita, e sua moderada divulgação na mídia se refiram ao "Caso O.J.", que monopolizou a atenção dos norte-americanos e colocou em xeque o próprio sistema de justiça criminal do país? E que surpresa é essa da condenação, e não a absolvição, de O.J.?

Não, caro leitor, não se trata de um devaneio, muito menos de uma nova escrita — ou distorção — da história. O julgamento que brevemente descrevemos até aqui é o da *ação civil de reparação de danos* (doravante "ação civil") que as famílias Brown e Goldman moveram contra O.J. Simpson em 1996. Não se confunda com a anterior *ação penal* que apurou se o ex-jogador de futebol americano foi o autor dos crimes, ou seja, se foi o culpado pelas mortes (doravante "ação penal"), da qual trataremos a partir do capítulo seguinte.

Dias depois do veredito da ação civil, foram fixados os valores da reparação a que O.J. Simpson foi condenado a pagar por ter sido considerado responsável pelas mortes de Nicole e Ronald: (a) 8,5 milhões de dólares em *compensatory damages* (danos compensatórios) à família

Goldman,[2] e (b) 25 milhões de dólares em *punitive damages* (danos morais) às famílias Brown e Goldman.

Em fevereiro de 1999, finalmente, os bens que restavam a O.J. (basicamente, sua casa em Los Angeles e seus troféus) foram leiloados e o produto — cerca de quatrocentos mil dólares — foi entregue às famílias Brown e Goldman.

Muito provavelmente, as famílias autoras da ação civil sabiam, já naquela tarde clara de 4 de fevereiro de 1997 em que receberam o veredito da responsabilidade imputada a O.J. pelas mortes de seus entes queridos, que o réu não teria condições de honrar integralmente o valor da condenação. Mas com certeza — como declarado mais tarde pelos pais de Ronald Goldman[3] — não era esse o objetivo da ação.

O que os Brown e os Goldman buscaram e conseguiram, na justiça civil, foi um mínimo de alento para aliviar a dor e a frustração estampadas em seus rostos quando do anúncio do veredito na ação penal, 18 meses antes, em sessão no Foro Central de Los Angeles que foi transmitida ao vivo — essa sim — para todo um país hipnotizado pelo caso.

Foi uma brisa de ar fresco, naquele agradável inverno californiano de 1997, para aplacar um pouco do sufoco emocional pelo qual aquelas famílias passaram no escorchante verão de 1995, para onde vamos agora retroagir.

Ação penal — Downtown Los Angeles, 1994/95

De junho de 1994 a outubro de 1995, desenvolveram-se a investigação policial das mortes de Nicole e Ronald, o oferecimento e recebimento da denúncia criminal em face de O.J. e o processamento e julgamento da ação penal (*The People vs. O.J. Simpson*). A todo esse procedimento criminal a imprensa norte-americana conferiu o título de *Trial of The Century* (Julgamento do Século).

À primeira vista, pode parecer — e é, dependendo do ângulo do qual se vê a questão — um retumbante exagero. Mas, ao se analisar a miríade de questões sociais, jurídicas e até morais envolvidas nesse julgamento e que repercutem até os dias de hoje, passa-se a compreender a razão desse pomposo título. Ademais, a imprensa norte-americana não costuma levar em conta, principalmente para efeitos comparativos, fatos ou acontecimentos que ocorrem alhures.

Diferentemente da ação civil, o julgamento da ação penal foi, antes de tudo, um evento midiático. O juiz da Corte Suprema de Los Angeles, Lance A. Ito, designado em 20 de julho de 1994 para presidir o julgamento da ação penal no Foro Central Criminal da Corte Municipal de Los Angeles, decidiu permitir amplo acesso da imprensa escrita, radiofônica e — novidade suprema — televisiva às sessões de julgamento.

Assim, durante o julgamento, que se iniciou em 24 de janeiro de 1995 e cujas sessões se estenderam por nove meses, milhões de norte-americanos participaram de todos os atos e fatos ocorridos na sala do júri, como se ali estivessem.

A loucura midiática que se espalhou pelo país em torno do julgamento da ação penal deveu-se à disputa pela audiência. Principalmente as emissoras de televisão se deram conta de que a sociedade estava chocada com o fato de que um ídolo do esporte, admirado em todo o país, pudesse ter se convertido repentinamente em um assassino brutal. Inaugurava-se o *reality show* do crime, com milhões de telespectadores acompanhando diariamente as constantes reviravoltas do caso.

O julgamento da ação penal acabou por despertar enorme fascínio dos norte-americanos por matérias sobre crimes reais e suas investigações, assim como por séries de TV que retratam a rotina de policiais, as aflições dos promotores, as performances dos advogados de defesa e a dinâmica dos julgamentos. Não por coincidência, à exceção de *Law & Order*, lançado em 1990, a maioria das séries norte-americanas sobre o tema surgiu após o Julgamento do Século.

Com isso, o que entrou na berlinda e até hoje se encontra sob forte escrutínio de todos os setores da sociedade é o próprio sistema de justiça criminal dos Estados Unidos.

Pois bem, certamente a mídia não teria alcançado essa extraordinária atenção para o caso O.J. Simpson se ele, de fato, não tivesse reunido em um mesmo roteiro os mais caros valores e ao mesmo tempo as mais pungentes feridas do *American way of life*.

Para entender o caso

Neste capítulo, serão abordados três elementos da sociedade norte-americana em geral, e da californiana em particular, que de uma forma ou de outra influenciaram ou foram afetados pelo Julgamento do Século: (i) o descaso do Estado para com a população negra e a possibilidade de ascensão individual pelo esporte; (ii) o tabu da violência doméstica; e (iii) a questão racial em Los Angeles e a atuação do Departamento de Polícia local.

a) O descaso do Estado face à população negra e a ascensão pelo esporte

O.J. Simpson nasceu em São Francisco, Califórnia, em 1947. Seus avós maternos nasceram no estado da Louisiana no início do século e sofreram toda sorte de hostilidades pelo simples fato de serem negros. Espancamentos, assassinatos, incêndios em casas de famílias negras e privação das liberdades individuais eram a rotina nos estados do sul do país, causando uma grande migração da população negra para o norte na primeira metade do século XX.

Embora tenha nascido em um estado sem a infame violência abertamente deflagrada contra os negros nos estados sulistas, O.J. Simpson enfrentou, na infância e na juventude, a dura realidade de preconceito e descaso reservada à comunidade negra em praticamente todo o país, naqueles idos de 1940, 1950 e 1960.

Nos grandes centros urbanos, fosse no norte ou no sul, os negros enfrentavam o desprezo do Estado, que direcionava sua atenção e seus recursos aos bairros dos brancos e, preferencialmente, ricos. A isso se somava a conhecida e temida truculência da polícia (que teve papel determinante no Julgamento do Século, como se verá adiante), dedicando aos negros em geral o tratamento do "bater primeiro para perguntar depois".

Assim cresceu O.J., em meio à violência urbana, participando de gangues de rua e com passagens por reformatórios. Sua história caminhava como as de tantos outros negros — a esmagadora maioria — que chegavam à idade adulta com o preconceito a lhes tolher espaços e destruir sonhos.

Mas O.J. soube aproveitar uma das pouquíssimas possibilidades de ascensão social para os jovens negros de sua época (e da atual também). Valendo-se de sua habilidade nos esportes, que não conhecem raça nem cor, O.J. obteve uma bolsa de estudos por meio de um dos inúmeros programas de incentivo ao esporte juvenil e universitário característicos da cultura formacional dos Estados Unidos.

Dessa forma, O.J. Simpson chegou à Universidade do Sul da Califórnia, o centro da jovem elite branca do estado, em Los Angeles. Já conhecido como um excelente jogador de futebol americano, O.J. rapidamente se integrou àquele ambiente e logo se tornou um dos maiores nomes da história do esporte. Bateu vários recordes na National Football League (NFL) e, em 1985, foi um dos 13 jogadores eleitos para o Pro Football Hall of Fame — o hall da fama do futebol americano profissional.

Ao se aposentar do esporte, O.J. continuou sendo uma das personalidades mais famosas e queridas da América, agora celebrado como garoto-propaganda e ator.

O *American way of life*, enfim, mostrava o seu melhor lado: um jovem negro e pobre (quase um pleonasmo na ocasião) que soube aproveitar as oportunidades oferecidas pelo sistema e estava lá, rico e famoso, servindo de exemplo aos milhões de jovens com a mesma origem.

b) O TABU DA VIOLÊNCIA DOMÉSTICA

A carreira cheia de glórias no esporte e a ascensão no cinema, porém, não escondiam o comportamento violento de O.J. Simpson, comumente apontado como agressor por suas ex-namoradas e, principalmente, por Nicole Brown Simpson.

Nicole Brown tinha 18 anos quando, em 1977, conheceu O.J., então casado. Foi somente em fevereiro de 1985, já divorciado e aposentado dos campos de futebol americano, que O.J. se casou com Nicole, branca, de ascendência alemã. Eles tiveram dois filhos, Sidney e Justin.

O relacionamento é lembrado por parentes e amigos como intenso e tumultuado, com episódios de violência dos quais resultavam marcas físicas em Nicole, por vezes com a chamada de policiais para aplacar os ânimos. Em pelo menos uma ocasião, Nicole foi hospitalizada.

Em 1992, O.J. Simpson e Nicole se divorciaram. Ela o acusou de violência doméstica. Ele, sem contestar a acusação, concordou com o fim do conturbado casamento. Mas a violência não arrefeceu.

O casal morava em uma imponente casa comprada por O.J. em 1977, em Brentwood, bairro da rica região de West Los Angeles, cuja espinha dorsal é a famosa Sunset Boulevard. A icônica via nasce na desolada parte central da cidade (Downtown Los Angeles) e desemboca trinta quilômetros à frente, no oceano Pacífico, cruzando primeiro as zonas boêmias de Hollywood e, em seguida, os ricos bairros de Beverly Hills, Bel-Air e Brentwood.

Com o divórcio e graças a um pacto antenupcial outrora firmado, O.J. permaneceu na casa, localizada ao norte da Sunset Boulevard, no número 360 da avenida North Rockingham, enquanto Nicole, depois de muita procura por algo que se acomodasse a seu agora apertado orçamento, estabeleceu-se em janeiro de 1994 em uma pequena casa ao sul do famoso bulevar, no número 875 da Bundy Drive. Apenas três quilômetros separavam as duas residências.

Naquele início de 1994, o relacionamento de O.J. com Nicole oscilava entre (mais) uma tentativa de reconciliação e a ruptura total, tendo como pano de fundo o ciúme irascível do ex-atleta e a tensão de Nicole pelo implacável estrangulamento financeiro que o ex-marido passou a lhe impingir.

O.J. era visto com frequência rondando a casa de Nicole, mas o fato não chamava muita atenção porque, afinal, seus filhos moravam com a mãe. O grande choque para todos foi a revelação — ou o reconhecimento —, após a morte de Nicole, do grau de violência de que ela foi vítima durante os anos em que esteve com O.J.

Ao longo do julgamento criminal, a promotoria fez reproduzir uma gravação de um telefonema que Nicole fizera ao serviço de emergência 911, poucos meses antes de sua morte, durante uma tentativa de O.J. de invadir a casa dela. Um silêncio brutal tomou conta da sala do júri enquanto os gritos de terror de Nicole ecoavam por todos os lares norte-americanos que acompanhavam ao vivo pelo rádio e pela televisão.

A polícia chegou a tempo de encontrar a porta da casa destruída e O.J. na sala, agredindo a ex-mulher. A ocorrência — agora escancarada para o país pela reprodução do áudio — foi resolvida com o comprometimento de O.J. de pagar pelo conserto da porta e integrar um serviço de aconselhamento, por telefone, a homens que não conseguiam controlar seu "ímpeto" de investir contra suas companheiras ou ex-companheiras.

Além do áudio devastador, outros episódios de violência física de O.J. contra Nicole foram apresentados durante o julgamento da ação penal, causando uma mistura de choque — afinal, o grande ídolo do futebol americano batia em mulheres! — e constrangimento pela inércia da sociedade em enfrentar o grave problema da violência doméstica, já de todos conhecido.

O fato de vir à tona o histórico de agressões de O.J. contra Nicole não necessariamente indicava ter sido ele o assassino, mas a constatação de que ele nunca fora punido por isso caiu como uma bomba no seio do *American way of life*.

Após o julgamento da ação penal, e só então, em pleno final do século XX, diversos estados norte-americanos passaram a debater e aprovar leis de prevenção e combate à violência contra as mulheres, que até então era um verdadeiro tabu.

c) Los Angeles — Um caldeirão de conflitos raciais e a atuação do Departamento de Polícia

A compreensão do que foi e representou o julgamento da ação penal não pode prescindir da análise, ainda que breve, do histórico do Departamento de Polícia de Los Angeles (LAPD).

No início do século XX, o governo municipal de Los Angeles e a polícia local a ele vinculada navegavam em um mar de corrupção alimentado por jogos e drogas. Na década de 1930, decididos a mudar esse cenário, os magnatas da cidade buscaram chefes de polícia em outras cidades para promover uma reforma no sistema de segurança e repreensão local.

Uma série de medidas legislativas alcançadas por aqueles que iniciaram essa mudança resultou, no final da década de 1930, em um departamento policial com enorme autonomia e ascendência até mesmo sobre os governantes eleitos. Em 1950, quando Los Angeles desfrutava da onda de crescimento do pós-guerra, William H. Parker tornou-se chefe da polícia, cargo que ocupou até a morte, em 1966.

Parker cresceu e se formou em uma época em que policiais brancos — blindados em sua autoridade desde a reforma dos anos 1930 — não precisavam refrear sua animosidade contra a comunidade negra. Em termos bem objetivos, Parker era racista.

Nos anos 1950 e 1960, portanto, mesmo já havendo transcorridos cem anos da Guerra Civil, o cenário era mais ou menos o seguinte: (a) *nos estados do sul*, a segregação racial era explícita e oficial, resultando em perseguições, ataques, negação de direitos aos negros e até mesmo abrindo espaço ao terror em algumas localidades que pregavam a supremacia da raça branca; (b) *nos estados do norte*, não se vivenciava essa política de segregação racial e inexistiam atos de violência explícita e institucionalizada contra a comunidade negra, muito embora, como visto na referência à infância e à juventude de O.J. em São Francisco, os negros também enfrentassem o descaso do Estado e, principalmente, o preconceito da maioria branca.

E havia (c) *Los Angeles*, que, se por um lado não chegava ao terror visto no sul, também não deixava os negros ao léu, como no norte. A comunidade negra era, sim, maltratada pela polícia de Los Angeles, que aos afro-americanos reservava abordagens abruptas, recolhimentos inexplicáveis a delegacias e toda sorte de grosserias verbais e físicas.

Em 1965, a abordagem truculenta feita pela polícia a dois jovens no bairro pobre de Watts, onde residia boa parte da população negra de Los Angeles, desencadeou uma série de tumultos e protestos, causando, em quatro dias, 34 mortes e milhares de feridos (*The Watts Riots*, ou "Os Tumultos de Watts"). Na ocasião, o todo-poderoso William Parker teria se referido aos manifestantes como "*monkeys in the zoo*".[4]

Em 1991, o motorista negro Rodney King foi abordado por agentes do LAPD por supostamente dirigir em alta velocidade. Embora desarmado, King foi espancado com brutalidade pelos policiais, todos brancos. Em abril de 1992, os policiais envolvidos no caso foram absolvidos em um julgamento que fora convenientemente transferido do centro de Los Angeles para a pequena e rica cidade de Simi Valley.

Anunciada a absolvição dos policiais, teve início a mais violenta revolta urbana da história da Califórnia. Ao cabo de três dias de confrontos, saques, incêndios e depredações, 58 pessoas morreram e mais de 2.800 ficaram feridas, no que ficou conhecido como *The 1992 Los Angeles Riots*, ou "Os Tumultos de Los Angeles de 1992".

Os assassinatos de Nicole e Ronald, que eram brancos, ocorreram apenas dois anos após os tumultos de 1992. E todas as evidências do crime recaíram imediatamente sobre um negro, ex-ídolo nacional do esporte mais popular do país, que nasceu pobre e alcançou fama e riqueza.

Não é, pois, difícil de entender que o caminho adotado pelos advogados de defesa de O.J. tenha sido explorar todo esse passado de truculência e racismo do LAPD para inverter a lógica dos fatos incriminadores.

Os crimes,[5] a conduta errática de O.J. e o início do julgamento

Os três elementos históricos citados anteriormente, que formam o contexto social e policial da época, auxiliam a compreensão dos fatos verificados a partir daquela noite de 12 e madrugada de 13 de junho de 1994, até 3 de outubro de 1995, data do anúncio do veredito do julgamento da ação penal.

a) A cena do crime

Era 0h09 de 13 de junho quando o agente Robert Riske, do LAPD, recebeu uma chamada pelo rádio para atender a uma ocorrência de crime reportada ao 911 por um casal de moradores da parte sul de Brentwood. Ao saírem para passear com o cachorro, os dois haviam avistado o corpo de uma mulher diante do número 875 da Bundy Drive.

Com sua lanterna, Riske percorreu o caminho de entrada da casa e se deparou com dois cadáveres, de uma mulher e de um homem, ensanguentados. Ao pé do corpo masculino, Riske imediatamente visualizou um gorro preto, um envelope branco manchado de sangue e uma luva de couro. Ao lado do corpo feminino, o policial identificou uma única marca, ainda fresca, deixada pelo calcanhar de um sapato.

Dali mesmo a lanterna de Riske iluminou um caminho que contornava a casa até os fundos, onde havia pegadas manchadas de sangue indicando que o assassino tinha fugido por ali. Ao lado das pegadas, gotas de sangue sugeriam que o fugitivo estava com a mão esquerda ferida.

Riske entrou na casa e encontrou um ambiente tranquilo, sem sinais de violência. Nos quartos do andar de cima, dormiam um menino e uma menina. Examinando um envelope que estava na mesa da sala com o nome de O.J. Simpson e notando diversos porta-retratos com fotos de O.J. com a família, Riske se deu conta de que aquela era a residência do ex-astro do futebol americano, ou ao menos de sua família.

À meia-noite e meia, Riske comunicou os dois homicídios e a possível ligação de O.J. a seu supervisor encarregado da área de West Los Angeles. Este, por sua vez, acionou os escalões mais altos do LAPD, dada "a possível notoriedade desse incidente em particular".

Várias viaturas acorreram ao local. As crianças foram retiradas e levadas a uma delegacia, e, em pouco tempo, mais de uma dezena de policiais vasculhava a casa. Entre eles, os detetives Mark Fuhrman e Ron Philips ocuparam-se do exame das evidências materiais do crime, como as pegadas manchadas de sangue, o envelope, o gorro e a luva ao lado dos corpos.

Às cinco da manhã, atendendo a uma determinação do chefe do LAPD, que não queria que O.J. soubesse do assassinato da mãe de seus filhos pela imprensa, os detetives Fuhrman e Philips, juntamente com outros dois colegas, dirigiram-se à casa de O.J. Simpson para comunicá-lo do ocorrido.

Os policiais levaram cerca de cinco minutos para percorrer os três quilômetros entre as duas residências. Em frente à casa de O.J., notaram um Ford Bronco parado junto ao meio-fio, um pouco desalinhado, como se alguém o tivesse estacionado às pressas.

Enquanto os três colegas permaneciam no portão da casa tentando contato com alguém no imóvel, Fuhrman se afastou e foi até o Ford Bronco estacionado. Com a lanterna, viu alguns papéis endereçados a O.J. Simpson no interior do veículo. Um pouco acima da maçaneta da porta do motorista, viu uma mancha vermelha que parecia sangue.

Como ninguém atendia à campainha, os policiais decidiram pular o muro. Conforme vieram a testemunhar mais tarde, justificaram sua decisão por conta do receio de que algum crime também tivesse ocorrido, ou estivesse ocorrendo, na casa de O.J.

Rondaram a casa principal, que parecia vazia, e encontraram três pequenos chalés de hóspedes, no fundo. Bateram à porta do primeiro e, segundos depois, Kato Kaelin a abriu, sonolento. Kaelin era um rapaz que morava no local e atuava como uma espécie de faz-tudo de O.J. Não soube responder se o ex-jogador estava em casa, mas, perguntado se algo estranho havia acontecido na noite anterior, disse que, por volta das 22h45, ouviu um forte barulho na parede lateral do seu quarto, como uma pancada.

No chalé vizinho, contou Kaelin, morava Arnelle Simpson, filha de O.J. com sua primeira esposa. Enquanto seus colegas conversavam com Arnelle, Fuhrman decidiu averiguar a informação de Kaelin acerca do barulho forte na parede de seu quarto. O detetive contornou o chalé e verificou que entre essa parede e a cerca divisória da propriedade havia uma distância bem pequena, formando um caminho estreito e escuro.

Seguindo por esse estreito corredor, Fuhrman se deparou com um objeto no chão, encostado à cerca. Era uma luva com aspecto úmido e pegajoso, à primeira vista bem parecida com a peça encontrada na casa de Nicole.

Arnelle não sabia do paradeiro do pai, mas, já dentro da casa principal, colocou os policiais em contato por telefone com a secretária pessoal de O.J. Ela informou que o patrão tomara um voo noturno para Chicago, na véspera, e estava hospedado em um hotel do Aeroporto O'Hare.

Eram 6h05 da manhã quando o detetive Ron Philips ligou para o hotel e falou com O.J. Medindo as palavras, contou que Nicole estava morta. O.J. reagiu gritando "Meu Deus, Nicole foi morta? Meu Deus, ela está morta?" e avisou que pegaria o primeiro voo disponível de Chicago para Los Angeles.

Posteriormente, Philips registrou sua estranheza pelo fato de O.J. não ter perguntado em momento algum durante aquela ligação como e quando Nicole havia morrido. O.J. não perguntou, por exemplo, se Nicole havia sofrido um acidente, tido um ataque cardíaco fulminante ou sido assassinada.

Às 6h21 da manhã, coube ao detetive Tom Lange dar a notícia por telefone aos pais de Nicole, antes, ainda, que a mídia tomasse conhecimento do ocorrido. O pai de Nicole permaneceu em silêncio, mas a irmã mais velha, Denise Brown, ouviu a notícia por uma extensão do telefone e gritou imediatamente: "Ele a matou! Ele finalmente a matou!" Lange quis saber de quem ela estava falando e Denise não titubeou: "O. J."

No decorrer da manhã, o outro cadáver foi identificado como sendo de Ronald Lyle Goldman, um amigo de Nicole que trabalhava como garçom em um restaurante frequentado por ela.

Três dos quatro detetives que foram à casa de O.J. retornaram ao local do crime. O detetive Philip Vannatter permaneceu na casa de O.J., aguardando o perito. Em nova exploração pela propriedade, Vannatter encontrou, perto da garagem, uma gotícula do que parecia ser sangue no chão. E outra, e mais outra, em um caminho até a porta da frente da casa.

Com o dia já clareando, Vannatter também notou a presença de manchas de sangue entre os dois bancos dianteiros do Ford Bronco e outras na parte de dentro da porta do motorista.

Às 7h10, o perito criminal Dennis Fung chegou à propriedade de O.J. e fez um exame preliminar das manchas vermelhas que estavam na parte exterior do carro. O resultado, ainda não conclusivo, indicava se tratar de sangue humano.

Ao mesmo tempo, o detetive Fuhrman, de volta à casa de Nicole, confirmava que a luva encontrada ao lado dos corpos era da mão esquerda e realmente se parecia com a luva da mão direita encontrada no estreito caminho entre a cerca e as casas de hóspedes da propriedade de O.J. Simpson.

Por volta das dez da manhã daquele 13 de junho, antes mesmo do recolhimento dos corpos de Nicole e Ronald do local, equipes de televisão e de rádio chegavam à Bundy Drive. Ao meio-dia, imagens ao vivo do rastro de sangue dos mortos apareciam na televisão. Outras tantas equipes também começavam a acampar na frente da casa de O.J.

O ex-jogador realmente tomara o primeiro voo de Chicago para Los Angeles e, por volta do meio-dia, chegou à sua casa, na avenida North Rockingham. À porta da propriedade, esperavam-no, entre outros, seu advogado Howard Weitzman, que já o havia representado com sucesso em um caso de violência doméstica, e Robert Kardashian, amigo de longa data de O.J.

Ao descer do carro acompanhado de sua secretária particular, O.J. carregava uma mala da Louis Vuitton em seu modelo mais conhecido para roupas (*garment bag*).

O que se passou nos minutos seguintes foi algo considerado por muitos analistas fundamental para o rumo do caso. Displicentemente, ao descer do carro na porta de casa, O.J. repousou a mala no chão, antes de ser levado para dentro da residência pelos policiais. Em seguida, a secretária particular de O.J. e Robert Kardashian se abraçaram por vários minutos, aparentemente consolando um ao outro.

Duas semanas depois, porém, ao analisar detidamente a imagem daquele momento capturada por uma emissora de televisão, um jornalista percebeu que Kardashian e a secretária, na verdade, cochichavam ao ouvido um do outro, transparecendo que ela passava alguma instrução para o advogado. Na sequência, Kardashian pegou a mala deixada por O.J. e, discretamente, levou-a a seu carro e a guardou no porta-malas.

Os policiais não se deram conta de que, naquele momento, talvez a principal prova material do crime — como eventualmente roupas de O.J. com manchas de sangue ou mesmo a faca usada nos assassinatos, que jamais foi encontrada — estava sendo levada embora debaixo de suas barbas.

b) Os dias seguintes — a cinematográfica perseguição a O.J. Simpson

Os policiais que receberam O.J. em sua casa pareciam atônitos sobre o que e como fazer. Àquela altura, já tinham sido informados por seus colegas acerca do acúmulo de indícios que apontavam O.J. como autor dos crimes, notadamente o rastro de sangue, o par de luvas separado entre as duas residências e as manchas no Ford Bronco. Ao mesmo tempo, não escondiam a reverência ao ídolo, a quem começaram a fazer perguntas.

Em determinado momento, cumprindo quase automaticamente o ritual truculento dos agentes do LAPD, dois policiais algemaram O.J., sob o usual argumento de "proteger o próprio inquirido". Fizeram-no nos fundos da casa, em uma área reservada, mas um repórter mais ousado havia escalado um muro alto e conseguiu gravar a rápida cena (as algemas foram retiradas alguns minutos depois).

O.J. queria falar, como se buscasse se justificar de antemão. Levado à delegacia, respondeu a diversas perguntas dos policiais, que gravaram esse depoimento preliminar.

As respostas de O.J. sobre onde esteve e o que fizera no dia anterior, antes de embarcar tarde da noite para Chicago, foram desconexas e contraditórias. Posteriormente, os promotores acusaram os policiais que inquiriram O.J. naquela tarde de 13 de junho de terem sido amadores, tamanha a reverência ao interrogado, tendo desperdiçado uma grande oportunidade de obterem até mesmo uma confissão.

O.J. foi dispensado no fim da tarde e os dias que se seguiram foram frenéticos. Em especial na sede da Promotoria de Justiça de Los Angeles (Los Angeles County District Attorney's Office), encarregada da persecução criminal em todo o município, o alvoroço era enorme.

Gilbert Salvadore Iberri Garcetti, mais conhecido como Gil Garcetti, foi eleito promotor-geral de Justiça de Los Angeles dois anos antes, quando a cidade ainda se recuperava dos tumultos de 1992. Com a memória viva do trágico episódio, Garcetti vinha atuando de maneira a evitar a qualquer custo que o pesadelo da insurgência racial se repetisse.

A notícia das mortes e o possível envolvimento de O.J., portanto, caíram como uma bomba em seu escritório. No próprio dia 13, Garcetti designou os promotores Bill Hodgman e Marcia Clark para o caso. Julgou que a experiência e a temperança de Hodgman e a impulsividade e combatividade de Marcia comporiam uma dupla adequada para um caso tão importante.

Marcia Clark queria apresentar a acusação formal de O.J. pelos assassinatos no mesmo dia, mas foi convencida a aguardar a revisão dos testes preliminares de sangue — uma amostra do sangue do astro fora colhida quando ele esteve na delegacia, assim como foram recolhidas amostras de sangue dos corpos de Nicole e de Ronald. Os promotores foram informados do resultado dos testes ao fim do dia 15 de junho.

Adotando o processo de tipagem de DNA, considerado o mais preciso na ocasião, a perícia apontou que as gotas de sangue encontradas no quintal da casa de Nicole correspondiam ao tipo de O.J., enquanto o sangue na luva descoberta nos fundos da propriedade de O.J. era compatível com uma mistura do sangue dele com o das duas vítimas.

Nesse meio-tempo, a defesa de O.J. também se movimentou. O ex-jogador foi convencido, especialmente pelo amigo Robert Kardashian, a afastar o advogado Howard Weitzman, muito criticado por ter permitido o interrogatório preliminar de seu cliente na delegacia, substituindo-o por Robert Shapiro, renomado advogado criminalista.

Em 16 de junho, a promotoria acreditava contar com elementos mais que suficientes para levar O.J. Simpson a juízo. Como permitido pelas leis californianas e usual nesse tipo de situação, os promotores e o advogado Robert Shapiro acordaram que O.J. se apresentaria voluntariamente à Promotoria de Justiça no dia seguinte, 17 de junho, para ouvir a acusação que lhe era feita. De lá, todos seguiriam para o Fórum Central de Los Angeles, onde, perante um juiz, a acusação seria formalizada.

Em troca, a promotoria se comprometia a não requerer, ao menos por ora, a prisão de O.J.

No dia e horário marcados, porém, o ex-jogador não compareceu perante os promotores. Pressionado, Robert Shapiro forneceu o endereço da casa em que seu cliente estava refugiado, sob os cuidados de Kardashian. Quando os policiais chegaram, foram surpreendidos com a notícia de que O.J. havia sumido.

Aparentemente, o próprio Robert Shapiro estava surpreso e constrangido com a situação, até que surgiu Robert Kardashian com uma carta nas mãos. Momentos depois, Kardashian aparecia ao vivo na televisão lendo a carta manuscrita por O.J., em que este se despedia e informava que iria tirar a própria vida.

De um lado, a imprensa correu para descobrir quem era aquele até então desconhecido amigo de O.J., tão íntimo a ponto de lhe ter sido confiada uma carta de despedida. De outro, naturalmente, a polícia iniciou uma operação monumental de busca ao ex-jogador.

O.J. e Robert Kardashian tinham se conhecido havia cerca de vinte anos. Posteriormente, Nicole e Kris, então esposa de Kardashian, também se tornaram amigas e os dois casais frequentaram a casa um do outro por muitos anos.

Em 1991, a amizade entre os casais sofreu um abalo quando Kris abandonou Robert Kardashian para assumir um relacionamento com Bruce Jenner, ex-campeão olímpico de decatlo. Em 2015, ao cabo de um processo de transgeneridade, Bruce passou a se chamar Caitlyn Jenner e se tornou atriz e apresentadora de televisão.

Robert Kardashian foi um fiel escudeiro de O.J. durante todo o processo criminal, embora tenha sofrido um enorme drama de consciência à medida que as provas contra seu amigo eram trazidas a público. Até hoje, suas filhas Kim, Kourtney, Khloé e seu filho Rob Kardashian, que juntamente com a mãe buscaram inspiração no midiático Julgamento do Século para, anos depois, criar seu próprio *reality show*, lembram-se das aflições do pai, dividido entre a fidelidade ao amigo e a robustez das provas.

Pouco depois da leitura da carta de despedida feita por Robert Kardashian, O.J. foi visto no banco traseiro de um Ford Bronco rodando pelas autoestradas do sul de Los Angeles. O veículo, logo se constatou, não era o de O.J., mas um Bronco idêntico (branco, inclusive) de seu amigo Al Cowlings, que o dirigia.

Seguiu-se uma espetacular perseguição. Diversas viaturas e helicópteros da polícia passaram a acompanhar o Ford Bronco em meio ao trânsito caótico das autoestradas. Tudo, claro, transmitido ao vivo a todo país, atônito diante dos aparelhos de televisão.

A polícia só não interceptou o veículo porque O.J., de fato, tinha um revólver encostado na própria cabeça, enquanto o motorista e amigo Cowlings, pelo celular, pedia aos policiais que nada fizessem, pois, caso contrário, O.J. consumaria o suicídio. Como registrou o *Los Angeles Times* na ocasião: "*The O.J. Simpson 'white Bronco' chase was one of the most surreal moments in the history of Los Angeles criminal justice*" (A perseguição ao "Bronco branco" de O.J. Simpson foi um dos momentos mais surreais da história da justiça criminal de Los Angeles).

Após duas horas, durante as quais centenas de pessoas se postaram à beira das autoestradas para saudar a passagem do Ford Bronco, negociações chegaram a bom termo e Al Cowlings levou O.J. para casa, na avenida North Rockingham. Dentro do carro, os policiais encontraram o passaporte de O.J. e um saco contendo um cavanhaque e um bigode postiços, além de maquiagem.

À noite, O.J. era recolhido em custódia na cadeia do distrito de Los Angeles. Permaneceu preso até o fim do julgamento da ação penal, em outubro de 1995.

c) A ACUSAÇÃO FORMAL E O INÍCIO DO PROCESSO CRIMINAL — *I AM 100% NOT GUILTY!*

Na segunda-feira seguinte, 20 de junho, O.J. foi levado a uma rápida audiência perante um juiz municipal, ocasião em que foi informado da acusação de duplo homicídio e da designação da audiência do júri de acusação para dali a dez dias, 30 de junho.

O júri de acusação é uma espécie de júri preliminar que decide pela aceitação ou não da acusação. Uma vez que os assassinatos ocorreram em Brentwood, a promotoria tinha a opção de requerer que o júri de acusação — e a partir daí todo o processo criminal — ocorresse na jurisdição de Santa Mônica, permitindo acesso a uma lista de jurados majoritariamente branca.[6]

No entanto, em uma das decisões mais polêmicas de todo o caso, o promotor-geral Gil Garcetti optou pelo Fórum Central Criminal de Los Angeles (Downtown Criminal Courts), região de grande população negra, latina e asiática.

É fato que um terremoto ocorrido meses antes havia causado sérios danos ao Fórum de Santa Mônica, o que tecnicamente representava impedimento à realização, ali, de um julgamento tão rumoroso. Garcetti, porém, pouco se baseou nesse fato.

Acreditando já de antemão na culpa e na consequente condenação de O.J. e preocupado em turbinar sua imagem — sobretudo perante a comunidade negra — de pacificador, Garcetti se permitiu anunciar que a opção pelo Fórum Central era para garantir um veredito com mais credibilidade e com mais "percepção de justiça" do que aquele que seria dado por uma maioria branca em Santa Mônica.

Coube à promotoria, em preparação para o júri de acusação, completar as provas coligidas pela polícia com a tomada de outros depoimentos, como os de vizinhos de Nicole e pessoas que viram ou estiveram com O.J. em horários próximos ao dos crimes.

Foi quando a promotoria se deu conta de que haveria de lidar, além da defesa, com outro protagonista de peso no caso: a imprensa. Àquela altura, tamanho era o frenesi em torno dos assassinatos e da prisão em custódia de O.J. que a busca pela audiência falou mais alto do que os princípios que até então norteavam a imprensa dos Estados Unidos, entre os quais o que proibia jornalistas de oferecer pagamento em troca de entrevistas.

Ao menos uma testemunha-chave ouvida pela promotoria na fase de preparação para o júri de acusação foi entrevistada, mediante pagamento, por um periódico. Programas como o *Larry King Live* passaram a receber, quase que diariamente, entrevistados para falar sobre o caso, para desgosto e irritação da promotoria.

No sistema judicial norte-americano, o número de ofensas criminais que realmente vão a julgamento pelo tribunal do júri é infimamente menor que o número de casos que chegam ao conhecimento da justiça. Isso se dá através da renúncia do acusado ao julgamento pelo júri, optando, assim, pelo julgamento feito exclusivamente por um juiz, ou quando ocorre negociação com a promotoria para que a denúncia seja mais branda, mediante a admissão de culpa.

Robert Shapiro era um advogado criminalista reconhecido, principalmente, por sua habilidade em negociar bons acordos entre seus clientes e os promotores, sendo raras as vezes que um caso sob seus cuidados tenha chegado a júri. Mas ele não demorou a perceber que seria muito difícil que O.J. aceitasse qualquer tipo de acordo.

De suas reconhecidas qualidades, Robert Shapiro tinha o desprendimento de reconhecer as próprias limitações. Diante da perspectiva de um longo julgamento pela frente, buscou cercar-se de profissionais experientes e convidou para integrar o time de defesa o advogado criminalista F. Lee Bailey, o advogado especialista em interrogatório de testemunhas Barry Scheck e, como consultor, o renomado professor de Harvard Alan Dershowitz.

A primeira manobra bem-sucedida da defesa foi o cancelamento do júri de acusação, sob o argumento — acolhido pelo juiz — de que o vazamento pela imprensa de detalhes do caso, incluindo o impactante chamado ao 911 feito por Nicole meses antes dos assassinatos, além de entrevistas concedidas pelos próprios promotores dando como inquestionável a culpa de O.J. pelos crimes, poderiam influenciar os jurados de acusação.

A estratégia da defesa era usar a imprensa sempre a seu favor, fossem quais fossem a notícia ou a opinião veiculadas. O importante era explorar os efeitos deletérios causados pela exagerada exposição midiática aos princípios da discrição e da imparcialidade do julgamento. Só que, claro, quem mais alimentava essa exposição era a própria defesa, para irritação da promotoria, que não conseguia neutralizar essa tática.

Pelo contrário: desde o início a promotora Marcia Clark adotou uma postura de enfrentamento e, perante câmaras e microfones, decretou que se tratava de "assassinato planejado, executado de forma deliberada e premeditada". Com isso, amarrou prematuramente a linha de acusação, descartando a possibilidade de que O.J. tivesse assassinado a ex-esposa em um ataque de ciúmes, uma teoria perfeitamente cabível para o crime e que poderia ter levado a defesa a convencer O.J. a aceitar a alegação de insanidade.

Afastado o júri de acusação, coube à juíza municipal Kathleen Kennedy-Powell supervisionar o trabalho de coleta de provas e conduzir a audiência preliminar, encerrada em 8 de julho de 1994 com o acolhimento da denúncia e a decisão de que O.J. Simpson seria julgado pelo tribunal superior.

Em que pese a vitória preliminar da promotoria ao ter sua denúncia recebida, a defesa de O.J. avançava a passos largos na estratégia de transformá-lo de algoz em vítima de um sistema policial-investigativo truculento, falho e racista.

Para cada prova apresentada pela promotoria à juíza encarregada da audiência preliminar, a defesa levantava protestos e impugnações, por vezes com teses mirabolantes de suposta orquestração espúria entre policiais e promotores que, se não vingavam, eram reverberadas pela imprensa e acabavam incutindo na mente dos cidadãos, especialmente os negros, a sensação de que alguma coisa "estranha" estava ocorrendo.

Robert Shapiro, de início, buscava conferir aspecto técnico ao trabalho da defesa, provavelmente tendo em mente a possibilidade de um acordo mais à frente com a promotoria para tentar uma redução de pena, como era sua especialidade. No entanto, acabou sucumbindo à constatação de que a questão racial assumia um papel cada vez mais preponderante na condução do caso.

A equipe de defesa era composta até então, além do próprio Shapiro, por F. Lee Bailey e Alan Dershowitz, todos renomados advogados brancos cuja maior parte da clientela era de pessoas abastadas e também brancas. Era preciso, pois, trazer alguém mais próximo da comunidade negra para completar o time.

John (Johnnie) L. Cochran Jr. foi o escolhido. Advogado negro que se destacara por defender cidadãos afro-americanos em casos de violência policial, Johnnie era a pessoa certa para completar o *dream team* da defesa e foi oficialmente contratado em 18 de julho de 1994.

Antes, porém, sucedeu algo curioso que diz muito acerca da personalidade de O.J. Simpson. Quando Robert Shapiro, em visita ao cliente na prisão, lhe explicou a estratégia de contratação de Johnnie Cochran e toda a ideia de explorar a questão do racismo, O.J. mostrou seu inconformismo gritando "*I am not black, I am O.J.!*" (Eu não sou negro, sou O.J.!).

De fato, desde que adquirira fama em São Francisco e principalmente após se integrar totalmente à elite branca da Universidade do Sul da Califórnia, O.J. se afastara por completo de suas origens. Era muitas vezes duramente criticado por não apoiar os movimentos de igualdade racial e até mesmo acusado de trair a comunidade negra, por quem nada teria feito depois de alcançar o estrelato.

Essa era, sem dúvida, uma percepção que precisava ser profundamente alterada, pois não casava com a estratégia construída pela defesa. Daí a necessidade de Johnnie Cochran, o mais influente advogado negro de Los Angeles, juntar-se à equipe.

Cochran era um sedutor e não demorou a conquistar a simpatia e a confiança de O.J., o que, mais adiante, acabou por tornar Cochran o líder da equipe de defesa, causando ciúmes em Robert Shapiro e diversos atritos entre os dois ao longo do julgamento da ação penal.

O fato é que O.J. foi convencido por seus advogados de que não havia outra saída. Os indícios materiais de autoria eram muito evidentes. Todas as provas materiais e circunstanciais até então coligidas apontavam para O.J. Simpson como o assassino de Nicole e Ronald. O cenário era do típico caso de violência doméstica que culminou com o assassinato da vítima e daquele que teve o infortúnio de estar com ela no momento do crime.

Portanto, era preciso agir rápido para criar uma história paralela e lhe conferir ares de credibilidade suficiente para evitar que qualquer júri alcançasse o grau de convencimento necessário para ditar o veredito de culpado.

A imprensa, sempre ela, foi o instrumento mais usado pela defesa de O.J. Simpson para divulgar essa história e ajudar a trazê-la do plano quase metafísico para a realidade. No próprio dia da contratação oficial de Johnnie Cochran, 18 de julho de 1994, o famoso e respeitado apresentador Larry King assim abriu seu programa de televisão:

> A acusação é simples e assustadora e já desencadeou uma nova onda de debates acalorados sobre o caso O.J. Simpson. A alegação da defesa, que veio a público hoje em duas revistas respeitadas, foi a seguinte: "O.J. Simpson foi vítima de uma armação. Foi incriminado como assassino por um policial racista que plantou uma das famigeradas luvas manchadas de sangue na mansão de Simpson."

Até então abatido e nervoso, O.J. animou-se após a entrada de Cochran no caso. Em 22 de julho, o ex-jogador foi levado à presença do juiz Cecil Mills para ser formalmente notificado do início do processo, informado da designação do juiz Lance Ito para presidir o julgamento da ação penal e indagado sobre sua culpabilidade. Esse é o principal momento em que o réu pode se declarar culpado e, com isso, obter benefícios no julgamento ou na dosimetria da pena.

Sem hesitar, O.J. respondeu ao juiz: "*I am absolutely, 100 percent, not guilty*" (Sou completamente, 100%, inocente). A fala assertiva de O.J., em tom quase desafiador, deu início formal ao histórico embate entre a promotoria, personificada na não menos assertiva e competitiva Marcia Clark, e a defesa, cada vez mais capitaneada pelo brilhante orador Johnnie Cochran, sob os olhos do nem sempre firme juiz Lance Ito.

Começava o Julgamento do Século.

O júri

O júri popular é da essência da democracia norte-americana desde a época da Declaração de Independência de 1776, que acusava o rei George III, entre outros desmandos, de "*depriving us in many cases of the benefits of trial by jury*" (privar-nos [os então colonos], em várias situações, dos benefícios do julgamento pelo tribunal do júri).

O artigo III da Constituição dos Estados Unidos estabelece que o julgamento de todos os crimes, à exceção do *impeachment*, deve se dar pelo júri. A Sexta Emenda garante a todo acusado em ação criminal o direito a um julgamento célere e público através de um júri imparcial. Por fim, a Sétima Emenda estabelece o julgamento pelo júri também para ações civis e proíbe que a decisão do júri quanto aos fatos seja reexaminada por qualquer Corte dos Estados Unidos.

Ao contrário de outros países em que o instituto do júri, ao longo das décadas, perdeu relevância e abrangência, limitado apenas a casos de extrema gravidade, nos Estados Unidos o júri segue protagonista do sistema criminal de justiça e, em menor escala, também na esfera civil de reparação de danos.

É parte indissociável da tradição política do povo norte-americano a atuação em tribunais de júri, considerada um dever cívico e manifestação de uma consciência jurídica comum, permitindo que todos sejam julgados por seus pares.

Estima-se que 90% dos julgamentos por tribunal de júri no mundo ocorram nos Estados Unidos e que 29% dos cidadãos norte-americanos qualificados (maiores de 18 anos, com residência mínima por um ano na respectiva jurisdição, domínio do inglês, sanidade mental, ausência de condenação criminal) já tenham sido listados em róis de jurados.

Ainda assim, os julgamentos por tribunal do júri, nos dias de hoje, não são tão numerosos como a literatura, os seriados de televisão e os filmes sugerem. Na quase totalidade dos estados norte-americanos, e de acordo com as respectivas legislações locais, a esmagadora maioria das causas criminais é resolvida pela aplicação da *plea bargain*, ou seja, a negociação entre defesa e promotoria que pode, à exceção dos casos em que é requerida a pena capital, resultar na admissão de culpa pelo acusado e consequente renúncia ao júri, cabendo ao juiz fixar uma pena reduzida.

Esse tipo de negociação pode ocorrer em qualquer momento do julgamento, antes do veredito final, ainda que o acusado — como fez O.J. — tenha se declarado não culpado na audiência inicial. Desde o início, Robert Shapiro cogitava esse caminho, mas o próprio O.J. e, posteriormente, Johnnie Cochran jamais quiseram sequer discutir o assunto.

Em parte por acreditar na possibilidade da *plea bargain*, em parte por ter consciência da comoção que causaria a condenação à morte de O.J., a promotoria, em setembro de 1994, às vésperas do início do trabalho de seleção dos jurados, anunciou que não pleitearia a aplicação da pena capital.

O procedimento de seleção dos membros do tribunal do júri, composto, na Califórnia, por 12 jurados e três suplentes, levou dois meses, de setembro a novembro de 1994. Sobre uma lista inicial de dezenas de cidadãos listados no rol de jurados do município (região central) de Los Angeles, a promotoria, a defesa e o juiz Lance Ito se debruçaram sobre entrevistas, análises e estudos.

Diante da importância e da visibilidade do caso, a promotoria e principalmente a defesa buscaram assessoria de terceiros. Pela primeira vez, os norte-americanos, a quem a televisão não poupava um movimento sequer do julgamento, souberam da existência de "consultores de júri", profissionais contratados a peso de ouro para identificar jurados potenciais que tenham predisposições favoráveis a seus clientes.

Para saber o que se passa na cabeça dos potenciais jurados, os consultores estudam sua linguagem corporal, checam a religião que professam e as organizações a que pertencem, interpretam os adesivos que usam em seus carros (um costume típico no país) e até vasculham seus lixos. Nos meios acadêmicos, a atuação desses consultores, os honorários que cobram e a própria utilidade do trabalho que realizam são bastante criticados.

Promotoria e defesa fizeram largo uso de seu direito, garantido pela lei californiana, de recusar até um certo número de jurados sem necessidade de explicar o motivo (as chamadas *absolute denials*). Em outros casos, levaram suas impugnações para apreciação do magistrado.

Finalmente, em 3 de novembro de 1994, o juiz Lance Ito proclamou a constituição do júri, agora investido da autoridade de Conselho de Sentença: oito negros, um branco, dois pardos e um hispânico, sendo oito mulheres e quatro homens. Uma formação esperada, haja vista a maioria negra que residia na região central de Los Angeles.

Para a defesa, a composição do júri veio ao encontro de sua estratégia focada na questão racial. Aos promotores Bill Hodgman e, principalmente, Marcia Clark, que a essa altura já tinha tomado para si a condução do caso, a composição tampouco desagradou.

A avaliação da promotoria era baseada em duas premissas. Por um lado, os promotores estavam convencidos de que o conjunto de provas contra O.J. era tão robusto que pouco importava a composição racial do júri. Por outro, acreditavam que conseguiriam neutralizar a questão racial durante o julgamento ou até mesmo invertê-la ao mostrar o ex-astro do futebol americano como um verdadeiro "traidor" da comunidade negra, de quem se afastara tão logo atingiu fama e dinheiro para se casar com uma branca e conviver somente com brancos.

As premissas e a avaliação da promotoria estavam totalmente equivocadas, como o desenrolar dos fatos mostrou.

Os promotores pareciam não dar a devida atenção para um ponto que se mostraria decisivo: pelas leis da Califórnia, como em quase todos os estados, o veredito em julgamentos criminais deve ser *unânime* e, aos jurados, que ao fim da instrução se reúnem para debater e deliberar entre eles sobre o veredito, cabe decidir pela culpa do réu quando dela estiverem convencidos *beyond a reasonable doubt* (ou seja, havendo dúvida razoável, devem optar pela absolvição).

Em 11 de janeiro de 1995, os jurados foram confinados em um hotel de Los Angeles (o termo em inglês é *sequestered*), onde viveriam os nove meses seguintes isolados do mundo exterior, sem televisão, rádio ou jornais, saindo apenas para comparecer às sessões de julgamento.

Permitimo-nos, aqui, abrir um breve parêntese para comparar os sistemas de júri nos Estados Unidos e no Brasil.

Instituído no Brasil em 1822 para crimes de imprensa, o julgamento pelo júri foi estendido a todas as causas pela Constituição do Império, em 1824. A legislação foi alterada ao longo dos anos, limitando o júri apenas às causas criminais.

A Constituição Federal, em seu artigo 5º, inciso XXXVIII, alínea *d*, garante a instituição do júri com competência para o julgamento dos crimes dolosos contra a vida, basicamente o homicídio, o infanticídio, o induzimento, instigação ou auxílio ao suicídio, o aborto e o feminicídio.

Ao contrário do que ocorre nos Estados Unidos, em que o acusado tem a prerrogativa de renunciar ao julgamento pelo júri, no Brasil essa possibilidade não existe, já que a competência constitucional da instituição do júri é indelegável e não pode ser afastada.

No Brasil, o corpo de jurados é composto por sete membros. Nos Estados Unidos, em geral é composto por 12 integrantes, com variações dependendo da legislação estadual aplicável.

A constituição brasileira assegura ao júri o sigilo de suas votações. Desse modo, a votação que ocorre na sala secreta se dá por quesitos e ocorre de modo que ninguém saiba qual foi o voto individual dos demais jurados. A votação se encerra quando houver a maioria simples.

Nos Estados Unidos, embora também se preze pelo sigilo, os jurados devem debater a causa até que se chegue ao consenso. Quando a unanimidade não é alcançada, ocorre o chamado *hung jury*, que leva o juiz, obrigatoriamente, a declarar um *mistrial* e determinar a convocação de novo julgamento.

Em ambos os países, é reconhecida a soberania das decisões tomadas pelo júri, que, a princípio, não estão sujeitas a revisão por qualquer juízo ou tribunal.

O sistema brasileiro, porém, até mesmo por não exigir a unanimidade do júri, prevê recurso de apelação, em determinadas hipóteses, contra a sentença de absolvição ou condenação decorrente do veredito alcançado, conforme artigo 593, III, do Código de Processo Penal. De qualquer modo, o que se pode obter por intermédio do recurso de apelação, em geral, é a anulação do julgamento, não a modificação do seu resultado.

Nos Estados Unidos, o recurso de apelação é cabível apenas nos casos de sentença condenatória, e seu provimento também acarreta a anulação do julgamento, para que outro seja realizado. Mas, nos casos de absolvição, em razão da proibição constitucional da dupla incriminação, não é admitido qualquer recurso, e a decisão tomada pelo tribunal do júri é definitiva no âmbito penal.

O JULGAMENTO

Robert Shapiro e Johnnie Cochran sabiam que a popularidade de O.J. Simpson diminuía com o passar do tempo. Por mais que a mídia mantivesse o caso diariamente no ar, a atenção das pessoas começava a arrefecer, ao mesmo tempo que as notícias sobre os atos de violência doméstica do ex-jogador ganhavam espaço nas discussões que se iniciavam em diversos estados para a aprovação de leis sobre o tema. Para a defesa, pois, era importante que o julgamento propriamente dito começasse o quanto antes.

Do lado dos promotores, não havia qualquer resistência à celeridade do processo, convictos que estavam de que contavam com provas mais do que suficientes para alcançar a condenação de O.J.

Ao juiz Lance Ito, por sua vez, também interessava que o julgamento se iniciasse logo, de maneira a mostrar aos milhões de jurisdicionados conectados ao caso pela televisão a presteza da Justiça e, claro, da sua atuação em particular.

Pelos padrões da Califórnia, o julgamento de um caso complexo de assassinato levava de um a dois anos para ser realizado. No caso O.J., o julgamento efetivo teve início em 24 de janeiro de 1995, pouco mais de sete meses após os crimes, com a apresentação das alegações iniciais (*opening statements*) pela promotoria.

Às vésperas da primeira sessão do julgamento, a pressão e o estresse levaram o promotor Bill Hodgman a um colapso nervoso que lhe causou uma disfunção cardíaca. Embora tenha sido liberado pelos médicos dias depois, não mais voltou à linha de frente do caso O.J., passando a atuar nos bastidores.

Hodgman foi substituído por Chistopher Darden, um promotor auxiliar sem grande experiência que até então conduzia a investigação e denúncia contra Al Cowlings, o amigo de O.J. que o ajudara na tentativa de fuga espetacular pelas vias da Califórnia.

O promotor-geral Gil Garcetti e a promotora Marcia Clark certamente levaram em conta, na escolha de Christopher Darden, não apenas o seu conhecimento dos fatos por vir atuando na denúncia contra Cowlings, mas principalmente por ele ser negro, de origem relativamente humilde. Na visão de Garcetti e Marcia, Darden angariaria simpatia daqueles jurados que eventualmente se deixassem levar pela questão racial explorada pela defesa. Ledo engano.

a) Divergência na acusação e alinhamento na defesa

Desde as alegações iniciais e durante os vários meses seguintes, a promotora Marcia Clark se manteve firme na estratégia que definira para o caso.

A partir dos depoimentos de testemunhas de fatos ocorridos na noite de 12 de junho, Marcia mostraria que O.J. teve tempo e oportunidade de cometer os crimes. Contava, principalmente, com os relatos do rapaz que morava na casa de hóspedes ao fundo da propriedade de O.J., de uma mulher que viu o ex-jogador dirigindo em alta velocidade o Ford Bronco nas redondezas em horário compatível com o estimado para os crimes e do motorista que aguardou longamente por O.J., à porta de sua casa, para levá-lo ao aeroporto de onde tomaria o voo para Chicago.

Lançando mão de registros de ocorrência policial e da internação hospitalar de Nicole por agressão e principalmente da gravação de sua chamada para o serviço de emergência, Marcia apontaria a violência doméstica (sentimento de O.J. de posse e ciúmes da ex-mulher) como a motivação para o crime.

Mas, acima de tudo, Marcia dispunha de provas materiais que reputava imbatíveis: fios de cabelo, fibras e sobretudo sangue encontrados tanto na cena do crime quanto na propriedade de O.J., cujo exame de DNA concluíra serem todos compatíveis com uma mistura dos tipos do réu, de Nicole e Ronald. E também o caminho das pegadas manchadas de sangue e o par de luvas.

É bem verdade que a arma do crime jamais foi encontrada. Especula-se até hoje que estivesse, assim como as roupas que O.J. teria usado no momento do crime e que provavelmente ficaram impregnadas pelo sangue das vítimas, na mala Louis Vuitton que O.J. trouxe consigo de Chicago e displicentemente deixou no chão e foi recolhida pelo amigo Robert Kardashian.

Reforçando essa suspeita, tem-se o fato de que, assim que essa cena foi veiculada na televisão, Robert Kardashian, que havia anos deixara de advogar para se dedicar aos seus negócios, apressou-se a renovar sua habilitação perante a ordem dos advogados de Los Angeles para, em seguida, receber uma procuração de O.J. e passar a integrar, ao menos formalmente, a equipe de defesa do acusado.

Como advogado de O.J., Kardashian passou a desfrutar do privilégio de não poder ser interrogado nem chamado a depor no caso, o que sepultou de vez o enigma da mala Louis Vuitton. Ainda assim, em todos os dias de sessão no tribunal, Robert Kardashian, ao chegar, era bombardeado pela imprensa com a pergunta *"Where is the bag?"* (Onde está a mala?).

Marcia Clark estava decidida a não entrar no jogo da questão racial, pois acreditava que nada poderia se sobrepor às provas de que a acusação dispunha. Mas, especialmente nesse ponto, a escolha do promotor Christopher Darden se mostrou equivocada.

Não se pode dizer que Darden tenha fraquejado em sua atuação. Pelo contrário, ele estava igualmente convicto da culpa do réu e buscou com todo o esforço a sua condenação. Ao longo do julgamento, porém, Darden se deixou abalar por comentários e cobranças da comunidade negra. Durante os meses de julgamento, quando visitava seus pais no bairro de maioria negra onde crescera, era questionado por familiares e amigos por "estar do lado dos brancos".

O experiente e astuto Johnnie Cochran logo percebeu essa pressão psicológica sobre Darden e passou a provocá-lo sempre que tinha uma chance. Em que pese jamais ter havido qualquer questionamento sobre a seriedade e o profissionalismo do promotor Christopher Darden, é certo que, ao tentar contornar a estratégia da defesa de focar na questão racial, ele acabou sendo tragado por ela.

Com isso, em diversos momentos da apresentação de provas, Darden discordou de Marcia Clark em pleno julgamento, causando uma impressão de falta de sintonia entre os promotores.

A defesa, ao contrário, mostrou-se, pelo menos aos olhos dos jurados, coesa e coerente desde o início, explorando o histórico violento da polícia de Los Angeles em relação à comunidade negra como pano de fundo daquilo que Johnnie Cochran considerava uma armação contra O.J. por parte de agentes do LAPD.

A defesa manteve-se firme nessa estratégia até o fim graças a Johnnie Cochran, que a desenvolveu assim que foi integrado à equipe, e a F. Lee Bailey, que a abraçou desde o início. O consultor Alan Dershowitz logo concordou que o foco deveria mesmo ser a questão racial, principalmente como a maneira mais eficaz de criar "dúvida razoável" na mente dos jurados.

Curiosamente, Robert Shapiro, que formou a equipe, era o mais inseguro com relação à estratégia traçada. Temia que a exploração da questão racial reacendesse os ânimos para uma explosão social nos moldes dos Tumultos de Los Angeles de 1992. Sempre que tinha uma oportunidade, tentava levantar a possibilidade de um acordo de confissão em troca de redução da pena, mas com o tempo embarcou de vez na tese e manteve a unidade da equipe.

b) Violência doméstica

Mantendo sua postura de focar nas provas circunstanciais e sobretudo nas materiais dos crimes, Marcia Clark relegou a segundo plano, por exemplo, a questão da violência doméstica por considerar mais fácil condenar um ídolo nacional mostrando suas mãos concretamente sujas de sangue do que falando mal do seu passado conjugal.

No início, Christopher Darden não questionava a estratégia definida por Marcia, mas no curso do julgamento, abalado pela questão racial trazida pela defesa, entendeu que era necessário também explorar tanto quanto possível o mau caráter de O.J. A maneira como os dois trataram a questão da violência doméstica mostrou bem esse afastamento de Darden da estratégia definida por Marcia.

No intrincado processo criminal norte-americano, o juiz não tem apenas a função de anunciar o veredito do júri e ditar a pena, como pode parecer à primeira vista. Entre outras atribuições, ele tem a importante função de decidir eventuais desavenças entre promotoria e defesa acerca das provas que podem e devem ser trazidas ao conhecimento dos jurados.

Na fase pré-julgamento, os promotores e advogados de defesa já haviam acordado, com homologação pelo juiz Lance Ito, que a questão da violência doméstica seria limitada a fatos concretos, recentes e essenciais para o deslinde do caso. Afinal, Marcia Clark confiava que a gravação do telefonema feito por Nicole ao serviço de emergência 911, meses antes do assassinato, falava por si.

Na sessão destinada a ouvir as testemunhas arroladas para falar do relacionamento do ex-casal, Darden ficou responsável pela inquirição, pelo lado da promotoria. A sessão começou com a reprodução da gravação do telefonema de pedido de socorro ao 911. Marcia Clark queria parar por aí, pois os gritos de desespero de Nicole e a voz de O.J. ao fundo, dizendo que iria matá-la eram realmente impactantes.

Darden, porém, chamou as testemunhas. As duas primeiras foram um casal de vizinhos de Nicole, que supostamente teriam presenciado tentativas de O.J., aos berros, de invadir a casa da ex-mulher.

Os depoimentos dos dois, porém, foram extremamente evasivos, provando que terceiros geralmente não gostam ou não se sentem à vontade para falar da vida familiar de outrem, mormente após tragédias que eventualmente poderiam ter sido previstas por pessoas próximas.

A terceira testemunha foi Denise Brown, irmã mais velha de Nicole, que acompanhara de perto e por muitos anos o relacionamento entre o réu e a vítima. No afã de obter de Denise os mais dramáticos relatos, porém, Darden violou o acordo feito anteriormente entre promotoria e defesa para que a questão da violência doméstica ficasse limitada no tempo e no escopo.

Sob provocação de Darden, Denise Brown começou a relatar episódios sórdidos e íntimos do casal desde a época em que os dois se conheceram, em 1977. A defesa protestou com fúria e Darden foi fortemente admoestado pelo juiz Lance Ito por descumprimento do acordo sobre provas.

A admoestação desconcertou Darden e o depoimento de Denise Brown perdeu sentido. O impacto inicial que a fita de áudio com o pedido de socorro de Nicole havia causado nos jurados foi nitidamente esvaecido pela inábil condução dos depoimentos testemunhais.

Mas a promotoria ainda estava por cometer aquele que foi considerado o mais primário dos erros durante o julgamento.

c) *If it doesn't fit, you must acquit*

Das provas materiais, o par de luvas manchadas de sangue era o elemento mais vistoso aos olhos do público. Afinal, a polícia havia encontrado uma das luvas ao lado dos corpos das vítimas e a outra na propriedade de O.J., próxima à cerca.

Em uma das sessões de julgamento, o par de luvas foi trazido e exposto aos jurados. Marcia Clark deteve-se na localização das luvas e no exame de DNA.

A defesa já se preparava para a resposta quando Christopher Darden se levantou e pediu ao juiz permissão para que O.J. vestisse as luvas perante os jurados. Marcia Clark mal acreditou no pedido do colega, pois havia sido combinado que não arriscariam esse movimento.

Um dos maiores erros de um promotor é introduzir uma prova que levante uma "dúvida razoável" na mente dos jurados. Pois foi exatamente isso o que Darden fez. Com autorização do juiz, o promotor fez com que O.J. provasse as luvas. Não serviram. Eram pequenas demais para as mãos de O.J.

Marcia Clark mal pôde conter a irritação com seu colega, que ainda tentou, sem sucesso, forçar as mãos de O.J. para dentro das luvas, em um ato quase patético.

Algumas razões podem explicar o ocorrido. As luvas estavam sem uso havia tempo e ressecadas pelo próprio sangue que as permeou. Como prova material de crime, estavam cobertas, por dentro e por fora, com uma fina película de plástico de proteção. Também havia notícias de que O.J. estava tomando remédios que lhe causaram inchaço nos últimos meses.

De qualquer forma, foi mais um passo equivocado da promotoria. Mesmo que as luvas tivessem servido, a defesa certamente alegaria que um tamanho grande serviria a qualquer um. A promotoria, portanto, nada tinha a ganhar com essa cena.

Johnnie Cochran aproveitou o episódio para incutir dúvida no júri. Lembrando aos jurados que, havendo dúvida razoável, a absolvição era de rigor, e empunhando as luvas que não couberam nas mãos de seu cliente, Cochran gritou: *"If it doesn't fit, you must acquit"* (Se [a luva] não serve, vocês devem absolver). A frase logo se transformaria em um bordão da defesa.

D) *THE N-WORD*

Se por um lado Christopher Darden se apavorou diante da questão racial, com Marcia Clark ocorreu o inverso, mas igualmente com efeito pernicioso para a acusação. Da mesma maneira que Darden cometeu erros por ter se abalado com a estratégia da defesa, Marcia os cometeu por desprezá-la. Seu pior passo foi insistir no depoimento de Mark Fuhrman, dessa vez contra a opinião de Darden.

Mark Fuhrman foi um dos detetives que percorreram a cena do crime e, depois, estiveram na propriedade de O.J. ainda na madrugada de 13 de junho. Fuhrman foi o primeiro a detectar as manchas de sangue no Ford Bronco estacionado à porta da casa de O.J. e quem encontrou a luva caída perto da cerca dos fundos, atrás da casa de hóspedes. Era natural, portanto, que a promotoria o tivesse arrolado como testemunha.

Tão logo a defesa tornou pública sua estratégia de alegar uma armação da polícia contra O.J. e afirmar que isso era recorrente quando os suspeitos eram negros, a atuação dos membros do LAPD que trabalharam nas investigações passou a ser objeto de especial atenção pela imprensa e de pesquisa pela defesa.

Mark Fuhrman tinha um histórico particularmente controverso. Descrito por colegas e amigos como linha-dura, militarista e conservador, Fuhrman teria o costume de criticar casamentos inter-raciais, zombar de afro-americanos em geral e — o pior de tudo — se referir a eles como *niggers*.

Até meados do século passado, o uso do termo *nigger* para se referir aos povos de origem africana era relativamente comum. No entanto, com as mudanças sociais trazidas pelo movimento dos direitos civis na década de 1960, acaloradas discussões surgiram a respeito da maneira correta (leia-se não preconceituosa) de se referir a esses povos e a outros grupos havidos como minorias.

Até o fim dos anos 1980, aceitava-se *black* como o termo correto e, na década de 1990, a preferência "culta" foi dada a *African American*. Atualmente, pacificou-se, ao menos entre os estudiosos da língua e de seus reflexos na sociedade, o uso dos dois termos: *black* e *African American* (também *Afro-American*).[7]

A expressão *nigger*, contudo, tornou-se algo próximo de uma blasfêmia. Já em 1967, em uma declaração sobre sua recusa de se alistar nas Forças Armadas, Muhammad Ali disparou: "*No Vietcong* [posteriormente ele corrigiu para *Vietnamese*] *ever called me nigger*" (Nenhum vietcongue jamais me chamou de negrinho).

Ten Little Niggers (*O Caso dos Dez Negrinhos*) era o título original da famosa história policial escrita por Agatha Christie, em 1939. Anos depois, editores norte-americanos alteraram o título para *Ten Little Indians*[8] em virtude do crescimento da repulsa ao termo *nigger*. Nos anos 1980, o título foi definitivamente alterado para *And There Were None* (*E não sobrou nenhum* [sic], em português).

Em 1955, foi lançado o filme britânico *The Dam Busters* (em português, dada a criativa e descompromissada tradução adotada no cinema, *Labaredas do Inferno*), de grande sucesso, narrando a história da bem-sucedida Operação Chastisse, da Força Aérea Real, na Segunda Guerra Mundial. A mascote do batalhão era um labrador preto chamado *Nigger*, cujo nome também serviu de código secreto da operação. O termo é, portanto, mencionado várias vezes no filme.

Desde a década de 1990, a reprodução da película nas televisões norte-americanas e britânicas tem causado enorme polêmica, desde aplausos das comunidades negras até pesadas críticas de entidades anticensura, pois ora o nome *Nigger* é trocado por *Digger*, ora por *Trigger*, com evidente comprometimento do som original.

Em 2008, o diretor Peter Jackson anunciou a refilmagem de *The Dam Busters*, projeto até hoje não concretizado. Não se sabe se e quando ocorrerá a nova produção, mas a única certeza que se tem é a de que, conforme desde o início anunciado por Jackson, o dócil labrador preto se chamará *Digger*.

E esse é apenas um exemplo dos muitos que poderiam ser citados para demonstrar a onda de repulsa que se formou em torno do termo *nigger*.

Pois Mark Fuhrman, segundo relatos, não via nada demais nesse termo. Pelo contrário, usava-o, de forma desrespeitosa, para se referir aos moradores negros de Los Angeles. Esses relatos chegaram à imprensa e, consequentemente, à promotoria e à defesa.

Christopher Darden queria a desistência do depoimento testemunhal de Fuhrman. Mas Marcia Clark, fiel ao seu entendimento de que as provas eram contundentes, insistia em ouvi-lo para que o detetive descrevesse aos jurados o momento da descoberta da luva no terreno de O.J. Ademais, Marcia confiava que os jurados, confinados no hotel, não tinham visto as reportagens sobre a suposta truculência, física e verbal, de Fuhrman.

Interrogado por Marcia Clark, Fuhrman descreveu com frieza as horas que passou nas casas de Nicole e de O.J., na madrugada e manhã de 13 de junho. Bom orador, Fuhrman passava segurança dos fatos descritos, o que deixou Marcia satisfeita com o seu depoimento.

Com a palavra para a inquirição, Johnnie Cochran iniciou com a tática dedicada a todas as testemunhas trazidas pela promotoria, formulando perguntas do tipo "o senhor tem certeza disso?", "como pode ter certeza daquilo?", "não poderia também ter sido desse outro jeito?". Como sempre, com o intuito de quebrar a certeza dos fatos incutindo dúvidas na mente dos jurados.

Cochran passou então a explorar a conduta do agente do LAPD, notadamente com relação a suspeitos e acusados negros. Perguntou diretamente se Fuhrman era racista e obteve resposta negativa. Perguntou se o detetive já tinha destratado ou zombado de algum suspeito em razão de sua raça, e mais uma vez a resposta foi negativa.

Finalmente, lembrando a Fuhrman que seu depoimento era dado sob juramento, Cochran lhe perguntou se alguma vez, em qualquer diligência policial, havia se referido a suspeitos negros usando o termo *nigger*. A simples menção a essa palavra causou um imediato murmurinho na sala de sessão. Fuhrman respondeu: "*Never*" (nunca). Cochran encerrou as perguntas.

O promotor Christopher Darden, revelando mais uma vez o quanto a estratégia da defesa o atormentava, protestou contra a menção por Cochran ao termo *nigger*, que ele próprio se recusava a pronunciar e que pedia que fosse retirado do processo.

Nas palavras de Darden ao juiz Lance Ito, que não acolheu o pedido de retirada da expressão dos autos: "*The 'N-word' is so vile that I will not utter it. It's the filthiest, dirtiest, nastiest word in the English language*" (A 'palavra-N' é tão vil que eu não vou pronunciá-la. É a palavra mais chula, suja, desagradável da língua inglesa).

Não era a primeira vez que alguém se referia a *nigger* como *the N-word*, mas foi certamente a partir do caso O.J. que essa forma eufemística tomou conta do vocabulário dos norte-americanos. Até hoje, mesmo nos círculos íntimos e meramente informativos, sem qualquer conotação pessoal, as pessoas costumam usar *the N-word*, jamais *nigger*.

Uma das características dos julgamentos longos é que as provas tomadas podem ser analisadas pela contraparte e eventualmente impugnadas ainda no curso do procedimento. Foi o que aconteceu com o depoimento de Fuhrman, cujas respostas negativas às questões sobre sua conduta no LAPD incentivaram a defesa a aprofundar a busca de evidências do perjúrio por ele cometido.

O esforço da defesa foi bem-sucedido. Dias depois, Johnnie Cochran pediu uma reunião com o juiz Lance Ito e a promotora Marcia Clark. Nesse encontro, em nome da defesa, Johnnie Cochran pediu uma nova intimação de Mark Fuhrman para depor. Cochran informou acerca do material que a defesa obtivera e a intenção de provar que o depoente cometera perjúrio.

Com autorização do juiz, um novo depoimento de Fuhrman foi marcado. Dessa vez, Cochran se concentrou no histórico da atuação do detetive. Voltou a lhe perguntar se alguma vez havia se referido a um negro por *nigger* e mais uma vez obteve resposta negativa. Foi quando o advogado iniciou a reprodução de fitas de áudio que continham conversas de Fuhrman com seus colegas gravadas durante determinadas ocorrências policiais e, principalmente, entrevistas que Fuhrman concedera a uma roteirista que trabalhava em um projeto sobre o LAPD.

O que se ouviu na sala de julgamento foi estarrecedor. Além de conterem a palavra *nigger* inúmeras vezes, os diálogos reproduzidos mostraram que Fuhrman destinava aos negros um tratamento autoritário e racista. Estava configurado o perjúrio e Fuhrman imediatamente se deu conta disso.

O perjúrio, ou seja, mentir perante a autoridade judicial em inquérito ou processo, é crime gravíssimo no sistema norte-americano, a ele se sujeitando o réu, inclusive. No Brasil, o artigo 342 tipifica o crime de falso testemunho, equivalente ao perjúrio, mas que não atinge o réu, em face da garantia de vedação à autoincriminação introduzida em nosso ordenamento pelo Decreto nº 678, de 6 de novembro de 1992 (promulgação da Convenção Americana sobre Direitos Humanos).

Fuhrman apenas alegou que não tinha se lembrado, no primeiro depoimento, dessas conversas. Aproveitando o momento de evidente tensão de Fuhrman ao se ver sujeito a um processo criminal por perjúrio, Cochran lhe fez a pergunta que, segundo analistas, definiu o resultado do julgamento: "Sr. Fuhrman, o senhor alguma vez em sua carreira já plantou provas em cenas de delitos?"

Receoso de ser pego novamente em uma armadilha e causar o agravamento do já configurado crime de perjúrio, Mark Fuhrman deu a resposta que a promotoria mais temia: "Reservo-me o direito previsto na Quinta Emenda dos Estados Unidos da América." Trata-se da previsão do devido processo jurídico, que garante o direito da pessoa de permanecer calada.

Johnnie Cochran não fez mais perguntas, pois já atingira seu objetivo de sempre: causar dúvida razoável na mente dos jurados.

e) O fator DNA

Até na apresentação daquela que seria uma prova técnica imbatível, os promotores Marcia Clark e Christopher Darden sucumbiram à maestria da defesa em lançar dúvidas, dúvidas e mais dúvidas.

A testemunha-chave da promotoria era Dennis Fung, cientista do laboratório de pesquisas do LAPD que, na manhã de 13 de junho, compareceu à cena do crime e depois se dirigiu à casa de O.J. para colher amostras de sangue.

Fung coordenou a equipe que analisou as amostras pelo método de tipagem de DNA e concluiu que o sangue encontrado no Ford Bronco de O.J., na luva que jazia nos fundos de sua propriedade e em outros pontos do jardim era compatível com uma mistura do tipo sanguíneo de O.J., Nicole e Ronald.

Na apresentação que fez aos jurados, durante a inquirição da promotoria, Fung mostrou quadros, tabelas e gráficos que demonstravam cientificamente que a chance de o sangue encontrado no carro e na casa de O.J. não ser uma mistura do sangue dos três era ínfima, quase nula.

A exposição de Fung foi enfadonha e cheia de termos técnicos, levando alguns jurados a um estado de nítida desatenção. Ainda assim, Marcia Clark considerou que a testemunha desempenhou a contento o papel para o qual fora preparada: trazer a força da ciência para corroborar que O.J. era o assassino.

A defesa, não por acaso, destacou o advogado Barry Scheck para conduzir o *cross-examination* de Dennis Fung. Scheck era conhecido por sua atuação exatamente nesse tipo de inquirição cruzada e, para espanto de todos e em especial da promotoria, inquiriu Fung por inacreditáveis oito dias.

O foco de Scheck não eram os dados técnicos dos exames de laboratório, para o que ele tinha sido devidamente preparado pela promotoria, mas *como* as amostras tinham sido identificadas, recolhidas, transportadas e manuseadas.

Apesar de ser um dos três maiores departamentos de polícia do país, ao lado dos de Nova York e Chicago, o LAPD estava longe de ser rigoroso quanto ao cumprimento de protocolos por seus integrantes. Muitas vezes, os agentes não tinham o cuidado de registrar com precisão horários de coleta e de entrada do material no laboratório, de utilizar os recipientes próprios para transporte ou mesmo de identificar os nomes dos técnicos da equipe que tiveram acesso às amostras.

Fung nitidamente não tinha sido preparado para ser sabatinado sobre todos os detalhes do procedimento desde a coleta até a conclusão do exame do material e acabou, seja por nervosismo, cansaço ou pura desatenção, pego em diversas contradições. Scheck levou o depoente a omitir nomes, equivocar-se com datas e horários, voltar atrás em respostas anteriores, detalhes que, isoladamente, não comprometiam a lisura do procedimento, mas que no conjunto colaboraram para fomentar "dúvida mais do que razoável" na mente dos jurados.

Não bastasse ter sido bombardeado pela defesa por oito dias, Dennis Fung, ao final do depoimento, dirigiu-se a O.J. e o cumprimentou, assim como a todos os seus advogados que estavam do lado dele. A inusitada cena, mais tarde atribuída a pura tietagem, mostra o quanto Marcia Clark e Christopher Darden falharam na preparação daquela que era sua testemunha-chave.

As alegações finais e o veredito

As alegações finais de acusação e defesa ocuparam a última semana de setembro de 1995. Os promotores Marcia Clark e Christopher Darden dedicaram suas apresentações ao conjunto das provas que evidenciava ter sido O.J. o autor dos crimes e a violência doméstica o motivo dos assassinatos. Darden ainda apelou aos jurados para não enxergarem em eventual absolvição de O.J. a solução do problema da violência policial e do descaso do Estado para com os negros.

Os advogados de defesa aproveitaram as alegações finais para repisar todos os flancos apontados na investigação criminal, de modo a relembrar aos jurados que, em caso de dúvida razoável, impunha-se a absolvição. "*If it doesn't fit, you must acquit*", repetiu diversas vezes Johnnie Cochran.

O histórico violento e racista do detetive Mark Fuhrman, a revelação do perjúrio cometido e seu recurso à Quinta Emenda para não responder se já havia plantado provas em cenas de crime mereceram especial destaque nas alegações finais da defesa. O detetive que disse ter encontrado a luva na propriedade de O.J. era, na verdade, racista, preconceituoso, mentiroso e forjador de provas. Assim, Cochran construiu perante os jurados o que teria sido uma armação do LAPD capitaneada por Fuhrman para incriminar o ex-jogador.

Na tarde de sexta-feira, 29 de setembro de 1995, os trabalhos se encerraram e a primeira reunião de deliberação do júri foi marcada pelo juiz Lance Ito, para a segunda-feira, 2 de outubro, pela manhã.

As seguintes opções se apresentavam aos jurados, conforme formulários que lhes foram entregues pelo juiz: O.J. considerado (i) culpado por dois homicídios qualificados pelo meio empregado e pelo motivo torpe (*first-degree murders*), cuja pena seria a prisão perpétua; (ii) culpado por um homicídio qualificado e outro simples (*second-degree murder*), com penalidade também resultante em prisão perpétua; (iii) culpado por dois homicídios simples, cuja pena seria prisão por prazo reduzido; e (iv) inocente, caso em que O.J. sairia imediatamente livre.

Para todos os resultados (à exceção de alguma variação entre os graus dos homicídios), era necessário que o veredito fosse unânime, cabendo ao réu recurso de apelação caso fosse considerado culpado. O veredito pela absolvição seria considerado definitivo, não sujeito a qualquer recurso.

Por fim, havia uma quinta possibilidade que, após quase nove meses de julgamento, era temida por todos: o *deadlock* (impasse), quando os jurados não conseguem chegar ao consenso, tornando inviável a unanimidade exigida por lei. Nesse caso, o juiz Lance Ito teria que declarar *mistrial*, anulando o julgamento e abrindo oportunidade para a promotoria requerer a formação de outro.

Os jurados se encontravam "sequestrados" havia quase 11 meses e tinham diante deles um caso em que foram ouvidas 126 testemunhas e produzidas mais de quarenta mil páginas de transcrições de sessões do julgamento. Era quase um consenso entre todos os analistas que os jurados levariam vários dias — até duas semanas — para discutir o caso e deliberar.

Conforme determinado pelo juiz Lance Ito, na manhã de segunda-feira, 2 de outubro de 1995, o júri se reuniu na sala secreta. Cerca de duas horas depois, os jurados pediram ao juiz a releitura (*read-back*) do depoimento da testemunha Allan Park, no que foram atendidos. Park era o motorista da limusine que levou O.J. Simpson de casa ao aeroporto na noite de 12 de junho de 1994, cujo testemunho foi utilizado pela promotoria para mostrar que os horários dos movimentos de O.J. naquela noite se encaixavam com a hora estimada dos assassinatos.

Mais duas horas se passaram e, no início da tarde daquele 2 de outubro, a campainha soou três vezes na sala do juiz Lance Ito. Como a fumaça branca na chaminé da Capela Sistina, o triplo toque significava que um veredito havia sido alcançado na sala secreta. A surpresa do juiz foi enorme, pois eram esperados dias de deliberação, não quatro horas.

A notícia foi imediatamente comunicada aos promotores e aos advogados das partes, sendo que alguns deles estavam descansando fora de Los Angeles diante da expectativa de pelo menos uma semana de deliberações do júri. Para que todos pudessem estar presentes, o juiz Lance Ito marcou para a manhã de terça-feira, 3 de outubro de 1995, a sessão de leitura do veredito.

No horário marcado, a sala de julgamento estava lotada: promotores, advogados, parentes das vítimas, familiares de O.J. e imprensa. Os jurados adentraram e o juiz Lance Ito instruiu: "Sr. Simpson, peço que se levante e fique de frente para o júri." Em seguida, também a seu pedido, a escrivã leu o primeiro veredito:

> *We the jury in the above-entitled action find the defendant, Orenthal James Simpson, not guilty of the crime of murder in violation of Penal Code Section 187A, a felony upon Nicole Brown Simpson, a human being, as charged in count one of the information.*

(Nós, o júri instituído na ação acima intitulada, consideramos o réu, Orenthal James Simpson, não culpado pelo crime de homicídio em violação à seção 187A do Código Penal, cometido contra Nicole Brown Simpson, um ser humano, conforme a acusação apresentada.)

Na sequência, a escrivã leu o segundo veredito, com o mesmo teor, relativo ao homicídio cometido contra Ronald Lyle Goldman. Terminava ali o Julgamento do Século.

Os familiares de Nicole e Ronald foram tomados pela emoção; os promotores, pela frustração e incredulidade; O.J. e seus advogados, por contida alegria e alívio; a imprensa, por um verdadeiro frenesi.

Os jurados, após 265 dias de "sequestro", receberam palavras de agradecimento do juiz Lance Ito e voltaram para suas casas. Os poucos jurados que se pronunciaram após o julgamento disseram que, diante das alegações da defesa, ficaram com dúvidas sobre a *integrity* (integridade) de algumas das provas apresentadas.

O promotor-geral, Gil Garcetti, convocou uma entrevista coletiva em que, ao lado dos pais e da irmã de Ronald Goldman, declarou: "*We are, all of us, profoundly disappointed; this case was fought as a battle for victims of domestic violence; we hope this veredict does not discourage the victims, who are out there throughout our communities, throughout this country, from seeking help.*"[9]

A repercussão em todo o país foi imediata.[10] A maioria da população negra comemorou o resultado, se não pela inocência de O.J., ao menos pela "mensagem" que a absolvição transmitia a toda a sociedade sobre a questão racial e, principalmente, a violência policial. A grande maioria da população branca, por sua vez, lamentou o resultado e culpou a ineficiência do sistema penal. Até hoje, muitos se referem ao julgamento da ação penal como uma "ferida aberta".

Compatibilidade dos vereditos penal (*NOT GUILTY*) e civil (*LIABLE*)

A absolvição de O.J. Simpson na ação penal ainda ocupava significativo espaço na mídia quando, meses depois, veio à tona o ajuizamento, em Santa Mônica, da ação civil tratada no início deste artigo.

A maioria das pessoas não entendeu — e provavelmente muitos não entendem até hoje — por que O.J., cuja absolvição na ação penal foi corretamente explicada pela mídia como definitiva e irrecorrível, foi novamente chamado a juízo para responder pelos assassinatos de Nicole Brown e Ronald Goldman.

Na Califórnia, assim como na maioria dos estados norte-americanos, há independência entre as jurisdições penal e civil, de modo que, em regra, é possível o ajuizamento de ação civil de reparação de danos decorrentes de um ato ilícito criminal mesmo quando o réu tenha sido absolvido, na esfera penal, da prática desse mesmo ato (autoria).

Já a possibilidade de decisões aparentemente contraditórias, como ocorreu no caso O.J. Simpson, decorre da exigência, no criminal e no cível, de diferentes graus de convencimento face à prova produzida.

Em um julgamento criminal nos Estados Unidos, os jurados têm que decidir unanimemente pela culpa (*guilt*) do réu *beyond a reasonable doubt* (acima de qualquer dúvida razoável), para que ele seja condenado. No entanto, esse grau elevado de convencimento não existe em um julgamento civil, no qual se requer apenas o que a jurisprudência americana chama de *preponderance of the evidence* (preponderância da prova).

De acordo com o dicionário jurídico *Merriam-Webster*:

> *Legal Definition of preponderance of the evidence: the standard of proof in most civil cases in which the party bearing the burden of proof must present evidence which is more credible and convincing than that presented by the other party or which shows that the fact to be proven is more probable than not.*[11]

O Instituto de Informação Jurídica da Faculdade de Direito da Universidade de Cornell, por sua vez, destaca: "*Preponderance of the evidence is a requirement that more than 50% of the evidence points to something; this is the burden of proof in a civil trial.*"[12]

Some-se a esse menor grau de exigência probatória o fato de que a ação civil foi processada em Santa Mônica e o corpo de jurados foi composto, em sua maioria, por brancos. A questão racial nessa cidade não teve o protagonismo que alcançou no julgamento em Downtown Los Angeles.

Os jurados da ação civil se convenceram de que as provas apresentadas indicaram preponderantemente ser "mais provável do que improvável" que O.J. tivesse causado as mortes de Nicole e Ronald e, portanto, julgaram-no responsável (*liable*) pelas consequências civis dessas mortes (reparação de danos).

O mesmo poderia ocorrer no Brasil? No sistema brasileiro, em que pese a jurisdição estatal ser considerada una, na prática ela comporta, sim, fragmentação entre as esferas em que o Judiciário atua, como criminal, civil, eleitoral e trabalhista.

O artigo 935 do Código Civil Brasileiro[13] consagra a independência da responsabilidade civil em relação à criminal, mas cada caso deve ser analisado *per se*, de acordo com os dispositivos do Código Penal e do Código de Processo Penal. Em especial, deve-se perquirir o motivo da absolvição no juízo criminal[14] para se concluir pela viabilidade de se perseguir, ainda assim, reparação no juízo cível.

O artigo 66 do Código de Processo Penal Brasileiro estabelece: "Não obstante a sentença absolutória no juízo criminal, a ação civil poderá ser proposta quando não tiver sido, categoricamente, reconhecida a inexistência material do fato."

A absolvição do réu por conta do reconhecimento inequívoco da não ocorrência do fato que configura o tipo penal (no caso O.J., os homicídios de Nicole e Ronald) impede, obviamente, a perseguição de condenação do réu no cível, pois um fato não pode inexistir em uma jurisdição e existir em outra.

No entanto, quando a absolvição do réu na esfera penal se dá por conta do não reconhecimento da autoria do crime, a questão pode gerar dúvidas. Aqui, o paralelo com o caso O.J. fica um pouco prejudicado porque, nos Estados Unidos, o júri não responde a quesitos para que se conheça o verdadeiro motivo da absolvição.

Não se sabe se, ao proclamar O.J. *not guilty*, o júri formou convencimento de que não foi ele o autor dos homicídios ou se entendeu — como é a análise que prevalece — que as provas não foram suficientes para que os jurados ultrapassassem a "dúvida razoável" quanto à autoria dos crimes. Na Califórnia, como se viu, isso não foi impedimento para que o ex-jogador fosse acionado e condenado no juízo cível.

Para efeito de comparação, vamos assumir que a absolvição de O.J. tenha realmente se dado por insuficiência de provas que pudessem convencer o júri de sua culpa. Nesse caso, no Brasil, assim como ocorreu na Califórnia, não haveria qualquer impedimento para o ajuizamento e procedência da ação civil, a despeito da absolvição pronunciada na ação penal, como previsto no artigo 66 do Código de Processo Penal, transcrito anteriormente.

Se, porém, a absolvição tivesse ocorrido pelo convencimento dos jurados, após exame das provas produzidas ao longo de quase nove meses de julgamento, de que O.J. não foi o autor dos assassinatos, entendemos que o sucesso de uma ação civil de reparação de danos, no Brasil, dependeria de alguma nova prova contundente, que por alguma razão não fora produzida no julgamento penal.

Em suma, o que a princípio pode parecer uma heresia, ou seja, alguém ser absolvido na esfera penal da prática de crime de homicídio e, na esfera cível, ser condenado ao pagamento de indenização pela prática desse mesmo crime, tem, na verdade, fundamentos jurídicos tanto no *common law* dos Estados Unidos quanto no Direito codificado do Brasil.

Conclusão

Não temos, obviamente, a pretensão de dizer se o veredito na ação penal foi correto ou incorreto. Permitimo-nos, porém, tecer algumas considerações com base em todo o histórico do caso.

Se o veredito de absolvição efetivamente ocorreu porque os jurados, após quase nove meses de julgamento, permaneceram com "dúvida mais do que razoável" acerca da autoria dos homicídios, essa é mesmo a regra do jogo.

Nesse cenário, cabem críticas ao descuido do LAPD, que, de fato, não exigia de seus agentes o cumprimento rígido de protocolos de investigação. De um dos agentes que depuseram em juízo, por exemplo, a defesa conseguiu obter a confirmação de que, no caminho entre a casa de O.J. e o departamento técnico da polícia, onde o material recolhido na residência seria analisado, parou em casa para que os filhos pudessem ver (e quiçá manusear) "as botas do ídolo O.J.".

A defesa foi competente em explorar essas atitudes quase primárias da polícia para incutir dúvida para lá de razoável na mente dos jurados. E a promotoria, mesmo conhecendo de longa data o "totalitarismo" que marcava a atuação do LAPD havia décadas, não teve a capacidade de prever essa estratégia da defesa e montar um plano para neutralizar esse tipo de questionamento em audiência.

No entanto, se o veredito de absolvição decorreu de um convencimento prévio por parte dos jurados da tese da defesa de que tudo não passou de uma armação da polícia contra um negro, dessa vez famoso e não um simples motorista como Rodney King em 1992, para "humilhar" a comunidade afro-americana, então não se pode deixar de reconhecer um vício no sistema.

Muitos analistas infinitamente mais capacitados do que este autor acreditam que a segunda hipótese pode ser verdadeira. As pesquisas feitas com a população após o julgamento constataram que a grande maioria dos negros ou acreditava na inocência de O.J., ou entendia que, inocente ou não, sua absolvição era necessária para transmitir uma "mensagem de resistência".

Oito dos 12 jurados eram negros, em uma localidade que pouco tempo antes sofrera com confrontos, saques, incêndios e depredações durante os dramáticos Tumultos de Los Angeles de 1992. Não é irrazoável supor que alguns dos oito jurados negros tivessem a mesma percepção que as pesquisas à época dos fatos constataram entre a população negra em geral acerca da "necessidade" da absolvição de O.J.

O sistema de júri nos Estados Unidos, por outro lado, facilita e até estimula o convencimento de jurados indecisos por aqueles que já se decidiram, mesmo porque, diferentemente do sistema brasileiro, lá se exige a unanimidade para condenar ou absolver o réu. O clássico *Doze homens e uma sentença*, primoroso filme de Sidney Lumet (1957), retrata bem essa dinâmica.

Nos quase dez meses em que estiveram confinados em um hotel, os jurados, ainda que vigiados por agentes, reuniam-se para as refeições e para atividades de lazer, como assistir a filmes ou caminhar. Certamente não faltaram momentos para que tentassem convencer uns aos outros.

Reforçando essa análise de que os jurados já estavam com a decisão tomada mesmo antes de encerrado o julgamento, os analistas apontam a inacreditável rapidez da sessão de deliberação. Quando se esperava que os jurados levariam dias para chegar a uma posição unânime, o veredito foi alcançado em apenas quatro horas, tempo considerado insuficiente para um completo debate sobre as provas produzidas.

Acreditamos, portanto, que, se for verdadeira (o que provavelmente nunca se saberá) a hipótese de que os jurados, ou a maioria deles, compraram antecipadamente a tese da armação pelo fato de O.J. ser um negro famoso, é realmente de se lamentar que vícios no sistema permitam esse tipo de veredito.

Esses vícios podem estar na escolha dos jurados, no despreparo da acusação[15] e na falta de punho do juiz presidente de ordenar as provas de maneira a manter o foco dos jurados na materialidade dos fatos e na autoria.

O julgamento da ação penal — ou Julgamento do Século, como batizado pela imprensa norte-americana — serviu mais para garantir audiência e os ganhos daí decorrentes do que, infelizmente, para ajudar a resolver a questão racial, que continua presente nos Estados Unidos e, por vezes, ainda explode em tristes episódios de convulsão social. Basta lembrar os confrontos entre supremacistas brancos e defensores do antirracismo em Charlottesville, no estado da Virginia, em 2017.

Mesmo a opinião da comunidade negra sobre o veredito da ação penal mudou significativamente com o passar dos anos. Hoje, a maioria acredita que O.J. era culpado, conforme pesquisa feita em 2016 pelo *The Washington Post* e compilada no gráfico a seguir:[16]

Vinte anos depois do caso O.J., as opiniões de brancos e negros seguem a mesma curva
Pergunta: Um júri da vara criminal considerou que Simpson não era culpado pelas acusações de matar a esposa e um amigo dela. Mais tarde, um júri da vara civil afirmou que Simpson era o responsável pelos assassinatos. Você acha que O.J. Simpson é culpado ou inocente? (Percentual de entrevistados que responderam "culpado").

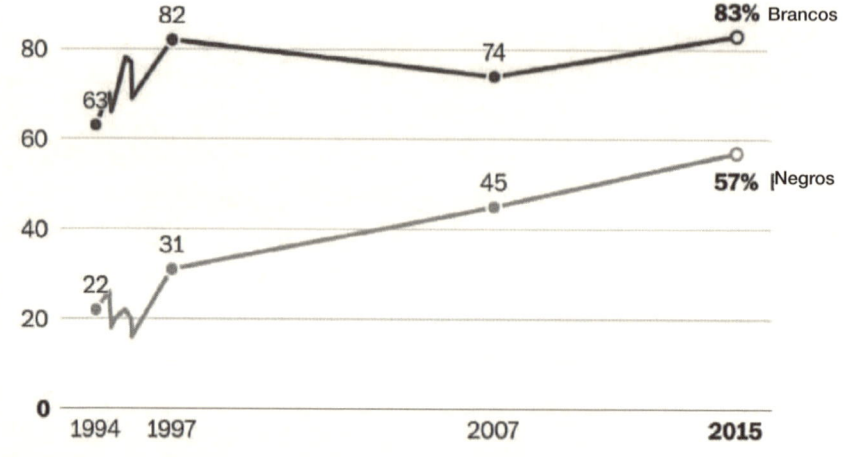

Em 2007, o veredito civil não foi mencionado antes da pergunta.

Fonte: Washington Post — ABC News Poll
The Washington Post

Por outro lado, vale registrar que, graças ao caso O.J. Simpson, a questão da violência doméstica veio a lume em diversos estados norte-americanos, que, desde então, vêm aprovando leis de combate a essa prática covarde.

Também em razão do caso O.J. e de sua extraordinária repercussão, a polícia de Los Angeles passou pela primeira reforma desde meados do século XX, com foco nos direitos humanos e no aperfeiçoamento de seus protocolos de investigação.

A sociedade como um todo, após mais de um ano acompanhando diariamente os lances espetaculares, as reviravoltas emocionantes e o desfecho perturbador do caso O.J., passou a se interessar mais pelos diversos temas que permearam o julgamento da ação penal. E principalmente se deu conta da penetração da imprensa em seus lares.

Os cursos de Direito Penal não são mais os mesmos após o caso O.J., que ditou parâmetros do que deve ou não ser seguido. Também cresceu o interesse pelas carreiras de promotores e advogados de júri nos Estados Unidos.

No entanto, esses avanços, ainda que importantes, lamentavelmente não foram — e sem dúvida jamais serão — suficientes para aplacar a dor e o sofrimento das famílias enlutadas pelos crimes bárbaros cometidos naquela noite de verão californiano, ali bem ao lado da Sunset Boulevard.

BIBLIOGRAFIA

ALEXANDER, Scott; KARASZEWSKI, Larry (roteiristas). *The People v. O.J. Simpson — American Crime Story*. Série da Netflix. 2016.

BAILARDO, Rafael. "Nação do Júri — 90% dos júris acontecem nos Estados Unidos." *Consultor Jurídico*, 28 out. 2010. Disponível em: <www.conjur.com.br/2010-out-28/estima-90-tribunais-juri-acontecem-estados-unidos>.

CLARK, Marcia; CARPENTER, Teresa. *Without a Doubt*. Los Angeles: Graymalkin Media Edition, 2016.

DERSHOWITZ, Alan M. *The Best Defense*. Nova York: Random House Edition, 1982.

EDELMAN, Ezra. *O.J.: Made in America*. Documentário da ESPN. 2016.

GIRA, Jay (diretor). *Kardashian: The Man Who Saved O.J. Simpson*. Documentário da Netflix. 2016.

JARDIM, Suzane. "Dissecando as relações raciais através de O.J. Simpson." Série de três artigos publicados no *Medium* (https://medium.com), em fevereiro de 2017.

TEODORO, Rafael Theodor. "*Trial of the Century*: vinte anos depois, o julgamento de O.J. Simpson continua a influenciar o jornalismo no mundo." *Metamorfose do mal*, 19 jun. 2014. Disponível em: <http://metamorfosedomal.blogspot.com/2014/06/trial-of-century-vinte-anos-depois-o.html>.

TOOBIN, Jeffrey. *The Run of His Life — The People v. O.J. Simpson*. Nova York: Random House Trade Paperback Edition, 2015. [Edição brasileira: *American Crime Story — O Povo contra O.J. Simpson*. Rio de Janeiro: DarkSide Entretenimento Ltda., 2016.]

Foram consultados artigos dos seguintes periódicos:

Los Angeles Times
The Guardian
The New York Times
The Washington Post

Notas

1 Pedimos vênia para transcrever o texto original em inglês quando assim for relevante à melhor compreensão dos fatos, com a respectiva tradução livre para o vernáculo, que, neste caso, seria: "Nós, o júri instituído na ação acima intitulada, consideramos o réu, Orenthal James Simpson, responsável pelas mortes de Nicole Brown Simpson e Ronald Goldman."
2 Por uma estratégia dos advogados, a família Brown não requereu indenização por *compensatory damages*.
3 A família Brown manteve-se sempre reservada, evitando declarações ou entrevistas, em respeito aos dois filhos do ex-casal O.J. e Nicole.
4 "Macacos no zoológico."

5 Para melhor fluência do texto, o autor se refere aos assassinatos de Nicole e Ronald ora no singular "crime" (no sentido de duplo homicídio), ora no plural "crimes" (no sentido de dois homicídios).
6 No estado da Califórnia, a lista de jurados é formada aleatoriamente por eleitores e indivíduos que detêm carteira de motorista na jurisdição do local do julgamento. Em Santa Mônica, 80% eram brancos.
7 No Brasil, o IBGE usa as nomenclaturas brancos, pardos, pretos, amarelos e indígenas para classificar as raças que compõem a população brasileira. O instituto costuma utilizar "negros" para se referir a pardos e pretos, em conjunto, o que tem levantado grandes discussões nos meios acadêmicos.
8 *Ten Little Indians* é uma conhecida canção folclórica norte-americana que fez muito sucesso no Brasil, entre as crianças, nas décadas de 1960 e 1970 (Dez indiozinhos).
9 "Estamos todos profundamente decepcionados; lutamos neste caso como uma batalha pelas vítimas de violência doméstica; esperamos que esse veredito não desencoraje as vítimas, espalhadas por nossas comunidades, por nosso país, de buscar ajuda."
10 Estima-se que 140 milhões de norte-americanos acompanharam, pelo rádio ou pela televisão, a leitura do veredito.
11 "Definição jurídica de preponderância da prova: o grau de prova na maioria dos casos civis em que a parte que detém o ônus da prova deve apresentar prova que seja mais crível e convincente do que aquela apresentada pela outra parte, ou que demonstre que o fato a ser provado é mais provável do que improvável."
12 "Preponderância da prova é o requisito de que mais de 50% da prova demonstre algo; esse é o ônus da prova em um julgamento civil."
13 Art. 935. A responsabilidade civil é independente da criminal, não se podendo questionar mais sobre a existência do fato, ou sobre quem seja o seu autor, quando essas questões se acharem decididas no juízo criminal.
14 Se houver condenação no juízo criminal, é pacífico que a vítima, seus parentes ou representantes podem buscar reparação civil, como estabelece o artigo 63 do Código de Processo Penal.
15 Em entrevista à ABC News, em 2014, Alan Dershowitz, que atuou como consultor da equipe de defesa de O.J. Simpson, declarou: "*We didn't win the case, they [prosecutors] lost it. They blew it, they made the worst possible mistakes.*" (Não ganhamos o caso, eles [os

promotores] perderam. Eles destruíram o caso, cometeram os piores erros possíveis).

16 Disponível em: <https://www.washingtonpost.com/news/the-fix/wp/2015/09/25/black-and-white-americans-can-now-agree-o-j-was-guilty/?utm_term=.723423ecfe11>. Acesso em: 10 set. 2018.

Flaubert

Pedro Paulo Salles Cristofaro

"Eu sou Emma Bovary!"

Sentado no banco dos réus naquele 29 de janeiro de 1857, Gustave Flaubert encarava o representante do Ministério Público, o procurador Ernest Pinard, com um misto de angústia, revolta e desespero. Cinco longos anos haviam sido dedicados à construção de seu romance. Flaubert pesara cada palavra, desenhara cada cena, escrevera e reescrevera cada sílaba na busca da descrição perfeita dos cenários, dos personagens, dos movimentos, dos diálogos e dos silêncios; procurara trazer para o papel os efeitos de uma sinfonia, na qual as múltiplas vozes dos diversos personagens, como os instrumentos de uma orquestra, se entrelaçavam.

Alguns anos antes, ao iniciar a elaboração de uma cena, ele registrara:

> Nunca em minha vida escrevi nada mais difícil do que aquilo que faço agora, um diálogo trivial! Esta cena da hospedaria exigirá talvez três meses, não sei nada. Tenho vontade de chorar. Devo inserir, ao mesmo tempo, cinco ou seis personagens (que falam), vários outros (de quem se fala), o lugar em que se está, toda a re-

gião, tecendo descrições físicas das pessoas e dos objetos, e tenho de mostrar em meio a tudo isso um senhor e uma senhora que começam (por simpatia de gostos) a se apaixonar um pelo outro.

Os últimos cinco anos haviam sido assim. Certas cenas lhe tinham tomado dias; outras, meses. E, até havia pouco, o autor vinha retrabalhando o texto. O ponto final foi colocado em março de 1856.

Por meio de um dos melhores amigos de Flaubert, Maxime du Camp, os originais foram enviados à *Revue de Paris*, importante semanário literário em que, anos antes, Balzac publicara seu *A mulher de trinta anos*. Num primeiro momento, o responsável pela publicação, o poeta Léon Laurent-Pichat, achou que a obra merecia ajustes. Com alguns cortes — um capítulo aqui, uma cena ali —, *Madame Bovary* poderia se tornar uma boa obra: bastaria livrá-la de suas passagens "inúteis".

Flaubert não concordou. Seu livro precisaria ser lido por inteiro, sem cortes. Não poderia ser retalhado.

Laurent-Pichat acabou por se convencer e, a partir de 1º de outubro de 1856, publicou o primeiro dos seis fascículos dedicados a *Madame Bovary*. Flaubert logo escreveu a Laurent-Pichat, agradecendo:

> Acabo de receber a *Bovary*. Antes de mais nada, devo manifestar minha gratidão (posso ser grosseiro, mas não ingrato). Fizeste-me grande serviço aceitando meu livro tal como é, e disso jamais me esquecerei.
>
> Acreditas que essa realidade ignóbil, cuja reprodução é para ti causa de tanto desgosto, também não me causa dor no coração? Todavia, desta vez, e desta vez apenas, julguei importante me estender em minúcias, aceitando tudo, pintando tudo. A arte não precisa de complacência e polidez. Precisa de fé e liberdade.

Qual, porém, era essa "realidade ignóbil" retratada por Flaubert?

A partir daqui, há *spoilers*. Nada, no entanto, que comprometa o prazer da leitura da obra. O enredo, hoje em dia, pode vir a parecer quase banal. O que jamais será banal, por outro lado, é o modo de contá-la, a profundidade que vem da observação de cada gesto narrado por Flaubert.

Madame Bovary narra a história de um medíocre médico de província, Charles Bovary, que em segundas núpcias casou-se com a jovem Emma. Em sua vida de tédio, Emma acaba "sucumbindo" três vezes ao adultério, dissipa o patrimônio de Charles e, por fim, suicida-se com arsênico.

Somente depois da morte de Emma, ao abrir uma escrivaninha, Charles descobre as cartas que a esposa recebera de um amante, Leon; e a foto de outro, Rodolphe. Dá-se conta, ali, de que fora traído. Não sai mais de casa, não recebe mais ninguém, não visita mais os doentes: chora alto enquanto a barba cresce. Um dia, vai ao mercado vender seu cavalo, último recurso de quem tudo perdera, e se encontra com Rodolphe. Charles "perde-se em devaneios diante daquele rosto que ela amara. Parecia rever alguma coisa dela. Era um deslumbramento. Teria desejado ser aquele homem". Então, diz a Rodolphe: "Não quero mal ao senhor", ao que acrescenta "uma grande frase, a única que jamais dissera: 'Foi culpa da fatalidade.'"

No dia seguinte, Berthe, a filha pequena que tivera com Emma, encontra Charles morto em um banco do caramanchão.

Caro leitor, cara leitora, não pensem que até 1856 jamais fora escrita uma história de adultério e morte. Não foi isso o que incomodou *monsieur* Laurent-Pichat ao ler os originais. O incômodo vinha de algo ao mesmo tempo mais corriqueiro e mais profundo: a naturalidade com que as cenas eram descritas — sem julgamentos, com precisão, como se acompanhássemos, da janela de uma casa, a vida de alguém. Além disso, havia a ideia de que a traição poderia ser uma "fatalidade". Charles, Emma e seus amantes eram pessoas, pessoas comuns, como quaisquer outras de 1856, como os vizinhos, os amigos, as esposas, os pais, os médicos, os jovens leitores e leitoras da *Revue de Paris*. Emma Bovary, de modo especial, incomodava o leitor da mesma forma como incomodaria, alguns anos depois, o olhar de Victorine Meurent, retratada nua por Manet em sua obra-prima *Olympia*. Incomodava por ser uma pessoa, incomodava por ser uma mulher real.

A partir de 1º de outubro de 1856 os parisienses puderam começar a acompanhar a história de Emma. Quatro fascículos foram publicados. No quinto, um problema. A cena da carruagem. A cena em que Emma se entrega a Leon.

Devo mais uma vez me dirigir a vocês, estimada leitora, prezado leitor. Não há nada na cena da carruagem que não tenha sido exibido em uma novela das seis ao longo dos anos 1970. Sujeito ao pudor, Flaubert não descreve um gesto, não retrata um corpo. Dessa vez, não olha para Emma e Leon de uma janela aberta. Ao contrário, fecha as cortinas da carruagem e a põe a cruzar a cidade. A cada vez que o cocheiro diminui o ritmo, ouve uma voz que sai do interior da carruagem: "Continue"; "Siga em frente"; "Não pare":

> E no porto, em meio aos carroções e aos barris, e nas ruas, nos marcos das encruzilhadas, os burgueses esbugalhavam os olhos diante daquela coisa tão extraordinária na província, uma carruagem com os estores fechados e que aparecia assim continuamente, mais fechada do que um túmulo e sacudida como um navio.
>
> Uma vez, pela metade do dia, em pleno campo, no momento em que o sol dardejava seus raios com maior força contra as velhas lanternas prateadas, uma mão nua passou sob as pequenas cortinas de fazenda amarela e lançou pedaços de papel, que se dispersaram ao vento e caíram mais longe como borboletas brancas num campo de trevos vermelhos floridos.
>
> Mais tarde, pelas seis horas, a carruagem deteve-se numa ruazinha do bairro Beauvoisine e uma mulher desceu, caminhando com o véu abaixado e sem virar a cabeça.

É isso. A *Revue de Paris* entendeu que a cena seria forte demais e a suprimiu, indicando em nota de rodapé: "A Direção se viu na obrigação de suprimir aqui uma passagem que não seria adequada para a redação da *Revue de Paris*, do que damos conhecimento ao autor."

Flaubert não gostou e enviou seus protestos a Laurent-Pichat, mas aceitou o argumento de que a publicação da cena poderia colocar em risco a própria *Revue de Paris*, cujas posições políticas eram críticas ao imperador Napoleão III. De fato, a França vivia o período mais autoritário do Império, com restrições à oposição parlamentar e também à imprensa.

Então, a *Revue de Paris* informou a Flaubert que novos cortes seriam necessários no sexto e último fascículo. Mas isso já era demais para o autor, que escreveu a Laurent-Pichat:

> A *Revue de Paris* conservou os originais de *Madame Bovary* por três meses antes de imprimir a primeira linha e deveria saber o que esperar da obra. Era pegar ou largar. Se a pegou, é lá com ela.
>
> Tudo concluído e aceito, consenti na supressão de uma passagem a meu ver muito importante, uma vez que a *Revue de Paris* afirmava correr riscos. Aceitei de bom grado. Todavia, não escondo (é ao amigo Pichat que me dirijo) que ali me arrependi da ideia de imprimir o livro.
>
> Devemos dizer nossas ideias por inteiro ou não dizer nada.
>
> Creio que já fiz muito. A revista deseja que eu faça ainda mais.
>
> Pois nada farei: nem uma correção, nem um corte, nem uma vírgula a menos: nada, nada!
>
> Se, contudo, a *Revue de Paris* crê que a comprometo, se tem medo, há algo mui simples a se fazer: parar a *Madame Bovary* imediatamente. Não me importo.
>
> Mais uma observação: suprimindo a passagem da carruagem, não retiraste nada do que escandaliza; e se suprimidas as novas passagens no novo número, como agora me solicitam, nada se modificará. Vós atacais os detalhes quando o que importa é a obra completa. O elemento brutal está nas profundezas, não na superfície. Não se embranquece o que é negro, não se altera o sangue de um livro. Pode-se empobrecê-lo. Isso é tudo!

O corte, porém, foi feito. Vários, aliás. Publicado em 15 de dezembro de 1856, o fascículo derradeiro trazia, por exigência de Flaubert, a seguinte nota de rodapé, assinada pelo autor:

> Certas considerações que não me cabem comentar levaram a *Revue de Paris* a realizar uma supressão no número de 1º de dezembro. Seus escrúpulos se renovaram por ocasião do presente número, e ela julgou conveniente retirar diversas passagens da obra. Por conseguinte, nego qualquer responsabilidade pelas linhas que se seguem; peço ao leitor que encontre nelas apenas fragmentos, e não uma obra completa.

A questão, de todo modo, parecia superada. Cabia a Flaubert pensar no futuro. No dia 24 de dezembro do mesmo ano, contratou, por oitocentos francos, a editora Michel Levy Frères para a publicação de *Madame Bovary* em forma de livro.

Infelizmente, entre o Natal e o Ano-Novo de 1856, Flaubert recebeu a notícia de que tinham sido insuficientes os cortes, a mutilação e a autocensura de sua obra promovida pela *Revue de Paris*. Flaubert, Laurent-Pichat e, ainda, Auguste Pillet, o impressor da revista, seriam levados ao banco dos réus. A acusação: ultraje à moral e à religião. A denúncia era assim justificada em relação a cada um dos réus:

> 1º. Léon Laurent-Pichat por ter, em 1856, ao publicar, nos números de 1º e de 15 de dezembro da *Revue de Paris*, fragmentos de um romance intitulado *Madame Bovary* e, especialmente, diversos fragmentos contidos nas páginas; (...) cometido os delitos de ultraje à moral pública e religiosa e aos bons costumes; 2º. Pillet e Flaubert por terem, Pillet, ao imprimir para que fossem publicados, e Flaubert, ao escrever e entregar a Laurent-Pichat, para serem publicados, os fragmentos do romance intitulado *Madame Bovary* acima citado, ajudado e assistido, com conhecimento, Laurent-Pichat nos fatos que prepararam, facilitaram e consumaram os delitos

acima mencionados, e por se terem assim tornado cúmplices desses delitos previstos pelos arts. 1º e 8º da Lei de 17 de maio de 1819, e 59 e 60 do Código Penal.

Flaubert via perseguição política nas acusações contra ele: "Eu sou um pretexto. Querem acabar com a *Revue de Paris*, que incomoda o poder. Estavam à procura de uma oportunidade. Encontraram."
Mas ele tinha medo:

> É certo que serei condenado. Se isso acontecer, nunca mais poderei escrever uma linha. Serei vigiado em minhas obras. Poderei ser preso. Em caso de reincidência, poderei ficar cinco anos em prisão fechada. E tudo isso porque eu estaria ofendendo a moral. Não é nada agradável ser acusado de ofender a moral. Entendo que escrevi um livro moral. Profundamente moral. Encontram obscenidades onde elas não existem.

O responsável pelas acusações contra Pichat, Pillet e Flaubert era o jovem procurador imperial Ernest Pinard. Profundamente religioso, Pinard frequentava com regularidade as missas na Notre Dame. Rigoroso, ele não via com bons olhos os jornalistas e escritores que ofendiam a religião. Alguns anos depois, como ministro do interior, ele se oporia à inauguração de uma estátua de Voltaire por julgá-lo ímpio. Na qualidade de membro do Conselho de Estado, apoiaria um projeto de lei que substituía a pena de prisão pela cassação de direitos políticos e multa aos jornalistas que cometessem "crimes de imprensa". A justificativa não seria bem vista nos dias de hoje:

> A prisão serve de pedestal aos jornalistas. Aqueles que cometem delitos de imprensa só podem ter dois motivos: ou criar uma situação política, ou ganhar dinheiro a qualquer custo. Para o primeiro caso, a perda de direitos políticos resolve; para o segundo, uma multa, uma forte multa, é suficiente.

Mas, naquele momento, ele se preocupava, sobretudo, com as jovens moças que podiam ser seduzidas pela obra de Flaubert:

> Quem lê o romance de Monsieur Flaubert? Serão homens que se ocupam de economia política ou social? Não! As páginas levianas de *Madame Bovary* caem em mãos mais levianas, nas mãos das moças, algumas vezes de mulheres casadas. Pois bem! Quando a imaginação tiver sido seduzida, quando essa sedução tiver descido até o coração, quando o coração tiver falado aos sentidos, pensais que um raciocínio frio terá suficiente força contra essa sedução dos sentidos e dos sentimentos? E, além disso, o homem não deve exaltar demais sua força e sua virtude, o homem tem instintos baixos e ideias elevadas e em todos a virtude é apenas consequência de um esforço, muito frequentemente penoso. Em geral, as pinturas lascivas têm maior influência do que os frios raciocínios.

O procurador Pinard temia que, após a leitura do livro de Flaubert, jovens moças em idade de se casar, ou ainda as recém-casadas, se deixassem levar pelo mau exemplo, se entusiasmassem com o caminho imoral trilhado por Emma, traíssem seus maridos, e que esse comportamento — pecaminoso, inaceitável, degradante — pudesse ser visto como uma mera "fatalidade".

No mês de janeiro, Flaubert preocupou-se com sua defesa. Contatou amigos, visitou o diretor-geral da polícia, procurou artistas de prestígio, como o poeta Alphonse de Lamartine, que, impressionado, sabia de cor e recitava trechos de *Madame Bovary*.

Além disso, é claro, Flaubert contratou um advogado: *Maître* Jules Sénard, amigo de sua família, uma estrela do *barreau* de Rouen, que se encarregaria de sua defesa.

Assim, às dez da manhã do dia 29 de janeiro de 1857, Gustave Flaubert, acompanhado dos *Messieurs* Pichat e Pillet, sentou-se no banco dos réus, ou no "banco dos escroques", da 6ª Câmara Correcional de Paris, como ele disse em uma carta a seu irmão.

Flaubert depôs. O que ele teria dito? As notas taquigráficas se perderam, mas, a julgar por uma minuta de memorial, preparada pessoalmente por Flaubert alguns dias antes, ele afirmou:

> Minhas justificativas estão no meu livro. Quando V. Exas. o tiverem lido, serão convencidos de que, longe de ter escrito um romance obsceno ou irreligioso, eu compus algo com um efeito moral. Será que a moralidade de uma obra de arte consiste na ausência de alguns detalhes "incriminadores"? Eu acreditei que os romancistas, como os viajantes, teriam a liberdade das descrições. Eu bem que poderia, como tantos outros, escolher o tema de minha obra nas classes mais excepcionais ou ignóbeis da sociedade. Mas, ao contrário, preferi tratar da classe mais numerosa e banal. Que a reprodução do meu livro seja desagradável, eu concordo. Que seja um crime, eu nego.

O procurador Ernest Pinard subiu à tribuna e, por uma hora e meia, atacou Flaubert, a *Revue de Paris* e, mais que tudo, atacou Emma.

> Senhores, ao iniciar este debate o Ministério Público se vê na presença de uma dificuldade que não pode disfarçar. Ela não reside na própria natureza da acusação: ofensas à moral pública e à religião são sem dúvida expressões um pouco vagas, um pouco elásticas, que é preciso esclarecer. Mas, quando se fala a espíritos íntegros, é fácil entender-se a esse respeito, distinguir se tal página de um livro ofende a religião ou a moral. A dificuldade, neste caso, não se encontra na incriminação, mas sim em toda a extensão da obra que deveis julgar. Trata-se de um romance inteiro. Um romance que se inicia em 1º de outubro e acaba em 15 de dezembro, dividido em seis fascículos. Nada parecido com um artigo de jornal, em que facilmente se vê onde começa e onde termina o delito. Que fazer nessa situação? Qual o papel do Ministério Público? Ler todo o romance? Impossível. Por outro lado, ler apenas os

trechos incriminados daria ensejo a uma crítica justificada: se não expuserdes o processo em todas as suas partes, se saltardes o que precede e o que segue as passagens incriminadas, é evidente que sufocais o debate, restringindo o terreno para discussão. Para evitar esse duplo inconveniente, há apenas uma direção a seguir, é a de primeiro contar-vos todo o romance sem o ler, sem incriminar nenhuma passagem, e depois ler, incriminar o texto, citando-o e finalmente responder às objeções que poderiam ser levantadas contra o sistema geral de incriminação.

E assim seguiu o promotor Pinard. Narrou com vagar a história de Emma, passou do geral ao particular, deteve-se sobre o título, contou as "quedas" da mulher de Charles, uma a uma, encontrou luxúria, sofreguidão, lascívia, pecado em cada linha. Perguntou-se: "A Sra. Bovary amou seu marido ou terá procurado amá-lo? Não. Os amantes chegam aos limites extremos da volúpia."

A acusação não entendia Charles, o marido viúvo que se descobre traído. Ele sofre, mas perdoa Emma e o seu amante: "Charles, um dia, abre a escrivaninha e nela encontra o retrato de Rodolphe, suas cartas e as de Leon. Pensais que o amor vai então desmoronar? Não, não, pelo contrário, excita-se, exalta-se por essa mulher que outros possuíram, em razão dessas lembranças de volúpia que ela lhe deixou."

Com voz eloquente, Pinard olhou para os juízes e depois para Flaubert e afirmou: "A ofensa à moral pública encontra-se nos quadros lascivos que colocarei sob seus olhos, a ofensa à moral religiosa em imagens voluptuosas misturadas às coisas sagradas. O colorido geral do autor é o colorido lascivo."

Uma passagem sobre a infância de Emma chocava o promotor. Nela se conta que, menina criada em um convento, Emma se via obrigada a inventar pecados para contar ao seu confessor:

> Será natural que uma menina invente pequenos pecados quando se sabe que, para uma criança, são os menores que são

os mais difíceis de dizer? Além disso, quando uma menina não está formada, mostrá-la inventando pequenos pecados na sombra sob o murmúrio do padre, lembrando essas comemorações de noivo, de esposo, de amante celeste e de casamento eterno, que lhe faziam sentir um frêmito de volúpia, não é fazer o que chamei uma pintura lasciva?

Também incomodava ao procurador a sensualidade que ele percebia nas cenas descritas por Flaubert. Pouco importava que essas cenas inventadas pudessem ser encontradas, todos os dias, fora dos livros. O que ele ressaltava era a conduta pecaminosa exposta pelo autor:

Veja-se esta cena: "Ao passar junto às portas, a orla do vestido de Emma roçava na calça de seu par, suas pernas entravam uma na outra; ele baixava seu olhar para ela, ela levantava o seu para ele, um torpor a invadia." Ora, sei perfeitamente que se valsa um pouco dessa maneira, mas o fato não é por isso mais moral.

A verdade é que o autor teve o maior cuidado. Empregou todos os prestígios do seu estilo para pintar essa mulher. Terá tentado mostrá-la pelo lado da inteligência? Nunca. Pelo lado do coração? Também não. Pelo lado do espírito? Não. Pelo lado da beleza física? Nem mesmo isso. Sei bem que existe um retrato de Madame Bovary após o adultério e dos mais brilhantes; mas o quadro é antes de mais nada lascivo, as poses são voluptuosas, a beleza de Madame Bovary é uma beleza de provocação.

Algo de encantador se derramou sobre Madame Bovary após o adultério. O autor chega a afirmar que "nunca Madame Bovary fora tão bela; possuía aquela indefinida beleza que resulta da alegria do entusiasmo".

Emma, a partir do primeiro erro, da primeira queda, faz a glorificação do adultério, ela canta o cântico do adultério, sua poesia, sua volúpia. Senhores, tudo é pálido diante da glorificação do adultério. O que o autor vos mostra é a poesia do adultério.

Pergunto-vos mais uma vez se estas páginas lascivas não são de uma profunda imoralidade.

Mas não era só. Emma peca, Emma não tem fé, Emma não respeita a religião. Emma não se arrepende. Nem mesmo quando parece se aproximar de Deus, no sagrado momento da comunhão, Emma tem um momento de menor torpeza:

> Haverá nessa adúltera que vai comungar alguma coisa da fé da Madalena arrependida? Não, não, é sempre a mulher apaixonada que procura ilusões, e que as procura nas coisas mais santas, mais augustas. Voluptuosa um dia, religiosa no dia seguinte, nenhuma mulher, mesmo de outras regiões, mesmo sob o céu da Espanha ou da Itália, murmura a Deus as carícias adúlteras que ela dava ao amante.

Como não culpar uma mulher que sente tanto desprezo por seu marido, um homem bom, reto, sincero, que a ama da maneira mais pura e sublime? Como não julgar, como não condenar uma mulher que se enche de nojo e horror ao sentir "contra a sua carne aquele homem estendido que dormia"?

O procurador Pinard olhou para cada um dos magistrados, encarou seus oponentes, deteve-se calmamente em cada um dos réus e, finalmente, apontou para Flaubert. Se Emma era uma figura nefasta, Flaubert era um irresponsável, um despudorado que "gosta de pintar tentações". Como podia um homem usar de seu talento para, sem nenhum limite, expor tanta podridão?

> *Monsieur* Flaubert faz uma pintura admirável sob o ponto de vista de talento, mas execrável do ponto de vista moral. Ele sabe embelezar suas pinturas com todos os recursos da arte, mas sem a cautela da arte. Não há uma gaze, um véu, é a natureza em toda a sua nudez, em toda a sua crueza.

Até mesmo na morte de Emma, Flaubert permitiu-se abusar da sensualidade, em frases que excitavam os homens de bem:

Narra o autor: "O lençol aplainava-se dos seios até os joelhos, erguendo-se em seguida na ponta dos dedos." Esta é a cena da morte. Abreviei-a, agrupei-a num certo sentido. Cabe a vós julgar e apreciar se se trata da mistura do sagrado e do profano, ou seria antes a mistura do sagrado e do voluptuoso.

Enfim, concluía o acusador:

> Os detalhes lascivos não podem ser acobertados por uma conclusão moral; caso contrário, poder-se-iam contar todas as orgias imagináveis, descrever todas as torpezas de uma mulher pública, fazendo-a morrer sob uma miserável cama de hospital. Seria possível estudar e mostrar todas as poses lascivas. Seria ir contra todas as regras do bom senso. Seria colocar o veneno ao alcance de todos e o remédio ao alcance de poucos, se houvesse remédio. A arte sem regras não é mais arte. É como uma mulher que tirasse todas as roupas. Impor à arte, como única regra, a decência pública não é escravizá-la, mas honrá-la. Somente se cresce com regras. Eis, senhores, os princípios que professamos, eis uma doutrina que defendemos com consciência.

O ataque estava feito. O procurador Pinard não viera a juízo para impedir que as pessoas de bem tivessem acesso às obras de arte. Ao contrário, ele viera defender a verdadeira arte. Viera honrar a verdadeira arte, violentada pela leviandade com que Flaubert mostrara os detalhes mais imorais da vida de uma mulher ordinária, uma mulher incapaz de, se não amar, ao menos respeitar seu marido. Pinard era um homem de princípios, e em nome desses princípios ele acreditava ter o dever de proteger a sociedade de artistas, de supostos artistas, que se dispunham a retratar o que de mais degradante havia nessa mesma sociedade.

Chegou a vez de *Maître* Sénard. O advogado de Gustave Flaubert estava com a palavra. Ele se pôs de pé com aparente calma, enquanto seu coração batia acelerado. A mão pousou no ombro de Flaubert, como quem afaga um filho que sofre profunda injustiça, antes de se dirigir ao púlpito.

Sejamos francos, prezadas leitoras, estimados leitores, o que esperamos que *Maître* Sénard diga em sua *plaidoirie* que, já adianto, durará quatro horas e meia? O que queremos ouvir, nós que temos as mentes abertas do século XXI? Ou ainda, o que faríamos nós, neste momento?

Cento e setenta anos depois ainda vemos, aqui e ali, os poderes do Estado (representado por promotores, juízes, prefeitos) ou setores da sociedade se voltarem para cercear a arte e os artistas. Não são poucos os Ernest Pinard de nosso tempo, que querem proteger a nós e a nossos filhos de nós mesmos; que não querem que sejamos contaminados por imagens — segundo eles — lascivas e imorais; que querem invocar Deus para nos afastar da ideia do pecado; que não admitem a mistura do sagrado e do profano ou, pior, como se disse naquele julgamento de 1857, a mistura do sagrado e do voluptuoso. Aos Ernest Pinard dos dias de hoje, que talvez ainda se preocupem com meninas indefesas que serão levadas ao adultério por exemplos nefastos como o de Emma, que querem queimar livros, ou censurar filmes, ou fechar exposições, responderíamos: vocês chegaram atrasados. Estão cem, cento e cinquenta anos atrasados. Hoje, temos uma Constituição que assegura a liberdade.

Por isso nós esperamos de *Maître* Sénard uma emocionante e retumbante defesa da liberdade, da liberdade do artista, da liberdade de Flaubert, da liberdade de Emma, da liberdade da mulher. E esperamos que, ao final do julgamento, em passagem cinematográfica, ao som da Marselhesa, os filhos da pátria francesa marchem às ruas, cantando mais uma vitória contra a tirania.

Lamento desapontá-los. Não foi o que aconteceu.

Tivesse *Maître* Sénard defendido o direito de Flaubert dizer o que bem quisesse, a quem bem quisesse, o direito de se opor à moral vigente, ou o direito de Emma procurar a felicidade, teria sido lindo. E teria sido inútil. *Madame Bovary* provavelmente teria sido banido, censurado; a

Revue de Paris teria sido fechada; e Flaubert teria abandonado sua carreira literária (lamento por mais este *spoiler*: *Madame Bovary* não foi proibido).

Não podemos esquecer: *Maître* Sénard não estava na tribuna apenas para se exibir, para falar bonito, para encher de orgulho meia dúzia de amigos ou agradar a si mesmo. *Maître* Sénard estava na tribuna como advogado e, como advogado, ele tinha uma missão: conseguir absolver seu cliente. Para isso, não lhe cabia fazer o mais contundente discurso capaz de emocionar a todos nós, no século XXI, mas cabia-lhe convencer os juízes, aqueles juízes, com seus conceitos e preconceitos, com sua moral, com sua noção de bons costumes.

O que fez então *Maître* Sénard?

Ele salientou o aspecto moral e religioso de *Madame Bovary*:

> Senhores, o Sr. Gustave Flaubert é acusado diante de vós de ter feito um mau livro, de ter, nesse livro, ultrajado a moral pública e a religião. O Sr. Gustave Flaubert encontra-se ao meu lado; ele afirma diante de vós que fez um livro honesto; afirma diante de vós que o pensamento de seu livro, da primeira à última linha, é um pensamento moral, religioso que, se não fosse desnaturado [neste momento *Maître* Sénard olha para o promotor], e vimos durante alguns instantes o que pode um grande talento para desnaturar um pensamento (…)

E prosseguiu: "… não fosse desnaturado, esse pensamento seria para vós o que foi para os leitores do livro: um pensamento eminentemente moral e religioso que se pode traduzir por estas palavras: a excitação à virtude pelo horror do vício."

Ao correr as páginas do livro, lidas e relidas na tribuna, *Maître* Sénard sentiu nele exalar "tudo o que há em mim de honesto e profundamente religioso".

Ora, é evidente que *Monsieur* Flaubert, um homem de boa família, filho de um respeitável médico de Rouen, é um homem honesto, de caráter sério, impecável, e não "o homem que o Ministério Público, com quinze ou vinte linhas mordidas lá e cá, veio apresentar-vos como um fazedor de quadros lascivos".

A intenção do autor era apenas mostrar a realidade como ela é; mostrar a realidade das pessoas comuns, a realidade da classe média:

> Flaubert quis sobretudo tomar um tema de estudo da vida real, criar, construir tipos verdadeiros da classe média e chegar a um fim útil. O que mais preocupou meu cliente no estudo ao qual se consagrou foi precisamente esse fim útil, que procurou alcançar pondo em cena três ou quatro personagens da sociedade atual vivendo nas condições da vida real e apresentando aos olhos do leitor o quadro verdadeiro que se encontra facilmente no mundo.

No livro, o adultério "é somente uma consequência de tormentos, de pesares, de remorsos". Não é à toa que "mães de família se julgaram obrigadas a agradecer ao autor", reconhecendo a utilidade de uma obra que "não promete à jovem mulher alguns desses belos anos ao final dos quais pode dizer: depois disso, pode-se morrer. Não! Já no segundo dia chega a amargura, a desilusão".

Se há alguém que errou, errou do começo ao fim, foi Emma. Ela errou não apenas ao trair Charles, ela errou não apenas ao desprezar seu marido, ao sentir enfado com sua vida tediosa. Ela errou por não se acomodar à sua verdadeira condição. Ela errou por sonhar com uma vida diferente daquela para a qual nasceu. Foi esse o quadro pintado por Flaubert, ele

> quis pintar uma mulher que, em lugar de procurar acomodar-se à condição que lhe é dada, à sua situação, ao seu nascimento, em lugar de acostumar-se à vida que lhe pertence, preocupa-se com mil aspirações estranhas, retiradas de uma educação por demais elevada para ela; que, em lugar de acomodar-se aos deveres de sua condição, de ser a mulher tranquila do médico rural com o qual

passa os seus dias, em lugar de procurar a felicidade em sua casa, em sua união, procura-a em intermináveis devaneios.

As consequências desse pecado maior foram sofrimento, angústia e, enfim, a morte. Enquanto Emma é condenada, Charles se redime, com a superioridade de quem, em toda a sua mediocridade, cumpriu seu dever:

> Não há nem um homem que, tendo lido esse livro, não diga que Flaubert não é apenas um grande artista, mas um homem de coragem, por ter, nas dez últimas páginas, despejado todo o horror e o desprezo sobre a mulher e todo o interesse sobre o marido. Ele é um grande artista porque não transformou o marido, porque o deixou até o fim ser o que era, um bom homem, vulgar, medíocre, cumprindo os deveres de sua profissão, amando muito sua mulher, mas desprovido de educação, sem elevação de pensamento. O mesmo aconteceu no leito de morte da mulher, até o final cumpriu seu dever, do qual sua mulher se afastara. A morte de Charles é tão bela, tão tocante quanto a morte de Emma é hedionda. Sobre o cadáver da mulher, o autor mostrou manchas que lhe deixaram os vômitos do veneno; elas mancharam a mortalha branca na qual vai ser enterrada, Flaubert quis fazer dela um objeto de repugnância; mas há um homem que é sublime, é o marido, na beira da sepultura. É o marido, cuja morte é admirável. É o marido, que, após ter visto quebrar-se sucessivamente com a morte de sua mulher todas as ilusões que poderia guardar em seu coração, em pensamento, beija a a mulher sobre o túmulo. O autor soube concentrar todo o interesse no homem que jamais desviara de seu dever, que permaneceu em seu caráter medíocre, sem dúvida, pois o autor não poderia transformar seu caráter, mas com toda a generosidade de seu coração acumulou todos os horrores sobre a morte da mulher que o enganara, que o arruinara, que se entregara aos usurários, que pusera em circulação falsas promissórias e que, enfim, chegou ao suicídio.

O advogado concluiu sua sustentação dirigindo-se aos juízes:

> Não sois dos que condenam livros baseados em algumas linhas, sois daqueles que julgam antes de tudo o pensamento, os meios de realizar e que se colocarão a si mesmos a pergunta pela qual comecei esta defesa e pela qual a acabo: a leitura desse livro provoca amor ao vício ou inspira horror ao vício? A expiação tão terrível dessa falta não impele à virtude? A leitura desse livro não pode produzir em vós outra impressão, a não ser aquela que produziu em nós: esse é um livro excelente em seu conjunto e seus detalhes são irrepreensíveis. Se fosse possível, com uma ou outra palavra, que o Sr. Flaubert tivesse ultrapassado os limites que se impôs, caberia a mim lembrar: essa é uma primeira obra e, mesmo que nela houvesse algum engano, não traria danos à moral pública. *Monsieur* Flaubert já foi suficientemente punido pelo simples fato de ser trazido à polícia correcional. Cabe a vós agora deliberar. Julgastes o livro em seu conjunto e em seus detalhes; não vos é possível hesitar.

Leitores e leitoras, peço encarecidamente, mais uma vez, que não olhemos a defesa de *Maître* Sénard com os olhos de nosso tempo. Admiremos um advogado de sua época, um grande advogado de sua época, um advogado que, tanto quanto o promotor ou os juízes, também não tinha se deparado com as musas de Manet. Aprendamos com um advogado que buscava a absolvição do cliente, que seria julgado pelos magistrados daquele tempo. *Maître* Sénard não estava no tribunal para defender as suas convicções pessoais (ou *apenas* para defender as suas convicções pessoais) nem para maravilhar-se com sua voz, para orgulhar-se de si mesmo, para convencer-se de suas próprias ideias. *Maître* Sénard subiu à tribuna com a missão de convencer o outro, sobretudo os juízes, subiu à tribuna para convencer aqueles que poderiam se sentir ofendidos com *Madame Bovary*, mas não condenar a obra e seu autor. *Maître* Sénard era um advogado, um verdadeiro advogado.

Ainda assim, vejamos que de um modo ou de outro parece haver algo de atual na ironia contida nas palavras do advogado Sénard. Ele condena Emma por não se contentar com a condição para a qual nasceu, mas o faz em um amargo elogio à mediocridade de Charles, aquele a quem nem o autor, por mais que o tenha elevado à condição de protagonista nas últimas páginas do romance, foi capaz de alterar o destino e o caráter medíocres, profundamente medíocres. Para nós, leitores do século XXI, a sustentação de *Maître* Sénard ao mesmo tempo que sublinha os pecados de Emma justifica-os, compreende-os.

Com suas palavras duras, *Maître* Sénard alcança um feito raro: absolve Flaubert, para os magistrados que o julgariam em 1858; e absolve Emma, para toda a eternidade. Que advogado!

Sim. Como adiantamos linhas atrás, Flaubert, Pichat e Pillet foram absolvidos na sentença publicada em 9 de fevereiro de 1857.

O livro, como era de se esperar, sofreu críticas. Para os julgadores, "os trechos incriminados apresentam, de fato, expressões, imagens e quadros que o bom gosto reprova e que, por sua natureza, levam à ofensa de legítimas e honrosas suscetibilidades". Por isso, "a obra merece severa censura, pois a missão da literatura deve ser mais a de ornar e recrear o espírito, elevando a inteligência e depurando os costumes, do que a de imprimir a repulsa pelo vício, oferecendo o quadro das desordens que podem existir na sociedade".

Todavia, como demonstrado na defesa, o romance de Gustave Flaubert "tem um objetivo eminentemente moral. Trata-se de uma obra que parece ter sido longa e seriamente trabalhada do ponto de vista literário e do estudo dos caracteres, ainda que alguns trechos estejam impregnados de realismo vulgar e muitas vezes chocante".

Assim,

> visto que Gustave Flaubert somente cometeu o erro de perder de vista as regras que todo escritor que se respeita nunca deve ultrapassar, e de esquecer que a literatura, para cumprir o bem que é chamada a produzir, não deve ser casta e pura somente em sua forma, mas também em sua expressão.

Visto que não está suficientemente estabelecido que Pichat, Gustave Flaubert e Pillet tenham se tornado culpados dos delitos que lhes são imputados, o tribunal os absolve da incriminação de que foram acusados e os dispensa sem custas.

***

As fontes para este artigo são: (i) o Volume 1 das obras de Flaubert na Bibliothèque de la Pleyade, que contém, além do romance *Madame Bovary*, notas biográficas e apêndice com a reprodução de documentos do processo; (ii) a boa tradução de Fúlvia Moretto, publicada pela editora Nova Alexandrina, também contendo, além do romance, apresentação e notas da tradutora e os documentos do processo; (iii) a correspondência de Flaubert disponível na internet graças ao Centre Flaubert, da Universidade de Rouen (http://flaubert.univ-rouen.fr).

Procurei ser fiel às palavras de Flaubert, do procurador Pinard e de *Maître* Sénard, assim como ao texto da sentença, por vezes recorrendo à edição para aglutinar ideias presentes em mais de uma carta ou em mais de um trecho das apresentações feitas no tribunal. Salvo em relação à correspondência de Flaubert, adotei como base a tradução de Fúlvia Moretto — aventurar-me na tradução de *Madame Bovary* seria uma ousadia e tanto —, fazendo uma ou outra alteração de estilo. Para que não haja dúvida, os elogios à tradução devem ser creditados a quem de direito, enquanto as críticas podem ser dirigidas a mim.

Finalmente, não se sabe se Flaubert algum dia falou sua mais famosa frase, em qualquer de suas variações: *Je suis Madame Bovary*, *Je suis Emma Bovary* e *Madame Bovary c'est moi*. A maior parte dos estudiosos da vida de Flaubert diz que provavelmente ele não disse isso. Mas, se ele tiver dito mesmo a frase, também se discute qual seria seu significado. Como não sou um estudioso da vida de Flaubert, decidi que, para mim, essa frase foi dita, no meio do depoimento de 29 de janeiro de 1856, e que assim Flaubert se pôs ao lado de sua personagem: ela morta por não suportar uma vida de tédio; ele no banco dos réus por retratar a vida real.

E, *last but not least*, no mesmo ano em que ajuizou a ação contra Flaubert, o procurador Pinard dirigiu suas baterias contra outro grande escritor: Charles Beaudelaire. Diversamente do que aconteceu com *Madame Bovary*, os juízes do tribunal correcional francês acolheram a denúncia contra o poeta, afirmando que a obra de Beaudelaire ofenderia a moral, pelo que alguns dos poemas de *As flores do mal* só puderam ser publicados quase cem anos depois, no final dos anos 1940 do século XX, quando a decisão foi cassada pela *Cour de Cassation*. Nessa hora, não podemos deixar de pensar na importância de *Maître* Sénard, capaz de convencer uma Corte que se ofendeu com os pecados de Emma Bovary a absolver Gustave Flaubert e ainda a permitir que a obra fosse publicada.

Apesar de seu papel de defensor da moral e dos bons costumes, o nome do procurador Pinard figura apenas em um triste pé de página da história. Já quanto a *Maître* Sénard, grande advogado do século XIX, imagino o orgulho que devem sentir seus tataranetos, ao abrirem qualquer edição de *Madame Bovary* e lerem a dedicatória:

> A Marie-Antoine-Jules Sénard
> Advogado no Foro de Paris, ex-presidente da Assembleia Nacional e ex-ministro do Interior.
> Caro e ilustre amigo,
> Permita-me colocar seu nome no início deste livro e acima de sua dedicatória; pois é ao senhor, sobretudo, a quem devo sua publicação. Ao passar por sua magnífica defesa, minha obra adquiriu, para mim, uma autoridade imprevista. Portanto, aceite esta homenagem de minha gratidão que, por maior que possa parecer, nunca estará à altura de sua eloquência e de seu devotamento.
> Gustave Flaubert
> Paris, 12 de abril de 1857.

Olga Benário

Luiz Gustavo Bichara
com a colaboração de Marcela Nogueira Reis

"Se a justiça masculina, mesmo quando exercida por uma consciência do mais fino quilate (…), tolhe a defesa de uma encarcerada sem recursos, não há de a história da civilização brasileira recolher em seus anais judiciários o registro desta nódoa: a condenação de uma mulher, sem que em seu favor se elevasse a voz de um só homem no Palácio da Lei."
HEITOR LIMA, ADVOGADO DE MARIA PRESTES, NO BOJO DO *HABEAS CORPUS* 26.155/1936

A personalidade marcante e a trajetória política espetacular de Olga Benário Gutmann certamente seriam suficientes para render-lhe, *de per si*, um lugar na crônica histórica brasileira. Não seria, no entanto, a ousadia que lhe fez ascender até a alta cúpula da inteligência comunista, ou o papel como esposa clandestina do prócer maior da esquerda nacional, que tornaria seu nome memorável; seria seu fim, e o duro percurso até ele, através do qual seria conduzida pela mão cruel e covarde do Estado Novo.

A morte de Olga Benário (nome de batismo do qual viria a abdicar para tornar-se a companheira, brasileira e finalmente ré, Maria Prestes) na primavera de 1942, em uma câmara de gás alemã, foi o ato final da polarização ideológica vivida no país, tendo sido selada pelo palácio do Catete. Analisar esse evento como assassinato político, fruto de um período de maniqueísmo ideológico atrelado a uma ditadura implacável, nada mais é do que um exercício fundamental de consciência histórica — aceitá-lo como página indelével e vergonhosa da biografia política e jurídica do Brasil é o primeiro passo para evitar a perigosa repetição propiciada pelo esquecimento.

A compreensão da história de Olga e Prestes, seu ilustre companheiro, necessita, claro, de uma contextualização temporal, visto não só quão politicamente importantes ambos foram para o Estado Novo de Getúlio Vargas, mas ao mesmo tempo quanto seus destinos foram definidos pelo *status quo* político. A importância do regime varguista para a sucessão de eventos que analisaremos vai consideravelmente além de mero artifício de contextualização histórica, sendo a violência política e o extremismo intelectual do período forças motrizes e condicionantes de cada atitude do casal, quer na arena política quer na vida conjunta.

Não se pode perder de vista que esse aguerrido período em que viveram Olga, Prestes e Getúlio Vargas foi mais um importantíssimo capítulo da história curiosa e particular da formação política de nosso país. À época da ascensão de Vargas ao poder em 1931, por exemplo, pouco antes havia se passado o centenário da Proclamação da República, às margens do rio Ipiranga em 1822, episódio do qual costumamos nos lembrar de forma geralmente romântica. Não deixa de ser verdade que, com a proclamação, Dom Pedro I fez com que o Brasil deixasse de ser uma mera colônia de Portugal. No entanto, é também verdade que muito pouco mudaria: ao contrário de outras antigas colônias, como os Estados Unidos (que proclamaram a própria independência da Grã-Bretanha muito antes, em 1776), a dispensa do título de colônia não viria acompanhada de uma ruptura sensível como a instauração de uma República.[1] O Brasil continuaria a ser monárquico, comandado por um monarca português, conservador e pouquíssimo desejoso de empreender reformas políticas e sociais. Trocamos de regime, é verdade, mas as estruturas de poder permaneceram confortavelmente inalteradas, com as rédeas do país ainda nas mãos de grandes fazendeiros e os interesses de Portugal ainda fielmente observados.

Seria um caminho bastante lento aquele que culminaria na Proclamação da República, que viria somente em 1889. Após a Independência e a outorga, dois anos depois, de nossa primeira Constituição (autoritária, engessada e pouco pretensiosa), passaríamos ainda 67 anos sob a forma de uma monarquia constitucional. O analfabetismo e a miséria eram abundantes, mulheres e pobres não votavam (o voto em si era censitário, um sistema antiquado baseado na renda anual), e apenas um ano antes da Proclamação da República o país viu a escravidão ser abolida de forma vergonhosamente tardia.[2]

O que mudaria, então, com o golpe militar empreendido pelo Marechal Deodoro da Fonseca, que resultou no nascimento da República Brasileira e na deportação da família imperial? Infelizmente, mais uma vez a mudança seria pequena. Os grandes cafeicultores e fazendeiros que sempre tiveram a proteção da Coroa e o poder político continuariam a tê-los, só que agora como protagonistas do novo sistema político, no cargo de presidentes, ministros e políticos em geral.[3] Para o brasileiro médio, a vida cotidiana permaneceria quase inalterada, e o sentimento de insatisfação cresceria exponencialmente até que, algumas décadas depois, viesse a explodir na forma de revoltas lideradas por pequenos militares ansiosos por mudanças sociais e políticas, em um movimento que ficaria conhecido como "tenentismo".

É nesse contexto que nasce em Porto Alegre, Rio Grande do Sul, e forma-se intelectual e politicamente Luís Carlos Prestes. Com apenas trinta anos, a despeito do cansaço aparente na face magra e endurecida, Prestes já era, em 1928, um general revolucionário de renome nacional, rosto do movimento tenentista, finalizando na Bolívia uma campanha de dois anos e meio na qual havia percorrido 12 estados brasileiros e quase 25 mil quilômetros no comando de mais de seiscentos homens. Sua jornada, que entraria para a história como a "Coluna Prestes", terminava com a rendição de armas e exílio voluntário, o que daria a Prestes a alcunha de "Cavaleiro da Esperança", atraindo para si e sua causa a atenção não apenas de seus inimigos da extrema direita que se insinuavam no poder, mas de homens e mulheres comuns que encontravam conforto em seus ideais comunistas.

O carisma e o heroísmo popular demonstrados por Prestes durante as andanças da coluna eram um contraponto altamente contrastante para o autoritarismo e a rigidez político-administrativa que o país enfrentava sob a presidência de Artur da Silva Bernardes, latifundiário paulista que estava no poder desde 1922. A democracia, então há tão pouco descoberta e ainda timidamente exercitada (a primeira eleição presidencial veio apenas em 1894, cinco anos após a Proclamação da República, enquanto o sufrágio feminino só viria em 1935), já se encontrava trêmula e tolhida por sucessivas medidas autoritárias adotadas pelo Poder Executivo. A decretação de intervenções federais em dois estados e a promulgação de leis altamente restritivas às liberdades de imprensa e expressão, por exemplo, abriram espaço para o fortalecimento de clamores libertários e demandas por transformação social, que aos poucos começavam a adquirir uma nuance avermelhada. Seria nesse solo fértil que nasceria o movimento tenentista, mais tarde capitaneado e popularizado por Prestes, que nele teria a fonte maior de sua glória, e, eventualmente, de sua derrocada.

Ao contrário do que o nome sugere, não foi Prestes, que à época estava locado como oficial de baixa patente em um regimento no Rio Grande do Sul, o responsável pela criação da coluna que se tornaria sua homonímia e estandarte do tenentismo, ou mesmo o criador do movimento em si. O tenentismo, inclusive, não começara com a coluna: as primeiras demonstrações de insatisfação armada e demandas alinhadas com os ideais republicanos liberais viriam no ano da ascensão do presidente Bernardes, candidato do *establishment* conservador e ruralista, em 1922, após uma desgastante campanha contra o paulista Nilo Peçanha, amplamente apoiado pelos pequenos oficiais e setores mais modernos da burguesia urbana.

O primeiro ato de grande exposição para os partidários do republicanismo liberal seria uma marcha empreendida em julho de 1922 por 17 militares e um civil, insatisfeitos com a cristalização política, o sistema eleitoral excludente e as restrições às liberdades civis. Após dias de intensos conflitos e bombardeios à base da resistência ao novo governo, o Forte de Copacabana, e com as forças governistas em sua direção, esse pequeno número de oficiais, os "18 do forte", decidiu permanecer resistindo e marchar, mesmo cercados, pelo curso da avenida Atlântica. Apesar de prontamente derrotados os revoltosos, o episódio produziria grande impacto e conferiria importância política ao "pequeno clero" dos quartéis, baixos oficiais que não mais se viam representados pelo conservadorismo e pelos abusos da política ruralista em vigência.

Imbuídos desse espírito renovador, e conscientes do novo *status* como agentes políticos, dois generais paulistas viriam a fundar, em 1924, o que mais tarde se tornaria a "Coluna Prestes". A iniciativa ficaria conhecida por uma sucessão de movimentos de guerrilha estrategicamente brilhantes, executados por uma ágil tropa andarilha relativamente pequena de revoltosos desguarnecidos, com o único objetivo de criar uma resistência armada de oposição ao autoritarismo do governo federal. O fantasma da fome e a falta de uniformes, de provisões e de armas que acompanharam os oficiais ao longo do percurso de quase três anos por estados ainda inóspitos, como Maranhão e Mato Grosso do Sul, seriam um paralelo com a situação da população do Brasil profundo, não apenas miserável como virtualmente isolada e marginalizada do sistema político central e suas disputas de poder. A forte impressão causada pela descoberta da verdadeira face do Brasil enquanto nação díspar e fragmentada seria fundamental para a formação política de Prestes e seu posterior mergulho na ideologia comunista.

Com o poder de armadilhas e emboscadas simples, os revoltosos originais, com seus parcos quadros endossados pela chegada de Prestes, vindo do Rio Grande do Sul para manifestar apoio, surpreendentemente venceriam, ao longo dos anos em que atuaram, as tropas governistas, estas muito superiores em número. Embora para o movimento a força política fosse, a longo prazo, minada pela desgastante falta de consistência ideológica, para Prestes a "peregrinação" armada pelos confins do país seria a chave para que angariasse o respeito das comunidades pelas quais passava com seus homens, invicto.

Note-se que não era ainda o Prestes de 1928, exaurido e exilado, contudo, um homem de pretensões políticas complexas ou mesmo agenda alinhada com as lideranças comunistas nacionais ou internacionais. Durante os três anos posteriores ao desmantelamento da coluna, colhendo os frutos de sua fama, ele seria cortejado pelas lideranças do Partido Comunista do Brasil, ciosas de sua afinidade ideológica, sucesso militar e popularidade. No entanto, Prestes permaneceria por algum tempo descompromissado com a agenda partidária. Apenas quando se muda para a Argentina, por volta de 1930, passa a lentamente buscar a reinserção nas rodas políticas brasileiras, mesmo no exílio, educando-se nas teorias do comunismo clássico.

Em 1931, motivado pelos recentes desdobramentos políticos no Brasil, Prestes torna-se mais assertivo e toma uma medida drástica, filiando-se ao Partido Comunista e aceitando o chamado do Comintern (ou "Terceira Internacional") russo para mudar-se para Moscou e receber treinamento doutrinário e militar na sede do partido. De fato, os feitos de Luís Carlos Prestes como comandante invicto de uma malta maltrapilha que percorrera 25 mil quilômetros de chão brasileiro despistando as forças legalistas em seu encalço espalharam-se rapidamente pelos quadros do comunismo pelo mundo. Após o lento processo de convencimento necessário para garantir sua filiação, o Partido Comunista Brasileiro demonstra confiança no potencial propagandístico do Cavaleiro da Esperança ao enviá-lo, em parceria com o Comintern, para um período de exposição intensiva à teoria marxista pura e ao funcionamento de um regime socialista e seu aparelho. Durante seu período na União Soviética, Prestes empenha-se em tornar-se membro ativo do partido e passa a gerar crescentes expectativas quanto a seu papel, quando de sua volta ao Brasil, no fortalecimento do ideário comunista e da renovação política do país alinhada com as diretivas da central russa.

Como sabemos, o Brasil naquele momento ainda era uma "República Velha", com seus presidentes em um virtual regime de revezamento entre mineiros e paulistas conservadores e fortemente ligados às elites fazendeiras. Passaria, em 1930, de fato, por uma grande transformação: no entanto, não seria a mudança social e profunda pela qual ansiavam Prestes e seus companheiros de coluna, mas outra, mais ideológica e administrativa, posicionada de forma diametralmente oposta no espectro político. É para assumir um papel determinante nessa transformação que Luís Carlos Prestes decide voltar do exílio em plena forma intelectual, como um líder inteiramente formado. Enquanto isso, naquele ano subia ao poder, através de um golpe, sua nêmese, aquele que se tornaria seu maior antagonista político e pessoal: Getúlio Dornelles Vargas.

O país veria, em 1930, uma grande ruptura com as tradicionais estruturas de poder, esperada talvez desde o século anterior, quando a Proclamação da República falhou em ser um verdadeiro marco transformador na dinâmica sociopolítica nacional. O contexto era diferente: lentamente uma classe média alta urbana e industrial ascendia nos centros de poder, com a influência dos fazendeiros e latifundiários já não tão absoluta como fora outrora. Getúlio Vargas seria uma prova viva disso: nascido em uma família razoavelmente abastada, passaria a infância e adolescência em colégios militares, até formar-se em Direito em 1907. Desde muito cedo engajado na política, não muito diferente de seu conterrâneo Prestes, se tornaria, quando eleito governador de seu estado natal, o Rio Grande do Sul, uma figura polêmica por realizar investimentos vultuosos em infraestrutura urbana e defender abertamente o voto universal e secreto, elementos fundamentais para uma transformação política verdadeira que combatesse o "voto de cabresto".

Em 1930, já conhecido em todo o país, Getúlio toma uma decisão que logo viria a catapultá-lo à mais alta posição da República: a de presidente. Quando, um ano antes, o paulista Júlio Prestes é indicado como candidato do governo à presidência (em continuidade à já conhecida e estabelecida política do "café com leite", alinhada com a sempre poderosa oligarquia ruralista e com as estruturas de poder vigentes), Vargas recusa seu apoio como governador de estado, assumindo uma posição perigosamente minoritária. Alia-se, no que viria a ser conhecida como "Aliança Liberal", ao Partido Republicano de Minas Gerais e ao estado da Paraíba, também insatisfeitos com a indicação que viria em detrimento de um candidato mineiro. Lança-se então como candidato à presidência, com o paraibano João Pessoa como vice.

Ocorre que, em 1930, o "candidato nacional" (como ficaria conhecido Júlio Prestes) vence a eleição presidencial por uma considerável margem do voto popular, a despeito das distorções provocadas pelo excludente sistema censitário. É nesse momento que os posicionamentos políticos de Getúlio Vargas começam a se acirrar: acusando seu oponente de fraude eleitoral, ele começa a orquestrar um golpe militar apoiado por regimentos gaúchos, tencionando depor o então presidente Washington Luís antes que este pudesse transmitir o mandato a Júlio Prestes, o candidato eleito. Quando o golpe é finalmente bem-sucedido e Julio Prestes exilado, uma junta militar assume o governo provisório, não tardando para que entregasse o poder para seu líder e *maestro* por trás do golpe: Vargas.

Enquanto morria a "República Velha" (levando consigo o poder de seus coronéis, oligopolistas do café, grandes latifundiários e o conservadorismo ruralista que por tantos anos deixara o país em descompasso com as tendências urbanistas e progressistas das potências internacionais), nascia o "Estado Novo", capitaneado por Getúlio Vargas e suas inflamadas promessas reformistas. O início do governo, contudo, não seria sem contratempos: por dois anos o novo presidente governaria por decretos unilaterais de legalidade questionável, até que a situação se tornasse insustentável a ponto de motivar uma revolta armada, que ficaria conhecida como "Revolução Constitucionalista de 1932".

Vargas e Luís Carlos Prestes (que, diga-se de passagem, não guarda nenhuma relação de parentesco com Júlio Prestes, o malfadado presidente sem mandato) não se tornaram oponentes imediatamente, pelo contrário. Na iminência da revolução de 1930, Prestes seria procurado na Argentina pela Aliança Liberal de Getúlio, com quem se reuniria algumas vezes e que lhe ofereceria o cargo de chefe militar da revolução que se aproximava. Em um prelúdio da rivalidade que se seguiria, Prestes negou as investidas da aliança, mostrando descrença no movimento por entendê-lo desprovido de radicalismo, vendo-o como de baixo potencial de ruptura política e social.

Apenas ao final de 1934, quando Vargas começa a flertar com o autoritarismo e a perenização no poder, demonstrando posições populistas e de contornos autoritários, simpatizando-se com o fascismo europeu que vinha crescendo, além de promulgar de forma arbitrária sua primeira Constituição após quatro anos de governo, Prestes decide retornar de seu período de estudos na União Soviética para empreender uma revolução comunista armada no país. Já era, nesse momento, membro valioso do Partido Comunista Brasileiro, gozando de prestígio nas alas dirigentes da matriz soviética, e altamente versado na teoria comunista clássica. Prestes viria, inclusive, a romper com o movimento tenentista brasileiro que lhe dera projeção, passando a pregar a revolução armada como melhor alternativa para empreender uma reforma social e combater os contornos autoritários assumidos pelo governo Vargas.

Os preparativos para o levante armado de Prestes iam lentamente tomando corpo com diálogos sigilosos entre o PC do B, regimentos militares revoltosos e a matriz russa. Contudo dependiam de um pressuposto básico e indispensável: a volta do líder às terras brasileiras após quase dez anos de exílio. Orquestrar esse retorno não era tarefa simples, dada a sua popularidade como agente revolucionário e alto valor simbólico para qualquer movimento que discordasse do *status quo*. Seria necessária, então, nada menos do que uma operação militar complexa, digna de um *film noir* de espionagem, para levá-lo em segurança da Rússia ao Rio de Janeiro, onde deveria permanecer na clandestinidade até que o momento fosse propício para que passasse a ser protegido por seus aliados nacionais. Apenas agentes altamente qualificados do partido teriam conhecimento dos detalhes da missão, e os melhores seriam destacados para acompanhá-lo e zelar por sua segurança.

Naturalmente, a seleção da escolta de Prestes começaria pela escolha crucial de um oficial de peso para liderá-la. Era necessário um agente confiável, discreto, com treinamento militar e excelentes habilidades linguísticas, respeitado nos quadros do Comintern, conhecido pela bravura, ousadia e capacidade estratégica. Um último detalhe era particularmente sensível: o agente deveria poder assumir um disfarce conveniente e que chamasse pouca atenção. Olga Benário Gutmann, jovem alemã e oficial promissora de 26 anos, foi a escolha perfeita para tornar-se a insuspeita esposa de um empresário português anônimo (que na verdade era ninguém menos que o Cavaleiro da Esperança disfarçado) e protegê-lo das forças governistas a quem ele visava depor.

O ativismo político precoce seria um dos mais acentuados pontos de interseção entre Prestes e Olga Benário. Nascida em Munique, na Alemanha, Olga era filha de uma família judeu-bávara de classe média alta. Demonstrando desde muito cedo aguda consciência social e afinidade pelo ativismo, filiou-se em 1923, com apenas 15 anos, à organização juvenil do Partido Comunista Alemão.

O contexto social e político na Alemanha após a Primeira Guerra Mundial era notoriamente caótico. A inflação galopante e o moral popular muito abalado pela derrota humilhante assinada na floresta francesa de Compiègne em 1918 serviram como berço para movimentos urbanos e operários ansiosos por transformação social, bem como para a posterior ascensão de um sentimento extremado de nacionalismo e revanchismo, que veria seu ápice na eleição de Adolf Hitler para a chancelaria em 1933. Foi em meio a esse desarranjo nacional que a jovem Olga, conhecida não apenas pela beleza clássica e austera, mas pelo senso estratégico e pela personalidade dominante, romperia com a família burguesa e se dirigiria a uma Berlim que transbordava em inconformismo político.

Com apenas 16 anos, Olga viria a se envolver romanticamente com um dos líderes do movimento comunista juvenil, Otto Braun, com quem seria presa por agitação política, tentativa de traição e subversão dois anos depois, em 1926. Enquanto Olga passaria apenas três meses na ala solitária da prisão de Moabit, em Berlim, Otto permaneceria preso pelos dois anos subsequentes. Durante esse período, Olga intensifica sua atividade como membro crucial do partido, iniciando o planejamento meticuloso de uma complexa empreitada para libertar seu amante. Em 1928, a jovem de vinte anos lidera um pequeno grupo de jovens comunistas em uma calculada invasão à prisão de Moabit, sendo surpreendentemente bem-sucedida na missão, que parecia impossível, de recuperar Braun e conseguir escapar incólume das autoridades prisionais alemãs a despeito de uma intensa campanha por sua captura.

Apesar da miríade de cartazes e pôsteres com sua imagem e a de Braun, amplamente distribuídos nas ruas e exibidos antes de todas as sessões de cinema da capital, Olga consegue evadir-se da polícia por mais de três meses, escondida com o amante em inúmeros apartamentos providenciados com cautela e vigiados pelo Partido Comunista. Após o curto período movendo-se como sombras na noite berlinense, o casal, atraído pela oportunidade de receber treinamento militar e ideológico formal, foge para Moscou.

Uma vez na União Soviética, Olga seria rapidamente reconhecida pela competência, bravura e dureza, sendo educada na famosa Escola Lênin do partido e recebendo nomeação para dirigente do Presidium da Juventude Comunista Internacional (o maior nível em uma organização comunista). Depois focaria sua atuação na disseminação dos ideais políticos para o mundo além da Rússia, atuando pelo Comintern.

O trabalho do Comintern, do qual Olga fazia parte através de seu "braço" juvenil, a Juventude Comunista Internacional, incluía recrutamento ideológico e militar de lideranças estrangeiras com o objetivo de fundar uma nova ordem mundial baseada no comunismo. O diálogo da sede original russa com os partidos comunistas de diferentes nações (e sua instrumentalização para o fortalecimento do ativismo e de ações tanto educativas quanto, se necessário, armadas) era extremamente delicado e crucial para a concretização do sonho leninista de um mundo sem barreiras, unido apenas pelo fim da propriedade privada e pelo controle estatal dos meios de produção. Como dirigente do Presidium e crédula nessa missão, Olga realizaria nos seis anos que sucederam sua chegada à Rússia diversas viagens a serviço do partido para a França e a Grã-Bretanha, tendo neste último país completado seu intensivo treinamento militar. Seu caminho, no entanto, se separaria do de Otto Braun em 1931, e posteriormente ele se tornaria representante do Comintern na China, assumindo um papel relevante na futura revolução vermelha de 1945 naquele país.

De 1931 a 1934, já sozinha e mais madura, Olga se torna em pouco tempo membro competente e valioso da inteligência internacional do Partido Comunista. Agente comprometida e estudante prolífica, aprenderia francês, inglês e russo em curtíssimo período nas escolas comunistas por que passou, tendo inclusive iniciado treinamento como piloto de guerra e paraquedista na prestigiosa academia moscovita de Zhukovsky. Contudo, seu processo de capacitação militar seria interrompido em 1934 por um chamado para uma missão estratégica: tornar-se, através de um disfarce insuspeito (como esposa obediente), guarda-costas e assessora responsável pela segurança do comandante brasileiro Luís Carlos Prestes, que, após três anos de estudos e crescimento político na sede do Partido Comunista russo, se preparava para retornar ao seu país natal com uma circunstância muito peculiar — a cabeça posta a prêmio pela presidência da República.

Não é surpreendente que um jovem casal que assume o disfarce de marido e mulher para uma viagem transatlântica decida, de fato, experimentar as alegrias conjugais para além da ficção. A trama seria perfeitamente apropriada para uma comédia romântica ordinária caso não fossem os protagonistas indivíduos extremamente peculiares: uma agente secreta soviética com alta patente militar e um comandante comunista procurado pelas autoridades do país para onde buscava retornar em segredo para deflagrar uma revolução.

Olga e Prestes teriam se apaixonado durante os debates (em francês) que tinham sobre estratégia militar durante a longa viagem que partiu de Moscou, passou pela Finlândia, Polônia, Tchecoslováquia, Alemanha, Suécia, Holanda, Dinamarca, Inglaterra e Bélgica até chegar a Paris, a última escala planejada na Europa. O longo percurso foi calculado com a intenção de despistar autoridades anticomunistas presentes na Europa Ocidental facilitando a obtenção de vistos e documentos de viagem, além de ter sido desenhado para servir como o roteiro de um rico casal em lua de mel. Prestes e Olga chegariam até mesmo a receber recursos do partido para que se vestissem e se comportassem de acordo, frequentando restaurantes e clubes da alta sociedade e fazendo compras nas mais famosas *maisons* de Paris. Após uma breve passagem pelos Estados Unidos, voltariam à América Latina e chegariam, após meses de viagens, ao Rio de Janeiro já como marido e mulher também fora da ficção do disfarce. Um detalhe curioso é que Olga teria sido a primeira mulher do Cavaleiro da Esperança: mesmo aos 37 anos, a juventude pobre, a formação militar rígida e o forte compromisso e envolvimento com a política não lhe teriam dado nenhuma oportunidade romântica até aquele idílico momento de aventura e proximidade com uma bela estrangeira em uma missão secreta.

Com o efetivo desembarque de Prestes no Brasil, em 1935, começam os preparativos, junto à Aliança Nacional Libertadora (ou ANL, organização política liderada por Prestes e que representava seus ideais), para que a tão antecipada revolução comunista derrubasse o governo autoritário do Brasil, cada vez mais envolvido em flertes com o fascismo europeu em ascensão. Prestes agia de forma coordenada com o Comintern em Moscou, que, além de Olga, havia também enviado, nos meses precedentes, inúmeros agentes e ativistas europeus para auxiliar na composição da empreitada armada. O Partido Comunista Brasileiro, todavia, não se encontrava no epicentro dos planos nem possuía grande ingerência nas decisões estratégicas, em geral tomadas pela cúpula soviética, formada por militantes ligados ao comitê executivo do Comintern, o que contribuiria, mais tarde, para a consolidação da imagem do movimento como um "estrangeirismo" e de Prestes como um fantoche de Moscou.

O levante propriamente dito tinha como objetivos o combate ao nazifascismo, a luta pela reforma agrária, o fortalecimento do nacionalismo, além, é claro, da instalação de um governo revolucionário comunista liderado por Prestes. Com o fortalecimento das bases revolucionárias, coordenação dos envolvidos e finalização dos últimos preparativos, a primeira ofensiva militar foi deflagrada na cidade de Natal em 23 de novembro de 1935, e as seguintes no Recife, Distrito Federal e finalmente no Rio de Janeiro. Entretanto, a repressão ao movimento, que sofreu com erros e desvios, seria rápida e esmagadora, com milhares de prisões de seus militantes e comandantes.

Com a aviltante derrota, mais uma vez Prestes e Olga voltavam à clandestinidade, sendo fortemente perseguidos, e sua prisão foi declarada uma prioridade nacional. Surpreendentemente, conseguiriam esconder-se ainda por dois meses, a despeito de uma intrincada rede de inteligência do Estado Novo fechar-se sem clemência em sua direção. Eram ilusórias, contudo, quaisquer esperanças de que escapariam incólumes: durante uma madrugada, soldados e policiais civis cercam a casa, no Méier, onde se escondiam os dois comunistas mais procurados do país.

Ainda de pijamas, conta-se que Prestes havia tentado escapar e, quando emboscado, viu-se protegido pelos gritos estridentes da esposa, Olga, que, em um português truncado, ordenava aos soldados que não atirassem porque ele estava desarmado. Naquele momento, Olga representaria com perfeição não apenas sua missão de guarda-costas e agente de segurança, mas seu papel como esposa e mulher apaixonada ao agarrar-se fisicamente a Prestes para impedir que fosse levado sozinho à sede da polícia, temendo seu assassinato arbitrário. Porém logo na chegada seriam separados para um exaustivo interrogatório. Nunca mais se veriam.

Mesmo longe do marido e posta à própria sorte nas mãos do exército de um país hostil cuja liderança (e algoz) buscara depor, Olga demonstrou resiliência e recusou-se a denunciar ou delatar seus companheiros revolucionários ou a dinâmica de comunicações entre o Partido Comunista Brasileiro e o Comintern. Uma possibilidade, contudo, lhe assombrava: o governo de Getúlio Vargas tornara prática relativamente comum a deportação de oponentes políticos e "agitadores" estrangeiros. Mesmo antes de ser presa, Olga já se comunicara com alguns advogados cariocas em segredo, a pedido de Prestes, para tentar formular estratégias de permanência no país caso viesse a ser presa e eventualmente condenada. Todos demonstravam preocupação pois sabiam, ou mantinham silenciosa ciência, que a deportação equivalia a uma sentença de morte, visto que, além de comunista, Olga fazia parte da "raça" mais odiada e perseguida pelo regime nazista que ascendia na Alemanha: ela era judia.

Com o medo da deportação em mente, Olga dificultou como pôde o processo para identificá-la, dando à polícia os mais variados nomes e biografias, mas reforçando sempre que era a esposa de Luís Carlos Prestes e, portanto, brasileira. Apenas quando um embaixador em Berlim, havendo identificado a prisioneira ainda desconhecida das autoridades brasileiras, envia um ofício ao Itamaraty com detalhes de sua real biografia, começa oficialmente a batalha de Olga Benário (pela própria vida) contra o Estado brasileiro. Após semanas de intensivo interrogatório, ela seria transferida da delegacia onde estivera desde sua prisão com Prestes e levada para uma cela coletiva em um presídio comum, sem *status* de presa política. Seria nesse presídio que Olga se daria conta de uma das maiores reviravoltas de sua vida: esperava um filho de Luís Carlos Prestes, um filho brasileiro com o destino incerto atrelado ao seu.

Olga tentaria sem sucesso, em uma de suas dezenas de cartas que nunca seriam entregues, noticiar a gravidez ao marido. Solitária, receberia na prisão as atenções e manifestações solidárias das presas que com ela simpatizavam, muitas também perseguidas políticas. Sem ter maiores informações sobre sua situação legal, e tampouco acesso livre a advogados e meios de comunicação, tinha que se contentar com pequenos fragmentos de notícias que conseguia interceptar, ficando dessa forma ciente de que seu marido teria, durante oitiva perante um juiz, assumido integral responsabilidade pela Intentona e tentado eximi-la e aos outros envolvidos.

A gravidez avançava e Olga via sua expulsão do país tornar-se cada vez mais provável. O chefe do inquérito realizado acerca da Intentona chegara a nominalmente recomendar a expulsão, não apenas dela como de outras duas esposas de chefes comunistas, alegando que a "lei nacional não previa meios de imputar qualquer crime às estrangeiras, dificultando sua punição".

O processo instaurado contra Olga Benário envolveu questões políticas e jurídicas extremamente sensíveis, e tanto seus desdobramentos quanto seu desfecho fornecem ao observador um retrato fiel da realidade de poder existente no Brasil à época e do funcionamento da Justiça. Entre os entraves legais que analisaremos, ocupa o centro a questão de sua nacionalidade: seu direito, como esposa e sobretudo como mãe de um brasileiro (mesmo que nascituro), de permanecer no Brasil. Logo em seguida, debates igualmente sensíveis, como o da possibilidade de expulsão de estrangeiros acusados de crimes e o estado do instituto do *habeas corpus* e das demais garantias civis. Chegamos ao ponto mais sensível da trajetória de Olga: sua batalha judicial.

A Constituição de 1934, promulgada por Getúlio Vargas apenas quatro anos após sua subida ao poder através do golpe do Estado Novo, serviu acima de tudo para legitimá-lo na presidência e fortalecer um Poder Executivo centralizador e hipertrofiado. Não era um texto inerentemente ruim; trazia avanços sociais há muito necessários, como a criação da Justiça do Trabalho, o voto secreto e o sufrágio feminino. A grande problemática era a aparente falta de inclinação do presidente para aplicá-la, preferindo, com a declaração de um estado de sítio em 1935 (com apenas um ano de vigência do texto constitucional), deter o verdadeiro poder nas próprias mãos. Toda a já discutível primazia da Constituição, principal pilar do Estado Democrático de Direito que mal completara um ano de vigência, cairia por terra quando em março de 1935 o presidente Vargas expediu o Decreto nº 702. Sob a alegação de que o país estaria em perigo e "grave comoção", o decreto instituía um estado de guerra e suspendia uma série de garantias fundamentais até então invioláveis, como a liberdade política e religiosa, de consciência e associação, o sigilo de correspondência e, especialmente relevante para o caso em análise, o direito de impetrar *habeas corpus*.

A declaração do estado de guerra trouxe consigo grande insegurança jurídica para os presos políticos, além de fomentar na população um sentimento de pânico e revanchismo contra os comunistas, a quem creditavam o recrudescimento político e a restrição das liberdades, tanto sociais quanto civis. O contexto era ideal para que um presidente com tendências centralizadoras e autoritárias como Vargas governasse sem amarras e com mão de ferro, aproveitando-se, inclusive, dos meios de propaganda e da conveniente ascensão do nazifascismo e de um ferrenho anticomunismo na Europa para legitimar a decisão pelo estado de guerra e a súbita expansão de seus poderes.

Imersos nesse contexto de incerteza e medo, Luís Carlos Prestes e a esposa começaram separadamente, já que não podiam comunicar-se, a buscar aconselhamento legal definitivo. Era tarefa complexa encontrar advogados dispostos a entrar não apenas em embate direto com o governo federal, mas a assumir a defesa do mais infame comunista do país e sua esposa estrangeira. Ademais, a própria tarefa e o processo que enfrentariam eram o pesadelo de qualquer causídico: em um estado de guerra, patrocinar a defesa de presos políticos com liberdades constitucionais suspensas sem saber ao certo qual o arcabouço normativo que regeria a contenda. Contudo, o candidato ideal para a já malfadada missão estava mais próximo do que se imaginava: após algumas recusas de profissionais célebres, o carioca Heitor Lima, já conhecido de Prestes e dos tenentes da década anterior por ter atuado como advogado de oficiais envolvidos no malsucedido levante dos "18 do forte", aceitaria a posição de defensor da comunista, alemã, judia, esposa e mãe Olga Benário.

Apesar da participação, como defensor, em um dos episódios mais simbólicos do tenentismo, Heitor Lima não demonstrava nenhuma afinidade ideológica notória nem com os tenentes de 1922 nem com os comunistas cujo golpe, em 1935, acabara mal-afamado como "Intentona". Era, contudo, um jurista apaixonado da causa feminina. Logo ao aceitar o pedido escrito de representação elaborado por Olga Benário, que lhe seria encaminhado por um oficial do governo, Lima aproveita a oportunidade para, em sua resposta, evidenciar suas ideias "feministas", bem como para blindar-se contra as críticas que receberia por aceitar, diferentemente de muitos colegas, atuar em uma causa tão polêmica em tempos de opressão estatal:

> A resposta ao vosso ofício comporta três ordens de considerações. Em primeiro lugar, a conduta do governo facilitando a defesa dos indiciados em crimes contra a ordem política e social, quando o estado de guerra lhe facilitaria, com aparências de legitimidade, a coarctação do direito de defesa, deve ser posta em relevo. Quero assinalar esse fato, que satisfaz a consciência jurídica nacional.
>
> Em segundo lugar, se, salvo casos especialíssimos, ao advogado não é lícito recusar o seu ministério a quaisquer acusados, por mais horrendo que seja o delito a eles atribuído, mais imperativo, instante e compulsório é o dever de assistência, quando se trata de presos incomunicáveis, feridos pelo repúdio geral, numa situação adequada à infringência das fórmulas sem cuja observância toda condenação será iníqua, porque não representará a dedução lógica e jurídica dos debates livres entre acusação e defesa. Sobreleva ainda que, num período em que ao advogado não se outorgam imunidades, a recusa do patrocínio redundaria em ato de covardia em terceiro lugar, e, finalmente, é uma mulher que invoca o meu nome.
>
> Bastaria tal circunstância para que eu, fiel à atitude de combate pela mitigação do infortúnio feminino na face da Terra, e empenhado em resgatar, em parcela mínima embora, os crimes da civilização masculina contra a mulher, nos quais como homem tenho a minha parte de responsabilidade, bastaria tal circunstância, repito, para que eu acudisse ao apelo. Leio, porém, nos jornais, que a indiciada se prepara para o acontecimento culminante na vida da

mulher: a maternidade. Isto, portanto, nimbada de uma auréola que a torna, por assim dizer, sagrada. Quaisquer, pois, que fossem os riscos da tarefa, eu os afrontaria, dedicando-me a ela enquanto encontrar na lei recursos para o desempenho da minha missão.

A estratégia de defesa formulada por Lima era tão ambiciosa quanto exigia a emergência da situação, agravada pelo avanço da gravidez de Olga e pela aparente e crescente convicção do governo em insistir em sua expulsão. Decidira por impetrar de imediato um *habeas corpus*, garantia penal das mais tradicionais, mas com um pedido e uma intenção que estavam bem longe do que se tradicionalmente espera ao recorrer a esse instituto específico: Lima não pedia a liberdade de Olga, nem seu desembaraço de um constrangimento ilegal ou da restrição de seu direito de ir e vir; o ponto nevrálgico do pedido era outro. Pedia, na verdade, que continuasse presa, mas com a simples e resoluta intenção de evitar a todo custo que Olga (a quem no bojo do processo optou por tratar como "Maria Prestes", manobrando para ressaltar sua condição de esposa e lhe dando um nome brasileiro) fosse expulsa do país com o filho no ventre e entregue nas mãos do regime fascista alemão.

Seriam dois os argumentos centrais de Lima para buscar que a Suprema Corte vetasse expressamente a possibilidade de expulsão de Olga. Em uma petição inicial singela, sensível e permeada de pitadas de apelo à humanidade dos ministros que a apreciariam, Lima alegava que, com base nos direitos de nacionalidade de seu filho nascituro e no seu casamento com Prestes, Olga não poderia ser expulsa. Alegava também que, apesar de estrangeira, Olga era apenas uma mulher grávida, sem recursos e basicamente inócua e inofensiva, e que a Constituição Federal, em seu artigo 113, parágrafo 15, só permitia à União Federal dispor sobre a expulsão de estrangeiros "nocivos".

Quanto ao primeiro argumento, é sabido que mesmo hoje, sob a égide da Constituição de 1988, um cônjuge estrangeiro não adquire de pronto nacionalidade ou naturalidade brasileira ao casar-se. São necessários outros requisitos completamente dissociados do matrimônio com um cidadão do país, como residência permanente, fluência na língua portuguesa e boa saúde. Mesmo em 1935, quando foi julgada, Olga não teria a prerrogativa de tornar-se cidadã brasileira apenas por haver se casado com Luís Carlos Prestes. Ela poderia, contudo, solicitar permanência em território brasileiro como esposa, em especial para enfrentar julgamento pelos crimes que alegadamente cometeu (muito embora curiosamente não houvesse, no bojo do processo, imputação objetiva de nenhum crime a ela).

Um grande entrave, no entanto, residia no fato de que nem Olga nem Prestes tinham meios legais e documentais de atestar sua união como marido e mulher. Foragidos e clandestinos por quase toda a duração de sua estada no Brasil, obviamente não compareceram a um cartório para formalizar o matrimônio (embora também não o tenham feito durante a passagem por inúmeras nações no exterior, imagina-se que por motivos de segurança). Não havia, portanto, do ponto de vista formal, casamento que justificasse a permanência de Olga como esposa em território brasileiro.

Restava, contudo, fato incontestável que em tempos normais isso seria plenamente suficiente para assegurar a permanência de uma mulher presa em um Estado onde estivesse presa. Olga estava, afinal, visivelmente grávida de um homem brasileiro, sendo a criança, nos termos do artigo 106, alínea "b", da Constituição, cidadã brasileira. É claro que a expulsão de uma mulher grávida, por "mais estrangeira" que fosse considerada, implicaria expulsão simultânea de uma criança brasileira indefesa cuja existência dependia da permanência em seu ventre. Da mesma forma, era bastante previsível a situação de perigo mortal a que mãe e filho seriam expostos de imediato se expulsos e enviados à Alemanha nazista: como judia e comunista, Olga dificilmente escaparia viva da sanguinolência eugenista do regime hitlerista.

A Constituição de 1934 previa em seu artigo 113, 27 (bem como prevê a nossa Constituição atual, em seu artigo 5º, XLV), que "nenhuma pena passará da pessoa do delinquente". Combinada essa previsão fundamental com o artigo 4º do Código Civil vigente à época (que, embora afirmasse que a personalidade civil — em termos legais, a possibilidade de ser sujeito de direitos — só começa com o nascimento, também versava que estavam assegurados desde a concepção os direitos do nascituro), tornava-se perfeitamente cristalino que punir com tamanho rigor a mãe grávida implicaria ferir mortalmente o princípio da pessoalidade da pena e a integridade física do nascituro, que seria uma criança brasileira. Lima formularia tal argumento, dotado de grande força jurídica e principiológica da seguinte maneira:

> Se a lei considera na gestante duas pessoas distintas, a mãe e o nascituro; se a Constituição estatui que nenhuma pena passará da pessoa o delinquente; (...) se a expulsão é uma pena; se tal pena alcançará, em seus efeitos, *o filho da expulsada, embora ainda não nascido, segue-se que o decreto de expulsão, além de ferir o preceito constitucional protetor da maternidade, ofende ainda o princípio da personalidade da pena.*

A segunda linha de defesa se baseava essencialmente no fato de Olga Benário não ser uma prisioneira nociva, não estando, portanto, sujeita à expulsão conforme prevista na Constituição. Alegava o advogado, de forma razoável, que não havia qualquer imputação objetiva de crime à pessoa de Olga: mais importante ainda, argumentava que "a lei não diz que os criminosos serão expulsos, e sim que serão processados e punidos". Contribui para o raciocínio em questão, bem como para a defesa de Olga, o fato de que nem mesmo a Alemanha, seu país natal, teria requisitado sua deportação ou manifestado qualquer interesse em tê-la disponível para julgamento e punição em seu território. Como poderia ser considerada nociva uma estrangeira que sequer é criminosa, pois, para ser considerada como tal do ponto de vista legal, dependeria de uma condenação precedida de um julgamento regido pelo devido processo e ampla defesa?

O *habeas corpus* de Olga assume, portanto, um caráter inovador não apenas pela dificuldade do caso ou pelos penosos detalhes, mas pelo pedido inusitado, dramaticamente sumarizado pela defesa:

A paciente impetra *habeas corpus*, não para ser posta em liberdade; não para neutralizar o constrangimento de qualquer processo; não para fugir ao julgamento de seus atos pelo Judiciário: mas, ao contrário, impetra *habeas corpus* para não ser posta em liberdade, para continuar sujeita ao constrangimento do processo que contra ela se prepara na polícia, para ser submetida ao julgamento perante tribunais brasileiros. Em suma: o *habeas corpus* é impetrado a fim de que a paciente não seja expulsa.

Infelizmente, nem os princípios e garantias de um Estado de Direito, nem os direitos inerentes ao casamento com um brasileiro e nem mesmo a piedade pela gravidez no cárcere e o perigo de morte seriam suficientes para impedir a aberração jurídica que teria lugar em seguida. O relator do HC 26.155/DF, ministro Bento de Faria, seria incisivo em seu voto, indeferindo todo o pedido com base em um argumento simples: a decretação de estado de sítio, em março de 1936, teria suspendido a garantia constitucional do *habeas corpus*. Olga Benário seria expulsa, mesmo casada, grávida e inofensiva.

O embarque de Olga seria adiado, o que motivaria ainda a impetração de um novo *habeas corpus*, já em setembro (durante o sétimo mês de gravidez), perante a mesma Suprema Corte, dessa vez pelo advogado Luís Werneck, esposo de uma companheira de cela de Olga. A argumentação era semelhante àquela empregada por Heitor Lima, embora sensivelmente mais emocional e urgente: a detenta já estava em avançado estado gravídico, o que seria suficiente para que os efeitos da suspensão da garantia do *habeas corpus* fossem temporariamente suspensos em seu benefício. A Suprema Corte sequer conheceria do pedido.

Prestes estava virtualmente incomunicável desde que fora preso. Por mais que Olga lhe escrevesse numerosas cartas, quase nenhuma delas lhe fora entregue, e as notícias do mundo exterior se resumiam a pequenos fragmentos de jornais e periódicos que conseguia subtrair de algum soldado. Via sua esposa e acompanhava a gravidez apenas por fotografias tiradas durante seus depoimentos, certamente sentindo-se impotente e temeroso dos possíveis desdobramentos. Ignorava, por exemplo, que naquele momento sua mãe e irmã promoviam intensa campanha na Europa pela libertação de Olga e da criança, mobilizando a comunidade diplomática internacional e a força do Comintern para buscar auxílio prático e jurídico para a moça.

Prestes decerto veria acender em seu peito uma centelha de esperança se soubesse que, enquanto Olga aguardava o navio que a levaria para a Alemanha de Hitler (que se encontrava novamente atrasado), seu incansável advogado veria uma derradeira oportunidade de conseguir justiça através da comoção e impedir um desabonador ato de desumanidade que estava prestes a acontecer. Heitor Lima daria a última cartada em defesa da jovem e brava cliente na manhã de sua expulsão. Enviaria uma emocionada carta à primeira-dama, Darcy Vargas, usando os atributos que lhe tornaram célebre: a habilidade com a carga emocional das palavras, a compreensão da sensibilidade feminina e o apelo ao mais profundo reduto moral vivente em cada indivíduo.

> A mulher brasileira é inexcedível na dedicação, na piedade, na tolerância. Não sabe odiar; o que mais sabe, o que sabe sempre é orientar, socorrer, acudir e perdoar. Numa palavra: só sabe amar. Em nome das mães brasileiras que me procuraram, insisto pela vossa interferência.

Nem mesmo essas palavras — ou as muitas que as precederam, em uma série de predicados derramados sobre a figura da primeira-dama em discursos sobre a alma feminina maternal, dadivosa e solidária — seriam suficientes para penetrar as defesas do palácio do Catete. Darcy Vargas jamais responderia ao último apelo em defesa de uma jovem mãe, oficialmente selando sua sentença e desafiando a alardeada crença de Heitor Lima na essência tutelar e generosa da mulher brasileira.

Em sua célebre biografia de Olga Benário, Fernando Morais reconstitui um dos momentos mais dramáticos da trajetória da jovem ativista: sua efetiva expulsão do país. Olga teria, na noite de 21 de setembro de 1936, sofrido um grave mal-estar e requisitado em desespero que fosse levada a um hospital fora da casa de detenção, buscando a todo custo evitar um parto prematuro. Temendo que os oficiais de plantão aproveitassem a oportunidade para transportá-la em direção ao navio que a levaria à Alemanha, suas companheiras de cela (que àquela altura já lhe tinham imenso apreço e haviam pessoalmente se engajado em sua defesa) decidem montar uma escolta para garantir que, de fato, Olga fosse levada a um hospital. Uma das presas chega a ser autorizada a seguir em uma ambulância com Olga, mediante a promessa solene de que permaneceriam juntas durante toda a internação. O impensável, contudo, se materializa com requintes de crueldade: na porta do hospital, em torno do qual as ruas foram fechadas para evitar a presença de testemunhas, a companheira de Olga é expulsa e a ambulância dá meia-volta em direção ao cais do Porto, onde um navio alemão a aguardava.

Olga seria transportada, já naquela noite, no navio cargueiro chamado *La Coruña*, que tinha como destino a cidade de Hamburgo, a despeito dos protestos do capitão e das leis de navegação internacionais (que vetavam a embarcação de mulheres em estado de gravidez tão avançado). A viagem duraria semanas e seria extremamente desconfortável para Olga, que sofreria muito com o isolamento e o mal-estar físico, até que fosse enfim recebida em solo alemão por emissários do *führer* Adolf Hitler, para ser levada a uma prisão feminina onde seria confinada em uma cela de dois metros quadrados.

Em algumas semanas, nasceria saudável, desafiando qualquer previsão, a pequena Anita Leocádia. Mesmo ainda não tendo sido acusada de nenhum crime na Alemanha (as acusações referentes à invasão da prisão de Moabit, quando resgatara seu amante Otto Braun, já haviam prescrito), Olga permanecia presa e foi avisada de que a filha lhe seria tirada tão logo não pudesse mais ser amamentada. Seu marido nem ao menos sabia do nascimento da criança: apenas em março de 1937, meses depois, quando sua correspondência com a mãe e a irmã (somente meses mais tarde com a esposa) foi liberada, é que elas lhe dariam a notícia de que se tornara pai e que a criança nascera saudável em uma prisão alemã.

Olga ainda permaneceria presa por cinco anos, mas Anita Leocádia, no entanto, seria retirada da mãe e libertada em 1938, com apenas um ano de idade. Foi por fruto de muito esforço de dona Leocádia, a dedicada e resoluta mãe de Luís Carlos Prestes, que a neta lhe seria entregue em Berlim para ser criada livremente no México, para onde retornaria enquanto lutava pela libertação do filho. O regime nazista, em um último golpe de crueldade, pretendia enviar a criança a um orfanato, recusando-se a reconhecer qualquer grau de parentesco entre a criança e sua avó por conta da falta de uma certidão de casamento entre Olga e Prestes. Com todo o empenho e influência que conseguiu reunir, dona Leocádia, aos 63 anos, conseguiu providenciar documentos em que Prestes assumia a paternidade da menina, levando-a assim para longe das garras do regime hitlerista e de uma infância sem identidade. Muito embora tenha continuado a empreender intensos esforços no sentido contrário nos anos seguintes, nunca cessando o envio de roupas, provisões, cartas e notícias da criança à mãe, dona Leocádia sabia que era muito tarde para salvar a nora.

Somente um mês depois da traumática e repentina separação da filha, Olga soube que, em vez de uma creche nazista, seu destino fora na verdade a segurança da família paterna e a tutela amorosa da avó, que de tudo fizera para assegurar sua guarda. A partir de então todo o sofrimento se tornaria mais tolerável sob a perspectiva de que sua pequena estaria a salvo das atrocidades de um regime cuja essência era a crueldade. O sofrimento da escravidão e a solidão na prisão de Ravensbrück, por exemplo, para onde seria levada em 1938, só eram mitigados pelas parcas linhas que recebia vez ou outra do marido e da sogra, quando lhe era permitido que escrevesse. Falavam quase que invariavelmente da filha — ambos munidos apenas das palavras de dona Leocádia sobre sua saúde e seu desenvolvimento — e buscavam alimentar um no outro a esperança da libertação e de uma reunião num futuro próximo, por mais improvável que isso fosse na realidade.

De fato, não haveria reencontro. Olga jamais voltaria a ver a filha ou o marido, bem como jamais conheceria a sogra que tanto lutara por sua libertação. Não veria o alvorecer de um mundo sem Adolf Hitler e livre do nazifascismo. Na Páscoa de 1942, seria assassinada em uma câmara de gás em Bernburg, na Alemanha, após ser avisada de sua transferência com apenas uma noite de antecedência, plenamente consciente de seu destino. Estava completa, então, a execução de sua sentença de morte assinada pela Suprema Corte do Brasil, em 1936.

Prestes seria libertado e anistiado por Vargas em 1945, após dez anos encarcerado. Nos anos precedentes e no seguinte, tornara-se um pária dentro do próprio Partido Comunista ao apoiar o presidente que se perpetuava no poder após um novo golpe em 1937, o mesmo homem que enviara para a morte sua esposa e sua filha. A mudança de posição oficial se dava pela declaração pública de Vargas de oposição ao regime nazista alemão e pelo envio de tropas a seu combate, bem como a retirada do Partido Comunista da ilegalidade e a promessa de eleições livres no futuro. Mesmo que, aos olhos de um homem comum movido pelas paixões e sentimentos, fosse esse um movimento impensável (especialmente quando vindo de alguém que sofrera tamanhas crueldades), aos olhos do político incorrigível, Luís Carlos Prestes, apoiar Vargas naquele momento era uma concessão necessária.

Desde 1942, diga-se de passagem, Prestes não tinha notícias ou correspondências de Olga, a despeito de grandes mobilizações em busca de seu paradeiro. Descobriria que a esposa havia sido vítima da câmara de gás apenas três anos após sua morte, através de um bilhete recebido ao final de um comício no estádio do Pacaembu, em São Paulo. Sua última carta, uma despedida tocante de uma mulher que sabia que no dia seguinte seguiria para a morte, somente seria aberta por Prestes muitos anos depois, quando já havia se casado outra vez e se tornado pai de outros filhos.

As últimas palavras de Olga Benário ao marido demonstram coragem e bravura que somente poderiam ser atributos de uma alma indômita, que lutaria com resolução por suas convicções e paixões durante toda a vida. A decisão do Supremo Tribunal Federal a respeito de seu *habeas corpus* é uma página sombria e embaraçosa na história da Suprema Corte.

Bibliografia

AMADO, Jorge. *O Cavaleiro da Esperança: Vida de Luis Carlos Prestes*. 1. ed. São Paulo: Companhia das Letras, 2011.

DA COSTA, Emília Viotti. *Da Monarquia à República*. 9. ed. São Paulo: Editora Unesp, 2010.

DORIA, Pedro. *Tenentes: A guerra civil brasileira*. 1. ed. Rio de Janeiro: Record, 2016.

FAUSTO, Boris. *História do Brasil*. 12. ed. São Paulo: EdUSP, 2012.

GASPARI, Elio. *A ditadura derrotada*. 1. ed. Rio de Janeiro: Intrínseca, 2014.

MORAIS, Fernando. *Olga*. 1. ed. São Paulo: Companhia das Letras, 1993.

MUNIZ, Veyzon Campos. "O caso Olga Benário Prestes: Um estudo crítico sobre o *habeas corpus* n° 26.155/19361". *Direito & Justiça: Revista de Direito da PUC-RS*, v. 37, n. 1, p. 36-60, jan./jun. 2011.

PRESTES, Anita Leocádia. *Prestes: Um comunista brasileiro*. 1. ed. São Paulo: Boitempo, 2015.

REIS, Daniel Aarão. *Luis Carlos Prestes: Um revolucionário entre dois mundos*. 1. ed. São Paulo: Companhia das Letras, 2014.

SCHWARCZ, Lilia Moritz; STARLING, Heloisa Maria Murgel. *Brasil: Uma biografia*. 1. ed. São Paulo: Companhia das Letras, 2015.

NOTAS

1 Schwarcz; Starling, 2015.
2 Fausto, 2012.
3 Da Costa, 2010.

Nottebohm

Daniela Vargas
Nadia de Araujo

Descrição dos fatos

É curioso que o caso mais emblemático sobre a nacionalidade no Direito Internacional tenha sido protagonizado por dois países de envergadura territorial diminuta, que não falam a mesma língua, não possuem fronteira comum e distantes cerca de 9.500 quilômetros um do outro. Referimo-nos ao Caso Nottebohm, entre Liechtenstein e Guatemala, decidido pela Corte Internacional de Justiça em abril de 1955.[1]

A Guatemala, o mais populoso dentre os pequenos países centro-americanos, foi durante todo o século XX o maior produtor de café da América Central.[2] Sua indústria cafeeira iniciou-se entre os anos 1850 e 1860. A produção, inicialmente feita em pequenas propriedades, recebeu investimentos estrangeiros, começando pelos holandeses, passando pelos franceses e italianos. A partir de 1864 e até 1940, a Guatemala foi o destino de migração e investimentos alemães de peso em várias áreas, especialmente aquelas ligadas ao café. Em 1880, por conta dos crescentes investimentos e da migração atraída pela oferta de terras, dois terços da produção cafeeira da Guatemala estava nas mãos de alemães. Casas comerciais alemãs financiavam os produtores, compravam e transportavam o café para a Europa. Entre os financiadores e compradores protagonistas da região, encontramos a Casa Nottebohm e o seu braço financeiro, o Banco Nottebohm.

A família Nottebohm, de Hamburgo, havia se especializado no financiamento a produtores de café, tendo recebido as terras na Guatemala como garantia. Aos poucos, seus investimentos na Guatemala cresceram e passaram a incluir plantações de café, sem abandonar o mercado financeiro.

Friedrich Nottebohm chegou à Guatemala em 1905, com 24 anos de idade, para trabalhar com seus dois irmãos mais velhos, Johan e Arthur, nos negócios da família.

Na Casa Nottebohm, um belo prédio de esquina no centro da cidade da Guatemala, funcionava não apenas a empresa comercial, mas também o Banco Nottebohm, de propriedade dos irmãos Johan, Arthur e Friedrich Nottebohm. A Nottebohm & Co. chegou a ser a maior empresa de produção e exportação de café da Guatemala. Por muito tempo, detiveram o monopólio do financiamento das empresas alemãs que atuavam na indústria cafeeira da Guatemala.

Friedrich Nottebohm era cidadão alemão e assim permaneceu até 13 de outubro de 1939, um mês após o início da Segunda Guerra Mundial. Nesse dia, no pequeno principado de Liechtenstein, encravado nos Alpes entre a Suíça e a Áustria, a quase 9.500 quilômetros em linha reta da Guatemala, Friedrich Nottebohm, então com 58 anos, tornou-se cidadão de Liechtenstein. Poucos dias depois, tomou o vapor no porto de Hamburgo de volta ao seu domicílio na Guatemala. Lá chegando, tratou de notificar as autoridades guatemaltecas de sua naturalização, tendo-lhe sido expedidos novos documentos, como cidadão de Liechtenstein.

A opção de Friedrich Nottebohm pela nacionalidade de Liechtenstein tinha um fundamento: uma carta-circular do Ministério das Relações Exteriores alemão, encaminhada em 4 de julho de 1939 aos representantes diplomáticos e consulares alemães, recomendando aos cidadãos alemães residentes no exterior a mudança de nacionalidade.³ Nesse período, após as leis de Nuremberg, a aquisição de uma nacionalidade estrangeira importava na perda automática da nacionalidade alemã. Desta forma, pensava-se, aqueles que se naturalizassem ficariam imunes a retaliações, confiscos e outros rescaldos de mais uma guerra. A escolha de Liechtenstein veio por conta de uma legislação de nacionalidade que facilitava a naturalização aos que lá residiam por três anos ininterruptos ou faziam investimentos de interesse relevante.

Liechtenstein, assim como a Suíça, se manteve em posição de neutralidade na Segunda Guerra Mundial. Já a Guatemala, que até meados de 1941 se declarara neutra, acabou por acompanhar os demais países da América Central e, em dezembro de 1941, declarou guerra primeiro ao Japão e em seguida à Itália e Alemanha.

Em 1943, uma lista de pessoas supostamente ligadas ao nazismo foi encaminhada pela Embaixada dos Estados Unidos na Guatemala ao governo daquele país. Relatos já haviam chegado aos ouvidos das autoridades locais de que as empresas dos irmãos Nottebohm teriam conexões com o nazismo.

Em 20 de novembro de 1943, Friedrich Nottebohm foi preso na Guatemala, na condição de nacional de um país inimigo. De nada adiantou alegar ser cidadão de um país neutro. Foi extraditado para os Estados Unidos, onde ficou em um campo de detenção no Texas. Em 8 de novembro de 1945, enquanto ainda estava preso, o governo da Guatemala confiscou os bens da família Nottebohm: fábricas, imóveis — inclusive a lendária Casa Nottebohm, que se tornou sede do Banco de Guatemala — e as fazendas de café. Libertado em 1946, diante da proibição de regressar à Guatemala, Friedrich Nottebohm viajou para Liechtenstein e lá fixou domicílio.

Em 1951, Liechtenstein iniciou procedimentos contra a Guatemala perante a Corte Internacional de Justiça, alegando graves violações de direitos contra seu cidadão Friedrich Nottebohm. Pleiteou a condenação da Guatemala por ter aprisionado um cidadão de país neutro, em violação ao Direito Internacional, e a imediata devolução das propriedades confiscadas ou, alternativamente, o pagamento de justa indenização.

Inicia-se nesse momento um julgamento que veio a consagrar, no Direito Internacional, o princípio da nacionalidade efetiva.

O JULGAMENTO

O caso Nottebohm foi julgado pela Corte Internacional de Justiça entre os anos de 1951 e 1955 e passou à literatura do Direito Internacional como um exemplo de como se estabelecer os requisitos necessários para a determinação, por Estados terceiros, da nacionalidade efetiva de um indivíduo que detenha mais de uma nacionalidade. À época em que Nottebohm adquiriu a nacionalidade de Liechtenstein, já estava em vigor a Convenção da Haia sobre nacionalidade, de 1930, a qual estabelece, em seu artigo 1º, caber a cada Estado determinar quem são seus nacionais. Essa determinação será respeitada pelos demais Estados se observadas as convenções internacionais, o costume e os princípios gerais de Direito reconhecidos em matéria de nacionalidade.[4]

Para a Corte, o deferimento de um pedido de naturalização sem uma ligação efetiva não obrigaria Estados terceiros a reconhecerem a proteção diplomática que o Estado concedente da nacionalidade acorda ao indivíduo naturalizado.[5]

Liechtenstein submeteu o caso contra a Guatemala sob o fundamento de que o Sr. Nottebohm era seu nacional em razão de naturalização, condição esta que havia sido, inclusive, reconhecida por outros países, como a Suíça. Argumentou, ainda, que a Guatemala não desconhecia a mudança de nacionalidade ocorrida, pois, de acordo com as leis alemãs, a naturalização implicava necessariamente perda da nacionalidade alemã. Argumentou que a prisão de Nottebohm e o confisco de seus bens sem qualquer compensação representava uma quebra das obrigações da Guatemala segundo o Direito Internacional, o que daria ensejo ao pedido de compensação pelos danos sofridos por seu cidadão, bem como a restituição de seus bens.[6]

Em sua resposta, a Guatemala pugnou pela inadmissibilidade do pedido, alegando que Liechtenstein não procurou resolver a questão previamente através de negociações diplomáticas. Ainda preliminarmente, alegou que a nacionalidade derivada de Nottebohm não teria sido adquirida em consonância com a lei interna daquele país, o que implicava em desconformidade das regras aplicáveis com o Direito Internacional.[7]

Desde o início do processo, a Corte considerou a questão da admissibilidade de fundamental importância, pois a prova de que Nottebohm havia adquirido a nacionalidade de Liechtenstein de forma regular era crucial para permitir que esse país pudesse estabelecer sua legitimidade de agir.[8] Nesse ponto, enquanto a Guatemala entendia que a aquisição da nacionalidade derivada não tinha respeitado a própria lei interna do Estado requerente e os princípios do Direito Internacional, Liechtenstein manteve firme seu entendimento de que o processo de naturalização transcorrera sem qualquer mácula à sua lei interna.

Em seu julgamento, a Corte procedeu à análise dos critérios de aquisição de nacionalidade em Liechtenstein e os comparou aos fatos do caso. O fator que pareceu ser determinante para sua conclusão acerca da invalidade da naturalização foi a forma pela qual se deu a dispensa do requisito legal da necessidade de se comprovar residência por três anos naquele país. Embora a lei interna permitisse essa dispensa em alguns casos, segundo a Corte, nenhuma razão foi dada no caso concreto para que Nottebohm fosse agraciado com essa dispensa, o que, em seu entender, seria necessário pelas normas vigentes de Liechtenstein.

É importante ressaltar que constava nos autos a comprovação de que Nottebohm registrou sua naturalização na Guatemala, o que seria indicativo do reconhecimento da condição de nacional de Liechtenstein pelo governo guatemalteco. Todavia, a Guatemala argumentou que o registro seria uma mera formalidade, sem que dele se pudesse presumir o exercício regular da proteção diplomática. A Corte concordou com os argumentos da Guatemala de que o registro em si não importaria no reconhecimento de proteção diplomática nem na aceitação pela Guatemala da nova condição de Nottebohm.[9] No entender da Corte, não havia prova de que a Guatemala tivesse considerado Nottebohm como nacional de Liechtenstein. A Corte passou, assim, a analisar se o ato de naturalização conferia a Nottebohm direito à proteção diplomática de Liechtenstein, e se em razão disso deveria a Guatemala respeitá-lo.[10]

Para a Corte, o que estava em jogo não era o cumprimento da lei interna de Liechtenstein, mas os seus efeitos no plano internacional. E considerou que, de acordo com a prática de terceiros Estados e tribunais arbitrais, a nacionalidade representa um vínculo do indivíduo com um Estado tendo como base um fator social, uma genuína conexão existente, manifestada em interesses e sentimentos, aliados a direitos e deveres. Assim, seria necessário analisar fatos concretos de forma a estabelecer que a ligação de Nottebohm com Liechtenstein fosse uma expressão jurídica de um fato social, de uma conexão que se provasse real e efetiva.

Ao final de sua análise, a Corte, por maioria, entendeu que os fatos claramente demonstravam inexistir ligação real e efetiva entre Nottebohm e Liechtenstein e que, por isso, a Guatemala não estava obrigada a reconhecer a nacionalidade outorgada. Decidiu, assim, pela inadmissibilidade do caso.

É certo que o Caso Nottebohm se desenvolveu no ambiente do pós-guerra, ainda impactado pelos julgamentos do Tribunal de Nuremberg, quando não havia ainda condições de trazer à luz violações de direitos humanos praticadas pelos vencedores. A decisão desfavorável a Liechtenstein acabou, assim, por legitimar os atos praticados pela Guatemala e, também, pelos Estados Unidos, porque diziam respeito a um nacional de um país inimigo e não a um nacional de país neutro.

A partir desse caso, o princípio da nacionalidade efetiva foi sendo gradualmente consagrado ao longo dos anos tanto na doutrina de Direito Internacional quanto na prática dos Estados. Pouco se fala, contudo, sobre os argumentos explorados nos votos vencidos. Os três alentados votos dissidentes merecem ser relatados, como se fará abaixo.

O primeiro a apresentar seu voto dissidente foi o juiz Klaestad. Segundo ele, se os Estados detêm competência exclusiva para determinar como as nacionalidades são concedidas, não caberia à Corte discutir se tal concessão foi ou não bem exercida, porque sua *expertise* não se estenderia à interpretação da lei interna de um país. Se pudesse fazê-lo, estaria agindo em substituição às autoridades locais. Entendeu, ainda, não ser necessária a comprovação de que o vínculo de Nottebohm com a Alemanha havia sido desfeito, como pleiteava a Guatemala.

O juiz Klaestad entendeu ainda que a Guatemala deixou de comprovar adequadamente que, à luz do Direito Internacional, a concessão da nacionalidade por um Estado deveria ser alinhada a um vínculo real e efetivo. Para ele, nada no Direito Internacional estabeleceria tal condição como requisito indispensável.

Por fim, o juiz Klaestad considerou que a questão da possível fraude na obtenção da naturalização não poderia ser decidida na esfera de decisão dos requisitos de admissibilidade do caso perante a Corte, mas somente se fosse julgado o mérito da questão.

O segundo voto foi do juiz Head. Para ele, apesar de considerar necessário haver algum limite ao poder discricionário dos Estados de determinar quem são seus nacionais, a questão deveria ser analisada sob o ponto de vista das normas de Direito Internacional. O que estava em jogo era saber se havia alguma regra positiva de Direito Internacional que exigisse uma relação substancial entre o indivíduo e o Estado para que este último pudesse conceder validamente a condição de nacional e a proteção diplomática dela decorrente.[11] Para ele, a Convenção da Haia de 1930 permitia a Liechtenstein definir suas próprias regras sobre nacionalidade, não cabendo à Guatemala contestá-las.

No seu entender, não caberia à Corte julgar inadmissíveis os motivos que Liechtenstein levara em conta para conceder nacionalidade a Nottebohm.[12] Tampouco a dispensa do requisito da residência poderia invalidar a naturalização concedida, pois cabia a Liechtenstein definir se a residência no exterior impactava ou não sua ligação com seus nacionais. Com efeito, não havia regra de Direito Internacional que obrigasse o nacional a residir ou ter ligações comerciais com o Estado de sua nacionalidade. Ainda no sentido da existência da ligação real e efetiva, o juiz Head anotou que, após a guerra, Nottebohm havia se mudado para Liechtenstein e lá permanecido.

O último juiz a se manifestar foi o juiz *ad hoc* Guggenheim.[13] No seu entender, somente às autoridades locais caberia decidir sobre a concessão da nacionalidade, já que a elas competia verificar o cumprimento, no caso concreto, dos requisitos previstos na lei local para tanto. Notou que Liechtenstein sempre se posicionou no sentido da validade da nacionalidade e de seu direito de conferir proteção diplomática a Nottebohm. Destacou, ainda, que Nottebohm jamais invocara a nacionalidade de outro país. Também se debruçou sobre o elo entre Nottebohm e Liechtenstein de acordo com as regras de Direito Internacional, concluindo pela sua existência.

De todo o exposto, nota-se que, conquanto o caso seja emblemático para estabelecer o princípio da nacionalidade efetiva, ainda persistem em aberto muitas questões nessa temática.[14]

Como a Corte Internacional de Justiça decidiu pela inadmissão do caso, não foi aprofundada a discussão relativa à validade da nacionalidade, tampouco restou analisado todo o contexto probatório trazido por Liechtenstein em defesa de Nottebohm. Por isso, causa espanto que o caso tenha adquirido tanta proeminência e se tornado a base para o estabelecimento de um conceito tão amplamente utilizado a partir de então, sobretudo diante dos argumentos dos votos dissidentes.

As dúvidas levantadas nos votos vencidos mereceriam maior reflexão por parte da doutrina. Os argumentos suscitados pelos juízes dissidentes nos parecem suficientes para demonstrar que esse caso, bastante isolado na jurisprudência da Corte, não deveria embasar um princípio de Direito Internacional peremptório a respeito do instituto da nacionalidade.

No cenário da doutrina nacional, a honrosa exceção é a análise cuidadosa e completa do Professor Jacob Dolinger. Em seu livro de direito internacional privado, efetuou uma descrição minuciosa do caso e dos votos dissidentes, para concluir ter a Corte se posicionado de maneira errônea, tanto sobre os fatos quanto sobre o Direito Internacional, chegando a "uma solução profundamente injusta" na decisão do caso.[15]

Importância da decisão para o conceito de nacionalidade

Nos dias atuais, desenvolveu-se, sobretudo após a Segunda Guerra Mundial, uma rede de proteção à nacionalidade, consubstanciada nos tratados internacionais de direitos humanos que asseguram não apenas o direito a uma nacionalidade, mas, ainda mais importante, o direito de não ser privado arbitrariamente da sua nacionalidade, direitos esses inexistentes na época em que os fatos do caso comentado se passaram, apesar da existência à época da Convenção da Haia de 1930[16] sobre nacionalidade.

Nesse sentido, veja-se as inúmeras iniciativas internacionais de proteção do direito à nacionalidade, nos foros internacionais no pós-guerra, como as convenções da ONU sobre a prevenção da apatridia de 1954, sobre a nacionalidade da mulher casada em 1957, o Pacto de Direitos Civis e Políticos de 1966 e também, no âmbito americano, o Pacto de San José de 1969.[17]

Se, por um lado, a concessão da nacionalidade decorre exclusivamente da soberania dos Estados e dos fundamentos definidos pela sua lei interna, o Caso Nottebohm nos mostra que o vínculo de nacionalidade não pode ser apenas formal, jurídico-político, sendo necessária também a presença da dimensão social da nacionalidade para que seja reconhecida por terceiros Estados.

Ao longo do tempo, o caso se firmou como a jurisprudência dominante para se auferir perante um terceiro Estado a nacionalidade efetiva dos indivíduos que possuam mais de uma nacionalidade.

A necessidade de definição da nacionalidade preponderante em uma situação em que o indivíduo possui mais de uma nacionalidade, outorgada validamente por cada um dos Estados envolvidos, não é uma situação tão incomum. O princípio da nacionalidade efetiva cunhado pela Corte Internacional de Justiça tem reflexos no conceito de "nacionalidade desportiva" dos atletas de alto rendimento e nos atuais esforços da FIFA[18] e do COI[19] de coibir naturalizações de conveniência. Um atleta que tenha dupla nacionalidade e que venha a competir por um dos países dos quais é nacional fica impedido de competir pelo país da outra nacionalidade.[20]

Se por um lado existem regulamentações para coibir naturalizações de conveniência no universo dos esportes, por outro lado, alguns países continuam a acenar com facilidades para obter naturalizações de estrangeiros de alto poder aquisitivo que lá fazem investimentos[21] ou geram empregos, com legislações em muito semelhantes à da época de Nottebohm.

Se o caso Nottebohm fosse julgado hoje pela Corte Internacional de Justiça, gostaríamos de acreditar que Liechtenstein tivesse conseguido ao menos a admissibilidade do caso, para que todo o contexto probatório pudesse ser apreciado. Apesar da crítica à forte carga política da decisão, é inegável que teve seu papel na construção de um conceito de nacionalidade que vai além do vínculo formal, consubstanciado em um passaporte e em autorização de residência, e possibilitou aos países utilizá-lo no seu dia a dia, em que as questões de nacionalidade estão presentes.

BIBLIOGRAFIA

BATTIFOL, Henri; LAGARDE, Paul. *Traité de droit internationale privé*. 8. ed. Paris: LGDT, 1993. t. I.
CASTRO Y BRAVO, Federico de. "La nationalité la double nationalité et la supra-nationalité", *Recueil des Cours*, 1961.
DOLINGER, Jacob. "Nottebohm revisited". In: Paulo Borba Casella (org.). *Dimensão Internacional do Direito*. São Paulo: LTR, 2000.
DOLINGER, Jacob; TIBURCIO, Carmen. *Direito Internacional Privado — Parte Geral e Processo Civil Internacional*. 12. ed. Rio de Janeiro: Forense, 2016.
MELLO, Celso Albuquerque. *Direito Constitucional Internacional*. 2. ed. Rio de Janeiro: Renovar, 2003.

Notas

1. Para as informações sobre o julgamento do caso Nottebohm, veja-se no sítio da Corte Internacional de Justiça, em: <http://www.icj-cij.org/en/case/18/judgments>.
2. Desde 2010 Honduras se tornou o principal produtor da região. Fonte: <http://www.ico.org/trade_statistics.asp>.
3. Este documento foi descoberto na Colômbia. Fonte: <https://guatemaladeayer.blogspot.com.br/2011/06/la-casa-nottebohn-o-banco-nottebohn.html>.
4. Uma convenção e três protocolos foram incorporadas ao Direito brasileiro pelo Decreto nº 21.798, de 6 de setembro de 1932. "Artigo 1º: Cabe a cada Estado determinar por sua legislação quais são os seus nacionais. Essa legislação será aceita por todos os outros Estados desde que esteja de acordo com as convenções internacionais, o costume internacional e os princípios de Direito geralmente reconhecidos em matéria de nacionalidade."
5. Battifol; Lagarde, 1993, p. 107.
6. Nottebohm Case, Judgment of 6/4/1955, p. 6 e 7.
7. Nottebohm Case, Judgment of 6/4/1955, p. 9 a 11.
8. Nottebohm Case, Judgment of 6/4/1955, p. 13. Para Guatemala, *it is the bond of nationality between the State and the individual which alone confers upon the State the right of diplomatic protection.*
9. Nottebohm Case, Judgment of 6/4/1955, p. 18. "*All of these acts have reference to the control of aliens in Guatemala and not to the exercise of Diplomatic Protection.*" Apesar de haver várias referências no processo a momentos em que Nottebohm foi descrito como nacional de Liechtenstein, a Corte preferiu considerar apenas o argumento da Guatemala quando em 1944 se manifestou em contrário à nacionalidade de Nottebohm.
10. No dizer da Corte, "*it must be determined whether that unilateral act by Liechtenstein is one which can be relied upon by Guatemala in regard to the exercise of protection. (...) The issue which the Court must decide is not one which pertain to the legal system of Liechtenstein... It is international law which determines whether a state is entitled to exercise protection and to seise the Court. The naturalization of Nottebohm was an act performed by Liechtenstein in the exercise of its domestic jurisdiction. The question to be decided is whether that act*

has the international effect under consideration." (Nottebohm Case, Judgment of 6/4/1955, p. 20 e 21.)

11 Nottebohm Case, Judgment of 6/4/1955, p. 39.
12 Nottebohm Case, Judgment of 6/4/1955, p. 42.
13 Nottebohm Case, Judgment of 6/4/1955, p. 50 a 65.
14 Houve quem, ao referir-se à nacionalidade efetiva, a descrevesse como sendo o caráter que possui a nacionalidade quando se traduz em um liame mais forte a um estado (através de aspectos sociais, culturais e linguísticos) do que a outro, dando como justificativa um trecho isolado do caso Nottebohm.
15 Veja-se a última edição de Dolinger e Tiburcio, 2016, p. 161-164. Essa opinião já fora esposada em outras edições, tendo-se mantida inalterada nos últimos anos. Veja-se, ainda, Dolinger, 2000, p. 141-186. Mello, 2003, p. 214, conclui, baseado no caso Nottebohm que "a ordem jurídica internacional se arroga o direito de 'fiscalizar' a outorga de uma nacionalidade, se o caso é submetido à sua apreciação". Para uma posição crítica a respeito, veja Castro y Bravo, 1961.
16 Essa convenção e seus três protocolos foram incorporados ao Direito brasileiro pelo Decreto nº 21.798, de 1932.
17 O direito à nacionalidade e o direito de não ser privado arbitrariamente de sua nacionalidade integram a Declaração Universal dos Direitos Humanos, de 1948, no seu artigo 15. (Artigo 15: 1. Todo ser humano tem direito a uma nacionalidade. 2. Ninguém será arbitrariamente privado de sua nacionalidade, nem do direito de mudar de nacionalidade.). Temos ainda a Convenção sobre a nacionalidade da mulher casada, de 1957, e que foi internalizada pelo Decreto nº 64.216, de 1969. E, já no tema específico da nacionalidade, veja-se a Convenção sobre o Estatuto dos Apátridas, de 1954, e incorporado no Brasil pelo Decreto nº 4.246, de 2002.

No plano regional, cabe ressaltar a Convenção Americana sobre Direitos Humanos (Pacto de San José da Costa Rica), de 1969, e que entrou em vigor no Brasil pelo Decreto nº 678, de 1992. (Artigo 20. Direito à nacionalidade. 1. Toda pessoa tem direito a uma nacionalidade. 2. Toda pessoa tem direito à nacionalidade do Estado em cujo território houver nascido, se não tiver direito a outra. 3. A ninguém se deve privar arbitrariamente de sua nacionalidade nem do direito de mudá-la.)

18 Artigos 5 a 8 do Regulamento.
19 Artigo 41 e incisos.

20 Há inúmeros casos desse tipo. A título de exemplo, cite-se o caso de Diego Costa, que, após ter se naturalizado espanhol, pediu para não ser convocado para a seleção brasileira, em 2013, pois pretendia jogar a Copa de 2014 pela Espanha, o que de fato ocorreu.
21 Os chamados programas "Citizenship by Investment" têm crescido em países do Caribe, como Dominica, São Cristóvão e Nevis, mas também existem no Chipre, em Malta, entre outros. Veja-se, ainda, o Programa Golden Visa de Portugal.

São Thomas More

Alberto de Orléans e Bragança

"I die the King's good servant, and God's first."
Thomas More

Introdução

A frase transcrita acima, atribuída a Thomas More nos momentos que precederam a sua morte, parece indicar a existência de uma situação paradoxal e que nos dá os contornos da fantástica história do personagem, de sua atuação política, de seu julgamento e, finalmente, de sua morte. O paradoxo manifesta-se na indagação sobre como uma pessoa poderia, ao mesmo tempo em que era condenada à morte por não aceitar uma posição imposta por seu rei, reconhecer-se um bom servidor desse mesmo rei. A resposta está na continuação da frase, na parte em que ele afirma ser um servidor de Deus antes, sem um *"but"* e sim com um *"and"*, e caracteriza a posição de Thomas More em face das circunstâncias que levaram à sua morte: ele manteve até o final o seu respeito ao rei Henrique VIII, mas não reconhecia a validade das regras que levaram este último à condição de chefe supremo da igreja na Inglaterra. Em outras palavras, reconhecia, ao mesmo tempo, a autoridade do rei, mas não abria mão de suas convicções e da posição de reconhecimento da autoridade papal para questões espirituais. E é sobre essa extraordinária história que pretendo me estender ao longo deste artigo.

Quando recebi o simpático convite do dr. José Roberto de Castro Neves para preparar um artigo sobre um dos grandes julgamentos da história, imediatamente me veio à lembrança a história de Thomas More (ou de São Thomas Morus, para os católicos). Fiquei particularmente contente em ter a minha sugestão acatada pelo meu prezado amigo, pois isso me estimulou a aprofundar-me um pouco mais sobre o personagem e sua história.

O primeiro contato mais concreto com a história de Thomas More foi quando, ainda em minha infância, assisti ao famoso filme de Robert Bolt, *A Man for All Seasons*, ou *O Homem que não vendeu sua alma*, em sua versão traduzida para o português. Trata-se de um épico do cinema lançado em 1966, que recebeu inúmeros prêmios da Academia, incluindo os Oscars de melhor filme e melhor ator (Paul Scofield), além de outros prêmios, e que contou com a participação de Orson Welles, representando o arcebispo Thomas Wolsey. O filme é extraordinário e ainda muito atual, merecendo ser visto (ou revisto) por aqueles que se interessam pela história de Thomas More.

Desde aquela época, mantive um profundo interesse sobre o personagem e sobre a própria história da Inglaterra no período durante o qual ele viveu. Nasceram ali conjecturas das mais diversas, desde aquelas sobre a questão de natureza religiosa, com a ousadia do rei em se rebelar contra a Igreja Católica e criar a Igreja Anglicana, até aquelas em que se debate o espírito humano e a indagação sobre o que levaria uma pessoa, em prol da preservação de seus princípios e de sua consciência, a aceitar sua condenação à morte, não obstante todas as promessas de indulgência que lhe foram feitas à época, caso ele simplesmente aceitasse a posição do rei e do parlamento inglês.

Posteriormente, a essas indagações somaram-se outras questões e interesses que fariam surgir uma imensa curiosidade sobre quem foi efetivamente Thomas More, o que ele representou e o que sua história pôde transmitir para os tempos atuais, sobretudo no que respeita a questões como a liberdade de expressão e de consciência, e sobre as bases que formam uma sociedade. Algumas dessas questões foram discutidas no julgamento de Thomas More; outras foram e, por que não assim dizer, ainda estão sendo discutidas no mundo contemporâneo. A conclusão, como se poderá verificar ao final deste artigo, é de que a vida, o julgamento e a morte de Thomas More são eventos que marcaram profundamente a sua época, mas os seus impactos podem ser percebidos até os tempos atuais.

Em estudo publicado em 1978, quando se celebrou o V Centenário do Nascimento de Thomas More, o prof. F. de Mello Moser afirmou que as comemorações daquela data "têm constituído um testemunho, para muitos surpreendente, do invulgar interesse que a figura e a obra do humanista, chanceler e mártir continua a despertar, nos mais variados círculos, por múltiplas razões e sob diversas perspectivas. Enquanto, para uns, Sir Thomas More avulta sobretudo como humanista, erudito, autor de uma obra notável e representativa, a *Utopia*, e como personalidade que não se curvou perante a arbitrariedade do poder, para outros, ele conserva relevância enquanto crítico severo da sociedade do seu tempo e precursor do socialismo moderno e, para outros ainda, ele apresenta-se como cristão exemplar, em diferentes aspectos da sua vida de leigo, vida que soube sacrificar pela sua fé".[1]

Thomas More e sua biografia

Inúmeros livros, artigos e ensaios foram escritos sobre Thomas More, sendo interessante notar que a sua primeira biografia foi escrita em 1557, por seu genro, William Roper, com quem não tinha boas relações quando o rapaz começou a se relacionar com sua filha. A razão era da simpatia que Roper tinha pelas reformas religiosas que então se discutiam. Com o passar dos anos, todavia, as relações melhoraram e os dois se tornaram muito próximos, a ponto de o genro escrever sua biografia, na qual fica evidente a existência de uma grande admiração pelo personagem. Mais recentemente, deve-se destacar a biografia escrita por Peter Ackroyd — *The Life of Thomas More*, escrita em 1998. Esse livro de 450 páginas foi, durante algum tempo, o mais vendido na Inglaterra, o que demonstra o enorme interesse que o personagem até hoje exerce naquele país.

Muito do interesse das pessoas na vida de Thomas More pode ser explicado pelos eventos que aconteceram nos últimos 14 meses de sua vida, desde sua prisão até sua morte em 1535. No entanto, a vida de Thomas More tem uma dimensão que vai muito além desses fatos. Sua biografia é plena de acontecimentos e circunstâncias que mostram a sua extraordinária personalidade e o muito que ele fez ao longo da vida. Embora não seja o objeto deste artigo, algumas notas sobre sua biografia são relevantes para a compreensão do que levaria ao julgamento e também para o que ali ocorreu.

More nasceu em Londres, em 1478, e era filho de uma família não especialmente conhecida, por não ter uma linha nobiliárquica mais relevante para os padrões da época. Seu pai, após exercer a função de juiz, acabou por ser reconhecido como cavaleiro do reino por Eduardo IV, pelos serviços prestados ao reino, mas sem grande destaque.

Entretanto, é certo que os pais de Thomas More lhe asseguram uma educação esmerada, tendo ele aprendido latim, grego e frequentado o que se considerava uma das melhores escolas da Inglaterra na época. Ainda muito jovem, More conhece e torna-se pajem de John Morton, que viria a ser o primaz de Canterbury e, posteriormente, o lorde chanceler da Inglaterra. O cargo de lorde chanceler era provavelmente o mais importante do reino, sendo ele o presidente de Câmara dos Lordes e, até recentemente, o chefe do Poder Judiciário. Morton ficaria muito impressionado com a inteligência de More, a ponto de, frequentemente, referir-se a ele, dizendo a seus amigos: "Este rapaz que nos serve à mesa vai ser um homem extraordinário; os que viverem verão."[2]

O convívio com Morton permitiu a More acompanhar desde muito jovem as discussões sobre temas os mais variados e de maior relevância no ambiente político e intelectual da Inglaterra. Encantado com seu pajem, o próprio Morton organiza para que ele ingresse em Oxford para seus estudos de formação básica, onde More se submete a um processo de sólida disciplina e de estudos profundos, tendo, nessa época, aprendido grego, latim clássico, gramática, retórica etc. Além disso, More leu os escritores clássicos e se aprofundou em outras técnicas, como o teatro e a representação de forma geral.

Influenciado pelo pai, deixa Oxford e passa a estudar Direito. Em sua biografia sobre o sogro, William Roper escreveu que o pai "colocou-o numa das Câmaras dependentes da Chancelaria, chamada New Inn, para que estudasse as leis do reino. Ali fez grandes progressos; em seguida, passaria para a Lincoln's Inn, a fim de continuar os estudos, até que se formou como advogado de prestígio".[3] Interessante notar que os estudos não eram de teoria do Direito nem envolvia a leitura de livros de Direito. Os Inns eram residências universitárias, localizadas próximos às Cortes, onde se estudava a *Common Law* em sua essência, com base na análise de casos e da jurisprudência já estabelecida.

Naquela época — início do século XVI —, enquanto seguia o curso de Direito, Thomas More passa a conviver com as novas ideias que estavam sendo difundidas, tendo sofrido uma importante influência do movimento humanista que se iniciava, movimento que, ao lado do Renascimento e logo seguido pela reforma religiosa, viria a transformar a Europa e produzir relevantes impactos na evolução da história. Já se tornara então reconhecido pela sua profunda inteligência e por sua natureza afável, como admitido pelo famoso teólogo Erasmo de Roterdã, em 1499, ao descrever as suas novas amizades na Inglaterra, conforme trecho do estudo de Moser abaixo:

> Quando ouço Colet, parece-me estar a ouvir o próprio Platão. Quem é que não admira, em Grocyn, o saber completo? Que pode haver de mais agudo, profundo e delicado que o juízo de Linacre? Será que a natureza jamais criou algo de tão suave, afável e feliz como o gênio de Thomas More?

Note-se que, nessa altura, More tinha por volta de 23 anos, sendo o mais jovem dessa plêiade de humanistas — a grande geração dos humanistas ingleses —, cuja maior afinidade e filiação residia na Academia Platônica de Florença. Para John Colet, cuja influência se fez sentir como pregador, comentador de São Paulo e pedagogo fundador da Escola anexa à catedral londrina, Thomas More era "o único gênio que a Inglaterra possui".[4]

Todavia, essa vinculação com o pensamento humanístico não alterou as suas sólidas convicções religiosas, consolidadas pela formação doméstica e pelos estudos também nessa mesma época, incluindo um período passado em um mosteiro católico, entre 1503 e 1504.

Durante esse período com os monges, More cogitou seguir a vida religiosa, mas acabou por decidir-se pela vida laica. Em 1505, casa-se com Jane Bolt, com quem teve quatro filhos. Com a morte de sua primeira esposa, casa-se em segundas núpcias com Alice Middleton, com quem viveria até sua morte, em 1535.

Nessa época, More atua como advogado, tendo alcançado, aos trinta anos, uma posição de imenso prestígio. Em sua biografia, Roper diz que, na atuação do sogro como advogado, "não havia assunto levado aos tribunais do reino em que não interviesse. Quando um cliente o procurava, estudava o assunto em todos os seus pormenores e exigia toda a verdade. Depois de verificar que seu cliente estava com a razão, animava-o a ir em frente; mas se considerava que não havia fundamento para a causa, dizia-o com sinceridade e aconselhava a desistir da demanda".

Nessa mesma época, More dá início à sua longa carreira pública. Em 1504, elege-se para a Câmara dos Comuns, onde se afirma que ele teria se tornado conhecido após proferir um veemente discurso contra uma proposta do rei Henrique VII de aumentar impostos. Aparentemente, sua posição teria prevalecido e a proposta de aumento de impostos, rejeitada. Tal fato contribuiria para firmar o seu prestígio entre os políticos e, naturalmente, entre os homens de negócio da City, embora tenha sofrido algumas represálias indiretas do rei. Em 1514, é designado membro do Conselho Privado do Reino, passando a cumprir diversas missões diplomáticas já com Thomas Wolsey, então cardeal de York e futuro chanceler da Inglaterra. Em 1521, é nomeado cavaleiro e, logo em seguida, torna-se secretário e conselheiro pessoal do rei Henrique

VIII, passando a ter funções cada vez mais importantes na vida pública inglesa, à época servindo como elo de ligação entre o rei e o chanceler.

Também durante esse período, More escreve a sua famosa obra, *Utopia*, e ainda a biografia do rei Ricardo III, que viria a inspirar a famosa peça de Shakespeare. Conheceu Erasmo quando mais jovem, e solidificou a amizade quando ele escreve o seu famoso livro *Elogio da loucura*, enquanto estava hospedado com More e a quem dedica a obra.

Finalmente, em 1529, Thomas More é nomeado Lorde Chanceler do Reino, em substituição ao cardeal Thomas Wolsey, tornando-se o primeiro laico sem título nobiliárquico a exercer a função após muitos anos. Sua designação para a chancelaria resultaria da decisão de Henrique VIII de depor o cardeal Wolsey, por não ter esse conseguido obter a anulação do seu casamento junto ao papa e da errônea percepção do rei de que More seria seu aliado no processo.

Thomas More e a Igreja Católica

Com a evolução da Idade Média para a Idade Moderna, o conjunto de transformações nas relações de poder tem impacto profundo na religião católica. As modificações resultantes das mudanças do sistema feudal para uma sociedade mais burguesa, iniciadas naquele período, afetam as sociedades como um todo — e a Igreja Católica não seria uma exceção. Da mesma forma, no contexto político, passa-se de um sistema descentralizado para um modelo mais centralizado, com a perda de poderes dos senhores feudais e a concentração do poder político na pessoa do rei.

Na Idade Média, a Igreja havia assumido um protagonismo intenso e que ia muito além de suas atividades religiosas: envolveu-se profundamente nas atividades políticas e econômicas da época, sendo uma grande proprietária de terras e influenciadora nas decisões políticas dos governos. A partir de meados do século XV, no entanto, o protagonismo da Igreja Católica passa a ser questionado, sobretudo em face da crise de valores e de princípios geradas por práticas de representantes da entidade naquela época. Questões como o comércio de relíquias, a venda de títulos eclesiásticos e de indulgências passaram a ser objeto de pesadas críticas.

Dessas críticas se originaram alguns movimentos que questionavam posições da Igreja Católica e de suas lideranças, fazendo surgir a reforma protestante, que acabaria por ser muito relevante para o nascimento do anglicanismo.

Da mesma forma, naquela época se iniciavam outros movimentos, como o Renascimento e o próprio Humanismo, os quais também acabaram por gerar questionamentos importantes na forma pela qual os hábitos em geral, e os religiosos em particular, passaram a ser considerados. Thomas More não ficaria imune ao processo, profundamente influenciado pelo movimento humanista em sua formação.

O interessante, todavia, é que, não obstante a sua visão moderna sobre a posição do homem como o centro maior de interesses, Thomas More não deixou de lado as suas convicções católicas. Por um lado, mantinha suas convicções humanistas e de sua formação com base nos clássicos, resgatando o interesse nos escritores gregos, em oposição ao teocentrismo até então prevalente. Por outro, sua visão era de que a Igreja Católica estava em crise e havia questões relevantes a serem resolvidas, entretanto, caberia à própria Igreja, chefiada pelo papa, buscar e encontrar as soluções para seus problemas.

Porém, a história apresenta as suas ironias. Em 1517, Lutero escreveu um tratado atacando a Igreja e vários de seus preceitos e dogmas. Sustentava, dentre outras coisas, que existiam somente dois sacramentos e não sete, como defendia a Igreja Católica. Segundo Lutero, só havia o batismo e a comunhão; todos os demais sacramentos seriam invenções da Igreja e não deveriam ser levados em consideração.

Nesse momento, intervém Henrique VIII, preocupado com a crescente popularidade de Lutero, e decide escrever um livro — *A defesa dos sete sacramentos* —, no qual ataca as opiniões de Lutero e, no mesmo contexto, sustenta a supremacia papal. Trata-se, segundo J.J. Scarisbrick, autor de uma biografia de Henrique VIII, publicada em 1968, de *"one of the most successfull pieces of Catholics polemics produced by the first generation of anti-Protestant writers"*.⁵

Segundo estudos realizados, o livro seria na realidade uma coletânea de contribuições apresentadas por diversos sábios ingleses por encomenda de Henrique VIII, o qual pedira a Thomas More que se ocupasse da organização do livro, da escrita em latim e da parte teológica.

Orgulhoso de sua obra, Henrique VIII envia o livro ao papa Leão X, que, muito impressionado com a qualidade do material, confere ao rei o título de "Campeão da Igreja" e "Defensor da Fé", título que seria mantido por Henrique VIII mesmo após romper com a Santa Sé — e que seria usado por todos os reis da Inglaterra desde aquela época.

Lutero reagiria de forma veemente contra o livro, escrevendo "A resposta de Martinho Lutero na Alemanha ao livro do Rei da Inglaterra", no qual fez ataques ao rei, não propriamente respondendo às questões colocadas na *Defesa dos sete sacramentos*. Não pretendendo dar sequência à polêmica, o rei pediu a More que preparasse a resposta em seu favor, o que ocorreria em 1523, com o trabalho chamado "Sua Resposta a Lutero", assinado sob o pseudônimo de William Ross.

Esse episódio, e inúmeros outros que viriam a ocorrer na época, indicava um alinhamento concreto entre o rei e Thomas More, alinhamento que claramente parecia incluir a visão sobre o catolicismo e a supremacia do papa nas questões religiosas. More, motivado pelo debate com Lutero e nos estudos desenvolvidos para a preparação dos trabalhos em resposta a ele, acabou por reviver o seu profundo gosto pelos estudos teológicos e reforçou a sua fé cristã, a ponto de tornar-se um dos campeões na defesa do catolicismo contra a Reforma, com inúmeros estudos e livros escritos em questões religiosas, sempre alinhado com os preceitos da Igreja Católica.

Ironicamente, More iria se tornar também um dos mais conhecidos mártires da Igreja Católica, condenado por se contrapor exatamente àquele que o levara ao aprofundamento da fé católica, quando da preparação do livro e dos estudos que respondiam a Lutero por solicitação do rei.

Henrique VIII e o divórcio de Catarina de Aragão

O alinhamento entre Henrique VIII e Thomas More não duraria muito tempo. Enquanto as convicções católicas de More se consolidavam, o rei iniciava um caminho inverso e que levaria à ruptura entre os dois, fazendo surgir os acontecimentos dramáticos que marcariam a história da Inglaterra para sempre.

O estopim da discórdia entre os dois, como é notório, foi a decisão do rei de se divorciar de sua esposa, Catarina de Aragão, para casar-se com Ana Bolena, então uma dama de companhia na Corte inglesa. Catarina de Aragão era filha dos reis católicos, Isabel e Fernando, e tinha sido esposa do irmão de Henrique VIII, Arthur, falecido em 1502. Interessado em manter sua aliança com a Espanha, o pai de Henrique apressou-se a oferecê-lo em casamento com a então viúva. Nessa época, o futuro rei tinha 11 anos, e Catarina, 17.

A realização do casamento, por ela ser viúva do irmão do noivo, exigia uma dispensa papal que viria a ser obtida à época. O casamento se realizaria em 1509, não sem antes ser objeto de alguns questionamentos, inclusive do próprio noivo, que alegava não ser válido o acordo de casamento por ele ser menor à época em que foi compromissado.

Realizada a cerimônia de casamento, o casal teria quatro filhos, mas apenas uma, Maria Tudor (que se casaria com Felipe II da Espanha), sobreviveria até a maioridade. Em 1525, já com a relação conjugal bastante desgastada (há inúmeras referências históricas sobre infidelidades de Henrique VIII) e impaciente por sua esposa não lhe gerar um herdeiro homem para sucedê-lo no trono inglês, o rei apaixona-se por Ana Bolena, que tinha então 19 anos. Entretanto, Bolena resistiria às tentativas de sedução de Henrique VIII, recusando-se a se estabelecer como uma de suas amantes, afirmando que somente aceitaria dar sequência ao relacionamento com o rei na condição de casada.

Ante as circunstâncias, o rei passou a considerar as alternativas e a que lhe pareceu mais adequada seria tentar obter a anulação de seu casamento com Catarina de Aragão. Após alguma hesitação e intensos debates, o argumento da invalidade da licença papal que fora concedida para o casamento foi levantado, fundado no entendimento de que o papa não poderia ter concedido a autorização para casamento com a viúva do irmão do rei por não ter recebido informações fundamentais sobre o casamento anterior, inclusive quanto à sua consumação, e que teriam impedido a concessão da licença.

Não obstante as inúmeras tentativas (e pressões políticas), o pleito de anulação acabou não sendo acolhido pela Santa Sé, tendo o papa Clemente VII mantido a sua posição quanto à indissolubilidade do matrimônio e a validade da licença papal concedida. A condução das negociações para a obtenção da anulação do casamento coubera ao cardeal Thomas Wolsey, então lorde chanceler, e duraram dois anos. Com o fracasso na condução das negociações, Wolsey acaba sendo deposto e Thomas More é designado lorde chanceler em seu lugar.

O casamento entre Henrique VIII e Ana Bolena somente se realizaria em 1533, já com Catarina banida da Corte e após inúmeros movimentos políticos do rei para angariar apoio. Nessa época, o rei designou Thomas Cranmer, um aliado de Ana Bolena, para a posição de primaz de Canterbury, o mais alto cargo eclesiástico católico da Inglaterra. Em maio daquele ano, Cranmer, em uma Corte especial reunida para decidir sobre a validade do casamento do rei com Catarina de Aragão, e se colocando na condição de enviado do papa, declarou a união nula e sem efeito. Cinco dias depois, ele declarou que o casamento de Henrique e Ana Bolena era válido.

Em 1533, a Santa Sé decretaria a nulidade do casamento de Henrique VIII e Ana Bolena, negando a capacidade de Thomas Cranmer de atuar como enviado da Santa Sé.

Passados esses eventos, houve um período de consolidação, durante o qual o rei e seus conselheiros buscaram formas de legitimar os atos e convencer as elites e o povo inglês quanto à validade do casamento e dos atos do primaz. Cranmer ocupou-se da parte do Direito Canônico, estabelecendo as primeiras estruturas doutrinárias e litúrgicas da nova igreja na Inglaterra. Ao mesmo tempo, sobretudo após a renúncia de

More da posição de chanceler e a assunção de Thomas Cromwell, foram editados alguns decretos pelo parlamento inglês que dariam legitimidade jurídica aos atos de anulação e do novo casamento do rei. O primeiro decreto ("Decreto de Sucessão" ou "Act of Succession") declarava que o casamento do rei com Catarina de Aragão não era válido e legitimava o casamento do rei com Ana Bolena, tornando os descendentes deste matrimônio legítimos sucessores na linha de sucessão ao trono inglês.

Em seguida, foi editado o Decreto de Supremacia ("Act of Supremacy"), por intermédio do qual o parlamento reconheceu o rei como o chefe da Igreja da Inglaterra e aboliu o direito de se apelar à Santa Sé para assuntos de natureza religiosa. Diante dessas circunstâncias, o papa Clemente VII toma a decisão de excomungar Henrique VIII e Thomas Cranmer.

Thomas More e as novas circunstâncias

Com o fracasso de Wolsey na tentativa de obter a anulação do casamento de Henrique VIII com Catarina de Aragão junto à Santa Sé, Thomas More é designado para substituí-lo na posição de lorde chanceler. Embora os embates entre o rei e a Santa Sé já estivessem em andamento, More ainda confiava que Henrique VIII manteria a sua posição de respeito aos preceitos da religião católica e à supremacia papal diante das questões religiosas. Por essa razão ele teria aceitado exercer a condição de chanceler, ao mesmo tempo em que intensificava as suas ações contra a reforma protestante e outros movimentos contrários à Igreja Católica que estavam surgindo naquela época.

Não é possível saber, com certeza, as razões que levaram Henrique VIII a nomear More como chanceler, pois ele já sabia que More não era favorável à anulação do casamento ou a qualquer movimento que estivesse em conflito com os princípios da Igreja Católica. Provavelmente, além da profunda admiração e respeito pela pessoa, talvez o rei ainda acalentasse esperanças de que More seria mais eficaz junto à Santa Sé e conseguiria uma solução para que o seu casamento fosse anulado.[6]

Todavia, os planos de Henrique VIII não foram bem-sucedidos. A posição de More em relação ao casamento e à autoridade papal não se alteraria e, da mesma forma, a Santa Sé mantinha-se irredutível. Ao mesmo tempo, se precipitavam os fatos envolvendo o relacionamento do rei com Ana Bolena e o casamento com Catarina de Aragão. Em 1530, More recusa-se a assinar uma carta à Santa Sé, firmada pelos líderes da Igreja na Inglaterra e pela aristocracia inglesa, na qual, uma vez mais, solicitava-se a anulação do casamento do rei. As desavenças continuaram até que, em 1532, More renuncia à posição de chanceler.

Nesse momento, o relacionamento entre Thomas More e o rei encontrava-se profundamente abalado. Esse desgaste seria fomentado com a nomeação de Thomas Cromwell para o cargo de chanceler e aliado do rei no processo. Após algumas tentativas de envolvê-lo em atos de conspiração, More escreve uma carta ao rei na qual reafirma a sua lealdade e assegura a sua posição de preservar os interesses do reino. Na questão do casamento, todavia, More fica silente, o que caracterizava a manutenção de sua posição quanto à supremacia papal. Em sua carta, habilmente, More sugere que sua posição derivava de uma manifestação anterior do rei onde este sustentara a supremacia papal (por ocasião da elaboração da *Defesa dos sete sacramentos*). Já começava ele a elaborar a linha de defesa contra os ataques que receberia.

Em 1534, com a edição do Decreto de Sucessão, todas as pessoas do Reino são convocadas para jurar submissão ao ato do parlamento. Convocado a prestar o juramento, More recusa-se a se submeter ao ato e a negar a validade do casamento do rei com Catarina de Aragão. Nesse momento, ele é preso e levado para a Torre de Londres.

Descrevendo os acontecimentos, More escreve à filha Margareth: "Depois de ler para mim ambos os textos (o juramento e a lei), expliquei que não era minha intenção criticar o Act nem seu autor (…). Disse que, de boa-fé, a minha consciência me instava a tal ponto que, mesmo não me negando a jurar o que dizia respeito à sucessão, não podia aceitar o juramento tal como me era apresentado sem arriscar a minha vida à condenação eterna."[7]

Estava claro que ele poderia ceder na questão da sucessão; no essencial, todavia, que envolvia a primazia da autoridade papal e a validade do casamento com Catarina de Aragão, mantinha-se firme e, portanto, não aceitava o juramento, não obstante promessas de indulgência, pagamentos e outros benefícios que lhe são feitos.

Na sequência, como vimos, seria preso e encarcerado na Torre de Londres.

Em 1535, é editado o Ato de Supremacia, o qual decreta que o rei da Inglaterra passa a ser o chefe supremo da Igreja da Inglaterra. São editadas ainda outras regras que consideram ser ofensa capital qualquer recusa em se reconhecer a condição do rei ou dos demais membros da família real. Recusando-se More a reconhecer a validade também desse ato, agrava-se ainda mais a sua situação.

A decisão de More (e também do bispo de Rochester, John Fisher) de não aceitar a nova ordem torna-se uma questão de honra para Henrique VIII, pois representava um desafio a uma questão da maior relevância para o rei, por se tratar da pessoa de maior prestígio na Inglaterra, um prestígio que se repercutia no exterior. Na visão do rei e de seus assessores, a submissão de More (e de Fisher) aos Decretos de Sucessão e Supremacia era fundamental para a consolidação da nova ordem na Inglaterra. Da mesma forma, a não adesão dos mesmos exigiria uma reação drástica das autoridades do reino, sob pena de se colocar em risco as novas circunstâncias.

Inicia-se, então, a fase do julgamento de Thomas More.

O JULGAMENTO DE THOMAS MORE

Com a descrição dos fatos acima, tem-se o pano de fundo do que seria um dos mais importantes e complexos julgamentos da história da Inglaterra. Contrapunham-se o rei Henrique VIII — poderoso e ambicioso, dotado de poderes quase absolutos — e o homem mais importante da Inglaterra, abaixo do próprio rei. Por outro lado, os fatos são muito importantes para o país: se discutiria a atuação e a moral do rei, os poderes do parlamento, a criação da igreja da Inglaterra e sua desvinculação da Igreja Católica, e finalmente a vida de um homem muito poderoso e respeitado.

A tudo isso, agregue-se um julgamento envolvendo um advogado muito hábil e experiente, atuando em causa própria e com perfeita compreensão dos fatos e conhecimento das normas e princípios aplicáveis à questão. Por fim, inclua-se no cenário um grupo de juízes e um tribunal de júri submetido a uma imensa pressão. Nesse contexto, seria facilmente concebível que, antes de se iniciar o julgamento, procurassem o rei e seus assessores encontrar formas para assegurar o resultado que lhes era desejável. Não seria tão fácil como imaginavam, embora, ao final, tenham conseguido.

Thomas More permaneceu na prisão da Torre de Londres por 14 meses aproximadamente, até sua morte em julho de 1535. Estabelece nesse período uma intensa produção intelectual, destacando-se a vasta troca de correspondência com os membros de sua família, a elaboração do livro *Diálogo sobre o consolo na tribulação* e ainda um tratado sobre a forma de receber de forma digna a Eucaristia. Passa por um intenso processo de consolidação de vida espiritual e ainda se prepara para o julgamento.

Respondendo a uma das cartas da filha Margareth, More dá a dimensão de suas convicções, já sabedor dos riscos que corria: "Mas devo agradecer ao Senhor que, nessa luta, o espírito tenha acabado por vencer e torna-se senhor, e a razão, com a ajuda da fé, tenha chegado à seguinte conclusão: perder a vida e morrer injustamente por agir bem é uma situação em que um homem pode perder a cabeça e, apesar disso, não sofrer dano algum, antes pelo contrário, receber da mão de Deus um bem inestimável..."

Em outra passagem, ao responder aos apelos da esposa Alice, que procurava convencê-lo a reconsiderar a sua posição, afirmou: "Bem, Alice, por quanto tempo pensas que poderei gozar desta vida? Pelo menos vinte anos, se Deus quiser? Minha boa mulher, não serves para negociar. Queres que eu troque a eternidade por vinte anos?"[8]

Durante todo o processo procurou adotar uma linha de não confrontar-se com o rei. Sempre que perguntado ou indagado sobre as questões ou sobre as razões que o levavam a não submeter-se ao juramento de fidelidade ou de reconhecimento à nova posição do rei no âmbito da igreja, limitava-se a não responder ou a dar respostas evasivas, como a que daria a Cromwell e outros membros do conselho privado que o foram visitar na prisão: "Sou verdadeiro e fiel súdito do rei… rezo por Sua Majestade e por todos os seus e por todo o reino. Não faço, nem digo, nem penso nada em prejuízo de quem for; para todos desejo o bem. E se isto não é o bastante para permitir que um homem continue vivo, então na verdade não desejo continuar a viver."[9]

A decisão de não se manifestar sobre os insistentes pedidos de que prestasse o juramento, mesmo que fosse para negar, já fazia parte da estratégia de defesa de More. Indagado formalmente sobre o que achava do Decreto de Supremacia, More simplesmente respondia que não gostaria de se envolver "nessas questões". Informado por Cromwell que o rei estaria pronto a ser misericordioso caso ele mudasse de posição, More permanecia firme e imutável em sua posição.

Aumentando a pressão, as autoridades enviam à cela de More o procurador-geral do reino, Richard Rich, com instruções específicas para remover os seus livros e outros materiais de escrita. Com isso se pretendia retirar do condenado o seu último refúgio de entretenimento que eram os livros e as cartas, visando, assim, impor restrições extremas ao prisioneiro que pudessem fazê-lo mudar de ideia. O que teria ocorrido durante a visita de Rich à cela de More não é oficial, mas Rich afirmaria que More lhe teria dito não reconhecer a autoridade ao parlamento em atribuir ao rei a condição de chefe da Igreja da Inglaterra e, portanto, teria se negado formalmente a prestar o juramento.[10]

Com base no testemunho de Rich, foi realizada uma audiência prévia para analisar a plausibilidade de um indiciamento por violação ao Decreto de Traição, fundado no fato de que More não estaria reconhecendo o rei como chefe supremo da igreja e, consequentemente, traindo o seu soberano. Confirmado o indiciamento, a data de julgamento seria fixada para o dia 1º de julho de 1535.

Na data estabelecida, More comparece diante do tribunal de júri, composto por 15 juízes e por um corpo de jurados integrado por 12 membros. Faziam parte do quadro de juízes, dentre outros, o próprio Thomas Cromwell, o duque de Norfolk e outros assessores do rei, bem como um tio, o irmão e o pai de Ana Bolena. O quadro de jurados também era composto por pessoas cuja imparcialidade era bastante questionável. Com essa constituição do tribunal de júri não era difícil se imaginar o desfecho do julgamento.

Segundo os costumes da época, o acusado não tinha direito a um advogado e as acusações não lhe eram apresentadas por escrito; o julgamento foi aberto com a leitura das acusações pelo representante do Estado, que apontava a existência de quatro crimes:

I — More teria maliciosamente se recusado a aceitar a supremacia do rei sobre a Igreja da Inglaterra;

II — More teria conspirado contra o rei, ao escrever cartas ao bispo Fisher incitando-o a não respeitar algumas das novas leis editadas pelo parlamento;

III — More teria traído o rei, ao se opor ao Decreto de Sucessão, e não aceitado o casamento com Ana Bolena; e

IV — More não reconhecia poderes do parlamento de editar o Decreto de Supremacia e, portanto, teria conspirado contra o rei ou outros membros da família real.

O tribunal aceitaria a defesa de More em relação às três primeiras acusações, com o argumento de que ele jamais afirmara algo que justificasse a sua condenação (tendo se mantido sempre em silêncio quando perguntado a respeito), mas julgou-o culpado em relação à quarta acusação, com base no depoimento do procurador-geral Richard Rich.

Chamado a depor perante o tribunal para confirmar as suas alegações, Rich foi desafiado por More, que o acusou de estar cometendo perjúrio ao afirmar que ele teria manifestado a posição de não reconhecer os poderes do parlamento de editar o Decreto de Supremacia.

Nesse momento, as habilidades de More como advogado ficaram evidentes, tornando embaraçosa a posição do tribunal para decidir a questão. Com efeito, inicialmente More colocou-se na posição de fazer um juramento perante Deus, de que não teria dito o que Rich afirmara. Em suas palavras:[11]

> *If I were a man, my lords, who did not reverence an oath, I need not, as is well known, stand here as an accused person in this place, at this time, or in this case. And if this oath of yours, Master Rich, be true, then I pray that I never see God in the face, which I would not say, were, it otherwise, to win the whole world (...) In good faith Master Rich, I am sorrier for your perjury than for my own peril.*[12]

Com essas palavras, More simplesmente desafiava o tribunal a decidir por não acolher seu juramento diante de Deus e condená-lo à morte exatamente por não aceitar um juramento ou reconhecer fatos que eram contra a sua fé católica. Em outras palavras, o tribunal estaria afirmando que More, para salvar-se, estaria fazendo um juramento falso diante de Deus.

Após apresentar uma série de fatos que demonstravam a ausência de credibilidade no depoimento de Rich, More apelou para o bom senso dos juízes e membros do tribunal de júri, afirmando:[13]

> *Can it therefore seem likely to your honorable lordships that I would, in so weighty a cause, so unadvisedly overshoot myself as to trust Master Rich, a man by me always reputed for one of very little trust (...) that I would utter to him the secrets of my conscience touching the King's Supremacy?*[14]

Rich, constatando que sustentar sua posição se tornava cada vez mais difícil, decidiu convocar duas pessoas que estavam com ele na Torre de Londres quando alegadamente teria ocorrido a conversa com More. No entanto, nenhuma daquelas pessoas confirmaria o teor da conversa.

Encerrados os debates e os depoimentos das testemunhas, o tribunal de júri deliberou por 15 minutos e retornou com seu veredito: considerou Thomas More culpado da acusação de traição! No momento em que o então lorde chanceler começava a ler a sentença, More iniciou uma nova manobra legal, pedindo a palavra sob o argumento de que teria o direito de se manifestar antes do pronunciamento da decisão.

Concedida a palavra, More, sabendo que, em relação aos fatos, a decisão do tribunal de júri que o considerara culpado de ato de traição era final, passa a suscitar a legitimidade das próprias leis que levaram à sua condenação, apelando para a consciência dos juízes, enquanto guardiões das leis da Inglaterra. Sustenta inicialmente que os decretos editados se confrontavam com as leis de Deus.

E continua afirmando que as novas normas se conflitavam com a Magna Carta, cuja primeira cláusula determinava que "*the English Church shall be free, and shall have its rights undiminished and its liberties unimpaired.*"[15] Depois de citar outras leis que estavam sendo desrespeitadas, More lembrou que o rei fizera um juramento de obediência às leis na cerimônia de sua coroação e, portanto, o parlamento não poderia editar leis que se confrontassem com o sistema legal em vigor apenas para atender aos desejos do rei que não estaria respeitando o seu próprio juramento de posse.[16]

Com esse procedimento, More tenta conscientizar os juízes de que a Inglaterra tinha uma base de sustentação institucional para se proteger dos excessos dos poderes reais (sobretudo a Magna Carta), e que esta base institucional estaria sendo violada com as medidas tomadas para solucionar questões pontuais e que envolviam interesses imediatos do rei. Os seus argumentos tiveram um profundo efeito nos membros do tribunal, mas não a ponto de fazê-los enfrentar a fúria do rei, dotado de poderes quase absolutos.

Todavia, antes de se posicionarem, os juízes solicitaram a opinião do *Lord Chief of Justice*, o qual afirmou em sua manifestação sobre a validade do indiciamento: "*If this Act of Parliament is lawful, then is not the indictment in my conscience insufficient.*"[17] Em outras palavras, ele decidiu não entrar na discussão da legitimidade das normas editadas e justificou o indiciamento com base na própria condição de validade dos atos. Demonstrava, a rigor, que a decisão de se condenar More já estava tomada e jamais pretenderam rever os atos.[18]

Com base naquela opinião, o tribunal simplesmente julgou válido o indiciamento e, por consequência, a decisão do tribunal de júri que considerara Thomas More culpado da acusação de traição, condenando-o à morte por enforcamento, seguido de esquartejamento.

Posteriormente, a decisão de morte por enforcamento e esquartejamento seria objeto de um ato de clemência do rei, alegadamente em atenção à importância e à amizade com More. Em substituição, o condenado seria "apenas" decapitado. Ao saber disso, More teria comentado: "Não permita Deus que o rei tenha semelhantes clemências com meus amigos..."[19]

Perguntado ao final do julgamento se teria alguma coisa a dizer, com total serenidade, More teria se levantado e dito: "Espero e oro para que, apesar de Vossas Senhorias terem sido juízes da minha condenação, nos encontremos no céu (...) E, assim, também desejo que o Deus Todo-Poderoso preserve e defenda Sua Majestade o rei e lhe inspire bons conselhos."[20]

Finalmente, no dia 6 de julho de 1535, More foi levado ao local de sua execução, acompanhado por uma multidão de seguidores e admiradores. Chegando ao cadafalso, começou a subir os degraus, mas, enfraquecido, pediu ajuda a um dos guardas, sendo capaz de manifestar um certo humor ao dizer "meu amigo, ajuda-me a subir, quanto à descida, consigo sozinho".[21]

Sua morte causou um profundo impacto não apenas na Inglaterra, mas também em outros países da Europa, e, sobretudo, entre os humanistas. A respeito, escreveria Erasmo ao bispo de Cracóvia que morrera "o melhor e mais santo dos homens que viveu na Inglaterra".[22]

Os anos que se seguiram não foram simples para o rei, suas esposas e seguidores, e para a própria Inglaterra. Ana Bolena seria acusada de adultério e decapitada em 1536, sem dar um filho homem ao rei (dessa união nasceria a futura rainha Elizabeth I). Logo em seguida, Henrique VIII se casaria com Joan Seymur, mas sua nova esposa morreria logo depois, durante um parto. Cromwell seria decapitado em 1540. A nova esposa do rei, Catarina Howard, seria decapitada em 1542 e, finalmente, em 1547 morre o próprio Henrique VIII.

Os esforços de Thomas More para manter a igreja unificada na Inglaterra falharam. Nos anos seguintes, e até o seu falecimento, Henrique VIII aumentou os seus ataques às instituições católicas no Reino Unido, confiscando propriedades e recursos e perseguindo os religiosos. A isso acrescente-se um período em que a religião católica estava sendo profundamente questionada em vários outros países da Europa, não tanto pelo poder político, mas sobretudo pelos movimentos protestantes então em curso e em crescimento, particularmente o luteranismo e o calvinismo.

Não obstante, a imagem de Thomas More continuou a ser profundamente respeitada após a sua morte, não apenas pela Igreja Católica que reconheceria as suas contribuições para a fé, mas também na própria Inglaterra e em outros países, onde suas contribuições intelectuais continuaram a ser apreciadas, em especial pela qualidade de *Utopia* e por seus escritos com reações ao protestantismo. Merecem destaque ainda suas inúmeras obras tratando de questões religiosas, escritas durante o período em que esteve preso na Torre de Londres. Todas essas obras de More foram e ainda são objeto de estudos profundos por aqueles que se interessam por sua história e biografia.

Em relação à Igreja Católica, sua trágica morte, resultado de sua decisão de não repudiar as suas convicções pessoais e religiosas, é considerada como modelo de fidelidade à instituição e à própria consciência, representando a luta da liberdade religiosa contra o arbítrio do poder temporal. Foi inicialmente reconhecido como mártir pelo papa Leão XIII e, posteriormente, canonizado pelo papa Pio XI, em 1935.

Conclusão

O julgamento de Thomas More foi um epílogo de sua vida: a luta serena e consistente pelos valores que prezava. A compreensão de seu posicionamento durante todo o período prévio até a sua prisão, e durante o próprio julgamento, só é possível tendo-se em vista o que foi a sua vida e como as suas convicções se estabeleceram, a ponto de o mesmo não ceder diante de sua condenação à morte, ainda que todas as chances de se manter vivo lhe tivessem sido oferecidas, através de todas as propostas feitas pelo rei e seus seguidores. Manter a vida, no entanto, implicaria uma atitude muito mais dolorosa para More; a ele, seria como se transformar num morto-vivo se renunciasse à sua consciência e procedesse ao juramento de fidelidade ao rei e à nova ordem.

Seu legado, portanto, é imenso, não apenas pelas inúmeras obras escritas, com destaque para a *Utopia*, mas também pelo que suas posições representaram e — por que não dizer? — ainda representam em vários aspectos. Primeiro, o exemplo dado de se manter firme em suas convicções, não obstante todas as consequências de sua posição e do que lhe seria oferecido em contrapartida, caso admitisse seguir um outro caminho.

Em seguida, é inquestionável que a posição de More caracterizou uma defesa veemente e concreta do direito ao exercício das liberdades individuais e concretas, de pensamento e de consciência em face do poder estabelecido, assunto muito debatido até hoje. E note-se que, para tanto, More procurou não confrontar-se com o rei ou com as normas editadas por respeito aos poderes estabelecidos; ao longo de todos os eventos, e até a sua condenação pelo tribunal do júri, ele procurou não se opor às normas ou ao poder do rei, mantendo-se em silêncio, em harmonia com sua consciência. Recusou-se apenas a prestar juramento e manifestar fidelidade a algo que não lhe permitia a consciência, não interferindo, assim, no aspecto temporal das decisões tomadas.

Por fim, e não menos importante, a argumentação apresentada por More sobre a legalidade dos atos e a legitimidade do parlamento inglês para aprová-los é uma manifestação interessantíssima sobre os limites dos poderes e sobre as bases institucionais de uma sociedade. Segundo More, vigorava na Inglaterra um sistema institucional que se pautava sobre diversas normas e princípios, envolvendo uma conjunção de normas aprovadas internamente (a Magna Carta), e outras adotadas em face das circunstâncias da época, particularmente as regras da Igreja Católica.

More demonstrou que o parlamento não teria legitimidade para criar normas que estivessem em conflito com a base institucional estabelecida e, portanto, que as normas que o incriminavam não seriam legítimas para serem consideradas pelo tribunal como base para sua condenação. Embora seus argumentos não tenham sido acolhidos (sequer foram enfrentados), é certo que More, com essa linha de argumentação, estaria suscitando questões que hoje são aceitas, mas que exigiram muitos anos de debates sobre os limites dos poderes da maioria nas sociedades modernas, e os direitos individuais em face dessa maioria, no contexto da base institucional de um país.

Não é difícil se traçar um paralelo daquela situação para a atualidade, em particular para a realidade brasileira. Com efeito, a base institucional descrita por More poderia ser comparada com o sistema constitucional em vigor em nosso país, onde as aludidas cláusulas pétreas não podem ser modificadas sob qualquer hipótese, mesmo que seja por emenda constitucional. Nem sempre tem sido o caso...

Por todos esses fatos, pode-se afirmar que Thomas More era um homem muito à frente de seu tempo, ou, como no filme de Robert Bolt, "A Man for All Seasons".

BIBLIOGRAFIA

BARROS LINS, Ivan Monteiro de. *Tomás Morus e a Utopia*. Rio de Janeiro: J. R. de Oliveira, 1938.

MOSER, F. de Mello. "Fases e expressões da catolicidade na vida e obra de Thomas More". *Didaskalia*, Lisboa, 8:1, 1978, p. 15-34. Disponível em: <https://repositorio.ucp.pt/bitstream/10400.14/13653/1/V00801-015-034.pdf>.

NIETO, José Lino C. *Thomas More*. São Paulo: Círculo de Leitura/ Quadrante, 1987.
SCARISBRICK, J.J. *Henry VIII*. Berkeley, Califórnia: University of California Press, 1968.

Notas

1   Moser, 1978, [s.d.], p. 1.
2   Nieto, 1987, p. 6.
3   Nieto, *op. cit.*, p. 7.
4   Moser, *op. cit.*, p. 21.
5   Scarisbrick, 1968, p. 111. "A mais bem-sucedida peça de polêmica católica produzida pela primeira geração de escritores antiprotestantes."
6   Nieto, *op. cit.*, p. 28.
7   Nieto, *op. cit.*, p. 36.
8   Nieto, *op. cit.*, p. 40.
9   "Thomas More – carta". In: Nieto, *op. cit.*, p. 41.
10 *The Trial of Sir Thomas More*, prof. Douglas O. Linder. Disponível em:<http://www.famous-trials.com/thomasmore/986-home>. Acesso em setembro de 2018.
11 "The Trial of Thomas More". Disponível em: <https://thomasmorestudies.org/docs/The%20Trial%20of%20Thomas%20More.pdf>. Acesso em setembro de 2018.
12 "Fosse eu, milordes, homem que não reverenciasse um juramento, necessidade nenhuma teria, como bem o sabeis, de estar aqui qual acusado neste local, neste momento, ou neste caso. E, caso este vosso juramento, mestre Rich, seja veraz, rogo então para que nunca veja a Deus face a face, sendo isto algo que não diria jamais em sendo o contrário, ainda que para ganhar o mundo inteiro. (...) De boa-fé, mestre Rich, mais lamento vosso perjúrio do que meu próprio risco."
13 *Id.*
14 "Parecer-vos-ia, pois, provável que eu, em matéria de tamanho peso, desavisadamente me poria a confiar em mestre Rich, homem que sempre reputei por ser de pouquíssima confiança, e de tal modo

que lhe confidenciaria os segredos de minha consciência no que diz respeito à supremacia do rei?"
15 "(...) a Igreja da Inglaterra há de ser livre e não há de ter seus direitos reduzidos e suas liberdades prejudicadas."
16 *Id.*
17 "Se este Ato do Parlamento é lícito, não é insuficiente a acusação segundo a minha consciência."
18 *Id.*
19 Nieto, *op. cit.*, p. 44.
20 Nieto, *op. cit.*, p. 45.
21 Barros Lins, 1938, p. 56.
22 Nieto, *op. cit.*, p. 48.

Lutero

José Roberto de Castro Neves

"*Hier stehe ich. Ich kann nicht anders.*"
[Aqui estou. Não poderia fazer diferente.]
Lutero

"Teme ao Senhor, filho meu, e ao rei, e não te ponhas com os que buscam mudanças."
Provérbios 24, 21

No século XIV, criticar a Igreja era um tabu. Quem quer que levantasse algum tema contra o apostolado sofreria sanções terríveis, que variavam da exclusão social à fogueira. A vida sem críticas leva, em regra, aos excessos. E foi exatamente o que aconteceu com os membros do clero. Uma série de péssimos hábitos foram sedimentados, como a venda de indulgências e uma vida nababesca nas cortes clericais.

As indulgências vendidas pela Igreja na Idade Média se relacionam a uma visão contratualista da relação entre Deus e o homem. Imaginava-se que o homem, por ser pecador, sempre devia a Deus. O pagamento se daria no momento da morte, quando o pecador iria para o purgatório — e, em casos mais graves, para o próprio inferno.

A confissão, por meio da qual o homem relatava a um padre suas faltas, era uma forma de garantir o perdão divino. Porém, essa absolvição não era integral: subsistia uma parte da dívida, um "saldo devedor", com o Ser Supremo. Essa quitação, ainda em vida, poderia ser obtida por meio de penitências, como jejuns, vigílias, peregrinações e esmolas. Pois bem: essa "doação" à Igreja era também uma forma de se eximir das penas atreladas aos pecados já perdoados em confissão. A indulgência, por sua vez, consistia no certificado, emitido pela Igreja, que garantia essa remissão, geralmente em troca de uma doação do pecador em benefício da cúria. Tratava-se de uma purificação pela contraprestação em dinheiro.

Com o tempo, o abuso da cobrança de indulgências se exacerbou.

Martinho Lutero (1483-1546) iniciou os estudos de Direito na Universidade de Erfurt. Segundo a lenda, o curso foi interrompido para que Lutero pudesse pagar uma promessa. Conta-se que o então jovem estudante de Direito voltava da casa de seus pais para a faculdade quando, no meio da estrada, foi surpreendido por uma fortíssima tempestade. Um raio caiu justo a seu lado, jogando-o no chão. Assustado, Lutero prometeu a Santa Ana que, se escapasse da tormenta, tornar-se-ia monge. Para a tristeza de seus pais, Lutero cumpriu a promessa. Abandonou o curso de Direito e imediatamente ingressou num mosteiro agostiniano.

Os estudos jurídicos, seguramente, foram fundamentais para o reformador. A partir da leitura de uma frase do Salmo 71 — "*in iustitia tua libera me*", isto é, "na Tua justiça obterei a libertação" —, ocorreu a Lutero oferecer uma interpretação diferente daquela preconizada pela Igreja. Em vez de essa libertação ocorrer pela via punitiva — pois se entendia que a justiça divina era alcançada pela expiação —, ela poderia dar-se pelo perdão.[1] Tratava-se, assim, de uma outra forma de apreciar o Salmo, que abria um novo caminho para a relação entre o homem e Deus.

No dia 31 de outubro de 1517, Lutero, então um jovem pregador de 34 anos — com passagem pela faculdade de Direito de Erfurt e título de doutor em Teologia —, escreve a seu superior, o bispo Alberto de Mainz, protestando contra a venda de indulgências. Nessa correspondência, inclui suas 95 teses. Em seguida, afixa essas teses na porta da Igreja de Santa Maria, em Wittenberg. O local funcionava como um quadro de avisos da universidade situada naquela cidade.[2] Lutero se aproveitou do momento mais oportuno: no dia 1º de novembro, em que se comemora o Dia de Todos os Santos, era costume da Igreja exibir as suas relíquias ali, o que atraía multidões.

Nessas teses — também conhecidas como *Disputatio pro declaratione virtutis indulgentiarum* —, que se assemelhavam a um documento jurídico, Lutero propõe um debate acadêmico e denuncia a venda de indulgências pela Igreja.

Como já se adiantou, a indulgência, segundo a definição do Direito Canônico, era a "remissão da pena temporal devida pelos pecados, já perdoados quanto à culpa, que o fiel, devidamente disposto e sob determinadas condições, compra com a permissão da Igreja. Esta, como ministra da redenção, distribui e aplica, com autoridade, o tesouro das graças de Cristo e dos Santos". Ao fim, tratava-se do perdão dos pecados mediante uma contribuição financeira.

Naquela época, esse "comércio sagrado" se acentuou, até mesmo pela necessidade de se recolherem fundos destinados à construção da Basílica de São Pedro, no Vaticano. Em 1515, o papa Leão X (1475-1521) nomeia Johann Tetzel como seu comissário, autorizando-o a conceder indulgências no território de Brandemburgo. Tetzel, avidamente, sai em missão pela Alemanha pregando o refrão: "Quando uma moedinha na caixa ressona, uma alma o purgatório abandona."[3]

De outro lado, Lutero defendia, por exemplo, que quem se arrependesse legitimamente receberia o perdão pleno de Deus e, portanto, não precisaria pagar indulgências à Igreja.

Embora as 95 teses tenham sido publicadas em latim, elas logo foram traduzidas para o alemão e amplamente divulgadas.

Instaurou-se a polêmica, que chegou ao próprio papa Leão X. Segundo a lenda, o pontífice — membro da família Médici, que sequer era sacerdote — teria dito que "o alemão [referindo-se a Lutero] mudará de opinião quando estiver sóbrio". Mas o jovem monge — que, de fato, apreciava a boa cerveja da Saxônia — não arredou. Ao contrário, sempre de forma técnica, insistiu em denunciar que a Igreja não poderia cobrar pelas indulgências. Com isso, Lutero questionava o poder do papa e sua suposta "infalibilidade".

A Igreja buscou rapidamente condenar Lutero, mas este se encontrava em Wittenberg, sob a proteção de príncipes germânicos. Em 10 de dezembro de 1520, quando recebe a bula papal de excomunhão, Lutero queima o documento. Faz isso publicamente. Era um ato político.

Decidiu-se, então, que Lutero seria submetido a julgamento, o qual não aconteceria em Roma, como era o desejo do papa, mas na cidade de Worms, às margens do Reno. O próprio imperador Carlos V, na época ainda muito jovem, presidiria o tribunal — apesar de seu claro interesse político na condenação do monge por heresia.

No dia 6 de março de 1521, Carlos V notifica Lutero de que deveria comparecer ao julgamento e, para tanto, lhe garante um salvo-conduto. Há registros de que Lutero antecipa a amigos que jamais renegaria suas teses, mas, ao contrário, para defendê-las estaria disposto a morrer como mártir.

O tribunal de Worms se instaurou em janeiro de 1521, logo após o papa, por meio de bula *Decet Romanum Pontificem*, excomungar Lutero. As sessões ocorreram até maio daquele ano. Para surpresa de Carlos V e dos membros da Igreja, um enorme número de nobres alemães, todos favoráveis a Lutero, foram assistir ao julgamento. Muitos membros do povo também seguiram o monge.

Lutero, corajosamente, compareceu a Worms. Foi de fato audacioso, pois, antes dele, outro famoso crítico da Igreja, Jan Hus (1369-1415), obteve um salvo-conduto para discutir suas ideias e defender seus pontos de vista, que foi solenemente desprezado: Hus acabou condenado à morte e executado na fogueira.

No caminho até Worms, uma multidão acompanhou Lutero. Ao chegar na cidade, mais de duas mil pessoas, segundo registrou o próprio representante do papa, o esperavam.[4] O monge era adorado.

A corte instalada em Worms era cheia de pompas. Os representantes da Igreja vestiam roupas suntuosas e adornadas com bordados coloridos, bem como chapéus elaborados; também portavam anéis e crucifixos de ouro, com pedras preciosas incrustadas. Lutero se apresentou, no dia 16 de abril de 1521, com uma túnica simples e a cabeça tonsurada. O contraste do vestuário já causava grande impressão.

O julgamento começou no dia 17: o assistente do bispo de Tréveris coloca sobre uma mesa todos os escritos de Lutero. Em seguida, pede confirmação da autoria e ordena a Lutero que retire daqueles documentos toda a heresia neles contida. Ao menos, pede a Lutero que renuncie e repudie suas teses. Tudo é dito primeiro em latim e depois em alemão, para que todos possam compreender o que se passa.

Hieronimus Schurff (1481-1531), um dos fundadores da escola de Direito da Universidade de Wittenberg, onde também era professor, acompanhava Lutero no julgamento e solicitou que se promovesse a leitura dos títulos dos livros do acusado. A mera menção aos títulos de tantas obras demonstrava que Lutero atacava frontalmente uma prática nociva: a cobrança de dinheiro pelo perdão divino. Muitos nobres alemães que assistiam ao evento sabiam bem como a Igreja, naquele momento histórico, atuava de forma opressiva e intransigente.

Esperava-se que o monge respondesse ao questionamento — se retirava as acusações contidas em suas teses — de forma direta: sim ou não. Contudo, Lutero hesita. Pede tempo para refletir sobre o que fazer. O imperador, que presidia a assentada, lhe concede o prazo. Lutero se recolhe para rezar.

No dia seguinte, a sessão recomeça com o acusador lançando um repto a Lutero: "Repele tuas obras e a heresia que nelas existe!" Lutero, contudo, estoicamente confirma suas denúncias acerca dos excessos da Igreja. Inicia suas breves palavras informando não ser um homem acostumado à corte, mas às celas de um monastério. Depois, sempre de forma sucinta, confirma sua convicção, os falsos ensinamentos que viriam de Roma — Lutero usa o termo "tirania papal" — e sua profunda fé em Deus. No final, Lutero teria simplesmente dito: "Nada posso fazer senão seguir a minha consciência." Segundo o monge, "não seria nem seguro nem correto ir contra minha consciência". E termina sua fala com: "*Hier stehe ich. Ich kann nicht anders.*" [Aqui estou. Não poderia fazer diferente.]

Aquele era um grande momento da história da humanidade. Um homem, movido por seus ideais, desafiava o sistema. Ele simplesmente não podia agir diferente.

Com o imperador atônito, o representante do papa ainda buscou obter a condenação de Lutero por tentar interpretar a Bíblia, o que seria tarefa exclusiva da Igreja. Lutero, então, abandona o latim — até o momento, em todas aquelas manifestações, usava-se a língua latina —, para falar em seu próprio idioma: o alemão. O pregador rejeita a autoridade dos papas, mostrando quantas vezes eles haviam entrado em contradições.[5] As Escrituras Sagradas eram a própria verdade, para quem as quisesse ler.

Conta a lenda que Lutero virou as costas e se foi. Deixou para trás a Igreja e o imperador. Este, afrontado, buscou tomar providências contra o notório contestador. Contudo, não encontrou apoio entre os nobres germânicos. Isso não o impediu de lançar o Édito de Worms, em que declara Lutero fugitivo e herege.

Lutero conquistara a simpatia do povo e de seus líderes. Com efeito, desde os primeiros momentos, a insatisfação liderada por Lutero contou com a adesão de poderosos príncipes alemães, como de Hesse, Brandemburgo e Saxônia, assim como de boa parte da população dessas e de outras regiões do norte da Europa.[6] Na noite em que Lutero deixou a corte de Worms, a pequena cidade foi coberta de cartazes com o desenho de um sapato de camponês — símbolo da simplicidade e da revolta contra a Igreja.

Em seguida, o imperador e a Igreja perseguem Lutero. Buscam-no como proscrito e fora da lei. Determinam que quem o encontrasse deveria matá-lo. O monge se refugia até 1522 no Castelo de Wartburg, protegido pelo respeitado Frederico III, da Saxônia. Foi ali que Lutero trabalhou e concluiu sua tradução da Bíblia para o alemão.

A versão da Bíblia de Lutero ajudou extraordinariamente a difusão das Escrituras entre o povo alemão — e serviu, tal como a *Divina comédia* para o italiano, a sedimentar aquela língua. A Bíblia de Lutero vendeu incríveis meio milhão de exemplares, um número fabuloso.[7] Isso porque todas as famílias queriam ter a sua Bíblia em casa. Passou a ser tão importante, ou mesmo básico, como possuir talheres ou roupas de cama.

Valendo-se do desenvolvimento da imprensa — uma revolução na forma de propagar informação —, livros e panfletos com ensinamentos protestantes se espalharam pela Europa. Embora a imprensa tenha sido "inventada" por volta de 1450, havia, já na época de Lutero, cerca de três mil editoras na Europa, a maior parte delas onde hoje é a Alemanha. Permitiu-se que um número muito maior de pessoas tivesse acesso à palavra escrita. Era um incentivo ao aprendizado da leitura. Lutero, durante trinta anos, produziu 544 separatas, livros e panfletos.[8] Desses, apenas uma pequena parte foi escrita em latim — a maioria das publicações era em alemão, de maneira que a mensagem atingia um número muito mais amplo de pessoas.

Com uma Bíblia nas mãos, o que foi possível com o advento da imprensa, pregava-se a capacidade de questionar as interpretações das Escrituras Sagradas. A "palavra" era divina, mas a sua interpretação cabia ao homem. O homem, assim, era convidado a buscar a essência da palavra de Deus. Incentivando a leitura da Bíblia, propagou-se a ideia de que todos tinham direto acesso ao divino, sem a necessidade de intermediação de clérigos. Esse movimento, segundo Lutero, promovia o "sacerdócio de todos os crentes".[9]

O protestantismo trazia consigo a ideia de que não era pecado criticar a autoridade da Igreja, convidando os fiéis a olhar Deus pelos seus próprios olhos. Se Deus poderia ser questionado, com muito mais razão devia-se questionar a autoridade terrena. O movimento protestante, portanto, foi o responsável direto pelo nascimento do individualismo moderno. A leitura livre da Bíblia permite ao homem expressar sua opinião nessa matéria. Tal como num exercício jurídico, o homem é chamado a interpretar o que lê — mesmo que essa leitura seja a das Escrituras Sagradas.

A grande mensagem de Lutero era a de que a graça de Deus era um presente que não reclamava qualquer contraprestação. Tratava-se de uma bênção pura, pela qual nada poderia ser cobrado — muito menos alguma remuneração financeira, como fazia a Igreja naquela época. Sua forma de argumentar o perdão livre e uma generosidade absoluta incomodava profundamente a Igreja, assim como a ideia de que o homem poderia, por si mesmo, interpretar as Escrituras Sagradas, incutindo com isso as sementes do individualismo na alma moderna.

Foi Lutero quem, pela primeira vez, defendeu a separação entre Estado e Igreja. Para ele, a questão religiosa era pessoal, um assunto privado. Segundo o monge, embora o Estado devesse atuar em harmonia com os princípios colhidos do Evangelho, como o amor, o perdão e a tolerância, deveria ser também forte o suficiente para manter a ordem pela força.[10]

O movimento protestante rapidamente se expandiu. Muitos Estados de pequeno e médio porte, notadamente a Alemanha, viram nele a oportunidade de se libertar do domínio da Igreja. O movimento protestante, antes de tudo, trazia a mensagem de que era possível questionar a ordem vigente — e isso se justificava pelo direito de o homem encontrar as próprias verdades, de procurar e fazer justiça. Em pouco mais de cem anos desde o início da difusão das ideias protestantes, aproximadamente metade da Europa havia se convertido a elas.

Mas, afinal, quem foi julgado nos dias 17 e 18 de abril de 1521, na cidade de Worms: Lutero ou a Igreja? Ou ainda: mais do que a Igreja e a política de venda de indulgências, talvez o verdadeiro julgamento fosse sobre a possibilidade de o homem enfrentar o sistema, rebelando-se contra iniquidades, seguindo sua consciência.

Quando Lutero denuncia o mercantilismo e os excessos da Igreja, ele enfrenta o maior dos poderes. Ao ser julgado pelas sumas autoridades, Lutero não se curva, embora mantenha a humildade. Transforma-se o julgamento: são as práticas abusivas da Igreja que passam a ocupar o banco de réu.

Ao dizer que *não* pode ir contra a sua *consciência*, Lutero fala da liberdade de expressão, do direito de as pessoas seguirem o que acreditam. Um simples monge denunciou o que considerava errado, embora estivesse contrariando o interesse dos poderosos.

O nosso mundo certamente seria outro se esse monge tivesse sucumbido e violado suas convicções para reconhecer seus "erros". Lutero mostrou que não poderia ir contra sua consciência. O homem tinha o poder de pensar e o dever de se indignar diante de algo errado.

Bibliografia

ARMSTRONG, Karen. *Fields of Blood — Religion and The History of Violence*. Nova York: Anchor Books, 2014.

BRIGGS, Asa. *Uma história social da mídia*. 3. ed. Rio de Janeiro: Zahar, 2016.

ERIKSON, Erik. H. *Young Man Luther*. Londres: Macmillan, 1973.

HARMAN, Chris. *A People's History of the World*. Londres: Verso, 2017.

MACGREGOR, Neil. *Germany*. Londres: Penguin, 2016.

MANCHESTER, William. *Fogo sobre a Terra — A mentalidade medieval e o Renascimento*. Rio de Janeiro: Ediouro, 2004.

MARSHALL, Peter. *Reforma Protestante*. Porto Alegre: L&PM, 2017.

ROPER, Lyndal. *Martin Luther — Renegade and Prophet*. Nova York: Random House, 2016.

RENDINA, Claudio. *Os pecados do Vaticano*. Rio de Janeiro: Gryphus, 2012.

RYCIE, Alec. *Protestants*. Nova York: Viking, 2017.

NOTAS

1 Erikson, 1973, p. 108.
2 Marshall, 2017, p. 22.
3 Rendina, 2012, p. 104.
4 Roper, 2016, p. 169.
5 Manchester, 2004, p. 234.
6 Harman, 2017, p. 177.
7 MacGregor, 2016, p. 104.
8 Rycie, 2017, p. 22.
9 Briggs, 2016, p. 86.
10 Armstrong, 2014, p. 243.

Dilermando de Assis

Antonio Cláudio Mariz de Oliveira

Monteiro Lobato comparou a morte de Euclides da Cunha a uma autêntica tragédia grega, "caracterizada pela presença invisível da deusa Fatalidade". Quem conta esse episódio é Jeferson de Andrade no livro *Anna de Assis: História de um trágico amor*. Na obra, Andrade tem como base o depoimento de Judith Ribeiro, filha de Anna, esposa do grande escritor na época. Euclides foi a maior vítima da chamada "Tragédia da Piedade".

Lobato, após se inteirar e refletir sobre os fatos e as circunstâncias marcantes desse trágico acontecimento, decidiu pela inexorável repetição da conduta de Dilermando de Assis, no caso de alguém que estivesse no mesmo lugar e sob as mesmas condições:

> Se ponho a mão na consciência e me consulto, sou obrigado a confessar que dentro daquelas circunstâncias, eu — o maior devoto de Euclides — agiria tal qual Dilermando. O animal que há dentro de mim ferozmente acossado pelo animal existente no atacante — reagiria em pura ação reflexiva — e o ímpeto cego da legítima defesa — mataria até o próprio Shakespeare.[1]

A declaração de Monteiro Lobato deu-se anos após o evento, que na época trouxe grande comoção social, fosse pelo renome da vítima, autor de *Os sertões*, tido como um dos mais notáveis intelectuais brasileiros, fosse pelas nuances e características do caso, que envolvia os mais variados sentimentos: rejeição e abandono por parte de Anna de Assis; desconfiança, ciúmes e um profundo rancor da parte de Euclides; e uma paixão incontrolável, responsável por levar o jovem oficial Dilermando de Assis a se unir a uma mulher casada, que correspondia ardentemente a essa paixão... Inúmeros outros fatores, ademais, conferiram ao crime uma relevância extraordinária, que acompanhou o correr dos anos e até hoje desperta a curiosidade daqueles que dele tomam conhecimento.

Durante algum tempo — aliás, pouco tempo —, encarou-se o homicídio como um típico ato de legítima defesa, não apenas própria, como de um terceiro: Dinorah de Assis, irmão de Dilermando, atingido pelos disparos de Euclides, o que lhe causou paraplegia permanente.

Dinorah era jogador de futebol e dono de uma carreira em ascensão pelo Botafogo, no Rio de Janeiro. A agressão obrigou-o a levar uma vida marginal e sofrida, repleta de percalços e de carências, o que lhe provocou sofrimentos cruéis que culminaram no suicídio.

No entanto, o posicionamento dos jornais inverteu-se. Passaram a desencadear uma ferrenha campanha contra a conduta de Dilermando. Saninha, como Anna era conhecida, foi então tratada como uma mulher leviana, desprovida de escrúpulos.

Tanto Dilermando quanto Saninha, ao deporem pela primeira vez, negaram a existência de um relacionamento amoroso entre eles. Dilermando chegou, inclusive, a negar a presença dela em sua casa quando do crime, o que logo seria desmentido. Por ocasião de um novo depoimento, porém, Anna desmentiria ser a amizade o elo entre os dois: ela era amante de Dilermando, embora 17 anos mais velha do que ele. Esclareceu que naquele momento contava a verdade, pois Euclides não poderia passar à posteridade como um psicopata, um homicida desprovido de motivos para matar. Anna queria preservar a imagem do marido.

A imprensa reagiu favoravelmente a essa versão, pois denotava a nobreza dos sentimentos de Anna, preocupada em impedir que Euclides fosse considerado insano. Mostrou que a conduta do marido fora provocada por uma situação por ela mesma criada.

O grande responsável pela tragédia passou, portanto, a ser Dilermando, exclusivamente. Saninha foi considerada vítima de um relacionamento entre uma mulher mais velha e um jovem que se aproveitara dessa condição, segundo os jornais, para explorá-la financeiramente.

Interessante observação sobre a conduta de Saninha e sobre a condição da mulher no início do século XX foi feita por Mary Del Priore na obra *Matar para não morrer*, também dedicada ao crime da Piedade. Mary afirmou que, na visão da época, a mulher era um ser fraco, sujeito a assédios promissores que acenavam com um grande amor a ser vivido. Essa vulnerabilidade atingia em especial mulheres à beira do declínio físico e emocional.

Para a opinião pública, os fatos retratavam a morte de um intelectual, um escritor e jornalista aclamado e festejado, que desejara recuperar uma imagem vilipendiada e manchada pelo adultério da mulher com um jovem tido como ambicioso e aproveitador.

Julgado pelo Tribunal do Júri do Rio de Janeiro, Dilermando de Assis foi absolvido. Os jurados, à época dos fatos em número de 12, se dividiram: seis o inocentaram e seis votaram pela condenação. O empate conduziu à absolvição.

A decisão foi anulada pelo Tribunal de Justiça do Rio de Janeiro. Levado a novo julgamento, agora já com um Conselho de Sentença composto por sete jurados, Dilermando foi absolvido mais uma vez. A defesa, tal como a anterior, ficou a cargo de Evaristo de Moraes.

Analisando-se o crime praticado por Euclides da Cunha sob um aspecto estritamente jurídico, em especial sob a ótica das causas de exclusão de ilicitude, observamos ter ocorrido um fenômeno inusitado: houve uma legítima defesa própria e de terceiro contra uma legítima defesa da honra.

Explico: a tese acolhida pelos jurados refere-se à configuração de uma conduta praticada por Dilermando de Assis em defesa de sua integridade física assim como da de seu irmão, ambos atacados de forma abrupta, violenta e injusta por Euclides da Cunha. Dilermando reagira à agressão utilizando os meios a seu alcance, para exercer a defesa da forma possível em face das circunstâncias.

Por sua vez, o notável escritor não agrediu o militar desprovido de motivos, como se fosse um psicopata. Aliás, como se viu, sua própria mulher confessou o adultério para dar ao marido uma razão para agir como agira, conduta essa caracterizadora da legítima defesa da honra, tese à época acolhida com maior facilidade pelos tribunais do que nos dias atuais.

Em resumo, Dilermando de Assis matou para defender-se de uma agressão física e Euclides da Cunha desejou matar para defender sua honra.

Defendeu-o, em ambos os julgamentos, como se disse, o grande advogado criminal, um dos mais notáveis de todos os tempos, Evaristo de Moraes. Evaristo começou a advogar como rábula, defendendo seus companheiros de trabalho, os estivadores do porto do Rio de Janeiro. Graduou-se anos depois, quando já era festejado advogado de defesa. Foi um dos primeiros a manifestar-se a favor da legítima defesa da honra para crimes passionais.

Como a imprensa vislumbrava ingratidão na conduta de Dilermando, uma vez que Euclides o teria acolhido e ajudado economicamente, e que ambos estariam ligados por laços de parentesco, a primeira preocupação do notável advogado foi exatamente demonstrar a inexistência, entre os dois, de vínculos que obrigassem Dilermando a uma dívida de gratidão. É claro que a inexistência de tais traços na tragédia não possuía o condão de justificar a ação do militar. No entanto, sua presença poderia agravá-la moralmente.

Restou provado que jamais Euclides amparou materialmente Dilermando. Todo o seu sustento vinha do soldo que recebia do Exército e da ajuda prestada por seu pai. A alegação de parentesco foi igualmente desmentida.

Esclareça-se que Evaristo de Moraes foi vítima de críticas violentas por ter assumido a defesa do assassino do grande escritor. Um dos parentes de Euclides chegou a ameaçá-lo, dizendo que iria à seção do júri para mostrar, de fato, o que era legítima defesa...

Em seu livro *Reminiscências de um rábula criminalista*, o advogado confessou que, antes de assumir o caso, seu sentimento era de antipatia por Dilermando e de revolta pelo ocorrido, impressionado como estava diante das circunstâncias narradas e pintadas com cores exageradamente fortes, as quais foram se esmaecendo no curso das entrevistas com o cliente e à medida que os fatos vinham sendo revelados. Para ele, o que mais chocava era a decantada ingratidão de Dilermando, sentimento pelo qual nutria uma acentuada ojeriza que, no entanto, dissipou-se.

Evaristo confessou, ainda, ter sido influenciado pela imprensa, embora sempre procurasse ficar isento e alheio ao seu domínio.

Ele foi pela primeira vez ao quartel onde Dilermando estava preso sem nenhum entusiasmo, a fim de atender a uma solicitação do próprio acusado, transmitida por um advogado. Após a entrevista, contudo, impressionou-se com a firmeza e com a coerência da narrativa, que lhe angariaram confiança.

Para Evaristo, o importante era demonstrar o engano daquelas premissas já expostas. Assim, colheu provas para revelar que Dilermando e Euclides não eram parentes; que jamais se viram até o regresso do escritor, que estivera no Acre; e que Dilermando nunca fora auxiliado por ele.

Interessante e atual é a exposição que Evaristo fez do comportamento da imprensa, em face da chamada "Tragédia da Estrada de Santa Cruz", onde se situa a casa em que o crime se deu, no bairro da Piedade.

O jornal *Correio da Manhã*, do qual era colaborador, publicou um artigo de Evaristo, esclarecendo outra acusação lançada contra Dilermando. Noticiou-se que ele fora visto passeando tranquilamente pelas ruas do Rio de Janeiro, embora devesse estar recolhido em um quartel. Foi provada a falsidade da matéria.

Essa acusação, no entanto, era de pouca ou nenhuma importância se comparada a outra de elevada gravidade que surgiu na mesma ocasião: no quartel do Primeiro Regimento de Artilharia, onde se encontrava preso, Dilermando teria abusado de uma menor de idade.

O acusado negou veementemente o fato, corroborado por vários oficiais que jamais viram a moça no quartel. Por iniciativa de Evaristo, foi instaurado um inquérito, que concluiu ser a moça uma vítima de delírios amorosos e sexuais. A versão da jovem foi desmentida por uma testemunha por ela mesma arrolada.

Não obstante a publicação do esclarecedor texto de Evaristo, o jornal *A Notícia* continuou a explorar a calúnia e passou a ter como alvo o próprio advogado. Alegava que as declarações a serem prestadas por Dilermando foram preparadas pelo defensor e já eram conhecidas de antemão.

Outros jornais, no mesmo diapasão, persistiram na menção de fatos desabonadores, frutos de deturpações da verdade, ou mesmo de invencionices. Tratava-se de uma sanha persecutória, perpetrada mesmo diante de evidências que mostravam os equívocos da acusação da referida jovem. Não deram, por exemplo, nenhum relevo à importante revelação de que, uma vez internada em um hospital psiquiátrico, foi encontrada nos aposentos da jovem uma caixa com fotos de seus amantes imaginários, inclusive de Dilermando.

Ficou plenamente demonstrado e parecia já ser, à época, fato notório que Euclides da Cunha possuía um temperamento explosivo, complexo. Padecia de neurastenia e tinha grande dificuldade em assumir seus deveres de pai, de chefe de família e de esposo de uma mulher jovem, plena de vida e sequiosa por atenção e afeto.

A preocupação fundamental de Euclides pairava no campo intelectual, em especial em seus estudos sobre o Brasil e seu povo — preocupação que se acentuou com a cobertura da Guerra de Canudos, que deu origem ao magnífico *Os sertões*.

Na contracapa do livro *Euclides da Cunha: Esboço biográfico*, de autoria de Roberto Ventura e organizado, após a morte do autor, que não o viu publicado, por Mario Cesar Carvalho e José Carlos Barreto de Santana, o jornalista Mario Cesar afirmou que Gilberto Freyre já "enxergara na paisagem de *Os sertões* a 'personalidade angustiada' de Euclides" e que o próprio Roberto Ventura afirmou que Conselheiro seria a "psique torturada do escritor e o depósito de seus maiores medos".[2]

Por outro lado, havia entre ambos, Euclides e Conselheiro, uma identidade de destinos: suas respectivas esposas praticaram adultério. Ademais, os dois posicionaram-se claramente quanto ao regime que lhes parecia o mais adequado para o Brasil. Euclides era republicano desde sempre. Antônio Conselheiro, ao contrário, monarquista convicto.

A causa republicana, aliás, foi a responsável indireta por Euclides e Anna terem se conhecido. Desejando apresentar-se a um republicano de primeira hora e grande prestígio no Exército, o major Sólon Ribeiro, Euclides foi à casa do oficial e lá viu Saninha, sua filha, pela primeira vez. Note-se que o major Sólon, quando da proclamação da República, foi o escolhido para levar uma carta ao imperador intimando-o a deixar o país.

A confusa e angustiada personalidade de Euclides se refletia no seu instável comportamento e no difícil relacionamento com terceiros, incluindo a mulher e os filhos. Lembre-se, ainda, de que ele era portador de tuberculose e de malária, contraída na Amazônia.

Além disso, Euclides não só descurava de suas obrigações de chefe de família, frequentes eram também suas ausências do lar. Percorreu vários pontos distantes do país em cumprimento de missões oficiais. Após a publicação de *Os sertões*, ganhou notoriedade como jornalista e escritor, mostrando-se sempre preocupado com o país, suas origens, sua atualidade e seu futuro.

Note-se que o marido descuidado e pouco atento às exigências de cuidados e de afeto, por parte da esposa, com certeza encobriu o apaixonado e romântico namorado que fora um dia. Quando Euclides conheceu Anna, na casa do pai da moça, encantou-se sobremodo, a ponto de haver escrito no mesmo dia: "Entrei aqui com a imagem da República e parto com a sua imagem." Já casado, voltaria a poetizar: "Trancam-se os céus: eu tenho o seu olhar... Nem faz falta Deus — pois tu existes!"

Dentre todas as ausências, aquela que o levou à Amazônia, em uma comitiva para demarcar os limites do Brasil na região, foi a mais longa: ele ficou fora por um ano. Nesse período, Anna e Dilermando se conheceram na pensão Monat, onde Saninha passou a residir com os filhos. Dilermando de Assis frequentava a mesma pensão, pois nela se hospedavam suas tias Lúcia e Angélica, que tiveram papel crucial no desfecho da tragédia.

A convivência foi se estreitando, especialmente depois da mudança de Dilermando para a pensão, onde passou a residir. O relacionamento despertou em ambos uma paixão incontrolável, e então tornaram-se amantes.

O início do romance se deu quando Euclides estava ainda na Amazônia.

Ao retornar Euclides, Anna quis fazer parecer que Mauro, o suposto filho mais novo do casal — os dois tinham já Sólon, "Quidinho" e Manoel Afonso —, nascera prematuro. Queria fazer coincidir a gravidez com a presença do marido. No entanto, quando a anunciara, já estava grávida havia três meses. Ao nascer Mauro, verificou-se que o bebê não era prematuro coisa alguma. A criança sobreviveu por apenas poucos dias. Embora desconfiado da paternidade, o escritor registrou-a em seu nome.

Mais adiante, em período no qual Euclides esteve novamente em viagem, Anna e Dilermando viveram numa casa na rua Humaitá, no Rio de Janeiro. Dois dos filhos de Anna foram para um colégio interno e o terceiro, Manoel Afonso, ficou com o casal.

Anna de Assis engravidou novamente. Ao conhecer a criança, em seu retorno, Euclides afirmou que ela aparentava "uma espiga de milho em um cafezal". De tez muito branca e cabelos louros, não escondia sua semelhança com Dilermando.

Euclides, mesmo inseguro e em estado de dúvida quanto à paternidade, continuou a morar com a mulher, em clima de aparente tranquilidade.

No entanto, a já antiga desconfiança, somada ao nascimento de Luiz e, em especial, ao falatório e à ação instigante e deletéria das já citadas tias de Dilermando, fez com que a serenidade entre o casal desaparecesse.

Anna não suportou por muito tempo as agressões verbais do marido. Resolveu, então, passar algum tempo na fazenda do sogro, no interior de São Paulo. A pretexto de auxiliar Euclides com as crianças que haviam ficado, as tias mudaram-se para a casa do casal. Uma delas, em especial, empenhou-se em incutir suspeitas no espírito do escritor. Chegou a dizer que a mulher merecia morrer e que o marido deveria "cuspir-lhe na cara".

Euclides, que era portador de neurastenia e de um gênio irascível, sofreu grave desequilíbrio emocional, que o levou a constantes atos de aparente insanidade.

Duas condutas, em especial, deram mostras desse desequilíbrio. Uma foi impedir que Anna amamentasse o recém-nascido Mauro, que veio a falecer. Outra foi querer obrigar Saninha a beber de uma bacia com seu sangue, fruto de uma tuberculose que o acompanhava e provocava crises de hemoptise.

Cabe recordar que já na juventude Euclides demonstrara possuir um temperamento descontrolado. Quando no Exército, por ocasião da visita do ministro da Guerra — o conselheiro Tomás Coelho — ao quartel no qual servia, o escritor, erguendo sua espada para saudá-lo, arremessou-a ao chão, como ato de desdém ao ministro e à monarquia. Cultivava ideias republicanas e quis mostrar sua repulsa ao regime vigente.

Em face dessa conduta, considerada um grave desequilíbrio mental, foi afastado do Exército. A ele acabou reintegrado quando a República foi proclamada.

Com o passar dos anos, e diante de todos os acontecimentos que marcaram sua sofrida trajetória de vida, seu ambiente familiar viu-se em circunstâncias explosivas. Bastaria uma fagulha para desencadear um trágico final.

Certo domingo, quando Euclides soube que, ao contrário do que dissera, Saninha não dormira na casa da mãe, mas sim na de Dilermando, na Estrada Real de Santa Cruz, no bairro da Piedade, ele para lá se dirigiu. Passou antes na residência de um primo e pediu emprestado um revólver, sob a alegação de que um cão hidrófobo estava rondando sua casa.

Na rua, pediu informações sobre a localização da casa que procurava. Entrou aos berros e de arma em punho. Anna e um de seus filhos — Sólon, que lá estava para convencer a mãe a voltar para casa — assistiram, em parte, aos fatos.

Euclides adentrou um cômodo da casa e, antes de disparar, gritou: "Vim para matar ou para morrer." Disparou várias vezes, atingindo Dilermando e seu irmão Dinorah, que viera em sua defesa e fora atingido na coluna. Dilermando reagiu e alvejou Euclides, que não resistiu. A dramática cena ocorreu em 15 de agosto de 1909, ano em que Euclides da Cunha completou 43 anos.

A morte de Euclides, as duas absolvições no Tribunal do Júri, bem como o julgamento perante o Conselho de Guerra, que também o inocentou, não foram os únicos eventos que ligaram Dilermando ao crime e à Justiça. Em 4 de julho de 1916, num Cartório do Fórum do Rio de Janeiro, em defesa própria matou Euclides da Cunha Filho, o "Quidinho", que disparara várias vezes contra ele. O motivo da agressão foi a vingança pela morte do pai, ocorrida sete anos antes.

A defesa contra essa acusação também ficou a cargo de Evaristo de Moraes. A absolvição foi imposta pelo Conselho de Sentença, que reconheceu, tal como nos julgamentos referentes à morte de Euclides pai, a legítima defesa. Ficou demonstrado que uma série de fatores sedimentou no espírito do jovem uma verdadeira obsessão por vingar a morte do escritor. Não faltava quem colaborasse eficazmente com a ideia, por meio de uma instigação pertinaz e de um eficiente induzimento à execução.

No mesmo ano de 1916, um novo acontecimento funesto se abateu sobre Anna e Dilermando. Sólon, filho dela com Euclides, foi morto por grileiros no Acre, onde exercia as funções de delegado. Mais uma vez, Dilermando e Anna de Assis tinham suas vidas marcadas pela tragédia.

A vida de Euclides da Cunha, por sua vez, reflete um paradoxo digno de ser estudado a partir da psicologia e da psiquiatria, passando pela sociologia e culminando no ocultismo e no desvendar do destino. De um lado, um grande espírito amargurado, instável e angustiado, condutor de uma vida desordenada em todos os seus aspectos; do outro, um impecável intelectual, na acepção mais correta do termo: íntegro e profundamente honesto na extraordinária obra que, a partir de sua pena, desvendou o nosso país e sua gente, denotando acendrado amor pelo Brasil.

Bibliografia

DE ASSIS, Judith Ribeiro; ANDRADE, Jeferson. *Anna de Assis: História de um trágico amor*. Rio de Janeiro: BestBolso, 2009.
VENTURA, Roberto; CARVALHO, Mario Cesar (org.); SANTANA, José Carlos Barreto de (org.). *Euclides da Cunha: Esboço biográfico*. São Paulo: Companhia das Letras, 2003.

Notas

1 De Assis; Andrade, 2009, p. 179-181.
2 Ventura; Carvalho; Santana, 2003.

Danton

Ivan Nunes Ferreira

Alguns julgamentos valem pelo que aconteceu dentro do Tribunal; outros, pelo que representaram para a história de determinado país e, em certos casos, para o destino da humanidade. O julgamento de Danton enquadra-se nessas três categorias.

Camilo conheceu Danton no início da Revolução. Desde a adolescência, Camilo manifestara o desejo de ajudar os mais necessitados, aqueles que padeciam por precárias condições econômicas ou por convicções políticas.

Era uma época dura. Insurreições armadas contra o regime geraram, como resposta, uma repressão violenta. Passados muitos anos, Camilo ainda se recorda das conversas que, a cada mês, mantinha com Danton.

Para dar vazão a seu espírito humanitário, Camilo tornou-se seminarista e, alguns anos depois de ser ordenado padre jesuíta na Itália, sua terra natal, veio para o Brasil, onde se empenhou, com outros padres, brasileiros e estrangeiros, em oferecer assistência espiritual nas prisões do regime ditatorial brasileiro. Esse trabalho junto aos presos políticos iniciou-se nos anos 1970.

Lá se vão muitos anos e Camilo, agora idoso, nas muitas reflexões sobre sua vida e sobre a situação atual da Itália e do Brasil, do qual nunca mais se afastou, começou a recapitular as conversas mensais que mantinha com Danton na prisão do DOI-CODI.

A primeira coisa que chamou a atenção de Camilo sobre aquele prisioneiro foi o fato — para ele curioso — de uma pessoa de pele negra, no Brasil, se chamar Danton. Logo indagou se aquele nome era uma homenagem ao herói da Revolução Francesa. Surpreendido, Danton respondeu:

— Não, seu padre, quando minha mãe estava grávida de mim, passou na frente de um café chamado Danton, no centro do Rio de Janeiro. Achou o nome pomposo e colocou no filho. Depois desse dia, só ouvi falar desse nome outra vez, quando um carcereiro me disse que tinha visto um cartaz com meu nome em letras enormes, na frente de um cinema na Cinelândia. A partir daí, achei que esse nome tinha alguma coisa especial, mas não liguei mais para isso.

A segunda pergunta logo veio:

— Por que você foi preso?

— Andava calmamente pelo Méier, perto de onde morava com a minha mulher e minha mãe, quando alguns soldados da PE, Polícia do Exército, me bateram, me encapuzaram e me puseram num carro. Circulei por alguns quartéis e acabei aqui.

— Não explicaram o porquê da prisão?

— Não, padre. Só descobri muito depois. Contaram que um tenente da PE estava tendo um caso com a minha mulher. O desgraçado mandou me pegarem. Sabe por quê? Ele achava que eu não era um bom marido! Veja a minha desgraça: além de corno, apanhei muito; estou preso há mais de três anos, e só recentemente soube o motivo da minha prisão. Como inventaram que sou comunista e ainda sou preto, disseram que vou mofar na cadeia.

Camilo explicou a Danton que regimes autoritários sempre arranjam motivos frívolos para prender, torturar e até matar seus desafetos.

Assim começou a amizade entre Camilo e Danton, a quem, uma vez por mês, o padre ia dar assistência espiritual. Na verdade, encorajado pela curiosidade do preso, naqueles cerca de trinta minutos mensais Camilo contou parte da história do xará francês.

Explicou, em linguagem acessível a Danton, que o outro, Georges Jacques Danton, nascera em 1759, no interior da França, em Arcis-sur--Aube. Após estudar num seminário (como Camilo também fizera), desistira de ser padre e partira para Paris, onde exerceu a advocacia até chegar ao Conselho do Rei, em 1787. Eloquente, irrequieto e temperamental, embora tenha ascendido socialmente, logo depois se filiou aos Cordeliers, grupo de insurgentes contra a monarquia absoluta de Luís XVI, entre eles Jean-Paul Marat e Camille Desmoulins, que se reuniam no distrito de Cordeliers, dominado pelos *sans-culottes*, os trabalhadores, pequenos comerciantes e artesãos da época.

Ao mencionar Camille Desmoulins, padre Camilo percebeu a segunda razão de seu interesse por Danton: a coincidência de Camille ter sido o maior amigo de Danton durante a Revolução Francesa, a ponto de ambos irem juntos para o cadafalso.

A Revolução Francesa, prosseguiu Camilo, se iniciara no fim do século XVIII, durante uma grave crise econômica na França. Fome e miséria, no interior e em Paris, por força de colheitas muito ruins, dos preços altos dos alimentos e de impostos escorchantes, tudo em demasiado contraste com a opulência da corte criou o ambiente propício para a revolta popular.

Luís XVI, para afastar a revolta, convocou, em maio de 1789, os Estados Gerais, instância consultiva do rei para questões emergenciais que fora criada na Idade Média e que contava com representantes da nobreza, do clero e do povo. Os interesses contraditórios logo se revelaram.

O rei, então, decidiu dissolver os Estados Gerais, mas os representantes do povo resolveram, ainda assim, em junho de 1789, instaurar, com sucesso, uma Assembleia Nacional Constituinte, em princípio visando uma monarquia constitucional. Luís XVI tentou reprimir os deputados e o caos se instalou. Um motim popular, ocorrido em 14 de julho de 1789, tomou a Fortaleza da Bastilha, uma prisão pouco ocupada e utilizada como depósito de armas. A partir daí, os revoltosos criaram uma guarda nacional e passaram a administrar Paris.

Em 26 de agosto daquele ano, foi proclamada a Declaração dos Direitos do Homem e do Cidadão, que estabeleceu que "os homens nascem livres e iguais em direitos" e que "a livre comunicação das ideias e das opiniões é um dos mais preciosos direitos do homem".

Nas visitas posteriores a Danton, Camilo esclareceu que o xará francês, embora tenha chegado atrasado à tomada da Bastilha, participou da Revolução desde o início como uma das lideranças mais importantes, senão a maior de todas. Foi ministro da Justiça; presidente da Convenção Nacional, que substituiu a monarquia; criou o Tribunal Revolucionário; e participou do Comitê de Salvação Nacional, órgão executivo para a segurança pública e a política internacional. Destacou-se ao estimular uma convocação geral da nação para, com um exército revolucionário, evitar as invasões das monarquias vizinhas, apavoradas com a ideia de República, que passou a ser objetivo dos revoltosos franceses. A República acabou proclamada em 22 de setembro de 1792.

Em 21 de janeiro de 1793, Luís XVI foi guilhotinado. Antes e depois do rei, cerca de duas mil e setecentas pessoas foram decapitadas somente onde hoje se encontra a Praça da Concórdia, em Paris. Guilhotinados nobres, padres, soldados, comerciantes e todos aqueles que, pelos mais fúteis motivos, fossem denunciados ao Tribunal Revolucionário — por exemplo, uma viúva suspeita de desejar a chegada dos exércitos da Áustria e da Prússia; comerciantes acusados de vender vinho estragado; um jovem acusado de ter cortado uma das "árvores da liberdade", que eram plantadas nos centros das praças como símbolo da permanência das instituições revolucionárias.

Passou a vigorar o que se denominou período do Terror, cujo recrudescimento detonou as divergências entre Danton e Robespierre, conhecido como "O Incorruptível". Robespierre se destacara como líder revolucionário desde as manifestações dos parisienses contra o rei, em julho de 1791.

Em 27 de julho de 1793, elegeu-se para o Comitê de Salvação Pública, quando passou a colocar em prática o que proclamara: "O princípio de um governo democrático é a virtude; mas seu meio, enquanto se estabelece, é o terror!"¹ Como disse Henri Robert sobre o período, "a tirania sanguinária, nascida de um sonho metafísico, prosseguia sempre no seu ciclo trágico, acumulando lutos sobre ruínas, para chegar, oh irrisão suprema!, à ditadura militar no Primeiro Cônsul".²

Danton, já exausto da carnificina que se tornara o Terror, começou a defender uma política de contenção das perseguições. Achava que a decapitação de Maria Antonieta só ajudaria a exacerbar a animosidade da Áustria. Indignou-se com a perseguição e a morte na guilhotina imposta a 22 girondinos — logo eles, que tinham apoiado a Revolução desde o início.

Em nome da purificação da sociedade francesa, Robespierre e seus cúmplices estimularam as delações, as traições e a paranoia contra supostos "inimigos da República". Danton, apesar de sua oratória beligerante, transformou-se, diante das mazelas do Terror, em um pacificador convicto, tanto em relação às fronteiras externas como às províncias, que começavam a se revoltar contra a administração estabelecida em Paris. Concordou com o que disse, certa vez, seu amigo Marat, que o substituíra no Ministério da Justiça: "Robespierre veio para governar quando não há mais grandes batalhas para lutar, mas somente cadafalsos para erigir."³

Fouquier-Tinville, procurador-geral após o assassinato de Marat, editor e líder revolucionário, iniciou severa punição de supostos conspiradores, em números que começaram em seiscentos e foram até os milhares de cabeças.

Padre Camilo, com certo orgulho do xará, mostrou a Danton que Camille Desmoulins acompanhou Georges Jacques em sua conversão à tolerância e à moderação. Em editorial de seu jornal, *Le Vieux Cordelier*, dirigiu-se a Robespierre e rogou: "Por que a clemência seria um crime na nossa República? Abra as portas das prisões para duzentos mil cidadãos que o senhor chama de suspeitos, pois de acordo com a Declaração dos Direitos do Homem elas não são casas para mera suspeição. O senhor espera exterminar todos os seus inimigos pela guilhotina! Nunca houve tão grande loucura. A cada um que o senhor manda para o cadafalso, faz dez novos inimigos em seus familiares e amigos. (…) Criaremos um

Comitê Público da Clemência e, acredite-me, a liberdade sairá fortalecida e a Europa será conquistada."[4]

Danton, o revolucionário, sustentou por sua vez na Convenção: "Estamos aqui para servir ao povo. Peço um fim para esses hipócritas antirreligião que se instalaram na Convenção. Daremos um basta a esses indivíduos que gostam de colocar os despojos da Igreja no altar da pátria e fazem disso um troféu. Nossa missão aqui não é receber manifestações intermináveis, todas em igual sentido. Poremos fim a tudo isso, inclusive à satisfação própria. Rogo que fechemos agora a porta para tudo isso."[5]

Dar um fim a tudo isso significava dar um basta ao Terror.

Danton passou a ser o principal defensor da moderação e do fim das repetidas prisões sem julgamento, característica dos regimes de exceção. Por tudo isso, acabou sendo considerado, por Robespierre, inimigo da mesma República que havia ajudado a fundar.

Certa feita, Danton observou que Robespierre, então no poder, queria uma revolução sem qualquer mancha moral. E por isso estava disposto a matar mil, dez mil pessoas, tudo conforme sua visão de liberdade e submetido à sua falha censura ética. Sobre Robespierre, disse Danton: "Um idiota! França, a nação. França, o território, é que precisa de salvação, e não a alma dos franceses!"[6]

Em 30 de março de 1794, Danton, Camille Desmoulins e vários outros patriotas foram presos por ordem do Comitê de Salvação Nacional. A acusação feita por Saint-Just, e aprovada pela maioria, foi vazada a Danton um pouco antes de sua execução. Quando Camille e Lacroix lhe sugeriram uma fuga, Danton respondeu: "Você não pode partir com a pátria na sola dos seus sapatos."[7]

Danton foi acusado de ter conspirado, com Mirabeau, o duque de Orleans e o general Dumouriez, para restaurar a monarquia ou para tornar-se ditador. Teria firmado um acordo secreto com inimigos estrangeiros; enriquecera seus amigos e a si próprio quando ministro da Justiça e chefe da Convenção; e, como pior de todos os crimes, tentara impor uma política de moderação e clemência a fim de destruir a República e fazer naufragarem as liberdades.

O julgamento de Danton começou como um verdadeiro espetáculo. Nos dias quentes de abril de 1794, as janelas do tribunal estavam abertas, e através delas as palavras de Danton puderam ser ouvidas pelo povo do lado de fora.

O procurador-geral, Fouquier-Tinville, convocou somente sete jurados, quando a lei impunha doze. A violação dos direitos começa pelo desrespeito à forma. Para suprimir o tom político do julgamento, Fouquier-Tinville colocou no banco dos réus, com Camille e Danton, alguns estrangeiros especuladores, acusados de fraudes comerciais — para a indignação de Camille, que gritava: "Deixe-nos ser sacrificados sozinhos. O que temos a ver com esses trapaceiros?"[8]

O julgamento começou com um juiz jovem, Herman, lendo a longa acusação encaminhada por Saint-Just ao procurador-geral. Danton preferiu advogar em causa própria. Quando lhe negaram indevidamente a palavra, voltou-se para o júri e, com sua voz potente, exclamou: "Fui eu a criar este tribunal; portanto, sei alguma coisa sobre suas regras."[9]

Herman, o juiz, tentava controlar o tumulto que se criara com as manifestações de Danton, mas não obteve sucesso. Westerman, um general revolucionário, também processado junto com Danton e seus companheiros, em certo momento gritou: "Recebi sete ferimentos lutando pela República, e todos eles foram de frente. Só um eu recebi pelas costas: essa acusação!"[10]

Em determinado momento, quando o juiz o acusou de querer derrubar o governo e restaurar a monarquia, Danton respondeu: "Rejeito tal acusação e desejo que os covardes que me atacam estejam aqui face a face. Deixai aparecerem as testemunhas de acusação e cobri-las-ei de vergonha e ignominia."[11]

Ele queria, ingenuamente, forçar Robespierre e Saint-Just a deporem como testemunhas. O juiz Herman respondeu: "Sua audácia é a marca do seu crime",[12] ao que Danton retrucou: "Com essa audácia, eu salvei a Revolução, salvei a França."[13] Realmente, ele salvara a França dos seus inimigos externos, gritando: "Audácia, audácia, sempre mais audácia",[14] a fim de unir o exército revolucionário em defesa da pátria.

A irresignação dos acusados gerou um tumulto enorme no tribunal. O julgamento foi suspenso.

Robespierre, informado de tudo o que acontecia, inventou, juntamente com Saint-Just, a existência de uma rebelião cujo objetivo seria organizar um assalto popular ao Tribunal Revolucionário, no intuito de liberar Danton e os demais réus. Seria supostamente incentivada por Lucile, esposa de Camille, que acabou presa.

Nesse meio-tempo, a Convenção editou um decreto que interrompia o julgamento e retirava os acusados da sala de sessão, sob a acusação de que insultavam o Tribunal Revolucionário. Durante a retirada dos réus, o juiz Herman, ao dar cumprimento aos demais termos do documento, avisou que a promotoria renunciaria ao direito de introduzir suas testemunhas e que, com isso, os acusados também não poderiam ouvir suas testemunhas. Declarou, assim, terminada a instrução.

A sessão teve fim com os veementes protestos de Camille, Lacroix, Westerman e outros, uma vez que estavam sendo julgados sem que pudessem se defender. A pressão sobre os jurados, ademais, mostrou-se de tal ordem que não se poderia esperar outro veredicto: foram considerados culpados. Danton, por sua vez, só sentia-se culpado de ter criado o Tribunal Revolucionário.

No dia 5 de abril de 1795, na companhia de Camille Desmoulins e dos outros réus, Danton foi levado à guilhotina.

Padre Camilo surpreendeu-se com a grande indignação de seu amigo Danton contra a postura e a crueldade de Robespierre.

— Danton — disse Camilo —, resta o consolo de que existem restaurantes, praças e avenidas na França com o nome que sua mãe viu naquele café do centro do Rio. Por sinal, um cinema famoso, na margem esquerda do rio que corta Paris, leva o nome de Danton. Se algum estabelecimento se chamar Robespierre, provavelmente será um açougue. — E acrescentou: — Como você pode ver, em geral as revoluções, ainda que necessárias, duram mais do que deveriam, e todas atropelam as garantias dos que são por elas acusados e acabam surdas aos anseios do povo. Por isso, trazem o germe do retrocesso.

Camilo gostaria de terminar de contar para Danton a história da Revolução Francesa, mas soube, pelos carcereiros, que poucos dias de convivência lhes restavam. As autoridades, em julgamento sumário, sem qualquer direito de defesa, decidiram que já era tempo de dar um sumiço no rapaz. Ao sair daquela que seria a última conversa entre os dois, após uma despedida tocante para Camilo, este se voltou para Danton e disse:

— Ah, ia me esquecendo, o lema da Revolução que acabou no Terror, há mais de duzentos anos, era: *Liberté, egalité, fraternité*. Ou melhor: "Liberdade, igualdade e fraternidade."

A carruagem com os acusados passou pela rua Saint-Honoré até chegar em frente à casa de Duplay, onde o Robespierre residia, e Danton gritou em frente da multidão que o esperava: "Robespierre, você será o próximo!"[15] Danton foi guilhotinado poucos minutos depois de seu amigo Demoulins. A morte de Danton parecia a derrota da moderação.

Três meses e meio depois, Robespierre foi conduzido à guilhotina. Ninguém mais suportava a opressão do Terror. No ano seguinte, deu-se um fim ao Tribunal Revolucionário. Em 1799, houve o golpe de 18 de maio de Napoleão e o fechamento da Convenção.

Em 1804, restabelecida a Monarquia na França, Napoleão Bonaparte coroou-se imperador.

Camilo, já velhinho no país que adotou, ao recordar as conversas com Danton refletiu sobre sua Itália dos dias de hoje. A última tentativa de purificação da sociedade italiana, denominada "Operação Mãos Limpas", acabou na polarização da sociedade e na eleição de Berlusconi. Agora, as eleições de março de 2018 revelaram que, além do demagogo, a Itália terá de conviver com a extrema direita populista.

No Brasil atual, digo eu, o radicalismo torna-se cada vez mais visível na sociedade, onde parece que, parafraseando o título do livro de Anatole France sobre a Revolução Francesa, *o povo quer sangue*. Isso a tal ponto de algumas pessoas — certamente não os leitores deste livro — manifestarem abertamente o desejo do retorno dos militares ao comando do país, sem atentarem para as terríveis arbitrariedades cometidas naquele período.

Outros, insensíveis aos riscos de injustiças, vibram com a banalização das prisões preventivas, sem que os acusados possam se defender antes do encarceramento. Isso sem falar na execração pública, midiática e imediata de pessoas sob as quais recai a presunção de inocência. Alega-se que esse encarceramento preventivo já acontece com os menos favorecidos, como se os erros procedimentais em relação a estes não devessem ser corrigidos mas sim estendidos às demais camadas sociais.

Nos tempos de hoje no Brasil, seguir a Constituição e respeitar as garantias processuais parece, por si só, um ato de resistência heroica. No entanto, o necessário combate à corrupção e a sua punição severa só se manterão efetivos e constantes se realizados com as cautelas e a responsabilidade que devem envolver qualquer processo punitivo.

Na verdade, as tentativas de transformações radicais nas sociedades humanas, mormente sob o argumento da necessidade de sua purificação ética e moral, sem que sejam respeitados os princípios básicos da cidadania, entre eles o do devido processo legal, o da presunção de inocência e o da ampla defesa dos acusados, redundam no abuso, na barbárie, na paralisia da máquina pública pelo medo generalizado e, muitas vezes, em reação vigorosa e retrocesso, como se deu na França no início do século XIX.

Bibliografia

FRANCE, Anatole. *The Gods Want Blood*. Londres: Alma Classics, 2013.

HENRI-ROBERT. *Os grandes processos da história, I série*. Porto Alegre: Livraria do Globo, 1940.

LAWDAY, David. *The Giant of the French Revolution: Danton, A Life*. Nova York: Grove Press, 2009.

LEITE, Paulo Moreira. *Glória e tragédia de Danton, revolucionário e corrupto*. Brasil 247, [s.l.], 2015. Disponível em: <https://www.brasil247.com/pt/blog/paulomoreiraleite/195131/Gl%C3%B3ria-e-trag%C3%A9dia-de-Danton-revolucion%C3%A1rio-e-corrupto.htm>. Acesso em: 12 mar. 2018.

RAMOS, Clarissa et al. *Danton, o processo da Revolução*. Núcleo de Estudos Contemporâneos, Universidade Federal Fluminense. Disponível em: <http://www.historia.uff.br/nec/danton-o-processo-da-revolucao>. Acesso em: 12 mar. 2018.

Notas

1   Henri-Robert, 1940, p. 192.
2   *Ibid.*, p. 217.
3   Lawday, 2009, p. 217.
4   *Ibid.*, p. 231-232.
5   *Ibid.*, p. 233.
6   *Ibid.*, p. 237.
7   *Ibid.*, p. 244.
8   *Ibid.*, p. 253.
9   *Ibid.*, p. 253.
10 *Ibid.*, p. 253-254.
11 *Ibid.*, p. 254.
12 *Ibid.*, p. 255.
13 *Ibid.*, p. 255.
14 *Ibid.*, p. 255.
15 *Ibid.*, p. 259.

Padre Antônio Vieira

Carlos Affonso Souza
com a colaboração de Guilherme Cundari

Antônio Vieira figura certamente entre os maiores luso-brasileiros da história. Fosse apenas por isso, seu processo inquisitorial já valeria a atenção dos juristas contemporâneos, seja pela riqueza de sua oratória, que inevitavelmente auxiliou sua defesa, seja pelo impacto de sua influência política, fator determinante em toda a sua vida e em especial no decurso do processo.

No entanto, mais que isso, o estudo da inquisição de Vieira possibilita uma melhor compreensão da evolução histórica do processo, e em especial de como se deu essa evolução no mundo lusófono. Transcorrido por quatro anos, o processo rendeu-nos uma soma enorme de exames e qualificações que nos permite entrar em contato direto com as práticas jurídicas do início da idade moderna em Portugal e no Brasil, bem como perceber de que forma os casos concretos eram julgados em face do Direito e das circunstâncias, muitas vezes alheias aos fatos jurídicos propriamente ditos.

Assim sendo, procura-se estudar a natureza geral do processo contra o jesuíta e sua importância para o mundo moderno, através de uma metodologia histórica com recurso a fontes primárias e autores consagrados no tema.

Para tanto, em uma primeira parte procuramos apresentar a vida, os pensamentos e o contexto sociopolítico no qual se inseria Antônio Vieira, enquanto fator determinante para a compreensão da natureza da inquisição instaurada em 1663 contra o mesmo. Depois, parte-se para o processo em si, em que se estuda suas diversas fases, à luz das estratégias utilizadas tanto pelo réu como pela acusação, e de como o cenário político português foi capaz de direcionar ambas as coisas.

Notas biográficas

Em fevereiro de 1608, nascia em Lisboa aquele que Fernando Pessoa intitulou, 326 anos depois, o "imperador da língua portuguesa", comparando-o mesmo ao céu por sua grandeza, fama e glória.[1] Apesar do tom épico com que o poeta retratou o jesuíta, sua atuação política e religiosa realmente lhe rendeu o posto de maior pregador de seu século e de uma das mais influentes personalidades da corte portuguesa, cuja palavra influenciava tanto o rei quanto o papa em Roma. Na América Portuguesa, local em que viveu 56 de seus 89 anos, exerceu contínua atividade missionária e administrativa em nome da Companhia de Jesus e, devido a seus sermões em defesa dos povos indígenas e de sua política de manutenção da autonomia administrativa das Missões, foi mais tarde colocado ao lado de Manuel da Nóbrega como um dos maiores representantes do criticismo colonial no Brasil.[2]

Distinto em todas as áreas a que se dedicou, alcançou fama internacional na literatura, oratória e missionariedade, sendo hoje uma das personalidades luso-brasileiras mais estudadas. No entanto, em vida, sua fama e escritos renderam-lhe um duro e longo processo levado pela Inquisição portuguesa, entre 21 de julho de 1663 e 24 de dezembro de 1667, quando foi condenado a recolher-se em alguma casa de jesuítas e permanecer em silêncio em relação às suas ideias que haviam sido condenadas. Sua vida religiosa, literária e político-diplomática concorreu diretamente na sorte do processo, para o bem e para o mal, de modo que, para o estudo do processo levantado contra Vieira, é necessário compreender o contexto político do Império português, os posicionamentos diversos do próprio jesuíta e, em especial, as relações entre a Companhia de Jesus e a Inquisição naquela época.

De Sebastião a Pedro II

Desde a batalha de Aljubarrota (1385), a Casa de Avis conduzia Portugal em uma campanha expansionista frente aos povos mouros da África e dos Algarves. D. Sebastião, herdeiro de um reino que já gozava das vantagens comerciais proporcionadas pelas navegações e pelos entrepostos que se estendiam dos Açores ao Japão, alcançado em 1543, era neto de D. João III, chamado o Pio, responsável pelo início do efetivo processo colonial no Brasil. Seja de suas afiliações com o rei precedente, seja por sua educação — ministrada por jesuítas —, o jovem monarca se responsabilizou pela missão de perpetrar uma cruzada contra o sultão do Marrocos. Motivado por seu sucesso inicial em junho de 1578 na incursão no Tânger, momento em que aliou-se ao pretendente ao trono saadiano, Mulei Mohammed, sob a condição de receber uma cidade ao norte do país, em agosto do mesmo ano enfrenta sua derradeira batalha em Alcácer-Quibir: uma derrota decisiva para os portugueses em que o corpo do rei é achado nu, embora nenhum soldado tenha admitido vê-lo cair em batalha.[3]

Após o breve reinado do cardeal D. Henrique, seu tio-avô, a coroa portuguesa pousa na cabeça de Filipe II da Espanha, neto de D. Manuel I de Portugal por parte de mãe. O período a partir daí conhecido como União Ibérica estenderia-se por sessenta anos, tendo seu fim apenas em 1640. Por conta das delicadas condições com que o rei espanhol assumiria o país vizinho,[4] a complexa máquina administrativa gerada a partir dessa união pessoal e o imenso território ora unido dificultaram a centralização do governo e a fiscalização colonial, especialmente no Brasil, cuja consequência, pode-se citar, foram as bandeiras orquestradas para a exploração interna do continente. Outra consequência do período foram as invasões holandesas ao Brasil, em grande parte motivadas pela proibição de Filipe do comércio com os portos neerlandeses, prejudicando diretamente o ciclo do açúcar no nordeste brasileiro.

Vieira partiu para o Brasil pela primeira vez nesta época, em 1614, em razão de seu pai, Cristóvão Vieira, ter conseguido o posto de escrivão na Relação da Bahia.[5] Iniciou sua instrução no Colégio dos Jesuítas de Salvador, demonstrando de início ser um aluno sem potencial, situação revertida mediante o que o próprio diz ter sido um "estalo", que lhe ajudou a compreender e reter melhor o que estudava, ocorrido após a contemplação da imagem de Nossa Senhora das Maravilhas na igreja da Sé. Após fugir de casa, aos 15 anos ingressou na Companhia de Jesus, sob os cuidados de um antigo colega de José de Anchieta.[6] Um ano depois, no entanto, refugia-se no interior da capitania devido à invasão holandesa em Salvador. Já nesse período demonstrava grandes habilidades com as letras, fato que lhe rendeu a responsabilidade de escrever e traduzir para o latim a Carta Ânua (1626), contendo o relatório das atividades da Companhia na região ao superior-geral em Roma.[7]

Nesse ano ou no seguinte, tornou-se professor de retórica no Colégio de Olinda e também prosseguiu seus estudos em teologia e filosofia. Já derrotados os holandeses na capitania, Vieira retorna a Salvador e, depois de concluir seus estudos, é ordenado sacerdote em 1634, quatro anos antes de tornar-se professor de teologia no mesmo colégio jesuíta onde começara sua instrução formal;[8] assim, passou a ensinar a elite colonial na então sede do Estado do Brasil.

Por essa época já tinha fama de notável pregador e orador. Durante a segunda invasão holandesa no nordeste, agora em Recife, o jesuíta escreveu o sermão que viria a fazer história na defesa da resistência portuguesa; é um precioso exemplo de sua técnica argumentativa e também de seu engajamento com o contexto político.

Vieira prevê na incursão holandesa uma ameaça não apenas à integridade territorial da colônia, mas também ao domínio e à cultura dos católicos na América, pintando os invasores como hereges que tencionam, sobretudo, despojar a Igreja de sua doutrina e riqueza no Brasil.

> Entrarão os hereges nesta igreja e nas outras; arrebatarão essa custódia, em que agora estais adorado dos anjos; tomarão os cálices e vasos sagrados, e aplicá-los-ão a suas nefandas embriaguezes; derrubarão dos altares os vultos e estátuas dos santos, deformá-las-ão a cutiladas e metê-las-ão no fogo; e não perdoarão as mãos furiosas e sacrílegas nem as imagens tremendas de Cristo crucificado, nem as da Virgem Maria. (...) Enfim, Senhor, despojados assim os templos e derrubados os altares, acabar-se-á no Brasil a cristandade católica; acabar-se-á o culto divino; nascerá erva nas igrejas, como nos campos; não haverá quem entre nelas.[9]

Ainda no mesmo sermão encontra-se a famosa admoestação a Deus que o jesuíta faz, acusando-o com gravidade, embora não temerária, de permitir que um reino católico como Portugal enfrentasse tantas dificuldades nas mãos holandesas.

> (...) arrependei-vos, misericordioso Deus, enquanto estamos em tempo, ponde em nós os olhos de vossa piedade, ide à mão à vossa irritada justiça, quebre vosso amor as setas de vossa ira, e não permitais tantos danos, e tão irreparáveis. Isto é o que vos pedem, tantas vezes prostradas diante de vosso divino acatamento, estas almas tão fielmente católicas, em nome seu e de todas as deste Estado.[10]

Apesar das promessas e tratados firmados no momento da instauração da União Ibérica, que acomodava os interesses da elite portuguesa àqueles da castelhana, com o transcorrer dos anos as relações entre os países ficaram maculadas, seja pelo dano já sofrido frente aos holandeses, seja pelas despesas das campanhas espanholas com que Portugal arcava e a contínua perda de influência da nobreza local. Assim, no início de dezembro de 1640, aproveitando a fraqueza política do rei Filipe IV em seu próprio território devido a insurreições na Catalunha, os ditos Conjurados[11] invadiram o paço da Ribeira, prenderam a vice-rainha Margarida, duquesa de Mântua, e mataram seu secretário de Estado, Miguel de Vasconcelos, no que aclamaram, com a adesão popular, o duque de Bragança como D. João IV.

No ano seguinte, o jesuíta parte à Portugal para prestar obediência ao novo monarca enquanto missionário. Tendo experimentado e registrado com visceral energia os conflitos no Brasil, foi nomeado em 1646 embaixador na Holanda, para ajudar nas negociações de devolução do nordeste do território, que no entanto só viria a ser levada a cabo em 1654. Ainda em Lisboa, em 1642, na Capela Real, pregou seu famoso "Sermão dos Bons Anos", em que vaticina boas-venturanças a Portugal neste momento tão esperado de plena autonomia política.

> (...) sessenta anos inteiros nos quais Portugal esteve esperando sua redenção, debaixo de um cativeiro tão duro e tão injusto! Não me paro a o ponderar; porque em dia tão de festa, não dizem bem memórias de tristezas, ainda que os males passados, parte vêm a ser de alegria. O que digo é que nos devemos alegrar com todo o coração e dar imortais graças a Deus, pois vemos tão felizmente logradas nossas esperanças. Nem nos pese de ter esperado tão longamente; porque se há de recompensar a dilação da esperança com a perpetuidade da posse.[12]

Logo fez fama na metrópole em razão de seus dotes oratórios, conquistando a confiança do rei, conseguindo daí uma intensa carreira diplomática cuja atuação se estenderia da Suécia até a França. Sua atividade política, somada ao teor de seus escritos proféticos sobre D. João IV, renderam-lhe a amizade de sua esposa, D. Luísa de Gusmão, principalmente após a morte do marido. Essa relação proporcionou ainda segurança ao jesuíta, que já enfrentava problemas com os dominicanos da Inquisição devido à sua polêmica defesa dos cristãos-novos e mesmo dos judeus enquanto instrumento econômico para Portugal. A regência de D. Luísa não fora capaz de abafar completamente outras facções políticas que se formavam ao redor de seu filho, D. Afonso VI, chefiada principalmente pelo 3º conde de Castelo Melhor, uma das principais forças políticas que alimentaram o processo contra Vieira.[13]

Após a morte da regente, sobe ao posto seu outro filho, o infante D. Pedro. Com ele retornam ao poder partidários favoráveis à antiga rainha e, por consequência, a Vieira, que nisso consegue a absolvição de quase todas as suas penas. No entanto, D. Afonso VI só viria a deixar o trono em 1683, dois anos após o jesuíta já ter partido pela última vez de volta ao Brasil, já idoso e muito incapacitado. De volta à Bahia, em 1688 assume a função de visitador-geral das Missões no Brasil, cargo que ocupou até 1691, quando outra vez sofre perseguições de dentro da Igreja devido às suas correspondências, consideradas contrárias à Regra da Ordem, sendo condenado mais uma vez à pena de "privação de voz ativa e passiva". Apesar desse último golpe, e de duramente afetado pela idade — carecia a essa altura de sua visão, audição e muito de sua oratória, de modo que era preciso ditar suas cartas —, Vieira continuou procurando influenciar os rumos políticos de Portugal, havendo cartas suas registradas de uma semana antes de sua morte em que ainda procurava contatar e falar a autoridades lusitanas. Após sua longa e ativa, embora atribulada, trajetória de missionário, orador e político, em 1697 parte da vida e lega à história um conjunto de 203 sermões e mais de setecentas cartas.

O MESSIANISMO PROFÉTICO DE VIEIRA

Como é caro à tradição da Companhia de Jesus, a atividade religiosa sempre foi vista por Vieira como indissociável da política, e os desígnios do reino e da Igreja caminham, em sua visão, conjuntamente para o mesmo fim. O *telos* histórico do jesuíta é imerso, por esse fato, em uma perspectiva salvífica, fazendo compartilhar o Estado temporal de grande parte da missão já assumida pelo poder espiritual de orientar e salvar as almas dos homens. Dessa maneira, o discurso encontrado em seus sermões apresenta variações entre profecias deduzidas com força necessária, e ainda outras de maneira contingencial.[14]

O aspecto necessário de suas previsões decorre principalmente das Escrituras, a exemplo maior da profecia de Daniel contida no segundo capítulo do livro homônimo no Antigo Testamento, em que narra um sonho de Nabucodonosor acerca dos impérios do mundo. Como diz em seu "Sermão do Esposo da Mãe de Deus",

> Viu Nabucodonosor aquela prodigiosa estátua, que representava os quatro impérios: dos assírios, dos persas, dos gregos e dos romanos: o corpo estava descuidado com os sentidos presos, e a alma andava cuidadosa, levantando e derrubando estátuas, fantasiando reinos e monarquias. Mais fazia Nabucodonosor dormindo que acordado, porque acordado cuidava no governo de um reino, e dormindo imaginava na sucessão de quatro.[15]

Essa não era uma visão de todo incomum ao pensamento cristão; embora haja variação acerca da nomeação dos impérios do mundo, sua sucessão era deduzida há muito do livro de Daniel. No entanto, cristalizou-se a doutrina de que o quinto império, a suceder os romanos, haveria de ser aquele previsto por João no livro do Apocalipse, e governado portanto pelo Anticristo, seguindo-se dele o reino da Nova Jerusalém na Terra. Antônio Vieira, por sua vez, nomeava Portugal enquanto quinto império do mundo, cuja missão estava traçada havia muito, desde a fundação do reino: Jesus Cristo mesmo haveria de ter falado e aparecido ao primeiro rei português.[16] Em suas palavras:

> Estilo foi este que sempre Deus usou Portugal, receoso porventura de que uma nação tão amiga da honra e da glória lhe

quisesse roubar a sua. Quem considerar o reino de Portugal no tempo passado, no presente e no futuro; no passado o verá vencido, no presente ressuscitado, e no futuro glorioso.[17]

Seu destino seria a conquista pela espada, forjando um grande e pleno domínio imperial, que expandisse no globo não apenas o poder temporal do rei de Portugal, mas também o poder espiritual da Igreja Católica.

Esse período duraria por muitos anos e seria marcado pela sonhada *pax christiana*, sob ela florescendo as riquezas materiais, intelectuais e espirituais de todos os homens: um único imperador, uma única fé, uma única Igreja. O responsável por instaurar a nova ordem seria o esperado Encoberto. Nesse ponto começam os aspectos contingenciais da profecia de Vieira: seu sebastianismo não o é senão genericamente considerado; em sua fatídica carta "Esperanças de Portugal, Quinto Império do Mundo",[18] defende abertamente a ideia de que o Encoberto é na realidade D. João IV, que retornaria dos mortos para realizar a profecia. Logo no começo da correspondência, critica a versão clássica do sebastianismo: "diz vossa senhoria que todas [as esperanças e felicidades de Portugal] se referem à vinda d'el-rei D. Sebastião, em cuja dúvida e vida tenho já dito a vossa senhoria o que sinto (…)".[19] Ainda, no próprio "Sermão dos Bons Anos", o jesuíta desenvolveu crítica ao retorno de D. Sebastião, comparando o pranto de Portugal "ao sepulcro de el-rei D. Sebastião, chorando e suspirando por ele"[20] às lágrimas de Madalena na morte de Cristo.

Sua visão messiânica sustentava-se ainda, como veio a ser uma grave acusação em seu processo, nos textos de Gonçalo Annes Bandarra, um sapateiro de Trancoso cuja obra *Trovas* fora interpretada em tom profético e posteriormente proibida pela Inquisição em 1581. Em sua obra, Bandarra prevê a chegada a Portugal do Encoberto que viria a transformar o país em império global. Suas Trovas foram produzidas por volta de 1540, portanto 38 anos antes do desaparecimento de D. Sebastião; por isso mesmo, fez fama após 1578, sendo largamente interpretada enquanto a previsão do retorno do jovem rei ao país. Embora tenha se tornado famosa devido ao impulso que deu ao sebastianismo, a figura do Encoberto, devido ao forte tom messiânico, atraiu também o gosto dos cristãos-novos e judeus, que viam nisso semelhanças com sua crença na vinda do Messias, uma das principais razões da condenação de Bandarra em 1541.

Em "Esperanças de Portugal", Vieira defende abertamente o tom profético das Trovas, como viria também a fazer em sua "Defesa Perante o Tribunal do Santo Ofício", e teria dito ainda ao próprio D. João IV, quando este se encontrava perigosamente enfermo, que se viesse a morrer ainda retornaria à vida para cumprir o que estava profetizado. A data para o grande acontecimento também foi determinada: o "ano fatal" de 1666.

Após o início do processo em 1663, no entanto, os aspectos contingentes de suas deduções mostram-se mais claramente. Com a passagem de 1666, o jesuíta alterou a identidade do Encoberto para D. Afonso VI e depois para o futuro rei D. Pedro II,[21] atenuando a exatidão de seus escritos, sem no entanto negar-lhes a "verossimilhança" e a "boa tenção" ao escrevê-los.

Heterodoxias políticas

É elemento central e fundante do processo de 1663 o teor de algumas posições políticas de Antônio Vieira. A mais marcante é certamente a defesa que faz dos cristãos-novos e a tentativa de persuasão dos judeus através de suas profecias.

No contexto histórico do jesuíta, os judeus eram perseguidos em Portugal desde o reinado de D. Manuel I (1469-1521), quando este precisou assinar, em 1496, como condição para casar-se com D. Isabel de Aragão e firmar uma boa relação com os reinos espanhóis, uma ordem que expulsava do país todos os judaizantes que não quisessem se converter. A medida, que já havia sido adotada em Castela, contribuiu enormemente para o êxodo em massa dos judeus da península, posto que, ao contrário das expectativas, as taxas de conversão foram muito abaixo do esperado.²²

Com os judeus, foram embora, na concepção de Vieira, também os investimentos e sua vocação para o trabalho lucrativo. Pior que isso: a riqueza havia sido transmitida para outros países, incluindo inimigos de Portugal, como a Holanda.

> Qual é melhor? Judeus que enriqueçam a Itália, França, Inglaterra e Holanda, ou judeus que enriqueçam a Portugal? Judeus que com seus cabedais ajudem os hereges a tomar as conquistas e impedir a propagação da fé e propagar a heresia, ou judeus que com os mesmos cabedais ajudem as Armas do Príncipe mais católico a recuperar as mesmas conquistas e dilatar a fé por todo o mundo?²³

Dessa forma, o Quinto Império de Vieira serviria também de campanha publicitária ao retorno dos judeus, que veriam nessa filosofia uma proposta de paz que, acima de tudo, era compatível com sua própria crença. Não se abstém o jesuíta de justificar-se religiosamente dessa aproximação incômoda com a referida "gente de nação", para isso comparando os católicos e judeus a trigo e cizânia:

> (...) Cristo, Senhor nosso, falando em próprios termos, aconselha que se deve dissimular a cizânia para sustentar as raízes do trigo, entendendo por cizânia os infiéis, e por trigo os católicos, como afirmam todos os doutores; e no mesmo lugar repreende o Senhor o falso e mal entendido zelo dos que, com perigo da conservação do trigo, queriam arrancar a cizânia, e mandou que a deixassem estar e crescer, junto da mesma seara.²⁴

O pragmatismo político de Vieira, exercido sem o sacrifício de uma incontestável fé católica, característica peculiar à ordem jesuítica, é evidente nos planos e cartas políticas enviados para dentro e fora de

Portugal, de modo que seu pensamento de que "não se pode conservar sem muito dinheiro"[25] inspirou alguns a classificarem-no como germe dos ideais que nasceriam no Iluminismo burguês do século seguinte.

Não só sua relação com os cristãos-novos lhe rendeu essa classificação filosófica, mas também sua relação com os indígenas e, o que é menos comum, com os escravos africanos no Brasil. Se em Portugal suas pregações a favor dos judeus criaram-lhe inimigos poderosos, na colônia aquelas a favor dos indígenas fizeram o mesmo, sendo elas a causa de seu retorno a Portugal em 1661, quando a elite maranhense reagira negativamente a suas ideias contra a escravidão indígena. De fato, de 1653 a 1661 foi feito líder da Missão Jesuítica no Maranhão e no Grão-Pará.[26] No mesmo ano em que tomara esse posto, proferiu seu famoso "Sermão da Primeira Dominga de Quaresma", em que tentou convencer os senhores de engenho locais a libertarem seus escravos nativos.

> Todos os índios deste Estado, ou são os que vos servem como escravos, ou os que moram nas aldeias de el-rei como livres, ou os que vivem no sertão em sua natural e ainda maior liberdade, os quais por esses rios se vão comprar ou resgatar — como dizem —, dando o piedoso nome de resgate a uma venda tão forçada e violenta que talvez se faz com a pistola nos peitos. Quanto àqueles que vos servem, todos nesta terra são herdados, havidos e possuídos de má-fé, segundo a qual não farão pouco — ainda que o farão facilmente — em vos perdoar todo o serviço passado.[27]

Seu "Regulamento das Aldeias", documento normativo que regulava a atividade missionária em todo o Brasil, escrito provavelmente em 1660, reforçava a necessidade de os índios estarem sujeitos apenas a pessoas religiosas, sendo respeitado, em suas obrigações, o tempo livre necessário para que eles se dediquem às próprias lavouras e famílias, ideia esta que já fora atestada pelo jesuíta em 1654 na "Carta XV" endereçada ao rei D. João IV. Não só fazia a defesa dos indígenas, mas também a estendia aos escravos negros. Embora neste caso não chegasse a rejeitar o regime de escravidão, criticava a imoralidade do trato que os senhores dispensavam a estes e comparava seu martírio àquele de Jesus, chamando os negros de "imitadores do crucificado".[28]

> Os senhores poucos, e os escravos muitos; os senhores rompendo galas, os escravos despidos e nus; os senhores banqueteando, os escravos perecendo à fome; os senhores nadando em ouro e prata, os escravos carregados de ferro; os senhores tratando-os como brutos, os escravos adorando-os e temendo-os como deuses; os senhores em pé, apontando para o açoite, como estátuas da soberba e da tirania; os escravos prostrados com as mãos atadas atrás como imagens vilíssimas da servidão e espetáculos de extrema miséria.[29]

Por fim, tratando-se de suas críticas políticas, é forçoso relembrar que foram direcionadas também ao próprio governo colonial em que vivia, denunciando a ganância desmedida da exploração, comparando esta atividade ao furto, o modo de sua condução e o estado em que a província era deixada, admoestando que em "uma colônia chamada de portugueses se visse a Igreja sem obediência e as censuras sem temor".[30]

> Finalmente nos mesmos tempos não lhes escapam os imperfeitos, perfeitos, *plusquam* perfeitos e quaisquer outros, porque furtam, furtavam, furtaram, furtariam e haveriam de furtar mais, se mais houvesse. Em suma, o resumo de toda esta rapante conjugação vem a ser o supino do mesmo verbo: a furtar, para furtar. E quando eles têm conjugado assim toda a voz ativa, e as miseráveis províncias suportado toda a passiva, eles, como se tivessem feito grandes serviços, tornam carregados e ricos: e elas ficam roubadas e consumidas... Assim se tiram da Índia quinhentos mil cruzados; da Angola, duzentos; do Brasil, trezentos; e até do pobre Maranhão, mais do que vale todo ele.[31]

A Inquisição e a Companhia de Jesus[32]

A relação próxima e amistosa entre os jesuítas e o Santo Ofício português durante o século XVI foi sendo gradativamente abalada devido a uma série de desentendimentos pontuais durante o século XVII.

Entre os motivos destaca-se a censura que o Santo Ofício fizera aos jesuítas apoiadores de D. João IV durante a Restauração. A Inquisição, vale dizer, apesar de possuir sedes autônomas nos diversos reinos e de estar inserida na Igreja Católica, mantinha como um todo a característica de grande independência frente às demais ordens religiosas, ao papa e até mesmo, e principalmente, ao poder secular. Enquanto instituição de espírito "supranacional" atada fervorosamente a valores próprios, não é de se surpreender a desaprovação da Conjuração dos 40. Em vista disso mesmo, após censuras realizadas, o próprio rei D. João IV repreendeu a atitude dos inquisidores, nascendo ali um mal-estar entre a monarquia e o Santo Ofício — mal-estar que seria aproveitado por Vieira em sua amizade com D. João, D. Luísa e, posteriormente, D. Pedro.

Além desse fato, uma série de condenações de jesuítas, em sua maioria professores universitários, maculou a relação entre as instituições, como por exemplo a de Francisco Pinheiro (1643), devido a sua opinião sobre a injustiça do procedimento dos inquisidores e também por ter-se recusado a executar uma sentença do Santo Ofício, e a do padre Pedro de Brito, no mesmo ano, por dificultar a ação do Tribunal.[33]

Em particular no que concerne Antônio Vieira, sua relação com a Inquisição era minada, como já se elucidou, devido às suas posições a respeito dos judeus e cristãos-novos, seja na defesa de sua melhor integração no reino através da autorização de casamentos entre eles e cristãos-velhos, seja na defesa da importância de seu "cabedal". Não bastasse isso, as demais posições do jesuíta, proféticas e políticas, já haviam lhe rendido diversas outras acusações no Tribunal do Santo Ofício, embora nenhuma delas tenha sido levada adiante, como a de possuir um livro de profecias proibido chamado *Vates* e de ter pregado afirmações e ideias temerárias no Maranhão.[34]

A própria conjuntura política de sua proximidade com D. João IV e D. Luísa terminou por agravar sua posição em 1663, momento em que perdera o apoio ilustre devido a uma inimizade gerada vinte anos antes com o inquisidor Pantaleão Rodrigues Pacheco, ao discordar, junto ao rei, das políticas gerais da Inquisição. Esse desentendimento acompanharia o jesuíta por todo o seu longo processo, não por acaso ele foi absolvido apenas com a saída desse inquisidor de sua jurisdição;[35] em verdade, o próprio Vieira concebeu essa inimizade como a causa do início de seu processo.[36]

O PROCESSO

O processo inquisitorial, que se estende por quatro anos, fica marcado por uma variedade de estratégias utilizadas por Vieira para contornar as acusações do Tribunal e, ao mesmo tempo, defender suas teses messiânicas originais, postura adotada pelo padre até quase o final do processo, quando a situação se tornou insustentável. Para fins de análise, divide-se aqui o processo em três fases, segundo o elemento predominante que as caracteriza. Na primeira, as estratégias utilizadas por Vieira para postergar ao máximo a entrega de sua defesa, compreendendo o período de sua redação; a segunda, os argumentos do jesuíta a favor de suas teses e as tentativas do Tribunal de ampliar o foco de acusação; e a terceira, compreendendo os momentos finais do processo em que Vieira desiste de defender suas teses.

PRIMEIRA FASE (1660 — 1666)

Embora iniciado formalmente apenas em 1663, a Inquisição desde 1660 já preparava arsenal contra o padre. Como se contemplou anteriormente, as posições políticas e teológicas de Vieira, somadas à histórica indisposição entre a Companhia de Jesus e a Inquisição — e em especial a indisposição específica entre o jesuíta e a Inquisição —, são causas remotas do início do processo. No entanto, sozinhas não foram suficientes para motivar alguma investida, o que fica ainda mais claro se compreendido à luz da posição política do padre e do contexto político do reino.

Amigo íntimo de D. Luísa, personagem influente na corte portuguesa e até mesmo notório no estrangeiro — graças às suas embaixadas no tempo de D. João IV —, o jesuíta representava um oponente que, se encarado sem precauções, poderia gerar à Inquisição em Portugal um desgaste político problemático, considerando ainda que sua relação com a Coroa não andava bem desde a censura que a instituição eclesiástica fizera à restauração da monarquia lusa.

Precavidos frente aos riscos, mas não estagnados, uma investigação contra Vieira tem início em 20 de abril de 1660,[37] quando a Inquisição toma conhecimento da carta "Esperanças de Portugal". A correspondência, em que o padre defende abertamente sua visão profética e política para o reino, de alguma forma cai em conhecimento público pouco depois de ter sido escrita (1659), em virtude de cópias de seu texto original que também deveriam ser encaminhadas a seu destinatário, o bispo eleito do Japão.

Não é certo se tais cópias foram intencionais por parte de Vieira, ou mesmo se sua divulgação fazia parte de um plano propagandista de suas visões, ou se fora resultado do descuido de André Fernandes, navegador responsável por entregar as cartas; o fato é que, no mesmo ano e no seguinte, seu conteúdo já circulava na Europa — e não apenas era conhecido entre a corte e a elite portuguesa, como também era de conhecimento popular, mesmo dentro dos calabouços da Inquisição. Em 29 de abril de 1661, a Mesa do Conselho Geral chega a convocar para prestar depoimento o prisioneiro belga Nicolau Bouray, autor de um documento em que manifesta suas visões messiânicas acerca de D. João IV e a favor do conteúdo da carta de Vieira.[38]

Em posse de preciosa correspondência, as qualificações e censuras contra seu conteúdo foram logo preparadas. Um fato curioso é que entre elas consta inclusive parecer da Congregação do Santo Ofício de Roma, datado de 1661, que classificou o papel como "totalmente temerário" e contendo "vaidades e falsas insânias".[39] Ao todo, nove de suas proposições foram condenadas.[40] Esse procedimento, incomum se considerada a tradição de autonomia entre as divisões administrativas da Inquisição em cada país, demonstra ainda mais o nível de precaução tomado pelo Tribunal nesse processo específico.

Em 1662 o contexto começa a se mostrar favorável para o início do processo: a regência de D. Luísa, estendida o máximo que pôde, teve fim em junho. À cabeça do governo ascende o conde de Castelo Melhor, que junto com os demais cortesãos que agora assumiam posições de poder (como o conde de Atouguia e o bispo Sebastião César de Meneses) não via Antônio Vieira com bons olhos.[41] Com isso, em 21 de julho de 1663, o jesuíta é chamado pela primeira vez a comparecer em exame perante o Tribunal.

Ouvido, os exames e as confissões se estenderam mediante a regra de segredo processual, através da qual o réu estava proibido de comunicar a outrem as etapas do processo, além de ser ele mesmo privado do conhecimento de diversas informações da acusação.[42] Assim foi que, de início, o padre não sabia o motivo dos interrogatórios, pensando inicialmente se tratar da sua posição frente aos cristãos-novos. Esse aspecto do processo mostrou-se uma dificuldade a mais para o jesuíta compor sua defesa, e em função disso ele argumenta reiteradamente frente ao Tribunal para que informações acerca dos qualificadores, seus argumentos e identidade sejam esclarecidas, pois de outro modo não haveria como sistematizar uma contra-argumentação consistente. Comparando-se a Jó, sustenta o padre: "até no Tribunal divino, cuja ciência, verdade e juízo é infalível, se consente e admite este requerimento, o qual fez Jó ao mesmo Deus quando disse *indica mihi cur me ita judices* [mostra-me porque me julgas assim (Jó, 10, 2)]."[43]

Não sem dificuldades, Vieira consegue permissão para explicar os principais pontos de sua carta frente as censuras levantadas. Inicia então uma longa jornada que se estenderia por dois anos, demora proposital, pois talvez o padre procurasse esperar que o contexto político tornasse a ser-lhe favorável. Livre, mas sem poder sair de Coimbra enquanto durasse o processo, o jesuíta alongou a redação de sua defesa pelos diversos motivos declarados. Destaca-se o frágil estado de sua saúde, que lhe ocasionava sérias indisposições, inclusive "cuspir sangue", como lamenta em dada ocasião: "custou-me cuspir de novo sangue o escrevê-lo com tal pressa: e parece que meu estado merecia compaixão quando não favor."[44]

Além disso, apresenta uma série de questões ao Tribunal, dentre as quais a crítica ao advogado indicado para defendê-lo, que, segundo o jesuíta, não compreendia nada de teologia,[45] e o vasto material e longo tempo que é necessário para se abordar assunto tão complexo, que poderia ser até mesmo matéria para um "Concílio inteiro".[46]

A paciência da Corte não pôde ser estendida indefinidamente. No libelo acusatório de 1664, consta que, dos exames realizados, o réu agravara ainda mais a sua posição em relação às heterodoxias messiânicas. Em setembro de 1665, a Mesa determina que os papéis sejam entregues independente do estágio em que se encontrem, provocando a revolta de Vieira, que considerava que os escritos estavam ainda em um estágio incipiente. Em resposta, o padre escreve uma petição ao Conselho Geral do Tribunal de Lisboa, em que reforça os argumentos anteriores acerca da demora em entregar a defesa e ainda requer que os qualificadores carmelitas, dominicanos e ministros romanos não sejam admitidos nem considerados, em virtude de indisposições pessoais no passado. Quatro dias depois, em 25 de setembro, obtém resposta desfavorável que determina sua prisão em Coimbra,[47] sendo só então revelado ao mesmo que as qualificações foram realizadas pelo Santo Ofício de Roma.

Ainda com a saúde muito fragilizada, o jesuíta deixa de questionar a autoria das qualificações, mas requer um procurador da Inquisição para aconselhar-se sobre sua defesa, o que contribui ainda mais para a delonga do processo. Em novembro de 1665, mais recuperado, consegue autorização para voltar a trabalhar em sua resposta formal de dentro da prisão, agora sem poder consultar livros que não sejam a Bíblia, e esta fica conclusa em julho de 1666.

Segunda fase (1666-1667)

Logo ao primeiro exame, perguntado acerca de suas proposições sobre a ressureição de "certo defunto", Vieira esclarece que suas "Esperanças de Portugal" foram escritas com a mera intenção de confortar o coração de D. Luísa, viúva de D. João IV, e que por isso mesmo comunicou tal mensagem através de uma correspondência privada com o bispo eleito do Japão, não fazendo uso portanto das "cautelas e protestações que nos papéis públicos se devem fazer, principalmente em matérias duvidosas".[48]

Essa linha de raciocínio seria aproveitada ainda no mesmo ano, quando altera a própria interpretação profética para estender o prazo do retorno do Encoberto, que deveria ter ocorrido em 1666. A cautela do jesuíta em não ser categórico acerca de suas teses configura a principal linha argumentativa de sua defesa, segundo a qual as profecias possuiriam aspecto casuístico e não se baseariam em afirmações necessárias — ao menos, não em relação a tudo —, mas sim em contingências, prezando-se, portanto, mais pela verossimilhança que pela identidade, como já se discutiu anteriormente.

Conjuntamente a isso, Vieira constrói uma relação lógica entre as suas proposições na carta e as premissas contidas nas Trovas de Bandarra. Considerando que este é "verdadeiro profeta", posto que acertara outras de suas previsões, e que este vaticinou o retorno de D. João IV sob a forma do Encoberto, então o mesmo rei deveria retornar dos mortos, pois não seria possível tirar outra conclusão da premissa.

> O Bandarra é verdadeiro profeta; o Bandarra profetizou que el-rei Dom João IV há de obrar muitas coisas que ainda não obrou, nem pode obrar senão ressuscitando; logo el-rei Dom João IV há de ressuscitar.[49]

O silogismo com que defendia seu raciocínio, somado à precaução de não ser intransigente quanto à proposta e de reiteradamente negar qualquer culpa ou "má tenção" em escrever as profecias, impede que a

Inquisição encontre meios de efetivamente condená-lo por heresia, já que essa conduta exige a disposição de consciência do herege no erro. Ao contrário, Vieira desde o início do processo afirma que as críticas levantadas nas qualificações fruto de má compreensão de sua carta e que suas teses mesmas não configuram desvio de fé ou intenção neste sentido.

Impossibilitado de confrontar o réu dessa maneira, o Tribunal procura outros caminhos para incriminá-lo. A partir de maio de 1666, começa-se a preparar sua genealogia; em 16 de julho, acusam-no de ter se convertido ao judaísmo; em 2 de outubro, alegam, baseados nos depoimentos até então, que Vieira acreditava na "lei de Moisés" e na vinda do Messias dos judeus.[50] Não obtendo sucesso com essas incursões, a partir de agosto de 1667 o foco da acusação se concentra em suas heterodoxias políticas em relação aos cristãos-novos e seu papel econômico no reino.

Terceira fase (1667)

A mudança de estratégia do Tribunal não garantia grandes avanços à acusação, que nunca deixou de encontrar em Vieira argumentos baseados nas Escrituras e orquestrados com sua tradicional habilidade argumentativa, agora precavida com os cuidados de não se fazer categórico ou culpado.

A duração do processo já começava a ser fator alarmante para a Inquisição, que desde o começo tomara as devidas precauções ao lidar com um réu tão bem associado com personalidades influentes. Se em 1662 a Fortuna favoreceu os partidários de Castelo Melhor, e portanto o Santo Ofício, em setembro de 1667, o mesmo conde é demitido por D. Afonso VI e preso em virtude de uma tentativa de golpe de Estado.[51] Em novembro, D. Pedro, irmão do rei, assume a regência, sendo favorável a Vieira. Com ele, ascendem diversas outras personalidades que haviam sido exiladas com a deposição de D. Luísa de Gusmão e que também defendiam o jesuíta.

Assim sendo, o Tribunal urgia por dar um fim ao processo antes que a influência da nova corte se fizesse sentir dentro da Mesa do Conselho Geral. Nesse ponto, um dos argumentos do padre é utilizado para colocá-lo à prova da própria palavra: ao procurar afastar qualquer pretensão de heresia, o jesuíta afirma que, se fosse confirmado que o papa corrobora com as censuras à sua carta, não mais insistiria em defendê-la.

Em agosto, o Tribunal confirma ao padre que todas as qualificações de suas proposições foram confirmadas pelo Sumo Pontífice, de forma que o réu não pôde senão seguir com o que havia dito: no 28º exame, transcorridos já quatro anos de processo, desiste de suas pretensões.

> Como há muito tempo a tivera feito se lhe constara por algum modo da notícia que agora se lhe deu de que Sua Santidade tinha aprovado as sobreditas censuras, pois isto mesmo várias vezes tem dito nesta Mesa, não só a respeito das supremas decisões de Sua Santidade, senão também de todas as mais em que quaisquer ministros que julgam e decidem as causas do Santo Ofício tivessem interposto seu juízo (...).[52]

Apesar de, no dia do exame mencionado, Vieira ainda insistir que algumas acusações específicas não eram verdadeiras, uma semana depois, em 26 de agosto, cede completamente e se retrata de todas as proposições consideradas contrárias à ortodoxia da Igreja.

Em 23 de dezembro a sentença é lida na sala do Santo Ofício em Coimbra. Viera é condenado à privação de voz ativa e passiva, ficando, portanto, proibido não apenas de pregar, mas de disputar, em público ou privado, das proposições que trata a carta "Esperanças de Portugal". Além disso, foi condenado à prisão em casa jesuítica no Porto. Pouco depois é transferido para o Colégio dos Jesuítas em Coimbra e por fim ao Noviciado em Lisboa, tornando a ficar próximo ao mar.[53] É de se notar que a progressiva melhora de sua prisão não devia estar dissociada do retorno da influência de seus contatos na corte.

Resultado direto desse retorno também é observado em 3 de março de 1668, quando é perdoado de todas as suas penas, exceto a de privação de voz sobre os pontos condenados em sua correspondência. A essa altura, liberto e com aliados, o jesuíta empreende viagem à Roma, em 1670, sob o pretexto de trabalhar pela canonização de quarenta mártires jesuítas.⁵⁴ Na verdade, utiliza a estadia no Vaticano para pretender, junto ao papa, a absolvição do restante de suas penas, além de denunciar os abusos cometidos pela Inquisição em Portugal. Em 1674, a mesma oratória que fascinou os fiéis em suas pregações no Brasil e a corte em Portugal convence o Sumo Pontífice a suspender as atividades do Santo Ofício naquele país e a tornar o jesuíta imune à atuação do Tribunal. Este retorna vitorioso ao país oito anos após o processo, em 1675.

Conclusão

O processo inquisitorial contra Antônio Vieira representa um importante marco na atuação do Santo Ofício em Portugal. O jesuíta, um dos mais importantes portugueses de seu tempo, cuja influência pode-se reputar internacional, afetou os destinos religiosos, políticos e sociais não só de Portugal como do Brasil e por onde quer que tenha passado, em menor ou maior grau. Genuinamente um mestre da língua portuguesa e grande conhecedor das instituições eclesiásticas, sua atuação no processo pode ser considerada uma importante fonte que demonstra os limites da defesa na Inquisição portuguesa.

Instituição de fortes tendências "supranacionais", o Santo Ofício mostrou-se plenamente consciente — antes, durante e depois do processo — de sua posição política nos diversos contextos que se apresentavam e soube lidar com eles da forma que melhor lhe atendia os interesses. Apesar disso, é patente que se note o rigor na observação de regras processuais, bem como a consideração dos argumentos do réu, como um fator de destaque no processo, a exemplo das diversas concessões que o Santo Ofício fez para que Vieira pudesse redigir sua defesa.

Os argumentos do padre, que giraram em torno da verossimilhança, probabilidade e ausência de culpa, mostraram-se suficientes para estender os exames a seu limite, e demonstram, acima de tudo, um grande conhecimento por parte do réu acerca dos procedimentos tradicionais do Santo Ofício; sabendo, portanto, como desviar de seus possíveis enganos e nunca se incriminar por acidente.

De personalidade forte, Vieira teve, a todo momento, uma atuação crítica frente ao que considerava ser a falta de justiça nos julgamentos da Inquisição, não deixando de defender essa ideia seja antes do processo, seja durante (como na petição de 1665), seja ainda depois (como em Roma em 1670). É de se notar que esse criticismo o acompanhou em diversos outros momentos de sua vida, como em suas posições em relação aos indígenas, ao colonialismo e à escravidão africana.

Apesar de sua distância no tempo, a Inquisição de Vieira figura certamente como um dos grandes julgamentos da história, com destaque para a história dos países lusófonos, especialmente Brasil e Portugal. Os recursos utilizados pelo jesuíta, bem como sua postura frente a tudo isso, pode e deve servir de base para a compreensão da evolução das formas de defesa e das etapas processuais ao longo da idade moderna.

BIBLIOGRAFIA

>BOXER, Charles Ralph. *O Império colonial português*. Lisboa: Edições 70, 1981.
>CARDOSO, Maria Manuela Lopes. *António Vieira: pioneiro e paradigma da interculturalidade*. Lisboa: Chaves Ferreira Publicações, 2001.
>COSTA, Hermisten Maia Pereira (2012), "O Messianismo do Padre Vieira e a Inquisição", Universidade Presbiteriana Mackenzie. Disponível em: http://www.dhi.uem.br/gtreligiao/pdf/st12/Costa,%20 Hermisten%20Maia %20Pereira%20da.pdf.
>GUIMARÃES, Fernando Guilherme de Oliveira. *Das causas do processo inquisitorial contra o padre Antônio Vieira: Direito e profecia no séc. XVII*. 2016. 204 f. Dissertação (Mestrado) - Direito Constitucional, Universidade Federal Fluminense, Niterói, 2016.

LEITE, Serafim. *Novas cartas jesuíticas*. São Paulo: Companhia Editorial Nacional, 1940.
LOPES, Antônio. *Vieira o encoberto: 74 anos de evolução da sua utopia*. Cascais: Principia, 1999.
MARQUES, João Francisco. "A crítica de Vieira ao poder político na escolha de pessoas e concessão de mercês". *Revista de História*, v. 3, Oporto, 1988.
MUHANA, Adma (Coord.). *Autos do processo de Vieira na Inquisição*. Lisboa: Círculo de Leitores, 2014. (Obra Completa Padre António Vieira, t. III, v. IV).
_____(Ed.). *Os Autos do processo de Vieira na Inquisição*. São Paulo/Salvador: Unesp/Fundação Cultural do Estado da Bahia, 1995.
PAIVA, José Pedro. "Revisitar o processo inquisitorial do padre António Vieira". *Lusitania Sacra*, Lisboa, n. 23, p. 151-168, jan./jun. 2011.
PÉCORA, Alcir. "Vieira, a Inquisição e o capital". *Topoi*, Rio de Janeiro, v. 1, n. 1, p. 178-196, jan./dec. 2000.
PESSOA, Fernando. "Antônio Vieira". In: _____. *Mensagem*. São Paulo: Abril, 2010.
SANTOS, Breno Machado dos. *Os jesuítas no Maranhão e no Grão-Pará seiscentista: uma análise sobre os escritos dos protagonistas da missão*. 2013. 236 f. Tese (Doutorado) - Ciências Sociais da Religião, Universidade Federal de Juiz de Fora, Juiz de Fora, 2013.
VAINFAS, Ronaldo. *Confissões na Bahia*. São Paulo: Companhia das Letras, 1997.
VIEIRA, Antônio. *De profecia e Inquisição*. Brasília: Senado Federal, 1998a.
_____. "Proposta feita a El-Rei D. João IV em que se lhe representava o miserável estado do reino e a necessidade que tinha de admitir os judeus mercadores que andavam por diversas partes da Europa pelo Padre Antônio Vieira". In: *Escritos históricos e políticos*. São Paulo: Martins Fontes, 1995.
_____. "História do futuro". In: *Obras Escolhidas*. Lisboa: Livraria Sá da Costa, 1953. v. 1.
_____. *Sermões*. Erechim: Edelbra, 1998b. v. 8.
_____. *Sermões*. Porto: Lello & Irmão, Editores, 1945. v. 1.
_____. "Sermão pelo Bom Sucesso das Armas de Portugal contra as de Holanda". In: *Biblioteca Online de Ciências da Comunicação*.

Disponível em: <http://www.bocc.ubi.pt/pag/vieira-antonio-contra-armas-holanda.pdf>. Acesso em: 4 fev. 2018.

Notas

1. Pessoa, 2010, p. 86.
2. Leite, 1940, p. 12.
3. Boxer, 1981, p. 407. Apesar deste relato, a imprecisão da identificação e a crise dinástica iniciada a partir daí renderam a crença de que o rei não havia morrido e retornaria à Portugal para livrá-lo do domínio castelhano, sendo por isso associado posteriormente à figura do Encoberto.
4. O pacto firmado entre as autoridades portuguesas e Filipe da Espanha nas Cortes de Tomar em 1581 fixavam, entre outras diretrizes, o respeito aos costumes do governo português, a manutenção de suas leis e autonomia administrativa através de um vice-rei.
5. Cardoso, 2001, p. 37-57.
6. Costa, p. 1, 2012.
7. *Id.*
8. Santos, 2013, p. 85.
9. Vieira, "Sermão pelo Bom Sucesso das Armas de Portugal contra as de Holanda", p. 15.
10. *Ibid.*, p. 17.
11. Quarenta nacionalistas portugueses que viam em João, duque de Bragança, neto de D. Catarina, por sua vez neta do rei D. Manuel I, o melhor candidato para a restauração da independência.
12. Vieira, 1945, p. 321.
13. Paiva, 2011, p. 157.
14. Sobre a estratégia retórica simbolizada pelo binômio necessidade-contingência em Vieira, cf. Bosi, Alfredo. "Vieira e o Reino deste Mundo". In: *De Profecia e Inquisição*. Brasília: Senado Federal, 1998, p. XII-XLIV. Sobre o uso deste binômio enquanto tática argumentativa no processo inquisitorial, cf. Pécora, Alcir. "Vieira, a Inquisição e o Capital". *Topoi*, Rio de Janeiro, v. 1, n. 1, pp. 178-196, jan./dec. 2000, p. 180-183.

15 Vieira, "Sermão do Esposo da Mãe de Deus, São José", 1998b, § VIII.
16 Vieira certamente referiu-se aqui à lendária aparição de Jesus a D. Afonso I na noite anterior à Batalha de Ourique (1139), uma decisiva vitória portuguesa sobre os mouros durante a Reconquista (722-1492).
17 Vieira, 1953, p. 16.
18 Carta endereçada a D. Luísa de Gusmão através de seu confessor, o bispo eleito do Japão, em abril de 1659. Seria posteriormente o conhecimento deste documento pelo Santo Ofício que desencadearia seu processo inquisitorial.
19 Vieira, 1998, p. 62.
20 Vieira, 1945, p. 319.
21 Lopes, 1999, p. 133-134.
22 Costa, *op. cit.*, p. 2.
23 Vieira, "Carta a D. Rodrigo de Menezes", Roma, 1671.
24 Vieira, 1995, p. 292-3.
25 *Ibid.*, p. 294.
26 Vainfas, 1997, p. 192.
27 Vieira, "Sermão da Primeira Dominga de Quaresma", *op. cit.*, § IV.
28 Vieira, "Sermão XIV", *op. cit.*, § VII.
29 Vieira, "Sermão XXVII", *op. cit.*, § III.
30 Vieira, "Sermão da Epifania", *op. cit.*, § V.
31 Vieira, "Sermão do Bom Ladrão", *op. cit.*, § VIII.
32 Sobre a indisposição da Companhia de Jesus com a Inquisição portuguesa enquanto causa remota do processo contra Antônio Vieira, é indispensável a contribuição de José Pedro Paiva, *op. cit.*, cujo escrito foi a principal referência para a presente seção.
33 Paiva, *op. cit.*, p. 154.
34 *Ibid.*, p. 161.
35 *Ibid.*, p. 168.
36 Em carta de 1663 endereçada ao inquisidor Alexandre da Silva. Tal tese não é compartilhada pelo autor que anteriormente referenciamos, no entanto. Cf. Paiva, *op. cit.*, p. 158.
37 Guimarães, 2016, p. 70.
38 *Ibid.*, p. 84.
39 Paiva, 2011, p. 160.
40 Pécora, 2000, p. 180.
41 Paiva, 2011, p. 156.

42 *Ibid.*, p. 164.
43 *Ibid.*, p.168.
44 Muhana, 1995, p. 106.
45 Pécora, 2000, p. 182.
46 *Id.*
47 É de se observar a demora em determinar a prisão do réu, ocorrida neste caso apenas após uma medida consideravelmente ousada do mesmo, como mais uma das cautelas do Tribunal frente ao jesuíta, posto que o encarceramento do réu costumava ser o procedimento padrão durante o processo.
48 Paiva, 2011, p. 159.
49 Muhana, 2014, p. 63.
50 Paiva, 2011, p. 163.
51 Pécora, 2000, p. 185.
52 Paiva, 2011, p. 167.
53 Vieira argumentou extensivamente ao Tribunal, durante a primeira fase, que lhe fosse permitido ficar em Lisboa ou em algum outro local próximo ao mar, pois tal ambiente, tão ligado à vida do jesuíta no Brasil, haveria de ser bom no tratamento de sua enfermidade.
54 Costa, p. 8, 2012.

Alfred Dreyfus

Marcelo Roberto Ferro

Introdução

Até que ponto eventuais "razões de Estado" podem justificar a condenação de um homem inocente?

O caso Dreyfus[1] analisa essa questão e, ao longo dos doze anos que durou, foi amplamente debatido na França, bem como no exterior. O país ficou dividido entre aqueles favoráveis à inocência do capitão Dreyfus (os *dreyfusistas*) e os que proclamavam sua culpa (os *antidreyfusistas*). O debate tornou-se ainda mais candente e acalorado pela circunstância de o capitão Alfred Dreyfus ser judeu, o que, à época, acirrava opiniões.

Entretanto, o interesse do caso Dreyfus não reside apenas nas questões jurídicas relacionadas a um dos maiores erros judiciários da história contemporânea, mas sim em uma noção mais ampla de cidadania e democracia, por conta da colisão entre o princípio da igualdade, formulado pela Revolução de 1789, e as razões de Estado.

O caso Dreyfus encerra um roteiro digno dos mais extraordinários *thrillers*, envolvendo atos de heroísmo, traição, abnegação, espionagem, amor, manipulação de provas e da opinião pública. Várias obras literárias foram escritas sobre o caso,[2] e alusões ao evento são encontradas em textos de Marcel Proust e Hannah Arendt.[3]

Nessa história há personagens heroicos, como o próprio Dreyfus e o general Georges Picquart; outros foram movidos por amor e obstinação — Matthieu e Lucie, respectivamente, irmão e mulher de Alfred Dreyfus; temos ainda os canalhas — os generais Boisdeffre, Mercier, Gonse, o major Esterhazy e o comandante Joseph Henry; e por fim aqueles que, em razão do apoio à causa, abdicaram de fama e segurança e se lançaram na linha de frente do combate à força do Estado — Émile Zola, Anatole France, Bernard Lazare, Georges Clemenceau, Jean Jaurès, Joseph Reinach, entre outros.

Em poucas palavras, o caso se resume ao seguinte: em setembro de 1894, o capitão de artilharia Alfred Dreyfus foi acusado pelo Estado-Maior de vender informações militares aos alemães. O caso foi fabricado contra ele e acarretou sua condenação à prisão perpétua na Ilha do Diabo, na costa da Guiana, em um julgamento sumário em que lhe negaram vários direitos para a sua defesa. Posteriormente, surgiram evidências que levaram à apresentação de dois pedidos de revisão de sua pena e sua posterior reabilitação doze anos depois.

Mas, afinal, por que fabricar um caso contra Dreyfus? Que mal teria feito esse homem culto, oficial exemplar, aprovado em nono lugar na Escola de Guerra, de família rica e burguesa, bem casado, sem nenhum perfil de traidor ou espião? Essa resposta e a correta compreensão do caso demandam uma análise do contexto sociopolítico-econômico da França na época dos acontecimentos, em fins de 1894.

Contexto

No plano econômico, a França perdera a guerra contra a Alemanha 24 anos antes, o que culminou na anexação da Alsácia-Lorena, no encerramento do Segundo Império francês e no início da Terceira República, além do pagamento de cinco bilhões de francos em ouro para custear a ocupação das províncias do norte pelas tropas alemãs até o pagamento da indenização, o que só foi concluído em 1893. Mesmo assim, o país retomava a plenitude de sua atividade econômica.

A França também se recuperava do choque relacionado ao caso da Companhia Canal do Panamá, que envolvia o financiamento da construção do canal do Panamá com base na economia popular, fomentado pela imprensa, que, mediante polpudas comissões ("fundos de publicidade"), reverberava as vantagens do investimento. Todavia, era necessária a aprovação de uma lei permitindo o investimento, o que foi possível mediante pagamento de propina a vários ministros e congressistas, tudo sob a coordenação do banqueiro judeu alemão Jacques de Reinach. A companhia quebrou e levou à ruína 85 mil pessoas, a maioria pequenos investidores. Considerado um dos maiores escândalos de corrupção do país, o caso gerou entre a população enorme desconfiança em relação à imprensa, à classe política, bem como ao Judiciário.

No plano político internacional, a França restabelecia alianças com países como a Rússia e a Inglaterra, mas ainda enfrentava riscos, notadamente em razão da aliança entre Alemanha e Itália, bem como o império Austro-Húngaro, o que tornava tensa a situação por receio de uma nova guerra. Em razão disso, havia um trabalho incessante de serviços de informação e de contraespionagem em toda a Europa. Na França, tal função cabia à *Section de Statistique*, vinculada ao Estado-Maior.

No plano político interno, o país se encontrava dividido entre uma direita reacionária, nacionalista, antissemita e ligada às Forças Armadas e à Igreja e, do outro lado, os republicanos liberais e as forças de esquerda.

No plano social, os judeus eram vistos com desconfiança, responsáveis por todas as desgraças da França, no que diz respeito à corrupção e à derrota na guerra. O antissemitismo econômico e racial atingira níveis enormes. O radicalismo chegava a ponto de alguns considerarem que ser judeu era contrário a ser francês.

Nesse cenário, as Forças Armadas desempenhavam um papel importante como principal sustentáculo da ordem vigente e garantidora da segurança nacional. Com dotação orçamentária significativa para a modernização do equipamento bélico, o Exército existia como uma instituição de estabilidade e orgulho da nação. Como consequência, a carreira militar representava importante fator de ascensão social, e para o seu ingresso exigia-se preparo intenso. Embora não houvesse veto a militares judeus, o fato é que poucos conseguiam se iniciar na carreira, pois a grande maioria dos oficiais matriculados na Escola de Guerra era oriunda da Escola Politécnica, a qual, por sua vez, recebia alunos do Colégio de Jesuítas. Havia, portanto, maior dificuldade para judeus ultrapassarem as barreiras da carreira militar. No caso de Alfred Dreyfus, sua persistência fez com que ele contrariasse a orientação de sua família, toda de negociantes industriais, e ingressasse no Exército, sempre com desempenho louvável. Todo ano, os doze melhores alunos da Escola de Guerra eram chamados para fazer estágio no Estado-Maior e, no ano de 1894, Dreyfus era o único oficial judeu em treinamento.

Nessa confrontação, os veículos de imprensa exerciam um papel fundamental. A direita ultrarreacionária conservadora e claramente antissemita tinha no jornal *La Libre Parole*, de Edouard Drumont, seu veículo mais importante,[4] além do *L'Éclair* e do *L'Intransigeant*. Já jornais como *Le Figaro* e *L'Aurore* se posicionavam em outro sentido. Para se ter uma ideia do nível de beligerância perpetrado pelos jornais antissemitas, o *La Libre Parole*, com mais de 500 mil leitores, publicava com regularidade artigos não assinados intitulados "Os judeus no Exército", buscando acentuar o perigo decorrente da grande influência de oficiais judeus, que já haviam se infiltrado na economia, na administração e nos tribunais, o que deixava a França à mercê desses "apátridas".

Nesse contexto, surge o caso Dreyfus, que se desenvolveu em três fases, descritas a seguir.

A INVENÇÃO DE UM CULPADO

A *Section de Statistique* recebeu, em fins de setembro de 1894, um documento contendo informações sobre novos armamentos, planos estratégicos de modificações de tropas e formação de artilharia, assim como um manual de artilharia de campanha. Ele foi obtido por intermédio de uma espiã infiltrada na embaixada alemã, sob o disfarce de faxineira, cuja principal função era recolher todos os papéis jogados no lixo pelo adido militar alemão Maximilian Von Schwartzkoppen. Esse documento — denominado "borderô" — era uma carta sem assinatura, escrita no papel quadriculado usado pelo Estado-Maior, o que sugeria a sua proveniência. Tal fato corroborava as suspeitas do coronel Jean Sandherr, chefe da *Section de Statistique*, que já alertava desde 1891 para a possibilidade de vazamentos de segredos militares. O major Armand Mercier Du Paty de Clam foi encarregado de realizar as investigações preliminares e em caráter confidencial, que se iniciaram com a comparação da caligrafia do borderô à de outros documentos já encontrados, bem como à de outros oficiais subordinados aos chefes dos quatro departamentos do Estado-Maior. Nenhuma identidade foi encontrada. As investigações foram aprofundadas e concentraram-se no setor de artilharia, já que o borderô trazia informações específicas sobre novos armamentos. Em seguida o major Du Paty de Clam foi informado por seus subordinados sobre uma certa similitude na caligrafia do borderô com a letra de um estagiário do Estado-Maior, o capitão Dreyfus, oficial sem nenhuma popularidade no departamento, não só por seu caráter introvertido como também por pertencer a uma família de industriais judeus-alemães da Alsácia, anexada pela Alemanha em 1871.

Du Paty de Clam submeteu Dreyfus a um ditado[5] na presença de outros oficiais. A armadilha estava pronta. Verificada a coincidência entre a letra do memorando e a do capitão, sua prisão por alta traição foi decretada no ato, em 15 de outubro de 1894, a despeito dos protestos de Dreyfus. Posteriormente, realizaram-se buscas na residência do capitão, mas nada de relevante foi encontrado. O borderô e o ditado de Dreyfus foram submetidos à perícia grafotécnica e houve divergência, na medida em que dois entre cinco peritos afirmaram não ser dele a caligrafia. Diante da fragilidade do contexto probatório contra Dreyfus — reconhecida pelo próprio major Du Paty de Clam —, o inquérito encaminhava-se para absolvê-lo.

Foi quando a imprensa antissemita entrou em cena. Em 28 de outubro, alguém do Estado-Maior encaminhou uma carta a um dos redatores do *La Libre Parole* afirmando que o capitão Dreyfus, preso no dia 15, era o verdadeiro culpado pelo crime de espionagem e que estaria em curso uma medida para abafar o caso. No dia seguinte, o jornal noticiou a prisão, sem mencionar o nome, e cobrou informações das autoridades militares, notadamente o motivo do "silêncio absoluto" sobre o assunto. Em 31 de outubro, o *L'Eclair* confirmou o rumor sobre a prisão de um oficial judeu e, no mesmo dia, o *Le Soir* publicou o nome de Dreyfus. Em 1º de novembro, o *La Libre Parole* anunciou bombasticamente a prisão do "oficial judeu" Dreyfus por alta traição, ao passo que o *Le Figaro*, de orientação mais moderada, cobrou a rápida revelação da verdade. Nos dias subsequentes, a imprensa começou a subir o tom das críticas aos militares, sobretudo ao general Auguste Mercier, ministro da Guerra, acusado de tentar esconder o caso a fim de evitar uma exposição negativa para o Exército. Um inquérito militar foi inaugurado contra Dreyfus — considerado o bode expiatório perfeito, pois sua origem ofuscaria, por certo, a tibieza das provas contra ele — e colheu provas falsas a respeito da personalidade do capitão, no sentido de que ele seria dado a jogos de azar, teria amantes e estaria em dificuldades financeiras. O general Mercier concedeu entrevista ao *Le Figaro* indicando que a culpabilidade do investigado seria absoluta. A essa altura, ficou evidente que, se Dreyfus fosse absolvido, Mercier, ministro da Guerra, deveria ser demitido.[6] O episódio então ganhou dimensão nacional e dividiu o país entre *dreyfusistas*[7] e *antidreyfusistas*.[8] No plano internacional, o caso repercutiu de forma espetacular em prol da defesa do capitão Dreyfus,[9] sendo praticamente impossível encontrar um *antidreyfusista* fora da França.

O inquérito foi concluído no início de dezembro e, no dia 19 daquele mês, iniciou-se o julgamento perante a Corte Marcial de Paris, a portas fechadas (*huit clos*), sob protestos do advogado de defesa, Edgar Demange. Foram apenas quatro dias, e em 22 de dezembro, decidiu-se, à unanimidade, pela condenação do capitão Dreyfus à pena mais severa possível: degradação e deportação perpétua para a Ilha do Diabo, na costa da Guiana Francesa. Ignorou-se o direito de Dreyfus a uma pena mais leve, a de deportação para a Nova Caledônia, por ser réu primário e ter nível superior de escolaridade. Em vez disso, ele foi punido com trabalhos forçados, ao lado de presos de alta periculosidade. Dreyfus recorreu da decisão, mas seu apelo foi rejeitado em 31 de dezembro do mesmo ano. A decisão estarreceu a muitos, diante da declarada fragilidade de provas.[10] Todavia, a comunidade judaica não reagiu ao veredito, seja pelo temor de atiçar ainda mais o antissemitismo, seja pelo convencimento da culpabilidade do capitão, pois, afinal, ele fora julgado por um tribunal supostamente constituído de forma regular e em respeito às garantias do acusado. Ledo engano. Soube-se, depois, que nem tudo se passou de forma a resguardar o devido processo legal em relação aos direitos do réu e que as manobras do general Mercier — para quem a culpabilidade de Dreyfus tornara-se um caso pessoal — foram cruciais para sua condenação.

Primeiramente, a despeito de o julgamento ter transcorrido a portas fechadas, o general Mercier conseguiu infiltrar dois informantes nas sessões da Corte Marcial: o então comandante Picquart[11] e o Prefeito de Polícia de Paris, Lépine. Ambos lhe apresentaram relatórios dando como certa a absolvição, em função da fragilidade das provas contra o réu, tendo em vista não apenas a falta de credibilidade dos depoimentos das testemunhas como também as severas dúvidas quanto à autoria do borderô. Diante desse cenário, o general Mercier ordenou que Du Paty de Clam entregasse ao júri, sem a ciência da defesa, um dossiê secreto no qual constavam, dentre outros documentos, comunicações do Estado-Maior alemão ao adido militar Schwartzkoppen, além de uma carta do adido militar italiano a Schwartzkoppen, referindo-se ao "canalha do D.",[12] e, por fim, um memorando preparado por Du Paty de Clam sobre esses documentos que retratava de forma incriminadora o capitão. Esse memorando atraiu significativamente a atenção dos juízes. Mas não foi só isso.

Em segundo lugar, a Corte Marcial aceitou ouvir novo depoimento do comandante Joseph Henry, a pedido dele próprio. O comandante reportou que uma pessoa honrada, cujo nome ele não poderia revelar[13] — gerando candentes protestos dos advogados de defesa —, mencionara que, desde março daquele ano, a *Section de Statistique* sabia da traição de um oficial do Ministério da Guerra, que esse mesmo informante posteriormente revelou tratar-se de Dreyfus. Portanto, o teatro estava armado, na medida em que, pelas manobras do general Mercier, ninguém sabia do dossiê secreto apresentado aos juízes — como se disse, nem mesmo a defesa de Dreyfus —, nem tampouco se o comandante Henry cometera perjúrio, uma vez que o julgamento se desenvolveu a portas fechadas. O cerceamento manifesto de defesa, com um absoluto desprezo ao devido processo legal, ao princípio do contraditório e à ampla defesa caracterizam esse primeiro julgamento do capitão Dreyfus.

A cerimônia de degradação ocorreu na gelada manhã do dia 5 de janeiro de 1895 no pátio da Escola Militar.[14] Enfileirados, os representantes dos vários regimentos que serviam em Paris — ao todo, compareceram quatro mil homens à cerimônia —, juntamente com diplomatas e jornalistas convidados, além da multidão agrupada na parte externa, proferiam xingamentos e injúrias antissemitas, e assim se procedeu a leitura da sentença, seguindo-se a retirada das insígnias militares, o despojamento do uniforme e a quebra do sabre.[15] Dreyfus, cabisbaixo, proclamava, sem cessar, sua inocência, o que, para alguns, representava mais a demonstração de seu cinismo e falsidade. Nesse mesmo dia, o capitão escreveu uma carta à esposa, Lucie, demonstrando sua obstinação e o espírito de combatividade contra a injustiça a ele imposta.[16]

Dreyfus partiu para a Ilha do Diabo no dia 17 de janeiro de 1895, sendo encarcerado em uma cela minúscula. As condições de sua prisão eram as piores possíveis, pois, além do calor insuportável e dos constantes tormentos causados por mosquitos e insetos, os guardas eram proibidos de lhe dirigir a palavra.[17] Suas cartas a amigos e familiares eram censuradas para omitir as descrições de seu encarceramento, e as que recebia sofriam edições para ocultar os relatos sobre os esforços feitos por Lucie e

Matthieu em prol de uma revisão de seu julgamento. Em certo momento, Dreyfus chegou a ser acorrentado pelos tornozelos durante a noite. Ainda assim, conseguia manter a lucidez estudando inglês, traduzindo Shakespeare para o francês, além de fazer e refazer cálculos aritméticos.

Logo após a degradação, o general Mercier cuidou para fazer desaparecer as peças principais integrantes do dossiê secreto, ordenando a Sandherr, chefe do *Service de Statistique*, que procedesse à sua dispersão entre outros dossiês, mas Sandherr se recusou, em um ato de autoproteção. Mercier instruiu seus subordinados no Estado-Maior — generais Gonse e Boisdeffre, coronel Sandherr, major Du Paty de Clam e comandante Henry — a manterem completa confidencialidade sobre o ocorrido e, diante de Sandherr, destruiu o memorando preparado por Du Paty de Clam a fim de incriminar Dreyfus e que integrava o dossiê secreto entregue às escondidas aos juízes.

As duas revisões

Imediatamente após a degradação do irmão — e convencido de sua inocência —, Matthieu Dreyfus iniciou uma incansável investigação para descobrir os verdadeiros culpados. Engajou-se na empreitada o jovem jornalista Bernard Lazare, que, anos antes, publicara um ensaio sobre o antissemitismo. Todavia, o clima era o pior possível, havendo resistência até mesmo nos meios judaicos, receosos de um acirramento da campanha antissemita. Eis que sobrevieram acontecimentos que, ao longo dos anos de 1895 a 1899, contribuíram para a reabertura do caso.

Em fevereiro de 1895, um mês após a partida de Dreyfus, o presidente francês Felix Faure confidenciou a seu amigo e médico particular Joseph Gibert que a condenação de Dreyfus fora baseada exclusivamente em um dossiê secreto, e não na análise do borderô. Gibert, que também era amigo pessoal de Matthieu Dreyfus, informou-o sobre o fato, o que motivou ainda mais Matthieu a seguir com sua busca. Nesse momento, a estratégia de Matthieu consistia em arregimentar o maior número de simpatizantes favoráveis à necessidade de uma revisão do julgamento, fosse em razão da completa falta de motivação para o cometimento do crime de traição, fosse pelos candentes erros judiciais no julgamento da Corte Marcial de Paris, que foram minuciosamente descritos por Bernard Lazare em um ensaio publicado no ano seguinte, em 1896, na Bélgica.[18] Esse universo de simpatizantes foi sendo ampliado no curso do ano de 1895 e, sobretudo, em 1896, com a confirmação do boato de que os juízes tinham visto documentos não exibidos para a defesa, consoante artigos publicados em setembro pelo *L'Éclair*. Sucederam-se vários artigos em jornais dando conta da existência do dossiê secreto, criando uma atmosfera de constrangimento para que o governo tornasse públicos tais documentos, o que interessava tanto aos *dreyfusistas*, pela possibilidade de obter a revisão do julgamento, como aos *antidreyfusistas*, ávidos em ratificar o acerto do julgamento de Paris. O fato de o governo não ter reagido a essas demandas motivou Lucie Dreyfus a escrever uma carta à Câmara dos Deputados exortando-a a tomar providências para uma revisão da sentença condenatória de seu marido, ante essa manifesta denegação de justiça e violação ao devido processo legal. A carta de Lucie não comoveu os deputados, mas, não obstante essa recusa, o pedido revisional ganhava corpo, sobretudo diante da pressão da imprensa, agora incrementada pela publicação no *Le Matin*, em 10 de novembro, de um fac-símile do borderô, em um claro vazamento proveniente da *Section de Statistique*. A análise do borderô permitia concluir que, tal como atestado por dois dos cinco grafotécnicos contratados, a caligrafia não era de Alfred Dreyfus.

Concomitantemente a esses debates pela imprensa, surgia outro fato relevante para o caso. Em junho de 1895, o então tenente-coronel Georges Picquart tornou-se chefe da *Section de Statistique*, em substituição ao coronel Jean Sandherr. Picquart, relembre-se, era uma das pessoas que, a mando do general Mercier, haviam assistido, como informantes, às sessões da Corte Marcial e relatado a possibilidade de absolvição do réu em razão da fragilidade das provas contra ele. Sob seu comando estavam vários oficiais, dentre eles o comandante Joseph Henry, que tivera papel preponderante na audiência ao prestar depoimento pela segunda vez e aludir ao relato de que uma pessoa honrada, mas não nominada, afirmara ser Dreyfus o traidor.

Em março de 1896, Picquart recebeu um documento cuja origem, tal qual o borderô, era o gabinete do adido militar alemão Schwartzkoppen e que igualmente fora entregue pela espiã infiltrada na embaixada alemã como faxineira. Tratava-se do rascunho de um *pneumatique*[19] onde Schwartzkoppen fazia referência a encontros com um oficial francês Ferdinand Walsin-Esterhazy, descrito como uma figura decadente, libertino, intrigueiro e afundado em dívidas. Escrito em um papel azul, foi denominado "azulzinho" (*petit bleu*). Nesse documento, Schwartzkoppen manifestava sua insatisfação com a qualidade das informações então recebidas e ameaçava encerrar suas relações com Esterhazy. Diante dessas evidências, Picquart ordenou vigilância sobre Esterhazy e obteve evidências sólidas que corroboravam as suspeitas sobre o investigado. Além disso, ele descobriu que, até o ano anterior, um oficial francês vendera segredos militares relacionados a temas indagados e abordados por Esterhazy durante suas conversas no Estado-Maior. Diante do perfil do investigado, bem como de suas inequívocas relações com Schwartzkoppen, não foi difícil para Picquart desconfiar que Esterhazy poderia estar por trás da autoria do borderô. Indo mais adiante nas suas suspeitas, obteve cartas internas de Esterhazy e concluiu ser a caligrafia de todas as amostras absolutamente idêntica à do borderô. Com base em tal contundente evidência, Picquart foi buscar no dossiê secreto — de cuja entrega aos juízes da Corte Marcial de Paris ele tinha ciência — alguma prova da culpabilidade de Dreyfus. Não encontrou. Nesse cenário, diante do fato de que o borderô não incriminava Dreyfus e de que o dossiê secreto não continha nenhuma outra prova relevante, Picquart tomou duas atitudes: elaborou expediente interno recomendando a instauração de inquérito contra Esterhazy e levou suas suspeitas aos seus superiores, os generais Boisdeffre e Gonse, sugerindo que o erro na incriminação de Dreyfus deveria ser remediado rapidamente, sob pena de a família descobrir a verdade e responsabilizar o Estado-Maior.

Picquart, um homem culto, honrado, de bom caráter e escrupuloso, percebeu a manifesta animosidade dos seus superiores em reabrir o caso. Os artigos publicados em setembro pelo *L'Éclair* a respeito da entrega do dossiê secreto aos juízes ratificavam suas suspeitas e, demonstrando que sua obstinação não tinha limites, Picquart, em resposta a uma orientação do general Gonse para que esquecesse o assunto, assegurou que não levaria tal segredo para o túmulo. Ficou claro que, para o Estado-Maior, a única solução era afastar Picquart de Paris, o que foi feito em fins de outubro daquele ano com sua remoção sem data de retorno para inspeção das tropas do sudeste do país e na Tunísia. Em seu lugar foi colocado o comandante Joseph Henry, o qual, acreditando proteger o general Mercier e demais oficiais envolvidos no complô de 1894, urdiu uma trama com o objetivo de dar consistência ao dossiê secreto, cuja credibilidade estava comprometida.

Henry forjou um documento para ser misturado aos demais que compunham o dossiê secreto. Era uma carta do adido militar italiano Alessandro Panizzardi para o adido militar alemão Schwarzkoppen, na qual Dreyfus era citado. Na verdade, a carta era uma montagem grosseira de outra verdadeira, escrita em papel quadriculado cinza-azulado, à qual foram acrescentados uma data falsa (junho de 1894), um cabeçalho e um parágrafo redigidos por Henry — em papel igualmente quadriculado, mas com linha azul-clara — fazendo menção expressa a Dreyfus. Tal documento foi denominado "falso Henry" (*faux Henry*). Uma cópia do documento — até porque o original não resistiria a qualquer exame superficial — foi "autenticada", entre outros, pelo general Gonse e pelo comandante Henry, a fim de conferir-lhe certa autoridade. Levaram a cópia "autenticada" ao conhecimento dos demais generais integrantes do Estado-Maior, bem como ao ministro da Guerra, com uma narrativa falsa sobre como o documento havia chegado à *Section de Statistique*.

O cerco a Picquart começava a se fechar, diante de manobras engendradas por Henry para desqualificar seu antigo superior, e sobre ele pesava a suspeita de integrar o *Syndicat*, além de ter revelado segredos militares a seu advogado, Louis Leblois, e ainda ser o responsável pelo vazamento de documentos para a imprensa, inclusive o fac-símile do borderô publicado pelo *Le Matin*. Na verdade, Picquart cometera erros na investigação após o recebimento do *petit bleu*, como, por exemplo, não ter revelado o que sabia a seus superiores no momento em que tomou conhecimento do fato. Assim procedeu, por certo, para investigar pessoalmente o caso, já que era preciso certo sigilo diante de suas desconfianças iniciais. No entanto, isso lhe custou muito caro, pois foi usado em maquinações contra ele que visavam desqualificá-lo.

Percebendo a movimentação que se avolumava contra si, e receoso de morrer com esse segredo, Picquart encontrou-se com seu amigo e advogado Louis Leblois e entregou-lhe uma cópia da documentação arregimentada no curso de suas investigações, demonstrando a inocência de Dreyfus. Embora a documentação tenha sido entregue selada, com expressas ordens que só fosse aberta pelo presidente da República, Leblois foi autorizado, se necessário, a revelar certas informações a alguma autoridade do governo, mas sem comunicar a família Dreyfus. Servindo-se de um amigo comum, Leblois encontrou-se com o senador Auguste Scheurer-Kestner, que na época era primeiro vice-presidente do Senado e que já dera demonstrações de dúvidas quanto à culpabilidade de Dreyfus após a leitura do ensaio publicado por Bernard Lazare sobre os erros judiciais cometidos no processo. Scheurer-Kestner ouviu estarrecido o relato feito por Leblois, comprometendo-se a manter sigilo perante a família Dreyfus. Ávido por levar adiante a demanda revisionista, mas sem poder utilizar as informações recebidas de Leblois, Scheurer-Kestner, valendo-se de sua boa reputação e integridade, encontrou-se com o presidente da República, Felix Faure, e com o ministro da Guerra, general Billot, mas recebeu deste último um pedido formal para nada fazer nos quinze dias seguintes, a fim de que nesse período uma investigação pudesse ser implementada. Todavia, a notícia do encontro vazou para a imprensa e de uma forma deturpada, indicando que o senador pretendia solicitar a revisão do julgamento e se recusara a tomar ciência de documentos demonstrando a culpabilidade de Dreyfus. Nos dias seguintes, os ataques a

Scheurer-Kestner foram veementes, tanto no âmbito político, quanto na imprensa, mas ele se mostrava irredutível em sua empreitada revisionista, atraindo a simpatia de personalidades importantes — entre elas Georges Clemenceau, proprietário e editor do jornal *L'Aurore*[20] —, mas também a antipatia inclusive de antigos aliados.[21] Seus esforços foram em vão, pois a moção foi rejeitada por 325 votos, contra 153, o que representou uma fragorosa derrota política. Émile Zola veio ao seu apoio com vários artigos na imprensa.[22] Encerrava um deles com a frase célebre "a verdade está a caminho e nada a deterá".[23]

Em paralelo às providências políticas para a revisão da sentença de Dreyfus, a *Section de Statistique*, sob a chefia de Henry, continuava ativa na tarefa de desconstruir o trabalho e também a pessoa de Picquart. Para isso, Henry não se limitou a elaborar o *faux Henry*, indo mais adiante e, com apoio de Du Paty de Clam, fez chegar a Esterhazy, através de uma carta assinada por "Espérance", a notícia sobre as descobertas que Picquart fizera sobre ele. Esterhazy entrou em pânico e decidiu participar da estratégia para incriminar Picquart, acusando-o falsamente, através de cartas ao presidente da República, de roubo de documentos vinculados ao caso Dreyfus. Em seguida, fabricou telegramas em textos cifrados, supostamente enviados a Picquart, bem como deste a Scheurer-Kestner, permitindo a conclusão sobre a existência de contatos entre Picquart e a família de Dreyfus e demais membros do *Syndicat*. Em um desses telegramas, a fim de tentar provar a ilicitude praticada por Picquart, Henry raspou o nome de Esterhazy e depois o reescreveu por cima, de forma a indicar que o nome original que teria sido raspado por Picquart seria o de Dreyfus. A fim de dar foros de veracidade à sua trama, Henry maquinou para que esses telegramas fossem interceptados nos correios e enviados ao Ministério da Guerra, e lá se constatou a fraude material na raspagem do nome, ao compararem a via original do telegrama com uma cópia arquivada nos Correios. Diante de tais fatos, o ministro da Guerra determinou a abertura de um inquérito secreto contra Picquart e conferiu sua coordenação ao general Gonse, o mesmo que participara de toda a trama desde o início.

Matthieu Dreyfus, por seu turno, sempre ajudado por Bernard Lazard, continuava a luta para demonstrar a inocência do irmão, agora ainda mais encorajado pelas revelações da imprensa sobre a entrega do dossiê secreto aos juízes e também diante da cópia fac-símile do borderô. Foi quando se deu, então, um fato completamente imprevisto: Bernard Lazard distribuiu, em vários locais em Paris, grandes cartazes nos quais o borderô e as cartas de Dreyfus eram dispostos lado a lado, a fim de ganhar ainda mais a opinião pública com a demonstração da discrepância entre as caligrafias. Diante de um desses cartazes, o banqueiro J. de Castro reconheceu, de forma inconteste, a caligrafia de um de seus antigos clientes: Esterhazy. Ele informou a Matthieu Dreyfus, e este em seguida visitou o senador Scheurer-Kestner, que confirmou o fato.

Em uma reunião realizada em 13 de novembro na casa de Matthieu, o grupo — integrado, entre outros, por Émile Zola — concebeu uma estratégia de revelação paulatina da verdade, em publicações dia após dia. No dia seguinte, contudo, o *Le Figaro* publicou a íntegra das provas em um artigo assinado por "*Vidi*". A reação não tardou, e Esterhazy, sob a orientação de Henry, publicou no *La Libre Parole* um artigo assinado por "*Dixit*", no qual expunha em detalhes todas as acusações contra Picquart. No dia seguinte, 15 de novembro, Matthieu Dreyfus publicou uma carta aberta ao ministro da Guerra, Billot, acusando Esterhazy da prática de atos de traição, por ser o verdadeiro autor do borderô. O caso foi ganhando enorme magnitude e, sobretudo, deixou de estar protegido por confidencialidade, o que não interessava ao Estado-Maior, mas sim aos *dreyfusistas*. A polarização agora se dava entre Picquart e Esterhazy, sendo este último apresentado pela imprensa antissemita como uma vítima dos judeus e dos demais integrantes do *Syndicat*. Não tardou para que esse perfil viesse abaixo quando o *Le Figaro* publicou cartas antigas de Esterhazy à sua ex-amante,[24] nas quais ele lançava injúrias graves aos franceses, ao Exército e a seus comandantes, chamados de poltrões e ignorantes. Esterhazy, em um golpe claramente concertado com seus apoiadores do Estado-Maior, pediu, por sua honra, para ser julgado, pois apenas uma absolvição judicial poderia afastar qualquer mácula sobre seu nome. O inquérito foi concluído com a recomendação de que Esterhazy, tal como ele mesmo pedira, fosse levado à Corte Marcial e Picquart fosse mandado para a reserva por atos graves contra a honra, ou, ao menos, no serviço. Em 11 de janeiro de 1898, em um julgamento de apenas dois dias, com uma deliberação dos juízes que durou pouco mais de três minutos,[25] a Corte Marcial absolveu Esterhazy. Terminava, assim, a primeira tentativa de revisão da condenação de Dreyfus.

A derrota não poderia ser mais acachapante, pois o verdadeiro traidor fora absolvido. Como consequência, ratificava-se o acerto da condenação de Dreyfus, e o oficial que descobriu a trama foi condenado à prisão. Assim, a classe política deixava clara sua aversão a qualquer mudança no caso e a imprensa ultradireitista mostrava sua força.

Contudo, a indignação tomou conta de parte do país e teve sua expressão mais evidente na abalizada voz de Émile Zola, que escreveu, dois dias depois do veredito, uma carta aberta ao presidente da República Felix Faure, denominada "Eu acuso" (*"J'accuse"*).[26] A carta foi publicada na primeira página do jornal *L'Aurore*, na edição de 13 de janeiro de 1898. Zola abria o texto dizendo: "O meu dever é o de falar, não quero ser cúmplice. Minhas noites seriam atormentadas pelo espectro do inocente que paga, na mais horrível das torturas, por um crime que não cometeu"; e finalizava com o desafio: "Que ousem me processar e que a investigação tenha lugar no grande dia." Zola, que estudou o caso através dos documentos fornecidos por Scheurer-Kestner e Bernard Lazare, acusou nominalmente os oficiais responsáveis pelo complô no âmbito do Estado-Maior, da Corte Marcial, entre os peritos e na imprensa. Apontou também as violações do processo que levaram a esse escabroso erro judiciário, cuja consequência era o aprisionamento de um inocente. Mesmo que, em alguns trechos, a carta cometesse certos equívocos,[27] o fato era que, pela primeira vez, reuniu-se em um mesmo documento um enorme conjunto de informações. Tratava-se, sem divergência, da maior peça jornalística de todos os tempos, qualificada por Anatole France como "um grande momento da consciência humana".[28] Os duzentos mil exemplares do *L'Aurore* esgotaram-se em pouquíssimas horas. Processado por difamação,[29] Zola foi condenado à pena máxima de um ano de prisão, bem como ao pagamento de uma pena pecuniária de três mil francos, mas sua sentença foi anulada por vícios de forma.[30] Realizado novo julgamento, em julho de 1898 a decisão condenatória foi confirmada[31] e o escritor fugiu para a Inglaterra, onde permaneceu, recluso, por onze meses. Não foi a única ação judicial ajuizada contra Zola, pois os peritos de grafotécnicos Belhomme, Varinard e Couard, também acusados formalmente na carta, processaram-no por difamação e obtiveram expressivas indenizações.[32]

O fato é que o artigo de Zola, aliado à sua condenação e à absurda absolvição de Esterhazy, havia incendiado o país, e já se preconizava a possibilidade de uma segunda revisão do caso Dreyfus, para a qual estavam se mobilizando inúmeras personalidades no âmbito das artes, da ciência, da academia, em inúmeros e distintos ramos sociais e de geração — denominados "Intelectuais", termo proposto por Clemenceau —, cujos nomes eram publicados nos jornais *dreyfusistas*.[33]

Eis que, mais uma vez, o acaso fez seu papel, sob a forma de um deslize dos militares. Em razão de sua sanha antirrevisionista, e visando expor, mais uma vez, os motivos por que Dreyfus não deveria ser inocentado, o novo ministro da Guerra, Godefroy Cavaignac, pediu um reexame do processo, sobretudo para responder a uma interpelação feita pelo deputado Andre Castelin. Sem se inteirar adequadamente sobre o estágio em que se encontrava esse reexame dos autos, Cavaignac proferiu inflamado discurso na Câmara dos Deputados em que cometeu o grave erro de mencionar a existência de uma carta que o chefe da *Section de Statistique*, Joseph Henry, havia descoberto, segundo a qual Dreyfus estaria ligado aos alemães. Tal carta era, na verdade, o *faux Henry*. Pior: a carta não foi apenas mencionada, mas lida na íntegra. Essa displicência de Cavaignac custou-lhe caro, pois o capitão Louis Cuignet, encarregado de proceder a essa revisão, concluíra tratar-se de um documento forjado. Após o discurso de Cavaignac, Picquart endereçou a carta ao primeiro-ministro francês oferecendo-se para provar que os documentos mencionados pelo ministro da Guerra não se referiam a Dreyfus e, ainda, que o *faux Henry* era uma fraude. A reação de Cavaignac foi rápida, sob a forma de acusação de Picquart ter vazado documentos militares a terceiros (seu advogado e amigo Leblois). Do mesmo modo, Jean Jaurès, editor do jornal *La Petite République*, também reagiu ao discurso de Cavaignac e iniciou a publicação de vários artigos refutando cada item da acusação.[34]

Confrontado, assim, com a embaraçosa circunstância de ter aludido a um documento cuja falsidade fora atestada por seu subordinado, Cavaignac, em 30 de agosto, na presença dos generais Gonse e Boisdeffre, exigiu explicações de Henry, que, no início, negou qualquer ilícito, mas, pressionado, confessou a fraude — segundo ele, "para dar mais peso ao documento" — e foi mandado para a prisão de Mont-Valérien. No dia seguinte, usando uma navalha convenientemente deixada em sua cela, cortou a própria garganta. Três dias depois, Lucie Dreyfus voltava a exigir a revisão do processo do marido e Cavaignac pediu demissão do posto de ministro da Guerra.

Nesse momento, era impossível resistir a uma nova revisão diante do comprometimento de tantos oficiais do alto escalão do Exército e do Estado-Maior, bem como do inequívoco laço existente entre Esterhazy — que fora mandado para a reserva por má conduta habitual e, logo em seguida, fugira para a Bélgica, e depois para a Inglaterra após o suicídio de Henry — e o Estado-Maior. Entretanto, em meados de setembro, Picquart foi levado a julgamento na Corte Marcial, acusado de ter vazado documentos militares, bem como de ser autor do *petit bleu*, e sua prisão foi ordenada no final daquele mês. Teve início, assim, o período da segunda revisão da condenação do capitão Dreyfus, que, a essa altura, já amargava quase três anos de encarceramento em condições desumanas.

Importante esclarecer que, pelo sistema jurídico francês, um pedido de revisão de uma decisão da Corte Marcial deveria ser autorizado pelo ministro da Justiça, cuja decisão dependia de votação do Conselho de Ministros. Em 26 de setembro de 1898, por seis a quatro, o Conselho deu sua autorização e o ministro da Justiça encaminhou à Corte de Cassação o pedido de revisão apresentado por Lucie Dreyfus. Em 28 de maio de

1899, a Corte decidiu pela cassação da decisão da Corte Marcial de Paris e determinou que Dreyfus fosse julgado por outra Corte Marcial, dessa vez situada em Rennes. Inegável vitória para os *dreyfusistas*, inclusive pelo fato de, dois meses antes, Picquart ter sido absolvido das acusações contra ele assacadas, e Zola ter voltado de seu exílio na Inglaterra.

Em agosto de 1899, reabriu-se o processo de revisão perante a Corte Marcial de Rennes. Dreyfus voltou à França para o novo julgamento e encontrou o país dividido. O cenário era ainda mais complexo, diante das evidências produzidas — notadamente a confissão, seguida do suicídio de Henry e da fuga de Esterhazy — e da necessidade de o Exército não poder admitir a conivência de seus oficiais para sacrificar um inocente. Os ânimos estavam exaltados, e o advogado de Dreyfus, Fernand Labori, chegou a sofrer um atentado, mas isso não o impediu de continuar no julgamento. A despeito da excitação com a nova oportunidade de julgamento, a defesa de Dreyfus estava dividida entre várias estratégias possíveis, fosse a mais conciliatória, preconizada pela família de Dreyfus e pelo advogado Edgard Demange, que queriam evitar o enfrentamento direto com o governo e os militares, fosse a mais radical, defendida por Labori e Clemenceau, que pretendiam ver um reconhecimento público da Corte Marcial de Rennes sobre os erros cometidos pela Corte Marcial de Paris. Diante dessa divergência explícita na defesa, e convencidos por Zola e Jaurès, optou-se por que a sustentação final fosse feita pelo advogado Edgar Demange, que adotou um tom conciliador, no sentido de não endereçar acusações diretas a integrantes do Exército e do Estado-Maior.[35]

Finalmente, em 8 de setembro de 1899, a despeito da boa vontade do então primeiro-ministro René Waldeck-Rousseau para reparar essa injustiça, o veredito, por maioria,[36] foi de manutenção da condenação a dez anos de encarceramento em uma prisão militar, mas com circunstâncias atenuantes.[37] Buscava-se, assim, apaziguar os ânimos, diminuindo-se a pena e o modo de seu cumprimento, e, ao mesmo tempo, preservando-se a honra do Exército. Foi nesse contexto, inclusive, que a Corte Marcial de Rennes decidiu que Dreyfus não seria submetido a uma nova cerimônia de degradação pública. O veredito, portanto, mais se assemelhava a um ato político do que a uma decisão judicial, tornando Dreyfus formalmente condenado, mas moralmente absolvido.

Inconformados com o veredito,[38] os advogados de Dreyfus apresentaram recurso de revisão. Ao mesmo tempo, e na tentativa de encerrar o caso, a fim de restaurar a paz social, iniciaram-se entendimentos entre a defesa e o governo, no sentido de permitir que Dreyfus fosse reabilitado, sem que, contudo, tal fato representasse uma condenação do Exército. Nesse sentido, ganhou corpo a possibilidade de indulto presidencial, solução que agradava ao primeiro-ministro Waldeck-Rousseau, bem como a alguns *dreyfusistas*. Havia, no entanto, uma barreira jurídica, pois, para haver indulto, a sentença condenatória deveria ter transitado em julgado — vale dizer, não mais ser passível de recurso —, o que, no caso concreto, exigiria prévia desistência do recurso[39] já interposto e, *ipso facto*, a aceitação da condenação. Dreyfus, extenuado, aceitou o indulto sob o argumento de que não sobreviveria na prisão e, ademais, só em liberdade teria condições de provar sua inocência. Assim, em 21 de setembro de 1899, o presidente da República, Émile Loubet, assinou o decreto de indulto de Dreyfus, tornando-o livre a partir de então, o que, na prática, significava admitir sua inocência, ainda que de forma implícita. Todavia, para que o *affaire* estivesse encerrado, faltava livrar os militares de qualquer sanção. Nesse sentido, apenas dois meses depois do indulto, foi apresentado um projeto de lei no Parlamento com o objetivo de anistiar todos os envolvidos nos processos judiciais relacionados ao caso Dreyfus. Embora criticado pelos *dreyfusistas*, o projeto tornou-se lei em dezembro do ano seguinte, mas para que Dreyfus pudesse seguir no propósito de demonstrar sua inocência, ele foi formalmente excluído dos efeitos dessa lei.

O radicalismo opondo *dreyfusistas* a *antidreyfusistas* era muito extremado e, por isso, era quimérica a possibilidade de, a despeito da extinção formal do caso, encerrarem-se, em definitivo, as animosidades entre eles. Mesmo as duvidosas circunstâncias da morte de Zola, em 1902, geravam especulações sobre a interferência do *affaire*.[40] De fato, no velório de Zola, o comparecimento de Dreyfus gerou toda sorte de acirramento de ânimos, o que o demoveu de comparecer, um ano depois, ao velório de um de seus maiores defensores, Bernard Lazare. Posteriormente, quando da transferência dos restos mortais de Zola para o Panteão, em junho de 1908, Dreyfus foi ferido a bala no braço por Louis-Anthelme Gregori, um jornalista ultradireitista.[41]

A REABILITAÇÃO

As eleições de 1902 foram favoráveis aos partidos de esquerda, o que permitiu a um grupo de *dreyfusistas* atuar em prol da reabilitação plena ao capitão. Investigações foram iniciadas com o objetivo de buscar fatos novos que pudessem justificar um movimento do governo em prol da revisão, pela Corte de Cassação, do processo da Corte Marcial de Rennes. Em paralelo, Jean Jaurès, eleito deputado pelo partido socialista, operava para garantir apoio político no Parlamento para a demanda revisionista, tendo proferido discursos na Câmara dos Deputados em 6 e 7 de abril de 1903. O governo, percebendo que as injunções políticas de Jaurès, bem como sua relevante atuação no bloco de coalizão radical-socialista, levariam à aprovação do pedido, aquiesceu com a condução de novas investigações, designando para conduzi-las o general André. Ao fim de seis meses, ele chegou a conclusões que nem mesmo o mais ardoroso *dreyfusista* imaginaria: comparando os dossiês utilizados no processo de 1894 com o da Corte Marcial de Rennes, ficou evidente a atuação do general Gonse e do comandante Henry na fabricação da culpabilidade de Dreyfus, com ampla cumplicidade de outros setores da *Section de Statistique* e com a ciência de integrantes do Estado-Maior. Além disso, provou-se a atuação ruinosa de Henry para prejudicar Picquart, e ainda foram descobertos dois outros documentos altamente prejudiciais para Dreyfus, mas cujos originais deixavam claro que se tratavam de falsificações. Nessas circunstâncias, o governo solicitou que Dreyfus apresentasse uma demanda de revisão do julgamento de Rennes e, ato contínuo, o Conselho de Ministros autorizou o ministro da Justiça a formalizar o pedido de revisão perante a Corte de Cassação, que em 24 de dezembro de 1903 o declarou admissível, iniciando, assim, o processo.

A instrução probatória perdurou por quase três anos, com ampla revisão de toda prova apresentada no processo de Rennes, comparada às investigações conduzidas pelo general André e pela própria Câmara Criminal da Corte de Cassação. Em 9 de março de 1905, o procurador-geral apresentou um relatório de mais de oitocentas páginas concluindo pela absoluta inocência de Dreyfus e sugerindo uma proposta de encaminhamento do caso inédita: a anulação do julgamento de Rennes deveria ser declarada, mas sem necessidade de envio dos autos para aquela Corte Marcial rejulgar o caso, como ocorria em julgamentos de cassação, pois, no caso concreto, as provas demonstravam cabalmente a inocência do réu, inexistindo, por isso, qualquer evidência que pudesse ser qualificada como crime. Portanto, Dreyfus deveria ser declarado inocente pela própria Corte de Cassação. Iniciado o julgamento em 15 de junho de 1906, o veredito final foi obtido em 12 de julho, no sentido de anular o acórdão da Corte Marcial de Rennes, declarando que aquela decisão fora proferida por erro e de forma equivocada, razão pela qual não haveria sequer a necessidade de remessa dos autos para novo julgamento. O acórdão declarou, ainda, a reintegração de Dreyfus ao Exército, mantida sua patente de capitão.

O encerramento do caso no plano judicial trouxe consequências nos planos político e social. Primeiramente, a Câmara dos Deputados votou leis, de iniciativa do governo — não por acaso, o primeiro-ministro francês era o ardoroso *dreyfusista* Clemenceau —, a fim de promover Dreyfus a chefe de batalhão, no grau de comandante,[42] conferindo-lhe a medalha da Legião de Honra. Picquart também foi promovido: tornou-se general. Outros *dreyfusistas* foram homenageados por sua coragem cívica: Scheurer-Kestner teve seu busto colocado na galeria que precede a sala de sessões do Senado, e Émile Zola teve suas cinzas transferidas para o Panteão.[43] Além disso, foi aprovada a lei que revogou a Concordata de 1801 e separou a Igreja e o Estado, representando o reconhecimento do Estado laico como fator indispensável à defesa da democracia.

O capítulo final do *affaire* ocorreu na École Militaire, exatos oito dias depois do julgamento da Corte de Cassação, quando Dreyfus recebeu a comenda da Legião de Honra em cerimônia que ele solicitou que fosse privada, com a presença apenas de seus familiares, de Picquart — agora general —, de Anatole France e de uns poucos oficiais.

Alfred Dreyfus serviu o Exército francês por mais um ano. Ao atingir o posto de major, passou à reserva, mas aceitou a convocação de seu país e lutou na Primeira Guerra. Depois, aos 59 anos, aposentou-se e viveu discretamente em Paris. Morreu em julho de 1935, aos 76 anos.

No *15ème Arrondissement*, em Paris, a Praça Alfred Dreyfus faz esquina com a Avenida Émile Zola. Há uma placa na École Militaire em homenagem a Dreyfus, colocada na época da celebração do centenário da publicação de *J'accuse*, e, na mesma ocasião, o então presidente francês, Jacques Chirac, respondeu a carta que Zola endereçara a seu antecessor Felix Faure e pediu desculpas às famílias Dreyfus e Zola expressando sua gratidão pela coragem em terem confrontado o ódio, a injustiça e a intolerância. Há também em Paris uma estátua de Dreyfus no *6ème Arrondissement*, Place Pierre-Lafue, de autoria do artista Louis Mitelberg (Tim), representando o comandante em pé, segurando seu sabre quebrado em frente à sua face, com a seguinte mensagem, tirada de uma de suas cartas da Ilha do Diabo para sua mulher Lucie: "Se você quer que eu viva, devolva-me a minha honra."

Conclusão

Reduzir o caso Dreyfus a uma análise de erro judicial é subdimensionar sua relevância no contexto, não só da França contemporânea, mas também, em certa dimensão, do mundo.[44] De fato, emerge do caso uma noção mais ampla de cidadania e de democracia, em razão do confronto explícito entre o princípio da igualdade e as razões de Estado. Com o trabalho incansável da imprensa livre, bem como da força organizada de intelectuais não somente franceses, mas do mundo todo, permitiu-se a convergência entre a verdade, o Direito e, também, a sociedade.

Na essência, o debate sobre a culpa ou inocência do capitão Dreyfus põe à prova a noção de direitos humanos, formulada durante a Revolução de 1789, assim como enaltece a relevância do papel da imprensa como fator de pressão, pois não se discute que o resultado final do *affaire* só pode ser atingido, em menor escala, pela abnegação e dedicação de seus amigos e familiares, mas, em maior escala, graças à vigilância política da sociedade e à pressão legítima para fazer preponderar o princípio da igualdade social, o respeito às liberdade e a exigência de justiça como postulados fundamentais das modernas democracias. De fato, não é exagero dizer que nenhum governo teria condenado Dreyfus, e, posteriormente, admitido revisar sua condenação sem a pressão exercida pela imprensa com base em valores populares, numa demonstração evidente da potência revolucionária dos meios de comunicação, notadamente após *J'accuse*.

Dreyfus, com sua obstinação, perseverança e crença na justiça, com sua coragem cívica diante do infortúnio fabricado contra ele, bem como seu inabalável patriotismo, encarna valores cuja preservação devem ser enaltecidos, não somente no fim do século XIX, mas também nos dias atuais, por decorrerem do simples senso de humanidade e justiça de cada um, o que provavelmente justifica o interesse pelo *affaire* Dreyfus não se restringir apenas à França.

Notas

1   É comum, na literatura mundial, utilizar-se a referência em francês "*affaire*" para designar o caso, o que também será feito neste artigo.
2   Talvez a mais completa seja *L'Affaire*, de Jean-Denis Bredin. Ver também Émile Zola, *Vérité*; Anatole France, *L'île des Pingouins*; Henri Giscard D'Estaing, *D'Esterhazy à Dreyfus*. No Brasil, ver os trabalhos de Homero Senna, *Uma voz contra a injustiça — Rui Barbosa e o caso Dreyfus*, e Alberto Dines, *Diários completos do capitão Dreyfus*.

3   Na obra *Em busca do tempo perdido*, Proust menciona a divisão da sociedade francesa e, a certa altura, descreve a personagem Charles Swann como alguém a ser evitado por ser judeu. Ver ainda sua obra *Jean Santeuil*. Arendt, no livro *As origens do Totalitarismo*, dedica um capítulo ao caso Dreyfus, identificando as implicações políticas diante dos judeus.
4   Antes de criar o jornal, Drumont havia lançado *La France juive*, em 1886, considerado um verdadeiro manifesto de guerra religiosa. Posteriormente, fundou a Liga Antissemita em 1890 e o *La Libre Parole* em 1892.
5   A fim de poder realizar uma comparação adequada, o ditado submetido a Dreyfus era exatamente o texto do borderô.
6   Nas memórias do diplomata Maurice Paléologue, *Journal de l'Affaire Dreyfus*, consta a indicação de que o presidente francês, Casimir Périer, teria recebido a confirmação do general Saussier de que Dreyfus era inocente, e que Mercier metera "os pés pelas mãos", mas que o mesmo Saussier concluíra: *"pouco importa, o Conselho de Guerra decidirá."*
7   Dentre eles, Émile Zola, Marcel Proust, Claude Monet, Anatole France, Bernard Lazare, Georges Clemenceau, Jean Jaurès.
8   A imprensa antissemita, capitaneada por Drumont, cunhou o termo "Syndicat" para sugerir a existência de uma aliança judaica em prol da defesa de Dreyfus. Quem se aliava a essa tese era acusado de pertencer ao Syndicat.
9   Rui Barbosa, a rainha Vitória, Mark Twain, Oscar Wilde, o explorador Henry Morton Stanley. Eça de Queiroz escreveu ao seu amigo brasileiro Domício da Gama: "também eu senti grande tristeza com a indecente recondenação do Dreyfus. Sobretudo, talvez, porque com ela morreram os últimos restos, ainda teimosos, do meu velho amor latino pela França." (Cf. A. Campos Matos. *Eça de Queiroz: Uma biografia*. São Paulo: Leya, 2010.)
10 Rui Barbosa foi um dos primeiros a se insurgir contra as graves irregularidades do julgamento de Dreyfus. Durante seu exílio em Londres, publicou as "Cartas de Inglaterra" no Jornal do Commércio, aludindo ao julgamento em janeiro de 1895 e protestando contra o erro judicial, clamando por justiça e refletindo sobre o papel da imprensa. Em suas memórias, Dreyfus faz menção elogiosa a Rui Barbosa por seu "discernimento notável e grande liberdade de espírito".

11 O qual, mais tarde, convencido da inocência de Dreyfus, exerceu papel fundamental nas providências para sua reabilitação.
12 Na realidade, esse documento datava de 1892 ou 1893. Esse "canalha do D..." era um certo sr. Dubois, empregado no setor de cartografia do Ministério do Exército, através do qual os adidos militares obtinham os planos diretores a dez francos cada um. Para que o documento parecesse vir de Dreyfus, a data de entrada de março de 1894 foi inserida falsamente.
13 Ficou célebre a frase de Henry, que, para justificar a omissão do nome da tal "pessoa honrada", afirmou que "há segredos na cabeça de um oficial que seu quepe deve ignorar" (*"Il y a des secrets dans la tête d'un officier que son képi doit ignorer"*).
14 Sobre a cerimônia de degradação pública, Rui Barbosa escreveu: "Essa multidão espumante, que cercava, ameaçadora, a Escola Militar, bramindo insultos, assuadas e vozes de morte — que mais era, portanto, a não ser uma força violenta e cega, como os movimentos inconscientes da natureza física? Pela minha parte, não conheço excesso mais odioso do que essas orgias públicas da massa irresponsável. Nada seria menos estimável, neste mundo, que a democracia, se a democracia fosse isto. Esses escândalos representam o pior desserviço à dignidade do povo, e constituem o mais especioso argumento contra sua autoridade." Da mesma forma, Émile Zola descreveu, nos seus Carnets: "Minha emoção do ponto de vista humano: todos contra um, que grita sua inocência, a ferocidade da multidão."
15 Essa é a imagem mais frequentemente veiculada nas capas de livros que tratam do *affaire*.
16 "Eu não tenho o direito de desertar. Enquanto me restar um sopro de vida, eu lutarei com a esperança próxima de ver se fazer a luz. Por isso, continue suas pesquisas."
17 O que, diante de seu longo encarceramento, causou-lhe dificuldades para se manifestar oralmente.
18 Em "Um erro judicial: a verdade sobre o caso Dreyfus", o autor desmascara toda a trama contra Dreyfus, além da campanha difamatória pela imprensa, escorada em vazamentos da *Section de Statistique*, a desconsideração da ausência de qualquer motivação para o crime, o papel do general Mercier, as irregularidades na investigação conduzida por Du Paty de Clam e a desqualificação do documento que continha a menção ao "canalha do D.".

19 Carta expressa enviada por sistema de dutos pneumáticos em Paris, que permitia sua entrega em poucas horas.
20 Em uma evidência marcante de seu engajamento, Clemenceau publicou 665 artigos a favor de Dreyfus.
21 Scheurer-Kestner não foi reeleito para a vice-presidência do Senado.
22 Um dos textos era intitulado *Lettre à la jeunesse*, dirigindo-se à juventude nacionalista que havia maltratado Scheurer-Kestner.
23 Artigo publicado no *Le Figaro* de 25 de novembro de 1897. Zola já havia se manifestado em favor dos judeus em um artigo publicado no *Le Figaro*, em 1896, intitulado *Pour les juifs*, e em outro, relacionado ao caso Dreyfus, em dezembro de 1897, quando a imprensa antissemita o acusava de integrar o *Syndicat*, e ele, em resposta, confirmava tal fato desejando que toda a brava gente francesa também o fizesse.
24 Mme de Boulancy decidiu vingar-se de Esterhazy, a quem ela emprestara dinheiro, sem ter sido paga e fora constantemente enganada por ele. Entregou tais cartas a seu advogado, que as fez chegar a Sheurer-Kestener.
25 Segundo relatou um advogado assistente de Me Tézenas, advogado de Esterhazy, ao *Le Temps* de 13 de janeiro de 1898, descrevendo a rapidez com que os juízes deixaram e voltaram à sala de sessões, "eu nem sequer tive tempo de arrumar meus papéis".
26 A ideia de publicar a carta no *L'Aurore* foi do advogado Leblois. O original enviado para a redação tinha como título "Carta a M. Felix Faure, presidente da República". O título definitivo foi sugestão de Georges Clemenceau, proprietário e editor do jornal.
27 Há exagero no papel desempenhado por Du Paty de Clam e pouca relevância na participação de Henry.
28 Frase por ele proferida no elogio fúnebre por ocasião do enterro de Zola. Além disso, no livro "O Anel de Ametista", Anatole France descreveu as perseguições contra quem discordava da sentença e criticou a confiança absoluta da população em suas instituições, como o Exército.
29 As audiências foram realizadas entre 7 e 23 de fevereiro de 1898, sempre acompanhadas de enorme multidão, o que, invariavelmente, resultava em enfrentamentos.
30 Mesmo o vício processual sendo evidente, o *La Libre Parole*, veículo mais antissemita, acusava a Câmara Criminal da Corte de Cassação de ter "magistrados contra o Exército".

31 A literatura sobre o julgamento de Zola traz registros extremamente interessantes, mas que não caberiam na extensão deste artigo. Entre eles, vale mencionar que vários jornais — como o *L'Aurore* e o *Le Siècle* — faziam relatos diários sobre o desenrolar do processo, com auxílio de estenotipistas, permitindo ao público acompanhar os debates quase em tempo real. Isso fez com que a defesa, habilmente, tentasse trazer à luz fatos que justificavam a absolvição de Dreyfus — e, por consequência, a de Zola —, através do interrogatório das mais de duzentas testemunhas arroladas. Essa estratégia, contudo, era constantemente objetada pelo presidente do tribunal com a frase, que se tornou célebre, de que "a pergunta não será formulada" ("*la question ne sera pas posée*"), a fim de que o julgamento se restringisse à acusação de difamação.

32 A condenação foi de duas semanas de prisão, acrescidas de multa de dois mil francos e cinco mil francos para cada perito. Zola chegou a ter grande parte de seu patrimônio penhorado pela justiça para servir de pagamento a seus credores. Um de seus editores, Eugène Fasquelle, adquiria esses bens em leilões, a fim de tentar conservá-los com o escritor.

33 Registraram-se mais de dois mil nomes publicados em mais de quarenta listas veiculadas pelos jornais.

34 Mesmo sem mandato parlamentar, pois fora derrotado nas eleições daquele ano; os discursos e artigos de Jaurès tinham grande apelo popular. Esses artigos foram posteriormente reunidos no livro *Les preuves*.

35 A literatura sobre o caso Dreyfus traz minuciosa descrição dos temas debatidos nesse julgamento, bem como dos depoimentos das testemunhas, notadamente do general Mercier. Não havendo condições para desenvolver esses temas nos estreitos limites deste artigo, é suficiente indicar que, na essência, não se tratou da culpabilidade de Esterhazy, mas apenas de Dreyfus, como se nada tivesse ocorrido desde o julgamento de 1894.

36 Dos sete juízes, dois votaram pela absolvição de Dreyfus.

37 Difícil imaginar um crime de traição com circunstâncias atenuantes.

38 Na verdade, a indignação com o veredito também se verificou no mundo inteiro, com manifestações antifrancesas em diversas capitais e vários artigos na imprensa.

39 O que, segundo Clemenceau e Jaurès, representava uma nova humilhação.
40 Na noite de 29 de setembro de 1902, Zola e sua mulher foram encontrados mortos em sua casa, intoxicados por monóxido de carbono em razão do entupimento de uma chaminé. Alguns não descartam a possibilidade de assassinato.
41 Para espanto geral, o criminoso foi absolvido por ter praticado o crime em estado de violenta emoção, em clara demonstração de como o antissemitismo ainda estava vivo.
42 A reparação de Dreyfus foi parcial, pois seus anos de detenção não foram contados para efeito de promoção, o que afetou sua carreira e justificou, logo em seguida, a apresentação de seu pedido de remoção para a reserva.
43 Em artigo publicado na Folha de S.Paulo em 10 de janeiro de 1998, Carlos Heitor Cony fez um belo registro sobre a coincidência de lutas que levou Zola e Voltaire a terem seus túmulos no mesmo local, o Panteão em Paris: "Quando voltou de Roma, surgiu uma dúvida sobre o túmulo de Voltaire no Panteão. Dizia-se que ali não estavam os restos mortais do escritor, mas um monte de pedras. Uma comissão foi averiguar, abriram o túmulo, eram ossos mesmo. Zola fazia parte do grupo e reparou que, em cima do túmulo, estava a inscrição que Voltaire escolhera para seu epitáfio: 'Ele defendeu Calas.'

"Em 1762, num conflito religioso, Jean Calas e outros foram presos como huguenotes e sacrificados. Voltaire soltou um brado que fez a Europa estremecer. Zola havia escrito bem antes de explodir o caso Dreyfus: 'A defesa de Jean Calas ficou sendo um dos grandes documentos da nossa civilização. Egoísta e cético, vivendo tranquilo em seu castelo perto de Berna, Voltaire não ficou indiferente diante da injustiça.' E acrescentava: 'Ser incapaz de ler um jornal sem empalidecer de cólera! Sentir a contínua e irresistível necessidade de gritar bem alto aquilo que pensamos, principalmente quando somos os únicos a pensar assim!'

"Era o roteiro de uma escalada que, na devida hora, levaria Zola a ter um túmulo ao lado de Voltaire, no Panteão da glória francesa."
44 No livro *O caso Dreyfus: Ilha do Diabo, Guantánamo e o pesadelo da história*, Louis Begley traça um interessante paralelo entre esse caso e o dos prisioneiros de Guantánamo acusados pelos Estados Unidos

de praticar atos de terrorismo, muitos deles submetidos ao cárcere em condições desumanas e a atos de tortura (privação do sono), além de verem negados direitos básicos, até mesmo o de conhecer os fundamentos de suas respectivas acusações.

Clarence Earl Gideon

Thiago Bottino

Introdução[1]

Em 1953, após um inesperado ataque cardíaco de Fred Vinson, *Chief Justice* da Suprema Corte dos Estados Unidos, o presidente Dwight Eisenhower indicou Earl Warren para ocupar o cargo. Na época, Warren ocupava o cargo de governador da Califórnia, para o qual havia sido eleito pela terceira vez consecutiva, pelo Partido Republicano. No ano anterior, Warren disputara com Eisenhower a indicação interna do Partido Republicano para a eleição presidencial e desistira de suas pretensões para apoiá-lo.

Iniciava-se, dessa forma, o período que posteriormente ficou conhecido como Corte Warren (1953-1969), durante o qual a Suprema Corte estadunidense assumiu posição forte e atuante, interferindo de forma radical na sociedade e no governo, deixando um legado de expansão de direitos e proteção das liberdades civis. Nas palavras de Horwitz, esse foi um dos períodos mais agitados e influentes da história da Suprema Corte dos Estados Unidos — os 16 anos entre 1953 e 1969, durante os quais Earl Warren atuou como presidente da Suprema Corte. Da perspectiva de mais de um quarto de século depois, a Corte Warren é cada vez mais reconhecida como tendo iniciado um capítulo único e revolucionário na história constitucional americana.[2]

Uma verdadeira vanguarda iluminista, em que se protegeram a racionalidade e a prevalência dos direitos individuais contra toda espécie de medida governamental informada pelo obscurantismo da moral que tentasse fazer um suposto "interesse público" impedir o pleno exercício das garantias do cidadão. Exatamente por este motivo as garantias do cidadão em processos criminais — sempre as mais ameaçadas em períodos autoritários — foram protegidas e expandidas de forma intransigente.

Diferente do que se vê no Brasil de 2018, em que os direitos individuais são erodidos em nome de uma suposta eficiência para a investigação criminal, a postura dos *Justices* que compunham a Suprema Corte presidida por Earl Warren foi a de reafirmar e expandir direitos a fim de enfrentar um cenário político de "caça às bruxas".

Com efeito, no início da década de 1950, a sociedade norte-americana vivia uma ebulição social, marcada pela Guerra Fria, pela Guerra da Coreia (iniciada em 1950) e pelo macarthismo.[3] A suspeita de ser comunista ou simpatizante comunista bastava para que alguém fosse chamado ao Comitê Congressual presidido por McCarthy e submetido a um teatro de acusações agressivas e alegações infundadas, baseadas em especulações e delações. Muitos americanos perderam seus empregos, tiveram suas carreiras profissionais arruinadas, foram processados e até mesmo condenados criminalmente. Anos mais tarde, constatou-se que esses processos eram nulos[4] porque as leis em que se basearam foram consideradas inconstitucionais.[5]

Uma onda conservadora contaminava as relações sociais e criava as condições de perseguição indiscriminada a todos aqueles que, porventura, pensassem diferente. Esse clima de polarização e de "caça às bruxas" estimulava a supressão de direitos e um aumento do poder estatal, desequilibrando o Estado Democrático de Direito.

Já no final da década de 1950, e durante a primeira metade da década de 1960, a sociedade americana viu aumentar a turbulência da época com as mobilizações contra a Guerra do Vietnã e também com os movimentos dos direitos civis promovidos pelos afro-americanos pela conquista de igualdade racial. Era um momento crucial da sociedade estadunidense porque dividia a população.

Warren enxergou nesse contexto uma oportunidade de atuação mais afirmativa da Suprema Corte, no sentido de preservação das garantias individuais. Essa nova postura do tribunal foi duramente criticada por alas conservadoras, que alegavam o exercício de um ativismo judicial que usurparia, em certo grau, a competência dos elaboradores de leis. Por outro lado, hoje se vê que a proteção intransigente das garantias individuais — e sobretudo os direitos ligados ao devido processo legal na área criminal — foi essencial para limitar a ameaça autoritária que se insinuava em todo o país e contaminava a sociedade americana.

O papel de Warren, enquanto presidente da Suprema Corte, foi determinante para a evolução da jurisprudência. Leda Boechat Rodrigues afirmou que "Earl Warren, protegendo os direitos individuais e os direitos das minorias desprezadas, assentou as bases jurisprudenciais para a evolução da democracia americana".[6]

Embora o *Chief Justice* tenha apenas um voto, entre outros oito *Justices*, ele possui três atribuições fundamentais: preside os argumentos orais durante os quais as partes respondem perguntas sobre os casos; redige o acórdão do caso julgado, na hipótese de integrar a maioria; e também tem o poder de estabelecer a agenda das reuniões do tribunal. Mas tais funções administrativas não tinham nenhuma ascendência sobre os demais julgadores.

Vindo da política, Earl Warren soube usar sua habilidade argumentativa e seu estilo conciliador para unir a Corte e liderar importantes mudanças. Os casos que marcaram o período de 15 anos de Earl Warren à frente da Suprema Corte abrangeram diferentes áreas do Direito.

Na questão racial, destaca-se a famosa decisão de *Brown v. Board of Education* (1954), na qual se afirmou a inconstitucionalidade da segregação racial nas escolas. A repercussão social da decisão foi enorme, culminando com o conhecido episódio ocorrido em 1957 em que o governador de Arkansas convocou a Guarda Nacional para impedir a entrada de estudantes negros numa escola secundária que fora "dessegregada". A reação do governo federal para fazer valer a decisão da Suprema Corte foi igualmente forte, com o envio do Exército americano ao local para assegurar o ingresso de alunos negros na escola e com a decisão de federalizar a Guarda Nacional do Arkansas.

No que tange ao direito eleitoral, a Corte Warren julgou *Baker v. Carr* (1962), decidiu pela intervenção dos tribunais federais em casos de delimitação de distritos eleitorais, a fim de que esses fossem divididos de modo a contar com a mesma quantidade aproximada de eleitores. A regra "um homem, um voto" seria fiscalizada pelo Judiciário federal local. A interferência nas regras eleitorais, em que pese a ameaça ao princípio da separação dos poderes, buscava assegurar condições de igualdade de participação na representação popular no Legislativo.

Defendendo a liberdade religiosa, o tribunal decidiu, em *Engel v. Vitale* (1962), pela inconstitucionalidade da obrigação de orações religiosas nas escolas públicas. Contrariando os governos de 22 estados (que apresentaram um memorial de *amicus curiae* sustentando a constitucionalidade dessa obrigação), a Suprema Corte decidiu por 8 a 1 que a pregação em escolas públicas era inconstitucional. Essa posição foi reafirmada um ano depois, em *Abington School District v. Schempp* (1963), também por 8 a 1. O caso tratava do questionamento sobre a constitucionalidade de uma lei da Pensilvânia que exigia que crianças lessem a Bíblia e recitassem seus trechos como parte de sua educação escolar pública. Essa lei exigia que pelo menos dez versículos da Bíblia fossem lidos, sem comentários, em cada escola pública no início de cada dia letivo.

Quanto à liberdade de expressão, a Corte julgou o caso *New York Times Co. v. Sullivan* (1964), no qual protegeu a liberdade de imprensa ao delimitar parâmetros para a difamação de agentes públicos. Essa decisão estabeleceu, como requisito para responsabilização de um jornalista ou da empresa de comunicação, que fosse provada uma "malícia real" na atividade jornalística. Salvo se fosse comprovado que o autor da declaração envolvendo um funcionário público soubesse que esta era falsa ou tivesse agido de forma negligente para constatar sua veracidade ou falsidade, não seria possível impor multas ou proibir a publicação. Essa decisão foi o que permitiu a livre divulgação das campanhas de direitos civis no sul dos Estados Unidos, já que o jornal *The New York Times* havia sido condenado a uma multa de mais de meio milhão de dólares.[7]

A Suprema Corte também protegeu o direito à privacidade, ao julgar *Griswold v. Connecticut* (1965), declarando inconstitucional a lei que proibia os métodos contraceptivos. Pode-se dizer que esse é um dos principais precedentes que, no futuro, seria usado para construir a decisão que autorizou o aborto, em *Roe v. Wade* (1973).

Foi no Direito Penal, entretanto, que a Corte Warren deixou seu legado mais expressivo, ao julgar uma série de casos que ampliaram a expressão "devido processo legal" (*due process of law*) constante da Constituição dos Estados Unidos e ao estabelecer novos padrões de julgamentos justos no âmbito criminal. Durante esse período, a Corte se preocupou, de forma acentuada, em garantir o exercício pleno da cidadania frente à ação estatal, em especial em relação à atividade punitiva. Dessa forma, os direitos e liberdades civis são garantidos e ampliados sob a liderança de Warren na Suprema Corte, deixando um legado cultural e jurídico de proteção ao cidadão e demarcando os caminhos do Direito Constitucional estadunidense dali em diante.

Houve diversos *landmark cases* na área do Direito Criminal. Especificamente no que tange à incorporação ao direito estadual das garantias constitucionais, pode-se destacar os seguintes casos:

Mapp v. Ohio (1961), *Ker v. California* (1963) e *Aguilar v. Texas* (1964), sobre a realização de buscas domiciliares sem ordem judicial, questões relativas ao mandado de busca e a declaração da ilicitude das provas obtidas em violação à garantia da inviolabilidade domiciliar;

Griffin v. California (1965) e *Miranda v. Arizona* (1966), sobre o direito de não produzir provas autoincriminatórias e a obrigatoriedade de se notificar qualquer pessoa presa de seu direito de permanecer calado e de consultar-se com um advogado;

Klopfer v. North Carolina (1967), sobre o direito a um julgamento rápido, e *Duncan v. Louisiana* (1968), sobre o direito a ser julgado por um júri imparcial;

Pointer v. Texas (1965), sobre o direito de confrontar o depoimento de testemunhas da acusação;

Washington v. Texas (1967), sobre o direito da defesa de intimar testemunhas em seu favor; e

Robinson v. California (1962), sobre a proibição de penas cruéis.

Todos esses casos tiveram um enorme impacto na atividade policial. Não obstante, a defesa das garantias processuais foi corretamente entendida como a única forma de se assegurar o devido processo legal, prevenindo condenações injustas ou politicamente motivadas.

No entanto, pelas particularidades do caso e repercussão sobre o sistema processual penal de todo o país, é sem dúvida o julgamento de Clarence Earl Gideon, em 1963, o mais importante legado da Corte Warren para a afirmação das garantias individuais no âmbito criminal.

O caso Gideon

Diversos fatores tornam o caso *Gideon v. Wainwright* (1963) impressionante.

O primeiro deles é o fato de que o *writ of certiorari*, petição dirigida à Suprema Corte solicitando que o caso fosse examinado, não foi redigido por um advogado. De sua cela na prisão, onde cumpria uma pena de cinco anos (a pena máxima) pelo furto de US$50,00 e algumas garrafas de cerveja, Clarence Gideon escreveu, a lápis,[8] a petição para que seu caso fosse examinado.

A chance de um caso assim ser admitido para exame era (e permanece sendo) diminuta. Em 2010, foram apresentados 5.910 *writs of certiorari* perante a Suprema Corte dos Estados Unidos, sendo 2.449 sobre matéria criminal. Enquanto a média geral de admissão é de 2,8%, a dos casos criminais é de apenas 1,8%, o que demonstra a pequena probabilidade de que a Suprema Corte examine um caso criminal.[9]

Obviamente que a chance de um pedido dessa natureza ser admitido fica ainda mais reduzida quando ele é preparado por alguém que não é um advogado treinado, seja pela forma como é escrito, geralmente confusa, seja porque não utiliza os termos e formas jurídicas adequadas. Contudo, a petição de Gideon estava surpreendentemente bem instruída e adequada aos procedimentos legais, pois durante o período em que esteve preso, Gideon consultara livros jurídicos na biblioteca da cadeia:

> Embora não se pudesse esperar que o setor de processamento dos casos dirigidos à Suprema Corte se lembrasse dele, essa foi sua segunda petição à Suprema Corte. A primeira havia sido devolvida por não incluir uma declaração de miserabilidade, juntamente com uma cópia das regras e um modelo de declaração de miserabilidade. Gideon perseverou.[10]

O segundo fator surpreendente é o próprio mérito da causa. Gideon solicitava que lhe fosse reconhecido o direito de ser defendido por um advogado durante seu processo criminal. Não obstante a Constituição dos Estados Unidos estabelecer, na Sexta Emenda, que "em todos os processos criminais, o acusado deve (...) ter a assistência de um advogado para sua defesa", o fato é que as garantias constantes das primeiras dez emendas (conhecidas como *Bill of Rights*) não eram consideradas aplicáveis à jurisdição criminal estadual.

Embora a Suprema Corte dos Estados Unidos tivesse, trinta anos antes, revertido a condenação de nove jovens negros por supostamente estuprarem duas mulheres brancas — caso *Powell v. Alabama* (1932) —, por considerar que o direito de ser representado por um advogado era fundamental para um julgamento justo, foram estabelecidas condições especiais para o exercício desse direito. Em uma nítida decisão autolimitada, a Suprema Corte decidiu que só seria obrigatório um advogado em acusações que pudessem levar à pena de morte e em circunstâncias bem específicas, como a incapacidade de o réu fazer sua própria defesa por causa de ignorância, debilidade mental ou analfabetismo.

É certo que a decisão em *Powell v. Alabama* (1932) foi importantíssima. Tratou-se da primeira ocasião em que a Suprema Corte reverteu uma condenação criminal por questões processuais. No entanto, Gideon não se enquadrava em nenhuma dessas circunstâncias.

Ademais, a Suprema Corte dos Estados Unidos já havia estabelecido no precedente *Betts v. Brady* (1942) que, salvo as situações acima descritas, o direito a um advogado em processos criminais não se aplicava a processos na esfera estadual. Com efeito, até a década de 1960 — e a ascensão de Warren à presidência da Suprema Corte — o *Bill of Rights* não era considerado aplicável, nas suas disposições criminais, aos julgamentos realizados no âmbito das justiças estaduais. Em outras palavras, Gideon afirmava possuir um direito que a própria Suprema Corte já afirmara, vinte anos antes, que não existia.

Por fim, em um sistema onde há requisitos objetivos para que um caso seja julgado pela Suprema Corte — embora também subjetivos[11] —, é surpreendente o fato de que tenha sido selecionado o caso de um condenado simplório, que sequer chegou a terminar o ensino médio, com breves passagens por diferentes empregos entremeadas por longos períodos de desemprego, que já fora condenado e cumprido pena quatro vezes anteriormente e que estava cumprindo pena por um crime relativamente ordinário.

Uma vez selecionado para julgamento, era preciso indicar um advogado para apresentar alegações orais perante a Suprema Corte. A tarefa coube ao professor da Faculdade de Direito de Yale, Abraham "Abe" Fortas, considerado um jurista de excelente reputação e que, três anos depois de defender o caso de Gideon, seria indicado para o cargo de *Justice* da Suprema Corte. A questão jurídica que ele deveria responder era simples: "A Suprema Corte deve reconsiderar a decisão tomada em *Betts v. Brady*?"

Fortas trocou cartas com Gideon, o qual afirmava sua inocência, além de apontar que não lhe fora permitido, por desconhecimento das formas adequadas, contestar provas e testemunhas. Tampouco lhe foram conferidos meios adequados para se defender, já que fora colocado em uma solitária, sem poder se pronunciar.

Em 1963, a realidade judicial dos Estados Unidos era muito diversa. Dos cinquenta estados, apenas 35 continham em suas leis estaduais a exigência de que qualquer acusado pobre fosse defendido por um advogado indicado pelo tribunal encarregado do julgamento. Por ocasião do julgamento pela Suprema Corte, 23 estados apresentaram memoriais de *amicus curiae* defendendo que o precedente de 1942 fosse revertido e que esse direito fosse ampliado para todos os estados.[12] Apenas três estados (dentre eles a Flórida, que havia condenado Gideon) apresentaram memoriais de *amicus curiae* sustentando a manutenção do modelo.[13]

Não obstante, mesmo admitido para julgamento, a reversão do precedente de *Betts v. Brady* (1942) também enfrentava dificuldades por conta do pensamento consequencialista e também econômico, típico dos Estados Unidos. Poderia a Suprema Corte impor aos estados o custo da defesa dos acusados? É certo que os governos estaduais gastavam dinheiro contratando advogados para processar réus acusados de crimes, e que isto era importante para o bem comum. Mas deveria gastar dinheiro também para que estes fossem defendidos por advogados?

Fortas construiu a parte mais importante de seu argumento em cinco premissas. A primeira era a afirmação de que a autodefesa não era suficiente, pois mesmo advogados criminalistas experientes buscariam a assistência de um advogado para se defender, ao invés de conduzir suas próprias defesas.

Em segundo lugar, sustentou que os processos criminais federais (nos quais o direito de defesa era assegurado) e os estaduais (nos quais não era) possuíam características semelhantes e não se diferenciavam de forma a não ser necessária a defesa técnica.

A terceira premissa era de que, mesmo sendo um julgamento presidido por um juiz imparcial, a defesa seguiria prejudicada. A ausência de um advogado jamais poderia ser suprida pela de um juiz, pois uma mesma pessoa não pode atuar como juiz e, ao mesmo tempo, defender os interesses de uma das partes.

A premissa seguinte era de que o precedente de *Powell v. Alabama* (1932) deveria prevalecer sobre o de *Betts v. Brady* (1942). Se a Suprema Corte estabelecera a necessidade de um advogado para casos em que pudesse ocorrer a pena de morte, deveria fazê-lo para casos em que pudesse ocorrer a perda da liberdade, já que a Constituição não fizera tal distinção como base para determinar o direito a um advogado.

Por fim, a quinta premissa sustentada por Fortas era a de que a garantia de igual proteção a todos os cidadãos[14] exigia a assistência de advogado. Para tanto, Fortas invocou o precedente de *Griffin v. Illinois* (1956), no qual a Suprema Corte afirmara que um acusado criminal não pode ter seu direito de apelação negado por ser pobre e não poder arcar com os custos da transcrição do julgamento, necessária à interposição do apelo.

A Suprema Corte acolheu os argumentos de Abe Fortas. Em decisão unânime, foi determinado que a cláusula do direito de assistência de um advogado contida na Sexta Emenda era aplicável a qualquer caso criminal, não apenas na jurisdição federal, mas também na estadual.

A decisão da maioria foi redigida pelo *Justice* Hugo Black, acompanhado pelos *Justices* William Brennan, Potter Stewart, Byron White, Arthur Goldberg e pelo *Chief Justice* Earl Warren. Proferiram votos em separado, mas concordando com a decisão, os *Justices* Tom Clarck, John Harlan e William Douglas.

Colhe-se da decisão redigida por Hugo Black a seguinte passagem:

> O direito de alguém acusado de crime não pode ser considerado fundamental e essencial para um julgamento justo em alguns países, mas é no nosso. Desde o início, as nossas constituições e leis

estaduais e federais deram grande ênfase a garantias processuais e substantivas destinadas a assegurar julgamentos justos diante de tribunais imparciais nos quais todos os acusados são iguais perante a lei. Este ideal nobre não pode ser realizado se o homem pobre acusado de crime tiver que enfrentar seus acusadores sem um advogado para ajudá-lo.[15]

Conclusão

Cinco meses depois da decisão da Suprema Corte, Gideon foi submetido a um novo julgamento. Aguardou preso, pois não possuía os mil dólares estabelecidos como fiança. Dessa vez, foi representado por Fred Turner, um advogado dativo apontado pela Corte da Flórida, o qual ressaltou que havia outros suspeitos da prática do furto que não foram investigados. Também arrolou como testemunha o taxista que conduziu Gideon para casa naquela noite, o qual afirmou que o acusado não carregava nenhuma bebida com ele. Após três dias de julgamento, o corpo de jurados levou pouco mais de uma hora para absolver Gideon das acusações.

No túmulo de Gideon foi colocada uma lápide na qual consta um trecho de sua primeira carta para Abe Fortas: "Cada época encontra uma melhoria na lei para o benefício da humanidade."

Gideão é o nome de um personagem bíblico, cuja história é contada no Livro dos Juízes, sendo referido como aquele que, liderando apenas trezentos soldados, libertou o povo israelense dos midianistas, que contavam com um exército de mais de 130 mil homens. Considerado um herói militar, Gideão recusou a oferta de se tornar rei, permanecendo como juiz.

Assim como a figura bíblica, o cidadão Clarence Gideon lutou praticamente sozinho contra um sistema de injustiças gigantesco. Peticionando só, sem auxílio nem treinamento, da sua cela na cadeia, Gideon foi capaz de fazer com que a Suprema Corte revertesse um precedente de duas décadas e que isto fosse estendido a toda pessoa processada: agora todos teriam o direito de ser assistidos por um advogado.

Após sua absolvição, Gideon retomou sua vida e se casou pela segunda vez. Veio a falecer de câncer, nove anos depois, na Flórida.

A primeira condenação de Gideon, sem advogado, e sua posterior absolvição, quando devidamente representado por um são exemplos da importância de uma defesa técnica no processo penal e também da necessidade de paridade de armas para que o sistema criminal seja minimamente justo. A participação de um advogado — e sobretudo a realização de uma defesa efetiva — é uma condição essencial para a existência de um julgamento justo.

Dessa constatação decorre outra: a necessidade de que não haja nenhum obstáculo ou fator que dificulte a defesa, para que se possa falar em devido processo legal, constitui um direito não apenas do cidadão, mas da própria sociedade. A certeza de que o sistema de justiça funciona de forma adequada, razoável e imparcial é fundamental para a reafirmação da democracia e da limitação do poder governamental.

A importância do feito de Gideon pode ser medida pelas palavras do então procurador-geral da República (*U.S. Attorney General*) no ano de 1963, Robert F. Kennedy:

> Se um obscuro condenado da Flórida, chamado Clarence Earl Gideon, não tivesse, de dentro da prisão, tomado um lápis e um papel para escrever uma carta para a Suprema Corte, e se a Suprema Corte não tivesse se dado ao trabalho de buscar mérito naquela petição grosseira entre todos os pacotes de correspondências que recebia todos os dias, o amplo sistema judicial americano continuaria funcionando sem ser perturbado. Mas Gideon escreveu sua carta. A Corte examinou o caso e ele foi julgado novamente com a ajuda de um advogado de defesa competente, foi considerado inocente e libertado da prisão após dois anos de punição por um crime que não cometeu; e, assim, todo o curso da história legal americana foi alterado.[16]

Bibliografia

GREEN, Bruce. "Gideon's Amici: Why Do Prosecutors So Rarely Defend the Rights of the Accused?", *Yale Law Journal*, 122:2336, 2013.
HALL, Kermit L. *The Oxford Guide to United States Supreme Court Decisions*. Nova York: The Oxford University Press, 1999.
HORWITZ, Morton J. *The Warren Court and the Pursue of Justice*. Nova York: Hill and Young, 1998.
LEWIS, Anthony. *Gideon's Trumpet*. Nova York: Random House, 1964.
RODRIGUES, Leda Boechat. *A Corte de Warren*. Rio de Janeiro: Civilização Brasileira, 1991.

Notas

1   Agradeço aos alunos Ana Helena Nascif, Daniel Esperato e Sérgio Kezen pelo auxílio na pesquisa do material utilizado na elaboração deste artigo.
2   Horwitz, 1998, p. 3.
3   Na década de 1950, o senador por Wisconsin Joseph McCarthy conduziu uma série de investigações e audiências públicas (*hearings*) na Câmara dos Deputados com a suposta finalidade de revelar a infiltração comunista em várias áreas do governo dos Estados Unidos. Com forte apoio popular, o movimento se caracterizou pelo autoritarismo, pela prática de acusações sem base fática e pelo efeito de arruinar reputações e incluir pessoas em "listas negras" que as impediam de trabalhar livremente. Até Charles Chaplin foi incluído na lista negra macarthista. O macarthismo consistiu basicamente em uma campanha de repressão política.
4   Veja-se, por todos, os casos *Yates v. United States* (1957), *Watkins v. United States* (1957) e *Faulk v. AWARE Inc. et al.* (1962), todos da Suprema Corte.
5   Veja-se o caso *Slochower v. Board of Education* (1956), julgado pela Suprema Corte.
6   Rodrigues, 1991, p. 28.
7   Disponível em: <https://supreme.justia.com/cases/federal/us/376/254/case.html>. Acesso em: 28 abr. 2018.

8   A primeira página da petição escrita por Gideon pode ser visualizada em: <https://en.wikipedia.org/wiki/Gideon_v._Wainwright#/media/File:Gideon_petition_for_certiorari.jpg>. Acesso em: 28 abr. 2018.
9   Dados disponíveis em: <http://www.supremecourtpress.com/chance_of_success.html>. Acesso em: 28 abr. 2018.
10 Lewis, 1964, p. 6.
11 O art. 10 do Regimento Interno da Suprema Corte dos Estados Unidos estabelece que "Revisão de uma petição de *certiorari* não é uma questão de direito, mas de discrição judicial". Disponível em: <https://www.supremecourt.gov/filingandrules/2017RulesoftheCourt.pdf>. Acesso em: 28 abr. 2018. Na época do julgamento de Gideon, esse mesmo texto constava do Regimento Interno da Suprema Corte, mas no art. 19. Disponível em: <https://www.supremecourt.gov/pdfs/rules/rules_1954.pdf>. Acesso em: 28 abr. 2018.
12 Trata-se de um fato raro. Segundo Bruce Green no artigo "Gideon's Amici: Why Do Prosecutors So Rarely Defend the Rights of the Accused?", publicado no Yale Law Journal (122:2336, 2013), "esta foi uma ocorrência única. Embora a apresentação de memoriais de *amicus* por órgãos públicos tenha aumentado significativamente desde então, inclusive em casos criminais, membros da promotoria raramente submetem memoriais de *amicus* na Suprema Corte a fim de apoiar os réus criminais em seus direitos processuais, e nunca em massa como em Gideon". Disponível em: <https://www.yalelawjournal.org/pdf/1185_c2mdjexr.pdf>. Acesso em: 28 abr. 2018.
13 Hall, 1999, p. 105.
14 A Décima Quarta Emenda à Constituição dos Estados Unidos, aprovada logo após a Guerra Civil, continha a seguinte disposição: "Todas as pessoas nascidas ou naturalizadas nos Estados Unidos e sujeitas à sua jurisdição são cidadãos dos Estados Unidos e do estado em que residem. Nenhum estado fará ou aplicará qualquer lei que restrinja os privilégios ou imunidades dos cidadãos dos Estados Unidos; *nem qualquer estado deve privar qualquer pessoa de vida, liberdade ou propriedade, sem o devido processo legal; nem negar a qualquer pessoa dentro de sua jurisdição a igual proteção das leis*" (grifou-se).
15 Inteiro teor da decisão disponível em: <https://www.oyez.org/cases/1962/155>. Acesso em: 28 abr. 2018.
16 Disponível em: <http://www.ct.gov/ocpd/cwp/view.asp?a=4087&q=479198>. Acesso em: 28 abr. 2018.

José Rubem Fonseca

Luiz Alberto Colonna Rosman[1]

1 – Introdução

Em 15 de dezembro de 1976, o livro *Feliz Ano Novo* do renomado escritor José Rubem Fonseca, que fora lançado em outubro de 1975, com reimpressões em fevereiro e junho de 1976 (cada qual de 10 mil exemplares), veio a ser objeto de proibição de editar-se, fazer circular e vender, em todo o território nacional.

O presente artigo corresponde a uma resenha da ação judicial que o autor propôs, em 28 de abril de 1977, contra a União Federal, pleiteando o reconhecimento da ilegalidade da proibição de edição, circulação e venda do livro no território nacional e a condenação da ré ao pagamento de indenização por danos patrimoniais e morais.

Após uma descrição sucinta do ato censório e uma breve apresentação de José Rubem Fonseca e das características de seu livro *Feliz Ano Novo*, faremos um resumo do conteúdo e transcrição (com a grafia da época) dos trechos mais relevantes de algumas das principais peças produzidas no processo — compreendendo petições de advogados do autor, pareceres do perito do juízo, decisões judiciais de primeira e de segunda instância — nas quais, para além da discussão das questões legais envolvidas, há extraordinárias análises (dos pontos de vista jurídico e artístico) sobre a censura ao longo da história, o conceito de pornografia e imoralidade na literatura e a confusão muitas vezes criada com a acusação de conteúdo pornográfico ou imoral relativamente a obras de arte ou literárias.[2]

2 – O ATO CENSÓRIO

O ato censório foi publicado no Diário Oficial da União (DOU) de 17 de dezembro de 1976, e corresponde ao conteúdo do despacho nº 8.401-B, exarado pelo sr. ministro de Estado da Justiça, em 15 de dezembro de 1976, no processo MJ-74.310-76, pelo qual foram proibidas a publicação e a circulação, em todo o território nacional, do livro *Feliz Ano Novo*, coletânea de 15 contos autônomos, de autoria de Rubem Fonseca, tendo ainda sido determinada a apreensão de todos os exemplares expostos à venda, sob o fundamento de exteriorizarem matéria contrária à moral e aos bons costumes. Essa medida se embasou na motivação expendida no parecer nº 594/76, de 3 de dezembro de 1976, da Divisão de Censura do Departamento de Polícia Federal, que considerava, na visão do censor, que a obra retratava personagens portadores de complexos, vícios e taras, com o objetivo de enfocar a face obscura da sociedade na prática de vários delitos, sem qualquer referência a sanções, valendo-se, ainda, o escritor do largo emprego da linguagem pornográfica.

3 – O AUTOR JOSÉ RUBEM FONSECA E SEU LIVRO *FELIZ ANO NOVO*

José Rubem Fonseca é contista, romancista, ensaísta e roteirista brasileiro. Consagrou-se como um dos prosadores brasileiros contemporâneos mais originais. Suas narrativas são velozes e cosmopolitas, repletas de violência, erotismo e irreverência. O estilo contido, elíptico, cinematográfico que Rubem imprime a suas histórias reinventou uma literatura *noir*, mesclando clássico e pop, brutalidade e sutileza.

O autor recebeu, entre vários outros, o Prêmio Jabuti nos anos de 1970,[3] 1984,[4] 1996,[5] 2002,[6] 2003[7] e 2014,[8] o Prêmio Camões, em 2003, e o Prêmio Machado de Assis, em 2015, concedido pela Academia Brasileira de Letras pelo conjunto de sua obra.

O livro *Feliz Ano Novo*, lançado em 1975, contém 15 contos com narrativas que, muitas vezes, envolvem temas sexuais, violência e conflito entre classes sociais. O primeiro deles, que dá nome ao livro, pode ser assim resumido:

> Na véspera do ano novo, três assaltantes se reúnem no apartamento de um deles, onde fumam maconha, bebem cachaça, imaginam assassinar policiais e acabam por arquitetar um assalto a uma residência qualquer. Entrementes, um se masturba. Munidos de armas de fogo, saem para a rua e furtam um carro, no qual rumam para São Conrado. Escolhida a casa a ser assaltada, interrompem a festa que ali se realizava e, sob a ameaça das armas, obrigam os 25 circunstantes a se deitarem no chão, amarrando-os. Iniciam o saque. No andar superior, um dos assaltantes assassina a dona da casa, que se negara a manter relações sexuais com ele. Uma mulher idosa acaba morrendo de susto. A seguir, outro assaltante defeca sobre a cama e os três voltam a se reunir no andar térreo, onde passam a comer e a beber, enquanto fuzilam dois homens, pelo prazer de ver seus corpos ficarem grudados na parede de madeira, por força dos tiros. Ao final, uma garota é estuprada no sofá, não sem antes receber murros no rosto. Eles se retiram, retornando ao apartamento, após o que um abandona o automóvel em uma rua deserta de Botafogo. Os diálogos estão prenhes de palavras de baixo calão, tais como vg., fudidão, porra,

boceta, culhão, xoxota, punheta, bronha, puta, cu etc. Atente-se para o desfecho, in verbis:

> Subimos. Coloquei as garrafas e as comidas em cima de uma toalha no chão. Zequinha quis beber e eu não deixei. Vamos esperar o Pereba.
> Quando o Pereba chegou, eu enchi os copos e disse, que o próximo ano seja melhor. Feliz Ano Novo.[9]

4 – Excertos da Petição Inicial da Ação Proposta

4.1 – O pedido

Em 28 de abril de 1977 foi distribuída a petição inicial da ação ordinária[10] proposta por Rubem Fonseca, na qual ele foi representado pelo advogado Clóvis Ramalhete[11] — o qual, tendo sido nomeado alguns meses depois consultor-geral da República, ficou impedido de continuar a patrocinar o caso.[12] É formulado o seguinte pedido:

> 9.1 O A. requer sentença em que seja declarada a insubsistência, por ilegal, do despacho no Proc.MJ-74310/76, que proíbe a edição, circulação e venda do livro *Feliz Ano Novo* no território nacional, — provado neste Processo que o ato foi lavrado sem o motivo de Lei alegado. E que a sentença condene a União a indenizar o A., a dois títulos: 1º) por dano patrimonial, decorrente da ilegal apreensão dos livros, suspensão de vendas e proibição da reedição, contratada ou não, indenização pecuniária a ser arbitrada (Cd. Cv. art. 1.059 c/c 1.533 e outros aplicáveis); 2º) por dano pessoal à reputação do A. grangeada como escritor, e a ser liquidada como no art. 1.547 e Parágrafo do Cod. Civil, c/c art. 25 n. IV da L. 5.988/73; condenada ainda a União em honorários ao advogado do A., equivalentes a 20% do valor da condenação.

4.2 – Resumo dos argumentos jurídicos

Clóvis Ramalhete, em brilhante e erudita exposição, demonstrou cabalmente a falta de fundamentos para a proibição e apreensão do livro, bem como o cabimento da devida indenização ao autor, cujos argumentos são abaixo transcritos (com a grafia original) e referidos em suas partes mais relevantes para os propósitos desta resenha (os grifos constam do original):

> O A. é o escritor do livro *Feliz Ano Novo*. Esta sua obra veio a ser objeto de proibição de editar-se, fazer circular e vender, em todo o território nacional. A decisão consta de despacho do exmo. sr. ministro da Justiça, no Proc. MJ-74.310/76.
>
> Este ato da autoridade contra a obra do Escritor invoca, mas sem fundamento, "o § 8º do art. 153 da Constituição Federal,[13] o art. 3º do D. Lei 1.077[14] de 26 de janeiro de 1970"; e alega, *como motivo*, os exemplares do livro "exteriorizarem matéria contrária à moral e aos bons costumes".(...)
>
> Este é manifestamente o caso dos autos. Houve indevida aplicação do D.L. 1077/73 ao livro *Feliz Ano Novo*. Ele não constitui "exteriorização contrária à moral e aos bons costumes". É o que demonstra o A., a seguir, com a Jurisprudência brasileira e a estrangeira, e com a melhor Doutrina nacional e forânea. (...)
>
> O motivo alegado pela Autoridade para proibir *Feliz Ano Novo não coincide com a realidade*. O ato não pode subsistir, desde que demonstrado o *êrro* iniciado por algum Censor embuçado nas sombras burocráticas, intelectualmente desqualificado para a tarefa, e que fez brotar a decisão do ministro de Estado para escândalo da opinião nacional, logo solidária com o escritor e sua obra, *Feliz Ano Novo*, sem motivo nenhum proibida em todo o território nacional.

Reproduziremos nas subseções seguintes (transcrevendo trechos da petição)[15] os argumentos não jurídicos que foram utilizados pelo dr. Clóvis Ramalhete para fundamentar os pedidos de liberação da obra e de condenação da União Federal ao pagamento de indenização.

4.3 – Manifestações de apoio de personalidades

A proibição de *Feliz Ano Novo* causou espanto. Condenada logo passou a ser, a decisão da autoridade. Em declarações à imprensa manifestaram-se personalidades como o ministro *Aliomar Baleeiro*, os acadêmicos *Afonso Arinos de Melo Franco* e *Josué Montelo*; o escritor *Guilherme Figueiredo*; e professor *Alfredo Lamy Filho*, entre outros.

A perplexidade ante a proibição de *Feliz Ano Novo* e a repulsa a ela provinham de que é errada, inverídica e injusta a alegação de ser obra indecorosa este livro de contos *Feliz Ano Novo*. Ela ocorreu a um censor de cuja opinião insensata no entanto brotou este ato do ministro de Estado. (...)

Declara o *min. Aliomar Baleeiro*: "Devo a meu amigo Armando Falcão ter conhecido o *Feliz Ano Novo* de Rubem Fonseca" (...) "15 contos em que o autor usa da linguagem real dos diferentes meios sociais que o inspiraram", — "que não me parece pornografia". (...)

Também repeliram a errada qualificação oficial de *Feliz Ano Novo* como obra "contrária aos bons costumes", o prof. *Alfredo Lamy Filho*; o teatrólogo mundialmente conhecido Guilherme Figueiredo; Carlos Drummond de Andrade apontado o maior poeta do Brasil contemporâneo; e outros.

"Rubem Fonseca retrata em sua obra com tintas fortes, que só o artista consegue captar, as contradições e os dramas de um universo em convulsão. Não foi ele quem criou as neuroses..." (*Alfredo Lamy Filho*, jurista, professor universitário).

"... (não fosse a censura) e eu continuaria a ignorar esse excelente escritor patrício" (Teatrólogo e ensaísta *Guilherme Figueiredo*).

"Licença para, na pessoa de quatro grandes, Antonio Callado, Darcy Ribeiro, Osman Lins, Rubem Fonseca, homenagear todos aqueles que no país mantiveram ativo o ímpeto criador da Literatura Nacional" (*Carlos Drummond de Andrade*).

4.4 – Apreciação do valor literário da obra de Rubem Fonseca

Ficcionista, Rubem Fonseca traz nos nervos a condição de absorver a realidade social e devolvê-la em cenas, diálogos, personagens. Um romancista, disse Balzac, carrega a seus contemporâneos na mente; e traçou o painel genial da *Comédia humana*, em que reproduziu, inteira, a sociedade romântica, com suas classes, tipos, sentimentos, ideologias, tudo em relações complexas, retratado numa multidão de personagens, nobres e plebeus, ricos e miseráveis, sonhadores ou avarentos.

Rubem Fonseca inclui-se, no momento literário da América Latina, no surto atual da ficção que ultrapassou as fronteiras do Continente, nesta galeria de autores em que Júlio Cortazar, Garcia Marquez, Vargas Llosa e outros se ocupam no registro da matéria social feita de tragédia e esperanças, na região; e em que, no Brasil, uma geração anterior de ficcionistas, a do "romance social do Nordeste", nos deu as obras de Graciliano Ramos, José Lins do Rego e outros, já incorporadas à História Literária. Contista, Rubem Fonseca é impregnado da realidade como em "O Pedido"; mas às vezes volta-se transfigurado de fantástico, como no conto "Náu Catrineta"; ambos a nível de serem antologiados pela posteridade. No entanto Rubem Fonseca na véspera de alcançar nova repercussão internacional para a literatura Latino Americana, foi atingido por este ato proibitivo da Autoridade, lavrado em *êrro*. (...)

Em substância, na saudação unânime da Crítica nacional mais autorizada, *Feliz Ano Novo* é uma obra literária: "um belo livro cruel e violento, sim, com personagens e enredos vivos porque seu autor testemunhou (...) um tempo e uma realidade", julga-o, a famosa contista *Ligia Fagundes Teles*. "Ele apenas a retrata, com a sensibilidade extrema que é o dom do artista", assinala *Alfredo Lamy Filho*.

O *Jornal do Brasil*, manifestou-se sob o título "*LIMIAR DO RIDÍCULO*", a propósito de *Feliz Ano Novo*: "Um País pode ir mal de censura, pode estar mal de ministros, mas quando está mal de Torquemadas, até suas fronteiras ardem mal."

4.5 – Censura e História. A imoralidade na Jurisprudência sobre Letras

O trágico está em verificar que na História, tantas vezes se vê a estátua suceder à fôrca. A sociedade tem alternado julgamentos, e remorso.

A história da Censura alonga-se por milênios e veio trocando de objetivos. No começo, por séculos ela perseguiu Heréticos; foi quando Deuses governavam, por traz dos homens. Depois acusou Pensadores Políticos e artistas sociais, assim que o Estado liberal cimentou sua ideologia; e proibiu outras. Nos dias atuais, entretanto, as Leis, os Govêrnos, e os Juizes passaram a se ocupar com o Obsceno. Os heréticos? Socrates, Jesus, Galileu. Os sociais e políticos? Ao lado de outros, a imensa fila literária, de Baudelaire, Flaubert, Dostoiewski, sombras gloriosas, iluminadas até hoje, mas já esquecido o nome de seus Juizes. Os censores atuais do Obsceno? e ouvem-se gemer e protestar, um James Joyce, ou um Lawrence malditos ou perseguidos. Calcados pela ignorância poderosa com a proibição ética, livraram-se dela pela fôrça da própria genialidade. Ela os havia tornado videntes dum mundo a nascer.

Conclui-se, que sempre, depois da Censura, logo vem a Tolerância, e quanto às mesmas questões dantes perseguidas. Certos padrões do Censor de hoje, sobre "obsceno", estarão obsoletos dentro de vinte anos. Tal é a velocidade com que se está modificando o *pudor*, como recebido dos vinte anos anteriores. (...)

No Brasil, quando da edição em português do romance de Victor Marguerite, *La Garçonne*, o editor respondeu a processo; e o livro esteve sob julgamento. A sentença de absolvição, assinou-a o magistrado Vieira Braga, mais tarde integrante do Tribunal do Distrito Federal, então no Rio de Janeiro. (...)

Na sentença daquele que viria a se revelar um dos maiores magistrados de sua época, Vieira Braga, encontram-se fixados os *critérios*, (que os Juízes americanos denominam *tests*, na apreciação de tais casos). O *primeiro*: o *"objetivo" buscado* pelo escritor, que distingue o criador de obra de literatura, o artista, do escrevinhador *que visa diretamente o obsceno* ou o erótico. O critério *teleológico* é amplamente estudado pelos juristas italianos nos delitos contra o pudor público; e inspirou Vieira Braga. E o *segundo*: deve o Juiz *não dar ênfase ao detalhe*, mas tomar a *obra* como um todo, ante seu *fim artístico*. O *terceiro*: *a contrario sensu* do primeiro, a obra não impele ao vício mas resulta em mera fruição pelo leitor, no contato com o temperamento do criador.

Tal como o Juiz Vieira Braga ao julgar *La Garçonne*, quando buscou o *objetivo do escritor* e desprezou enfatizar detalhes antes tomando-os como do todo da obra, também em *Feliz Ano Novo* os críticos, ensaístas e ficcionistas brasileiros, acima referidos, ressaltam *o "objetivo"* de Rubem Fonseca, o de fixar a realidade social de hoje. E entendem que as cenas ou os diálogos integram a verdade que o escritor busca, em sua arte. (...)

Nos Estados Unidos: Admirável, a humildade do *Justice* Woolsey, ao decidir o caso "Estados Unidos versus um livro entitulado *Ulisses*". A obra era acusada de obscenidade pelos Oficiais Aduaneiros. Não cabe aqui a exposição nem da competência *quasi* judicial destes funcionários, nem a da lei de tarifas postais, que nos Estados Unidos ensejam censura disfarçada. Vale surpreender, porém, um grande Juiz confessando sua dificuldade em entender Joyce, e a necessidade de o Juiz guiar-se pelos Críticos para alcançá-lo. Afinal, o *Justice* diz que apreendeu a obra e o criador, graças aos interpretes e analistas literários. E deu-se por habilitado para julgá-lo.

Exemplar magistrado esse, que honra o ofício de homens que julgam homens. Ei-lo julgando Joyce e seu *Ulisses*, acusado de obsceno:

> *Ulisses* não é um livro fácil de ler e menos ainda de compreender. Muito porém se tem escrito a título explicativo sobre ele, e, para ter melhor compreensão do seu conteúdo, é conveniente ler-se alguns destes livros, que podem ser considerados satélites. De qualquer maneira, o estudo de *Ulisses* representa uma tarefa pesada.
>
> III. Não obstante, o prestígio do livro na literatura mundial constituía uma garantia prévia do tempo que lhe devia dedicar, *para determinar em primeiro lugar qual era a essência do seu conteúdo e qual o "propósito" com que havia sido escrito.* Quando se alega que um livro é obsceno, deve determinar-se primeiramente *se a "intenção" de seu autor foi a de escrever uma obra pornográfica, quer dizer, destinada a explorar a obscenidade.*
>
> Se chegamos à conclusão de que este livro é pornográfico, estarão justificadas as medidas que se tomem contra ele. Mas em *Ulisses*, não obstante a rudeza pouco comum com que foi escrito, não encontro traços de sensualismo. Em conseqüência, sustento que não é um livro pornográfico.

Tal como o juiz brasileiro Vieira Braga e tal como a Côrte argentina, também o *Justice* Woolsey adotou o critério teleológico. Se o *"objetivo" buscado* pelo escritor foi a obscenidade, o livro será contrário à moral. Mas se a *finalidade* procurada foi outra, como por exemplo, a de retratar a realidade social à volta, trata-se então de "obra literária" cujo desenvolvimento exige liberdade criadora na linguagem, no detalhe, nas cenas. (...)

4.6 – O obsceno na Doutrina Jurídica

Não só a Jurisprudência Comparada; mas também a melhor Doutrina em âmbito internacional já cristalizou *critério* para a aplicação de lei repressora do *obsceno*, em objetos ou escritos; e sabe-se separá-lo da *arte*. Como visto nas decisões, no Brasil, na Argentina e nos Estados Unidos tal critério recomenda que o julgador pesquise *o "objetivo" pretendido pelo criador da obra*. Ou criar "obra de arte" é a finalidade; ou o "obsceno" *em si mesmo* animou a intenção do autor. (...)

A arte literária purifica o tema, por mais veemente que seja a imoralidade dele, tal como no submundo de Dostoiewski, de bêbados e viciados, prostitutas, assassinos, neuróticos e jogadores. Em *Crime e Castigo*, Raskolnikov justifica o latrocínio, o enredo sugere a arquitetura do "crime perfeito", e o baixo mundo de São Petersburgo abre as sarjetas de pús em torno dum criminoso tornado herói trágico aos olhos do leitor fascinado pelo genial escritor. Raskolnikov, quando foge dele próprio, vai à taberna, encontra o pai de Sonia, um pobre diabo bêbado, que narra entre humilhado, tolerante e furado de remorsos, a própria decadência e a da mulher, e a prostituição da filha que entre névoas ele diviniza e lamenta. Trata-se de uma das páginas mais densas de arte, na ficção de todo o mundo nestes duzentos anos. Como no entanto acusá-la de *imoral*? Como não ver nestes subterrâneos humanos e nestes frangalhos da sociedade, a não ser a imensa *arte* de Dostoiewski, feita de piedade, dores sociais e revolta? — *"L'elemento osceno rimane seppraffatto, e, por cosi dire, purificato!"* — assinala Manzini. (...)

Para a aplicação do D. Lei 1.077/70, é o caso de *Feliz Ano Novo*, e operar a investigação da não ocorrência no livro, de contrariedade à moral e aos bons costumes, outro caminho não há, a não ser o já apontado universalmente pela Jurisprudência e pela Doutrina, e acima resumido. À vista de ambas — *Feliz Ano Novo* deve ser declarado "obra de literatura" puramente, de ficção que espelha a realidade do mundo em que vive o seu autor — que de outras regiões do orbe é que não lhe virá a matéria literária. Verificada assim a inexistência do *motivo legal* da proibição da obra, deve a sentença julgar procedente a ação e declarar a insubsistência do ato da autoridade, por ilegal.

5 – O laudo do acadêmico Afrânio Coutinho

O acadêmico Afrânio Coutinho, membro da Academia Brasileira de Letras, foi designado como perito do juiz federal da 1ª Vara Federal na ação ordinária movida por Rubem Fonseca contra a União Federal e apresentou, em 23 de janeiro de 1979, um laudo extenso e definitivo — posteriormente publicado em livro no mesmo ano — ao qual deu o título de *O erotismo na literatura: o caso Rubem Fonseca*. Transcrevem-se a seguir algumas das extraordinárias análises literárias (inclusive sobre a obra de Rubem Fonseca), observações e conclusões apresentadas pelo ilustre acadêmico (os destaques e a segmentação de trechos do trabalho por asteriscos [***] constam do original):

> Nós vivemos numa civilização erótica, Supererótica. Erotizante.
> Evidentemente, o erotismo na vida humana é tão velho quanto o próprio homem. Mas em nossa vida social o erotismo transborda da intimidade para a rua. Envolve-nos sob os mais variados aspectos.
> Foram os próprios costumes que mudaram. Fala-se mesmo numa revolução da moral, consequente à abertura larga nos costumes, ou acompanhando-a necessariamente. Filosofias proclamam e advogam o predomínio de Eros sobre Tanatos, das forças de vida contra as mortíferas, como medida salvadora da civilização em risco de destruição.
> A impregnação erótica na vida atual é vasta e profunda. Não há como reagir (e se deveria? E se conseguiria?). (...)

A vestimenta das praias, e mesmo fora delas, tem sido resumida a um mínimo tal que não se faz mister mais qualquer esforço de imaginação para alimentar a fantasia erótica. Quase desapareceu aquele "manto diáfano da fantasia" que, para o grande luso, deveria "cobrir a nudez crua da verdade".

A linguagem rendeu-se, por sua vez, à invasão de um palavreado outrora guardado para situações secretas ou para a boca pequena. Até o pudor feminino foi destruído ante o uso descoberto e geral, pelas modernas gerações, de palavras antes reservadas aos homens. O mesmo ocorre com os jovens e até meninos e adolescentes.

Uma crescente onda de sexualidade invadiu todos os setores da vida em geral e brasileira em particular. Vive-se sexo hoje às escâncaras.

A tal ponto se chegou que são vistos como "quadrados" ou "caretas" os que não se deixam contaminar pelo modismo do palavrão, forma de exibicionismo "adulto".

* * *

Um livro dito pornográfico é aquele que descreve situações eróticas, libidinosas, usando linguagem pornográfica ou chula. Pornográfico é ligado essencialmente à sexualidade. No fundo, procura-se um livro pornográfico como excitante de sensações eróticas, portanto, na prática, como um afrodisíaco. Não pode haver um critério valorativo para saber-se, de maneira exata e indubitável, se uma obra é pornográfica, ou mesmo indecente, porquanto, como disse D.H. Lawrence, autor inglês de um romance considerado uma obra-prima de erotismo, "uma obra pode ser pornográfica para um homem e não ser vista por outro senão como uma obra de comicidade genial". E, mesmo, o julgamento pode variar de povo a povo. (...)

Vê-se como o pensamento conservador ou mesmo reacionário pode interpretar os fenômenos da vida. De qualquer modo, acerca da pornografia, duas escolas de pensamento se chocam. É o que afirma David Loth:

> De um lado, estão aqueles que acham que a literatura modela a conduta humana; do outro os que pensam que a literatura meramente reflete o que já está na vida.

É curioso perguntar por que uma obra de arte pictórica ou escultural, exibindo o nu feminino ou masculino não é pornográfica, enquanto o é uma fotografia de mulher nua ou a exibição de órgãos sexuais em revista ou descrição do ato sexual em livro. Mostrar as nádegas ou seios da mulher em banho, num anúncio de sabonete não é pornográfico, ao passo que o é para muita gente um livro que narra momentos eróticos.

São inúmeras as contradições a esse respeito. Lembremo-nos de que a exibição do beijo era proibida em filmes. Atualmente, o beijo mais erotizado(zante) é comum nos filmes e telenovelas.

* * *

Apesar do esforço que a autoridade eclesiástica manteve durante a Idade Média, quando instituiu a regra da flagelação como meio de sustentar o ascetismo e a castidade mormente entre o clero, para o final do período — aproximando-se da literatura e pintura mais realista do Renascimento — a resistência foi vencida aos poucos e generalizou-se um relaxamento moral sexual. Foi nesse momento que surgiu a primeira obra-prima moderna da literatura de conteúdo erótico-pornográfico: *O Decamerão* (1371) de Giovanni Boccaccio (1313-1375), o qual, em suas próprias palavras, quis descrever "a vida tal como ela é". É uma série de contos e novelas, em que se dão as mãos o sensualismo, a licenciosidade e o realismo, constituindo uma obra-prima sempre louvada e altamente influente nos futuros ficcionistas. A esta obra seguiram-se outras no Renascimento, de caráter pornográfico ou semipornográfico.

Assim, imitando *O Decamerão*, surgiram *Os contos da Cantuária*, de Chaucer, na Inglaterra, o *Heptameron*, de Margarida de Valois, na França. Mais ou menos da mesma época são *As mil e uma noites*, da Pérsia. (...)

Ainda neste período, a obra gigantesca de Shakespeare, possivelmente o maior criador literário de todos os tempos, está cheia de obscenidades, desde palavras até cenas, situações, temas, tanto nas peças teatrais quanto nos poemas líricos. Um editor inglês, defendendo-se da acusação de publicar pornografia, fez uma lista de vinte passagens do bardo que poderiam ser acusadas como modelos de literatura pornográfica, e mais *Vênus e Adônis* por completo. Quanto à linguagem é a mais crua possível em todas as suas obras. Não costumava evitar problemas ou cenas menos decorosas. (...)

Só no século XVIII, na Inglaterra, por influência crescente do puritanismo, é que começa o hábito de substituir palavras chulas por travessões ou pontilhado (Swift, Sterne), hábito devido, sobretudo, à pudicícia da classe média, a qual crescerá assustadoramente no século XIX, a ponto de se tornar o clima dominante sob a rainha Vitória. A esse moralismo vitoriano deve a Inglaterra várias legislações cerceadoras da liberdade da literatura, ao pretexto de defender "a moral e os bons costumes". Isso não impedia que o país fosse a pátria de uma das obras-primas da literatura erótica: — as já referidas *Memórias da vida de Fanny Hill* ou *Uma mulher de prazer* (1749), de John Cleland. (...)

O lado, digamos, das perversões sexuais ficou na literatura ilustrado com a contribuição do conhecido Marquês de Sade (1740-1814), francês, autor de uma série de obras: *Justine, Os 120 dias de Sodoma, Juliette, Os crimes do amor*, entre outras. Dele resultou uma denominação genérica — sadismo — para toda uma galeria patológica ligada a sexo, muito bem estudada sobretudo pelo psicólogo inglês Haveloch Ellis, na sua obra monumental *Psychology of Sex*. A outra figura do assunto foi o austríaco Leopold von Sacher-Masoch (1836-1895), ao qual se deve a palavra *masoquismo*, também definidora de outro aspecto da psicopatologia sexual. (...)

Pode-se afirmar que não há escritor brasileiro que não haja pago o seu tributo à força de Eros. Depois do Modernismo de 1922, produziu-se uma ainda maior abertura e um alargamento da área de ação do elemento erótico na literatura. Sobretudo depois das modernas inovações de incorporação à literatura de assuntos até recentemente tidos como pouco literatizáveis, como a vida dos instintos, as manifestações corpóreas, as atividades orgânicas inferiores, que foram libertadas da camada de preconceitos seculares. (...)

Seria um desastre igual aos dos incêndios que destruíram boa parte da produção helênica fôssemos queimar todos os grandes livros da literatura humana só porque contêm palavrões e cenas eróticas.

* * *

O escritor Rubem Fonseca, desde o seu livro de estreia *Os prisioneiros*, de 1963, impôs-se no Brasil à crítica e ao público ledor como uma figura das mais importantes das letras contemporâneas. Ao primeiro seguiram-se *A coleira do cão* (1965), *Lúcia McCartney* (1969), *O caso Morel* (1973), *O homem de fevereiro ou março* (1973) e, recentemente, *Feliz Ano Novo* (1975).

É escritor dotado de extrema sensibilidade e argúcia no captar os costumes de sua sociedade, nossa sociedade. Realista, dominando os recursos que a técnica literária mais recente proporciona ao ficcionista, o quadro que nos oferece é muito vívido e sem ambages. Seu instrumento verbal é rico, fluente, natural e denso, uma língua que todos nós, brasileiros, reconhecemos como nossa, a língua que todos falamos, nos corredores, nos salões, nas ruas, uma língua que estamos, os cem milhões de brasileiros, transformando, recriando, renovando dia a dia, hora a hora, minuto a minuto, nas fábricas, nas escolas, nas arquibancadas, uma língua que é dos 53% de jovens que a falam, deturpam, recriam, inventam. Por que podemos dizer *pô* e *paca* numa sala e não é permitido escrever essas palavras em um livro? Por que a juventude de hoje foi aberta a todos os segredos do palavreado de calão ou gíria e não pode lê-lo num livro? Não vai nisso uma grande dose de hipocrisia ou puritanismo de epiderme?

Os contos de Rubem Fonseca, em geral, expõem casos que poderiam ser retirados do *fait-divers* dos jornais de todo dia. Casos de violência sexual, sedução, assassinatos, roubos, assaltos, exploração da mulher, corrupção policial, problemas da juventude, exploração de menores, traficância de tóxicos, violências de toda a sorte, isso e muito mais é exposto sem reservas pela imprensa falada, televisionada ou escrita, com a maior riqueza de detalhes e informações as mais despudoradas.

Ora, que material mais próprio encontrará um escritor dotado de raro poder de observação, como é comum no artista, para transpor à letra artística mediante o seu imaginário e o seu estilo. É o que faz Rubem Fonseca. O erotismo e a pornografia que ele expõe não são sua invenção, pertencem à vida que o cerca e a todos nós. A violência, a criminalidade, o abuso, o menor abandonado e induzido ao crime, a toxicomania, a permissividade, a libertinagem, não são criações suas, mas estão aí, na rua, nas praias, nos edifícios de apartamentos, nas favelas. Estão nas deficiências ou inexistência do ensino, na indigência que inclui cerca de 70% de uma população abandonada à sua mísera sorte.

Ao colocar esses e outros vícios na sua literatura ele não inventa nada, apenas reproduz, revela, transfigura, o que está ao seu derredor. Isso pode fazer o artista, graças a sua maior acuidade e poder de penetração. Que diferença há entre Shakespeare escrever *whore* e Rubem Fonseca grafar *puta*? Por que essa recusa a registrar em livro as famosas palavras de "quatro letras", quando elas pertencem à linguagem corrente e todo o mundo as enuncia? Já vai longe o tempo em que era proibido aos menores o uso de tais palavras, o que os levava a procurar conhecê-las por todos os meios à disposição. Todos nos lembramos da volúpia com que íamos aos dicionários à cata de definições para certas palavras que ouvíamos ou que nos eram cochichadas pelos mais velhos no colégio.

Quem tem razão é Afonso Arinos de Melo Franco: "o problema é distinguir o obsceno do antiestético" (*Jornal do Brasil*, Rio de Janeiro, 1º jan. 1977).

Os livros de Rubem Fonseca são obra de arte literária no melhor sentido, seja pela sua língua vivaz e franca, seja pelo uso de todos os recursos técnicos da arte ficcional moderna, seja pela segura e arguta visão dos costumes sociais contemporâneos. Não condena, e não é essa a função da arte; expõe. Se são feios os seus quadros, a culpa não é sua, mas de todos nós da sociedade, que não soubemos ainda liberar das mazelas, que alguns julgam inerente à natureza humana. A arte de todos os tempos as retratou.

* * *

Como ficou dito, foi o "estúpido século XIX", na definição de Daudet, que implantou a censura aos livros e obras de arte sob o argumento de ofensa à moral e bons costumes, tendo em vista evitar a corrupção da juventude. (...)

O próprio Cristo não fugiu a essa acusação, condenado à crucificação pelos donos do poder judaico em virtude das suas ideias, "subversivas" em relação à ordem ideológica dos doutores do Templo. Os cépticos romanos lavaram as mãos, certamente por não compreenderem tamanho fanatismo.

* * *

Não vem a propósito reexaminar todos os casos judiciários em torno de livros literários (especialmente romances), provocados por autoridades ou leitores ofendidos ou julgando-os ofensivos à moral e aos bons costumes. O que importa assinalar é que, tanto a respeito de *Ulisses* de Joyce, quanto de *Madame Bovary* de Flaubert, ou *Mademoiselle Maupin* de Theophile Gauthier, quanto de casos menos literários, como o do romance *Fanny Hill* ou *Memórias de uma mulher de prazer* (1749), a razão não esteve nem está do lado da censura ou da proibição, e mais cedo ou mais tarde a liberação foi proclamada.

Fantástico foi que, cinco séculos depois da publicação e divulgação e lido no mundo inteiro, o livro de Boccaccio, *O Decamerão*, foi proibido (1922) na Inglaterra e nos Estados Unidos e vários editores foram multados por editá-lo e milhares de exemplares destruídos.

* * *

Em toda a polêmica em torno do sexo e erotismo em literatura, a palavra definitiva, a meu ver, foi dada por Oscar Wilde.

No prefácio ao *Dorian Gray* (1890), sentenciou ele a frase seguinte que pode ser tomada como verdadeiro aforismo a favor da literatura: "*There is no such thing as a moral or an immoral book. Books are well written, or badly written. That is all.*" (Não existe essa coisa de um livro moral ou imoral. Livros são bem escritos ou mal escritos. E é só.)

Em 1895, num dos processos a que foi submetido pela Corte Criminal de Londres, travou-se o seguinte diálogo entre o promotor público e Wilde:

— Essa frase expressa a sua opinião?
— Minha concepção da arte? Sim.

— Então concluo que, por mais imoral que um livro possa ser, se for bem escrito, em sua opinião é um bom livro?

— Sim. No caso de que seja bem escrito de modo a despertar um senso de beleza, que é a mais elevada sensação de que é capaz a criatura humana. Se for mal escrito ele só desperta um sentimento de repugnância.

Em verdade, desde Aristóteles, o maior teórico da literatura em todos os tempos, sabe-se que verdade ética e verdade estética são duas vertentes inteiramente distintas e separadas. O próprio Wilde reitera esse ponto de vista em *Dorian Gray*: "A esfera da arte e a esfera da ética são absolutamente distintas e separadas."

Confundir as duas esferas é que nos conduz a toda a sorte de fanatismos — morais, políticos, religiosos. A crítica literária, à qual cabe o julgamento *estético* das obras literárias, não pode subordinar-se a qualquer outro corpo de valores senão os estéticos. E pela expressão de Wilde — um livro bem escrito — o crítico entenderá todo o conjunto de qualidades e recursos ou artifícios estéticos — desde a língua (pois a obra literária é obra de arte de linguagem) até a estrutura, os personagens, o enredo, o tema, o ponto de vista etc., tudo aquilo que constitui o *intrínseco* da obra literária, e que não se confunde com qualquer doutrina extraliterária, para ser julgada por padrões não estéticos.

* * *

A obra literária de Rubem Fonseca tem-se caracterizado por extrema originalidade no que concerne a estilo, técnica narrativa, temática, além de uma busca de renovação que o faz um escritor moderno.

Os seus contos, pelos quais se revela um inovador quanto à técnica, oferecem, sobretudo, um quadro da atual sociedade carioca, e acredito que se possa dizer brasileira, em estado de crise.

O momento que vivemos realmente deixa preocupado qualquer observador menos superficial. Não é um quadro lisonjeiro o que nos oferece todos os dias a imprensa escrita, falada ou televisionada. Tem-se a impressão de um mundo em transição: de um lado uma sociedade que se desmorona, cujos valores ninguém ou quase ninguém mais respeita, e do outro uma juventude que repele esses valores, mas não conseguiu ainda criar novos valores para orientar e normalizar a sua vida. Então surgem os *ersatz*, nessa busca angustiada e louca: a violência, os tóxicos, a permissividade, uma liberdade que não passa de liberalidade, a sofreguidão para viver perigosa e aceleradamente na crença de que tudo vai acabar e então é preciso aproveitar o momento.

Qual o papel do escritor? É moralizar, é procurar influir didaticamente para corrigir ou dirigir?

Nunca foi esta a missão do grande escritor, da alta literatura.

Que fez Boccaccio ao fixar os costumes do seu tempo, inclusive do clero?

Retratou-os. E por haver sido fiel, sua obra ganhou perenidade. Foi o retrato de uma época de crise, que pode ser de várias épocas e de diferentes lugares. A literatura é a representação da vida tal como ela é. Não existe para ser corretora do que está ocorrendo na sociedade na qual surge.

Rubem Fonseca situa-se na boa linhagem da ficção universal. O fato de usar quadros da vida real — sexo, violência, miséria — não quer absolutamente dizer que ele os aprove ou desaprove. Simplesmente descreve-os, testemunha-os, usando, para ter mais eficiência artística, todos os recursos que a arte literária antiga e atual coloca à sua disposição. Por isso é bom escritor, é grande escritor. Independentemente da escola ou da técnica de que se vale. E à crítica literária só resta pronunciar seu julgamento baseada na proposta que a obra oferece. É defeso julgá-la a partir de valores que lhe são estranhos, éticos, políticos, religiosos.

Portanto, em resumo, o que deve prevalecer no julgamento de uma obra literária é o seu mérito artístico.

* * *

Para terminar, na luta entre a arte e a censura, a vitória tem sido sempre, dentro ou fora dos tribunais, a favor da arte: Wilde, Lawrence, Joyce... Todas as obras literárias ditas obscenas foram afinal liberadas. A censura é que foi condenada. E a vitória coube à arte universal, grande, de todos os tempos e lugares.

6 – A SENTENÇA DE PRIMEIRA INSTÂNCIA

Na primeira instância, a ação foi julgada improcedente nos termos da erudita sentença, de 7 de abril de 1980, da lavra do ilustre juiz dr. Bento Gabriel da Costa Fontoura, que — tendo rejeitado os três laudos apresentados, tanto o do perito do juízo, acadêmico Afrânio Coutinho, como os do assistente técnico do autor (acadêmico Francisco de Assis Barbosa) e da ré União Federal (sr. Alfredo Chicralla Nader)[16] — fundamentou as suas razões de decidir com base nos argumentos constantes (entre outros) dos parágrafos da sentença a seguir transcritos:

> Como se verifica pelo texto dos cinco contos escorçados nesta sentença, subsiste um denominador comum consistente na inusitada violência contra a pessoa humana, aureolada por uma sugestão de impunidade. (...)
>
> Ora, o poder censório se inspira precisamente no sentimento de autopreservação de cada grupo humano, em cada momento histórico. Tal sentimento indica os valores que, em consonância com o consenso dominante, mais interessam para a subsistência das uniformidades sociais consideradas imprescindíveis ao gozo do *statu quo* (RTJ, v. 44, p. 780). Por outra, para apreciar o ato censório, deve o juiz guiar-se pelo conceito de moral e bons costumes que

sintoniza com o sentimento do homem médio, conceito esse que não se confunde com o literário ou individualístico, próprio da postura da inteligência que almeja edificar a ética vindoura (RTFR, v. 52, p. 188). (...)

Realmente, tanto os três marginais do primeiro conto como todos os criminosos grã-finos dos outros quatro contos aparecem como heróis absolutos e as suas reprocháveis atitudes aparecem como se socialmente louváveis, dissimuladamente travestidas de atos meritórios. Inexoravelmente o desfecho de cada um destes cinco contos, engenhosamente dependurado entre o bem e o mal, conduz à conclusão paradoxal de que os atos repulsivos serão repisados, quando e onde forem oportunos, porque a impunidade se oferece tão certeira como o raiar do dia seguinte. A sugestão comum é de que os celerados do ano novo tornarão a assaltar na próxima noite de São Silvestre, de que o maníaco homicida dos passeios noturnos amanhã mesmo voltará a fazer a sua incursão sanguinolenta, de que o próximo herdeiro dos Matos celebrará a sua maioridade em novo festim antropofágico ("acima das leis de circunstância da sociedade, da religião e da ética...") e de que as duas amigas lésbicas novamente irão assassinar alguém, porque elas não têm cara de assassinas e porque é fácil matar quando não se tem motivos para tanto.

Ora, o brasileiro médio abomina a violência contra a pessoa humana, máxime o habitante das grandes cidades, permanentemente exposto a ela, no lar, na rua e no trabalho, ante o grande número de assaltos ocorridos nos últimos anos.

O brasileiro médio não é o intelectual nem é o analfabeto. Não é o da Av. Vieira Souto nem o do sertão do Piauí. O brasileiro médio tem instrução média, capaz de crer que o "Cravo Bem Temperado" é segredo de culinária e que F. Dostoiévski era reserva da seleção soviética. Homem afamiliado, de regra não tem vícios, mas às vezes diz os palavrões que o livro emprega. O brasileiro médio lê pouco e vê muito televisão. Jura que não tem preconceitos, mas ainda acha que a mulher deve casar virgem. O brasileiro médio gosta de futebol e gosta de carnaval. Às vezes vai ao cinema e raramente vai ao teatro. O brasileiro médio simpatiza com o presidente e nem gosta de pensar na fila do INAMPS. Não é santo nem demônio. O brasileiro médio acha que o custo de vida está pela hora da morte. O brasileiro médio detesta a violência e tem muito medo de assalto. (...)

No mundo destes autos, falou-se bastante sobre o erotismo e olvidou-se a violência. Falou-se bastante sobre a linguagem e olvidou-se o conteúdo. *Nem o erotismo nem a linguagem empregada, por si só, justificariam o veto censório. O grave está no modo pelo qual se tratou da violência.*[17] (...)

Não há dúvidas que o poder censório, como todo o poder político, tende a se hipertrofiar, caso não seja brequeado por forças em direção contrária a ele. Tal não justifica, entanto, no caso sub iudice, o excesso de zelo da intelectualidade indígena, tão pródiga em investir suas armas em defesa da liberdade para uma hipótese tão modesta. A moderação é que consolida o poder e os mais eficientes coveiros da liberdade podem ser precisamente os seus amantes mais apaixonados e egoístas, que, com os seus arroubos, acabam por engendrar as ditaduras dos liberticidas. (...)

Tendo entendido, como sintetizado no trecho acima destacado da sentença, que o veto censório estaria justificado, não pelo erotismo nem pela linguagem empregada, mas que *"o grave está no modo pelo qual se tratou da violência"*, o ilustre prolator da sentença de primeira instância faz as seguintes considerações sobre o descabimento da indenização pretendida por Rubem Fonseca:

> O certo é que essa medida contribuiu bastante para promover o livro e o seu autor, os quais, sem ela, nunca teriam sido tão mencionados na imprensa e nos círculos literários. Ao contrário, porém, do alegado na inicial, não se vislumbra o mínimo indício

de que o veto censório tenha causado qualquer dano à reputação pessoal do escritor. A monótona publicação de um despacho ministerial no Diário Oficial da União, sem nenhum estrépito, não teria força para tanto. Amoral seria, isto sim, o condenar-se o Estado a pagar uma descabida indenização, porque a repercussão financeira se estenderia até o povo contribuinte, cuja consciência moral fora insultada exatamente pela obra.

7 – A APELAÇÃO

Rubem Fonseca, nesta fase já representado pelos advogados Antônio Fernando de Bulhões Carvalho[18] e Alberto Venancio Filho[19] — recorde-se, como já referido, que seu advogado inicial, Clóvis Ramalhete, havia sido, meses após a propositura da ação, nomeado Consultor Geral da República, ficando, assim, impedido de patrocinar o caso —, recorreu da sentença de primeira instância para o Tribunal Federal de Recursos, por meio de apelação datada de 25 de abril de 1980, que se estrutura por meio de diferentes capítulos que são a seguir sumariados por meio da transcrição de parte de seus parágrafos e argumentos.

7.1 – Motivação da censura

A Portaria Ministerial (fls. 28) fala sucintamente em exteriorização, no livro, de matéria contrária à moral e aos bons costumes, o que lhe permite tentar abrigar-se à sombra do artigo 153, § 8º, da Constituição Federal, e do artigo 3º do Decreto-lei n. 1.077, de 26.1.1970. O parecer da Divisão de Censura de Diversões Públicas, Departamento de Polícia Federal, Ministério da Justiça (594/76), que deu origem a esse ato administrativo, sustenta que *Feliz Ano Novo* "retrata, em quase sua totalidade, personagens portadores de complexos, vícios e taras, com o objetivo de enfocar a face obscura da sociedade na prática da delinqência, suborno, latrocínio e homicídio, sem qualquer referência a sanção", utilizando "linguagem bastante popular e onde a pornografia foi largamente empregada", a que se acrescem "rápidas alusões desmerecedoras aos responsáveis pelos destinos do Brasil e ao trabalho censório". (...)

A recapitulação do parecer em causa é importante para a análise correta da respeitável sentença-apelada porque (a) dele, a Portaria Ministerial, cuja nulidade parece óbvia ao autor-apelante, só absorveu a expressão vaga que a compatibilizaria com a Constituição Federal e o Decreto-lei nº 1.077, do hipotético atentado à moral e aos bons costumes, e (b) tem sido reiteradamente treslido, esse parecer, posto que *não se pode confundir o ponto de vista do censor* de que o autor-apelante visou a "enfocar a face obscura da sociedade na prática de delinqüência, suborno, latrocínio ou homicídio" *com a ilação de que pretendeu estimular alguém ao crime e à violência*. Trata-se de coisas completamente diferentes.

7.2 – A moral e os bons costumes

Nos comentários aos laudos periciais, o autor-apelante (fls. 245/261) tratou extensamente do tema a partir de duas premissas: (a) de que *Feliz Ano Novo* é indiscutivelmente obra de arte, com lugar assegurado na literatura brasileira, o que nem a ré-apelada nem o MM. dr. Juiz *a quo* contestam; e (b) de que a obra de arte e o conceito de atentado à moral e aos bons costumes se repelem por definição. (...)

Não obstante, o MM. dr. Juiz *a quo*, ressalvando que, na opinião dele, no Direito positivo brasileiro "nem tudo que é esteticamente válido será juridicamente válido", e que [de tal sorte] "face ao ordenamento jurídico pátrio, o julgamento da obra literária, indigitada imoral, é, portanto, passível de medida censória, não pode exaurir-se na perquirição sobre o seu valor estético" (fls. 282), isenta especificamente *Feliz Ano Novo* da pecha de atentatória da moral e dos bons costumes, apoiando-se *tão somente na invocação do culto da violência*, como resulta claramente do enunciado a respeito conclusivo da respeitável sentença apelada (fls. 293; grifos aditados):

> No mundo destes autos falou-se bastante sobre o erotismo e olvidou-se a violência. Falou-se bastante sobre a linguagem e olvidou-se o conteúdo. *Nem o erotismo nem a linguagem empregada*, por si só, *justificariam o veto censório*. O grave está no modo pelo qual se tratou da violência.
>
> Da violência, falar-se-á adiante. Da moral e dos bons costumes, de que maneira poderiam ser agredidos por um texto escrito? Precisamente, e unicamente, pelo tratamento dado ao erotismo e pela linguagem, esta instrumento daquele.
>
> Erotismo e linguagem que o MM. dr. Juiz *a quo* ressalvou como insuficientes, por si sós, para justificar a interdição do livro. Do que flui limpidamente a primeira conclusão que o autor-apelante submete ao crivo do Egrégio Tribunal *ad quem*: a de que a respeitável sentença apelada não acolheu, para julgar a ação improcedente, o fundamento invocado no parecer da Divisão de Censura de Diversões Públicas (fls. 59) e no ato ministerial arbitrário (fls. 28). Ou por outra: admitindo, *em tese*, a validade da antipática Portaria Ministerial, S. Exa., no caso, a repeliu.

7.3 – A violência

Rejeitando a abrangência de *Feliz Ano Novo* pelo preceito constitucional proibitivo referido à moral e aos bons costumes, mas recusando-se a decretar a nulidade do ato administrativo que o interditou, o MM. dr. Juiz *a quo* recorreu ao argumento de que o livro explicita "culto da violência" e "elogio da impunidade"; reconhecendo embora que ambos "não são alheios a certos instantes da alta literatura" — para o que cita inclusive versos flamantes de Fernando Pessoa, positivamente incitadores da pirataria (fls.

290) —, sentiu-se o MM. dr. Juiz *a quo* defrontado com o dilema resultante de que sua inclinação para manter a proibição de *Feliz Ano Novo* não tinha base legal.

Magistrado culto e inteligente, embutiu a *violência* na *moral*, afirmando (fls. 292): "E, *in casu*, o que importa é a consciência moral do brasileiro médio, que reprova o culto da violência, mormente quando acasalado com o elogio da impunidade."

Tais conceitos, entretanto, não se harmonizam tão facilmente. André Lalande assim os define: (...) seguem-se as definições que o referido dicionário dá para as palavras *moeurs, morale, violence, violent*] (...)

Afora o apelo aos dicionários não especializados, será preciso mais para demonstrar que moral e bons costumes se englobam em um conceito, e violência em outro, inteiramente diverso? A eventual possibilidade de superposição *só existe em concreto no comportamento individual* (digamos: no estupro da mulher) e aí a lei de referência não é a especial (o Decreto-lei n. 1.077), mas a geral (o Código Penal, por exemplo).

7.4 – Decisão com base em argumento diferente daquele que fundamentou o Ato de Censura

Se a Constituição, o Decreto-lei e a Portaria Ministerial falam em moral e bons costumes, e não em violência;

se a violência não se confunde com a moral e os bons costumes, nem pela moral e os bons costumes é abrangida, nem abrange a moral e os bons costumes; (...)

se nem o parecer que informou a Portaria Ministerial atribui ao autor-apelante o incitamento à violência (mas ainda que o fizesse, seu subscritor não representa nenhuma das partes no feito), limitando-se a afirmar que o autor-apelante enfoca a criminalidade, e

se, finalmente, o MM. dr. Juiz *a quo* baseou-se, não na moral e nos bons costumes, porém, na violência, então é nítido que

S. Exa. violou, *data venia*, o artigo 128 do Código de Processo Civil (grifos aditados): "O Juiz decidirá a lide nos limites em que foi proposta, *sendo-lhe defeso conhecer de questões não suscitadas, a cujo respeito a lei exige a iniciativa da parte*." (...)

Velho e sábio preceito jurídico, porém, é o que estatui que o Juiz não pode decidir informado por elementos pessoais, extra-autos, de convencimento. E aí está: S. Exa. desclassificou a prova existente nos autos (os laudos periciais, o que a lei autoriza), mas não determinou que nenhuma outra, substitutiva, fosse produzida.

Assim, aquilo que *Feliz Ano Novo é* não ficou demonstrado no pleito, compondo a respeitável sentença apelada exclusivamente em termos de *juízo de valor* de seu eminente prolator — cuja função de julgar, entretanto, não é essa: é outra, e consistiria em, apreciando a prova, unicamente a prova, *aplicar a norma de Direito e enunciar decisão necessariamente de cunho apenas jurídico*; apesar da erudição literária do MM. dr. Juiz *a quo*, sua autoridade legal não abrange — *data venia* — o campo do julgamento estético.

Por outro lado, se o ato administrativo, cuja nulidade o autor-apelante pleiteia, é vinculado — conforme reconhece o MM. dr. Juiz *a quo* —, o fundamento exclusivo para lhe reconhecer validade não podia ser senão o do apelo à moral e aos bons costumes, posto que à moral e aos bons costumes é que se referem a Constituição e o Decreto-Lei invocado; se é discricionário, *vincula-se a seus próprios fundamentos*, e também aí não comportaria qualquer esteio que não o da moral e dos bons costumes, inserido em seu texto.

Ao adicionar-lhe a violência, o MM. dr. Juiz *a quo* (a) na primeira hipótese, negou sua própria convicção (a convicção de ser o ato vinculado), (b) na segunda hipótese, agiu como se o houvesse anulado, para em seguida fazê-lo ressurgir das cinzas, redivivo, alvoroçada Fenix — o que, nem em uma nem em outra, a lei lhe permite fazer.

7.5 – A intenção do escritor

Essa, declara o MM. dr. Juiz *a quo* (fls. 282), é irrelevante, o que é também o ponto de vista do autor-apelante exposto na petição de fls. 245/261, na qual declara (fls. 251) — com desculpas pela imodéstia da autotranscrição — que "uma obra de arte não é um fim em si, não visa a nenhum outro propósito que a criação dela mesma. Os temas que versa e a maneira pela qual o faz têm, em seu contexto, função meramente instrumental".

Função instrumental, é lógico, da criação mesma. Isso é que a diferencia, tratando-se de prosa, da reportagem (mera narração de fatos) e do panfleto (que visa à transmissão de mensagem de cunho social, moral ou político, e consequentemente a um efeito posterior, em campo específico autônomo do artístico). Em tudo, há exceções que confirmam a regra: são as obras de arte que sobreviveram como tais, embora nascessem de inspiração jornalística ou política. Do que são amostras o excelente romance *A sangue frio*, de Truman Capote, e a *Marselhesa* de Rouget de Lisle, o vibrante e admirável hino francês, tão caro aos corações de todos nós.

Não seria lícito, entretanto, argumentar, *especialmente em se tratando de punir*, com a exceção e não com a regra, e a regra é, repita-se, a de que a obra de arte visa a ser uma obra de arte. Atribuir ao autor-apelante, inegavelmente um criador em literatura, o objetivo de atentar contra a moral e os bons costumes, ou de incitar à violência, constitui interpretação subjetiva, sem apoio na lei, na tradição, na doutrina ou na jurisprudência. Nem o parecer da Divisão de Censura de Diversões Públicas foi a tanto, limitando-se a ressaltar que *Feliz Ano Novo enfoca* a face obscura da sociedade. Ninguém o nega. O autor-apelante *retrata uma realidade social evidente*, com a qual nos defrontamos na leitura diária dos jornais (vide, a título ilustrativo, o Anexo I: (reportagem de *O Globo* de 12 de abril de 1980, denominada "Os que ficam, as maiores vítimas da violência urbana"). *E foi este, exclusivamente, seu propósito.*

Se o autor-apelante apresenta à sociedade, transfigurada por via da expressão artística, pelo recurso ao tratamento realístico, simbólico ou alegórico (fls. 269 v.), determinado ambiente, e se a sociedade reage positiva ou negativamente, já não é problema dele. Seu único dever é não falseá-lo, o que teria ocorrido se em *Feliz Ano Novo*, como teriam preferido o parecerista da Divisão de Censura de Diversões Públicas e talvez o MM. dr. Juiz *a quo*, encerrasse cada um de seus contos com a prisão ou a morte do vilão.

Afinal de contas, nem a arte nem a vida têm como pressuposto necessário o *happy end*. Ou ainda estaremos no tempo da popularidade da xaroposa série cinematográfica *O crime não compensa*? Independentemente do que, se a obra literária que *retrata* ou *enfoca* a violência, ainda que em termos contagiantes, lograsse produzi-la — depois de *Macbeth* e *Ricardo III*, tão ampla e constantemente divulgados, a Inglaterra deveria ter se transformado no mais sanguinário país do mundo, e não no mais civilizado. (...)

Feliz Ano Novo é um livro moral, porque retrata uma realidade socialmente condenável, sob qualquer ângulo que seja examinada, porque o faz com vigor e franqueza, e porque não deixa dúvida de que não se pode suportar semelhante estado de coisas, precisamente por expô-lo de modo tão veraz. *Quem denuncia não compactua; quem denuncia propicia a correção do mal; quem dessa forma procede, age por decorrência de impulso íntimo de cunho moral indiscutível.*

7.6 – Das perdas e danos

Após transcrever o trecho da sentença acima reproduzido (último parágrafo da Seção 6) — no qual o ilustre Juiz de Primeira Instância, para negar a indenização pleiteada, sustenta que a apreensão do livro teria contribuído para promovê-lo e a seu autor, tanto na imprensa como nos círculos literários —, a apelação assim responde a esta infeliz linha de argumentação:

Ainda uma vez o autor-apelante não pode concordar com o MM. dr. Juiz *a quo*, porque:

1º) a notoriedade do autor-apelante como escritor perante o leitor e a crítica, independentemente da proibição de *Feliz Ano Novo*, é mais do que evidente e se demonstra à saciedade na compulsação dos artigos e notícias que, selecionados pelo método da amostragem, constituem o Anexo II;

2º) antes da proibição de *Feliz Ano Novo*, já recebera o autor-apelante inúmeros e reputados prêmios pela qualidade de sua obra (Anexo III), e era traduzido, editado e aplaudido no exterior (Anexo IV);

3º) *Feliz Ano Novo* atingira o índice de trinta mil exemplares, o que até nos Estados Unidos e na França (para não falar no Brasil) é muito significativo, sem que tal aceitação do livro ocorresse em virtude de qualquer impulso ou propaganda decorrente do arbítrio governamental.

Pelo contrário, o que os dados factuais ora trazidos aos autos permitem, além de supor, asseverar, é que a livre circulação de *Feliz Ano Novo* teria ensejado sucessivas novas edições, com a percepção de direitos autorais nada desprezíveis; por outro lado, após a infausta Portaria Ministerial (fls. 28), o autor-apelante, essencialmente um intelectual que imprime à sua obra forte caráter moral, o que corresponde aliás à própria estrutura espiritual íntima, à postura cultural que adotou e até os hábitos de vida morigerada a que se atém, *foi rotulado oficialmente como pornógrafo, obsceno, imoral e outros pejorativos afins*.

É como se houvesse sido *condecorado às avessas* pelo Governo. Dedicando-se com afinco à literatura, produzindo obra de qualidade reconhecida por gregos e troianos, críticos e leitores, brasileiros e não brasileiros, cronistas e historiadores, homens de letras e juristas, em vez de merecer, com *Feliz Ano Novo*, do Ministério da Educação e Cultura o galardão a que fez jus, ganhou do Ministério da Justiça o castigo do crime que não cometeu.

8 – A DECISÃO DO TRIBUNAL REGIONAL FEDERAL DA 2ª REGIÃO

No julgamento da apelação[20] apresentada por Rubem Fonseca, a Segunda Turma do TRF-2ª Região, em julgamento realizado em 14.11.1989, por maioria, deu provimento ao recurso, na forma do voto do revisor, desembargador Alberto Nogueira, tendo sido vencida a desembargadora relatora. Do voto vencedor, vale transcrever os seguintes trechos:

> Então, o que se pretende aqui é preservar o público exposto à conspurcação moral e dos costumes. Seria realmente uma coisa muito estranha que a sociedade brasileira letrada, já que os analfabetos são em grande número, necessitasse de uma proteção censória, de um censor oficial, de um funcionário que emitiu um parecer nas condições que há pouco li. Com todo o respeito, o funcionário não tem culpa alguma. Não estou questionando a formação intelectual ou profissional do censor, mas impedir que um Magistrado, um Presidente da República, um autor literário tenham acesso a um livro, evidentemente, é incompatível com a noção de liberdade de expressão do pensamento e de edição de obras literárias. Jamais um censor poderia ter esse poder. O que ele poderia fazer e deveria, era examinar essas publicações clandestinas, marginais, irresponsáveis, apócrifas ou insidiosas. Vou além, ainda que fosse um autor estreante e não como se trata, aqui, no caso, sem dúvida alguma, de uma eminência literária já reconhecida à época, fazer a distinção é impedir o acesso ao meio da cultura intelectual literária. (...)
> Arrematando o meu voto, no particular, digo que o Decreto-Lei 1.077, conjugado com o parágrafo 8º do artigo 153, da Constituição de 67, não tem absolutamente nada a ver com aquilo que a administração fez. A administração não podia proibir a publicação, nem a circulação, nem a divulgação, ainda que fosse uma publicação pornográfica e, pelo que entendi, não o é. Ela pode ter

uma forma pornográfica, mas não o conteúdo. Quando muito, a administração poderia conceder o tratamento que já autorizava às publicações obscenas, às revistas, aos nus — que inclusive eram e continuam sendo importados —, ou seja, o envelopamento para impedir que a publicação atingisse adolescentes despreparados ou pré-adolescentes.

Nós temos o *Ateneu* de Raul Pompeia, temos *Palavras cínicas*, em Portugal, de Albino Forjaz, isso nada de mal causou à sociedade. São obras que enriquecem o nosso acervo.

O que eu vejo nesse ato é pura repressão. É a manifestação do poder arbitrário, presunçoso, de custodiar a sociedade brasileira. Acho que esse ato não teve qualquer motivação, a não ser aquelas palavras soltas, sem qualquer apreciação. Entendo também que se trataria, se lícita fosse a censura, de ato vinculado, teria que demonstrar o caráter imoral e atentatório aos bons costumes.

Então, a petição, o pedido é muito bem centrado, bem dividido, não deixa margem alguma. Fica claro que é um dano moral, com reflexo patrimonial.

A Ementa do Acórdão da Apelação Cível nº 89.02.01725-7 foi a seguinte:

CONSTITUCIONAL E ADMINISTRATIVO. CENSURA À OBRA LITERÁRIA. PEDIDO PARA QUE SE DECLARE A INSUBSISTÊNCIA DE DESPACHO QUE PROÍBE A EDIÇÃO, CIRCULAÇÃO E VENDA DO LIVRO *FELIZ ANO NOVO* NO TERRITÓRIO NACIONAL. INDENIZAÇÃO POR DANOS PATRIMONIAIS E PESSOAIS.

I) No regime da Carta de 1967, a liberdade de edição de livros, jornais e periódicos já era total, devendo a censura se ater ao exame e restrição de circulação de publicações clandestinas, marginais e apócrifas, que possam estar aptas a chegar a leitores que, em razão de sua idade, principalmente, não estejam preparados e nem procuram aquela leitura, sem que isso se deturpe no impedimento do acesso da população ao meio de cultura intelectual-literária.

II) A não liberação da obra, com base no Decreto-lei nº 1.077/70, constituiu-se em verdadeira censura prévia, mera manifestação do poder arbitrário e presunçoso de custodiar a sociedade brasileira, o que agride por inteiro o § 8º, do artigo 153, da Constituição de 1967, então vigente.

III) Ocorrido dano moral, com reflexo patrimonial, a ensejar reparação pela via indenizatória.

IV) Recurso provido, fixados os honorários advocatícios em 10% (dez por cento) do valor da condenação.

9 – A decisão nos Embargos Infringentes

Não se conformando com a decisão, por maioria, da Segunda Turma do TRF-2ª Região, a União Federal apresentou Embargos Infringentes, que foram rejeitados pela Corte em decisão cuja ementa foi a seguinte:

EMBARGOS INFRINGENTES EM AC Nº 89.02.01725/7 – 13.12.1990
RELATOR: EXMO. SR. JUIZ CELSO GABRIEL DE REZENDE PASSOS
EMBARGANTE: UNIÃO FEDERAL
EMBARGADO: JOSÉ RUBEM FONSECA
ADVOGADO: ANTONIO FERNANDO DE BULHÕES CARVALHO E OUTROS

EMENTA
CONSTITUCIONAL E ADMINISTRATIVO — CENSURA À OBRA LITERÁRIA COM PROIBIÇÃO DE NOVAS EDIÇÕES, CIRCULAÇÃO E VENDA DO LIVRO — INDENIZAÇÃO POR DANOS PATRIMONIAIS E PESSOAIS.

- José Rubem Fonseca, renomado escritor, por determinação do Ministro da Justiça, teve apreendido os numerosos exemplares de seu livro *Feliz Ano Novo* postos à venda, com impedimento de novas edições, circulação e venda de sua obra.
- A Carta Constitucional de 1969, em seu art. 153, § 8º, já assegurava a livre expressão de pensamento sem censura prévia.
- A alegação de que o livro questionado atentava contra a moral e os bons costumes não prevaleceu na sentença de primeiro grau, entendendo seu prolator que o ato administrativo era vinculado e assim estaria sujeito ao reexame judicial, concluindo que o livro constituía incitamento à violência.
- O ato administrativo procurou fundamento no Decreto-Lei nº 1077 de 21.01.70, e sua aplicação ao caso constituiu verdadeira censura prévia, agredindo a própria Carta Constitucional vigente ao tempo do regime discricionário.
- A censura prévia só era aplicável a espetáculos e diversões públicas e nunca sobre livros, revistas e jornais.
- Segundo a melhor doutrina (Pontes de Miranda, Ruy Barbosa e Josaphat Marinho, entre outros), o Decreto-Lei 1077 é a afirmação da censura do Estado, contra a liberdade de pensamento, proclamada na Constituição.
- Inequívoco que o autor da obra em questão sofreu dano moral e material, sem falar na sua imagem, distorcida perante a opinião pública, cabendo-lhe reparação mediante indenização, como apurado na liquidação do julgado.
- Embargos conhecidos, porém rejeitados, em decisão por maioria.

10 – Considerações finais

O propósito do presente trabalho foi trazer ao conhecimento do público uma extraordinária batalha judicial que se travou, no tempo da ditadura militar, entre José Rubem Fonseca, renomado escritor brasileiro, e a União Federal, que havia proibido a edição, circulação e venda de seu livro de contos *Feliz Ano Novo*, sob a alegação de que a obra atentaria contra a moral e os bons costumes. Como pudemos ver nas transcrições que fizemos de diferentes peças do processo, travou-se uma muito interessante, erudita e bem-sucedida disputa em favor da liberdade de pensamento. Tais peças processuais (petições, laudos periciais e decisões judiciais), de grande qualidade e profundidade, tanto jurídica quanto histórica e literária, não podem, de forma alguma, ficar esquecidas no meio dos autos do processo, empilhado, junto a milhares de outros, nos labirínticos arquivos judiciários.

A tradição constitucional brasileira, desde o Império, sempre foi no sentido da mais ampla liberdade de imprensa e da circulação da palavra escrita. Ruy Barbosa, comentando a Constituição de 1891 (art. 72, § 12), destacava que "*de todas as liberdades, a do pensamento é a maior e a mais alta. Dela decorrem todas as demais. Sem ela todas as demais deixam mutilada a personalidade humana, asfixiada a sociedade, entregue à corrupção o governo do Estado*".

Coincidentemente, como que por uma sincronicidade Jungiana, enquanto estava sendo feita a pesquisa e a seleção do material para a elaboração deste texto, chegou-me às mãos um artigo do notável escritor peruano, e ganhador do Prêmio Nobel de literatura, Mario Vargas Llosa, intitulado "Quem acredita que a literatura pode ser tornada 'decente' está equivocado", publicado no Estado de S.Paulo de 18 de março de 2018, no qual o autor, após ressaltar que a literatura sempre teve inimigos,[21] apresenta a seguinte análise, que guarda grande afinidade com as discussões travadas no processo relativo à liberação do livro *Feliz Ano Novo* e que servirá de desfecho para o presente trabalho:

> Aqueles que querem julgar a literatura (e acho que isso vale para todas as artes) de um ponto de vista ideológico, religioso e moral, sempre encontrarão dificuldade. Ou aceitam que este exercício foi, está e estará sempre em conflito com o que é tolerável e desejável a partir daquelas perspectivas, e assim ele é submetido a

censuras e controles que simplesmente acabarão com a literatura, ou se resignam a conceder a ela o direito à liberdade, que seria algo semelhante a abrir as jaulas dos zoológicos e deixar que as ruas se encham de animais e feras.

Quem explicou bem isso foi Georges Bataille em vários ensaios, mas especialmente em um livro belo e inquietante: *A literatura e o mal*. Neste livro, influenciado por Freud, ele afirma que tudo aquilo que tem de ser reprimido para tornar a sociedade possível — os instintos destrutivos ou "o mal" — desaparece apenas na superfície da vida, sempre lutando para se exteriorizar e se reintegrar na existência. De que maneira? Por meio de um intermediário, que é a literatura. A literatura é o veículo pelo qual tudo aquilo que está entranhado, torcido e retorcido no ser humano volta à vida e nos permite compreendê-la de modo mais profundo e, de certa maneira, vivê-la em sua plenitude, recuperando tudo aquilo que tivemos de eliminar para a sociedade não ser um manicômio nem uma hecatombe permanente, como deve ter sido na pré-história quando o homem ainda estava em gestação.

Graças a essa liberdade que desfrutou em determinados períodos e sociedades, nós temos a grande literatura, disse Bataille, e ela não é moral nem imoral, mas genuína, subversiva, incontrolável, ou então artificial e convencional, ou seja, morta. Aquele que acredita que a literatura pode ser tornada "decente", submetendo-a a cânones para que ela respeite as convenções, está totalmente equivocado. O resultado seria uma literatura sem vida e sem mistério, presa a uma camisa de força, sem uma válvula de escape daquilo que existe de maldito dentro de nós e que encontrará outras maneiras de reintegrar-se à vida. E com que consequências?

Se escrita quarenta anos antes, esta extraordinária análise de Mario Vargas Llosa poderia ter contribuído, e muito, para a batalha judicial empreendida por José Rubem Fonseca — em defesa da liberdade de pensamento e de expressão — contra os atos de censura da ditadura militar, que proibiram a edição e circulação de seu livro *Feliz Ano Novo*.

BIBLIOGRAFIA

KONVITZ, Milton R. *Bill of Rights Reader: Leading Constitutional Cases*. Ithaca, NY: Cornell University Press, 1973.
LOTH, David. *The Erotic in Literature*. Nova York: Julian Messner, 1961.
LALANDE, André. *Vocabulaire technique et critique de la philosophie*. Paris: Ed. Presses Universitaires de France, 1951.

NOTAS

1 Advogado no Rio de Janeiro.
2 O autor agradece a seu querido amigo e colega de escritório, o advogado e acadêmico Alberto Venancio Filho — amigo pessoal de José Rubem Fonseca que, posteriormente, veio atuar como um de seus advogados na causa —, não só o empréstimo das pastas contendo as principais peças do processo que permitiram a elaboração do presente trabalho, como as inúmeras conversas que tiveram sobre a questão.
3 Categoria "Contos/Crônicas/Novelas", pelo livro *Lúcia McCartney*.
4 Categoria "Romance", pelo livro *A grande arte*.
5 Categoria "Contos/Crônicas/Novelas", pelo livro *Buraco na parede*.
6 Categoria "Contos e Crônicas", pelo livro *Secreções, excreções e desatinos*.
7 Categoria "Contos e Crônicas", pelo livro *Pequenas criaturas*.
8 Categoria "Contos e Crônicas", pelo livro *Amálgama*.
9 Resumo constante da sentença judicial de primeira instância, objeto da Seção 6 deste trabalho.
10 Alguns outros autores que tiveram obras suas proibidas de editar e circular por ato da censura buscaram liberar seus livros por meio de mandatos de segurança, que não obtiveram sucesso no Judiciário

principalmente sob o argumento de que tal tipo de ação não admite dilação probatória (no caso, a demonstração de que a obra atentava ou não contra a moral e os bons costumes). Por esta razão, foi adotada a ação ordinária — que admite ampla produção de provas — como meio para a defesa dos direitos e interesses de Rubem Fonseca.

11 Na área do Direito, Clóvis Ramalhete pertenceu, na condição de juiz, à Corte Permanente de Arbitragem, de Haia; integrou, como conselheiro, de 1960 a 1979, o Conselho Federal da Ordem dos Advogados do Brasil; foi conselheiro da Union Internationale des Avocats (Genebra); presidiu o Comitê Jurídico da Associação Interamericana de Radiodifusão; participou como membro de diversas instituições e entidades ligadas ao estudo do Direito. Exerceu o cargo de consultor-geral da República no período de 16 de março de 1979 a 7 de abril de 1981. Por decreto de 27 de março de 1981, do presidente João Figueiredo, foi nomeado ministro do Supremo Tribunal Federal, na vaga decorrente da aposentadoria do ministro Carlos Thompson Flores, tendo tomado posse em 8 de abril de 1981. Em 25 de fevereiro de 1982 foi aposentado, por implemento de idade.

12 Cabe o registro de que alguns dos advogados inicialmente sondados por José Rubem Fonseca para propor ação judicial contra a proibição do livro não se mostraram dispostos a patrocinar a causa contra a União Federal (vale lembrar que na época vigia a ditadura militar), o que ressalta, para além das qualidades profissionais e intelectuais de Clóvis Ramalhete, a bravura e o destemor deste renomado advogado.

13 Constituição Federal de 1967, com a emenda nº 1 de 1969, art. 153, § 8º:"É livre a manifestação de pensamento, de convicção política ou filosófica, bem como a prestação de informação independentemente de censura, salvo quanto a diversões e espetáculos públicos, respondendo cada um, nos termos da lei, pelos abusos que cometer. É assegurado o direito de resposta. A publicação de livros, jornais e periódicos não depende de licença de autoridade. Não serão, porém, toleradas a propaganda de guerra, de subversão da ordem ou de preconceitos de religião, de raça ou de classe, e as publicações e exteriorizações contrárias à moral e aos bons costumes."

14 Decreto-lei nº 1.077/70, art. 3º: *"Verificada a existência de matéria ofensiva à moral e aos bons costumes, o ministro da Justiça proibirá a divulgação da publicação e determinará a busca e a apreensão de todos os seus exemplares."*

15 Cabe destacar que a maior parte desta resenha é formada pela transcrição de trechos relevantes de petições, laudos periciais e decisões judiciais constantes do processo.

16 Após examinar o conteúdo de cada um dos laudos técnicos, o ilustre juiz entendeu que o do perito do Juízo, embora composto de "magníficas páginas de inestimável valor", não constituía um laudo, pois o trabalho apenas analisava de forma vaga os contos que formavam a obra, tendo deixado de responder objetivamente aos quesitos formulados. Relativamente aos trabalhos dos assistentes técnicos, entendeu que também não continham respostas adequadas e fundamentadas aos quesitos, razão pela qual concluiu: *"In casu, rejeitam-se todos os três laudos — pelos fundamentos expostos quando do exame de cada um deles e, por outro lado e sobretudo, porque tal gênero de prova é dispensável para uma apreciação quanto à moralidade da obra em apreço, que, a rigor, não chega a depender obrigatoriamente de conhecimento especial de técnico, podendo ser feita de forma direta, pela atenta leitura da mesma, para o que existe um exemplar inserto nos autos (f. 43) e outro em poder do magistrado, este de sua propriedade."*

17 Estes grifos não são do original.

18 Antônio Fernando de Bulhões Carvalho (1925-2009), advogado e escritor, ex-assessor jurídico da Rede Ferroviária Federal, sócio do escritório Bulhões Pedreira, Bulhões Carvalho Advogados, é autor (sob o nome Antônio Bulhões) de numerosos livros, dentre os quais *Outra terra, outro mar* (contos), *Estudos para a mão direita* (contos), *Elogio da corrupção*, *As quatro estações* (romance), *O Rio de Janeiro do Bota-abaixo* (escrito com Marques Rebelo), *Contos inatuais* e *Diário da cidade amada: Rio de Janeiro, 1922* (3 volumes), obra esta que ganhou, em 2004, o Prêmio Senador José Ermírio de Moraes da Academia Brasileira de Letras.

19 Alberto Venancio Filho, advogado e ensaísta, membro da Academia Brasileira de Letras e do Instituto Histórico e Geográfico Brasileiro. Sócio do escritório Bulhões Pedreira, Bulhões Carvalho Advogados. É autor de *Das arcadas ao bacharelismo*, *Notas republicanas* e *Notícia histórica da Ordem dos Advogados do Brasil*.

20 Apelação Cível nº 89.02.01725-7/RJ.

21 Tais como a religião, no passado, estabelecendo censuras severíssimas, sistemas totalitários, como o comunismo e o fascismo, mas também as democracias, por razões morais e legais, proibiram livros, mas, nesse caso, sempre foi possível lutar nos tribunais e, pouco a pouco, a guerra foi sendo vencida. Mais recentemente, o autor ressalta que *"agora, o inimigo mais resoluto da literatura, que pretende expurgá-la do machismo, dos múltiplos preconceitos e imoralidades, é o feminismo"* — não todas as feministas, é claro, mas as mais radicais.

Tóquio

Antônio Augusto de Souza Coelho

Introdução

Alguns casos marcaram a história do Direito, por colocarem em xeque as próprias fundações dos sistemas jurídicos. Sem dúvida, o julgamento de Tóquio é um desses casos. Após o término da Segunda Guerra Mundial e seus terríveis acontecimentos, as nações aliadas, vencedoras da guerra, invadiram os países do Eixo (Alemanha, Itália e Japão). Nesse processo, diversos líderes dos países inimigos foram capturados e permaneceram na custódia das Forças Aliadas. Em vez de sumariamente ceifar a vida desses prisioneiros, os aliados decidiram levá-los a julgamento pelos atos que cometeram enquanto governantes daqueles países. Isso gerou dois processos jurisdicionais internacionais: o julgamento de Nuremberg (para os acusados alemães) e o julgamento de Tóquio (para os acusados japoneses). O último deles será o tema deste artigo.

O julgamento de Tóquio foi o responsável por condenar líderes japoneses pelos atos do Japão na Segunda Guerra Mundial, e chamou a atenção porque, em meio a uma esmagadora maioria de juízes condenando os japoneses, uma única voz se insurgiu contra as demais: a do juiz indiano Radhabinod Pal. Seu voto divergente tornou-se célebre na história do Direito Penal internacional por apresentar um contraponto às certezas punitivistas dos demais julgadores. Suas considerações jurídicas sobre o julgamento reverberam até hoje em princípios bem estabelecidos, como o da legalidade e o da não retroatividade da lei para atingir o ato perfeito.

Nas próximas páginas, analisar-se-á o julgamento de Tóquio a partir do voto do juiz Radhabinod Pal, o julgador que persistiu em sua posição minoritária e que, contra as convicções de todos os seus pares, julgou o caso absolvendo os réus de todos os "crimes". Os principais argumentos do juiz Pal, fincados em questões da teoria geral do Direito e da teoria geral do Direito Penal, são universais, de modo que suas conclusões suscitam debate independentemente da ordem jurídica de que se parta. O Brasil não é exceção. Muito pelo contrário, o cenário descrito pelo juiz Pal em seu voto foi o de um ambiente de "caça às bruxas", altamente *inquisitivo*, em que as pessoas, recém-saídas dos tormentos da Segunda Guerra Mundial, queriam encontrar e *punir* "culpados", mesmo que isso significasse atropelar os princípios mais comezinhos sobre os quais o Direito foi construído. Esse debate, portanto, não poderia ser mais atual.

Felizmente, na intenção de transmitir a história do julgamento para o grande público, o caso em questão recebeu competente adaptação para a sétima arte. A distribuidora Netflix produziu a minissérie *Tokyo Trial*,[1] dirigida por Pieter Verhoeff e Rob King, estrelando Hadewych Minis, Jonathan Hyde, Marcel Hensema, Paul Freeman, Irrfan Khan e Michael Ironside. A minissérie retrata, com elevado valor histórico, os principais momentos do julgamento a partir da perspectiva de um dos juízes do caso, o jurista holandês Bert Röling (Marcel Hensema). Seguindo a proposta deste artigo de aliar Direito, história e arte, o roteiro da minissérie será utilizado como guia para a ordem de exposição dos eventos,[2] inclusive com indicação de cenas,[3] sendo complementado, quando for o caso, por outros dados históricos coletados por este autor e pela exposição dos argumentos dos juízes, retirados dos votos de cada um deles, hoje disponíveis eletronicamente no site da Organização das Nações Unidas (ONU)[4] e nas coleções digitais da Universidade de Virgínia.[5]

Por fim, um alerta de ordem metodológica: este autor optou por manter, no corpo do texto, as citações originais em inglês dos votos dos julgadores daquele caso, em respeito à produção intelectual daquelas mentes e para possibilitar ao leitor versado naquele idioma o contato direto com a fundamentação dos votos. Sem prejuízo, sempre que possível, houve inserção de tradução livre do trecho comentado em nota de fim de capítulo, facilitando o entendimento de quem deseja ler em português.

CONTEXTO E HISTÓRIA DA TRAMITAÇÃO DO PROCESSO

Nas décadas de 1930 e 1940, o Japão iniciou uma série de incursões imperialistas em face dos outros países asiáticos, o que resultou na morte de milhões de pessoas. Em 2 de setembro de 1945, após o lançamento das bombas atômicas em Hiroshima e Nagasaki, além do bombardeio incendiário contra Tóquio, o Japão se rendeu e encerrou o período de guerra.

As Forças Aliadas nomearam o general americano Douglas MacArthur, comandante supremo encarregado da ocupação do Japão, do restabelecimento da ordem e da apreensão dos militares e líderes japoneses responsáveis pela guerra travada com os demais países. Em novembro de 1945, vários militares e líderes alemães foram a julgamento no célebre Tribunal de Nuremberg. Logo após, em 19 de janeiro de 1946, usando esse Tribunal como referência, o comandante supremo das Forças Aliadas no Leste, general MacArthur, proclamou uma Carta[6] estabelecendo um Tribunal que seria encarregado de julgar os líderes japoneses no período da guerra que terminara, determinando também que esse Tribunal seria instaurado na cidade de Tóquio. Com isso, estava criado o International Military Tribunal for the Far East (IMTFE).[7]

As Forças Aliadas (Estados Unidos da América — EUA, China, Reino Unido, União das Repúblicas Socialistas Soviéticas — URSS,

Austrália, Canadá, França, Holanda, Nova Zelândia, Índia e Filipinas) apresentaram 28 acusados como incursos nos crimes descritos na Carta, todos ex-líderes militares e políticos do Japão.[8]

Os juízes do caso foram reunidos em 11 de março de 1946 e ficaram alojados no Hotel Imperial, em Tóquio. O Tribunal inicialmente seria composto por nove membros. O comandante supremo das Forças Aliadas, Douglas MacArthur, escolheu como presidente da Corte o magistrado australiano William Flood Webb. Os oito juízes restantes foram enviados por outros países da aliança, a saber: Edward Stuart McDougall, magistrado do Canadá; o advogado e ministro da Justiça Ju-ao Mei (China); o procurador-geral Henri Bernard (França); o professor de Direito Bernard Vitor Aloysius Röling (Holanda); o juiz da Suprema Corte da Nova Zelândia Erima Harvey Northcroft; o juiz escocês *Lord* William Donald Patrick (Reino Unido); o juiz da Corte Superior de Massachusetts John Patrick Higgins (Estados Unidos); e o membro do Colégio Militar da Suprema Corte da União Soviética general Ivan Michyevich Zaryanov. A expectativa de Webb, juiz presidente da Corte, era a de que o julgamento duraria cerca de seis meses, mas na verdade o caso demorou cerca de dois anos e meio para ser julgado.

Iniciados os trabalhos, os juízes começaram a estudar o caso e, antes mesmo de o julgamento começar, oficialmente já havia dúvidas entre eles sobre se o Tribunal de Nuremberg serviria de precedente e até que ponto suas conclusões poderiam ser adotadas. Surgiram também questionamentos sobre a elaboração da lista de acusados e sua legitimidade, pois a inclusão de alguns nomes transmitia a sensação de que os países procuravam vingança. Por exemplo, a minissérie retrata o fato de que dois réus foram incluídos posteriormente à convocação dos juízes (Mamoru Shigemitsu e Yoshijiro Umezu), o que se deu a pedido da União Soviética, pois eles teriam atuado contra os interesses daquela nação.[9] O questionamento da inadmissibilidade da lista de acusados não foi acolhido, uma vez que os países, na medida em que atuavam como partes, não tinham qualquer dever de imparcialidade com relação aos indiciados. Ademais, não cabia aos juízes avaliar a justeza da escolha da acusação, mas, observando o princípio da inércia jurisdicional, deveriam julgar somente o cometimento de crimes por aqueles réus. A discussão sobre a lista foi iniciada, também, porque a autoridade máxima do Japão, o imperador Hirohito (também conhecido como imperador Shōwa — 昭和天皇), não havia sido indiciada, o que pressuporia que o imperador não havia participado de nenhuma decisão sobre os atos políticos internacionais do Japão desde os anos 1930 até a rendição japonesa, em 1945, o que evidentemente causava certa estranheza.

Haja vista a discordância entre os juízes ao debaterem as questões relacionadas à lista de acusados e à culpabilidade do imperador Hirohito, eles concordaram, após sugestão do juiz Röling, em manter a chamada "confidencialidade da câmara do juiz", o que significa que mesmo um veredito de maioria é apresentado como unânime, de modo que argumentos dissidentes e minoritários não são revelados até o final do julgamento, no momento da publicação dos votos dos juízes. A moção foi aprovada por unanimidade.

O julgamento foi efetivamente iniciado em maio de 1946. Logo na primeira oportunidade, o advogado Ichiro Kiyose apresentou objeção de impedimento contra o presidente da Corte, juiz William Webb, porque ele já teria investigado crimes japoneses na Nova Guiné. O argumento foi rechaçado pelo juiz Northcroft, sob o argumento principal de que não cabe aos juízes afastar o presidente nomeado pelo comandante supremo, em conformidade com o art. 2º da Carta que constituiu o Tribunal. Com relação às normas procedimentais, considerou-se que não havia norma maior do que a Carta instituidora do Tribunal, que deveria segui-la como a uma Constituição.

Em 13 e 14 de maio de 1946, foram apresentados dois argumentos importantes pela defesa dos acusados. O primeiro, apresentado pelo dr. Ichiro Kiyose, versava no sentido de que o Pacto de Paris de 1928 condena a guerra como instrumento de política nacional, mas não a considera um crime. Por isso, os crimes contra a paz não seriam fatos típicos, devendo ser excluídos da acusação. O segundo argumento, complementar ao primeiro, foi apresentado pelo advogado major Ben Blakeney, e ia no sentido de que matar em uma guerra não é assassinato, e isso se deve ao fato de que a guerra, na época, era legal, ou seja, lícita. Caso contrário, não haveria como sustentar, na visão da defesa, que aqueles que decidiram, planejaram e executaram os ataques atômicos em Hiroshima e Nagasaki não seriam, também, assassinos.

Neste ponto, a série retrata grande controvérsia entre os julgadores, nos bastidores da sessão. Uns diziam que o Tribunal de Nuremberg deveria servir como precedente para defender a legalidade do Tribunal e o caráter criminal da guerra. Outros defendiam que a interpretação da lei estaria constantemente evoluindo rumo a uma justiça maior, o que possibilitaria enxergar que o Pacto de Paris de 1928 teria criminalizado a guerra. Com relação ao argumento de Blakeney, sustentou-se que o Tribunal foi instituído para julgar os crimes de guerra japoneses, não as ações dos aliados.

O julgamento se arrastou ao longo de 1946, ainda sem definição. Por conta disso, tendo em vista que o caso já demorava mais que os seis meses inicialmente previstos para seu término, o juiz Higgins deixou a Corte no meio do julgamento, em julho de 1946, tendo sido substituído pelo jurista e militar Myron C. Cramer (Estados Unidos). Na mesma época, a composição do Tribunal foi ampliada. A ideia era que o aumento do colegiado prestigiaria mais nações aliadas e, especialmente, promoveria a inclusão de mais membros asiáticos, o que daria maior legitimidade para o julgamento. Em razão disso, dois novos membros foram integrados ao Tribunal, que passou a ter 11 juízes. Foram eles o juiz da Suprema Corte das Filipinas Delfin Jaranilla e o magistrado indiano Radhabinod Pal.

O "*Justice* Pal", como ficou conhecido, ofereceu uma visão totalmente diferente do julgamento. Conforme já dito, seu voto divergente posteriormente se tornaria mais famoso do que o próprio voto principal. Na série, esse juiz é certamente o personagem mais interessante, com atuação convincente de Irrfan Khan.

Em meio à certeza de que os ex-líderes militares e políticos japoneses deveriam ser condenados, o juiz Pal trouxe à tona diversos pontos frágeis da acusação e das leis internacionais, à época, vigentes. Segundo ele, os advogados estavam certos com relação ao caráter não criminal das guerras de agressão. Seria absurdo punir os japoneses por elas, porque o crime de agressão não existia na época dos fatos e nem em qualquer momento durante o conflito no Pacífico.[10] Além de não existir fundamento legal para a acusação de crimes de agressão, o Tribunal resultaria em *bis in idem*, porque aqueles japoneses já tinham sido julgados localmente pelos mesmos fatos. Ao contra-argumento de que os japoneses teriam assinado o Pacto de Paris de 1928,[11] o juiz Radhabinod Pal rebateu dizendo que aquele documento não forneceria fundamento legal para dizer que houve *criminalização* da guerra, tanto que sequer fornecia qualquer penalidade para quem a decretasse, muito menos havia qualquer menção sobre a responsabilidade dos oficiais militares e políticos individualmente envolvidos. Ademais, segundo o Pacto de Paris, cada país tem autonomia para julgar se seus atos foram de autodefesa ou de agressão, logo, o Tribunal não poderia julgar, pelo Japão, se ele teria iniciado uma guerra de agressão. Outros colegas magistrados sustentaram que os crimes estariam definidos na Carta que instituiu o Tribunal, ao que o juiz Pal rebateu afirmando que aquela Carta não tinha o poder de criar qualquer norma penal, e, mesmo que tivesse, não poderia ser aplicada *ex post facto*,[12] retroativamente.

A argumentação do juiz Pal influenciou fortemente outros dois magistrados: o juiz Henri Bernard (França) e o juiz Bert Röling (Holanda). Deveras, no final, os três apresentariam votos dissidentes,[13] cada qual com suas razões.

O julgamento prosseguiu com a apresentação das evidências do comportamento execrável dos japoneses belicosos. Um depoimento famoso foi o de Donald Ingle, que participou da chamada Marcha da Morte de Bataan. Segundo ele, até mesmo a falta de comida teria sido suportada, mas a contínua marcha forçada no sol ardente sugou a vitalidade de todos, causando a morte de muitos. Adicionalmente, homens inocentes eram retirados das fileiras pelos soldados japoneses e alvejados ou perfurados com baioneta sem motivo algum. Os demais assistiam àquele horror em total desespero e exaustão, completamente impotentes. Além desse fato, muitos outros foram apreciados pelo Tribunal, incluindo assassinatos em massa, crimes de guerra cometidos na Batalha de Manila, a ocupação de Nanquim em dezembro de 1937, a promoção da "guerra biológica" e o uso de armas químicas, fome evitável, tortura de prisioneiros de guerra, canibalismo, trabalhos forçados, "mulheres de conforto" (*ianpu* — eufemismo para a submissão sexual das mulheres dos locais conquistados), pilhagem e o ataque surpresa em Pearl Harbor, dentre outros.

Outros fatos relevantes ocorreram ao longo do julgamento, como a substituição temporária do juiz presidente Webb pelo juiz Cramer, e o depoimento do general Tōjō, o oficial de mais alta patente julgado, cujo testemunho fez lotar de cidadãos japoneses o salão nobre do palácio em que ocorria o julgamento. Finalmente, em 16 de abril de 1948, os debates foram encerrados e se passou à elaboração da decisão do Tribunal, que seria publicada em 19 de julho de 1948. No final, um réu foi declarado inimputável por doença mental; dois outros morreram de causas naturais enquanto esperavam o veredito; sete réus foram sentenciados à morte pela forca, incluindo o general Hideki Tōjō; 16 réus foram sentenciados à prisão perpétua; Shigenori Tōgō foi sentenciado a vinte anos de prisão; e o ministro de Relações Exteriores Mamoru Shigemitsu foi sentenciado a sete anos de prisão.

Fatos e normas relevantes para a análise jurídica do julgamento

Para que haja compreensão dos argumentos expostos pelos juízes do caso, é necessário entender os principais regramentos jurídicos aplicados no julgamento. Estão transcritos abaixo os trechos mais importantes dos enunciados pertinentes, cuja leitura é essencial para a formação de uma opinião sobre se havia crimes previstos e aptos a incriminar os japoneses ou não. O primeiro desses importantes diplomas normativos é o Pacto de Paris de 1928, tratado que possui apenas três artigos,[14] valendo, então, sua transcrição:

Artigo I — As Altas Partes contratantes declaram solenemente, em nome dos respectivos povos, que condenam o recurso à guerra para a solução das controvérsias internacionais, e a ela renunciam como instrumento de política nacional nas suas mútuas relações.

Artigo II — As Altas Partes contratantes reconhecem que o ajuste ou a solução de todas as controvérsias ou conflitos, de qualquer natureza ou origem, que se suscitem entre elas nunca deverá ser procurado senão por meios pacíficos.

Após o início da guerra e o envolvimento do Japão como membro do Eixo (com o ataque de Pearl Harbor), China, Reino Unido e Estados Unidos da América formalizaram a Declaração do Cairo sobre suas intenções com relação ao Japão:

(...) *it is their purpose that Japan shall be stripped of all the islands in the Pacific which she has seized or occupied since the beginning of the First World War in 1914, and that all the territories Japan has stolen from the Chinese, such as Manchuria, Formosa, and the Pescadores, shall be restored to the Republic of China. Japan will also be expelled from all other territories which she has taken by violence and greed. The aforesaid three great powers, mindful of the enslavement of the people of Korea, are determined that in due course Korea shall become free and independent.*[15]

Já próximo do fim da Guerra, as Forças Aliadas expediram a Declaração de Potsdam, estabelecendo os termos para a rendição japonesa:

5. Following are our terms. We will not deviate from them. There are no alternatives. We shall brook no delay.

6. There must be eliminated for all time the authority and influence of those who have deceived and misled the people of Japan into embarking on world conquest, for we insist that a new order of peace, security and justice will be impossible until irresponsible militarism is driven from the world.

7. Until such a new order is established and until there is convincing proof that Japan's war-making power is destroyed, points in Japanese territory to be designated by the Allies shall be occupied to secure the achievement of the basic objectives we are here setting forth.

8. The terms of the Cairo Declaration shall be carried out and Japanese sovereignty shall be limited to the islands of Honshu, Hokkaido, Kyushu, Shikoku and such minor islands as we determine.

9. The Japanese military forces, after being completely disarmed, shall be permitted to return to their homes with the opportunity to lead peaceful and productive lives.

10. We do not intend that the Japanese shall be enslaved as a race or destroyed as a nation, but stern justice shall be meted out to all war criminals, including those who have visited cruelties upon our prisoners. The Japanese Government shall remove all obstacles to the revival and strengthening of democratic tendencies among the Japanese people. Freedom of speech, of religion, and of thought, as well as respect for the fundamental human rights shall be established (...).

13. We call upon the government of Japan to proclaim now the unconditional surrender of all Japanese armed forces, and to provide proper and adequate assurances of their good faith in such action. The alternative for Japan is prompt and utter destruction.[16]

E o Japão, em seu termo de rendição, aceitou as condições impostas pelas Forças Aliadas:

We hereby proclaim the unconditional surrender to the Allied Powers of the Japanese Imperial General Headquarters and of all Japanese armed forces and all armed forces under the Japanese control wherever situated. (...) The authority of the Emperor and the Japanese Government to rule the state shall be subject to the Supreme

Commander for the Allied Powers who will take such steps as he deems proper to effectuate these terms of surrender.[17]

Após a rendição e ocupação do Japão pelas Forças Aliadas, o general Douglas MacArthur expediu a Carta instituidora do Tribunal que julgaria os líderes japoneses. Entre as principais normas que constavam na Carta regente do International Military Tribunal for the Far East (IMTFE) havia o artigo 5º, que em suas alíneas definia os crimes a serem julgados pelo Tribunal:[18]

> *Crimes against Peace: Namely, the planning, preparation, initiation or waging of a declared or undeclared war of aggression, or a war in violation of international law, treaties, agreements or assurances, or participation in a common plan of conspiracy for the accomplishment of any of the foregoing;*[19]
> *Conventional War Crimes: Namely, violations of the laws or customs of war;*[20]
> *Crimes against Humanity: Namely, murder, extermination, enslavement, deportation, and other inhumane acts committed against any civilian population, before or during the war, or persecutions on political or racial grounds in execution of or in connection with any crime within the jurisdiction of the Tribunal, whether or not in violation of the domestic law of the country where perpetrated. Leaders, organizers, instigators and accomplices participating in the formulation or execution of a common plan or conspiracy to commit any of the foregoing crimes are responsible for all acts performed by any person in execution of such plan.*[21]

Tendo em vista os dados acima, em 29 de abril de 1946 foi distribuída a denúncia contra os acusados. Segundo a acusação, a conspiração teria existido e operado durante o período entre 1º de janeiro de 1928 e 2 de setembro de 1945. O objetivo e propósito de tal conspiração consistiu na dominação completa, pelo Japão, de todos os países descritos como parte da Grande Ásia Leste.²² Isso consistiria em uma guerra de agressão, isto é, uma guerra expansionista, declarada por um país contra outra nação que se mantinha pacífica, não motivada por legítima defesa. Para a acusação, segundo a lei internacional vigente, isso seria um crime internacional. A Carta que instituiu o Tribunal também assim consignou.

Nesse contexto, a pergunta central do julgamento é: poderiam os japoneses ser condenados por crimes com base na legislação e nos atos políticos transcritos anteriormente? Isso suscita outras perguntas, que serão respondidas a seguir. Sugerimos que, antes de ler a justificativa de cada indagação, o leitor tente respondê-las com base na análise dos trechos já transcritos, em um interessante exercício de lógica jurídica. A seguir, veremos as principais questões do julgamento na ótica da decisão majoritária e segundo a opinião do *Justice* Pal.

A GUERRA ERA UM CRIME NO DIREITO INTERNACIONAL?

O caráter criminal da guerra de agressão poderia ser sustentado com base em quatro argumentos: (1) A Carta que instituiu o Tribunal criminalizou a guerra de agressão, e com base nela os acusados deveriam ser condenados; (2) o Tratado de Paris de 1928 criminalizava a guerra de agressão; (3) o Direito costumeiro internacional tornava possível a criminalização da guerra; (4) a guerra viola o direito natural à paz (*argumento jusnaturalista*) e, por isso, é intrinsecamente ruim, sendo que sua criminalização não dependeria de qualquer norma positivada nesse sentido. Vejamos como cada um desses argumentos foi respondido.

A CARTA QUE INSTITUIU O TRIBUNAL CRIOU CRIMES NOVOS, *EX POST FACTO*? SE SIM, PODERIAM ELES RECEBER APLICAÇÃO RETROATIVA?

O Tribunal precisou decidir sobre a aptidão da Carta que o instaurou para o vincular à aplicação de determinadas normas ou se seria ela mesma uma norma de Direito Penal internacional e material, criminalizadora. A Carta teria inovado no sistema jurídico e instituído os crimes de guerra? Mais do que isso, seria possível a aplicação retroativa desses crimes aos acusados japoneses, mesmo tendo os tipos legais sido criados após sua prática (*ex post facto*)?

A defesa, submetendo essas inquietações ao Tribunal, obteve a seguinte resposta do voto majoritário: *"since the law of the Charter is decisive and binding upon it this Tribunal is formally bound to reject the first four of the above seven contentions advanced for the Defence."*[23]

Para a *opinião majoritária*, não cabia aos juízes contestar o que estivesse previsto na Carta que constituiu o Tribunal. Em outras palavras, entendeu-se que eles não poderiam simplesmente ir contra aquilo que os reunira ali. Contestar uma norma da Carta seria colocar em descrédito o Tribunal inteiro, pois, se a validade de uma regra dali fosse colocada à prova, nada impediria que a Carta inteira fosse contestada e, consequentemente, que o Tribunal inteiro fosse considerado ilegítimo.

Então, das duas, uma: ou a Carta estabeleceu ela mesma os crimes, que seriam aplicados retroativamente; ou então ela apenas declarou que aqueles crimes já existiam segundo a ordem jurídica internacional vigente à época dos fatos. De uma forma ou de outra, ela seria obrigatória para os juízes, segundo a opinião majoritária. Quer dizer, se ela estabeleceu os crimes, os juízes teriam de aplicá-los de acordo com a Carta; se ela meramente declarou que aqueles crimes já existiam à época dos fatos, então a Corte estaria vinculada àquela aplicação da lei e teria que partir desse pressuposto para julgar os japoneses, sem contestá-lo.

Pois bem. Primeiro é preciso definir se a Carta poderia ter criado esses novos crimes e se eles seriam aplicados retroativamente. Sobre isso, *Lord* Wright, magistrado que participou do julgamento de Nuremberg, importante precedente para o IMTFE, pontuou naquele outro julgamento, cuja forma de constituição foi muito similar à do IMTFE, que

> *The Tribunal so established is described in the Agreement as an International Military Tribunal. Such an International Tribunal is*

intended to act under International Law. It is clearly to be a judicial tribunal constituted to apply and enforce the appropriate rules of International Law. I understand the Agreement to import: (a) that the three classes of persons which it specifies are war criminals; (b) that the acts mentioned in classes (a), (b), and (c) are crimes for which there is properly individual responsibility; (c) (i) that they are not crimes because of the agreement of the four governments; (ii) But that the governments have scheduled them as coming under the jurisdiction of the Tribunal because they are already crimes by existing law. ON ANY OTHER ASSUMPTION THE COURT WOULD NOT BE A COURT OF LAW, but A MANIFESTATION OF POWER.[24]

Por isso, o juiz Pal considerou:

We are to find out, by the application of the appropriate rules of international law, whether the acts constitute any crime under the already existing law, dehors the Declaration, the Agreement or the Charter. (…) the Tribunal must come to its own decision. It was never intended to bind the Tribunal by the decision of these bodies, for otherwise the Tribunal will not be a "judicial tribunal" but a mere tool for the manifestation of power. The so-called trial held according to the definition of crime now given by the victors obliterates the centuries of civilization which stretch between us and the summary slaying of the defeated in a war. A trial with law thus prescribed will only be a sham employment of legal process for the satisfaction of a thirst for revenge. It does not correspond to any idea of justice.[25]

A preocupação, portanto, é fazer com que o Tribunal seja independente em seu julgamento, e não mera "manifestação de poder" dos vencedores sobre os conquistados. Assim sendo, não se pode admitir que a Carta teria criado esses crimes, primeiro porque o simples fato de as Forças Aliadas terem vencido o Japão não dá a elas a autoridade para legislar sobre crimes que os japoneses teriam cometido, especialmente depois da prática dos atos (*ex post facto*). Por mais que o Japão tivesse se submetido ao comando das Forças Aliadas por conta do Instrumento de Rendição de 2 de setembro de 1945, esse fato não outorgaria a elas a autoridade para dar, a seu bel-prazer, a caracterização jurídica que lhes aprouvesse para atos passados e então fazer com que os perpetradores desses atos, rotulados após as condutas como criminosos pelos próprios vencedores, fossem punidos por tê-los cometido.[26]

> *Apart from the right of reprisal, the victor would no doubt have the right of punishing persons who had violated the laws of war. But to say that the victor can define a crime at his will and then punish for that crime would be to revert back to those days when he was allowed to devastate the occupied country with fire and sword, appropriate all public and private property therein, and kill the inhabitants or take them away into captivity.*[27]

No mais, se a Carta tivesse criado o crime, seria impossível superar a irretroatividade da norma penal mais gravosa sem afronta a princípios jurídicos básicos. Sobre isso, Mirabete ensina que, "pelo princípio da anterioridade da lei penal (art. 1º), está estabelecido que não há crime ou pena sem lei anterior, o que configura a regra geral da irretroatividade da lei penal".[28] No mesmo sentido, diz Nucci que o *princípio da anterioridade* "significa que uma lei penal incriminadora somente pode ser aplicada a um fato concreto, caso tenha tido origem *antes* da prática da conduta para a qual se destina",[29] de modo que não há crime sem lei *anterior* que o defina.[30] Complementando, Carnelutti diz que:

> (...) os cidadãos devem saber, de antemão, quais as consequências que lhes sobrevirão pelos seus atos para poderem se conter. É preciso algo que os atemorize e os detenha para não caírem em tentação; algo que funcione como um espantalho, que assusta as aves e as afasta da lavoura para não comerem os grãos. Assim, das mãos do juiz, a balança passa às do legislador. O peso da pena é

determinado antes de o ladrão roubar, para que ele se intimide e não roube. Logo, se é predeterminado, é previsto não sobre o fato, mas sobre o tipo penal, e o tipo penal é um conceito, não um ato; uma abstração, algo previsto, não uma realidade ou algo consumado.[31]

Se o *princípio da anterioridade* não for respeitado, a lei penal não servirá à punição ou prevenção, mas, sim, à vingança e destruição. Aliás, reconhecendo isso, a própria acusação dizia que "*the charter is and purports to be merely declaratory of international law as it existed from at least 1928 onwards and indeed before.*"[32] Então, para a acusação, a guerra de agressão (*war of aggression*) é um crime segundo a lei internacional, desde o início dos atos imputados aos acusados, porque havia lei internacional tratando do assunto (especialmente o Pacto de Paris de 1928), e, segundo essa norma, as condutas imputadas aos acusados seriam criminosas. Segundo a acusação, "*we are not asking this Tribunal to make any new law, nor are admitting that the Charter purports to create any new offence.*"[33] Portanto, neste ponto fica fixado o seguinte: a Carta não criou e nem poderia ter criado qualquer crime; logo, sua natureza é declaratória dos crimes que, na visão das Forças Aliadas, já existiam desde antes da guerra.

Então, a pergunta que advém daí é a seguinte: o Tribunal está forçado a seguir a orientação da Carta no sentido de que aquelas condutas seriam crimes ou pode considerá-la mera produção doutrinária e chegar a conclusão diversa? Já informamos alhures que o voto majoritário entendeu que seria obrigatória a obediência do Tribunal à Carta, afastando com isso as alegações de que as condutas não seriam criminosas. Oferecendo um contraponto, o juiz Pal considerou:

> (...) *in my opinion, the criminality or otherwise of the acts alleged must be determined with reference to the rules of international law existing at the date of the commission of the alleged acts. In my opinion, the Charter cannot and has not defined any such crime and has not, in any way, limited our authority and jurisdiction to apply the rules of international law as may be found by us to the facts alleged in this case.*[34]

Para o magistrado indiano, entender diferentemente significaria retirar a independência do Tribunal e torná-lo parcial. A lei aplicada ao caso seria aquela determinada pelo Tribunal, não a indicada na Carta que o constituiu. Neste ponto, o *Justice* Pal foi acompanhado pelo juiz Röling, holandês, conforme bem retratado na série. A conclusão desses juízes foi de que a Carta não poderia estabelecer novos crimes para punir fatos anteriores (*ex post facto*), sob pena de violação do princípio da não retroatividade da lei (*principle of non-retroactivity of law*). Além disso, a Carta não poderia vincular a opinião dos juízes quanto à lei aplicável, pois essa seria uma tarefa que eles mesmos executariam, de forma independente e isenta.

O TRATADO DE PARIS DE 1928 TORNAVA A GUERRA DE AGRESSÃO UM CRIME?

Considerando que a Carta nem previu novos crimes e nem vinculou a opinião dos juízes enquanto documento declaratório do Direito vigente, é preciso averiguar, então, se no contexto da época a guerra de agressão seria ou não um crime no Direito Internacional. Dentre as normas utilizadas como suporte dessa afirmação, a mais importante, sem dúvida, foi o Tratado de Paris de 1928 (Pacto Kellogg-Briand), por meio do qual os países renunciaram ao direito de declarar guerra como forma de condução de suas políticas internacionais.[35]

O Tribunal, seguindo o precedente fixado no julgamento de Nuremberg,[36] considerou que o Pacto de Paris criminalizava a guerra de agressão. Na visão exposta no julgamento, por meio do Pacto, as nações renunciaram à guerra como instrumento de política nacional, de modo que elas não tinham mais o direito de declarar guerra. Se, após a assinatura do pacto, qualquer país planejasse declarar guerra, deveria justificar sua ação. Sem cumprir essa formalidade, o país teria cometido um crime, pois a guerra, por sua própria natureza, envolve a prática de diversas condutas tipificadas como ilícitos penais nos diversos ordenamentos (*v.g.*, homicídio, lesão corporal, violação de propriedade privada, dano etc.). Ora, essas condutas típicas seriam justificáveis se praticadas em legítima defesa. Logo, nessa linha de raciocínio, a guerra só seria justa se fosse necessária à autodefesa; donde dizer que uma guerra declarada sem o fator autodefesa seria um crime.[37] Precisamente esse teria sido o caso do Japão.

O juiz Pal não concordou com essa argumentação. Para ele, a tipificação criminal é muito específica e exige a presença de elementos mínimos como, por exemplo, a estipulação da sanção. Não é à toa que o nome do ramo jurídico é Direito *Penal*. Ou seja, ele sequer faz sentido sem a estipulação de pena. No caso, não houve previsão legal de que a guerra seria um crime, logo, na visão do magistrado indiano, nenhum crime de guerra teria sido cometido pelos japoneses, por mera aplicação da máxima *nullum crimen sine lege, nulla poena sine lege*.[38]

No voto desse juiz há uma digressão desde antes da Primeira Guerra Mundial para verificar se houve a criminalização da guerra nesse período. Até 1914 (Primeira Guerra Mundial), não havia dúvidas de que a guerra não era um crime internacional. Aliás, ela era um instrumento bastante utilizado por todas as nações em suas políticas internacionais, principalmente porque no final do século anterior (XIX) o mundo havia assistido à ascensão do imperialismo com toda a sua força. Os países industrializados invadiram e colonizaram diversos outros países menos desenvolvidos industrial e militarmente (*v.g.*, a invasão da Ásia e da África por diversos países europeus). Da mesma forma, o juiz Pal sustentou que, entre 1914 até 1928 (da Primeira Guerra Mundial até o Pacto de Paris), essa situação não havia se alterado; quando muito, houve um aumento da percepção do mundo sobre os males da guerra.[39]

Em 1928, o Pacto de Paris (ou, em homenagem a seus criadores, o Pacto Kellogg-Briand) estabeleceu que os países signatários (incluindo o Japão) renunciavam à guerra como instrumento de política nacional.[40] Por causa do Pacto, muitos juristas da época (*v.g.*, dr. Glueck, *Lord* Wright, professor Wright, *Mr.* Trainin), e a maior parte dos juízes, tanto do Tribunal de Nuremberg como do Tribunal de Tóquio, sustentavam que a guerra havia se tornado ilegal, portanto, sua prática poderia ensejar responsabilidade criminal.

O juiz Pal não concordava com nenhum desses. Para ele, *"the Pact did not in any way change the existing international law. It failed to introduce any new rule of law in this respect"*.[41] Ele chegou a essa conclusão principalmente por causa dos seguintes argumentos: primeiro, em uma digressão histórica da tramitação legislativa do Pacto, ele demonstrou que este só foi aprovado da forma como foi porque os países se recusaram, em tentativas anteriores recentes (principalmente o Protocolo de Genebra, de 1924),[42] a assinar um pacto que previa a criminalização da guerra. Aliás, depois do Protocolo de Genebra, uma nova tentativa de criminalizar a guerra ocorreu em 6 de setembro de 1927, na 8ª Reunião da Liga das Nações, mas os Estados também se recusaram a assinar um tratado internacional nesses termos. Ou seja, a omissão da estipulação da guerra como crime no Pacto de Paris de 1928 não foi acidental, mas deliberada: os países, conscientemente, recusaram-se a se vincular a um tratado que expressamente criminalizasse a guerra. Vale dizer, *os países não queriam que a guerra fosse considerada crime quando assinaram o Pacto de Paris de 1928*.

De fato, a leitura do Pacto, que possui apenas três artigos,[43] não revelava nada a respeito da caracterização da guerra como crime, mas meramente continha a declaração de que os países renunciavam à guerra como forma de condução de suas políticas internacionais, sem a estipulação de pena alguma para o descumprimento. Embora os países renunciassem a ela como método de solução de conflitos, não havia ali nenhuma estipulação de sanção para os países que descumprissem essa convenção, muito menos alguma previsão de responsabilização de pessoas, individualmente consideradas, que tivessem agido para que a guerra acontecesse. Em suma, para Pal, o exclusivo fato de as nações terem *renunciado* ao uso da guerra gerou entre elas uma expectativa, talvez até uma obrigação contratual, mas de modo algum isso serviria para sustentar a tipificação de um crime.

Na tentativa de contornar esse argumento, alguns autores diziam, na época, que as guerras deveriam ser classificadas em (i) guerra de autodefesa ou (ii) guerra de agressão, e somente esta última seria considerada criminosa, segundo o Pacto de Paris de 1928. Para o juiz Pal, além de o Pacto não prever crime nenhum, ainda que o fizesse, essa criminalização seria impossível, pois ficou a cargo de cada país decidir se estava agindo em autodefesa ou não. Nesse sentido se pronunciou o próprio autor do Pacto:

> *On the question of self-defense, Mr. Kellogg declared that the right of self-defense was not limited to the defense of territory under the sovereignty of the state concerned, and that under the treaty, each state would have the prerogative of judging for itself, WHAT ACTION THE RIGHT OF SELF-DEFENSE COVERED and when it came into play, subject to the risk that this judgment might not be endorsed by the rest of the world. The United States must judge and it is answerable to the public opinion of the world if it is not an honest defense; that is all. This is Mr. Kellogg's own statement. THIS IS HOW THE PACT OF PARIS CAME INTO BEING and what it was intended to convey by its authors.*[44]

Então, havia entre as nações, no máximo, uma vinculação convencional, mas não havia crime, pois nem as nações e nem um Tribunal Internacional poderiam julgar se a guerra que um país declarou ocorreu em autodefesa ou se teria sido uma agressão. Esse fator faz, portanto, com que a aplicação da norma fique sujeita ao arbítrio da própria pessoa que a descumpre, o que significa dizer que, na verdade, não há norma. Afinal, se o cumprimento é opcional, não há a obrigatoriedade, *conditio sine qua non* de configuração de uma prescrição como *normativa*. Por isso, o juiz Pal sentenciou:

> *But though a law can be created only by a multilateral treaty, every multilateral treaty does not create law. A rule of law, once created, must be binding on the states independently of their will, though the creation of the rule was dependent on its voluntary acceptance by them. THE OBLIGATION of this Pact, however, always remains DE-*

PENDENT ON THE WILL OF THE STATES. In as much as it is left to these states themselves to determine whether their action was or was not in violation of the obligation undertaken by the Pact.[45]

Assim, além de o Pacto de Paris não ter criminalizado nada, ele sequer poderia ser entendido como uma lei (no sentido de norma), por faltar-lhe um dos elementos fundamentais, a obrigatoriedade. Uma norma cujo cumprimento está à mercê da vontade daquele a quem foi dirigida simplesmente não é norma, mas sim uma faculdade. Essa era a natureza do Pacto de Paris de 1928, na visão do *Justice* Pal. Ademais, ele considerava as Declarações de Cairo e de Potsdam meras manifestações da intenção das Forças Aliadas, que não possuíam nenhum valor legal em termos de legislação internacional.[46] Portanto, o voto majoritário concluiu que, na medida em que os países renunciaram ao uso da guerra em 1928, essa conduta havia sido criminalizada; o juiz Pal, por sua vez, acreditava que aquela não era uma norma de natureza penal, não tinha descrição clara de conduta, não tinha cominação de pena, não tinha previsão de responsabilidade individual das pessoas naturais responsáveis e, pior, deixava a verificação de sua violação a cargo dos próprios Estados signatários. Por todos esses motivos, ele considerou que o Pacto de Paris de 1928 não foi suficiente para criminalizar a guerra e, tendo em vista que não havia mais nenhum outro tratado nesse sentido, concluiu que a guerra simplesmente não era um fato típico positivado na vida internacional das nações.

O Direito costumeiro internacional tornava possível a criminalização da guerra?

Concluiu-se que, se não havia norma positivada para criminalizar a guerra, era preciso verificar, então, se havia norma costumeira que o teria feito. Nesse sentido foi o julgamento dissidente do juiz holandês, o professor Bert Röling. O jurista não concordou com os colegas no sentido de que a Carta do general MacArthur ou o Pacto de Paris teriam criminalizado a conduta dos japoneses. Assim, ele propôs uma saída diferente, pautada especialmente no Direito costumeiro, aliando-o a outras normas positivas e ao Direito interno dos países.

O juiz Röling sustentou especialmente que seria desnecessário incriminar os japoneses com base em justificações morais (Direito natural). Ademais, segundo o juiz Röling, o crime de agressão previsto na Carta que instituiu o Tribunal é uma lei *ex post facto*, então a fundamentação deveria ser diferente para a condenação, e não simplesmente a de que esses crimes estão previstos na Carta que nomeou os juízes. Para ele, os juízes deveriam necessariamente encontrar uma fonte do Direito anterior aos fatos criminosos para que os japoneses pudessem ser punidos. A resposta encontrada por ele, conforme explicado por James Burnham Sedgwick, foi a seguinte: "*Röling believed that existing customs of war provided ample law to hold Japan's leaders accountable without needing to resort to new laws.*"[47]

Segundo Röling, os crimes de agressão são comparáveis a um crime político do Direito interno. Na série, sua conclusão foi bem resumida assim: "os criminosos políticos são, por vezes, detidos quando suas ações ameaçam a estabilidade nacional. E acho que devemos argumentar com base nessa plataforma legal preestabelecida. Assim, podemos afirmar que os responsáveis por iniciar uma guerra devem ser punidos com o fundamento de que, se permanecerem livres, podem perturbar a ordem internacional. Caso contrário, paz e progresso nunca serão alcançados."[48] O juiz francês Henri Bernard proferiu decisão similar. Desse modo, tanto Röling quanto Bernard condenaram os japoneses, mas ambos partiram de premissas diferentes das dos demais, preocupados que estavam em respeitar o princípio da anterioridade.

O juiz Pal, por sua vez, enfrentou o assunto, porém, mais uma vez não se deixou convencer. Para ele, a criminalização da guerra por meio do Direito costumeiro destruiria completamente uma lei fundamental e norteadora do Direito internacional, que é o respeito à soberania dos países. Antes de o alegado costume ser reconhecido, o direito de soberania havia sido há muito tempo declarado, e as razões que o colocaram em local de elevada importância no Direito internacional ainda existiam. Nesse raciocínio, há diversas outras questões importantes além da guerra sobre as quais os países não chegaram a um consenso, e nunca concordaram em tornar judicializáveis essas questões, assim como deliberadamente não o fizeram com a guerra. Não seria justo que os países estivessem de acordo com isso e, somente depois da derrota de um deles, os demais sustentassem que na verdade o costume era outro e que as atitudes do perdedor tinham sido criminosas. O costume até então vigente era o de que cada país julgaria seus próprios atos no que tange à justeza de declarações de guerra. Enquanto cada Estado persistisse em guardar para si seu próprio direito de julgamento sobre o preenchimento ou não de certo requisito para o exercício da autodefesa, a questão permaneceria fora do reino do Direito e teria um caráter estritamente político.

Outra questão seria a fixação exata do momento em que essa norma costumeira de criminalização da guerra teria passado a valer. Certamente não foi antes da assinatura do Tratado de Paris, que, como já se demonstrou, foi precedido por deliberações dos países exatamente no sentido de não criminalizar a guerra. Também não teria sido com os pronunciamentos posteriores de políticos e pensadores contra a guerra, pois a lei costumeira não se desenvolve apenas com meros pronunciamentos. Isso no máximo revela a maior consciência geral para uma determinada questão. Ao contrário, mais do que pronunciamentos, a geração de um costume oponível às pessoas e, portanto, judicializável depende de *ação concreta* dos interessados no sentido de tornar aquilo a nova norma (*standard*), ou seja, o novo padrão de conduta. Aliás, sobre a criação de norma costumeira, o juiz Pal sustentou que:

> *Custom as a source of law presupposes two essential elements: 1. The juristic sentiments of a people. 2. Certain external, constant and general acts by which it is shown. It is indicated by identical conduct under similar external circumstances. THE CONDUCT OF NATIONAL STATES during the period in question rather goes the other way.*[49]

Então, existe uma diferença entre haver um sentimento geral contra alguma coisa, e existir um costume judicialmente oponível às pessoas. No caso, o costume não existia, pois as próprias ações dos países contrariavam essa ideia. Isso ficou bastante evidenciado com o seguinte trecho:

> *This living according to law is required not as a mere form of manifestation but also as a means of cognition of customary law. When the conduct of the nations is taken into account the law will perhaps be found to be THAT ONLY A LOST WAR IS A CRIME. I may mention here in passing that within four years of the conclusion of the Pact there occurred three instances of recourse to force on a large scale on the part of the signatories of the Pact. In 1929 Soviet Russia conducted hostilities against China in connection with the dispute concerning the Chinese Eastern Railway. The occupation of Manchuria by Japan in 1931 and 1932 followed. Then there was the invasion of the Colombian Province of Leticia by Peru in 1932. Thereafter, we had the invasion of Abyssinia by Italy in 1935 and of Finland by Russia in 1939. Of course there was also the invasion of China by Japan in 1937.*[50]

Então, os próprios países que assinaram o acordo de Paris junto com o Japão o descumpriram e não estavam sendo julgados por isso. O costume dos países na época era realmente o de levar guerras a cabo. Logo, agora fica claro, o verdadeiro crime do Japão foi apenas este: *ter perdido* a guerra. Por isso, o juiz Pal concluiu que:

> *Any new precedent made will not be the law safeguarding the peace-loving law-abiding members of the Family of Nations, but will only be a precedent for the future victor against the future vanquished. Any misapplication of a doubtful legal doctrine here will threaten the very formation of the much coveted Society of Nations, will shake the very foundation of any future international society.*[51]

A GUERRA SERIA CRIME POR CONTA DO DIREITO NATURAL (JUSNATURALISMO)?

Por fim, o último argumento que sustentava a afirmação de que a guerra seria um crime é aquele fundado no Direito natural, relativo à doutrina conhecida como *jusnaturalismo*. Para esta teoria, existe uma ordem natural que, *per se*, indica o certo e o errado, de modo que às leis humanas cabe apenas descobrir e declarar esses postulados maiores. Sobre isso, o professor Tércio Sampaio Ferraz Junior explica que "a teoria jurídica jusnaturalista, assim, constrói uma relação entre a teoria e a práxis, segundo o modelo da mecânica clássica. A reconstrução racional do Direito é uma espécie de física geral da socialização", mas ele mesmo indica que o problema do jusnaturalismo é que "o Direito reconstruído racionalmente não reproduz a experiência concreta do Direito na sociedade, criando uma distância entre a teoria e a práxis".[52] Logo, não poderia ser aplicada essa vertente no caso concreto.

Mas existe outra vertente *jusnaturalista*, que possui argumentação diversa. Trata-se da expressão do sentimento de justiça de um povo. Dessa forma, mesmo que algo não seja tipicamente crime, a reprovabilidade social que incide sobre aquela conduta já concede a ela essa qualificação, pois ninguém desconhece seu caráter lesivo ou pratica esse tipo de ato sem entender sua reprovabilidade perante a sociedade. Praticamente nenhum ocidental tem dúvida de que as atrocidades cometidas pelos japoneses e pelos alemães na Segunda Guerra Mundial foram "criminosas" (exceto juristas e, talvez, os próprios agentes).[53] Logo, não é necessária uma norma escrita para condenar essas pessoas, porque ela já existe no imaginário geral, no sentimento de justiça do povo. No voto do juiz Pal, essa teoria foi resumida assim: "*the dictates of the public, common, or universal conscience profess 'the natural law which is promulgated by man's conscience and thus universally binds all civilized nations even in the absence of the statutory enactment'.*"[54] O autor alemão Puchta, discípulo de Savigny, pensava dessa forma. Para ele, "o Direito surgia da convicção íntima e comum do povo".[55]

Embora respeitasse a teoria do jusnaturalismo, o juiz Pal duvidava que seus postulados pudessem ser aceitos como Direito positivo.[56] Na sua concepção, os Estados são entidades que não estão sujeitas a nenhum controle ou superior hierárquico. Assim, não há nenhuma entidade centralizada que tenha elegido para a humanidade um bem maior. Um Estado está sujeito apenas às regras às quais se sentiu vinculado por sua própria consciência após exame racional. Nessa ordem de ideias, se os Estados serão submetidos a qualquer coisa que possa ser qualificada como *jurídica*, eles precisariam aceitar um corpo de normas mediante um consentimento genérico cuja extensão desconhecem e cujos valores nem sempre coincidirão de cultura para cultura, ou de nação para nação. Mesmo que uma teoria de um Direito absoluto fosse universalmente aceita, a extensão exata das obrigações do Estado não seria encontrada nos ditados dessa lei universal, mas sim nas regras que fossem recebidas como positivas pelos Estados. Embora aparentemente útil, a eleição de um Direito absoluto somente se tornará fonte de confusão e mal-entendidos enquanto critério de julgamento de valores jurídicos e de práticas correntes.[57] Hoje sabemos que o *Justice* Pal tinha toda a razão. A eleição da dignidade da pessoa humana como *summum bonum* a ser buscado pelos ordenamentos trouxe imensas dificuldades interpretativas e de aplicação,[58] e este é apenas um exemplo que ilustra como a utilização de valores e princípios para fundamentar decisões gerou o conhecido fenômeno denunciado por Humberto Ávila como *relativismo axiológico*,[59] segundo o qual o uso dos princípios jurídicos serve apenas para legitimar um juízo de valor arbitrário, vestindo-o com um aparente véu de juridicidade.

Conclusão

O julgamento de Tóquio foi um dos casos mais emblemáticos da história do Direito e oferece uma série de reflexões por sua atualidade. O voto majoritário, que satisfez o clamor popular dos países aliados, ávidos por "justiça" para as atrocidades nipônicas, encontrou seu contraponto nos três votos dissidentes — seja na divergência parcial dos juízes Röling (Holanda) e Bernard (França); seja na divergência completa no caso do juiz Radhabinod Pal,[60] que absolveu todos os acusados de todas as acusações.

O jurista indiano Radhabinod Pal, muito criticado por uns[61] e exaltado por outros,[62] demonstrou grande coragem e independência ao julgar de acordo com a brilhante fundamentação do seu extenso voto divergente, contrariando a pressão popular, a da mídia, a dos países aliados e, especialmente, a dos seus próprios pares. O voto do *Justice* Pal é exuberante demonstração de que a Justiça está atrelada à imparcialidade do magistrado e suscita profunda meditação sobre os nefastos efeitos do clamor popular, que podem levar à injustiça e à insegurança jurídica.

A partir dessa constatação, colocar-se no lugar dos juízes do IMTFE é um excelente exercício de lógica jurídica e de humanidade. Lógica porque nos desafia a analisar a incidência de normas e avaliar sua interpretação de acordo com as diversas teorias justificadoras do Direito, concordando ou não com os diferentes argumentos para as questões acima expostas. Humanidade porque, independentemente da conclusão lógico-jurídica a que se chegue, é inarredável, pelo conjunto probatório, que as forças armadas lideradas pelos acusados praticaram atos odiosos contra pessoas inocentes e contra nações pacíficas. Considerando que o Direito não é senão um sistema de normas cujo objetivo é alcançar a justiça, indaga-se: seria justo deixar impunes aqueles acusados? Ou, pelo contrário, injusto foi condená-los? Deparando-nos com essa decisão, o que faríamos? Esta é a reflexão que propomos, e esperamos que ela provoque o leitor a contemplar a complexidade do Direito e da vida, e depois o estimule a mergulhar em seus próprios sentimentos e inclinações, para conhecer mais sobre si mesmo.

Bibliografia

ARAS, Vladimir. *O juiz indiano*. Artigo. [s.l.: s.n.], 8 jan. 2017. Disponível em: <https://vladimiraras.blog/2017/01/08/yo-julgamento-do-japao/>. Acesso em: 8 mar. 2018.

ÁVILA, Humberto. *Teoria dos princípios: da definição à aplicação dos princípios jurídicos*. 16. ed. rev. e atual. São Paulo: Malheiros, 2015.

CARNELUTTI, Francesco. *As misérias do processo penal*. Campinas: Servanda Editora, 2010.

ESTADOS UNIDOS DA AMERICA — EUA. Senado. *The Constitution of the United States of America, analysis and interpretation, centennial edition*. Washington D.C.: Senado, 2016. Disponível em: <https://www.congress.gov/content/conan/pdf/GPO-CONAN-REV-2016.pdf>. Acesso em: 11 mar. 2018.

ESTADOS UNIDOS DA AMERICA — EUA; CHINA; REINO UNIDO — RU. *Cairo Declaration*. Cairo: Forças Aliadas, 1943. Disponível em: <http://www.ndl.go.jp/constitution/e/shiryo/01/002_46/002_46tx.html>. Acesso em: 13 mar. 2018.

FERRAZ JUNIOR, Tercio Sampaio. *Introdução ao estudo do Direito: técnica, decisão, dominação*. 4. ed. São Paulo: Atlas, 2003.

FORÇAS ALIADAS. *Special proclamation by the Supreme Commander for the Allied Powers at Tokyo January 19, 1946 and Charter of the International Military Tribunal for the Far East — IMTFE (charter dated January 19, 1946; amended charter dated April 26, 1946; Tribunal established January 19, 1946)*. Tóquio: Forças Aliadas (comandante supremo Douglas MacArthur), 19 jan. 1946. Disponível em: <http://www.un.org/en/genocideprevention/documents/atrocity-crimes/Doc.3_1946%20Tokyo%20Charter.pdf>. Acesso em: 10 mar. 2018.

INTERNATIONAL Military Tribunal for the Far East — IMTFE. *Judgement of 4 November 1948* (Tokyo Trial). Tóquio: IMTFE, 1948. Disponível em: <http://werle.rewi.hu-berlin.de/tokio.pdf>. Acesso em: 10 mar. 2018.

INTERNATIONAL Military Tribunal of Nuremberg. *Trial of the Major War Criminals*. Nuremberg (Alemanha): IMTN, 1947. Disponível em: <https://www.loc.gov/rr/frd/Military_Law/pdf/NT_Vol-I.pdf>. Acesso em: 10 mar. 2018.

JAPÃO. *Instrument of Surrender to the Allied Forces.* Tóquio: Governo Imperial Japonês, 2 set. 1945. Disponível em: <http://www.ibiblio.org/pha/policy/1945/450729a.html#6>. Acesso em: 8 mar. 2018.

LIGA DAS NAÇÕES. *Protocol for the Pacific Settlement of International Disputes (Protocolo de Genebra, de 1924).* [s.l.: s.n.], 2 out. 1924. Disponível em: <http://www.refworld.org/docid/40421a204.html>. Acesso em: 10 mar. 2018.

MIRABETE, Júlio Fabbrini. *Manual de Direito Penal, v. 1: Parte geral, arts. 1º a 120 do CP, conforme Lei n. 7.209, de 11-07-84.* 17. ed. rev. e atual. até outubro de 2000. São Paulo: Atlas, 2001.

NUCCI, Guilherme de Souza. *Manual de Direito Penal.* 10. ed. rev., atual. e ampl. Rio de Janeiro: Forense, 2014. Formato digital (*e-pub*).

PAL, Radhabinod. *Dissentient judgment of Justice Pal in the International Military Tribunal for the Far East — IMTFE (Tokyo Trial, 1948).* Tóquio: Kokusho — Kankokai Inc., 1999. Disponível em: <http://www.sdh-fact.com/CL02_1/65_S4.pdf>. Acesso em: 10 mar. 2018.

POTSDAM Declaration, Defining Terms For Japanese Surrender. Postdam: Estados Unidos, Reino Unido e China, 26 jul. 1945. Disponível em: <http://www.ndl.go.jp/constitution/e/etc/c06.html>. Acesso em: 9 mar. 2018.

SEDGWICK, James Burnham. *The Trial Within: Negotiating Justice at the International Military Tribunal for the Far East, 1946-1948.* 2012. Tese (Doutorado em História) - Faculty of Graduate Studies of History, University of British Columbia, Vancouver. Disponível em: <https://www.google.com.br/url?sa=t&rct =j&q=&esr c=s&-source=web&cd=9& ved=0ahUKEwi1gLuwufZ AhUCipAKHUi6 AJIQFgh2MAg&url=https%3A%2F%2Fopen.library.ubc.ca%2F-media%2Fd ownload%2Fpdf%2F24%2F1.0 072876%2F1&usg= AOvVaw2fzKllq21CxecZa08upUiu>. Acesso em: 10 mar. 2018.

SELLARS, Kirsten. "Imperfect Justice at Nuremberg and Tokyo". *The European Journal of International Law*, v. 21, n. 4, [s.l.], p. 1085-1102, 2011. Disponível em: <ejil.oxfordjournals.org>. Acesso em: 9 mar. 2018.

THE INTERNATIONAL Military Tribunal for the Far East (IMTFE) Digital Collection. Charlottesville/VA: School of Law of the University of Virginia, 2018. Disponível em: <http://imtfe.law.virginia.edu/>. Acesso em: 11 mar. 2018.

TOKYO Trial. Direção: Pieter Verhoeff & Rob King; Produção: Don Carmody Television, Fatt Productions, NHK Enterprises; Estrelas:

Hadewych Minis, Jonathan Hyde, Marcel Hensema, Paul Freeman, Irrfan Khan, Michael Ironside; Roteiro: Rob W. King, Max Mannix e outros. [s.l.: s.n.], 2017. Assistido via Netflix em 1º de março de 2018.

TRATADO de Renúncia à Guerra, concluído e assinado em Paris a 27 de agosto de 1928 (introduzido no Direito brasileiro pelo Decreto n. 24.557, de 3 de julho de 1934). Disponível em: <http://www2.camara.leg.br/legin/fed/decret/1930-1939/decreto-24557-3-julho-1934-549207-publicacaooriginal-64587-pe.html>. Acesso em: 10 mar. 2018.

TRATADO de Versalhes, assinado entre os países aliados e a Alemanha em 28 de junho de 1919 (introduzido no Direito brasileiro pelo Decreto n. 13.990, de 12 de janeiro de 1920). Disponível em: <http://www.planalto.gov.br/ccivil_03/decreto/1910-1929/D13990.htm>. Acesso em: 10 mar. 2018.

USHIMURA, Kei. "Pal's 'Dissentient Judgment' Reconsidered: Some Notes on Postwar Japan's Responses to the Opinion". *Japan Review*, n. 19, Kyoto, [s.n.], 2007, p. 215-224.

WATANABE, Shōichi. *The Tokyo Trials and the Truth of "Pal's Judgment" ["Paru ketsusho" no jijitsu]*. Tóquio: PHP, 2009. Disponível em: <http://www.sdh-fact.com/CL02_1/63_S4.pdf>. Acesso em: 10 mar. 2018.

ZANIN JÚNIOR, Hernani. "A banalização do princípio da dignidade da pessoa humana e a consequente indignidade nas relações privadas". *Revista Forense*, v. 411, ano 106, São Paulo, Forense, set./out. 2010.

Notas

1 V., por todos, Tokyo Trial, 2017.
2 Quando fizermos indicação de uma cena da obra cinematográfica, referir-nos-emos a ela como *série*, *minissérie*, *seriado* ou outro modo facilmente identificável pelo leitor como alusão àquela obra.
3 Por causa disso, é recomendável ao leitor que pretenda assistir à minissérie que o faça antes de ler este artigo, pois detalhes da história serão revelados (*spoilers*).

4   Disponível em: <http://www.un.org/en/index.html>. Acesso em: 10 mar. 2018.
5   The International Military Tribunal for the Far East (IMTFE) Digital Collection, 2018.
6   V. Forças Aliadas, 1946.
7   Em tradução livre, Tribunal Militar Internacional para o Extremo Oriente.
8   Nominalmente: ARAKI, Sadao; DOHIHARA, Kenji; HASHIMOTO, Kingoro; HATA, Shunroku; HIMANUMA, Kiichiro; HIROTA, Koki; HOSHINO, Kaoki; ITAGAKI, Seishiro; KAYA, Okinori; KIDO, Koichi; KIKURA, Heitaro; KOISO, Kuniaki; MATSUI, Iwane; MATSUOKA, Yosuke; MINAMI, Jiro; MUTO, Akira; MAGANO, Osami; OKA, Takasumi; OKAWA, Shumei; OSHIMA, Hiroshi; SATO, Kenryo; SHIGEMITSU, Mamoru; SHIMADA, Shigetaro; SHIRATORI, Toshio; SUZUKI, Teiichi; TŌGŌ, Shigenori; TŌJŌ, Hideki; UMEZU, Yoshijiro; conforme International Military Tribunal for the Far East, 1948, p. 26.
9   Tokyo Trial, 2017, episódio 1.
10 A aparente contradição em "conflito no *Pacífico*" coincidentemente realça o caráter absurdo e sem sentido da Segunda Guerra Mundial.
11 Os trechos relevantes do Pacto serão transcritos a seguir.
12 Após o fato.
13 Mas apenas o *Justice* Pal julgou pela absolvição completa de todos os acusados.
14 O terceiro artigo traz apenas uma previsão formal: "Artigo III — O presente Tratado será ratificado pelas Altas Partes contratantes designadas no preâmbulo, de acordo com exigências das respectivas constituições e entrará em vigor entre elas imediatamente do depósito, em Washington, de todos os instrumentos de ratificação", tudo em: Tratado de Renúncia à Guerra, 1928.
15 Em tradução livre: "é o propósito dessas nações que o Japão seja despido de todas as ilhas do Pacífico tomadas ou ocupadas por ele desde o início da Primeira Guerra Mundial em 1914, e que todos os territórios roubados dos chineses pelo Japão, como Manchúria, Formosa e Pescadores, sejam restituídos à República da China. O Japão também será expulso de todos os demais territórios que tomou por violência e ganância. As três grandes potências citadas, cientes da escravidão do povo coreano, estão determinadas a, no momento oportuno, tornar a Coreia um território livre e independente", con-

forme Estados Unidos da America — EUA; China; Reino Unido — RU, 1943.

16 Em tradução livre: "5. Nossos termos são os seguintes. Não nos desviaremos deles. Não há alternativas. Não admitiremos qualquer postergação. 6. Devem ser eliminadas, por toda a eternidade, a autoridade e a influência daqueles que enganaram e induziram o povo japonês a embarcar em um empreendimento de conquista mundial, pois nós insistimos que uma nova ordem de paz, segurança e justiça será impossível enquanto todo o militarismo irresponsável não for extirpado do mundo. 7. Até que essa nova ordem seja estabelecida e até que haja prova convincente de que o poder de guerra japonês está destruído, pontos no território japonês que deverão ser designados pelos Aliados serão ocupados para assegurar que se possa chegar aos objetivos básicos ora estipulados. 8. Os termos da Declaração do Cairo serão levados adiante e a soberania japonesa será limitada às ilhas de Honshu, Hokkaido, Kyushu, Shikoku e ilhas menores determinadas a nosso critério. 9. Os membros das forças militares japonesas, após o seu completo desarmamento, terão permissão para retornarem aos seus lares com a oportunidade de conduzirem suas vidas de maneira pacífica e produtiva. 10. Nós não pretendemos que os japoneses sejam escravizados enquanto raça ou destruídos enquanto nação, mas uma justiça rigorosa recairá sobre todos os criminosos de guerra, incluindo aqueles que perpetraram crueldades contra nossos prisioneiros. O governo japonês removerá todos os obstáculos ao restabelecimento e fortalecimento dos preceitos democráticos dentre o povo japonês. Liberdades de expressão, religião e pensamento, bem como respeito a todos os direitos humanos, serão estabelecidos. (...). 13. Nós exortamos o governo japonês a proclamar imediatamente a rendição incondicional de todas as forças armadas japonesas, e a providenciar garantias adequadas e apropriadas de sua boa-fé em sua rendição. A alternativa para o Japão é a mais completa e imediata destruição", tudo conforme Postdam Declaration, 1945.

17 "Nós proclamamos a rendição incondicional do Quartel General Imperial Japonês, bem como de todas as forças armadas japonesas e de todas as forças armadas sob o controle japonês, onde quer que estejam localizadas, às Forças Aliadas. (...). A autoridade do imperador e de todo o governo japonês para administrar o país estará sujeita ao comandante supremo das Forças Aliadas, que tomará as

medidas entendidas como apropriadas para efetivar os termos desta rendição", cf. Japão, 1945, p. 7.
18 Forças Aliadas, 1946.
19 Em tradução livre: "Crimes contra a paz: a saber, o planejamento, a preparação, iniciação ou a promoção de uma guerra de agressão, declarada ou não; ou de uma guerra em violação à legislação internacional, a tratados, convenções ou garantias; ou a participação em plano conjunto para a formação de quadrilha com vistas a alcançar quaisquer das circunstâncias mencionadas acima."
20 Em tradução livre: "Crimes de guerra convencionais: a saber, violações das leis e costumes da guerra."
21 Em tradução livre: "Crimes contra a humanidade: a saber, assassinato, extermínio, escravização, deportação e demais atos inumanos cometidos contra qualquer população civil, antes ou durante a guerra, ou perseguições baseadas em motivações políticas ou raciais, ou em conexão com quaisquer dos crimes na competência jurisdicional do Tribunal, quer ou não em violação à lei nacional dos países onde os atos tenham sido perpetrados. Líderes, organizadores, instigadores e cúmplices participando na formulação ou execução de um plano conjunto de formação de quadrilha para cometimento de quaisquer dos crimes acima mencionados serão responsáveis por todos os atos realizados por qualquer pessoa envolvida na execução de tal plano."
22 Pal, 1999, p. 7.
23 Em tradução livre: "considerando que a lei da Carta é decisiva e vinculante, este tribunal tem o dever formal de rejeitar as quatro primeiras das sete arguições oferecidas pela Defesa [as arguições se referiam à impossibilidade de a Carta criar crimes e questões correlatas]".
24 Em tradução livre: "O tribunal ora estabelecido é denominado na Convenção que o instaurou como um Tribunal Militar Internacional. Espera-se que esse Tribunal Internacional aja de acordo com o Direito Internacional. Este tem o claro objetivo de atuar como um tribunal judicial constituído com vistas a aplicar e executar as determinações correspondentes da Legislação Internacional. Entendo que a Convenção importa no seguinte: (a) que as três classes de pessoas especificadas na Carta constituem criminosos de guerra; (b) que os atos mencionados nas classes 'a', 'b' e 'c' são crimes pelos quais existe responsabilidade individual; (c) (i) que esses atos não constituem crimes *por causa* da Convenção celebrada entre os quatro governos; (ii) mas que os governos os colocaram sob a ju-

risdição deste Tribunal porque estes já constituíam crimes segundo o Direito existente. SEGUNDO QUALQUER OUTRA PREMISSA QUE NÃO ESTAS, A CORTE NÃO SERIA UMA CORTE DE DIREITO, mas sim UMA MANIFESTAÇÃO DE PODER", conforme *Lord* Wright apud Pal, 1999, p. 20-21, maiúsculas do *Justice* Pal.

25 Em tradução livre: "Nós precisamos descobrir, pela aplicação das normas adequadas de Direito Internacional, se os atos constituem crime segundo o Direito vigente, além da Declaração, da Convenção ou da Carta (...). Este Tribunal precisa chegar à sua própria decisão. A intenção nunca foi vincular este Tribunal às decisões dos referidos órgãos, senão o Tribunal não seria um 'Tribunal Judicial', mas uma mera ferramenta de manifestação de poder. Isso a que se chama de 'julgamento', conduzido de acordo com a definição de crime ora atribuída pelos vencedores, oblitera séculos de civilização que se estendem entre nós e a execução sumária dos derrotados em guerra. Um tribunal que aplique uma lei prescrita dessa forma consistirá unicamente em um emprego vergonhoso do devido processo legal para a satisfação de uma sede por vingança. Isso não corresponde com nenhuma ideia de justiça", conforme Pal, 1999, p. 21.

26 Pal, 1999, p. 20.

27 Em tradução livre: "Para além do direito de retaliação ao país agressor, o vencedor teria, sem dúvidas, o direito de punir as pessoas do país perdedor que tivessem violado leis da guerra, mas daí a dizer que o vencedor teria a possibilidade de definir um crime a seu bel-prazer e, por conseguinte, punir indivíduos por tal crime, seria retroceder para aqueles dias em que o vencedor tinha autorização para devastar o país ocupado com fogo e espada, apropriar-se de toda a propriedade pública e privada que encontrasse, bem como matar os habitantes da nação invadida, ou tomá-los em cativeiro", conforme Pal, 1999, p. 23.

28 Mirabete, 2001, p. 58.

29 Nucci, 2014.

30 Essa redação está no art. 1º do Código Penal brasileiro, mas consiste em princípio geral do Direito aplicável em praticamente todos os ordenamentos jurídicos.

31 Carnelutti, 2010, p. 85-86.

32 Em tradução livre: "a Carta é e foi pensada para ser apenas declaratória da lei internacional como ela existia desde, pelo menos, 1928 em diante e, de fato, até mesmo antes", conforme transcrição encontrada no voto de Pal, 1999, p. 16.

33 Transcrição que o juiz Pal fez de trecho da acusação. Em tradução livre: "nós não estamos pedindo a este Tribunal que crie qualquer lei nova, nem admita que a Carta se proponha a criar qualquer nova ofensa", conforme Pal, 1999, p. 16.

34 Em tradução livre: "Na minha opinião, o caráter criminal ou não dos atos alegados precisam ser determinados com referência às regras de Direito internacional existentes desde a data da comissão dos supostos atos. *Na minha opinião, a Carta não pode e não definiu qualquer crime, bem como não restringiu de nenhuma forma a nossa autoridade e jurisdição para aplicar as regras de Direito internacional que nós mesmos encontrarmos com relação aos fatos alegados neste caso*", conforme Pal, 1999, p. 16, destaques nossos.

35 O texto dos artigos do Tratado de Paris de 1928 foi transcrito em tópico anterior.

36 International Military Tribunal of Nuremberg, 1947, p. 219.

37 V. Pal, 1999, p. 53.

38 Em tradução livre: "não há crime sem lei que o preveja; é nula a pena sem lei que a comine."

39 Pal, 1999, p. 38.

40 Cf. Tratado de Renúncia à Guerra, 1928.

41 Em tradução livre: "o pacto não alterou, de forma alguma, o Direito internacional então vigente. Ele falhou em introduzir qualquer regra jurídica nova a esse respeito", conforme Pal, 1999, p. 40.

42 O protocolo não foi ratificado pelos países e expressamente criminalizava a guerra ao afirmar: "*Recognising the solidarity of the members of the international community; Asserting that a war of aggression constitutes a violation of this solidarity and an international crime; Desirous of facilitating the complete application of the system provided in the Covenant of the League of Nations for the pacific settlement of disputes between States and of ensuring the repression of international crimes.*" Em tradução livre: "Reconhecimento da solidariedade dos membros da comunidade internacional; Afirmação de que uma guerra de agressão constitui violação de tal solidariedade e um crime de âmbito internacional; Com o desejo de facilitar a completa aplicação do sistema disposto no Convênio da Liga das Nações para a resolução pacífica de disputas entre os Estados e de assegurar a repressão de crimes internacionais", conforme Liga das Nações, 1924.

43 Já transcritos anteriormente, na sessão que resumia a legislação vigente.

44 Em tradução livre: "Sobre a questão da autodefesa, o sr. Kellogg declarara que o direito de autodefesa não estava limitado à defesa do território sob a soberania do Estado implicado, e, segundo o tratado, cada Estado tinha a prerrogativa de julgar por si mesmo QUAIS AÇÕES O DIREITO DE AUTODEFESA ASSISTIRIA e quando o tratado passou a valer, sujeito ao risco de que esse julgamento não fosse aceito pelo resto do mundo. Os Estados Unidos devem julgar e justificar, o que é adequado para a opinião pública do mundo, acerca da honestidade dessa defesa, mas isso é tudo. Essa foi a afirmação do próprio sr. Kellogg. FOI ASSIM QUE O PACTO DE PARIS NASCEU e é isso que ele pretendia regrar segundo seus autores", conforme Pal, 1999, p. 45.

45 Em tradução livre: "Muito embora uma lei possa ser criada apenas mediante um tratado multilateral, nem todo tratado multilateral cria uma lei. O Estado de Direito, uma vez criado, precisa vincular os Estados independentemente de suas vontades, apesar de a criação da regra ter dependido de sua aceitação voluntária. Porém, A OBRIGAÇÃO contida neste Pacto [Tratado de Paris de 1928] permanece sempre DEPENDENTE DA VONTADE DOS ESTADOS, porquanto foi deixado sob arbítrio dos Estados determinar se eles mesmos praticaram ou não uma ação violadora da obrigação que eles assumiram no Pacto", conforme Pal, 1999, p. 51.

46 Pal, 1999, p. 13.

47 Em tradução livre: "Röling acreditava que o direito bélico costumeiro existente à época oferecia juridicidade suficiente para imputar responsabilidade aos líderes japoneses sem a necessidade de se escorar em leis novas", conforme Sedgwick, 2012, p. 192-193.

48 Tokyo Trial, 2017, episódio 4.

49 Em tradução livre: "Costume como fonte normativa pressupõe dois elementos essenciais: 1. os sentimentos de juridicidade de um povo [ou de *equidade*, de *justiça*, no sentido de que a comunidade considera aquilo como devido e exigível de seus pares]; 2. atos externos, gerais e constantes por meio dos quais esse costume fica evidenciado. Ele é pontuado pela conduta idêntica tomada sob circunstâncias similares. [No caso julgado,] A CONDUTA DOS ESTADOS NACIONAIS durante o período apreciado vai na direção oposta [daquela esperada de quem estava criminalizando a guerra]", conforme Pal, 1999, p. 61.

50 Em tradução livre: "A vida conforme o direito consuetudinário é necessária não como uma mera forma de manifestação, mas também como meio de reconhecimento daquele costume como jurídi-

co. Quando a conduta das nações é levada em consideração neste caso, talvez a lei a ser considerada aqui seja que APENAS UMA GUERRA PERDIDA CONSTITUI UM CRIME. Devo mencionar de passagem aqui que dentro de quatro anos depois da conclusão do Pacto [de Paris, de 1928] ocorreram três situações de recurso à força em larga escala por parte dos signatários do Pacto. Em 1929, a Rússia Soviética conduziu hostilidades contra a China em conexão com a disputa relativa à Linha de Trem Oriental Chinesa. A ocupação da Manchúria pelo Japão em 1931 e 1932 se seguiu. Em seguida, houve a invasão da província colombiana de Letícia pelo Peru em 1932. Dali em diante, tivemos a invasão da Abissínia pela Itália em 1935 e da Finlândia pela Rússia em 1939. Claro, também houve a invasão da China pelo Japão em 1937", conforme Pal, 1999, p. 62.

51 Em tradução livre: "Qualquer precedente fixado aqui não será uma norma jurídica em proteção a membros da Família das Nações amantes da paz e seguidores da lei, mas, isso sim, será apenas um precedente para que o futuro vencedor utilize contra o futuro derrotado. Qualquer falha na aplicação de uma doutrina jurídica duvidosa aqui ameaçará a própria formação da tão estimada Sociedade das Nações, bem como abalará a fundação de qualquer sociedade internacional que sobrevenha", conforme Pal, 1999, p. 68.

52 Ferraz Junior, 2003, p. 71.

53 O termo *criminoso,* neste ponto, é usado em sentido vulgar, para se referir à percepção de um povo sobre a extrema reprovabilidade de uma conduta.

54 Em tradução livre: "as prescrições da consciência pública, comum ou universal professam o Direito natural, que é promulgado pela consciência do homem e, por isso, vincula universalmente todas as nações civilizadas mesmo na ausência de um enunciado normativo positivado", conforme Pal, 1999, p. 71.

55 Conforme ensinado em Ferraz Junior, 2003, p. 77.

56 "*It is not for me to question the relevancy of this appeal to natural law. There may be deep-seated reason that in all ages and countries the idea of natural law, that is, one founded on the very reality of things and not on the simple 'placet' of the legislature has been cultivated.* (…) *BUT I DOUBT IF ITS CLAIM THAT ITS DOCTRINES SHOULD BE ACCEPTED AS POSITIVE LAW IS AT ALL SUSTAINABLE*", conforme Pal, 1999, p. 71-72. Em tradução livre: "Não cabe a mim questionar a relevância desse recurso à lei natural. É possível que haja fundamento profun-

damente arraigado para que, em todas as eras e todos os países, se tenha cultivado a ideia da lei natural, isto é, uma ideia cujo alicerce vem da realidade mesma das coisas, e não do *placet* da legislação (...) Devido, todavia, de que se sustente a afirmação de que suas doutrinas devem ser aceitas como Direito positivo."

57 V. Pal, 1999, p. 72-73.
58 Conforme descrito, por exemplo, em Zanin Júnior, 2010.
59 V., por todos, Ávila, 2015.
60 Algo interessante e facilmente perceptível é que o julgamento majoritário foi aquele determinado pelos juristas de países de *common law*, notadamente juiz Cramer (Estados Unidos), juiz Jaranilla (Filipinas), juiz McDougall (Canadá), juiz Northcroft (Nova Zelândia) e *Lord* Patrick (Reino Unido). Esse era o núcleo duro dos juízes que fixou a maioria da Corte. A eles aderiram, depois, o juiz Mei (China) e o general Zaryanov (URSS). O juiz Webb elaborou voto apartado, mas ainda assim seguindo a maioria. Um dos motivos indicados para seu ato foi o fato de ele considerar que, na condição de presidente da Corte, deveria apresentar um voto seu. Os juízes que se incomodaram com as questões formais do julgamento e com os princípios da legalidade, da anterioridade e da tipicidade da lei penal foram justamente aqueles oriundos de países em que se aplica o sistema do *civil law*, o juiz Röling (Holanda) e o juiz Bernard (França). A Índia possui um direito baseado no costume, mais próximo, portanto, do *common law*, o que, portanto, serve apenas para apontar, com ainda mais força, como o voto do juiz Pal ficou fora da curva para o que se esperava em termos de lógica jurídica, conforme Sedgwick, 2012, p. 191.
61 Por exemplo: "*Indian Justice Pal's dissent proved more political. Formalism became a legal tool as well as an emotional, ideological, and moral sentiment in Pal's polymorphic attack on the tribunal. He employed whatever law and philosophy helped his cause*". Em tradução livre: "O voto vencido do jurista indiano Pal comprovou ser de caráter mais político. O formalismo passou a ser uma ferramenta jurídica, assim como um sentimento emocional, ideológico e moral no ataque polimórfico de Pal ao Tribunal. Ele lançava mão de qualquer lei e filosofia que fossem úteis em sua causa", conforme Sedgwick, 2012, p. 192.
62 Exemplificativamente, Watanabe, 2009; Ushimura, 2007; Aras, 2017.

Jesus Cristo

Marco Aurélio Bezerra de Melo

Introdução

A jornada evolutiva da humanidade é marcada por inúmeros erros nascidos da ambição desmedida, do egoísmo e do orgulho; enfim, da ignorância, entrave maior das nossas legítimas aspirações a uma vida feliz. Entretanto, é preciso reconhecer que sabemos extrair boas experiências dessa caminhada repleta de atropelos morais, o que proporciona avanços na senda da intelectualidade e da moralidade.

A crucificação de Jesus parece confirmar tal assertiva, pois estamos diante de um dos fatos mais ignóbeis praticados pelo homem. Mas, ao mesmo tempo, a partir desse malsinado evento, o cristianismo surge e pode fincar as suas bases filosóficas alicerçadas na regra áurea do amor-próprio, amor ao próximo e amor ao Criador, o que demarcou um novo tempo nas relações humanas. Um novo tempo centrado na busca de uma vida mais fraterna, no qual se luta pela defesa daqueles que são considerados mais frágeis por questões socioeconômicas, em razão da faixa etária avançada ou tenra, da saúde física ou psíquica, sem falar nos chamados grupos humanos vulneráveis que têm merecido destacado tratamento pelos estudiosos, envolvendo o reconhecimento da necessidade de proteção da cultura, etnia, gênero, opção religiosa ou sexual, dentre outras. Como cediço, Ele não se cercou de intelectuais, ricos ou poderosos, mas de homens e mulheres simples, dentre os quais muitos eram tidos como de má vida na concepção daquela época, como o bom ladrão, as prostitutas e até mesmo os coletores de impostos.

Isso não quer dizer que não tenhamos nos equivocado. Longe disso. Mesmo diante de lições valiosas para o aprimoramento do homem, optamos por guerrear em dimensões mundiais, torturar, matar, oprimir, incendiar corpos e moradas e roubar coisas e sonhos como nas tristes lidas das Cruzadas, das Inquisições espanhola e portuguesa, da Noite de São Bartolomeu, da Solução Final de Adolf Hitler com o extermínio de cerca de seis milhões de judeus, dentre outras tristes experiências. E o pior: diversas dessas nefastas passagens tiveram como bandeira a defesa d'Aquele que simboliza o Amor em sua mais pura expressão. Pobres de nós...

O evangelho (*boa-nova, boa mensagem*) é chamado de Novo Testamento e descreve a passagem de Jesus pela Terra com as suas inexcedíveis lições, narrada com detalhes pelos evangelistas Mateus, João, Marcos e Lucas, dentre outros. Os dois primeiros acompanharam os passos do doce Rabi da Galileia, sendo, portanto, testemunhas oculares; os dois últimos conviveram com os discípulos e com os primeiros cristãos, extraindo deles as informações indispensáveis para a consecução do relato. Em todos os evangelhos canônicos, a prisão, o julgamento e a crucificação de Jesus são narrados com mais pontos de convergência do que de discordância, podendo tais dissensos narrativos serem considerados formas de interpretação do mesmo fato.

Flávio Josefo (37-100 d.C.), judeu, e Tácito (55-115 d.C.), romano, são dois historiadores que, sem vinculação religiosa com o cristianismo, também fazem referência expressa à crucificação de Jesus.

Os evangelhos de Mateus, Marcos e Lucas são denominados sinóticos por conterem grande quantidade de histórias coincidentes de

Jesus, contadas na mesma sequência e com expressões verbais quase idênticas. Há grande probabilidade de que João conhecia o teor dos outros três evangelhos e optou por uma narrativa mais mística, romanceada e, certamente, complementar das lições, testemunhos e prodígios do Divino Carpinteiro.

A base dessa singela resenha são os evangelhos canônicos, e, a partir do conteúdo de tais textos, tentaremos dialogar com algumas regras do Direito hebraico e romano vigentes na época de Jesus, a fim de, sem a veleidade da novidade, apenas contribuir para a percepção e amplificação das injustiças perpetradas pelo poder transitório do homem contra Aquele que encarnou o mais sublime exemplo de amor, solidariedade, pureza e sabedoria na história da romagem do homem na Terra.

Jesus é preso

Jesus foi preso à noite, sem que ao menos fosse apontado a ele o ilícito que teria cometido. A sua condenação teria sido deliberada logo após a sua nova ida a cidade de Jerusalém, notadamente em razão da repercussão popular positiva que teria causado a chamada ressurreição de Lázaro, irmão de Marta e Maria, ocasião em que Jesus disse que a doença que o acometia não era rumo à morte, mas à glória de Deus, a fim de que o Filho de Deus fosse por ela glorificado. Após quatro dias morto ou cataléptico, Lázaro se levanta ao comando de Jesus, causando admiração, mas também uma perigosa repulsa (Jo 11, 1-46).

Sua primeira visita à cidade deu-se aos 12 anos, quando desapareceu da vista de seus pais e, posteriormente, foi encontrado no templo entre os mestres, que, maravilhados, ouviam as suas sublimes reflexões (Lc 2, 41-52). Tanto essa quanto a derradeira visita ocorreram durante a Páscoa judaica, ocasião em que os hebreus, com alto sentido religioso, comemoram a passagem (*pessach*) da libertação do Egito (Ex 12, 42). Essa nova incursão à Cidade Santa acarretaria o fim de sua vida física, mas o início de uma nova era, de uma Boa-Nova para a humanidade.

Ardilosamente, os anciãos do povo, sob a enérgica batuta de Caifás, o sumo sacerdote, teriam premeditado a prisão e condenação à pena capital de Jesus, providência que deveria se dar antes das festas, a fim de que não ocorresse tumulto entre o povo (Mt 26, 1-5; Mc 14, 1-2; Lc 22, 1-6; e Jo 11, 45-53).

Ainda que não fosse indispensável para a ocorrência da prisão que alguém delatasse a localização do Divino Mestre, visto que este não se escondeu nem tentou fugir, podendo ser, portanto, encontrado com facilidade, Judas Iscariotes teria se vendido por trinta moedas (Mt 26, 14-16; Mc 14, 10-11; e Lc 23, 3-6) e traiu o seu Mestre com um beijo, para indicar ao comandante romano quem seria o Abençoado Insurrecto. Imaginava o tesoureiro do colégio apostólico que o seu Mestre teria a ocasião de ostentar todo o seu poder quando fosse preso, indicando para todos que era o Messias esperado, Aquele que livraria os judeus do jugo romano. Judas ainda não tinha percebido que o reino d'Ele não era deste mundo.

Após esse desastre pessoal, o invigilante discípulo acabou consumido pelo arrependimento, a ponto de cometer suicídio por enforcamento (Mt 27, 5), comprometendo-se ainda mais com a Lei. Em complemento, Pedro narra que o tesoureiro precipitou-se, *"rebentou pelo meio, e todas as suas entranhas se derramaram"* (At 1, 18). Ao se enforcar ao lado de um penhasco, a corda ou o cinto que o atava rompeu-se, vindo o suicida a despedaçar no despenhadeiro. Enquanto Mateus informa o suicídio, Pedro aponta o resultado.

Mas no momento da prisão estava Jesus com os membros mais íntimos do seu círculo apostólico (Pedro, João e Tiago) em um local de Jerusalém chamado Getsêmani (Mt 26, 36-56; Mc 14, 32-42; Lc 22, 39-46; e Jo 18, 1-11), que vem a ser um jardim ou horto no início do monte das Oliveiras no vale do Cédron, na parte oriental da cidade.

Os evangelistas apontam que na prisão de Jesus havia uma grande turba com porretes, espadas e tochas, todos provindos das autoridades religiosas judaicas, que contavam com uma guarda armada. Após o beijo delator de Judas, o Redentor foi preso e conduzido para seu primeiro julgamento junto ao Sinédrio (*sanhedrim* — assembleia da antiga Israel que contava com 71 juízes), chefiados por Caifás, o sumo sacerdote.

O evangelista João, que se encontrava com Jesus por ocasião de sua prisão, nos traz a informação de que havia também uma coorte (destacamento militar romano formado por seiscentos soldados). Além da legitimidade de ter presenciado a prisão, os pesquisadores acatam essa informação de João quando constatam que, dentre os evangelistas, é ele o que mais carrega nas tintas com relação à participação dos judeus na morte do Nazareno e na neutralidade de Pilatos. Tivesse Jesus sido preso apenas pelos guardas do templo, João seria explícito com relação a esse ponto (Jo 18, 3 e Jo 18, 12).

É digno de nota que, mesmo em sua ignominiosa prisão, Jesus não olvidou da missão que assumiu de ser Mestre, pois, ao assistir um gesto agressivo perpetrado em sua defesa por Simão Pedro, que cortou a orelha de um servo do sumo sacerdote chamado Malco, virou-se para o discípulo e ordenou-lhe que lançasse a espada na bainha, pois todos aqueles que tomam a espada morrem pela espada, ou, conforme o dito popular, *quem com ferro fere, com ferro será ferido*. Ali o Rabi da Galileia antecipava o conhecimento do princípio da ação e reação, terceira lei de Isaac Newton. Essa simples e sábia exortação, se observada, teria evitado muito sofrimento e morte absolutamente desnecessários, prenunciando com mais rapidez o primado da paz e da tolerância que ainda há de reinar na Terra.

Jesus foi preso por um destacamento militar romano e outro oriundo do templo de Jerusalém. A prisão foi efetivada por romanos e judeus que, à época, representavam, respectivamente, o poder político e religioso central naquela região.

O exército romano lá se encontrava sob as ordens do pró-cônsul Pôncio Pilatos, em razão de Jerusalém ter sido submetida no ano 63 a.C. ao domínio de Roma por Pompeu Magno. Segundo o historiador Flávio Josefo em suas *Antiguidades Judaicas*, embora tenha transformado toda a região da Judeia em uma província romana, Pompeu soube preservar a autoridade religiosa nas mãos dos fariseus, em que pese a necessária submissão política e tributária aos interesses do Império de César. Por tal motivo, também estavam ali os guardas do templo, pois, como dito acima, já havia um movimento de conspiração para aniquilar a polêmica e revolucionária figura de Jesus (Jo 11, 45-54).

Ainda que não seja de todo absurda a tese de que Pôncio Pilatos também tivesse a intenção de prender Jesus pelo crime de lesa-majestade, submetendo-o ao *jus gladii* romano, o mais provável é que Caifás, o sumo sacerdote, tenha pedido ao delegatário romano a cessão de uma coorte para conferir maior efetividade à prisão, evitando, assim, manifestações contrárias do povo diante do poderio militar ostensivo, tomando-se em conta que o Mestre entrou em Jerusalém sob os aplausos dos discípulos e dos populares que o seguiam com flores, ramos de oliveira e sorrisos, gritando "*Hosana!*" (*salva, eu rogo*), comemorando a chegada d'Aquele que seria o Messias, que havia pouco tinha ressuscitado Lázaro e que entrava na Cidade Sagrada montado em um jumentinho, como profetizara Zacarias (Zc 9, 9).

Tanto assim que, após a efetivação da prisão, Jesus foi levado ainda à noite para as autoridades religiosas judaicas, a fim de sofrer o que seria o seu primeiro julgamento. Apenas no dia seguinte, pela manhã, é que essa causa seria submetida ao representante de César na Judeia daqueles tempos, como veremos adiante.

Nesse passo, importa destacar que, tanto sob as leis romanas como pelas judaicas, a prisão de Jesus se revestiu de flagrante ilegalidade. A lei romana exigia prévia ata formal de acusação como primeiro ato a justificar a prisão de uma pessoa, mas tal documento não existiu, reforçando que os militares romanos ali se encontravam apenas como um favor do Estado dominante (Roma) ao dominado (Judeia). Em outro giro, a lei judaica não permitia que nenhum processo fosse iniciado à noite. Ao arrepio da lei, nesse período se deu a prisão, a inquirição e o julgamento religioso de Jesus.

Jesus é julgado pelo Sinédrio

Em seguida à sua prisão no Getsêmani, Jesus é levado por volta das duas horas da manhã para a residência de Anás, poderoso membro do Supremo Conselho do Sinédrio. A despeito de sua incompetência absoluta para julgar o caso, pois não era mais o sumo sacerdote, o referido líder — que havia indicado cinco membros para o Grande Conselho do Sinédrio (que continha 71) e era sogro do sumo sacerdote — apreciou a causa, assumindo também a responsabilidade pela morte de Jesus.

O abandono das formas não parou na instauração de um processo judicial à noite e a portas fechadas. A lei mosaica contida no Deuteronômio, segundo livro da Torá — no qual se estabelece o monoteísmo como dogma a ser preservado pelas futuras gerações —, prescreve no capítulo 19, versículo 15, que "uma só testemunha contra alguém não se levantará por qualquer iniquidade, ou por qualquer pecado, seja qual for o pecado que cometeu; pela boca de duas testemunhas, ou pela boca de três testemunhas, se estabelecerá o fato". Ocorre que não houve nenhuma *denúncia* anterior de qualquer testemunha contra Jesus!

Ainda na presença de Anás, o judeu Jesus, profundo conhecedor das suas leis e, portanto, sabedor de que nenhum processo poderia prescindir de prévia oitiva testemunhal — isto é, deveria ser a partir do depoimento das testemunhas que a acusação se iniciaria —, responde ao seu inquisidor sobre o seu ensino, aduzindo ainda que ele deveria interrogar primeiramente os seus discípulos e as outras pessoas que o ouviam quando falou nos templos, nas sinagogas e em outros lugares públicos, como o Sermão do Monte (Mt 5, 1-11), pérola do conhecimento humano universal.[1] Daí é que poderia verificar se o prisioneiro Jesus cometeu algum ilícito perante as leis mosaicas.

O fato acima rendeu a Jesus uma bofetada desferida por um guarda do templo, que viu na resposta do prisioneiro um ato de insolência contra a autoridade de Anás. Redarguiu calmamente a vítima do ato infeliz:

"Se falei mal, testemunha a respeito do mal; se [falei] bem, por que me açoitas?" (Jo 18, 19-23).

O papel prévio das testemunhas era tão proeminente que a elas se conferia o atributo de iniciar a execução da pena de morte, como se pode verificar no capítulo 17, versículos 6 e 7, do Deuteronômio: "Por boca de duas testemunhas, ou três testemunhas, será morto o que houver de morrer; por boca de uma só testemunha não morrerá. As mãos das testemunhas serão primeiro contra ele, para matá-lo; e depois as mãos de todo o povo; assim tirarás o mal do meio de ti."

Malgrado ter sido condenado por blasfêmia, como será visto abaixo, Jesus teria cometido, segundo as autoridades religiosas judaicas, o ilícito de profanar o sábado pelo menos em duas situações. A primeira quando curou o enfermo no tanque de Betesda, também conhecido como Casa de Misericórdia (Jo 5, 1-9). Interpelado pelos judeus, o Doce Nazareno respondeu que o seu Pai trabalha até agora e, portanto, Ele devia fazer o mesmo (Jo 5, 17-18).

Em outro sábado, os seus discípulos começaram a arrancar espigas e a comer. Provocado pelos fariseus que assistiram o fato, Jesus respondera que o Filho do Homem é Senhor do sábado, isto é, o sábado foi feito por causa do homem, e não o homem por causa do sábado (Mt 12, 1-8; Mc 2, 23-28; e Lc 6, 1-5).

Ainda que a pena não fosse de morte, parece realmente que Jesus teria violado a lei judaica prevista no Êxodo 8-10, no qual Moisés ordena que não se faça nenhuma obra no sábado. Tais incidentes insuflaram ainda mais o movimento farisaico que objetivava aniquilar Aquele que, de modo sereno e firme, transgredia o velho regime fundado no temor para tentar implantar o reinado do amor.

Em Números, capítulo 15, versículo 35, lê-se que Moisés determinou o apedrejamento sem morte de um homem que foi pego apanhando lenha no dia de sábado. Contudo, nos tratados da Mishnah (capítulo VII, itens 2 e 3), que vinculava o *sinhedrim*, apenas faz-se referência à necessidade de se dar alguma oferta em relação ao pecado cometido. Ao que tudo indica, profanar o sábado já não era mais punido com a pena de morte à época de Jesus, e Caifás sabia disso.

Sem a indispensável manifestação testemunhal prévia para formalizar a acusação e com a formação de um tribunal público à luz do dia em vez de à noite, Anás encaminha ao seu genro Caifás o preso amarrado, que já vinha conspirando para levar Jesus à morte e tentava dar alguma legalidade ao ato, convocando testemunhas para depor contra Jesus. Entretanto, as testemunhas davam depoimentos muito diferentes entre si.

Diante dessa constatação, a corrompida autoridade religiosa, que, como visto, acumulava neste caso as funções de *acusador* e de *juiz*, houve por bem apelar ardilosamente para a fidelidade e sinceridade do réu, indagando se seria Jesus o Cristo, o Filho de Deus, o Messias prometido, levando o acusado a responder que sim. Nesse momento, Caifás rasga a sua túnica e grita: "Blasfêmia, blasfêmia, para que necessitamos de testemunhos?" Diante desse quadro, a condenação à morte sobreveio unânime. Todos os membros do Grande Sinédrio que ali se encontravam deliberaram que Jesus era réu de morte (Mt 26, 62-68; Mc 14, 53-65; Lc 22, 63-71; e Jo 18, 12-27).

Seguindo antiga tradição da Torá (Lv 24, 11-19), para o blasfemador, o referido tratado do Sinédrio previa a pena capital, desde que, repita-se, houvesse a confirmação pela colheita da prova testemunhal. Esse era o motivo do encaminhamento da acusação para a blasfêmia. Importava que, ao apresentar o acusado à autoridade romana, houvesse prévia condenação à pena de morte segundo a lei religiosa judaica, que era respeitada (tolerada) pelo Império Romano.

As três condenações citadas (por Anás, Caifás e pelo Grande Sinédrio) se deram sem a observância do procedimento legal determinado pela Torá, com testemunhas que não iniciaram o processo, mas que foram arregimentadas para depor sem nenhuma imparcialidade, pois o inquisidor-acusador-julgador, de antemão, anunciara que condenaria à morte aquele prisioneiro. As autoridades religiosas presentes no julgamento e que se deixaram seduzir pelos eloquentes argumentos de Caifás parecem ter feito ouvidos moucos ao comando normativo contido no livro do Deuteronômio (16, 19), que diz: "Não torcerás o juízo, não farás acepção de pessoas, nem receberás peitas; porquanto a peita cega os olhos dos sábios e perverte as palavras dos justos."

É importante destacar que, como o processo no Direito hebraico se iniciava a partir da iniciativa de no mínimo duas testemunhas e não existindo um advogado de defesa para refutar os argumentos dos acusadores, o julgador, quer se trate de questões civis ou religiosas, deveria assumir um papel diverso das posturas tomadas por Anás, Caifás e pelo Sinédrio, franqueando, sem malícia, a palavra ao acusado para se defender e assumindo uma postura ativa de proteção dos superiores interesses da Justiça e do próprio réu. Ensina o grande Rui Barbosa[2] que, na jurisprudência do povo judeu, o juiz era instituído para ser o primeiro protetor do réu. Bradem aos céus tamanha desfaçatez de Caifás, que se afastou do nobre exemplo do rei Salomão no caso das duas prostitutas que reivindicavam a maternidade de uma criança, *in verbis*:

> Então vieram duas mulheres prostitutas ao rei e se puseram perante ele. E disse-lhe uma das mulheres: "Ah! Senhor meu, eu e esta mulher moramos numa casa; e tive um filho, estando com ela naquela morada. E sucedeu que, ao terceiro dia, depois do meu parto, teve um filho também esta mulher; estávamos juntas; nenhum estranho estava conosco na casa; somente nós duas naquela casa. E de noite morreu o filho desta mulher, porquanto se deitara sobre ele. E levantou-se à meia-noite, e tirou o meu filho do meu lado, enquanto dormia a tua serva, e o deitou no seu seio; e a seu filho morto deitou no meu seio. E, levantando-me eu pela manhã, para dar de mamar a meu filho, eis que estava morto; mas, atentando pela manhã para ele, eis que não era meu filho, que eu havia tido." Então disse a outra mulher: "Não, mas o vivo é meu filho, e teu filho, o morto." Porém esta disse: "Não, por certo, o morto é teu filho, e meu filho, o vivo." Assim falaram perante o rei. Então disse o rei: "Esta diz: 'Este que vive é meu filho, e teu filho, o morto'; e esta outra diz: 'Não, por certo, o morto é teu filho, e

meu filho, o vivo.'" Disse mais o rei: "Trazei-me uma espada." E trouxeram uma espada diante do rei. E disse o rei: "Dividi em duas partes o menino vivo; e dai metade a uma, e metade a outra." Mas a mulher, cujo filho era o vivo, falou ao rei (porque as suas entranhas se lhe enterneceram por seu filho), e disse: "Ah! senhor meu, dai-lhe o menino vivo, e de modo nenhum o mateis." Porém a outra dizia: "Nem teu nem meu seja; dividi-o." Então respondeu o rei, e disse: "Dai a esta o menino vivo, e de maneira nenhuma o mateis, porque esta é sua mãe." E todo o Israel ouviu o juízo que havia dado o rei, e temeu ao rei; porque viram que havia nele a sabedoria de Deus, para fazer justiça. (1 Rs 3, 16-28).

Verificadas as graves faltas de ordem procedimental, há ainda uma análise a ser feita acerca da tipicidade do delito de blasfêmia, do qual Jesus foi acusado e condenado, devendo ser apontado que o réu sequer sabia de qual crime estava sendo acusado. Desde sempre, a blasfêmia é o ato segundo o qual uma pessoa "ultraja a divindidade ou a religião".[3] Traz também uma conotação de possível usurpação da verdadeira autoridade e poder que pertencem ao Criador. Analisemos se os acusadores conseguiram provar este delito.

O sentido clássico de blasfêmia citado também existia na Torá, como se pode perceber na passagem em que Moisés teria ouvido a vontade declarada de Deus para que fosse morto por apedrejamento um homem que blasfemou o nome do Senhor (Lv 24, 11-19); ou seja, "qualquer que amaldiçoar o seu Deus, levará sobre si o seu pecado".

O que interessa aqui, contudo, é analisar se Jesus teria cometido blasfêmia ao assumir que era o Cristo, o Filho de Deus, ou que estaria sentado à direita do Poder. A negativa se impõe. Ninguém mais do que Ele reconheceu a autoridade de Deus, e essa fala de forma alguma se dissocia do seu ministério. Há tantos exemplos no evangelho, mas basta trazer à lembrança o início da oração dominical ensinada pelo Mestre a seus discípulos, que entoavam, cumprindo a lei de adoração, ao *Pai nosso que estais nos céus...*

Quem atribuiu divindade a Jesus Cristo foram os homens por meio de uma decisão político-religiosa, primeiramente tomada no Primeiro Concílio de Niceia (325 d.C.) e depois reafirmada no Primeiro Concílio de Constantinopla (381 d.C.). Homens afirmaram que o Homem era Deus e Deus era o Homem! Com o devido respeito às opiniões em contrário, Ele nunca disse que era Deus. Ao contrário, o que se verifica no seu evangelho é a colocação respeitosa, incondicionalmente amorosa e humilde de um Filho por seu Pai. Releve-se que sequer aceitou ser chamado de bom, pois este adjetivo cabia apenas a Deus (Mc 10, 17-18).[4] O único título que aceitou foi o de Mestre (Rabi), e foi o maior dentre eles.

Quando Jesus disse que era o caminho e a verdade para a vida, e que ninguém iria ao Pai senão por Ele, na realidade queria incentivar a todos, com as suas lições e exemplos de vida, a seguirem os seus passos de amor ao próximo e devoção ao seu Pai, uma rota para a felicidade universal mediante a sua autoridade firme, porém branda e pacífica.

Tal postura de submissão e amor incondicional a *Yahweh* (Jeová) já era tida como prenúncio da salvação na Torá, pois o Senhor teria dito a Moisés: "Amarás a teu próximo como a ti mesmo" (Lv 19, 18) e "Amarás, pois, o Senhor teu Deus de todo o teu coração e de toda a tua alma, e de todas as tuas forças" (Dt 6, 5).

Como bom judeu, Jesus cumpriu a ordem do amor incondicional a Deus e também nos ensinou a importância do amor próprio quando, por exemplo, relembrou que somos templo de Deus (Jo 10, 34), sal da Terra e luz do mundo (Mt 5, 13-14). É verdade que o Mestre deu novo sentido ao *próximo*, rompendo com o etnocentrismo de limitar o vocábulo aos membros da mesma etnia ou cultura, como se pode perceber na instrutiva parábola do bom samaritano (Lc 10, 25-37), na qual leciona que qualquer ser humano pode ser o próximo a ser amado, inclusive aquele que um dia fora inimigo (Mt 5, 44-48). Paulo de Tarso foi um dos personagens da Boa-Nova que mais vivenciou esse abençoado ensinamento.

Dessa forma, por qualquer ângulo que se veja a questão, a conclusão inexorável é a de que Jesus não era blasfemo nem cometeu esse ilícito perante o Sinédrio. Não há crime religioso, e a condenação, portanto, além de injusta, mostrou-se ilícita.

Jesus é submetido à autoridade de Pôncio Pilatos

Divergem os estudiosos acerca da possibilidade de as autoridades religiosas judaicas poderem ou não executar o próprio julgamento que condenou Jesus à pena capital por blasfêmia. Talvez estejam certos os que respondem afirmativamente a essa indagação, pois, como visto acima, a Torá possibilitava a pena de morte nesse caso, e, malgrado estivessem os judeus sob o jugo romano, fontes históricas dão conta da citada possibilidade.

No próprio evangelho há notícia da tentativa de execução da pena de morte por apedrejamento no caso da mulher adúltera (Jo 8, 3-13), em que o Meigo Carpinteiro soube, com invulgar sabedoria, evitar a consumação do nefando feminicídio a ser perpetrado pela turba ignota, sem negar vigência à lei judaica e tampouco compactuar com o infeliz ato de adultério que fora praticado.

Ao dizer que aquele que estava sem pecado poderia atirar a primeira pedra, ensinava que o poder deve vir acompanhado de legitimidade. Como em nosso estágio evolutivo não há quem não cometa uma falta — nascidas, não raro, mais da ignorância do que da maldade —, todos, a começar pelos mais velhos, saíram de cena um a um, restando no sagrado solo a mulher faltosa e o seu Salvador. Nesta ocasião Ele amorosamente aduz que também não a condenava, rematando: "Vai-te e não peques mais", máxima que retumba até os dias que correm nos ouvidos cristãos mundo afora.

Em outro giro, certo é que executar um judeu no momento em que se comemorava a Páscoa judaica não era oportuno nem conveniente, principalmente porque se tratava do Homem que, já naquela época, angariara muita simpatia e até mesmo inegável devoção.

Necessitando ou não da autoridade romana para o propósito de calar Jesus, o fato é que o condenado foi levado à presença de Pôncio Pilatos com nova e surpreendente acusação. Agora, Jesus não era mais o blasfemo, mas sim o conspirador, aquele que, negando a autoridade constituída do seu tempo, se intitulava rei dos judeus e colocava em risco a sociedade, insuflando as massas e causando perigosa instabilidade política.

A Galileia era governada pelo tetrarca Herodes Antipas, o Grande, que, conquanto reinasse em uma província dominada por Roma, gozava de grande liberdade e autoridade delegadas pelo imperador romano Augusto e mantidas, ainda que em menor escala, por Tibério Cláudio Nero César. Tibério, a seu turno, nomeara Pilatos como governador da Judeia. Herodes e Pilatos eram declarados desafetos e, hipocritamente, apenas se suportavam. Em ordem crescente, Herodes Antipas, Pôncio Pilatos e Tibério eram as maiores autoridades temporais daquele local no período da crucificação do imaculado Raboni.

Todos os evangelistas narram que Jesus foi levado a Pôncio Pilatos na manhã do dia seguinte à sua prisão (Mt 27, 11; Mc 15, 1; Jo 18, 28; e Lc 23, 1).

O culto evangelista Lucas, apontado por Paulo de Tarso como o *médico amado* em sua carta aos cristãos da antiga cidade de Colossos (Cl 4, 14), localizada hoje na Turquia, é quem nos fornece uma valiosa informação acerca da entrega do condenado ao governador da Judeia: pois lá encontramos o libelo acusatório das autoridades judaicas. O sumo sacerdote e seus correligionários disseram a Pilatos que Jesus estava pervertendo a nação, dizendo-se rei e tentando impedir o pagamento de tributo a César (Lc 23, 1-2).

Agora, de modo flagrantemente injusto, a denúncia é astutamente modificada e se transforma em traição ou, mais tecnicamente, no crime de *lesa-majestade*, aprovado por lei pelo imperador Tibério, cuja pena era igualmente de morte. Também é unânime nos evangelhos que Pilatos pergunta se o acusado se intitulava *rei dos judeus*, obtendo como resposta: "*Tu o dizes.*" Talvez pelo aviso de sua mulher Cláudia Prócula, cujo sofrido sonho anunciara que seu marido estaria envolvido com a morte de um justo (Mt 27, 19), a autoridade julgadora romana vira-se para o sumo sacerdote Caifás e para a turba dizendo não encontrar nenhum crime naquele homem e pretender soltá-lo, sentimento que o acompanhou até o conhecido desfecho.

Diante desse quadro, os obstinados acusadores informam que o réu instigava o povo por toda a Judeia, desde a Galileia. Ao ouvir a referência à Galileia, Pilatos entendeu que a jurisdição competia ao tetrarca Herodes Antipas, que se encontrava em Jerusalém para os festejos da Páscoa, e que, portanto, era dele a competência para o julgamento. Enfurecidos e decepcionados, mas sem nada poderem fazer, conduziram o Divino Mestre para o rei judeu.

Avisado por seu mordomo Cuza,[5] o zombeteiro Herodes se alegra em conhecer Jesus por dois motivos. Em primeiro lugar, a remessa de um acusado tão ilustre parecia indicar o reconhecimento por parte de Pilatos, seu desafeto, de seu poder. Além disso, já chegara aos seus ouvidos os prodígios realizados pelo Nazareno; por isso, havia muito queria conhecê-lo, mais por frívola curiosidade do que por um interesse mais nobre e legítimo.

O rei já era conhecido de Jesus em razão do assassinato do seu primo, João Batista, anos antes. A prisão e o assassínio do precursor expressam a personalidade do rei Antipas. Após tomar Herodias, mulher de seu irmão Filipe, como amante e receber o devido repto de João Batista, que se mostrava um importante pregador religioso a ponto de ser citado com destaque pelo historiador judeu Flávio Josefo, o tetrarca ordena a sua prisão e entrega nos festejos de seu aniversário, a pedido de Salomé, filha de sua amante, a cabeça de João Batista em uma bandeja de prata (Mt 14, 1-12; Mc 6, 14-29; e Lc 3, 19-20; 9, 7-9).

Ladeado por Herodias e Salomé, Herodes veste a túnica real que teria pertencido a seu pai para receber Jesus. Faz várias perguntas a Ele, esperando também algum sinal milagroso, mas Jesus nada respondia ou realizava, ao passo que era acusado com veemência pelo sumo sacerdote e pelos escribas. Herodes zomba e tenta humilhar Jesus, colocando-lhe as vestes do rei e perguntando se aquele homem cansado e violentado à sua frente era o rei dos judeus. Diante da negativa de todos, sem qualquer fundamento, talvez por fúria ou enfado mesmo, o acusado é remetido à autoridade romana.

Pela segunda vez, Caifás, Anás e seus asseclas não atingiam o seu intento torpe. Não haveriam de falhar na vez derradeira...

Pelas ruas de Jerusalém, sol a pino, o mártir é novamente submetido a Pilatos, que, visivelmente irritado por ser mais uma vez molestado por aquela gente, submete Jesus a rápido interrogatório e, a despeito de não ver nenhum crime digno de morte a ser julgado, valendo-se do fato de que Herodes devolvera o acusado, impõe a Ele flagelos físicos terríveis com o intento de aplacar a sanha das autoridades judaicas e do povo por eles insuflado. "Após isso, o soltarei", disse o pró-cônsul romano (Lc 23, 16).

Sobre a inexistência do crime de lesa-majestade, merece registro que, ao ser indagado com astúcia pelos fariseus sobre a justiça do pagamento de tributos a César pelo povo judeu, o doce Rabi da Galileia pede que lhe entreguem uma moeda, cuja face trazia a imagem de César, e, diante desse quadro, responde aos seus interlocutores que maldosamente o tentavam: "restituí, pois, a César as coisas de César, e a Deus, as coisas de Deus" (Mt 22, 21). A imagem que se encontrava na moeda era a de Tibério, que, como dito linhas atrás, era o imperador romano na época em que se deu a ignominiosa execução do Cristo, sendo dele também a autoria da lei que previa a crucificação de quem ousasse se rebelar ou mesmo colocar em dúvida a autoridade de César.

O evangelista João, o discípulo amado, a quem o Divino Carpinteiro entregou sua mãe, como filho, e com ela passou a morar (Jo 19, 26-27), relata que, quando Jesus foi indagado por Pilatos se ele seria o rei dos judeus, respondeu que o reino d'Ele não era deste mundo. Essa resposta deixava mais do que evidente o que o pobre Judas Iscariotes não conseguiu perceber, ou seja, que o ministério de Jesus não se voltava para a conquista de poder e autoridade no plano terreno (Jo 18, 33-36). Tivesse Pilatos alguma vocação mística ou religiosa, poderia entender a mensagem, mas, independentemente desse fato, restou a ele a inarredável conclusão de que estaria, no mínimo, diante de um lunático.

Por um motivo ou outro, a inexistência da prática do crime político era incontestável.

Ao ouvir do acusado que a sua missão era a de testemunhar a verdade, a claudicante autoridade judiciária romana pergunta ao Mestre o que seria a *verdade*, seguindo-se por parte do inquirido um eloquente silêncio (Jo 18, 38). Como a própria *Verdade* poderia responder o que era? É o mesmo que uma pessoa, estando diante do sol, indagar: "Quem sois?"
Chibatadas foram impostas ao Homem, despido e amarrado ao poste com as mãos sobre a cabeça. O horrendo fato se inicia com o pesado chicote de couro contendo duas bolas de chumbo zunindo no ar, rompendo pouco a pouco as resistências da carne para começar a atingir os órgãos internos. Alguns estudiosos questionam como Jesus teria resistido a esse açoite que, especula-se, consistiu em 39 chibatadas.
Em continuidade àquela rápida audiência e diante do Puro Nazareno a meio caminho da morte, por conta das lesões causadas pelo *flagellum* imposto, com uma coroa de espinhos na cabeça e um manto púrpura, Pilatos renova o seu convencimento acerca da inocência do denunciado e sugere a substituição deste por um líder zelote que estava preso, chamado Barrabás.
Um e outro podiam se valer do benefício legal romano denominado *abolitio*, que competia à maior autoridade romana em uma de suas províncias. Pilatos acreditava que o povo que aplaudira Jesus na sua entrada em Jerusalém preferiria o Mestre a um simples ladrão ou, para alguns, revolucionário.
A substituição não é aceita, e todos os evangelistas se dão conta de que as autoridades religiosas judaicas e a própria população ensandecida, levada pelo *efeito manada* e insuflada pelos sacerdotes, pede aos brados a crucificação de Jesus.
Em derradeira tentativa de libertação do acusado, por entender que não havia crime algum, diante do silêncio ante suas perguntas, o inquisidor lembra ao inquirido que tem autoridade suficiente para soltá-lo, e recebe como resposta que não tinha nenhuma autoridade se esta

não fosse dada pelo alto. Era a senha apta para aguçar a astúcia de seus acusadores, que lançam o hipócrita e definitivo argumento de que, se Pilatos soltasse Jesus, demonstraria não ser amigo de César (Jo 19, 9-18), afirmando ainda que não conheciam outro rei senão o próprio César.

À vista desse fato, o pusilânime Pilatos entrega Jesus à crucificação. Antes, porém, afirma ser inocente do derramamento de sangue daquele justo, lavando as mãos e entrando para a história como o débil magistrado que, ciente da injustiça que está (ou não) em vias de ser cometida, cede ante o medo de ter abalado os seus interesses por não respeitar a religião do povo dominado. Temia ainda provocar uma convulsão social que poderia chegar aos ouvidos de Roma, colocando em risco o prestígio que imaginava ter como austero e competente administrador da província.

Após apontar mazelas morais do mau julgador, como medo, venialidade, paixão partidária, respeito pessoal, subserviência, espírito conservador, interpretação restritiva, razão de estado e interesse supremo, o grande Rui Barbosa,[6] em sábia passagem na qual lembra o destino de Dimas, crucificado ao lado de Jesus (Lc 23, 40-43), nos ensina que "o bom ladrão salvou-se. Mas não há salvação para o juiz covarde".

Conclusão

A prisão e o julgamento religioso e político de Jesus, além de representarem atos injustos, também foram feitos em contrariedade com a lei vigente, merecendo a reflexão de que jamais se viu julgamento tão célere na história do Direito. Jesus, da noite para o dia, foi submetido ao julgamento de Caifás, do Sinédrio, de Anás, de Herodes e de Pilatos, culminando com o júri popular que preferiu Barrabás ao Mestre do Amor Incondicional. Celeridade e efetividade da jurisdição não significa necessariamente a realização da Justiça, mas é certo que esse foi o maior julgamento de todos os tempos, dividindo a história e possibilitando permanente renascimento nos corações e nas mentes de considerável parte da humanidade.

A acusação e, de certo modo, a execução de Jesus no Gólgota foram levadas a efeito pelos líderes religiosos judaicos, mas somente se efetivaram pela fraqueza moral do julgador definitivo, Pôncio Pilatos.

Importa, nesse ponto, destacar que a humanidade se mostrou absolutamente iníqua na perseguição empreendida contra o resiliente povo judeu, atribuindo-lhe responsabilidade pela condenação de Jesus, culminando muito recentemente em uma diabólica tentativa de extermínio durante o triste episódio do Holocausto, na Segunda Guerra Mundial.

Não foram os romanos ou os judeus que crucificaram Jesus. Fomos todos nós enquanto humanidade, que, cultuando Mamom, não entendemos o roteiro da verdadeira felicidade que se apresentara de modo tão simples e claro através da Boa-Nova de caridade, justiça e amor. Ainda estamos condenando Cristo em nossos enganos cotidianos, mas seguimos em progresso evolutivo na direção da luz redentora.

BIBLIOGRAFIA

BARBOSA, Rui. "O justo e a justiça política." In: _____. *Obras Completas de Rui Barbosa*. 1889. v. XXXVI, t. IV.

BUARQUE DE HOLANDA, Aurélio. *Dicionário Aurélio da Língua Portuguesa*. 5. ed. Curitiba: Editora Positivo, 2010.

NOTAS

1 "Se toda a literatura ocidental se perdesse e restasse apenas o Sermão da Montanha, nada se teria perdido." (Mahatma Gandhi)
2 Barbosa, 1889, p. 185-191.
3 Buarque de Holanda, 2010, p. 322.
4 "E, pondo-se a caminho um homem, correndo para ele e ajoelhando-se diante dele, o interrogava: Bom Mestre, que farei para herdar a vida eterna? Disse-lhe Jesus: por que me dizes 'bom'? Ninguém é bom, senão um, Deus." (Mc 10, 17-18)

5 Joana, mulher de Cuza, foi uma fervorosa adepta de primeira hora do Cristo. É citada por Lucas como tendo sido curada ao lado de Madalena e Suzana de enfermidades e maus espíritos (Lc 8, 1-3). Estudiosos apontam que teria sido ela quem descreveu para este evangelista os detalhes da submissão de Jesus a Herodes.
6 Barbosa, *op. cit.*, p. 191.

Marbury contra Madison

Luís Roberto Barroso

Nota prévia

O presente artigo faz um breve comentário sobre o ambiente histórico e o conteúdo de decisão que é um marco do constitucionalismo mundial. Proferida nos primórdios do constitucionalismo norte-americano, *Marbury v. Madison*, julgado em 1803, introduziu no mundo jurídico o entendimento de que o Poder Judiciário pode invalidar atos dos poderes Executivo e Legislativo que sejam contrários à Constituição. Essa possibilidade é denominada, na teoria constitucional, de *judicial review*, no termo original em inglês, traduzido para o português como *controle de constitucionalidade*. Esse poder, atribuído como última instância às Supremas Cortes ou aos tribunais constitucionais, é um dos eixos centrais do Direito Constitucional contemporâneo. Poucos temas no Direito são tão estudados quanto o controle de constitucionalidade, quer pelas suas complexidades processuais, quer pela controvérsia que desperta relativamente à sua legitimidade democrática, já que permite que um órgão cujos membros não são eleitos sobreponha a sua interpretação da Constituição à vontade de detentores de mandato popular.

Penitencio-me junto ao leitor, que não seja habitante do estranho mundo do Direito, por uma ou outra tecnicalidade. Procurei evitá-las, mas aqui e ali elas surgem por geração espontânea. Mas, seguindo a promessa que formulei nos primórdios da minha vida, evitei com empenho o juridiquês. Desde o início da minha jornada, que já vai longa, carreguei comigo a inspirada passagem de Manuel Bandeira, colhida em *Itinerário de Pasárgada*, uma declaração de fé na simplicidade: "Aproveito a ocasião para jurar que jamais fiz um poema ou verso ininteligível para me fingir de profundo sob a especiosa capa do hermetismo. Só não fui claro quando não pude."

Os antecedentes da decisão

A Declaração de Independência dos Estados Unidos foi assinada em 4 de julho de 1776. Esse documento é considerado um marco na história das ideias políticas, passando a simbolizar a independência das treze colônias britânicas que haviam se estabelecido na América do Norte.[1] A ela seguiu-se a guerra revolucionária, que se prolongou até 1781. Nesse mesmo ano foram ratificados os *Articles of Confederation*, que haviam sido aprovados em 1778, fazendo surgir uma confederação entre as treze colônias. Essa união mostrou-se frágil, incapaz de enfrentar os desafios da consolidação das novas nações independentes e de impedir a competição predatória entre elas. Em razão disso, foi convocada a Convenção de Filadélfia, que se converteu em convenção constitucional e terminou por elaborar a primeira Constituição escrita do mundo moderno. Nela se materializaram: a) a independência das colônias, que passavam a constituir uma única nação; b) a superação do modelo monárquico; c) a implantação de um governo constitucional fundado na separação de Poderes, na igualdade[2] e na supremacia da lei (*rule of the law*). O texto foi ratificado em 1788 e, em 1791, foram introduzidas as dez primeiras emendas, conhecidas como *Bill of Rights*.

George Washington foi o primeiro presidente dos Estados Unidos da América, tendo ocupado o cargo por dois mandatos, entre 1789 e 1797. Foi sucedido por seu vice-presidente, John Adams, uma das lideranças do movimento de independência. John Adams governou por um único mandato, tendo sofrido intensa oposição, tanto por parte dos seus aliados federalistas, liderados por Alexander Hamilton, quanto pela oposição republicana, conduzida por Thomas Jefferson. O julgamento que se vai aqui narrar tem como contexto os eventos ocorridos no final do governo de Adams e nos primeiros anos do governo de seu sucessor.

O contexto histórico

Nas eleições realizadas ao final de 1800 nos Estados Unidos, o presidente John Adams e seus aliados federalistas foram derrotados pela oposição republicana, tanto para o Legislativo como para o Executivo. Thomas Jefferson viria a ser o novo presidente.[3] No apagar das luzes de seu governo, John Adams e o Congresso, no qual os federalistas ainda detinham maioria, articularam-se para conservar sua influência política por meio do Poder Judiciário. Assim, em 13 de fevereiro de 1801, fizeram aprovar uma lei de reorganização do Judiciário federal (*the Circuit Court Act*), por via da qual, dentre outras providências: a) reduzia-se o número de ministros da Suprema Corte, para impedir uma nova nomeação pelo presidente que entrava;[4] b) criavam-se 16 novos cargos de juiz federal, todos preenchidos com federalistas aliados do presidente derrotado.

Logo à frente, em 27 de fevereiro de 1801, uma nova lei (*the Organic Act of the District of Columbia*) autorizou o presidente a nomear 42 juízes de paz. Os nomes indicados foram confirmados pelo Senado em 3 de março, véspera da posse de Thomas Jefferson. Assim, John Adams assinou os atos de investidura (*commissions*) dos novos juízes no último dia de governo, ficando seu Secretário de Estado, John Marshall, encarregado de entregá-los aos nomeados. Cabe o registro de que o próprio Marshall havia sido indicado pelo presidente que saía ao cargo de presidente da

Suprema Corte (*Chief Justice*). E, embora seu nome tivesse sido aprovado pelo Senado e ele já tivesse prestado compromisso desde 4 de fevereiro de 1801, permaneceu no cargo de Secretário de Estado até o último dia do mandato de Adams. Pois bem: tendo um único dia para entregar os atos de investidura a todos os novos juízes de paz, Marshall não teve tempo de concluir a tarefa antes de se encerrar o governo, e alguns dos nomeados ficaram sem recebê-los.

Thomas Jefferson toma posse, e seu Secretário de Estado, James Madison, seguindo orientação do presidente, recusa-se a entregar os atos de investidura àqueles que não os haviam recebido. Dentre os juízes de paz nomeados e não empossados estava William Marbury, que propôs ação judicial (*writ of mandamus*), em dezembro de 1801, para ver reconhecido seu direito ao cargo. O pedido foi formulado com base em uma lei de 1789 (*the Judiciary Act*), que havia atribuído à Suprema Corte competência originária para processar e julgar ações daquela natureza. A Corte designou a sessão de 1802 (*1802 term*) para apreciar o caso.

Sucede, contudo, que o Congresso, agora de maioria republicana, veio a revogar a lei de reorganização do Judiciário federal (*the Circuit Court Act*, de 1801), extinguindo os cargos que haviam sido criados e destituindo seus ocupantes. Para impedir questionamentos a essa decisão perante a Suprema Corte, o Congresso suprimiu a sessão da Corte em 1802, deixando-a sem se reunir de dezembro de 1801 até fevereiro de 1803. Este quadro era agravado por outros elementos de tensão, dentre os quais é possível destacar dois: 1) Thomas Jefferson não considerava legítima qualquer decisão da Corte que ordenasse ao governo entregar os atos de investidura e ainda sinalizava que não iria cumpri-la; 2) a partir do início de 1802, a Câmara deflagrou processo de *impeachment* de um juiz federalista, uma ação política que ameaçava estender-se até os ministros da Suprema Corte.[5]

Foi nesse ambiente politicamente hostil e de paixões exacerbadas que a Suprema Corte se reuniu, em 1803, para julgar *Marbury v. Madison*, sem antever que faria história e que este se tornaria o mais célebre caso constitucional de todos os tempos.

O conteúdo da decisão

Marbury v. Madison foi a primeira decisão na qual a Suprema Corte afirmou o seu poder de exercer o controle de constitucionalidade, negando a aplicação de leis que, de acordo com sua interpretação, fossem inconstitucionais. É relevante assinalar que a Constituição não conferia a ela ou a qualquer outro órgão judicial, de modo explícito, competência dessa natureza. Ao julgar o caso, a Corte procurou demonstrar que esta atribuição decorreria logicamente do sistema. A argumentação desenvolvida por Marshall acerca da supremacia da Constituição, da necessidade do *judicial review* e da competência do Judiciário na matéria é tida como primorosa. Mas não era pioneira nem original.

De fato, havia precedentes identificáveis em períodos diversos da história desde a Antiguidade.[6] Mesmo nos Estados Unidos o argumento já havia sido deduzido no período colonial, com base no Direito inglês[7] ou em Cortes federais inferiores e estaduais.[8] Além disso, no plano teórico, Alexander Hamilton, no Federalista nº 78, havia exposto analiticamente a tese em 1788.[9] Nada obstante, foi com *Marbury v. Madison* que ela ganhou o mundo e enfrentou com êxito resistências políticas e doutrinárias de matizes diversos.[10]

No desenvolvimento de seu voto, Marshall dedicou a primeira parte à demonstração de que Marbury tinha direito à investidura no cargo.[11] Na segunda parte, assentou que, se Marbury tinha o direito, necessariamente deveria haver um remédio jurídico para assegurá-lo.[12] Na última parte, enfrentou duas questões distintas: a de saber se o *writ of mandamus* era a via própria e, em caso positivo, se a Suprema Corte poderia legitimamente concedê-lo.[13]

À primeira questão respondeu afirmativamente. O *writ of mandamus* consistia em uma ordem para a prática de determinado ato. Assim, Marshall examinou a possibilidade de se emitir uma determinação dessa natureza a um agente do Poder Executivo. Sustentou, então, que havia duas categorias de atos do Executivo que não eram passíveis de revisão judicial: os atos de natureza política e aqueles que a Constituição ou a lei houvessem atribuído à sua exclusiva discricionariedade. Fora essas duas exceções, o Judiciário poderia determinar o cumprimento de um dever quando a Constituição e a lei o impusessem ao Executivo. Estabeleceu-se dessa forma a regra de que os atos do Poder Executivo são passíveis de controle jurisdicional no que se refere tanto à sua constitucionalidade quanto à sua legalidade.[14]

Ao enfrentar a segunda questão — se a Suprema Corte tinha competência para expedir o *writ* —, Marshall desenvolveu o argumento que o projetou na história do Direito Constitucional. Sustentou, assim, que o parágrafo 13 da Lei Judiciária de 1789, ao criar uma hipótese de competência originária da Suprema Corte fora das que estavam previstas no art. 3º da Constituição, incorria em uma inconstitucionalidade. Ele afirmou que uma lei ordinária não poderia outorgar uma nova competência, originária à Corte, que não constasse do elenco constitucional. Diante do conflito entre a lei e a Constituição, Marshall chegou à questão central do acórdão: a Suprema Corte pode deixar de aplicar, por inválida, uma lei inconstitucional.

Ao expor suas razões, Marshall enunciou os três grandes fundamentos que justificam o controle judicial de constitucionalidade. Em primeiro lugar, a *supremacia da Constituição*: "Todos aqueles que elaboraram constituições escritas a encaram como a lei fundamental e suprema da nação." Em segundo lugar, e como consequência natural da premissa estabelecida, afirmou a *nulidade da lei que contrarie a Constituição*: "Um ato do Poder Legislativo contrário à Constituição é nulo." E, por fim, o ponto mais controvertido de sua decisão, ao afirmar que *o Poder Judiciário é o intérprete final da Constituição*: "É enfaticamente da competência do Poder Judiciário dizer o Direito, o sentido das leis. Se a lei estiver em oposição à Constituição, a Corte terá de determinar qual dessas normas conflitantes regerá a hipótese. E se a Constituição é superior a qualquer ato ordinário emanado do Legislativo, ela, e não o ato ordinário, deve reger o caso ao qual ambos se aplicam."[15]

As consequências de Marbury v. Madison

A decisão proferida pela Suprema Corte sujeitou-se a diversas críticas, muitas respaldadas por argumentos sólidos. Vejamos algumas delas: por haver participado direta e ativamente dos fatos que deram origem à demanda, Marshall deveria ter se dado por impedido de participar do julgamento; a decisão foi estruturada em uma sequência ilógica e equivocada do ponto de vista do Direito Processual, pois deveria ter se iniciado e encerrado no reconhecimento da incompetência da Corte; havia inúmeros argumentos de natureza infraconstitucional que poderiam ter sido utilizados para indeferir o pedido, como o de que o direito ao cargo somente se adquire com a entrega efetiva do ato de investidura; a interpretação que levou Marshall a considerar a lei inconstitucional não era a única cabível, podendo-se reconhecer a incompetência da Corte ou o descabimento do *writ* por outras razões; e a falta de legitimidade democrática no desempenho desse papel pelo Judiciário.[16]

É indiscutível que o voto de Marshall reflete, intensamente, as circunstâncias políticas de seu prolator. Ao estabelecer a competência do Judiciário para rever os atos do Executivo e do Legislativo à luz da Constituição, era o seu próprio poder que estava demarcando, poder que, aliás, viria a exercer pelos 34 longos anos em que permaneceu na presidência da Corte. A decisão trazia, no entanto, um toque de inexcedível sagacidade política. É que as teses nela veiculadas, que em última análise davam poderes ao Judiciário sobre os outros dois ramos de governo, jamais seriam aceitas passivamente por Jefferson e pelos republicanos do Congresso. Mas, como nada lhes foi ordenado — pelo contrário, no caso concreto foi a vontade deles que prevaleceu —, não tinham como descumprir ou desafiar a decisão.

Na sequência histórica, e à vista do modelo de Estado federal adotado nos Estados Unidos, a Suprema Corte estabeleceu sua competência para exercer também o controle sobre atos, leis e decisões *estaduais* em face da Constituição e das leis federais, conhecendo de recursos contra pronunciamentos dos tribunais dos Estados.[17] Em 1819, no julgamento de *McCulloch v. Maryland*,[18] voltou a apreciar a constitucionalidade de uma lei federal (pela qual o Congresso instituía um banco nacional), que, no entanto, foi reconhecida como válida. Somente em 1857, mais de cinquenta anos após a decisão em *Marbury v. Madison*, a Suprema Corte voltou a declarar uma lei inconstitucional, na polêmica decisão proferida em *Dred Scott v. Sandford*,[19] que acirrou a discussão sobre a questão escravagista e desempenhou papel importante na eclosão da Guerra Civil.

Marbury v. Madison, portanto, foi a decisão que inaugurou o controle de constitucionalidade no constitucionalismo moderno, deixando assentado o princípio da supremacia da Constituição, da subordinação a ela de todos os Poderes estatais e da competência do Judiciário como seu intérprete final, podendo invalidar os atos que a contravenham. Na medida em que se distanciou no tempo da conjuntura turbulenta em que foi proferida e das circunstâncias específicas do caso concreto, ganhou maior dimensão, passando a ser celebrada de forma universal como o precedente que assentou a prevalência dos valores permanentes da Constituição sobre a vontade circunstancial das maiorias legislativas.

Conclusão

Ao encerrar essas anotações despretensiosas, parece-me bem destacar dois fatos que colocam em perspectiva histórica a decisão aqui comentada. O primeiro: o contexto de *Marbury v. Madison* envolveu componentes que conhecemos de longa data em nossas terras tropicais: *fisiologismo* (criação, pelo governo derrotado nas urnas, de numerosos cargos no Judiciário, com a nomeação de correligionários), *casuísmos* (leis criadas *ad hoc*, redução do número de ministros da Suprema Corte) e *autoritarismo* (ameaças de descumprimento da decisão e de *impeachment* de ministros da Suprema Corte). O episódio documenta que países não nascem prontos, mas precisam percorrer passo a passo os ciclos do amadurecimento institucional.

O segundo fato que merece destaque é que, a partir de *Marbury v. Madison*, o Direito Constitucional americano desenvolveu uma trajetória própria e de grande sucesso. Fórmula diferente havia sido adotada pelo constitucionalismo europeu, a partir da Constituição francesa de 1791, que não previa a possibilidade de controle de constitucionalidade das leis. Lá imperava, como consequência, a supremacia do parlamento, cujos atos não eram passíveis de revisão. Nos Estados Unidos, ao contrário, vigorava a supremacia da Constituição, tal como interpretada pela Suprema Corte. Após a Segunda Guerra Mundial, o modelo americano se tornou o paradigma mundial, tendo a quase totalidade das democracias do mundo adotado o padrão de constitucionalismo estabelecido em *Marbury v. Madison*. A existência de diferenças procedimentais e estruturais — como a existência de tribunais constitucionais em que os juízes têm mandato por prazo certo — não infirma a característica principal, que é a supremacia da Constituição e a invalidade dos atos que a contrariem.

No Brasil, a jurisdição constitucional, termo mais abrangente que inclui também o controle de constitucionalidade, tem sido um dos pontos altos da Constituição de 1988. Passados quase 220 anos de *Marbury v. Madison* — mas utilizando as premissas nele estabelecidas —, o Supremo Tribunal Federal brasileiro desempenhou papel importante na promoção e afirmação de direitos fundamentais em áreas diversas, inclusive em relação a (i) *mulheres*: validação da Lei Maria da Penha e de seus direitos sexuais e reprodutivos; (ii) *negros*: ações afirmativas no acesso à universidade, a cargos públicos e aos direitos de quilombolas; (iii) *gays e transgêneros*: direito à união estável, casamento civil e mudança do nome no registro civil; (iv) *liberdade científica*: validação das pesquisas com células-tronco embrionárias; e (v) *liberdade de expressão*: derrubada da Lei de Imprensa do regime militar e declaração da inconstitucionalidade da exigência de autorização prévia para divulgação de biografias. Em suma: a decisão em *Marbury v. Madison* abriu caminho para a garantia da Constituição e a proteção dos direitos fundamentais na maior parte das democracias do mundo. Por isso mesmo, é impossível exagerar a sua importância.

BIBLIOGRAFIA

BARTHOLOMEW, Paul C.; MENEZ, Joseph. *Summaries of Leading Cases on the Constitution*. Maryland, Rowman & Littlefield. 1983.

BLOCH, Susan; MAEVA, Marcus. "John Marshall's selective use of history in Marbury v. Madison", *Wisconsin Law Review*, n. 301, 1986.

CAPPELLETTI, Mauro. *O controle judicial de constitucionalidade das leis no Direito comparado*. Porto Alegre: Fabris. 1984.

FAIRFILED, Roy P. (Ed.). *The Federalist Papers*. Maryland, Johns Hopkins University Press. 1981.

FRANKFURTER, Felix. "John Marshall and the judicial function", *Harvard Law Review*, 69:217, 1955.

GLENNON, Michael J.; LIVELY, Donald E.; HADDON, Phoebe A.; ROBERTS, Dorothy E.; WEAVER, Russell L. *A constitutional law anthology*. Cincinnati: Anderson Publishing Co. 1997.

GUNTHER, Gerald; SULLIVAN, Kathleen M. *Constitutional Law*. Mineola, NY: Foundation Press. 1985.

HALL, Kermit L. (Ed.). *The Oxford Companion to the Supreme Court of the United States*. Nova York: Oxford University Press 1992.

HALL, Kermit L. (Ed.). *The Oxford Guide to United States Supreme Court decisions*. Nova York: Oxford University Press 1999.

HOLMES, Oliver Wendell. "Law and the courts". In: Collected Legal Papers 291, 1920.

TRIBE, Laurence. *American Constitutional Law*. Mineola, NY: Foundation Press. 2000.

LOCKARD, Duane; MURPHY, Walter F.. *Basic Cases in Constitutional Law*. Washington, D.C.: Congressional Quarterly Press, 1992.

LOCKHART, William B.; KAMISAR, Yale; CHOPER, Jesse H.; SHIFFRIN, Steve H.; FALLON, Richard H. *Constitutional Law*. Washington, D.C.: Congressional Quarterly Press, 1992. (Com suplemento de 2000.)

MURPHY Walter F.; FLEMING James E.; HARRIS II, William F. *American Constitutional Interpretation*. Mineola, NY: Foundation Press.1986.

NOWAK, Jonh E.; ROTUNDA, Ronald D.. *Constitutional Law*. St. Paul, Minnesota: West Publishing Co. 2000.

QUITANDA, Linares. *Derecho constitucional y instituciones políticas*. Buenos Aires: Editorial Plus Ultra. 1960. v. 1.

STONE, Geoffrey R.; SEIDMAN, Louis M.; SUNSTEIN, Cass R.; TUSHNET, Mark V. *Constitutional Law*. Nova York: Little, Brown and Company. 1996.

NOTAS

1 A Declaração foi inspirada por ideias de John Locke, especialmente pelo *Second Treatise on Civil Government*. O texto, de forte teor retórico, procura enunciar as causas que levaram à decisão extrema. Logo ao início, consta sua profissão de fé jusnaturalista: "Consideramos essas verdades como evidentes por si mesmas, que todos os homens foram criados igualmente, foram dotados pelo Criador de certos direitos inalienáveis, que entre estes estão a vida, a liberdade e a busca da felicidade". E, ao final, o rompimento com a monarquia inglesa: "Nós, por conseguinte, representantes dos Estados Unidos da América, reunidos em Congresso Geral, apelando para o Juiz Supremo do mundo pela retidão de nossas intenções, em nome e por autoridade do bom povo destas colônias, publicamos e declaramos solenemente: que estas colônias são unidas e de direito têm de ser Estados livres e independentes; que estão desoneradas de qualquer vassalagem para com a Coroa Britânica, e que todo vínculo político entre elas e a Grã-Bretanha está e deve ficar totalmente dissolvido".

2 Esta afirmação, naturalmente, precisa ser confrontada com o fato de que a Constituição mantinha o regime de escravidão, que só veio a ser abolido 76 anos depois, após sangrenta guerra civil, com a aprovação da Décima Terceira Emenda.

3 Jefferson havia vencido no voto popular, mas empatara com Aaron Blurr na votação do Colégio Eleitoral. A decisão final coube, assim, à Câmara dos Representantes, que elegeu Jefferson em 17 de fevereiro de 1801, para tomar posse em 4 de março.

4 O ministro William Cushing, que havia sido nomeado por George Washington, já estava idoso, com a saúde precária e supunha-se que sua substituição seria iminente. Nada obstante, embora incapacitado e tendo escrito apenas dezenove acórdãos ao longo dos 21 anos

em que esteve na Suprema Corte, ali permaneceu até sua morte, que só ocorreu em 1810. V. Hall, 1992, p. 213-214.

5 A Câmara votou pelo *impeachment* do juiz federal de New Hampshire, John Pickering, e o Senado decretou sua destituição em março de 1804. No dia seguinte a essa votação, a Câmara aprovou o *impeachment* do ministro da Suprema Corte, Samuel Chase, por partidarismo político, mas o Senado, em julgamento realizado em 1805, não reuniu a maioria constitucional necessária para seu afastamento.

6 Mauro Cappelletti, em seu clássico *O controle judicial de constitucionalidade das leis no Direito comparado* (1984, p. 46 e ss.), reconhecendo, embora, o caráter pioneiro e original da *judicial review* como contribuição do Direito norte-americano, aponta a existência de precedentes de "supremacia constitucional" em outros e mais antigos sistemas jurídicos, como o ateniense e o medieval. Conclui, assim, que a corajosa decisão de John Marshall, que iniciou, na América e no mundo, algo de novo e de importante, foi um "ato amadurecido através de séculos de história: história não apenas americana, mas universal". No mesmo sentido, Quintana, 1960, p. 489 e s.

7 Hall, 1999, p. 174: "Advogados, durante o período colonial (...) basearam seus argumentos em uma declaração de *Sir* Edward Coke no *Dr. Bonham's Case* (1610) de que as leis do parlamento contrárias ao costume e à razão eram inválidas." Mauro Cappelletti comenta longamente essa decisão em seu já citado *O controle judicial de constitucionalidade das leis no Direito comparado* (1984, p. 59), onde transcreve a seguinte passagem literal de Coke, no caso citado: *"for when an act of parliament is against common right and reason, or repugnant, or impossible to be performed, the common law will control it and adjudge such act to be void."*

8 Hall, 1999, p. 174: "Marbury não foi o primeiro caso a enunciar o princípio do *judicial review*. Houve precedentes nas Cortes estaduais e nas Cortes federais inferiores, nas quais juízes deixaram de aplicar leis que consideravam contrárias a dispositivos da Constituição estadual ou federal."

9 Hamilton, Madison e Jay, *The Federalist Papers*, selecionados e editados do original por Roy Fairfield, 1981. O Federalista n° 78, de autoria de Alexander Hamilton, observou (p. 226 e ss.), em tradução livre: "Nenhum ato legislativo contrário à Constituição pode

ser válido (...) A presunção natural, à falta de norma expressa, não pode ser a de que o próprio órgão legislativo seja o juiz de seus poderes e que sua interpretação sobre eles vincula os outros Poderes (...) É muito mais racional supor que os tribunais é que têm a missão de figurar como corpo intermediário entre o povo e o Legislativo para assegurar, dentre outras razões, que este último se contenha dentro dos poderes que lhe foram deferidos. A interpretação das leis é o campo próprio e peculiar dos tribunais. Aos juízes cabe determinar o sentido da Constituição e das leis emanadas do órgão legislativo (...) Onde a vontade do Legislativo, declarada nas leis que edita, situar-se em oposição à vontade do povo, declarada na Constituição, os juízes devem curvar-se à última, e não à primeira."

10 Gunther, 1985 (com Suplemento de 1988), p. 21 e ss., transcreve cartas e pronunciamentos de diversos presidentes – Jefferson, Jackson, Lincoln e Roosevelt – questionando o papel do Judiciário como intérprete final da Constituição, com vinculação para os demais Poderes, e reivindicando diferentes graus de autonomia em relação à interpretação judicial. Especificamente sobre a questão da legitimidade do controle de constitucionalidade, v. *infra*.

11 *Marbury v. Madison*, 5 U.S. (1 Cranch) 137 (1803): "*It is, then, the opinion of the Court: 1st. That by signing the commission of Mr. Marbury, the President of the United States appointed him a justice of peace and that the appointment conferred on him a legal right to the office for the space of five years.*" Em tradução livre: "É, portanto, a opinião dessa Corte: 1º. Que ao assinar o ato de investidura do sr. Marbury, o presidente dos Estados Unidos nomeou-o juiz de paz e que esta nomeação confere a ele o direito ao cargo pelo prazo de cinco anos." (texto editado).

12 *Marbury v. Madison*, 5 U.S. (1 Cranch) 137 (1803): "*2d. That, having this legal title to the office, he has a consequent right to the commission; a refusal to deliver which is a plain violation of that right, for which the laws of his country afford him a remedy.*" Em tradução livre: "2º. Que, tendo título jurídico para o cargo, ele tem como consequência o direito à investidura; e a recusa em entregá-lo a ele é uma clara violação desse direito, para a qual as leis desse país conferem-lhe remédio jurídico." (texto editado).

13 *Marbury v. Madison*, 5 U.S. (1 Cranch) 137 (1803): "*3. It remains to be inquired whether he is entitled to the remedy for which he applies? This depends on – 1st. The nature of the writ applied for; and 2d. The*

power of this court." Em tradução livre: "3. Resta indagar se ele tem direito ao remédio jurídico que postula? Isso depende – 1º Da natureza do *writ* postulado; e 2º Da competência dessa Corte." (texto editado).

14 *Marbury v. Madison*, 5 U.S. (1 Cranch) 137 (1803): "*The province of the court is, solely, to decide on the rights of individuals, not to inquire how the executive, or executive officers, perform duties in which they have discretion. Questions in their nature political, or which are, by the constitution and laws, submitted to the executive, can never be made in this court. [But] where the head of a department is directed by law to do a certain act affecting the absolute rights of individuals, it is not perceived on what grounds the courts of the country are excused from the duty of giving judgment.*" Em tradução livre: "A competência da Corte é tão somente decidir acerca dos direitos individuais, e não indagar como o Executivo e seus agentes cumprem os deveres em relação aos quais têm discrição. Questões políticas em sua natureza, ou que pela Constituição e pelas leis são privativas do Executivo, não podem ser apreciadas por esta Corte (...) Mas quando o chefe de um Poder tem o dever jurídico de praticar um ato que afeta direitos individuais, não haveria fundamento para os tribunais do país demitirem-se do dever de prestar jurisdição."

15 *Marbury v. Madison*, 5 U.S. (1 Cranch) 137 (1803). O texto transcrito está editado. Em defesa da competência do Poder Judiciário para desempenhar o controle de constitucionalidade, acrescentou ainda em seu voto: "(Do contrário), se o Legislativo vier a fazer o que é expressamente proibido, tal ato, a despeito da proibição expressa, tornar-se-ia, em realidade, efetivo. Isso daria ao legislativo uma onipotência prática e real."

16 Sobre as críticas à decisão, v. por todos Tribe, 2000, p. 207 e s. Nada obstante, assinalou o ex-ministro da Suprema Corte, Felix Frankfurter, em artigo doutrinário (1955, p. 219): "A coragem de *Marbury v. Madison* não deve ser minimizada pela insinuação de que sua fundamentação não é impecável e que sua conclusão, ainda que sábia, não era inevitável."

17 Vl. *Fletcher v. Peck*, 10 U.S. (6 Cranch) 87 (1810); *Martin v. Hunter's Lessee*, 14 U.S. (1 Wheat.) 304 (1816); *Cohens v. Commonwealth of Virginia* (6 Wheat.) 264 (1821). Ao justificar este poder da Suprema Corte, escreveu o ministro Oliver Wendell Holmes, em trabalho doutrinário (1920, p. 295-296): "Eu não creio que os Esta-

dos Unidos pereceriam se nós perdêssemos o poder de declarar um Ato do Congresso nulo. Mas penso que a União estaria em perigo se não pudéssemos declarar inconstitucionais as leis dos diversos Estados."

18 17 U.S. (4 Wheat.) 316 (1819). Esta decisão, na qual a Corte considerou válida a criação de um banco nacional pelo Congresso (Bank of the United States) e inválida a tributação de suas atividades pelo Estado de Maryland, é mais conhecida pelo estabelecimento da denominada teoria dos poderes implícitos, pela qual é legítimo o desempenho pela União de competências que não estão expressas na Constituição, mas são necessárias e apropriadas para a realização dos fins nela estabelecidos.

19 19 How. (60 U.S.) 393 (1857). Nesta decisão, a Suprema Corte estabeleceu que negros, ainda quando pudessem ser cidadãos à luz da legislação de algum Estado da Federação, não eram, todavia, cidadãos dos Estados Unidos e, consequentemente, não poderiam ajuizar ações perante juízes e tribunais federais. Afirmou, ainda, que o Congresso exorbitou de seus poderes e violou a propriedade privada ao proibir ou abolir a escravidão em determinadas áreas. A decisão trouxe imenso desprestígio para a Suprema Corte e somente foi superada após a Guerra Civil, com a aprovação das emendas 13 e 14 à Constituição. É considerada pelos estudiosos a pior decisão jamais proferida pela Suprema Corte (v. Hall (Ed.), 1999, p. 278).

Eichmann

Edson Vasconcelos

Um povo escolhido por Hitler...

A história deve ser contada de trás para a frente. Do contrário, qualquer pessoa de razoável discernimento que desconhecesse a história recente e folheasse o livro *Minha luta*, de Adolf Hitler, encerraria a leitura convicta de que o texto fora redigido por algum psicopata em plena crise esquizofrênica.

Mas, se a leitura fosse realizada na direção certa da história, essa mesma pessoa teria levantado o véu de sua ignorância ao constatar, estarrecida, que o verborrágico texto de mais de setecentas páginas, publicado em 16 de outubro de 1924, se tornaria uma espécie de livro do apocalipse do povo judeu e seria o ideário de um massacre étnico de proporções monstruosas.

Uma ideia inicial do conteúdo horrendo do livro é encontrada no capítulo XI, todo dedicado às pretensas virtudes da "raça ariana", composta de pessoas brancas e de origem germânica, cuja pureza deveria ser preservada a qualquer preço.

Segundo Hitler, a mistura de raças então existente provocava o rebaixamento do nível existencial dos arianos, com o consequente decaimento físico e mental desses "seres superiores". Com esse argumento, apregoou que os integrantes da "raça ariana" tinham o dever indeclinável de cuidar do mundo; podiam até mesmo utilizar-se da força para evitar qualquer possibilidade de contaminação.

Como exemplo histórico dessa "verdade antropológica", os judeus foram apontados como os principais inferiores da face da Terra. Eram eles os "portadores do germe do mal, seres daninhos e corruptos". Sua simples existência configurava "uma calamidade equivalente à peste".

A pregação do racista-mor tomou forma e cresceu como doutrina no primeiro quartel do século XX. Clamava literalmente por mobilização de uma campanha de extermínio dos judeus, apontados também como os principais responsáveis pela "vergonhosa derrota" da Alemanha na Primeira Guerra Mundial. Não bastassem todos esses "ataques internos" dos judeus aos "verdadeiros cidadãos alemães", o livro nazista chegou ao extremo de lhes atribuir a responsabilidade pela morte de milhares de pessoas na Revolução Russa de 1917. Esta absurda culpabilização judaica surgiu de diversas ilações engendradas por Hitler, entre as quais o fato de o movimento revolucionário soviético ter se baseado nas ideias socialistas de Karl Marx, pensador de origem judaica, autor, juntamente com Friedrich Engels, do *Manifesto comunista,* publicado pela primeira vez em 21 de fevereiro de 1848.

Com esse raciocínio distorcido, Hitler sustentou que a liderança dos judeus só prevaleceria enquanto não fosse lançada uma "grande campanha de esclarecimento das massas populares", destinada a mostrar a "miséria infinita do socialismo judaico". Quando isso ocorresse, os judeus e sua obra seriam aniquilados.

Nessa infame pregação, aconteceu quase uma inversão da profecia presente no Antigo Testamento, mais especificamente no livro do Levítico, segundo o qual os israelitas seriam separados dos povos para ir ao encontro de Deus. Na realidade nazista da primeira metade do século

XX, o povo de Israel foi "escolhido" por Hitler para amargar um dos maiores genocídios de que o mundo teve conhecimento.

Desastrosamente para a história humana, aquela pregação, que não deveria passar do delírio de um louco, ultrapassou as barreiras do imaginável, e Hitler alcançou o poder. Aquele foi o colapso de todas as conquistas sociais da Alemanha. Ocorreu, então, a supressão de todas as disposições constitutivas de Direito da Constituição alemã de 1919 (Constituição de Weimar), documento que representava, à época, grande avanço na universalização dos direitos do homem e dos cidadãos. A velha Carta Constitucional protegia, de maneira abrangente e pioneira, as franquias dos trabalhadores. Tratou-se da segunda constituição no mundo a acolher os direitos sociais, antecedida apenas pela mexicana, promulgada dois anos antes.

A doutrina nazista toma corpo na Alemanha

O processo de destruição do povo judeu se deu de forma gradual na Alemanha. Aponta-se como início a criação do Escritório Central para Emigração Judaica, em 1930. Já em 1º de abril de 1933, os nazistas organizaram uma "jornada de boicote" com vistas a extirpar os judeus do país.

Os primeiros atos de vandalismo contra os judeus tiveram caráter de legalidade forjada. Editou-se uma lei que os proibia de exercer diversas profissões, tais como a advocacia, a medicina e o magistério. Foram também excluídos das Forças Armadas e do trabalho na indústria e em todos os setores da economia.

Essas medidas eram mais do que suficientes para lhes tornar impossível a vida na Alemanha. Apesar disso, outras determinações ainda mais radicais foram adotadas, entre as quais a emigração forçada para outros países, com uma consequente expropriação de bens. A fim de receber permissão para deixar a Alemanha, cada emigrante deveria pagar uma taxa superior a 25% da respectiva fortuna. O restante do patrimônio era transformado em "moeda congelada", cujo valor real se reduzia a uma ínfima fração do montante nominal. Isso durou até 1938, data da invasão da Áustria pela Alemanha. A partir de então, iniciou-se um período de pura e simples expulsão.

Por volta de outubro de 1938, a expulsão assumiu forma brutal, principalmente com os judeus de nacionalidade polonesa, que foram empurrados para a fronteira com a Polônia e só podiam levar os bens que conseguissem portar. Os demais pertences ficavam com o governo alemão.

Mas não foi só. A opressão se agravou ainda mais quando o jovem judeu Herschel Grynszpan, de 17 anos, que vivia em Paris, matou Ernst vom Rath, conselheiro da embaixada da Alemanha. Esse episódio desencadeou o primeiro grande massacre de judeus, na noite de 9 para a madrugada de 10 de novembro de 1938. A represália brutal ficou conhecida pelo nome de "Noite dos Cristais" e se caracterizou por um terrível vandalismo e pela pilhagem de bens de judeus. Tudo isso foi estimulado pela polícia e por militantes do Partido Nazista, resultando em prejuízo incomensurável: estima-se que mais de 250 sinagogas foram incendiadas e cerca de 7.500 lojas, saqueadas.

Com a ascensão do nazismo, a ideia de cidadania foi reduzida a um conceito racista absurdo, com o nítido objetivo de excluir do território alemão os negros, os indígenas, os ciganos e, principalmente, os judeus. Isso se constata da redação de um enunciado do Partido Nazista que estabelecia o seguinte: "Somente aqueles que são nossos compatriotas podem se tornar cidadãos. Somente quem tem sangue europeu, independentemente do credo, pode ser nosso compatriota. Por essa razão, nenhum judeu pode ser um compatriota."

O aparelhamento da estrutura nazista ocorreu com a tomada do poder pelo Partido Nacional Socialista dos Trabalhadores Alemães, única agremiação partidária autorizada a funcionar. De socialista, esse partido só tinha o nome, pois a suposta inclinação de natureza social deveu-se à intenção dos nazistas de atrair a simpatia da classe trabalhadora. Esse órgão partidário havia absorvido a estrutura do antigo

Partido dos Trabalhadores Alemães, com o qual Hitler havia entrado em contato em 1919.

Foi o início daquilo que os nazistas apregoavam como a era da "Grande Alemanha", a qual, tão logo a nação ariana fosse "purificada do sangue judaico", deveria "durar mil anos". Conhecemos o período pelo nome de Terceiro Reich (Reinado), o qual se pretendia sucessor do Primeiro Reich, originário do Sacro Império Romano-Germânico, que durara de 962 a 1806, e do Segundo Reich, que se iniciara em 1871 e terminara em 1918, no fim da Primeira Guerra Mundial.

A SOLUÇÃO FINAL DO PROBLEMA JUDEU

No ano de 1941, a Alemanha invadiu a União Soviética e precipitou, com isso, a entrada na guerra dos Estados Unidos, que apoiaria os Aliados contra as potências do Eixo. Os Aliados eram o grupo composto por União Soviética, Império Britânico e China, tendo o Eixo por integrantes a Alemanha, o Japão e a Itália.

Na invasão da União Soviética, foram feitos três milhões de prisioneiros. De acordo com o historiador Robert Gellately, no livro *The Specter of Genocide*, a invasão da URSS alterou os planos nazistas de eliminação dos judeus, uma vez que a conquista do novo território provocara um número exponencial de prisioneiros que precisavam ser sustentados.

Essa fase da guerra conduziu os nazistas à denominada "solução final da questão judaica". O sinal oficial para o genocídio foi dado a 31 de julho de 1941, por ordem expedida pelo marechal Göring a seus subordinados, cujo texto pode ser assim resumido:

> Para realizar a tarefa que nos incumbe e que já foi determinada pela ordem de 24/1/39, ficam os destinatários deste comunicado encarregados de proceder aos preparativos necessários, no âmbito da zona de influência da Alemanha na Europa, com vista à solução final da questão judaica.

A partir daquele momento, a atividade do aparelho estatal do Reich se concentrou no massacre de todos os judeus encontrados na Alemanha e nos territórios ocupados. Para a consecução daquele objetivo sinistro, foi convocada uma conferência, em 20 de janeiro de 1942, na cidade de Wannsee, localizada nos arredores de Berlim. Altos funcionários do Reich participaram do evento, no qual foram enumerados os países em que se aplicaria a "solução final". Desse rol, constaram os países ocupados pelos nazistas, estimando-se em 11 milhões o número de judeus que deveriam ser eliminados.

O comandante militar da polícia secreta nazista, Heinrich Himmler, traçou as linhas gerais do plano de extermínio nos seguintes termos:

> Sob uma direção competente, os judeus serão conduzidos pelos meios adequados até unidades de trabalho do Estado. Serão transportados em longas colunas, os homens separados das mulheres.
> Para a realização da solução definitiva, limparemos a Europa de uma ponta a outra. Os judeus serão transferidos dentro dos guetos e depois conduzidos para longe do Estado. Nos países conquistados e naqueles que estão sob nossa influência na Europa, o funcionário nomeado pela segurança agirá em colaboração com o funcionário designado pelo Ministério de Relações Exteriores.

Nazistas submetidos à Justiça Criminal

Em outubro de 1943, quase dois anos antes do término da guerra, os Aliados realizaram um encontro diplomático em Moscou com vistas a definir estratégias de guerra e orientações políticas conjuntas. Nesse encontro, três grandes potências (Estados Unidos, Reino Unido e União Soviética) estabeleceram diretrizes que deveriam ser adotadas em relação aos inimigos.

Na parte que dizia respeito às atrocidades e que foi assinada por Winston Churchill, Franklin Delano Roosevelt e Josef Stalin, estabeleceu-se que os oficiais e praças alemães, bem como os membros do Partido Nazista responsáveis por atos desumanos, seriam reconduzidos aos países onde os respectivos atos foram cometidos para serem julgados e punidos conforme as leis locais. Fez-se, desde logo, advertência aos alemães que até então não tinham "banhado as mãos com o sangue dos inocentes" para que se resguardassem, sob pena de inclusão no rol dos culpados. Ficou registrado que as três potências aliadas perseguiriam os culpados até as mais longínquas regiões da Terra para enviá-los de volta aos acusadores.

Da declaração constou uma cláusula geral de responsabilização, de maneira a não serem admitidas manobras jurídicas por motivo de dúvidas quanto à competência do julgamento:

> Esta declaração é feita sem prejuízo das situações específicas dos principais criminosos de guerra, ainda que seus delitos não tenham definição geográfica particular. Serão eles punidos por decisão comum dos governos aliados.

Terminada a guerra, com a capitulação da Alemanha em maio 1945, instituiu-se o Tribunal Militar Internacional para a realização de um processo coletivo de julgamento dos grandes criminosos de guerra. O estatuto do Tribunal tipificou três acusações que seriam processadas perante a Corte: a) *crimes contra a paz*, consistentes na participação, direta ou indireta, na preparação e execução de guerras de agressão, ou de guerras violando tratados, acordos e garantias internacionais; b) *crimes de guerra*, assim consideradas quaisquer violações aos costumes e leis de guerra, incluindo-se nesse tópico assassinatos, maus-tratos, escravização de civis e prisioneiros, bem como a devastação desmotivada de cidades e vilarejos; c) *crimes contra a humanidade*, isto é, assassinato, extermínio, escravização, deportação e outros atos desumanos cometidos contra a população civil antes ou durante a guerra, bem como perseguições políticas, raciais e religiosas.

O processo se desenvolveu contra 24 líderes nazistas. Desse grupo, três réus foram absolvidos; um não foi condenado por estar com a saúde debilitada; outro cometeu suicídio durante o julgamento; doze acabaram condenados à morte por enforcamento; três, à prisão perpétua; e quatro, a prisões de dez a vinte anos. Os condenados à morte foram executados nas noites de 15 e 16 de setembro de 1946.

Posteriormente, diversos criminosos nazistas foram julgados em tribunais ingleses e franceses.

Houve uma segunda fase, em Nuremberg, no período de 1945 a 1949, mas já sob jurisdição norte-americana. Nesses julgamentos, figuraram como acusados membros do Partido Nazista, militares de alta patente, empresários, advogados e médicos que haviam colaborado ativamente com o projeto nazista.

Julgamento de Eichmann em Jerusalém

Após 1949, ficou nítido que não mais haveria interesse da comunidade internacional em realizar novas capturas e julgamentos de criminosos ligados ao nazismo. Entretanto, era de conhecimento geral que alguns países admitiam a presença e até mesmo a atuação de diversos ex-oficiais nazistas em seus serviços regulares. Na América do Sul, destacava-se a Argentina, por influência de Juan Domingo Perón, que tivera contato com nazistas e fascistas no período em que estivera na Europa a serviço do Exército de seu país.

Essa "apatia" da comunidade internacional à época confrontava fortemente a alma e dignidade do povo judeu, que conseguiu estabelecer-se com território próprio na Palestina por consequência de deliberação da ONU datada de 15 de maio de 1948. A Assembleia Geral fora presidida pelo brasileiro Osvaldo Aranha, a quem se reconhece participação decisiva no fato histórico.

Essa conquista territorial de Israel permitiu ao seu governo dar uma resposta ao projeto nazista de desmantelamento comunitário judaico.

Relembre-se que no livro de Hitler há forte pregação contra a criação de um território para acolhimento do povo judeu. Ele afirmava que o projeto sionista não pretendia implantar um Estado na Palestina para fixação dos judeus, e sim para a instalação de "um centro de organização autônomo, ao abrigo de outras potências, para servir de refúgio seguro à sua canalhice". Segundo o livro, os judeus pretendiam criar "uma academia para a educação de trapaceiros".

Ao que tudo indica, seria um evento marcante para o jovem Estado o julgamento em território israelense de algum nazista reconhecidamente envolvido no Holocausto. Israel precisava fortalecer sua identidade como pátria. O Estado israelense era então constituído de emigrantes originários de diversas partes do mundo. Em verdade, tratava-se de um conjunto de pessoas que falava línguas diferentes, com poucas semelhanças culturais.

O historiador Tom Segev, referido pelo jornalista Gavin Esler, da BBC, relata que o então primeiro-ministro israelense, David Ben-Gurion, afirmou que Israel era credor de toda e qualquer dívida que o mundo tivesse por consequência do Holocausto. Em outra ocasião, o mesmo líder enfatizou: Israel era herdeiro dos seis milhões de judeus assassinados, "o único herdeiro".[1]

ABDUÇÃO JUSTIFICADA

Segundo informações recebidas por autoridades de Israel, Adolf Eichmann, principal responsável pelo transporte de milhares de judeus para os campos de concentração, encontrava-se radicado em Buenos Aires desde 1950, onde vivia com identidade falsa sob o nome de Ricardo Klement.

Firme no propósito de realizar o projeto de resgate da dignidade do povo judeu, Ben-Gurion encarregou a Mossad, polícia secreta de Israel, de levar o nazista para território israelense. No mês de maio de 1960, Eichmann foi sequestrado em Buenos Aires e levado para um local secreto em Israel, onde foi interrogado por vários meses.

O inquérito instaurado contra Eichmann continha mais de 275 horas de fitas gravadas, perfazendo 3.564 páginas de transcrição. O investigado foi confrontado com centenas de documentos que indicavam seu envolvimento no genocídio. As revistas *Der Stern*, alemã, e *Life*, americana, publicaram vários episódios relatados por Eichmann. Dessas narrativas, chamou a atenção a insensibilidade demonstrada pelo acusado ao se dizer impressionado com a perfeição técnica que constatara na inspeção, por ele realizada, da construção de câmaras de gás para matar judeus na aldeia polonesa de Majdanek.

A captura de Eichmann foi levada a público por Ben-Gurion em comunicado endereçado ao Parlamento israelense:

> Devo informar que as forças de segurança encontraram um dos maiores criminosos nazistas, Adolf Eichmann, o qual, juntamente com outros líderes nazistas, foi responsável pelo que chamaram de "solução final" da questão judaica e resultou no extermínio de seis milhões de judeus europeus. Adolf Eichmann já está preso neste país e será em breve levado a julgamento de acordo com a lei de 1950, que pune os nazistas e seus colaboradores.

A abdução de Eichmann pode ser caracterizada como um "dilema da justiça" devido, no caso, ao questionamento da legitimidade de submeter a julgamento alguém conduzido ao tribunal pela via da força e contra as regras vigentes do Direito Internacional.

A doutrina jurídica tem confirmado esse direito de exercer a jurisdição. Cita-se como paradigma inicial um caso do século XVI, ocorrido no ano de 1569, quando John Story foi sequestrado na Antuérpia e conduzido à Inglaterra, onde acabou processado e executado por traição. Exemplos recentes e posteriores ao caso de Eichmann são representados pelos sequestros do militar francês Antoine Argoud e do médico mexicano Humberto Álvarez Machaín.

Antoine Argoud, em 1963, foi capturado clandestinamente na República Federal da Alemanha e levado à França, onde foi encontrado por autoridades algemado em um automóvel nas proximidades do Departamento de Polícia de Paris. Submetido a julgamento, acabou condenado à prisão perpétua, sob acusação de haver participado do atentado ao então presidente Charles de Gaulle. Acabou por ser anistiado pelo próprio De Gaulle em 1968.

O sequestro de Álvarez Machaín ocorreu em 1990, no México, onde foi julgado pelo Grande Júri na cidade de Los Angeles, sob a acusação de haver participado do assassinato, em território mexicano, de um policial do Departamento Antidrogas (DEA). Ele teria ministrado medicamentos para reanimar o policial entre as sessões de torturas praticadas por traficantes mexicanos. O júri não acatou a acusação por insuficiência de provas e rotulou o libelo acusatório de "mera especulação". O acusado foi absolvido e repatriado para o México.

O CONFLITO INTERNACIONAL

A captura de Eichmann, nas circunstâncias em que se deu, teve consequências para as relações internacionais. O governo da Argentina protestou formalmente pela violação de sua soberania. Em resposta, o governo israelense divulgou um comunicado atribuindo a localização de Eichmann a um grupo de judeus não integrantes dos órgãos de segurança do Estado de Israel. Alegou ainda que o transporte e a apresentação aos órgãos de segurança do país teriam contado com a concordância escrita do próprio Eichmann.

Na Alemanha Ocidental, o chanceler Konrad Adenauer repreendeu publicamente Israel pelo sequestro, e os editores dos principais jornais do país exigiram que o criminoso nazista fosse extraditado e julgado "por juízes, e não por vingadores".

O caso foi levado pela Argentina à Organização das Nações Unidas, cujo Conselho de Segurança condenou a ação israelense e recomendou que fosse feita a "reparação apropriada", embora reconhecendo que Eichmann deveria ser levado a julgamento.

Ben-Gurion lamentou a violação das leis argentinas, mas anunciou que Eichmann seria julgado em Israel para que se cumprisse o "dever histórico do país" para com os mortos do Hocausto.

O historiador Neal Bascomb registrou em seu livro *Caçando Eichmann* que os israelenses sobreviventes do Holocausto concordavam com o julgamento em Israel, embora cientes de que o acontecimento reabriria feridas antigas e dolorosas, que atingiriam autoridades influentes no pós-guerra. Era o caso de Hans Globke, então vice-ministro e assessor de Adenauer. Apurou-se à época que, no início da década de 1930, Globke ajudara na elaboração de leis antissemitas e fora um dos mais importantes colaboradores de Eichmann, gozando de excelente reputação no regime de Hitler. Sabe-se que as autoridades israelenses trabalharam nos bastidores para que esse fato não fosse levantado no julgamento de Eichmann, a fim não causar atritos com o governo do chanceler alemão.

A presença de Eichmann em Jerusalém revelou-se surpreendente. O mundo todo passou a aguardar o julgamento de um chefe militar arrogante, a exemplo do que acontecera com Göring no Tribunal de Nuremberg. Naquela Corte militar, o marechal nazista desenvolvera uma oratória brilhante, fora líder dos outros acusados e travara uma verdadeira batalha verbal com os advogados de acusação, deixando-os aturdidos. Por fim, Göring frustrou todas as expectativas de justiça por parte dos países aliados, cometendo suicídio antes da execução da pena de morte por enforcamento. Isso se deu após ver indeferido o requerimento dirigido ao tribunal para ser executado por fuzilamento, morte que considerava digna de um chefe militar. Ingeriu, então, veneno contido em uma cápsula de cianeto de potássio, deixando um bilhete em que praticamente se vangloriava de haver enganado seus carcereiros, pois relatara que o veneno tinha permanecido o tempo todo em seu poder, escondido em uma embalagem de pomada.

Eichmann, diferentemente de Göring, era alguém comum, em nada semelhante à imaginada figura do "grande criminoso nazista" mencionada pelo chanceler israelense. Naquele tribunal, via-se dentro de uma cabine de vidro um homem de estatura mediana, magro, de meia-idade, quase calvo, com dentes tortos e olhos míopes, esticando o pescoço para olhar o banco de testemunhas e tentando desesperadamente manter o autocontrole, apesar do tique nervoso que lhe retorcia a boca desde muito antes do julgamento.[2]

Um processo peculiar

Adolf Eichmann foi membro de três organizações do Terceiro Reich que participaram diretamente nos atos de extermínio do povo judeu: a SS (*Schutzstaffel* — esquadrão de proteção), a Gestapo (polícia secreta do Estado) e a SD (*Sicherheistsdienst* — serviço de segurança). Após ingressar no Partido Nazista, ele se tornou especialista na logística de transferir judeus para o Leste Europeu. Disso se ocupou com afinco, tendo dirigido em Viena o órgão que administrava a emigração judaica. Foi diretor, em Berlim, do escritório central de emigração e, posteriormente, tornou-se responsável por uma seção encarregada da evacuação de judeus. Em março de 1944, deslocou-se para a Hungria, onde organizou a deportação de judeus húngaros para Auschwitz.

A acusação de Eichmann foi dividida em 15 imputações, sendo quatro por crimes contra o povo judeu, sete por crimes contra a humanidade, uma por crime de guerra e três por crimes de participação em organização criminosa. Constava que o acusado, no período de 1939 a 1945, juntamente com outros, causara a morte de milhões de judeus, tendo relevante participação na implementação do plano nazista de extermínio físico, a "solução final da questão judaica".

Nos detalhamentos da acusação, afirmou-se que Eichmann participara da expulsão de populações inteiras. Também reunira judeus em guetos, deportando-os em massa. Além disso, fora um dos responsáveis por homicídios contra incontáveis vítimas indefesas nos campos de Auschwitz, Chelmno, Belzec, Sobibor, Treblinka e Majdanek. Escravizara, ainda, judeus em campos de trabalho forçado, negando-lhes os direitos mais elementares. Também violara suas propriedades. Envolvera-se diretamente na morte de cem crianças em Lídice, Tchecoslováquia, conduta que repetiu em toda a Europa, inclusive na União Soviética e, sobretudo, nos países bálticos (Lituânia e Letônia), sempre com a intenção de "destruir o povo judeu".

O libelo de acusação foi formulado pelo procurador-geral de Israel, Gideon Hausner, com forte apelo retórico:

> Quando compareço perante vós, juízes de Israel, para apresentar as acusações contra Adolf Eichmann, não estou sozinho. Junto a mim há seis milhões de acusadores. Mas eles não se podem colocar de pé e apontar ao homem sentado no banco dos réus para acusá-lo com os próprios lábios. São agora meras cinzas empilhadas no alto das colinas de Auschwitz e nos campos de Treblinka, espalhadas nos bosques da Polônia. Suas sepulturas estão disseminadas por toda a Europa. Seu sangue grita, mas sua voz foi silenciada. Agora falarei por eles, e em seus nomes apresentarei esta terrível petição de condenação.

O julgamento em primeira instância se processou no tribunal do distrito de Jerusalém. Os debates foram traduzidos simultaneamente para o inglês, o francês e o alemão, com a presença de aproximadamente 350 correspondentes da imprensa estrangeira. A sessão de debates começou em 11 de abril de 1961 e prosseguiu até 14 de agosto do mesmo ano. Durante esses quatro meses, o tribunal realizou 114 audiências, com a tomada de depoimentos de cerca de 120 testemunhas e a análise de mais de 1.500 documentos.

Durante todo o julgamento, o acusado se declarou inocente, alegando que jamais matara qualquer judeu ou não judeu. Intitulou-se um mero burocrata: "Eu me sentava à minha mesa e fazia o meu trabalho." Afirmou que não odiava os judeus, mas apenas cumpria as ordens de seus superiores.

A defesa insistiu na tese de que o acusado não passava de um funcionário de nível inferior, sem qualquer poder decisório. Seu escritório (IVNB4) não teria sido mais que um serviço secundário da Gestapo, cujas funções eram restritas à organização da concentração e ao transporte de judeus dos diferentes países da Europa para os campos de extermínio do Estado alemão.

Em maio de 1962, abriu-se prazo para a leitura da sentença, realizada em três dias. O documento teve aproximadamente 180 páginas. Eichmann foi condenado à morte por enforcamento. Apresentou apelação à Corte Suprema de Israel, que deliberou de 22 de março a 29 de maio de 1962: rejeitou então o recurso e confirmou a sentença. O pedido de clemência endereçado ao chefe de Estado de Israel foi desconsiderado, sendo o acusado executado pouco antes da meia-noite do dia 31 de maio de 1962. Seu corpo foi cremado, e as cinzas, jogadas no Mediterrâneo, fora das águas israelenses.

De acordo com o testemunho de Hannah Arendt,[3] Eichmann se mostrou altivo durante todo o rito de sua execução. Seu último pedido foi uma garrafa de vinho tinto, que bebeu até a metade. Recusou o capuz preto que lhe fora oferecido, dizendo que não precisava daquilo. Suas últimas palavras foram de saudação aos países que dizia amar: "Viva a Alemanha, viva a Argentina, viva a Áustria." Parece, no entanto, que o nazista se esquecera de que estava a participar dos procedimentos de sua própria execução. Ao se referir à Alemanha, à Argentina e à Áustria, usou de uma expressão comum de despedida: "Jamais os esquecerei." Era o grotesco fim de um homem que, durante toda vida, recusou a coerência.

Críticas ao processo

No aspecto processual, o julgamento de Eichmann recebeu inúmeras impugnações. Alegou-se falta de imparcialidade dos juízes, uma vez que estariam a julgar o réu na qualidade de vítimas, integrantes como eram do povo judeu. Cogitou-se a ausência do direito de punir, porquanto, à época da prática dos crimes, o Estado de Israel ainda não existia. Lembrou-se que constituiria violação do Direito Internacional o sequestro do acusado na Argentina, seu local de residência, com sua condução à força para o território de Israel. Falou-se ainda em violação do princípio da irretroatividade da lei penal, pois a legislação aplicada ao julgamento fora instituída em data bem posterior à prática dos crimes.

Todas essas objeções foram afastadas pelo tribunal, principalmente porque não havia previsão legal do crime de genocídio anteriormente à ascensão do Terceiro Reich. Essa lacuna penal se justificava à época porque nenhuma ordem legal poderia prever a hipótese de ocorrer tamanha barbárie contra a espécie humana. Ademais, estabeleceu-se que as normas de Direito Internacional não eram somente as convenções e os costumes, mas também os princípios gerais de Direito reconhecidos pelas nações civilizadas.

De acordo com a consciência jurídica dos povos, os princípios condicionam diretamente os costumes internacionais porque esses mesmos costumes resultam de uma atitude tomada ou seguida pelos Estados. No que concerne especificamente ao Direito Internacional Penal, os princípios gerais de Direito reconhecido pelas nações civilizadas identificam perfeitamente os traços essenciais dos crimes internacionais, apartando-os dos crimes comuns.

No julgamento de Eichmann, a Corte Suprema de Israel decidiu que se deveriam levar em consideração os seguintes fatores: a) agressão aos interesses internacionais essenciais; b) perigo causado aos próprios fundamentos da comunidade internacional e de sua segurança; c) a violação dos valores morais universais e dos princípios humanitários salvaguardados nos sistemas repressivos das nações civilizadas.

A BANALIZAÇÃO DO MAL E OS HOMENS QUE NÃO PENSAM

O julgamento de Eichmann teve ampla repercussão nos meios de comunicação. No entanto, o questionamento mais importante desse evento se deu nas análises realizadas por Hannah Arendt, judia de origem alemã. Ela sustentou que o réu não era propriamente um monstro, mas um homem que se considerava mero cumpridor de ordens ou uma simples engrenagem da máquina estatal que produzira o Holocausto.

Na visão de Hannah Arendt, qualquer pessoa poderia agir como Eichmann, desde que se encontrasse imersa num ambiente destituído de questionamentos quanto às violações brutais dos direitos humanos. Haveria, então, uma inversão de valores, e a situação de brutalidade passaria a constituir o ambiente normal. Estaria consolidado aquilo que ela denominou *banalização do mal*, isto é, uma espécie de letargia na qual a pessoa se exime da capacidade de pensar e de questionar tudo o que se passa à sua volta.

Na visão de Arendt, a referida passividade pode produzir uma massa de seres incapazes de formular juízos críticos. Segundo ela, "os grandes produtores do mal são aqueles que nunca se lembram, porque nunca se envolvem na atividade de pensar. Nada pode retê-los, porque, sem recordações, ficam sem raízes".

É nesse sentido que Arendt aponta a importância fundamental da filosofia e da teoria política, que seriam os veículos hábeis a tornar as pessoas capazes de exercer constantemente as capacidades de julgamento, reflexão e memória.

Essas observações remetem ao conceito de homem comum descrito por Wilhelm Reich no curioso título *Escute, zé-ninguém!*, escrito em 1945. A expressão *zé-ninguém* serve para designar o "homem médio", que, por própria opção, não é mais livre. Aceita a opressão e pergunta a si mesmo: "Quem sou eu para ter opinião própria, para decidir sobre a minha própria vida e ter o mundo como meu?" Esse ser obscuro pode esconder-se em qualquer pessoa, que acaba por perder a capacidade de enxergar a si mesma.

O zé-ninguém de Reich não se distingue dos demais. Está presente em todos os credos, em todos os tipos físicos, em todas as idades e classes sociais. Pode ser encontrado em qualquer local e se representar nas mais diversas figuras, entre as quais a opinião pública, o povo, o senso comum, a consciência social... Torna-se zé-ninguém aquele que se acomoda nas próprias conveniências, deixando de enxergar o outro. Dessa cegueira moral podem aflorar os instintos mais primitivos.

Significativos exemplos dessas acomodações egoístas podem ser extraídos de algumas situações marcantes da tirania nazista.

Uma dessas situações se deu com a ascensão do nazismo na Alemanha, em 1933. Logo no início, os nazistas tentaram organizar, sem sucesso, um boicote às lojas dos judeus. Essa manobra começou a crescer quando comerciantes não judeus passaram a marcar os estabelecimentos com as palavras "judeu" e "ariano". Os termos eram escritos em janelas e paredes, mais na intenção de melhorar o comércio daqueles pichadores gananciosos do que na de identificar, para os nazistas, os seguidores da religião judaica. Desse modo, qualquer loja rotulada de "judia" estava fadada ao fracasso, tornando-se alvo fácil para roubos. É interessante notar que, à medida que as propriedades recebiam a marca étnica dos judeus, a inveja se apossava de muitos cidadãos alemães que não eram necessariamente nazistas. Houve uma transformação brutal dos valores éticos na comunidade, onde fermentava a cobiça com relação a toda propriedade de judeus. Esse comportamento de covardia humana levou Timothy Snyder[4] a observar que os alemães que marcaram os estabelecimentos comerciais tiveram participação ativa no calvário judaico. O mesmo se diz daqueles que simplesmente assistiram ao que ocorria, sem qualquer manifestação em contrário. Isso já revelava um sinal de leniência a respeito do futuro massacre.

Outra situação de indiferença diante da tirania resulta da invasão da Áustria pela Alemanha, em 1938. Logo a seguir, os nazistas do país invadido passaram a capturar judeus e a obrigá-los a fazer faxina nas ruas para remover símbolos característicos da Áustria independente. Os cidadãos que não eram nazistas assistiram a tudo como motivo de graça. Os nazistas se viram estimulados a arrolar as propriedades dos judeus para roubar o que pudessem, já então com a participação de não judeus. Muitos destes aderiram à pilhagem, sem a menor preocupação com o desespero da comunidade judaica austríaca, que teve alguns de seus membros procurando refúgio no suicídio.

A CATARSE DE UMA NAÇÃO

A comunidade internacional tem se organizado na vigilância do crime de genocídio. Todavia, a eficácia de qualquer sistema dessa natureza depende fundamentalmente de estruturas institucionais organizadas para a defesa de povos e etnias.

Relembre-se um povo que foi massacrado pelos nazistas sem que tenha havido uma punição específica pelos crimes cometidos. É de se falar dos ciganos, que foram enquadrados na categoria de "criminosos vagabundos". Somente na Boêmia e Morávia foram registrados cerca de 6.500 prisões e pelo menos três mil assassinatos em Auschwitz-Birkenau. Outros cinco mil ciganos do protetorado de Berlim e Viena foram deportados para o gueto de Lodz e, mais tarde, enviados para o campo de concentração de Chelmno. Estima-se que aproximadamente quinhentos mil indivíduos dessa etnia pereceram em campos de concentração ou de extermínio. Em 1950, o governo alemão negou reparação às vítimas ciganas por considerar que elas não foram perseguidas pelo governo nazista por motivos raciais, mas por serem consideradas elementos insociáveis e criminosos...

Como se vê, a mediocridade que nos habita vai e vem nos ciclos pendulares da história e jamais será extirpada pela via da mera reflexão. É preciso haver um comportamento ativo e permanente de todas as pessoas diante do arbítrio e da tirania.

O julgamento de Eichmann representou a verdadeira catarse de uma nação que, antes da guerra, tivera de seu apenas o próprio povo, os valores, os costumes e a religião. Depois, passou a contar com uma base territorial e um governo reconhecido pelas demais nações. Por isso, não há razão jurídica, política ou de qualquer outra natureza que permita censurar a abdução de Adolf Eichmann na Argentina dos anos 1960.

Israel precisava julgar aquele criminoso para mostrar todas as atrocidades que os judeus haviam sofrido pela ação ou omissão dos nazistas, de seus simpatizantes e dos indiferentes.

Infelizmente, em diversas partes do mundo, a omissão da maioria tem sido uma constante nos episódios históricos de injustiça. Justifica-se, desse modo, a chamada à ação contida em frase atribuída a Martin Luther King: "O que me preocupa não é o grito dos maus, mas o silêncio dos bons."

O silêncio dos bons os torna invisíveis. A invisibilidade de pessoas de bons propósitos reduz seu potencial de força à mudez dos impotentes. Essa letargia existencial foi muito bem sintetizada em versos do pastor luterano Martin Niemöller, que ficou alguns anos confinado em campo de concentração na qualidade de "prisioneiro pessoal" de Hitler:

> Quando os nazistas levaram os comunistas, eu não disse nada, porque, afinal, eu não era comunista.
>
> Quando levaram os sindicalistas, eu não disse nada, porque, afinal, eu não era sindicalista.
>
> Quando levaram os judeus, eu não disse nada, porque, afinal, eu não era judeu.
>
> Quando eles me levaram, não havia mais ninguém que falasse por mim.

BIBLIOGRAFIA

ARENDT, Hannah. *Origens do totalitarismo*. São Paulo: Companhia das Letras, 1989.

_____. *Eichmann em Jerusalém*. São Paulo: Companhia das Letras, 1999.

BASCOMB, Neal. *Caçando Eichmann*. Rio de Janeiro: Objetiva, 2009.

ESLER, Gavin. Memória: Julgamento de nazista há 50 anos ajudou a unificar Israel. BBC, [s.l.], 12 abr. 2011. Disponível em: <https://

www.bbc.com/portuguese/cultura/2011/04/110407_julgamento_nazista_mv>. Acesso em: 18 jun. 2018.

GELLATELY, Robert. *The Specter of Genocide*. Cambridge: Cambridge University Press, 2003.

PAPADATOS, Pierre A. *Le Procès Eichmann*. Genebra: Librairie Droz, 1964.

REZEK, Francisco. *Direito internacional público*. São Paulo: Saraiva. 2005.

RIBAS, Christina Miranda. *Justiça em tempos sombrios*. Ponta Grossa: Editora UEPG, 2005.

SNYDER, Timothy. *Sobre a tirania: Vinte lições do século XX para o presente*. São Paulo: Companhia das Letras, 2017.

TORRES, Luis Wanderley. *Crimes de guerra: O genocídio*. São Paulo: Editora Fulgor, 1967.

TRESPACH, Rodrigo. *Histórias não (ou mal) contadas – Segunda Guerra Mundial*. Rio de Janeiro: HarperCollins, 2015.

Notas

1   Cf. Esler, 2011.
2   Cf. Arendt, 1999, p. 15.
3   Cf. *Ibid.*, p. 274.
4   Cf. Snyder, 2017, p. 33-34.

Tiradentes

Gustavo Brigagão

Das preliminares

Quando, muito gentilmente, fui convidado pelo nosso querido e ilustre José Roberto de Castro Neves para escrever este ensaio, veio de pronto à minha mente o julgamento de que gostaria de tratar, tendo em vista a atualidade dos assuntos nele abordados:

(a) o instituto da delação premiada;
(b) a alta carga tributária que recai sobre o sofrido povo brasileiro; e
(c) a insatisfação generalizada com os desmandos e o autoritarismo do Poder Central.

O leitor mais distraído, que não tenha percebido o título que leva este capítulo, poderá imaginar que o julgamento sobre o qual decidi falar foi realizado em passado muito recente, já que os assuntos listados abordam institutos, fatos ou insatisfações que não saem das primeiras páginas dos nossos jornais.

Engana-se o leitor.

A história que tentarei lhes contar (de maneira leve, informal e despretensiosa, conforme me foi recomendado) se passou na segunda metade do século XVIII, em um mundo marcado por profundas mudanças ideológicas, geradas por ideias independentistas e iluministas, que acabariam levando a humanidade a um drástico redimensionamento das relações políticas e econômicas antes existentes — e, no plano nacional, em um Brasil colonizado e inconformado com a forma como se estabelecia a relação que mantinha com a sua Metrópole, a Coroa portuguesa.

Esse julgamento trata de fatos que se dão, basicamente, em dois cenários: a então capitania de Minas Gerais e a cidade do Rio de Janeiro. Seu principal réu atende pelo nome Joaquim José da Silva Xavier, codinome Tiradentes. O crime de lesa-majestade a ele e a outros imputado foi cometido no âmbito da denominada "Inconfidência Mineira", o movimento cujo objetivo teria sido tornar a capitania de Minas Gerais (e não o Brasil, como pensam alguns) independente de Portugal.

Como se verá mais adiante, o descontentamento dos revoltosos com o que denominei "Poder Central" (a Coroa portuguesa) tinha por objeto, principalmente, a constante retirada de riquezas da região, fosse por meio de tributos elevados cobrados por Portugal, fosse por meio de confisco de bens de famílias brasileiras, realizado quando as metas de extração de ouro previamente estabelecidas não fossem atingidas (a denominada "derrama").

Sobre o ouro produzido na capitania, a Coroa portuguesa cobrava o chamado "quinto", equivalente a 20% do total do ouro extraído. Alguns etimólogos afirmam que daí teria surgido a expressão "quinto dos infernos", tamanha era a insatisfação dos brasileiros com o montante da carga tributária que lhes era imposta pela Coroa.

Veja o leitor: 1/5 (um quinto), ou seja, 20%!

Qual não teria sido essa revolta se os brasileiros daquela época tivessem de enfrentar a nossa atual carga tributária, que beira o incrível percentual de 35%?!

Mas e a delação premiada? De onde ela teria surgido?

Com a insatisfação que reinava na capitania de Minas Gerais com os desmandos da Coroa, houve o planejamento da rebelião a que me referi acima, que só não conseguiu lograr êxito graças à delação premiada (a primeira de que se tem conhecimento neste país) realizada por Joaquim Silvério dos Reis Montenegro Leiria Grutes contra todos os envolvidos no movimento, tudo em troca do perdão de suas dívidas perante a Coroa portuguesa.

Essa rebelião natimorta foi, indubitavelmente, o maior e mais relevante movimento independentista ocorrido no período colonial brasileiro. E será do julgamento de um dos seus principais líderes que cuidarei nas páginas que se seguem.

Dos fatos

Durante o século XVIII, também conhecido como "O Século da Filosofia", teve imensa força e influência em toda a Europa o movimento intelectual e filosófico denominado Iluminismo.

Com ele, o mundo emergia de séculos de obscurantismo e ignorância, próprios do Absolutismo, para um novo período, iluminado pela razão, pela ciência e pelo respeito a questões humanísticas.

Entre os seus precursores, destacam-se René Descartes e Baruch Spinoza, bem como filósofos políticos, como John Locke. Na França, pensadores como Voltaire, Montesquieu, Diderot e Jean-Jacques Rousseau foram grandes expoentes dessas novas ideias, assim como Kant, na Alemanha, David Hume, na Escócia, Cesare Beccaria, na Itália, e Benjamin Franklin e Thomas Jefferson, nas colônias britânicas.

Mais que um conjunto de ideias, o Iluminismo representou uma reação propositiva do reexame dos valores então estabelecidos pelos monarcas e pela Igreja, bem como o principal alicerce da Revolução Francesa (1789) e, um pouco antes, da Declaração de Independência dos Estados Unidos (1776).

De fato, a agitação política nas colônias norte-americanas teve por principal fundamento essas novas ideias. Thomas Jefferson e Benjamin Franklin contribuíram ativamente para os debates científicos e políticos desse pensamento, e a Declaração de Independência foi um dos seus textos mais significativos.

Essa corrente de novos ideais e revoluções, ocorridas tanto na Europa quanto na América, chegou ao Brasil e acabou por influenciar indivíduos da elite de Minas Gerais, como proprietários rurais, intelectuais, clérigos, militares, membros da maçonaria, entre outros, que estavam inconformados com a forma como se dava a dominação portuguesa na região. Essa foi a origem da Inconfidência ou Conjuração Mineira.

Entre os seus líderes (Tomás Antônio Gonzaga, Cláudio Manuel da Costa, Ignácio de Alvarenga, o padre Rolim, entre vários outros), destacava-se o alferes Joaquim José da Silva Xavier, conhecido por Tiradentes.

Tiradentes nasceu em 1746, na Fazenda de Pombal, na então capitania das Minas Gerais. Era filho do português Domingos da Silva Xavier, proprietário rural, e da portuguesa nascida na colônia do Brasil Maria Paula da Encarnação Xavier.

Foi o quarto de nove filhos e aos onze anos de idade era órfão de pai e mãe. Sua família havia perdido todos os bens em decorrência de dívidas e, por isso, ele foi criado por um tio que era dentista.

Na juventude, exerceu diversas atividades: foi mascate, comerciante ambulante, trabalhou em mineração e foi dentista (daí o seu apelido). Posteriormente, fez parte de missões de reconhecimento no sertão, como integrante dos Dragões da Cavalaria Real, chegando ao posto de alferes. Insatisfeito com a carreira militar, pediu licença.

As ideias defendidas pelos inconfidentes não eram homogêneas. Boa parte de seus líderes, inspirada pelo Iluminismo, defendia a independência da capitania de Minas Gerais em relação à Coroa portuguesa. Para eles, com a vitória do movimento, Minas Gerais se transformaria em uma república independente da Coroa portuguesa e também do Brasil.

A capital dessa nova república seria São João del-Rei, onde universidades seriam criadas, o livre comércio passaria a ser a regra e a produção manufatureira seria incentivada.

Sua bandeira, que acabou por influenciar a que atualmente representa o estado de Minas Gerais, era composta por um retângulo branco que continha, ao centro, um triângulo vermelho contornado pela expressão em latim *Libertas quae sera tamem*, lema da Inconfidência Mineira — que significa "Liberdade ainda que tardia". Essa expressão, proposta por Alvarenga Peixoto, outro inconfidente, foi retirada de um versículo do poeta romano Virgílio. O triângulo teria sido proposto pelo próprio Tiradentes e seria uma referência à Santíssima Trindade. Entretanto, há uma outra versão, segundo a qual o triângulo seria uma referência à "sagrada trindade" da maçonaria: Liberdade, Igualdade e Fraternidade.

Entre os inconfidentes, não havia consenso sobre o destino que se daria à escravidão. Alguns desejavam o seu fim; outros, proprietários rurais, eram favoráveis à sua manutenção.

De qualquer forma, como já dito, a causa do maior descontentamento era a tributação que recaía sobre o ouro extraído em terras brasileiras.

A Coroa necessitava de recursos para enfrentar os problemas pelos quais passava, que muito se agravaram em razão do terremoto que destruiu Lisboa em 1755 (cujas magnitudes variaram entre 8,7 e 9 na escala Richter). A cidade precisava ser reconstruída, e as colônias seriam as principais fontes financiadoras dessa empreitada.

No Brasil, uma das principais fontes de riqueza era o ouro, e, por isso, precisava ser controlado e fiscalizado. Com esse objetivo, em 1702, na capitania de Minas Gerais, foi criada a "Intendência das Minas", uma instituição da Coroa cuja função era conceder autorizações de mineração, verificar a quantidade de metais preciosos extraídos e fiscalizar o pagamento do quinto sobre eles.

Havia, pasmem, muita sonegação fiscal, e o ouro era frequentemente contrabandeado. Essas circunstâncias levaram a Coroa portuguesa a intensificar a fiscalização sobre as atividades de extração.

Com essa finalidade, foi criada a casa de fundição, onde todo o ouro extraído era transformado em barras, sendo-lhes impresso o brasão da Coroa portuguesa, que garantia a legitimidade do metal. O ouro que circulasse sem a identificação era confiscado. Era nessa casa de fundição que o quinto era arrecadado.

Também com o objetivo de punir o contrabando de ouro e a sonegação do quinto, bem como garantir a quantidade de ouro necessária a ser obtida, a Coroa instituiu a derrama, em 1751.

A derrama era o confisco de bens e objetos de ouro, com o uso da força, se necessário, caso a meta de cem arrobas (1.500 quilos) anuais não fosse atingida. Se a cobrança do quinto ficasse abaixo desse número, o saldo seria satisfeito pela derrama.

A meta não foi atingida em vários anos, e nem por isso a derrama foi regularmente instituída. A única realizada ocorreu em 1763, talvez pelo agravamento das exigências de arrecadação de Portugal decorrentes da necessidade de reconstruir Lisboa após o terremoto.

A fiscalização se tornou cada vez mais rígida, e as reservas de ouro, cada vez mais escassas, o que diminuía ainda mais a quantidade do metal que permanecia em Minas Gerais. Por essa razão, no final do século XVIII, o ciclo do ouro já estava entrando em crise no Brasil e as condições econômicas da região iam de mal a pior. Esse contexto aumentou em muito o descontentamento dos colonos, o que fez eclodir o movimento emancipacionista dos inconfidentes.

O plano era que o poder fosse tomado no início de 1789, quando o visconde de Barbacena, que administrava aquela região aurífera, decretasse a derrama, o que era iminente. Dessa forma, os revolucionários poderiam contar com o apoio de parte da população, que estaria revoltada.

Surgiu, então, a figura do delator (ou colaborador, para usar termos mais atuais): Joaquim Silvério dos Reis. Ele, que era um dos inconfidentes, delatou o movimento para as autoridades portuguesas e relatou, um a um, quem eram os seus participantes, tudo em troca do perdão das suas dívidas com a Coroa.

Repare o leitor que, apesar do termo "Inconfidência Mineira" ter sido atribuído ao movimento sob a perspectiva portuguesa (já que o grupo teria quebrado a confiança da Coroa), a grande inconfidência ocorrida nesse importante episódio da história brasileira foi a praticada por um dos participantes do grupo, dela decorrendo não só o aborto do movimento planejado, mas a condenação e punição de todos os envolvidos.

A primeira carta-denúncia, datada de 11 de abril de 1789 e enviada por Silvério dos Reis ao visconde de Barbacena, punha por terra, em poucas palavras, os segredos da Inconfidência e implodia o próprio movimento.

Vide abaixo o trecho em que Silvério dos Reis, após denunciar a participação de alguns dos inconfidentes, foca a sua *delação premiada* na atuação de Tiradentes, o alferes:[1]

> Procurou o dito Gonzaga o partido e união do coronel Inácio José de Alvarenga e do padre José da Silva e Oliveira, e outros mais, todos filhos da América, valendo-se para seduzir a outros do alferes (pago) Joaquim José da Silva Xavier (...)
>
> Fez-me certo este vigário que, para esta conjuração, trabalhava fortemente o dito alferes pago Joaquim José, e que já naquela comarca tinha unido ao seu partido um grande séquito; e que cedo havia partido para a capital do Rio de Janeiro, a dispor alguns sujeitos, pois o seu intento era também cortar a cabeça do Senhor Vice-Rei; e que já na dita cidade tinham bastante parciais.
>
> Meu senhor; eu encontrei o dito alferes, em dias de março, em marcha para aquela cidade, palavras que me disse me fez certo o seu intento e do ânimo que levava; e consta-me, por alguns da parcialidade, que o dito alferes se acha trabalhando este particular e que a demora desta conjuração era enquanto se não publicava a derrama; porém que, quanto tardasse, sempre se faria.
>
> Ponho todos estes tão importantes particulares na presença de V. Excia. pela obrigação que tenho de fidelidade, não porque o meu instinto nem vontade sejam de ver a ruína de pessoa alguma,

o que espero em Deus que, com o bom discurso de V. Excia., há de acautelar tudo e dar as providências sem perdição de vassalos. O prêmio que peço tão somente a V. Excia é o rogar-lhe que, pelo amor de Deus, se não perca a ninguém.

Meu senhor; mais algumas coisas tenho colhido e vou continuando na mesma diligência, o que tudo farei ver a V. Excia. quando me determinar. Que o céu ajude e ampare a V. Excia. para o bom êxito de tudo. Beijo os pés de V. Excia., o mais humilde súdito.

Posteriormente, uma segunda carta-denúncia de Silvério dos Reis foi pessoalmente entregue ao vice-rei Luís Vasconcelos de Souza (tio do visconde de Barbacena), no Rio de Janeiro, em 5 de maio de 1879. Eis alguns trechos dessa carta, que tratam da participação de Tiradentes:[2]

> (...) sendo pronto e certo em os avisos que fiz a V. Excia até o ponto de prender o enviado pelos sublevados, Alf. Joaquim José da Silva Xavier.
>
> — Este alferes, por muita vez nessa cidade, me fez certo tudo quanto os outros me haviam dito; e que, se V. Excia lhe desse despacho para minas, que fariam a sublevação com todo o acerto, com os seus parciais; e quando não, fugia e que, chegando a Minas fugitivo, a primeira pessoa que matava era o Exmo., meu general — ainda que lhe custasse a sua própria vida.
>
> — Constou-me que este alferes fez pública esta sublevação e que, no sítio de Cebolas, estrada de Minas, falou com largueza nesta matéria — presente o furriel de Artilharia desta praça, Manuel Luis, que lhe fora à mão, e outros mais que lá se achavam.
>
> — Este alferes e mais aquele vigário e seu irmão, certificaram-me que sem susto intentavam esta sublevação; porque se não temiam da tropa regular de Minas, porque o tenente-coronel comandante da mesma tropa, Francisco de Paula Freire de Andrada, estava pela sua parte, e mais alguns oficiais todos filhos de Minas; porém, também logo se me queixaram da frouxidão que achavam

naquele tenente-coronel comandante e que, por esse motivo, não estava já esta ação feita; porém que, sem dúvida, se fazia logo que se declarasse a derrama que todos os dias se esperava, segundo a voz, que o Exmo. meu General dizia que trazia ordem de Sua Majestade para a botar.

— Meu Senhor: tenho posto com pureza e verdade estas circunstâncias na presença de V. Excia. movido, como já disse, da minha fidelidade. Eu conheço que não mereço prêmio, porque em ser fiel cumpro o meu dever; porém se de V. Excia. mereço alguma atenção, peço por piedade se não percam algumas miseráveis que por ignorantes seguiam esta desordem.

Da legislação aplicável

O crime de lesa-majestade, supostamente cometido por Tiradentes e demais inconfidentes, estava previsto no Título II do Livro V das Ordenações Alfonsinas. Nas Ordenações Manuelinas, compunha o Título III do Livro V e, nas Ordenações Filipinas, vigente à época em que ocorreu a Inconfidência Mineira, o Título VI, também do Livro V.

O crime admitia diversas tipificações, entre elas a constante do item quinto do Título VI das Ordenações Filipinas, abaixo transcrito, que abordava práticas que caracterizariam a Inconfidência Mineira:[3]

> ORDENAÇÕES FILIPINAS
> TÍTULO VI
> Do crime de Lesa Magestade [*em português arcaico*]
> Lesa Magestade quer dizer traição cometida contra a pessoa do Rey, ou seu real Stado, que he tão grave e abominável crime que os Sabedores tanto estranharão, que o comparavão à lepra, porque asi como esta enfermidade enche todo o corpo, sem nunca mais se poder curar; o empece ainda aos descendentes de quem a tem, e aos que com ele conversão, pólo que he apartado da comunicação da

gente; assi o erro da traição condena o que a commette, e impece a infama os que de sua linha descendem, postoque não tenhão culpa (...)

5. O quinto, se alguém fizer conselho ou confederação contra o Rey ou seu Estado, ou tratar de se levantar contra ele, ou para isso der ajuda, conselho ou favor.

A pena estabelecida para o crime de lesa-majestade, em todas as suas tipificações, era a seguinte:[4]

> E em todos estes casos, e cada um deles, tem-se como cometido crime de Lesa Majestade, e havido por traidor o que cometer. E sendo o cometedor convencido por qualquer um deles será condenado que morra morte natural cruelmente; e todos os seus bens, que tiver ao tempo da condenação, serão confiscados para a Coroa do Reino, ainda que tenha filhos, ou outros descendentes, ou ascendentes, nascidos antes ou depois de terem cometido tal malefício (...). E, sendo tal crime notório, serão seus bens confiscados por este mesmo feito sem outra alguma sentença.

O que chama a atenção no texto desse dispositivo é a expressão "será condenado que morra morte natural cruelmente".

Por "morte natural", dever-se-ia entender aquela que fosse executada sem o uso de tortura. Mário Caldonazzo de Castro[5] esclarece que

> o enforcamento era considerado um meio rápido com o mínimo de sofrimento. Na Inglaterra, por exemplo, para o mesmo crime de traição contra os reis e rainhas, as penas poderiam ser de decapitação e forca, ambos considerados uma benesse ao criminoso por se tratar de morte rápida. Em alguns casos, no entanto, o condenado era alçado pela corda da forca por várias vezes, mas sem que se permitisse a ele morrer, até que o retiravam, ainda vivo; era cortado e suas entranhas retiradas à sua vista até que morresse.

Ou seja, a "morte natural" equivaleria a uma morte rápida.

A casa do réu (executado) era, em regra, destruída por completo, e o solo, salgado para que dele nada mais brotasse com vida.

Do inquérito e do processo (os "Autos de Devassa")

A apuração do crime de lesa-majestade cometido pelos inconfidentes foi feita por meio de rito processual cujo objetivo era o de realizar a mais completa investigação sobre o movimento. Eram os Autos de Devassa (cuja versão impressa foi publicada pela Câmara dos Deputados e pelo governo de Minas Gerais, em edições de 1936, 1978 e 1982).

Esse rito, a devassa, tinha por principal objetivo o exame de documentos, inquirição de testemunhas, interrogatório de acusados, acareações, enfim, a verificação de todos os indícios e provas que pudessem definir os fatos configuradores do crime em questão e formar o juízo de convencimento de culpabilidade de Tiradentes e dos demais inconfidentes. Era, portanto, um rito processual previsto nas Ordenações do Reino, de natureza criminal, cujo objetivo era realizar verdadeira inquisição, em que — pasme o leitor — não se asseguravam aos acusados o direito de defesa e o exercício do contraditório.

Nos dias de hoje, em que prevalece o princípio do *due process of law* (devido processo legal), a investigação criminal, sempre acompanhada por advogados regularmente constituídos pelas partes envolvidas, é realizada por inquéritos policiais, cujos resultados são encaminhados ao Ministério Público para que este tome uma de três providências: solicite o aprofundamento das investigações, requeira o arquivamento do inquérito ou, se for o caso, ofereça a denúncia ao Poder Judiciário. Em regra, somente a partir desse momento o juiz passa a atuar, podendo receber, ou não, a denúncia, tudo sempre realizado com absoluta imparcialidade e com mandatório atendimento ao princípio do contraditório.

No processo Auto de Devassa, as regras eram bem diferentes. Inquérito e processo eram conduzidos pelos próprios juízes e escrivães, permanecendo os acusados incomunicáveis e sem que os seus advogados pudessem atuar enquanto não finalizado todo o procedimento investigatório. Esses profissionais somente poderiam atuar e apresentar suas defesas quando a devassa fosse concluída, sem que tivessem tido contato, de qualquer espécie, com aqueles cuja defesa estivesse sendo por eles patrocinada.

No caso em exame, após a "delação premiada" formulada pelo coronel Joaquim Silvério dos Reis ao governador da capitania de Minas Gerais, visconde de Barbacena, houve a instauração de duas devassas para a apuração das mesmas acusações, uma no Rio de Janeiro e outra em Minas Gerais.

A primeira delas foi iniciada no Rio de Janeiro, por meio de uma portaria expedida em 7 de maio de 1789, pelo vice-rei Luís de Vasconcelos e Souza (como dito, tio do visconde de Barbacena), que designou como juiz o desembargador José Pedro Machado Coelho Torres e o ouvidor Marcelino Pereira Cleto como escrivão. Nessa portaria, foi determinada a prisão de Tiradentes, que se encontrava foragido desde o dia anterior ao da sua publicação.

O visconde de Barbacena determinou a ida do coronel Joaquim Silvério dos Reis para o Rio de Janeiro no intuito de repetir a denúncia ao vice-rei, do que resultou a segunda carta-denúncia a que me referi acima, datada de 5 de maio de 1789 e certificada por Marcelino Pereira Cleto no dia 11 do mesmo mês. Nessa carta, como visto, foram ratificadas as denúncias antes feitas e agravadas aquelas que se dirigiam a Tiradentes.

Tiradentes foi preso por ordem do vice-rei. Ao receber essa notícia na noite de 20 de maio de 1789, o visconde de Barbacena determinou a prisão de diversos inconfidentes e o confisco dos seus bens.

A segunda devassa foi instaurada em Minas Gerais por meio de portaria do visconde de Barbacena datada de 12 de junho de 1789. Conhecida como Devassa Mineira, ela resultou da primeira denúncia feita por Joaquim Silvério dos Reis, datada de 11 de abril de 1789.

Dessa dualidade de ritos processuais sobre o mesmo tema, decorreu um conflito de jurisdições e o consequente tumulto das investigações, que culminaram com o envio de duas devassas sobre a Inconfidência de

Minas Gerais diretamente para Martinho de Melo e Castro, ministro de Portugal.

Constatado esse conflito, o ministro decidiu enviar ao Brasil o denominado Tribunal de Alçada para representar a Casa de Suplicação, a mais alta Corte da Coroa de Portugal.

A vinda desse tribunal pôs fim ao conflito de jurisdições que se instalara no Brasil, entre a devassa de Minas e a da capital do Vice-Reino do Brasil, mas, por outro lado, imprimiu extremo rigor no julgamento em si.

O conselheiro Vasconcelos Coutinho, que havia sido designado chanceler do Tribunal de Alçada, portava com ele duas Cartas Régias assinadas pela rainha Dona Maria I, datadas de 17 de julho e 15 de outubro de 1790, que traziam, em si, orientações da Coroa no sentido de que os réus deveriam ser julgados sumariamente. Além disso, nomeavam os magistrados que deveriam atuar no julgamento, sanavam nulidades processuais ou procedimentais que pudessem macular o processo, determinavam o direito aplicável, revogavam a legislação em contrário e estabeleciam como se daria a gradação das penas e as hipóteses de clemência. Também continham instruções de como seria conduzido o julgamento dos integrantes do clero, cujas decisões não seriam divulgadas até ordem em contrário, e a determinação de que haveria clemência para os inconfidentes condenados à morte, desde que não tivessem liderado o movimento. Tais sentenças só se manteriam para aqueles que tivessem exercido essa liderança e efetivamente promovido a rebelião.

O chanceler determinou que fosse efetuada a prisão de mais alguns possíveis envolvidos no movimento. Eles foram capturados na capitania de Minas Gerais e conduzidos ao Rio de Janeiro, no final de maio de 1791.

Após essas prisões, iniciou-se uma longa série de inquirições, entre as quais a de Tiradentes. Ele foi interrogado onze vezes, tendo o primeiro interrogatório sido realizado na Fortaleza da Ilha das Cobras, e o último, na Cadeia da Relação, ambas no Rio de Janeiro.

Nesses interrogatórios, Tiradentes jamais delatou ou denunciou qualquer dos outros inconfidentes. No quarto deles, ocorrido em 18 de janeiro de 1790, Tiradentes trouxe para si a integral responsabilidade pela organização do movimento. Sob esse aspecto, destaco de *O processo de Tiradentes*, obra de Ricardo Tosto e Paulo Guilherme M. Lopes, esse trecho do interrogatório:[6]

> Respondeu que ele até agora negou por querer cobrir a sua culpa, e não querer poder ninguém; porém que à vista das fortíssimas instâncias com que se vê atacado, e que não pode responder corretamente senão faltando clara e conhecidamente à verdade, se resolve a dizê-la, como ela é: que é verdade, que se premeditava o levante, que ele, Respondente, confessa ter sido quem ideou, sem que nenhuma outra pessoa o movesse nem lhe inspirasse coisa alguma, e que tendo projetado o dito levante, o que fizera desesperado, por ter sido preterido quatro vezes, parecendo a ele, Respondente, que tinha sido muito exato no serviço.

Os autores acima referidos complementam a transcrição alegando ter sido "curioso notar que neste depoimento, e nos que se seguiram, com raríssimas exceções, Tiradentes depôs 'livre de ferros'".

Tão logo finalizado o rito processual, foi aberto prazo para defesa, e os principais acusados, entre eles Tiradentes, foram transferidos para a Cadeia da Relação e para o Hospital da Venerável Ordem Terceira de São Francisco da Penitência, no Largo da Carioca. Alguns outros inconfidentes foram levados para o Forte da Conceição.

Do advogado, Dr. José de Oliveira Fagundes, e seus argumentos de defesa

A função de elaborar a defesa não só de Tiradentes, mas de todos os inconfidentes, foi atribuída pelo Tribunal de Alçada ao advogado Dr. José de Oliveira Fagundes, da Santa Casa de Misericórdia.

Existem poucos registros sobre essa importante personagem da história da Inconfidência Mineira. De todas as obras que examinei sobre o tema, foi a de Mairo Caldonazzo de Castro[7] a que mais se aprofundou na pesquisa e nas divagações sobre como teria sido a vida desse ilustre e importante causídico. Em apertada síntese, o que se tem de mais concreto é que José de Oliveira Fagundes nasceu no início da década de 50 do século XVIII, era filho de militar, o capitão João Ferreira Lisboa, e era natural do Rio de Janeiro. Pelo menos, isso é o que declarava seu diploma de bacharel em Leis obtido em Coimbra, em 1778.

Sua defesa foi correta (mesmo à luz do ordenamento jurídico atualmente vigente) e a única possível: a de que todo o movimento não passou de mera imaginação de um crime que jamais chegou a ser efetivamente praticado, um levante que jamais ocorreu.

Vide, abaixo, trecho dos embargos apresentados por Fagundes ao Acórdão da Comissão de Alçada, em que essa linha é adotada:[8]

> P. e ainda que pareça que os 29 R.R. deste sumário estão incursos nas penas da Ordenação Livro 5, Título 6º, e haverem cometido o erro e crime, que numera a mesma Ordenação nos §§ 5 e 6 agora, pelo que passa a ponderar debaixo da protestação acima feita, há de parecer que alguns se acham totalmente escusos e inocentes, e de menor gravidade o delito de outros, e que todos se fazem dignos da Real piedade da Sua Majestade e dos respeitáveis Magistrados Juízes desta causa: porque;
>
> P. e não se podendo negar a vista das Devassas e dos apensos, que alguns dos R.R. tiveram a fatuidade de conversarem sem horror sobre levante e conjuração contra o real e supremo poder de Sua Majestade, e contra o Estado, é também constante das mesmas Devassas e apensos que essas criminosas e péssimas conversações se não procuraram executar por meio e preparo algum, porque nem há uma só testemunha que jure ter diligenciado algum dos R.R. a execução das mesmas, nem isso se afirmou nas denúncias que se deram nesta cidade, e em Vila Rica, nem consta dos sequestros, buscas e exames exatíssimos que se fizeram aos R.R. e a muitas outras pessoas, sem aparecerem vestígios de preparos, nem ainda

disposição para eles, não passando tudo de um criminoso excesso de loquacidade e entretenimento de quiméricas, que se desvaneciam logo que cada um desses R.R. se separavam, prova evidente de não haver deliberação de ânimo para a execução da confederação e levante por que se lhes formou o sumário.

P. que esta circunstância mostra que não houve verdadeiro conato de delito nos R.R. que assistiram às criminosas conversações, e nos que tendo notícia delas as não delataram logo, para serem punidos na conformidade da Ordenação Livro 5, Título 6º e mais quando na opinião dos melhores D.D. não bastam os conventículos, não se seguindo algum outro fato e malefício, como tem Agidio Boss, in tit. de crim. Laesae Magestat nº 29 ibi.

Quanto a Tiradentes, especificamente, a defesa era um pouco mais complicada, tendo em vista que ele havia confessado ter sido o único idealizador de todo o movimento. Fagundes o defendeu, procurando demonstrar: (a) a completa ausência de condições (materiais e de qualquer outra natureza) para que pudesse pôr em prática o que dizia; e (b) sua insanidade, ao se confessar responsável pelo imaginário levante. Eis o texto:[9]

Quanto ao Réu alferes Joaquim José da Silva Xavier.

P. que sendo este o primeiro réu nos patenteiam as Devassas e apensos, e o que emprestou a todos os outros miseráveis, que se fizeram vítimas do desprezo com que ou somente ouviam as suas conversações, ou mostravam concordar com elas, acha-se sem a menor dúvida provado ser ele conhecido por loquaz, sem bens, sem reputação, sem crédito para poder sublevar tão grande número de vassalos quantos lhe seriam indispensáveis para o imaginário levante contra o Estado, e alto poder de Sua Majestade em uma capitania como a de Minas Gerais, cercada de outras grandes e extensas povoações, cujos habitantes e vassalos se honram do nome português, e de serem legítimos descendentes dos que, na paz e na guerra, sempre foram fiéis executores das reais ordens.

P. que para bem conceituar-se a condição deste infeliz réu, e o caso que se fazia em toda aquela capitania da lubricidade da sua língua, basta notar a indiscrição, e nenhum acordo com que, sem escolha de tempo e de pessoas, e de lugar, proferia as quiméricas ideias que a sua libertinagem lhe subministrava. O pobre inventário dos bens que lhes foram achados, que forma o nº 8 dos últimos apensos da Devassa de Vila Rica, e o que consta do extrato de sua família, a folhas I verso do apenso 34 da Devassa da mesma Vila, dão uma cabal certeza das suas débeis forças, e que tudo quanto ele cogitava e proferia a respeito do levante era um furor do entendimento, que tinha perdido a ordem e regularidade natural, o que não deixa também de conhecer-se pela razão que a todas essas maledicências deu, nas perguntas que se lhe fizeram no apenso 1º da Devassa desta cidade, a folhas 9 verso, confessando ser ele quem ideara tudo, sem que fosse movido de alguma outra pessoa, desesperado por ter sido preterido quatro vezes, parecendo-lhe que tinha sido muito exato no serviço, e eis aqui a falta de pejo e ignorância da modéstia, e leviandade, e insânia lembrada pelos imperadores Teodósio, Arcádio, e Honório na referida Lei única Cód. Si quis Imperatori maledixerit, e eis aqui também as circunstâncias, e qualidades da pessoa, que se manda atender na Lei 7, § 3º fl. Ad Legem Juliam Magestatis, para se perdoar temerário como insano.

Como se vê, a estratégia e a tese de defesa adotada por Fagundes não só para Tiradentes, mas para todos os demais confidentes, foi muito razoável, a ponto de se poder afirmar que a absolvição seria uma possibilidade, não fosse o fato de que as Cartas Régias já haviam definido uma linha extremamente dura para a sentença a ser proferida, inclusive clamando pela aplicação da pena máxima aos líderes do movimento, entre os quais Tiradentes.

Do julgamento

A linha menos condescendente imposta pelas Cartas Régias teve absoluta aplicação no caso de Tiradentes, fosse por ele ser, entre os inconfidentes, o menos influente, fosse pelo fato de ter-se confessado único idealizador do levante que configuraria o crime de lesa-majestade. A confissão do réu era tão valorizada que, naquela época, muitas vezes era buscada pelo juiz, ainda que sob tortura.

Eis os termos violentos e intimidadores com que ele foi condenado, na sentença lida em 18 de abril de 1792:[10]

> Portanto, condenam ao réu Joaquim José da Silva Xavier, por alcunha o Tiradentes, alferes que foi da tropa paga da capitania de Minas, a que, com baraço e pregão, seja levado pelas ruas públicas desta cidade ao lugar da forca, e nela morra morte natural para sempre, e que depois de morto lhe seja cortada a cabeça e levada a Vila Rica, onde no lugar mais público será pregada em um poste alto, até que o tempo a consuma, e o seu corpo será dividido em quatro quartos e pregados em postes, pelo caminho de Minas, no sítio da Varginha e das Cebolas, onde o réu teve as suas infames práticas, e os mais nos sítios de maiores povoações, até que o tempo também os consuma, declaram o réu infame e seus filhos e netos tendo-os, e os seus bens aplicam para o Fisco e a Câmara Real e a casa em que vivia em Vila Rica será arrasada e salgada, para que nunca mais no chão se edifique, e não sendo própria será avaliada e paga a seu dono pelos bens confiscados e no mesmo chão se levantará um padrão pelo qual se conserve em memória a infâmia deste abominável réu.

As sentenças dos demais 23 inconfidentes considerados culpados (originalmente, eram 34 réus) foram as seguintes, segundo Pedro Dória:[11]

Líderes (além de Tiradentes)

— Francisco de Paula Freire de Andrade: morte pela forca, cabeça extirpada e fincada numa haste em frente a sua casa, em Vila Rica; sua casa demolida, e o terreno, salgado; pena comutada para degredo perpétuo na Pedra de Ancoche, Angola; Réu, filhos e netos declarados infames; bens confiscados para o fisco;

— Padre Carlos Correia de Toledo: morte pela forca; bens confiscados para o fisco; sentença guardada em sigilo perpétuo;

— Padre José da Silva e Oliveira Rolim: morte pela forca; bens confiscados para o fisco; sentença guardada em sigilo perpétuo;

— José Álvares Maciel: morte pela forca, cabeça extirpada e fincada numa haste em frente a sua casa, em Vila Rica; pena comutada para degredo perpétuo em Massangano, Angola; réu, filhos e netos declarados infames; bens confiscados pelo fisco;

— Domingos de Abreu Vieira: morte pela forca, cabeça extirpada e fincada numa haste em frente a sua casa, em Vila Rica; pena comutada para degredo perpétuo em Angola; réu, filhos e netos declarados infames; bens confiscados pelo fisco;

— Inácio José de Alvarenga Peixoto: morte pela forca, cabeça extirpada e fincada numa haste no lugar mais público de São João del-Rei; pena comutada para degredo perpétuo em Dande, Angola; réu, filhos e netos declarados infames; bens confiscados pelo fisco;

— Luís Vaz de Toledo Piza: morte pela forca, cabeça extirpada e fincada numa haste no lugar mais público de São José del-Rei; pena comutada para degredo perpétuo em Cambambe, Angola; réu, filhos e netos declarados infames; bens confiscados pelo fisco;

— Francisco Antônio de Oliveira Lopes: morte pela forca, cabeça extirpada e fincada numa haste em frente a sua casa, em Ponta do Morro; pena comutada para degredo perpétuo no Presídio de Machimba, Angola; réu, filhos e netos declarados infames; bens confiscados pelo fisco.

Comparsas

— Salvador Carvalho do Amaral Gurgel: morte por forca mais alta do que o comum; pena comutada para degredo perpétuo em Catalá, Moçambique; réu, filhos e netos declarados infames; bens confiscados pelo fisco;

— José Resende Costa: morte por forca mais alta do que o comum; pena comutada para degredo em Bissau por dez anos; réu, filhos e netos declarados infames; bens confiscados pelo fisco;

— José Resende Costa Filho: morte por forca mais alta do que o comum; pena comutada para degredo em Cabo Verde por dez anos; réu, filhos e netos declarados infames; bens confiscados pelo fisco.

— Domingos Vidal Barbosa: morte por forca mais alta do que o comum; pena comutada para degredo na Ilha de São Tiago por dez anos réu, filhos e netos declarados infames; bens confiscados pelo fisco;

— Cláudio Manuel da Costa: morto no cárcere; réu, filhos e netos declarados infames; bens confiscados pelo fisco;

— Tomás Antônio Gonzaga: degredo por toda a vida para a Prisão das Pedras, em Angola; pena de morte na forca caso retorne ao Brasil; metade dos bens confiscados pelo fisco;

— Vicente Vieira da Mota: degredo por toda a vida para a Prisão de Angocha, em Angola; pena de morte na forca caso retorne ao Brasil; metade dos bens confiscados pelo fisco;

— José Aires Gomes: degredo por toda a vida para a Prisão da Embaqua, em Angola; pena de morte na forca caso retorne ao Brasil; metade dos bens confiscados pelo fisco;

— João da Costa Rodrigues: degredo por toda a vida para a Prisão do Novo Redondo, em Angola; pena de morte na forca caso retorne ao Brasil; metade dos bens confiscados pelo fisco;

— Antônio de Oliveira Lopes: degredo por toda a vida para a Prisão da Caconda, em Angola; pena de morte na forca caso retorne ao Brasil; metade dos bens confiscados pelo fisco;

— João Dias da Mota: degredo por dez anos em Benguela, Angola; pena de morte na forca caso retorne ao Brasil; um terço dos bens confiscados pelo fisco;

— Vitoriano Gonçalves Veloso: açoites pelas ruas, deve dar três voltas ao redor da forca, e degredo por toda a vida em Luanda, Angola; pena de morte na forca caso retorne ao Brasil; metade dos bens confiscados pelo fisco;

— Padre José Lopes de Oliveira: morte pela forca; bens confiscados pelo fisco; sentença guardada em sigilo perpétuo;

— Padre Luís Vieira da Silva: degredo por toda a vida para a ilha de S. Tomé; bens confiscados para o fisco; sentença guardada em sigilo perpétuo;

— Padre Manuel Rodrigues da Costa: degredo por toda a vida para a ilha do Príncipe; metade dos bens confiscados pelo fisco; sentença guardada em sigilo perpétuo.

Como se vê, quase a totalidade dos inconfidentes receberam como punição o degredo para a África. Onze inconfidentes haviam sido condenados à morte, mas dez deles tiveram suas penas transformadas em degredo. Tiradentes, o conjurado de menores condições sociais e de menor prestígio, foi o único condenado à morte por enforcamento e efetivamente executado.

A sentença de Tiradentes foi efetivada publicamente, em um sábado, no dia 21 de abril de 1792, entre as onze horas e o meio-dia, no antigo Largo ou Campo da Lampadosa, centro da então capital colonial do Brasil, a cidade do Rio de Janeiro.

Segundo relatos do frei Raimundo da Anunciação Penaforte, o cortejo partiu da antiga Rua da Cadeia (atual Assembleia Legislativa do Estado do Rio de Janeiro), passando pelas ruas da Carioca e Largo do Rocio. O estrado utilizado para o enforcamento (o patíbulo) foi montado no Largo da Lampadosa, que recebeu sucessivamente os nomes de Largo dos Ciganos, Praça da Constituição e, finalmente, Praça Tiradentes, onde, curiosamente, foi posta a estátua de Dom Pedro I, neto da rainha responsável pela morte do alferes.[12]

A casa em que Tiradentes viveu foi destruída. Após a execução, seu corpo foi levado em uma carreta do exército para a Casa do Trem, hoje parte do Museu Histórico Nacional. Nesse local, o corpo foi esquartejado. O tronco foi entregue à Santa Casa de Misericórdia, sendo enterrado como indigente. A cabeça e os quatro pedaços do corpo foram salgados (para que não apodrecessem rapidamente), acondicionados em sacos e enviados a Minas Gerais, sendo pregados em pontos do caminho novo, onde Tiradentes divulgou suas ideias revolucionárias. A cabeça foi exposta em Vila Rica, atual Ouro Preto, no alto de um poste, em frente à sede do governo. O castigo exemplar tinha a finalidade de dissuadir qualquer outra tentativa de questionamento do poder da Coroa.

Após a decapitação e exposição pública, a cabeça de Tiradentes foi roubada, sendo o seu paradeiro desconhecido até os dias de hoje.

Da criação de um herói nacional

Tiradentes tornou-se uma figura obscura durante todo o Império.

Somente a partir da proclamação da República a sua imagem foi resgatada como importante herói republicano, criado com o objetivo de ornar e legitimar o período de transição que então se vivia.

Deodoro da Fonseca, Benjamin Constant e Floriano Peixoto eram personagens de inegável relevância naquele momento histórico, mas era Tiradentes quem aparecia na literatura e nas artes com o carisma necessário ao exercício desse papel. O poeta Castro Alves, por exemplo, intitulara Tiradentes de "o Cristo da multidão", tendo em vista que as imagens construídas e perpetuadas do inconfidente o apresentavam com características que o aproximavam de Jesus Cristo: os cabelos longos, as roupas e o formato do rosto. Ter sido traído e morto por lutar pela salvação do povo ou da pátria também eram características comuns na vida dessas duas personagens.

O curioso é que Tiradentes, ao contrário do que se pensa, não tinha barba nem cabelos longos, nem em vida nem quando foi enforcado, como ilustram os quadros que o retrataram posteriormente. De fato, em razão do cargo que ocupava como alferes, o máximo que se lhe permitiria seria o uso de um discreto bigode. Também na prisão, a regra era que tivesse o cabelo e a barba raspados, para evitar a proliferação de piolhos. A mesma regra se aplicava aos que seriam executados.

Essa imagem carismática e cristã que lhe foi ficticiamente atribuída, aliada à simpatia que ele demonstrara ter pela república e à memória do seu martírio, tornou Tiradentes candidato perfeito a herói no momento político vivido, a proclamação da República.

De alguma forma, ele mantinha estreita relação com as principais transformações pelas quais passaram os brasileiros naquele século: a independência do país, a abolição da escravatura (apesar de a Inconfidência jamais tê-la tido como meta) e a República.

Fabricado o herói, o governo republicano declarou o dia 21 de abril feriado nacional, por meio do Decreto 155 B, de 14 de janeiro de 1890, para que todos pudessem lembrá-lo e homenageá-lo na data de sua execução. Até bem pouco tempo atrás, Tiradentes era o único ícone da história brasileira a quem havia sido atribuído um feriado nacional.[13]

Em 1926, foi erguida uma estátua em sua homenagem (esculpida por Francisco Andrade) em frente à então Câmara dos Deputados. Pela Lei 44.897/65, o governo militar declarou Tiradentes Patrono da Nação Brasileira e determinou que retratos seus fossem postos em todas as repartições públicas.

Foram os republicanos, portanto, os responsáveis pelo justo resgate da imagem daquele que pagara com a vida por ter participado de um dos mais relevantes movimentos independentistas ocorridos no período colonial brasileiro, marcando a Inconfidência Mineira como incontestável e valoroso exemplo da luta do povo brasileiro pela sua independência e liberdade, contrária à opressão e às arbitrariedades que lhe eram impostas pela Coroa portuguesa.

O mais importante é que o povo brasileiro reconhece nessa figura histórica as reais feições de um herói, na forma em que lhe foram emprestadas pelos republicanos. Há registros de 384 ruas ou avenidas que levam o seu nome.[14] Há praças e até cidade que foram renomeadas em sua homenagem.

Mas, de todos esses agraciamentos, reputo de maior significado, em termos de demonstração de reconhecimento popular, aquele que eternizou a história de Tiradentes em uma das obras-primas da música popular brasileira, que acabou por transcender a esfera do samba, do carnaval e do tempo para ficar registrada eternamente em nossas memórias. Refiro-me ao samba-enredo "Exaltação à Tiradentes", de autoria de Mano Décio da Viola, Estanisláu Silva e Penteado, que rendeu o bicampeonato à escola Império Serrano no carnaval de 1949.

A letra desse samba-enredo, abaixo transcrita, bem resume o sentimento que todos os brasileiros nutrem por essa importante personagem histórica do Brasil Colônia, que, como a própria letra diz, jamais será esquecida:

> Joaquim José da Silva Xavier
> Morreu a 21 de abril
> Pela Independência do Brasil
> Foi traído e não traiu jamais
> A Inconfidência de Minas Gerais
> Joaquim José da Silva Xavier
> Era o nome de Tiradentes
> Foi sacrificado pela nossa liberdade
> Este grande herói
> Pra sempre há de ser lembrado

Bibliografia

CARVALHO, José Murilo. *A formação das almas: o imaginário da República no Brasil*. São Paulo: Companhia das Letras, 1990.

DE CASTRO, Mário Caldonazzo. *Autos da Devassa. A Inconfidência Mineira por detrás da cortina: o levante, Tiradentes, o advogado e o processo*. Curitiba: Juruá, 2016.

DORIA, Pedro. *1789 — A história de Tiradentes e dos contrabandistas, assassinos e poetas que lutaram pela independência do Brasil*. Rio de Janeiro: Nova Fronteira, 2014.

MAXWELL, Kenneth; CARVALHO, Bruno; HUFFMAN, John; ROCHA, Gabriel de Avilez. *O livro de Tiradentes*. São Paulo: Penguin Classics/Companhia das Letras, 2013.

MAXWELL, Kenneth. *A devassa da devassa. A Inconfidência Mineira: Brasil e Portugal 1750-1808*. São Paulo: Paz e Terra, 1977.

TOSTO, Ricardo; LOPES, Paulo Guilherme. *O processo de Tiradentes*. São Paulo: ConJur, 2007.

TRESOACH, Rodrigo. *Histórias não (ou mal) contadas — revoltas, golpes e revoluções no Brasil*. Rio de Janeiro: HarperCollins, 2017.

Notas

1   De Castro, 2016, p. 255.
2   De Castro, 2016, p. 254.
3   Tosto; Lopes, 2007, p. 32.
4   De Castro, 2016, p. 269.
5   *Ibid.*, p. 269, nota de rodapé 424.
6   De Castro, 2016, p. 290.
7   *Ibid.*, capítulo V.
8   De Castro, 2016, p. 280.
9   Tosto; Lopes, 2007, p. 145.
10 Tosto; Lopes, 2007, p. 64.
11 Doria, 2014, p. 261.
12 Disponível em: <https://medium.com/@ouropretobrasil/onde--exatamente-morreu-tiradentes-ad0a5995b1fa>.
13 O dia 20 de novembro foi decretado feriado nacional da consciência negra, por coincidir com o dia atribuído à morte de Zumbi dos Palmares, em 1695.
14 Disponível em: <https://www.terra.com.br/noticias/educacao/infograficos/nomes-das-ruas/>.

Sexto Róscio

Carlos Gustavo Direito

Introdução

O objetivo do presente artigo é o de analisar a defesa criminal feita por Marco Túlio Cícero no caso que envolveu o suposto crime cometido por um filho contra o seu respectivo pai (parricídio). A ideia é a de fazer um estudo do caso concreto através dos elementos trazidos pelo próprio Cícero em sua defesa, tal como se faz nas faculdades de Direito.

Para tanto começaremos contextualizando o caso para entendermos o momento político que se encontrava a República Romana na época dos fatos. Analisaremos também, no curso desta narrativa, os personagens que participaram do enredo do processo judicial, com ênfase na figura de Crisógono, o escravo liberto do ditador Lúcio Cornélio Sila que terá um papel fundamental na trama e na própria tese de defesa.

Em seguida, entenderemos como funcionava a justiça penal republicana da época, bem como a gravidade e a natureza do crime que é imputado a Sexto Róscio, isto é, o crime de parricídio.

Por fim, destacaremos pontos específicos da defesa feita por Cícero e a sua linha de raciocínio para a construção da tese apresentada perante o juiz presidente e os jurados para, então, chegarmos a uma conclusão.

É preciso destacar que, sobre o caso, sabemos somente aquilo que nos foi legado pelo discurso de Cícero — que adotamos na edição bilíngue latim-francês trazida por François Hinard para as edições *Les Belles Lettres*, que será a fonte das passagens citadas neste texto.

Também é interessante destacar que, em 2005, a BBC e a Discovery Chanel produziram um filme de cinquenta minutos sobre o caso (*Murder in Rome*), tendo como diretor Dave Stewart e como consultor histórico Tom Holland.

O contexto histórico-político (como era Roma em 82-81 a.C.)

No dia 1º de novembro do ano 82 a.C., Lúcio Cornélio Sila (cônsul republicano que se arvora na qualidade de ditador[1]) entra em Roma depois de vencer o último combate contra os partidários de Mario (cônsul que o antecedeu e que quebrou a regra da impossibilidade de reeleição para o cargo). Sila vai tentar, junto ao Senado, os meios legais para atacar seus adversários em Roma. Em 3 de novembro, publica a primeira das três listas de proscritos, que vão totalizar 520 nomes, mas que acabam por atingir muito mais cidadãos, notadamente os cavaleiros.

As proscrições terminam oficialmente em 1º de junho de 81, mas a *lex maiestate* permitirá o prosseguimento dos processos criminais contra aqueles que são tidos como inimigos do Estado. Note-se que, nas proscrições, os cidadãos têm o dever de denunciar os proscritos sob pena deles mesmos serem mortos com base na acusação de proteger algum "inimigo do Estado romano". Os proscritos são decapitados e o sepultamento é proibido, pois suas cabeças deveriam ser expostas no Fórum. Alguns têm os corpos mutilados e jogados no rio Tibre. Os bens são confiscados e os acusadores são compensados. Crasso se tornou um dos homens mais ricos de Roma por ter atuado como delator de proscritos. Os escravos dos condenados são soltos e formam um grupo devoto a Sila. Os filhos dos proscritos são banidos de Roma e perdem seus direitos civis (somente uma lei de anistia em 70 a.C. veio permitir o retorno dos filhos dos proscritos).

Na realidade, a luta interna é uma disputa entre os *optimates*[2] e os populares[3]. Ela tem início com o Tribunato[4] dos irmãos Graco, no final do século anterior (II a.C.). O problema é que Sila se fez ditador no ano de 81 a.C. sem uma linha política muito clara, uma vez que fez reformas indispensáveis para recolocar Roma em marcha depois das guerras internas, sobretudo no que concerne às magistraturas e ao equilíbrio dos poderes, colocando-o mais próximo dos populares.

Sila reforma igualmente o aparelho judiciário, instituindo um novo Código, além de criar um Júri especial para julgar os casos criminais, tais como o de Sexto Róscio, como veremos aqui. Apesar das medidas de terror, Sila pratica bons atos de administração, por isso pode-se dizer que Roma se encontrava administrada por um homem de origem nobre (*optimate*), mas que se identifica com o povo, ao mesmo tempo em que era absolutamente impiedoso[5] com os seus adversários.

Na realidade, em Roma, o último século antes de Cristo é marcado por uma série de conflitos internos (guerras civis) que vão terminar por exaurir o sistema republicano, permitindo o retorno ao governo de um homem só, na figura do imperador Augusto César. O conflito social e político é marcado pelo embate entre os populistas e os *optimates*. A morte de Júlio César foi fruto de uma conspiração feita pelos *optimates* que buscavam evitar a concentração do poder nas mãos de um populista. Apesar de alegados motivos nobres da conspiração para assassinar Júlio César, a história nos mostra que a decisão de matá-lo de forma emblemática, dentro do Senado, no Pórtico de Pompeu, foi um tiro pela culatra.[6]

O caso concreto — a narrativa feita por Cícero[7]

Segundo Cícero, estes são os fatos: um certo Róscio, cidadão rico de Améria e partidário de Lúcio Cornélio Sila, fora assassinado em Roma. Não sabemos exatamente a data, mas provavelmente ocorreu antes de 1º de junho de 81 a.C. O companheiro de viagem e conterrâneo da vítima, T. Róscio Magno, foi encarregado dos trâmites decorrentes do assassinato e, imediatamente, enviou um mensageiro a Améria, anunciando a morte de Róscio para o seu amigo T. Róscio Capito.

Quatro dias depois, Magno e Capito foram ao campo de Sila, em Volaterra, para informar a morte de Róscio a Crisógono, o poderoso liberto de Sila. Sob a instigação de Magno e Capito, e sem o conhecimento de Sila, Crisógono inseriu o nome da vítima (Róscio) na lista dos proscritos; com isso, suas propriedades foram leiloadas. O próprio Crisógono arrematou os bens, avaliados em cerca de seis milhões de sestércios, pelo montante de apenas dois mil sestércios. Recompensou a Capito com três propriedades da vítima, fazendo de Magno seu agente para administrar os bens.

Magno, então, parte para Améria e expulsa o filho da vítima, o cliente de Cícero, de sua casa. O povo de Améria, que conhecia o morto como um partidário incondicional dos *nobiles*, ficou chocado com esse aparente erro de Sila. Por um decreto da cúria municipal, foi enviada uma embaixada de dez cidadãos ilustres a Sila, em Volaterra, para explicar a Crisógono que o velho Róscio não deveria estar entre os proscritos. Um dos membros da embaixada era Capito, e Crisógono persuadiu a todos de que corrigiria o erro e cuidaria da restauração dos bens do jovem Róscio. Satisfeitos, os delegados voltaram para casa sem ver Sila.

Crisógono, Magno e Capito, após outras conversas, decidiram finalmente que o único meio de usufruírem das propriedades em paz era matando o jovem herdeiro (Sexto Róscio). Depois de uma tentativa fracassada de assassinato, vemos o jovem Róscio em Roma, onde foi auxiliado por Caecilia Metella, integrante da mais alta classe romana. Crisógono, Magno e Capito, com dificuldades agora para matar o jovem, usam do expediente do assassinato judicial. Agindo por meio de um acusador pago, um certo C. Erúcio, acusaram o jovem Róscio de parricídio. Se fosse considerado culpado, o jovem seria condenado à morte e Crisógono não teria mais empecilhos.

A acusação devia ser confiável, pois era o primeiro julgamento criminal depois de um bom tempo e desejava-se, em geral, o retorno à normalidade após a guerra civil e as proscrições. Ainda mais importante: com Crisógono envolvido no caso, parecia a todos que Sila tinha interesse na condenação. Isto nos explica porque patronos proeminentes não se arriscaram a aceitar a defesa de Róscio. Este papel perigoso de defensor coube ao jovem Marco Túlio Cícero.

A versão da acusação sobre os eventos era diferente. Erúcio argumentou que o velho Róscio e seu filho não se davam bem. O jovem Róscio tinha um irmão, já falecido, que o pai mantivera consigo em Roma enquanto o cliente de Cícero era relegado a Améria. O acusado, segundo Erúcio, acreditava que seu pai iria deserdá-lo, o que era um motivo forte para um assassinato. Havia também algo de oportuno para a versão: mesmo que Erúcio não tenha sustentado que o acusado estivesse em Roma à época do assassinato, o crime ocorreu num período violento, no qual um assassinato não era algo difícil de se encomendar. Finalmente, apresentou outras indicações para uma suposta natureza criminosa do acusado.

Erúcio, enquanto deixava claro que Crisógono favorecia a acusação, não menciona que o velho Róscio fora posto entre os proscritos e seus bens leiloados. Além disso, se o acusador mencionasse a proscrição do velho Róscio, isto implicaria que a vítima fora legalmente morta, o que invalidaria a acusação de assassinato. Mencionar que os bens foram vendidos, sem admitir que a vítima estava entre os proscritos, implicaria que a venda fora ilegal e os bens teriam de ser devolvidos ao jovem Róscio. Desta forma, a acusação devia proceder como se a proscrição e a venda dos bens jamais tivessem ocorrido.

Como funcionava o julgamento em matéria criminal naquele tempo?

O processo criminal era diferente do processo civil na Roma Republicana. No processo civil, o pretor nomeava um *iudex* (juiz — qualquer cidadão) para exercer a função de juiz do processo, que era dividido em duas partes: a primeira, chamada *in iure*, desenrolava-se perante o pretor que estabelecia a fórmula jurídica a ser usada no julgamento e, em seguida, nomeava o juiz que julgava o caso (*apud iudicem*). O *iudex* poderia contar com o auxílio de juristas para orientá-lo no momento da decisão. Esse período foi chamado de formulário, em razão das fórmulas jurídicas expedidas pelos pretores, indicativas dos fatos e dos fundamentos jurídicos a serem adotados na decisão. A justiça ainda era privada. Somente no Principado que os juízes integrariam a administração pública, decidindo *ex auctoritate principis*, no sistema da cognição extraordinária.

No processo penal, competia ao Magistrado, investido do poder de *imperium*, a persecução penal (poder de processar alguém criminalmente) em relação aos delitos públicos, como por exemplo a concussão (desvio de verbas públicas por agente do Estado). Esse sistema era criticado, pois deixava ao arbítrio dos magistrados a persecução criminal (ou seja, o poder de denúncia). Isso acarretava um grande número de impunidade, sobretudo no caso dos crimes cometidos pelos Governadores de Província.

Em razão disso, em 149 a.C., o tribuno da plebe, L. Calpúrnio, retirou dos Magistrados a *persecutio criminis*, dando o direito de acusação a todo cidadão que quisesse agir no interesse público sob sua responsabilidade. Normalmente era a parte lesada que fazia o uso deste direito, mas, muitas vezes, eram também jovens ambiciosos candidatos às magistraturas que encontravam aí um meio de se tornarem conhecidos.

O tribuno C. Pisão introduziu outra inovação: o julgamento dos crimes foi confiado não a um único juiz, como em matéria civil, mas a jurados presididos por um pretor (*consilium publicum*). Estes jurados eram escolhidos na ordem senatorial e sorteados em uma lista geral estabelecida pelo pretor urbano. O acusador e o acusado podiam alternativamente recusá-los até que se tivesse atingido o número exigido pela lei, tal como é feito ainda hoje no sistema brasileiro do Tribunal do Júri — vide artigo 468 do CPP, que permite três recusas imotivadas pela acusação e três pela defesa.

A instituição do júri foi estendida, com algumas diferenças de detalhe, a outros crimes que não fossem o de concussão. Pouco a pouco esses júris se tornaram permanentes e passaram a ser chamados de *quaestiones perpetuae*. Eles eram presididos seja por um pretor especial, seja por um dos jurados (*quaesitor* e *iudex*) investido de um poder análogo. O júri instituído pela lei sobre o assassinato foi, em razão da frequência deste crime, dividido em várias seções, afetadas por um dos modos pelos quais o assassinato havia sido cometido, como o caso de assassinos e de envenenamentos (*de sicariis, de ueneficiis* etc.).

Na época do julgamento de Sexto Róscio, já existia uma seção para julgar os crimes cometidos contra um parente próximo (*de parricidio*). É diante desta seção que Cícero advogou na defesa de Sexto Róscio. Naquela época, 80 a.C., o júri compreendia unicamente membros da ordem senatorial. Era presidido pelo pretor M. Fânio, que tinha anteriormente presidido uma das seções do mesmo júri, na qualidade de relator (*quaesitor*) e de juiz (*iudex*). Foi ele quem recebeu a acusação nominal (*nominis delatio*), pela qual se abre todo processo criminal. Assim, o acusador (Erúcio) notifica ao presidente do júri, ou da seção competente, o nome do acusado. Ele requer dela a inscrição na lista dos casos a serem submetidos ao júri. O papel do presidente consistia em controlar a instrução feita pelo acusador, sortear os jurados, fazer-lhes prestar juramento de cumprir seu dever e fixar a data da audiência. No dia fixado, ele dirige os debates, e depois de ter ouvido o advogado (*causae patronus*) e as testemunhas, deliberava com os jurados e recolhia seus votos depois de ter-lhes feito prestar um segundo juramento, atestando que este voto era conforme a sua convicção pessoal. A decisão era tomada pela maioria dos sufrágios expressos.

O QUE ERA O CRIME DE PARRICÍDIO?

Cícero anuncia no início da sua defesa: *de parricidio causa dicitur* (§§ 61) — "eu advogo em uma causa de parricídio". Essa é a acusação que pesa sobre Sexto Róscio. Cícero, em sua defesa, clama em alto e bom som a trama envolvendo os dois Róscios e o liberto de Sila, Crisógono, para se apoderar dos bens do falecido — e para isso demonstra a gravidade da acusação feita ao filho.

Cícero se dá ao trabalho de desenvolver uma longa digressão sobre a pena que incorrerá o jovem Róscio, caso condenado, usando de longas passagens e de imagens fortes com a finalidade de emocionar o público diante dessa visão grotesca que é a acusação. É essa parte que mais chamará a atenção e imprimirá o discurso mais forte de Cícero.

Em suas palavras, trata-se de um ato de uma violência rara: "é o absoluto da monstruosidade que qualquer um que tem a aparência e a figura humana, ultrapassa a ferocidade das bestas selvagens para privar de luz, precisamente, quem que por sua graça o fez ver a luz" (§ 63).

Cícero utiliza palavras que remetem ao sagrado e a mais grave das aberrações da loucura e da raiva (*furor et amentia*), sublinhando que o homem que se transforma em besta é desprovido de alma.

Os homens, então, inventaram um suplício excepcional para os parricidas. "Eles são separados da natureza, sendo tirado o céu, o sol, a água e a terra de todo homem que matou aquele a quem devia a vida, privando-o de todos os elementos que são fontes da vida. Não quiseram lançar-lhes às feras para evitar que, em contato com tanta maldade, as feras não se tornassem ainda mais ferozes; nem quiseram jogá-los nus no rio, para não contaminar as águas; eles tiram do condenado qualquer tipo de parcela da natureza e o infligem a pena do saco (*poena cullei*)" (§ 26).

Desse suplício conhecemos várias versões, com algumas variantes, provavelmente devido às épocas diferentes em que ele foi administrado. O culpado era conduzido à prisão, onde cobriam sua cabeça com uma cara de lobo. No dia da execução, era salpicado de vermelho e colocado em um grande saco de couro junto com vários animais: um cachorro, um galo, uma víbora e um macaco; no final, tudo era jogado no mar ou no Tibre (*Digesto* 48, 9, 9).

A inclusão de vários animais cria uma significação simbólica à execução. Não se sabe ao certo quando e por que se incluiu os animais na punição do crime de parricídio. São animais que pertencem ao mundo das divindades infernais. Esse crime é considerado um crime contra os homens e contra os deuses. O réu não é mais considerado humano.

A defesa de Cícero

Cícero apresenta as divisões habituais do discurso. Começa com uma fala introdutória, na qual justifica sua posição de advogado de Sexto Róscio, no sentido de que somente um iniciante poderia defendê-lo diante das dificuldades políticas existentes naquele tempo, sobretudo em razão da presença de Crisógono, que gozava de todo prestígio do ditador Sila. Assim, apresenta-se desde logo o personagem de Crisógono, o liberto de Sila, como o responsável por trás do acusador oficial Erúcio. Pede a compreensão do presidente do júri, Fânio, e dos jurados (*captatio benevolentiae*), pois, apesar de jovem, ele está determinado a cumprir o seu dever. Alerta, então, sobre a importância dos jurados e do juiz presidente serem firmes e imparciais na medida em que os verdadeiros culpados vão surgindo: são os mesmos que acusam.

Em seguida, Cícero faz uma apresentação da vítima, o pai do seu cliente. Fala da sua simpatia pela nobreza e das suas diferenças com seus compadres, Magno e Capito, que, em conluio com Crisógono, criaram toda a trama judicial. Demonstra como os dois se associaram a Crisógono para se apropriar dos bens da vítima e como os vilões fracassaram na tentativa de assassinar seu cliente, que foi obrigado a se refugiar em Roma. Portanto, não restou outra opção a não ser acusá-lo de parricídio, que se constituiria em uma "morte" legal.

Então, Cícero anuncia o plano da sua sustentação, que consiste em refutar a acusação de Erúcio, denunciar Magno e Capito, e trazer à luz toda a responsabilidade de Crisógono na denúncia caluniosa perpetrada contra o jovem Róscio.

Cícero refuta a acusação de parricídio e mostra que seu cliente não tinha qualquer razão para matar o próprio pai. Faz então digressões sobre a agricultura e sobre o crime de parricídio. Em seguida, acusa Magno e

Capito de terem mandado matar o pai do seu cliente. Refere-se, então, à famosa fórmula de Cassius (*cui bono?* — a quem favorece o crime?), e demonstra os indícios (prova indiciária) que apontam para os verdadeiros culpados: a) a viagem de Gláucia a Améria na mesma noite do crime; b) a ligação entre Capito e Crisógono, e seu papel na delegação enviada a Volaterra; c) sua traição e sua ausência de *fides* com os dois compadres; d) a negativa de Capito de interrogar os escravos que acompanhavam a vítima na noite do crime; e) a ilegalidade da venda dos bens da vítima cujo beneficiário seria o próprio Crisógono e f) a mentira suja, pois a vítima jamais foi proscrita, sendo pois, ao contrário, partidária de Sila.

Denuncia, então, o liberto como o cabeça do esquema que envolveu o assassinato da vítima, sua proscrição fora do prazo, a venda de seus bens e a falsa acusação de parricídio contra seu filho, Sexto Róscio. Na conclusão do discurso, faz um apelo à pacificação do tempo tormentoso. Explica que seu cliente não pede mais do que sua liberdade e que em relação a Crisógono, ele se contenta com os bens havidos ilegalmente. Como prova final da inocência de seu cliente, ele demonstra que o mesmo foi apoiado por Cecilia Metela e Messala, cujas *auctoritas* se bastam nela mesma.

Por fim, diz aos juízes que eles não devem temer desagradar Sila. Precisam resistir à facilidade de um julgamento cruel que inaugura uma nova forma de proscrição. Transforma a causa do seu cliente na causa de todo Estado que precisa sair desse círculo infernal de *crudelitas* para reencontrar a via da *humanitas*.

Conclusão

A habilidade de Cícero conduz à absolvição do jovem Róscio.

A análise da defesa de Cícero sob o aspecto da forma de sua argumentação já foi realizada em estudo feito pela professora Cláudia Beltrão da Rosa, já citado e que ora nos remetemos. Esse estudo cuida da importância da forma do discurso. A *complexio*, quando Cícero apresenta duas possibilidades ao julgador, sendo que qualquer que seja seguida será benéfica para a sua linha de raciocínio defensivo. Assim, a forma de argumentação supera o próprio conteúdo através desse método.

O que podemos destacar — e esta é a angústia do julgador — é que a verdade jamais será alcançada. A nossa tradição jurídica romano-germânica no campo do processo penal tem como princípio geral a busca da verdade real. Isto é saber o que de fato aconteceu. Por outro lado, o sistema anglo-saxão contenta-se com a verdade formal, isto é, saber aquilo que o processo pode demonstrar. Daí a discussão que sempre permeou os Tribunais do Júri nos casos de julgamento de crimes dolosos contra à vida: do cabimento da chamada prova indiciária.

Ora, Cícero lança mão da prova indiciária para estabelecer o que ele chama de verdade. Isto é, a conspiração armada por Magno, Capito e Crisógono para se apoderarem dos bens do velho Róscio. Nessa construção intelectiva, Cícero utiliza-se da fórmula de Cassius (*cui bono?*): a quem interessa o crime? Ou seja, as provas indiciárias (aquelas que conduzem o julgador a uma determinada conclusão), destacadas na segunda linha argumentativa de Cícero, apontam para os verdadeiros autores do crime, caso o júri acompanhe a sua interpretação das provas.

Destaca-se ainda a busca de Cícero pela empatia dos jurados pelo seu cliente e a importância da função judicante (imparcial e destemida) para fins de construção da sua defesa. Aceitar as provas indiciárias trazidas e construídas por Cícero contra um protegido de Sila requer jurados benevolentes para o réu e destemidos quanto a eventuais vinganças políticas. O argumento de autoridade é usado através da chancela dos protetores do jovem Róscio, Cecilia Metela e Messala — diferente do que se faz hoje em dia em um processo criminal de grande repercussão, onde se busca pareceres de professores e autoridades.

Por fim, identificar a posição de luta da defesa como luta por um Estado voltado para a humanidade e não para a crueldade é um recurso que sensibiliza os jurados que se sentem pertencentes a esse Estado protetor da *humanitas*. Daí a importância também da contextualização política feita pelo defensor do jovem Róscio.

Enfim, podemos identificar, em um caso julgado há mais de dois mil anos, os elementos de retórica e argumentação que ainda hoje se aplicam nos julgamentos populares realizados pelo sistema do júri. A defesa de Cícero lida na íntegra, ainda hoje, comove e convence.

O objetivo dessa breve análise do primeiro discurso criminal de Cícero não é outro senão o de lembrar como o mundo antigo está presente em nossas vidas. Não à toa que Roma também é conhecida como a Cidade Eterna.

Bibliografia

CÍCERO, M. T. *Pro Roscio. Pour Sextus Roscius*. Paris: Les Belles Lettres.
BELTRÃO DA ROSA, Cláudia. "Retórica e Ação Política: A *complexio* no Pro Roscio Amerino de Marco Túlio Cícero". *Revista Tempo*, v. 9, n. 18, Niterói, jun/jul. 2005.
STRAUSS, Barry. *A morte de César: Roma Antiga e o assassinato mais famoso da História*. Tradução Davi Emídio Rago. São Paulo: Ed. Seoman, 2017.
CARPINETTI, Luís Carlos Lima. "A defesa de Sexto Róscio Amerino". Cadernos do CNLF, v. XII, n. 13, p. 24-34. 2008.

Notas

1 A chamada Ditadura Temporária romana foi criada quase que concomitantemente com a República. Em caso de tumulto interno ou ameaças externas, o Senado Romano poderia editar uma ordem (*senatus consultum ultimum*) pela qual nomeava-se, por apenas seis meses, um cônsul que ocuparia a posição de ditador, sem a possibilidade de prorrogação desse tempo. Suspendia-se assim a Ordem Jurídica para a sua própria proteção. Ocorre que no final da República, a partir do século I a.C., as estruturas republicanas começam a se desmontar com as prorrogações de mandatos dos cônsules,

terminando com o homicídio de Júlio César em 15 de novembro de 44 a.C.

2   Os *optimates* chamados de "Melhores Homens" representavam a tradição romana, sendo compostos pelos membros das famílias patrícias, fundadoras de Roma, e alguns "homens novos", como é o caso de Cícero, que acabará por se tornar o "porta-voz" no Senado desse grupo.

3   Grupo que mesclava membros de famílias tradicionais (como o caso de Júlio César) e de outras famílias romanas e que, representados através dos Tribunos da Plebe, buscavam uma melhor distribuição das terras romanas, vide os irmãos Graco.

4   O Tribunato da Plebe é uma magistratura ordinária criada logo após o início da República, pela qual seus integrantes, necessariamente oriundos da plebe, tinham o poder de vetar projetos legislativos contrários aos interesses da classe que representavam.

5   O oposto de Júlio César, que será absolutamente condescendente com os seus inimigos, colocando-os, muitas das vezes, no mesmo pé de igualdade que seus amigos.

6   Para uma análise do assassinato de Júlio César com todas as suas nuances, recomendo o excelente livro de Barry Strauss, *A morte de Júlio César*, com tradução de Davi Emídio Rago, da Editora Seoman, São Paulo, 2017.

7   Pego emprestado o resumo feito pela professora Cláudia Beltrão da Rosa em seu imperdível texto "Retórica e Ação Política: a *complexio* no Pro Roscio Amerino de Marco Túlio Cícero".

Templários

Marcus Vinicius Furtado Coêlho

Introdução

O julgamento dos cavaleiros templários é o exemplo por excelência do processo penal inquisitorial. Para abordar sua influência na cultura jurídica, será necessário narrar primeiro a história dos templários, passando por sua origem e por sua consolidação como a mais poderosa ordem medieval, em termos militares, políticos, financeiros e religiosos. Em segundo lugar, a narrativa compreenderá o declínio da ordem a partir da derrota dos cristãos na Batalha de Hattin, quando Saladino e seus sessenta mil muçulmanos derrotaram trinta mil cruzados para reconquistar Jerusalém. Depois trataremos do processo contra os templários, analisando o processo penal inquisitório a partir do contexto histórico, das características e das finalidades. Nas considerações finais, será discutida a importância do caso na história, especialmente o devido processo legal como padrão civilizatório.

Em 13 de outubro de 1307, Jacques de Molay foi preso por ordem do rei Felipe IV. Submetido a torturas durante o cárcere na Universidade de Paris, o grão-mestre da Ordem dos Templários confessou os crimes de sacrilégio, sodomia, idolatria, corrupção e fraude, e, por escrito, pediu a todos os templários que também admitissem seus crimes. Assim, Felipe IV, monarca da França que contraíra elevadas dívidas junto à ordem para financiar sua infeliz guerra contra a Inglaterra, criou a justificativa para convencer o papa Clemente IV a investigar os cavaleiros. Mesmo com a denúncia de que a confissão fora extraída por meio de coação, a ordem foi extinta pela bula pontifícia *Vox in excelso* em 1312, e De Molay morreu na fogueira em 1314. Desde então, os templários são objeto de diversas teorias e lendas repletas de mistério e segredo.

A origem e a ascensão dos templários

O surgimento dos templários remete às cruzadas promovidas pela Igreja Católica a partir de 1096, a fim de reconquistar Jerusalém. A cidade em que Jesus Cristo faleceu para depois ressuscitar, consoante narrativa das Sagradas Escrituras, caiu sob o domínio persa em 614. Em 1078, foi subjugada pelos turcos, que não permitiam que os cristãos frequentassem os lugares sagrados. Em face da intransigência dos muçulmanos, o então papa Urbano II convocou a cristandade a reconquistar Jerusalém. Foi a ideia de guerra santa que impulsionou o envio de soldados cristãos ao Oriente Médio com o fim de libertar a Terra Santa.

Em 1096, a primeira peregrinação armada — como eram designadas as cruzadas — partiu em direção a Jerusalém. Sob o comando de nobres europeus, marchavam mais de quarenta mil combatentes. Após um longo cerco, Jerusalém foi conquistada e transformada em reduto dos cristãos.

Dado que para alcançar o Reino Cristão na Palestina era preciso atravessar todo o emaranhado de territórios islâmicos que não ofereciam a menor defesa ao cristão, o rei de Jerusalém decidiu pela criação de um corpo permanente de guardas para proteger os peregrinos durante a travessia.[1] Quando da sua decisão, Balduíno II foi abordado por um grupo de voluntários liderados por Hugues de Payens e Godefroy de

Saint-Omer, que ofereciam seus serviços não só para impedir que os viajantes fossem atacados, como também para proteger de incursões os reinos cristãos no Oriente.

Ali, em 1118, seria plantado o germe do que viria a ser uma das mais poderosas e controversas ordens da Igreja Católica. Adeptos da pobreza, da castidade e da obediência, os cavaleiros foram acolhidos pelo rei Balduíno II, que os alocou junto ao Templo do Rei Salomão — daí a denominação "templários": a Ordem Militar dos Cavaleiros do Templo de Salomão. "O principal dever dessa ordem (...) foi que, até onde sua força permitisse, eles deveriam manter as estradas livres da ameaça de ladrões e salteadores, com atenção especial à proteção dos peregrinos."[2]

Nos primeiros nove anos de existência da ordem, pouco mais de dez cavaleiros encarregaram-se de acompanhar e proteger os peregrinos. Em 1126, Hugues de Payens e outros cinco templários partiram de Jerusalém rumo à Europa não apenas para recrutar novos cavaleiros, como também para obter o reconhecimento oficial da ordem junto ao papa Honório II em Roma. Nessa jornada, De Payens conheceu Bernard de Clairvaux — que posteriormente foi canonizado e elevado à condição de Patrono dos Templários. O abade identificou nos templários um objetivo em comum: a defesa da fé, da moralidade da religião e dos mais vulneráveis por meio das milícias sacralizadas.[3]

Dada sua influência no papado, Bernard logrou a celebração de um concílio em 1129 na cidade francesa de Troyes. Nessa ocasião, Hugues relatou às autoridades cristãs a importância do trabalho desenvolvido pelos templários na segurança do caminho rumo a Jerusalém, mas destacou a necessidade de criar uma milícia suficientemente preparada para proteger os cruzados. Bernard, por sua vez, explicou os princípios fundantes e os serviços prestados pela ordem, tornando-se responsável por redigir a regra original dos templários uma vez aprovada sua criação.

Recebendo de Bernard a divisa "*Non nobis Domine, non nobis, sed nomini Tuo da gloriam*",[4] a Regra Templária logo se tornaria o ideal de nobreza na cristandade. Ao longo dos 72 capítulos distribuídos em sete seções, a Regra determinava aos templários uma vida de pobreza, castidade e abstinência, bem como de devoção à defesa e à proteção de lugares santos, ainda que à custa da própria vida. Entre as regras, previa-se a abstenção de carne nas quartas-feiras, o compartilhamento de prato entre os cavaleiros durante a refeição, o uso de vestes brancas e a proibição de expressões chulas.⁵

Em março de 1139, o papa Inocêncio III edita a bula *Omne datum optimum* a fim de oficialmente reconhecer e conceder à Ordem dos Templários privilégios e isenções, a exemplo da submissão direta e exclusiva ao papado (contudo, continuava a submissão à jurisdição da Santa Inquisição) e do direito de construir os próprios oratórios. Nos anos seguintes, outras bulas papais também foram editadas no intuito de outorgar benefícios aos templários que as demais ordens não tinham. No ano de 1144, a bula *Milites templi* insta os fiéis a doar bens à ordem, e, em 1229, a bula *Ipsa nos cogit pietas* isentou o pagamento do dízimo em consideração à guerra travada contra os infiéis.

Após a segunda cruzada, deflagrada pela queda dos condados cristãos no Oriente Médio, a Ordem dos Templários viu seu patrimônio crescer exponencialmente. Com sua transformação em espinha dorsal da Igreja na resistência aos muçulmanos, os cavaleiros precisaram inovar para não depender exclusivamente de doações para o custeio de todo o aparato bélico. Os navios, até então utilizados para transporte de soldados e materiais, logo foram aproveitados na exportação e importação de mercadorias.

Ainda que insuficientes, as doações recebidas eram vultosas, como toda a herança do rei Afonso I de Aragão e o Castelo de Soure, da rainha portuguesa Teresa de Leão. Nas propriedades doadas, quando não arrendavam a terceiros, os cavaleiros cultivavam grãos e criavam animais para consumo tanto interno quanto externo. Eram consumidos e comercializados trigo, cevada, lã, vinhos, carne e laticínios. A um ponto, a ordem foi a única proprietária da ilha de Chipre, situada no mar Mediterrâneo.

O primeiro serviço prestado pelos templários, que era a proteção dos peregrinos a caminho de Jerusalém, permitiu que a ordem expandisse suas atividades também para a proteção de riquezas mediante pagamento.

Antes de partir rumo à Terra Santa, o nobre poderia confiar seu tesouro a um templário e, em troca, receberia um documento em que era indicado o valor dos pertences depositados nos cofres templários. Uma vez chegando a Jerusalém, o nobre poderia resgatá-lo. A utilização inédita de cartas de crédito em 1150 tornava mais segura a viagem dos peregrinos e mais fartos os cofres dos templários.[6] A confiança era tamanha no serviço bancário que o rei inglês Henrique II guardou nas arcas dos templários seu tesouro real, além de ter doado à ordem importantes somas e ter incentivado seus súditos a partirem em cruzada.

Com a expansão das atividades financeiras, os templários fundaram uma cadeia de casas-fortes. Não tardou para que 90% dos vinte mil templários fossem empregados em trabalhos essencialmente burocráticos no que seria a primeira instituição bancária e a primeira empresa multinacional.[7] A necessidade de contingente conduziu à admissão de pessoas não identificadas por completo com a pobreza, a castidade e a abnegação que marcaram o surgimento dos cavaleiros templários, o que implicaria o abrandamento das motivações primeiras da ordem. Bernard de Clairvaux chegou a escrever em *De laude novae militiae*, espécie de exortação à ordem, que os cavaleiros dividiam-se entre *militia*, comprometidos com os princípios fundantes, e *malitia*, interessados apenas no *status*.

O desvio de rumo sofrido pela Ordem dos Templários, com a especialização no serviço bancário em detrimento da campanha militar, ressignificou as críticas dirigidas à ordem. O que antes eram simples sátiras em função de serem "monges" com armaduras e espadas para combater infiéis logo se tornou desaprovação em face de seus costumes, prioridades e privilégios. Os templários eram acusados de subverter os princípios básicos da Regra, acumulando e ostentando riquezas, e a ordem era imputada de arrogante e perigosa, manejando seus exércitos a seu bel-prazer pelo continente europeu e cogitando a ideia de fundar um Estado próprio.

O *turning point* na história dos templários, que marcou o início de seu declínio e pronunciou seu trágico fim, seria a tomada de Jerusalém pelo sultão do Egito em 1187. Unidos sob o comando de Saladino e valendo-se da divergência entre os grupos cristãos e entre cavaleiros templários, hospitalários e teutônicos, os muçulmanos adquiriram a superioridade bélica para reconquistar Jerusalém após a célebre Batalha da Hattin, na qual as tropas de Saladino capturaram ou mataram a maioria dos cruzados. Diversos nobres foram feitos prisioneiros, a exemplo de Guy of Lusignan, rei do Estado de Jerusalém.

A partir desse revés militar, os templários passaram a sofrer sucessivas derrotas políticas promovidas diretamente pelo rei Felipe IV, da França, interessado em se apossar dos tesouros acumulados na torre mantida em Paris. Ao término da perseguição, a ordem foi extinta pela bula pontifícia *Vox in excelso* no ano de 1312, e Jacques de Molay e os principais cavaleiros foram mortos na fogueira em 1314, como será narrado adiante.

O declínio e o julgamento dos templários

A derrota na Batalha de Hattin foi a primeira das inúmeras derrotas não somente bélicas que a Ordem dos Templários sofreria de 1187 até a sua extinção formal por bula papal em 1312. Após a perda para o sultão Saladino, a sexta cruzada, sob o comando de Frederico II, do Sacro Império Romano-Germânico, conseguiu reconquistar a Terra Santa em 1229 mediante trégua negociada com o também sultão Al-Kamil, que se encontrava numa disputa pelo poder com seus irmãos. Logo, a retomada ocorreu em razão da situação política delicada entre os árabes, e não do poderio dos cruzados.

Após dez anos, a trégua entre cruzados e árabes foi rompida, e Jerusalém foi mais uma vez conquistada pelos muçulmanos. No ano de 1244, a cidade sucumbiu frente à dinastia dos aiubidas, voltando ao controle da cristandade somente em 1917, quando o Império Britânico capturou Jerusalém do Império Otomano durante a Primeira Guerra Mundial.[8] Os templários, com a perda da Terra Santa, viram-se obrigados a realocar suas instalações e seus cavaleiros ao longo das cidades ainda sob o domínio cristão: Acre, Tortosa, Atlit e Limassol. Das outrora cinquenta cidades, restaram quatro.

Os redutos cruzados foram caindo um a um. Em 1291, os cristãos perderam o Acre no que foi considerado o marco histórico do fim das cruzadas, justamente por que a cidade era a última fortaleza da cristandade na Terra Santa. Depois de Acre, caíram os fortes de Tortosa e de Atlit, com o comando dos templários migrando para Limassol. A última empreitada dos templários contra a supremacia árabe na região ocorreu em 1300, a partir da ilha de Arwad, com o apoio dos mongóis. Dois anos depois, a ilha situada no mar Mediterrâneo foi capturada pelos mamelucos. Com isso, os templários ficaram sem qualquer possessão no Oriente Médio.

Sem reino cristão ou peregrino europeu para cuidar, os templários dedicaram-se àquela que já se tornara sua principal atividade: as finanças. Os tesouros da ordem, entre os quais estavam o Santo Sudário e os espólios de Constantinopla, foram transportados de Limassol até Marselha e depois a Paris, onde estava sediado o quartel-general da ordem, que logo ganharia uma imponente torre para alojar os cofres templários.

Posteriormente, a Torre dos Templários seria convertida na tesouraria da coroa francesa.[9] Além de monarcas franceses — especificamente rei Luís VII, que contraiu dívidas junto à ordem para custear a terceira cruzada —, também recorreram ao cofre templário o rei Balduíno III de Jerusalém e a própria Igreja Católica.

Contudo, uma vez que o objetivo primordial da ordem não mais existia, também deixaram de existir os motivos pelos quais monarcas e papas deveriam manter os privilégios outrora concedidos e consentir abusos à época praticados pelos templários. Os reinos europeus e a Igreja Católica, que incentivaram a ascensão financeira, política e bélica da ordem, tolerando eventuais benesses e arroubos em nome da proteção a Jerusalém, não mais estavam dispostos a fazê-lo.

Na ordem terrena, o inglês João de Salisbury questionava se os cavaleiros não haviam sucumbido a ambições carnais.[10] Beber como um templário virou sinônimo para bebedeiras, assim como Casa do templo, farra e prostituição. No romance que inaugurou a vertente histórica do romantismo, *Sir* Walter Scott descreveu a concepção tida da ordem à época pelos olhos do personagem Brian de Bois-Guilbert: "A sobriedade, a devoção própria e a piedade de nossos predecessores nos tornaram poderosos amigos — a nossa soberba, a nossa riqueza e o nosso luxo levantaram contra nós poderosos inimigos."[11]

De fato, a soberba, a riqueza e o luxo da ordem fizeram despertar na nobreza e no clero um crescente sentimento de antipatia. O papa Clemente IV censurou de forma pública os hábitos templários, exigindo a demonstração de mais humildade e brandura e condenando o recrutamento por dinheiro e a acumulação de riquezas.[12] Além disso, o Vicário de Cristo fez questão de lembrar os cavaleiros de sua dependência frente ao poder papal, cujo apoio era necessário para protegê-los contra a hostilidade de reis e bispos.

Na esfera política, as motivações contra os templários deviam-se à autonomia e à riqueza da ordem. Primeiro, os cavaleiros incomodavam as monarquias, porque constituíam um exército independente de mais de 15 mil homens que transitava livremente entre os reinos, de uma fortaleza para outra, sem recolher impostos ou tributos aos reis. Ademais, a ordem era soberana para declarar guerra ou celebrar a paz, prestando contas unicamente ao papa, o que representava uma ameaça ao poder dos monarcas, que começavam a ensaiar reivindicações de soberania dentro do próprio território.

Também eram fortes as motivações econômicas: as riquezas dos templários eram cobiçadas por monarcas — especialmente por um, o rei da França, Felipe IV.

A coroa francesa contraíra dívidas significativas junto à Ordem dos Templários à época do avô de Felipe IV, Luís IX. Feito refém na cidade egípcia de Mançura durante a sétima cruzada, o rei Luís IX só foi libertado pelos muçulmanos mediante o pagamento da vultosa quantia de oitocentas mil peças de ouro e a devolução da também egípcia cidade de Damieta, às margens do mar Mediterrâneo. Não bastasse esse resgate, a coroa contraiu uma segunda dívida a fim de bancar a guerra travada contra a Inglaterra de 1294 a 1303.

Sem recurso para manter a guerra, o rei Felipe, sem sucesso, desvalorizou a moeda e perseguiu os judeus em busca de bens. Em face das revoltas, Felipe IV e sua corte foram obrigados a pedir abrigo na Torre do Templo.[13] Conta-se que "o rei, vendo em pessoa o tesouro administrado pelos templários, foi tomado por uma grande cobiça e começou a pensar em uma maneira de se apoderar das riquezas".[14] Argumentando que a riqueza da ordem advinha em parte dos investimentos da coroa e, por isso, deveriam os cavaleiros socorrer o rei em tempos difíceis, Felipe IV requereu um novo e substancial empréstimo que, mesmo tendo esvaziado o cofre, não bastou para resolver a crise.

Ao lado das motivações financeiras, o rei Felipe IV calculava seus movimentos com vista ao fortalecimento do Estado pela centralização do poder na coroa em face do papado e das ordens religiosas — como a dos templários. A monarquia francesa e a Igreja Católica entraram em conflito nas tentativas do papa Bonifácio VIII de, ao reivindicar a superioridade do poder secular ao poder temporal, eximir-se do pagamento dos tributos instituídos pelo rei Felipe no anseio de custear as guerras contra a Inglaterra. Chegou-se ao ponto de aprovar a bula *Unam Sanctam* para defender o primado papal.

Valendo-se de reunião em Poitiers entre o papa Clemente IV, que tinha vínculos com a monarquia francesa, e Jacques de Molay, que viria a ser o último grão-mestre da Ordem dos Templários, o rei Felipe IV pressionou, intimidou e convenceu Clemente a começar uma investigação contra os cavaleiros com base em informações cuja falsidade era de conhecimento do papa.[15] Inclusive, ao tratar desses relatos e de como eram discutidos na corte de Felipe, teria o papa admitido para Jacques de Molay que eram falsos.

Esquieu de Floyran, que espionava os templários às ordens da coroa da França e de Aragão, informou Guillaume de Nogaret, conselheiro do rei Felipe, que ouvira de um antigo templário um relato sobre os pecados cometidos nas cerimônias de iniciação da ordem. De acordo com esse antigo cavaleiro, os iniciantes eram obrigados a cometer sacrilégios, cultivar heresias e praticar sodomias, tais quais cuspir na cruz, adorar ídolos pagãos e manter relações homossexuais.

Tão logo tomou ciência dos pecados, o conselheiro do rei e também inquisidor-chefe em Paris levou o tal relato aos ouvidos do rei, que, no afã de livrar-se dos débitos, passou por cima do procedimento investigatório iniciado pelo papa e que fora interrompido em razão de problemas de saúde. Felipe IV valeu-se da proximidade com Guillaume para expedir cartas aos inquisidores França afora, determinando a detenção dos templários e o confisco das propriedades — como se fosse tarefa incumbida pelo próprio papa.[16]

Para superar a competência natural do papa Clemente V em investigar, processar e julgar os templários, que deveriam ser punidos em consideração ao Direito Canônico, o rei Felipe valeu-se de brecha na legislação encontrada por teólogos da Universidade de Sorbonne. Até então, acreditava-se que a bula *Omne datum optimum* concedia ao papado jurisdição exclusiva sobre atos da Ordem dos Templários, isentando-os de fiscalização de bispos e arcebispos.[17] Entretanto, os teólogos constataram que o papa Honório III tornara o inquisidor de Túscia igualmente apto para investigar e sancionar irregularidades que a Ordem dos Templários pudesse cometer.[18]

Assim, numa sexta-feira 13, o rei ordenou a prisão do grão-mestre e de outros 140 membros da ordem não apenas com base em acusações de heresia, sacrilégio e sodomia, mas também de corrupção, fraude e conspiração. As práticas imputadas à Ordem dos Templários foram nada mais do que variações das práticas imputadas contra outros grupos heréticos, como as bruxas e os cátaros.[19] Presos, muitos confessaram os delitos mediante tortura ou medo de tortura. Em resumo, tratava-se de um processo corrupto tanto em seus meios quanto em seus fins.

A intervenção do poder secular no poder temporal, subtraindo-lhe a competência de processar e julgar determinadas pessoas, provocou reação do papa Clemente V. Assim que tomou conhecimento da detenção dos cavaleiros, editou uma bula sob o pretexto de conferir ao soberano certa comodidade para reconsiderar as prisões e remeter os detidos aos cuidados da Igreja Católica, esforçando-se para criar a polida impressão de que todo o incidente não passava de "um erro cometido em boa-fé por alguém que não conhecia determinados ditames do Direito Canônico".[20]

Ainda que a bula pontifícia *Pastoralis Praeeminentiae* anulasse o procedimento investigatório e declarasse incompetentes os subordinados de Guillaume, as imputações formuladas por Felipe IV foram mantidas como ponto de partida dos processos levados a cabo por Clemente V. Com a orientação a todos os monarcas cristãos de deterem os cavaleiros e se apossarem de suas propriedades, as principais lideranças da Ordem dos Templários estavam em custódia da Igreja em novembro de 1308 para a realização das oitivas necessárias ao julgamento sobre a inocência ou culpa da instituição.[21]

Não mais submetidos às coações outrora infligidas pelo rei da França, diversos membros da ordem voltaram atrás nas confissões. Ainda que alguns conhecessem o básico para se defenderem durante as investigações a partir da nulidade da declaração, a indicação de Felipe IV para que o arcebispo de Sens, Philippe de Marigny, conduzisse o trabalho acusatório permitiu que os cavaleiros — entre eles, Jacques de Molay — fossem condenados à fogueira com fulcro nas revelações extraídas a ferro e fogo.

O papa Clemente V reservou para si o julgamento do grão-mestre, que admitira as acusações. Para se reconciliar com a Igreja Católica, bastaria a De Molay confirmar o arrependimento formalmente. Mas, no palco que Clemente montou especialmente para a ocasião na Catedral de Notre Dame, o mestre voltou atrás na confissão para defender a inocência dos cavaleiros ainda que lhe custasse a vida. Imediatamente condenado como herético reincidente, Jacques de Molay foi queimado na fogueira no dia 18 de março de 1314 ao lado de Godofredo de Charnay, templário preceptor da Normandia.

A culpa individual dos cavaleiros, entretanto, não implicava a culpa coletiva dos templários. Para decidir se a ordem como instituição professava doutrinas heréticas ou mantinha hábitos sacrílegos, Clemente V chamou um Concílio a ser realizado na cidade de Viena em outubro de

1311. De início, considerando que os inquéritos eclesiásticos e civis não fizeram provas de que a ordem havia institucionalmente promovido heresias, sacrilégios e sodomias, o Concílio posicionou-se pela manutenção da ordem religiosa.[22]

Todavia, em face da ameaça do rei Felipe IV em tomar medidas militares caso o papa Clemente V não dissolvesse a instituição, o Concílio resolveu por bem fazê-lo sob o pretexto da comoção provocada pelas confissões. O monarca francês conseguira jogar a opinião pública contra os templários, ainda que fosse de conhecimento geral que as confissões foram extraídas por tortura. Em março de 1312, com um pequeno exército de Felipe IV às portas, foram editadas as bulas pontifícias *Vox in excelso* e *Ad providam*: a primeira foi responsável por oficialmente dissolver a ordem e a segunda, por transferir seus bens à Ordem dos Hospitalários.[23]

Com a ordem encerrada e seus expoentes mortos, os cavaleiros remanescentes foram processados pelo papa — tendo sido praticamente todos absolvidos —, incorporados às demais ordens religiosas ou aposentados.

O processo penal inquisitório

Os fins e os meios adotados no julgamento da ordem e dos templários, primeiro pela coroa francesa e depois pela Igreja Católica, são a expressão clássica de uma série de elementos jurídicos que, se analisados por uma ótica conjunta,[24] conformam o que se denomina hoje como sistema processual penal inquisitório: apropriação de competência e parcialidade do acusador e do julgador.

Os sistemas processuais penais podem ser definidos como uma representação da resposta oferecida pelo ordenamento punitivo, consistindo em manifestações históricas que veiculam uma ótica singular sobre a regulamentação do processo penal.[25] Longe de possuírem definição abstrata imutável, o sistema processual penal reúne características diversas ao longo das épocas e sociedades. Ainda assim, é possível indicar um conjunto de elementos que forma a essência do sistema processual penal em cada ordem jurídica.

De acordo com a doutrina clássica, há dois modelos primários de processo penal: acusatório e inquisitório. A diferença fundamental entre os sistemas é a distribuição das funções de acusação e julgamento em um só indivíduo ou instituição. Enquanto que no sistema inquisitório há o acúmulo, no sistema acusatório esses papéis são cumpridos por sujeitos distintos. Há também o sistema misto, que aglutina elementos de ambos.

A origem do sistema processual penal acusatório nos países de tradição ocidental está ligada ao fim do período republicano de Roma. A expansão do sistema judicial e a posterior multiplicação das causas tornaram insuficiente o exercício da jurisdição pelas assembleias populares. A função de dizer o Direito, assim, foi delegada a tribunais onde havia um órgão distinto à figura do magistrado responsável pela acusação.[26]

A distribuição das funções de acusar e julgar dá o tom das demais características tradicionalmente associadas ao processo penal acusatório. O fortalecimento da figura do réu no processo permite que ele também seja gestor das provas ao lado da acusação e tenha direito a ampla defesa e ao contraditório e à presunção de inocência. Em suma, o processo é analisado como um debate entre o acusado e a acusação, que, munidos com os mesmos instrumentos processuais, fornecerão suas razões ao órgão imparcial de aplicação da lei.

Quando do julgamento dos templários, vigorava a antítese do sistema acusatório: o sistema inquisitório. O surgimento desse modelo remonta ao período final do Império Romano, quando os poderes do magistrado foram gradativamente invadindo a esfera de atribuições já reservadas ao acusador.[27] Com a queda de Roma nas invasões bárbaras, a substância do processo penal inquisitivo viria a ser retomada no século XIII por meio do Direito Canônico, principalmente nos processos promovidos pela Santa Inquisição.

Criada no século XIII, a Inquisição era a instituição da Igreja Católica incumbida de processar, julgar e punir indivíduos e instituições que desafiassem os dogmas cristãos vigentes à época. Houve especial perseguição das autoridades eclesiásticas contra a seita dos cátaros, cujas práticas, apesar de reprimidas durante a cruzada contra os albigenses, persistiam de forma não explícita. Assim, surgiu a necessidade de instituir um tribunal apto a investigar e determinar se o acusado de heresia era de fato herege.

A força da Inquisição variou de acordo com o país e a época e com os interesses e as relações de poder entre a Igreja e o Estado. Era bastante frequente que o poder laico se valesse da Inquisição para promover objetivos políticos e econômicos. Inclusive, o Estado era responsável por levar a termo a execução do herege condenado à morte, tal como fez Felipe IV ao queimar Jacques de Molay. Além do julgamento dos templários, a perseguição contra judeus e muçulmanos na Espanha durante os séculos XIV e XV é exemplo consistente da adoção do sistema inquisitório: sob o argumento de proteção à cristandade, os governantes eliminavam aqueles que lhes fossem indesejáveis.

Atualmente, o princípio do juiz natural garante ao jurisdicionado um julgamento isento e parcial, bem como um julgador competente e independente.[28] Seja no primeiro ou no segundo significado, os templários viram-se despidos da garantia fundamental do juízo natural: a investigação começou por iniciativa do rei Felipe IV após subtração da competência do papa Clemente V; o julgamento e a acusação eram atribuição do mesmo órgão, e a Igreja Católica foi pressionada pela coroa francesa a determinar a dissolução da Ordem dos Templários.

Enquanto a Inquisição se alastrava no continente europeu, o processo inquisitivo ultrapassou a esfera dos crimes religiosos para ser praticado indiscriminadamente pelos tribunais seculares por consistir em um eficiente instrumento de opressão contra indivíduos considerados inimigos pelo Estado.[29] A escolha pelo processo inquisitório deu-se no contexto histórico de centralização do poder na mão dos monarcas que, utilizando-se da inexistência de garantias ao acusado, almejavam fortalecer suas posições autoritárias.

A falta de garantias ao acusado era constante durante o processo — que podia ser iniciado por simples denúncia anônima. Não havia garantia do contraditório, inexistindo a estrutura dialética entre as partes que regula o processo penal moderno; tampouco publicidade processual, com o processo sendo conduzido sigilosamente não somente em relação aos atos, mas também aos locais.[30] O contraditório implica informação e reação: o indivíduo deve ter acesso ao processo a fim de tomar ciência das acusações, para que, conhecedor dessas informações, possa contra-argumentar, apresentando declarações e provas, além de poder se pronunciar durante o curso do processo.[31]

Também variavam aspectos procedimentais da investigação, em aberta violação ao princípio da legalidade. As penas podiam ir da advertência à morte na fogueira, e os métodos de persecução e as condutas puníveis variavam ao sabor do contexto político em que o julgamento estava inserido. Um recurso frequentemente empregado era a tortura contra os acusados para que admitissem a acusação.[32] Considerada a "mãe" das provas, a confissão era um caminho irreversível. Caso o acusado voltasse atrás na palavra, como o fez Jacques de Molay, era condenado à fogueira.

O processo penal inquisitório é antítese do processo acusatório, predominante na contemporaneidade.[33] No paradigma em vigência, "o processo penal tem por finalidade a proteção dos inocentes frente à atuação punitiva do Estado. Não é um instrumento de opressão estatal; antes, é meio de assegurar a ampla defesa dos enunciados e a tutela da liberdade".[34] Para tanto, é indispensável a garantia processual do devido processo legal em todos os desdobramentos, como imparcialidade do julgador e acusador, competência do juiz natural e inadmissibilidade das provas ilícitas.

Na experiência inquisitória, as competências concentram-se em uma figura, que inicia de ofício o processo, colhe as provas e profere o veredito, enquanto as garantias do acusado são mínimas, quando existentes. Em suma, o processo penal na sua vertente inquisitória é regido pelo princípio da autoridade, segundo o qual, quanto mais poderes são atribuídos à autoridade persecutória, maiores são as probabilidades de alcançar a verdade.[35]

O julgamento dos templários ilustra a centralidade do devido processo legal, que pode ser definido da seguinte forma: "Conjunto complexo e plural de 'diversas garantias constitucionais' que, associado aos parâmetros da ética e da moral, busca, em última análise, assegurar o correto exercício da jurisdição, ao mesmo tempo que legitima o poder jurisdicional exercido pelo julgador e titularizado pelo Estado-juiz."[36] No âmbito das garantias processuais, devido processo legal implica a imparcialidade do julgador e do acusador, a competência do juiz natural e a inadmissibilidade das provas ilícitas.

Ao mesmo tempo, o devido processo legal atua na limitação e na legitimação do poder do Estado, por desempenhar um papel importante no contexto do Estado de Direito, que conota apenas o modo de exercício de poder. Nele, o aparato estatal executa seus objetivos de acordo com as regras jurídicas, reconhecendo, atribuindo e garantindo aos cidadãos uma liberdade jurídica.[37] No Estado de Direito, o Direito não representa um limite, mas sim meio de exercício do poder.

Considerações finais

No mês de setembro de 2001, a historiadora italiana Barbara Frale encontrou nos arquivos secretos do Vaticano o Pergaminho de Chinon. Datado entre 17 e 20 de agosto de 1308, a ata confirma que o papa Clemente V absolveu Jacques de Molay e os demais dirigentes da Ordem dos Templários das acusações feitas pela Inquisição. Na realidade, o pergaminho simboliza a incapacidade da Igreja Católica de resistir à pressão da coroa francesa, uma vez que Felipe IV logrou dissolver a ordem e executar seus líderes.

Com amparo nesse documento, a Associação da Ordem Soberana do Templo de Cristo, cujos integrantes alegam ser descendentes dos templários, ajuizou contra o papa Bento XVI uma ação pleiteando o reconhecimento de que a Igreja Católica tomou posse de terras, moinhos e navios de valor total superior a cem bilhões de euros.[38] Segundo os líderes da associação, o fito da ação é restaurar o nome da ordem, e não recuperar os danos: "Não estamos tentando causar o colapso econômico da Igreja Católica Romana, mas ilustrar ao tribunal o tamanho da trama contra a ordem." [39]

Os abusos cometidos ao longo das investigações contra a Ordem dos Templários são ilustrativos dos perigos por detrás de um processo penal inquisitório e, mais do que isso, de um sistema persecutório em que os fins justificam os meios. A apropriação de competência e parcialidade do acusador e julgador, a extração de confissão por tortura e a manipulação da opinião pública foram alguns dos elementos que marcaram o processo contra os templários. Eram inexistentes quaisquer meios, procedimentos e instrumentos orientados a garantir o respeito, a efetividade do gozo e a exigibilidade dos direitos, de maneira que o jurisdicionado tivesse meios de realizar sua defesa.[40]

Em tempos de radicalização da política, com o consequente risco de politização da Justiça, o julgamento dos templários deve servir de exemplo dos perigos subjacentes a um processo judicial que desrespeita as garantias do acusado em nome da obtenção de resultados. O processo não pode servir como instrumento de opressão do Estado contra o cidadão. Antes, é meio de defesa e a proteção do ser humano contra o arbítrio.

O devido processo legal, com os desdobramentos da ampla defesa, da presunção da inocência, da vedação da prova ilícita, da fundamentação e publicidade de decisões, é indispensável ao processo justo. Cuida-se de "um conjunto de garantias que devem ser observadas a fim de que a jurisdição cumpra sua finalidade de pacificação dos conflitos e aplicação justa da lei, garantindo a liberdade, a igualdade e dignidade dos cidadãos".[41]

O julgamento dos templários ensina que as garantias processuais são a primeira defesa do cidadão contra as arbitrariedades e os abusos do Estado. O devido processo legal é resultado de lenta e penosa construção do Estado de Direito, cujo ordenamento jurídico orienta-se ao direito do cidadão, e não do interesse do governante. O nível de civilidade de uma sociedade pode ser medido pelo apreço dispensado à defesa do acusado.

O indivíduo possui direito à preservação de sua liberdade e de seus bens, ante a menor intervenção do Estado. No paradigma hoje vigente, em que o processo penal é instrumento de garantia da dignidade do acusado, o julgamento dos templários há de ser lembrado e estudado como exemplo a ser evitado. Existindo indícios de materialidade e de autoria de crime, as investigações e os processos devem ser conduzidos pelo aparato repressivo estatal na mais estrita obediência às balizas legais, preservando-se os direitos fundamentais do ser humano.

Bibliografia

ANDRADE, Mauro Fonseca. *Sistemas processuais penais e seus princípios reitores*. Curitiba: Juruá, 2008.

BADARÓ, Gustavo. *Ônus da prova no processo penal*. São Paulo: Editora Revista dos Tribunais, 2003.

BARBER, Malcolm. *The New Knighthood: A History of the Order of the Temple*. Cambridge: Cambridge University Press, 1996.

BURMAN, Edward. *Templários: Os cavaleiros de Deus*. 5. ed. Rio de Janeiro: Record, 2005.

CAPEZ, Fernando. *Curso de processo penal*. 15. ed. rev. São Paulo: Editora Saraiva, 2008.

COÊLHO, Marcus Vinicius Furtado. *Garantias constitucionais e segurança jurídica*. Belo Horizonte: Fórum, 2015.

FRALE, Bárbara. *Os templários*. São Paulo: Madras, 2007.

FRANCO JÚNIOR, Hilário. *A Idade Média: O nascimento do ocidente*. São Paulo: Brasiliense, 1986.

FRIEDE, R. Reis. "A garantia constitucional do devido processo legal". *Justitia*, São Paulo, n. 57, v. 172, out./dez. 1995.

GOVAN, Fiona. "Knights Templar Heirs in Legal Battle with Pope". *The Telegraph*, 3 ago. 2008. Disponível em: <www.telegraph.co.uk/news/worldnews/europe/spain/2495343/Knights-Templar-heirs-in-legal-battle-with-the-Pope.html>. Acesso em: 3 abr. 2018.

HAAG, Michael. *Os templários*. São Paulo: Primo, 2009.

LOPES JR., Aury. *Direito Processual Penal e sua conformidade constitucional*. 3. ed. Rio de Janeiro: Lúmen Juris, 2008.

_____. *Direito Processual Penal*. São Paulo: Editora Saraiva, 2013. p. 106-107.

MARTIN, Sean. *The Knights Templar: The History & Myths of the Legendary Military Order*. Nova York: Thunder's Mouth Press, 2005.

MATTEUCI, Nicola. "Constitucionalismo". In: BOBBIO, Noberto; MATTEUCI, Nicola; PASQUINO, Gianfranco. *Dicionário de política*. 1. ed. Brasília: Editora Universidade de Brasília, 1998.

MENDES, Gilmar Ferreira; BRANCO, Paulo Gustavo Gonet. *Curso de Direito Constitucional*. 8. ed. rev. e atual. São Paulo: Saraiva, 2013.

MIRABETE, Julio Fabbrini. *Processo penal*. 18. ed. São Paulo: Atlas, 2008.

NETTO, José Laurindo de Souza. *Processo penal: Sistemas e princípios*. Curitiba: Juruá, 2003.

OPPERMANN, Álvaro. "Templários: irmandade de Cristo". *Superinteressante*, 31 out. 2016. Disponível em: <https://super.abril.com.br/historia/templarios-a-irmandade-de-cristo/>. Acesso em: 28 mar. 2018.

PERNOUD, Regine. *Os templários*. Lisboa: Publicações Europa-América, 1974.

RALLS, Karen. *Knights Templar Encyclopedia: The Essential Guide to the People, Places, Events and Symbols of the Order of the Temple*. Franklin Lakes, NJ: Career Press, 2007.

READ, Piers Paul. *Os templários*. Rio de Janeiro: Imago Editora, 2001.

REZENDE FILHO, Cyro de Barros. *Guerra e poder na sociedade feudal*. São Paulo: Editora Ática, 1995.

TOURINHO FILHO, Fernando da Costa. *Processo penal*. 32. ed. rev. e atual. São Paulo: Editora Saraiva, 2010. v. 1.

VIEIRA D'AREIA, A. *O processo dos templários*. Porto: Livraria Civilização, 1947.

SCOTT, Sir Walter. *Ivanhoe*. Disponível em: <https://ebooks.adelaide.edu.au/s/scott/walter/ivanhoe/>. Acesso em: 28 mar. 2018.

Notas

1 Haag, 2009, p. 104-105.
2 Burman, 2005, p. 21.
3 Disponível em: <https://damatemplaria.wordpress.com/2016/03/08/o-papel-de-sao-bernardo-na-ordem-do-templo/>. Acesso em: 22 mar. 2018.
4 "Não nos dês a nós, Senhor, não nos dês a nós a glória, mas dá-a a teu nome." (Sl, 113,9).
5 Haag, 2009, p. 110.
6 Martin, 2005, p. 48.
7 Ralls, 2007, p. 28.
8 Martin, 2005, p. 99.
9 Cf. Frale, 2007, p. 107-125.
10 Oppermann, 2016.
11 Sir Walter Scott, *Ivanhoe*.
12 Burman, 2005, p. 178.
13 Frale, 2007, p. 117.
14 *Id.*
15 Barber, 1996, p. 135.
16 Frale, 2007, p. 125.
17 *Id.*
18 *Id.*
19 Burman, 2005, p. 210.
20 Frale, 2007, p. 137.
21 Martin, 2005, p. 118.
22 Pernoud, 1974, p. 144-146.
23 Martin, 2005, p. 123-124.
24 Andrade, 2008, p. 28.
25 Lopes Jr., 2013, p. 106-107.
26 Lopes Jr., 2008, p. 56-57.
27 Mirabete, 2008, p. 15
28 Coêlho, 2015, p. 54.
29 Netto, 2003, p. 25.
30 Capez, 2008, p. 46.
31 Coêlho, 2015, p. 54.
32 Tourinho Filho, 2010, p. 113.
33 Netto, 2003, p. 25.

34 Coêlho, 2015, p. 57.
35 Badaró, 2003, p. 105.
36 Friede, 1995, p. 49.
37 Matteuci, 1998, p. 251.
38 Govan, 2008.
39 *Id.*
40 Coêlho, 2015, p. 48.
41 *Ibid.*, p. 51-52.

Visconde de Mauá

Paulo Penalva Santos

> "Na nossa história, apareceram muitas figuras de idealistas, mas apenas um dentre eles intuiu, desde meados do século XIX, que a chave para a modernização do Brasil estava na industrialização. Essa é a singularidade de Mauá, que tentou antecipar, em um século, a nossa inserção na modernidade. Ao rejeitarem sua liderança, os que mandavam no Brasil condenaram-nos ao subdesenvolvimento."
>
> Celso Furtado

Introdução

A vida do Visconde de Mauá é um caso fascinante. Trata-se da trajetória de um jovem caixeiro que se tornou o maior comerciante do Império e, de forma visionária, inaugurou a fase de industrialização no Brasil.

Apesar de ter sido o precursor da livre iniciativa no Brasil, o insucesso que o levou à falência não ocorreu apenas porque o governo não levou em conta a importância do seu empreendedorismo, mas também por causa de uma legislação inadequada para as atividades de comerciante, industrial e banqueiro, as quais ele exercia em vários países da América do Sul e da Europa.

A bibliografia sobre Mauá é riquíssima, destacando-se a *Exposição aos credores*, escrita por ele em apenas quinze dias, que influenciou todos os estudos a seu respeito. De acordo com Jorge Caldeira, Celso Furtado considerava a *Exposição* uma das quinze obras mais importantes da cultura brasileira.[1]

As atividades profissionais do Visconde de Mauá

Órfão de pai, Mauá deixou sua cidade natal, Arroio Grande, na província do Rio Grande do Sul, aos 11 anos. Foi com o tio, um capitão da marinha mercante, para o Rio de Janeiro e passou a trabalhar como caixeiro numa pequena casa de comércio. Depois, empregou-se na casa comercial de João Rodrigues Pereira de Almeida, onde permaneceu por mais ou menos quatro anos. Como lembra Castro Rebello, "naquele tempo, a própria colocação numa pequena casa de negócio, a sujeição aos rigores do trabalho, impostos a um caixeiro, estavam longe de corresponder, forçosamente, a uma necessidade. Eram, antes, o melhor meio, o único, talvez, de preparar-se o futuro negociante: a aprendizagem, a escola indispensável. Ainda hoje essa tradição se mantém em grande parte do comércio".[2]

Essa era a melhor escola que um jovem poderia ter no ramo do comércio. E Mauá soube aproveitar ao máximo a oportunidade que lhe fora dada.[3]

Em 1829, a Casa de Comércio de Pereira de Almeida abriu falência, e entre os maiores credores estava o comerciante inglês Richard Carruthers, que foi generoso com seu devedor, permitindo que a residência de Almeida fosse excluída da falência. Diante do gesto de extrema generosidade, Almeida apresentou Mauá a Carruthers, que logo o convidou para trabalhar no seu estabelecimento.[4]

Aos poucos, Mauá foi ganhando a confiança de Carruthers, até se tornar seu sócio, em 1836. Graças à dedicação e à lealdade do novo empregado, Carruthers deixou Mauá no comando da sua casa de importação e exportação quando teve que voltar para a Inglaterra em 1837.

O EMPRESÁRIO

Para entender a trajetória de Mauá e os riscos que ele correu como empresário, é fundamental compreender que a legislação em vigor até 1850 era muito confusa e omissa, o que gerava uma insegurança jurídica extraordinária. Para que se tenha uma ideia dessa gigantesca dificuldade enfrentada pelos empresários, vale lembrar a exposição do deputado Pereira da Silva sobre a legislação comercial, em 1843:

> Qual é a nossa legislação comercial? A Lei de 18 de agosto de 1769, com alguns alvarás, dispõe pequenas medidas, e manda em todos os casos omissos reger-se pela legislação dos povos cultos. Ora, quase todos os casos são omissos, e os que não o são já às luzes do século presente prescreveram; as nações estrangeiras, pelos seus hábitos e costumes, têm diferenças mais ou menos sensíveis em suas leis. E o que acontece? É que cada magistrado, ao proferir sentença sobre causas comerciais, dá como lhe parece. Não há homogeneidade, não há conhecimento fixo e determinado de todos os estilos e usos das praças de comércio, que muito devem influir nos julgamentos. As questões de seguro, das preferências dos credores, dos contratos de riscos, das quebras e bancarrotas fraudulentas, não tendo legislação, são decididas e julgadas tão diferentemente quantos são os magistrados que tomam delas conhecimento. O código criminal define o crime de bancarrota como aquele que assim for qualificado pelas leis comerciais; não há leis comerciais a respeito; nas das nações estrangeiras há diferenças entre bancarrotas fraudulentas e bancarrotas sem culpa; a experiência tem demonstrado que desta falta de legislação resulta que o crime de bancarrota não existe no Brasil.[5]

Foi nesse ambiente de extrema insegurança jurídica que Mauá aventurou-se com muita coragem na atividade industrial, até então inédita no país.[6]

Entre 1846 e 1878, Mauá esteve à frente dos seguintes empreendimentos: Ponta da Areia, 1846-1877; Rebocadores do Rio Grande, 1849-1850; Gás do Rio, 1851-1865; Serviços no Prata, 1850-1851; Cia. Fluminense de Transportes, 1852; Banco do Brasil, 1851-1853; Estrada de Ferro Mauá, 1852-1875; Cia. de Navegação do Amazonas, 1852-1872; Estrada de Ferro de Pernambuco, 1853; Estrada de Ferro da Bahia, 1853; Diques Flutuantes, 1852; Mauá, Mac Gregor & Co., 1854-1866; Canal do Mangue, 1855-1858; Luz Esteárica, 1854-1864; Montes Áureos, 1862; Cia. de Curtumes, 1860-1869; Estrada de Ferro de Santos a Jundiaí, 1855-1868; Estrada de Ferro D. Pedro II, 1855; Caminho de Ferro da Tijuca, 1856-1868; Cia. Jardim Botânico, 1861-1868; Estrada de Ferro de Paraná a Mato Grosso, 1871-1874; Cabo Submarino, 1872-1874; Abastecimento de Água, 1874-1877; Estrada de Ferro do Rio Verde, 1875; Banco Mauá & Cia., 1867-1878.[7]

Em 1846, Mauá, já tendo acumulado grande fortuna no comércio de importação e exportação, resolve investir na atividade industrial, adquirindo a oficina de fundição e estaleiro Ponta da Areia.

A sua decisão foi tomada principalmente por dois motivos: primeiro, por causa de sua viagem à Inglaterra em 1840, quando visitou uma grande fundição de ferro e maquinismos em Bristol, destinada à construção naval. Ali, percebeu que "a indústria que manipula o ferro era a mãe de todas as outras, e, com iniciativa semelhante, poderia abrir-se a era verdadeiramente industrial no Brasil".[8] Além disso, Mauá aproveitou a grande oportunidade criada pela política econômica de Alves Branco, decretada em 1844, que incentivou a criação de indústrias no Brasil ao aumentar o imposto de importação, que passou de 15% para 30%, quando não havia similar nacional, e para 60%, quando havia similar nacional. Assim, com a implantação dessa política surge a possibilidade de investir-se na produção industrial brasileira.[9]

Cláudio Ganns, analisando a importância das atividades industriais desenvolvidas na Ponta da Areia, anota o seguinte:

> Aí é que forjam os tubos para o encanamento de águas da cidade, não só para as obras do rio Maracanã, como ainda para as do rio Andaraí Grande, bem mais vultosas do que aquelas; como não fosse pago pelo governo por estes fornecimentos, Mauá representou à Câmara, em longa exposição, pedindo a abertura do crédito. Aí ainda se fabricam os lampiões de ferro e os encanamentos destinados ao fornecimento do gás à cidade, para a empresa também por Mauá criada. Aí se constroem, no período de 11 anos, cerca de 72 navios — alguns deles auxiliaram transportes de tropas brasileiras nas guerras contra Rosas e Oribe; outros prestariam serviços assinalados na guerra do Paraguai; e alguns que iniciam na costa do Brasil o sistema da navegação a vapor, concorrendo com navios ingleses. Ainda aí descem a carreira o rebocador a vapor, para servir na barra do Rio Grande do Sul, e navios para o tráfego do Amazonas.[10]

Mas o que possibilitou o crescimento da Ponta da Areia foi também a causa do seu insucesso: a modificação da política aduaneira. Em 1860, o governo, pressionado pelos interesses dos ingleses, modificou as tarifas aduaneiras, facilitando a importação de maquinários de ferro. Ao estaleiro da Ponta da Areia, que cresceu e se desenvolveu sob essa política tarifária, seria impossível sobreviver sem essa proteção do mercado, pois não teria competitividade para concorrer com estaleiros estrangeiros.[11]

Além disso, o governo reduziu de modo drástico as encomendas, o que obrigou Mauá a vender o estaleiro, encerrando, assim, a sua atividade de industrial.[12]

O banqueiro

Até meados do século XIX, "o tráfico de escravos era o motor da economia brasileira, o centro de toda a engrenagem do dinheiro".[13]

Com o fim do tráfico, que passou a ser considerado contrabando, surgiu um enorme problema para a economia, pois os traficantes detinham uma quantidade enorme de capital, mas não poderiam mais aplicá-lo nessa atividade ilícita. Mauá logo percebeu que havia uma oportunidade extraordinária para alocar esses recursos em outras atividades produtivas, mas era necessário criar um veículo financeiro para tal propósito.

Pouco mais de seis meses após o término do tráfico, Mauá criou um banco que já nasceu grande, pois "teria um capital cinco vezes maior do que seu único concorrente na praça, o Banco Comercial, fundado por um grupo de comerciantes alguns anos depois da extinção do Banco do Brasil. O simples fato de Irineu ter conseguido juntar gente disposta a um investimento deste porte — o volume do capital equivalia a um terço do Orçamento do Império em 1851 — indicava o tamanho da mudança acontecida no país".[14]

Durante mais de duas décadas, a Casa Bancária Mauá e Cia. exerceu um papel primordial na vida econômica e financeira do país, pois levou capital para o comércio, para a indústria e para outras atividades que tanto necessitavam de recursos.

Mas as dificuldades da Casa Bancária Mauá e Cia. decorreram principalmente de negócios na região platina, em especial pela inadimplência do governo uruguaio, obrigando Mauá a encerrar temporariamente suas atividades naquela região.[15]

Por essa razão, em 1875, em busca de recursos que correspondiam a menos de 3% dos negócios do banco, Mauá pede ao refundado Banco do Brasil um adiantamento, oferecendo como pagamento ações da Cia. Pastoril, que valiam o dobro do valor solicitado. Embora essa operação fosse vantajosa para o Banco do Brasil (agora controlado pelo governo), ela foi recusada, resultado da incompetência e da falta de percepção do governo em relação às consequências que adviriam da quebra do Banco Mauá. Também o banco oficial não se sensibilizou com o fato de que o próprio governo brasileiro havia solicitado a Mauá que ajudasse o governo uruguaio, devastado por conflitos regionais.[16]

Assim, grande parte das dificuldades financeiras do Banco Mauá no Uruguai foi causada pelo próprio governo brasileiro, que ajudava o país vizinho com recursos de Mauá. Como disse o próprio empresário na sua *Exposição aos credores*, "me foi negado um modesto auxílio que era reclamado pelas condições excepcionais em que se viu colocado o Banco Mauá e Cia. em país estranho".[17]

As causas da moratória

Embora Mauá enumere várias causas da moratória (seriam seis), as principais foram os negócios no Uruguai e a inadimplência da Cia. Santos-Jundiaí, que lhe devia uma quantia significativa. Esse litígio com a Cia. Santos-Jundiaí decorreu

> de adiantamento de recursos para a construção, tanto para os empreiteiros como para a própria companhia. No curso da construção da estrada, Mauá & Cia. realizou vários adiantamentos aos empreiteiros contratados pela companhia. Ao final da obra, surgiram divergências entre a companhia e Mauá & Cia. sobre o reembolso dessas despesas. A batalha judicial durou vários anos, com recursos e agravos, que já demonstravam a lentidão da justiça e as manobras protelatórias. Os advogados demonstraram grande competência, com amplo conhecimento dos Direitos pátrio e estrangeiro, e no curso do processo ocorreram decisões favoráveis a Mauá, mas o desfecho final lhe foi desfavorável.[18]

A moratória poderia ser obtida pelo comerciante que demonstrasse que a impossibilidade de cumprir suas obrigações decorre de fatos imprevistos ou de força maior, devendo provar ter condições de pagar todos os seus credores. Mas o problema que Mauá enfrentou foi o prazo improrrogável de três anos para o cumprimento da moratória. A impossibilidade de cumprir a moratória no prazo legal foi a principal causa que levou Mauá a decretar falência.

Mas, além da dificuldade do prazo, havia outra questão que gerou enorme polêmica na moratória da Casa Bancária Mauá. Deferido o processamento da moratória, seria convocada uma reunião de credores para deliberar sobre os termos da moratória proposta pelo devedor, "sendo necessário para a concessão que nela contenha a maioria dos credores em número, e que ao mesmo tempo represente dois terços dos credores sujeitos aos efeitos da moratória" (artigo 900, alínea 1ª, do Código Comercial). Mauá, que tinha mais de dois mil credores espalhados pelo país e também no exterior, obteve a concordância de mais de mil credores, mas não atingiu o quórum de dois terços no prazo de três anos.[19]

Mauá apresentou várias propostas de alteração da legislação para viabilizar o cumprimento da moratória, mas não obteve sucesso. Por isso, foi obrigado a decretar falência. Mauá registrou a sua decepção em correspondência ao amigo Ricardo Ribeiro:

> Não só não obtive o que queria — que era a coisa mais razoável do mundo, pois pedia apenas que num caso omisso do Código Comercial (liquidação de bancos) fosse resolvido o modo e a forma de liquidação pelos credores, que são os únicos interessados desde que não se trate de bancos de emissão. E o que se poderia esperar em última análise era a aplicação da doutrina do Código a respeito de concordatas, fazendo-a extensiva às liquidações, desviando-se a falência já desnecessária pelos atos judiciais que precederam a concessão da moratória que ficaram desvirtuadas, incluindo-se a ideia de liquidação de que não tratam os artigos sobre moratória. A nada quiseram atender. Sabendo que eu tinha maioria no Conselho de Estado, recusaram o recurso.[20]

A falência

A falência de Mauá foi decretada porque ele não conseguiu cumprir a moratória em três anos, apesar de já ter pagado mais de 66% do passivo da moratória. A petição de confissão da falência manuscrita, como eram todos os atos da época, registra a probidade pessoal de Mauá no trato de seus negócios e a sua preocupação em preservar os interesses dos credores. Mauá evitou quaisquer medidas protelatórias, pois confessa a falência poucos dias após o decurso do prazo de três anos.[21]

Também fica registrada na petição inicial a exiguidade do prazo para cumprir a moratória e as totais insensibilidade e inércia do governo, que poderia ter tomado medidas para evitar a quebra. Vejamos os fundamentos da confissão de falência:

> O prazo que o Código Comercial concede para moratória é insignificante relativamente a grandes associações bancárias e sociedades anônimas; sendo certo que nenhum Banco em nenhuma parte do mundo se liquidou jamais em três anos, o que por si só indica a impossibilidade de o conseguir no Brasil. (...)
>
> Não se lhe podendo constatar nem a exiguidade do prazo, nem a vantagem de não se perturbar a liquidação bem começada, requereram providências nesse sentido ao governo imperial, conjuntamente com outros Bancos que se julgaram em idênticas circunstâncias.
>
> O governo representou-se incompetente para tomar tais providências.

Em 25 de junho de 1878, o juiz decreta a quebra da Sociedade Bancária Mauá e Cia., nos seguintes termos:

> Vistos os autos, nos quais a sociedade bancária Mauá e Cia., estabelecida nesta praça e com filiais nas províncias do Pará, São Paulo e São Pedro do Rio Grande do Sul, expõe que, tendo obtido moratória em 21 de junho de 1875, findou-se o prazo dela sem que bastasse para saldar todo o seu passivo; declaro aberta a falência dessa firma, de que é chefe e solidariamente responsável o Visconde de Mauá, como se verifica dos autos apensos da moratória, sendo

a declaração da quebra compreensiva não só da casa matriz como também de todas as filiais existentes no Império, atentar a minha competência em razão do domicílio do estabelecimento principal, e data os efeitos da falência do dia 21 do corrente.

Ou seja, a falência foi decretada pelo simples decurso do prazo de três anos, o qual era, a toda evidência, impossível de ser atendido, considerando a complexidade para realizar os ativos e o número de credores da Casa Bancária Mauá e Cia.

Declarada a quebra, a questão de maior relevância girava em torno do motivo da falência, que poderia ser causal, culposa ou fraudulenta (art. 798). Essas três hipóteses eram definidas, respectivamente, nos artigos 799, 800 e 802. No Código Comercial, o reconhecimento de fraude na falência tinha consequências gravíssimas, pois, além das sanções penais, o falido jamais poderia ter a sua reabilitação perante o Tribunal de Comércio (art. 895).

Embora a falência da Sociedade Bancária Mauá e Cia. fosse evidentemente causal, pois não decorreu de culpa ou fraude, Mauá foi injustamente perseguido pelos curadores fiscais, que tentaram lhe impingir uma responsabilidade que jamais teve.[22]

Jorge Caldeira relata esse fato, mencionado por Mauá ao seu amigo Ricardo Ribeiro. Após o decreto da falência, representantes da massa falida apresentavam um relatório importante, que tinha por finalidade informar se a falência era ou não fraudulenta. Esse exame era essencialmente contábil. Como a contabilidade das falidas na maioria das vezes era omissa e lacunosa — como ocorreu na falência do banqueiro Souto —, os peritos tentaram, a todo custo, encontrar falhas na contabilidade da Casa Bancária Mauá e Cia. Vejamos o comportamento dos peritos e a reação de Mauá:

> Não tenho lhe escrito há bastante tempo, já por falta de assunto, já pelo estado de irritação que criou em meu espírito a conduta dos peritos que nos puseram para examinar a contabilidade e que

entenderam dever fazer mais bem o papel de inquisidores. Parece que tinham na mente fazer fortuna impondo-me uma grande gorjeta para que deixassem de mencionar alguma irregularidade de grosso calibre que esperavam encontrar — ou pelo menos afastar do conhecimento do juiz de falências alguns nomes próprios que eu me visse na necessidade de esconder para evitar escândalo, que é o que se procura nesta terra no estado desmoralizado em que o país está. Como me encontraram sobranceiro, e seguro de que nada podiam descobrir que me comprometesse, e só muito levemente a terceiros, e ainda assim por interpretações forçadas, ficaram desesperados e quiseram ver se me cansavam a paciência com delongas e impertinências, entrando num exame como nunca dantes foi feito. Levaram assim mais de seis meses para fazer um trabalho que podia ser honestamente feito em seis semanas, em presença do método e regularidade da contabilidade que lhe são familiares. E afinal apresentaram um relatório pelo qual, impossibilitados como estavam de encontrar alguma culpa ou fraude, entraram no domínio das conjecturas e apreciações que podiam a seu ver criar dúvidas no ânimo do juiz.[23]

Como a contabilidade da falida era exemplar, realizada com o maior rigor possível, o juiz, em apenas três dias, reconheceu que a falência foi casual, fato esse que os fiscais demoraram mais de seis meses para constatar.[24]

Essa decisão do juiz foi de suma importância, pois permitiria que mais tarde Mauá pudesse, como de fato ocorreu, pedir a sua reabilitação como comerciante.

Além disso, a falência entrou na fase de liquidação, na qual a lei previa a nomeação de um liquidante. A grande preocupação de Mauá era que a liquidação dos ativos fosse feita de forma a preservar o maior valor possível. E isso só seria viável com a orientação do próprio Mauá, que conhecia como ninguém como fazê-lo.[25]

Mauá tinha como principal preocupação preservar os interesses dos credores, pois a realização precipitada e desordenada dos ativos seria prejudicial aos maiores interessados, que eram exatamente os credores. Assim, "não levou muito tempo na tarefa de convencer os liquidantes, que logo se tornaram seus amigos e passaram a seguir escrupulosamente suas recomendações para o prosseguimento do processo de liquidação. O trabalho seria necessariamente lento; na massa falida, ficaram muitos ativos de difícil realização — dívidas crônicas embora garantidas, imóveis complicados de vender, créditos de governos provinciais em dificuldades". [26]

Inovadora foi a proposta apresentada por Mauá para pagar os últimos credores, que consistia em entregar parte em dinheiro e parte em ações da Cia. Agrícola Pastoril. Como essa forma de pagamento era feita no interesse dos credores, o juiz deferiu esse pedido em maio de 1881.[27]

Concluída a liquidação com o pagamento integral dos credores, o juiz encerrou a falência, declarando a extinção das obrigações do falido através da carta de reabilitação do comerciante.

Conclusão

Mauá foi um homem à frente de seu tempo, pois numa economia agrária, baseada no trabalho escravo, percebeu que a modernização do país estava na industrialização.

Inovou ao realizar empreendimentos como a construção de ferrovias, navios e bancos, tendo financiado e concluído dezenas de obras públicas de grande relevo, tais como a instalação de iluminação a gás, canalização de vários rios, abastecimento de água, construção de cabo submarino ligando o Brasil a outros continentes, dentre outros. Na sua época, das dez maiores empresas brasileiras, oito foram criadas por ele.

Apesar de ter contribuído de forma extraordinária para o desenvolvimento do país, o seu insucesso foi causado principalmente pela incapacidade do governo de perceber a importância do seu empreendedorismo e também pela legislação inadequada para regular atividades com a dimensão que imprimiu aos seus negócios.

Depois de encerrada a falência, Mauá redigiu a *Exposição aos credores*, na qual relata toda a sua trajetória, ficando evidente o vigor do sentimento que sempre norteou a sua vida: a probidade pessoal no trato de seus negócios, pois pagou integralmente todos os seus credores. Assim, conclui a *Exposição aos credores* com o seguinte legado:

> Só me resta fazer votos para que, no *meio século* que se segue, encontre o meu país quem se ocupe dos melhoramentos materiais da nossa terra com a mesma fervorosa dedicação e desinteresse (digam o que quiserem os maldizentes) que acompanharam os meus atos durante um período não menos longo, serviços que tiveram em recompensa um procedimento desnecessário, pois esse fato da intervenção do poder só pode dar-se porque a legislação insuficiente que possuímos a respeito dos interesses monetários desconhece o verdadeiro princípio em que assentam esses interesses: — a liberdade das convenções.
>
> Que nas reformas que se apregoam como necessárias ao bem-estar social de nossa pátria não esqueçam os que se acharem à frente da governação do Estado que o *trabalho* e *interesses econômicos* do país são mais que muitos dignos da proteção e amparo a que têm direito.
>
> Pela parte que me toca, fui *vencido*, mas não *convencido*.[28]

Jorge Caldeira resumiu a situação de Mauá após a sua reabilitação como comerciante: "com setenta anos de idade, o Visconde de Mauá saía do pesadelo da falência em condições muito melhores do que poderia supor o mais otimista de seus amigos. Não só tinha pagado todas as dívidas da empresa, como era ainda um homem bastante rico."[29]

BIBLIOGRAFIA

CALDEIRA, Jorge. *História da riqueza do Brasil: Cinco séculos de pessoas, costumes e governo*. Rio de Janeiro: Estação Brasil, 2017.

_____. *Mauá: Empresário do império*. São Paulo: Companhia das Letras, 1995.

CASTRO REBELLO, Edgardo de. *Mauá & outros estudos*. Rio de Janeiro: Liv. São José, 1975.

GANNS, Claudio. Prefácio e anotações. In: MAUÁ, Visconde de. *Autobiografia: "Exposição aos credores e ao público" seguida de "O meio circulante do Brasil"*. Rio de Janeiro: Livraria Ed. Zelio Valverde, 1943.

MENDONÇA, Jose Xavier Carvalho de. *Tratado de Direito Commercial brasileiro*. 2. ed. Rio de Janeiro: Freitas Bastos, 1930. v. I.

VENANCIO FILHO, Alberto. "As ações judiciais de Mauá". In: SOUZA, Ricardo Timm de; FOSSATTI, Nelson Costa. *Mauá, paradoxos de um visionário*. Porto Alegre: Letra&Vida, 2013.

VILLELA, André. "Política tarifária no II Reinado: evolução e impacto, 1850-1889". *Rev. Nova Economia*, Belo Horizonte, v. 15, n. 1, p. 35-68, jan./abr. 2005.

Notas

1 Caldeira, 1995, p. 547.
2 Castro Rebello, 1975, p. 8.
3 VENANCIO FILHO, Alberto. As ações judiciais de Mauá. In: SOUZA, Ricardo Timm de; FOSSATTI, Nelson Costa. *Mauá, paradoxos de um visionário*. Porto Alegre: Letra&Vida, 2013. p. 359.
4 Caldeira, *op. cit.*, p. 117ss.
5 Mendonça, p. 120.
6 Jorge Caldeira também destaca a importância dessa insegurança jurídica enfrentada por Mauá ao afirmar que: "Na altura em que decidiu apostar em empreendimentos industriais, Irineu Evangelista de Sousa deixou de fazer parte daquele indistinto lugar histórico e social reservado pelo governo brasileiro aos empresários. O mundo empresarial ainda era regulado pelo Livro IV das Ordenações do Reino, cujo conteúdo guardava influência da realidade mercantil do século XV — as últimas alterações relevantes haviam sido introduzidas no século XVI. Tão obsoleto era o instituto que nem sequer previa a separação legal e contábil entre a pessoa física do empresário e a pessoa jurídica da empresa. Por exemplo, por ocasião da morte

de um comerciante, todas as contas de seu negócio eram incluídas no testamento — e, às vezes, créditos e débitos demoravam anos para ser quitados, em meio a disputas de filhos e parentes pelos bens" (2017, p. 248).

7   Ganns, 1943.
8   Ganns, *op. cit.*, p. 37.
9   Villela, 2005.
10 Ganns, *op. cit.*, p. 45.
11 Ganns, *op. cit.*, p.46.
12 *Ibid.*
13 Caldeira, 1995, p. 220.
14 Caldeira, *op. cit.*, p. 226.
15 Ganns, *op. cit.* p. 287.
16 Ganns, *op. cit.*, p.87.
17 Ganns, *op. cit.*, p. 226.
18 Venancio Filho, *op. cit.*, p. 360-361.
19 O artigo 900 admitia que os credores pudessem ser representados por procuradores, mas havia dúvida se um mesmo procurador poderia representar mais de dois credores, o que era vetado pelo artigo 842 no caso de concordata. Mas essa restrição só havia para a concordata, e não para a moratória. A moratória se assemelhava à concordata preventiva do DL 7.661/45, sendo que a concordata do Código Comercial tinha a mesma finalidade da concordata suspensiva do DL. 7.661/45.
20 Caldeira, *op. cit.*, p. 527 e 528.
21 Consultamos os autos da falência no Instituto Histórico e Geográfico Brasileiro, sendo que alguns volumes estão extraviados.
22 A função do atual Administrador Judicial era desmembrada em dois momentos. Na fase de cognição atuavam os curadores (fiscais) e na liquidação atuavam os liquidantes. Essa informação é relevante, pois Mauá se indispôs com os fiscais, mas na fase de liquidação teve o apoio dos liquidantes.
23 Caldeira, *op. cit.*
24 *Ibid.*, p. 529.
25 *Ibid.*, p.530.
26 *Ibid.*, p. 530
27 *Ibid.*, p. 534.
28 Ganns, *op. cit.*, p. 273.
29 Caldeira, *op. cit.*, p. 535.

Philippe Pétain

Edgard Silveira Bueno Filho

Compiègne (1429), Compiègne (1430), Verdun (1916), Compiègne (1919), Ardennes (1940), Compiègne (1940).

O que esses lugares e datas têm a ver com o tema deste despretensioso e curto artigo?

Sem observar necessariamente a cronologia dos fatos, a nossa intenção é relacionar essas localidades históricas com a figura do marechal Pétain.

Verdun

Com as hostilidades já em andamento, a Batalha de Verdun foi uma das principais da Primeira Guerra Mundial. Foi travada na Frente Ocidental, nordeste da França, próximo à fronteira belga e nos acidentados terrenos existentes no entorno das fortificações de Verdun. Esse foi o local onde se encontraram, frente a frente, o exército alemão e as tropas francesas.

Com início em fevereiro de 1916, as escaramuças se desenrolaram em um terreno cheio de elevações, ao norte da cidade que leva o mesmo nome, também conhecida por Verdun-sur-Meuse, e duraram até dezembro do mesmo ano.

De acordo com estimativas contemporâneas, o número de vítimas aproximou-se de setecentos mil. Somente entre os franceses, 160 mil; já entre os alemães, foram 140 mil mortos.

Os efeitos da Primeira Guerra com o uso de armas produzidas na Europa pós-industrializada foram assustadores. Era possível ouvir o troar dos canhões de Verdun a duzentos quilômetros de distância. O escritor Ernst Jünger chamou esse fenômeno de "tempestade de aço" (Stahlgewittern).[1]

E até hoje, passados mais de cem anos dessa carnificina, ainda é possível encontrar os vestígios da guerra pelos campos locais; ainda existem restos das bombas lançadas por todos os lados.

Para se ter uma pálida ideia do que os soldados passaram, basta dizer que, quando iam cavar novas trincheiras, eram obrigados a colocar um dente de alho nas narinas para poder suportar o mau cheiro resultante da mistura de restos mortais com lama e detritos.

Ao final dos trezentos dias de batalha, essa parte da Lorraine ficou tão repleta de cadáveres espalhados que todas as tropas reunidas, auxiliadas pela população local, não foram suficientes[2] para enterrá-los.

Mais tarde, em 1927, um enorme ossuário teve de ser construído para abrigar os restos mortais de cerca de 160 mil soldados vítimas da batalha.

Em suma, Verdun foi a mais longa e uma das mais devastadoras batalhas da Primeira Guerra Mundial.

Isso porque os alemães, comandados pelo general Erich von Falkenhayn, que iniciou os ataques de artilharia e bombardeios no dia 21 de fevereiro, pretendiam quebrar o moral e o orgulho dos adversários. Ou, como atribuem a ele ter dito, "sangrar os franceses numa batalha longa e exaustiva".

De fato, além de querer impor esse sacrifício humano, ele pretendia romper um dos bastiões mais celebrados pela memória francesa,[3] que, por séculos, não deixara outros invasores passarem dali.

Percebendo a tática do inimigo e consciente da importância estratégica de impedir o avanço dos invasores, que, se transpusessem aquele ponto, facilmente chegariam ao litoral do Mar do Norte — o que possibilitaria uma invasão da Inglaterra —, o governo francês designou para o comando das tropas que resistiam às investidas alemãs o nosso protagonista: o ainda general Philippe Pétain.[4]

No início, os invasores conseguiram algumas vitórias importantes, principalmente com os fortes bombardeios lançados sobre as trincheiras francesas. Porém, a entrada de Pétain no comando das tropas propiciou o fortalecimento da resistência às investidas alemãs. Para tanto, ele se valeu de sua experiência nos anos iniciais da guerra, quando obtivera vitórias brilhantes com pouquíssimas baixas em suas fileiras.

Com o lema *On ne passe pas!*[5], o astuto Pétain adotou uma tática de rotatividade de tropas nos fortes e trincheiras para, assim, diminuir o cansaço dos soldados e os efeitos nocivos à moral decorrentes dos longos períodos estagnados em um mesmo local (porque não havia avanços de nenhum dos lados).

Com esse princípio rotativo idealizado por Pétain, realizou-se um jogo de xadrez que dizem ter envolvido membros de quase todas as famílias francesas nessa luta. Isso porque, em boa parte de 1916, diversos batalhões e companhias do exército foram deslocados para Verdun.

A vitória francesa na batalha de Verdun foi um dos fatores decisivos para o fim da Primeira Guerra Mundial. Na verdade, os rumos teriam sido outros se a França caísse, pois possibilitaria que as tropas invasoras ameaçarem a Grã-Bretanha a partir das costas do seu litoral norte.

Após o final da guerra, os alemães tiveram de se render e firmar o Tratado de Versailles.

Compiègne, 1429

Muitos séculos antes de ser palco da humilhação dos derrotados, na França assolada por outra guerra, a dos Cem Anos, levantou-se La Poucelle d'Orléans.

Depois de ter, em julho de 1429, convencido e escoltado o Delfim para sagrar-se rei da França[6] na Catedral de Reims, Joana D'Arc assumiu a campanha militar e comandou as forças francesas contra os dominadores ingleses.

Na primavera do ano seguinte, ao tentar libertar Compiègne, a heroína e santa padroeira da França foi aprisionada pelos borgonheses aliados dos invasores. Levada a julgamento pelo cardeal Cauchon, vassalo dos ingleses, Joana tinha mais ou menos 19 anos — como ela mesma declarou ao ser inquirida no processo — quando foi condenada à morte e queimada viva por heresia. Seu processo foi tão escandalosamente parcial que o papa Calisto III o anulou em 1456. Depois de ser reabilitada, Joana D'Arc foi canonizada pela Igreja Católica em 1909, pouco antes do início da Primeira Grande Guerra. Não por coincidência, Joana, que até então era reverenciada apenas pela direita francesa, ganhou a admiração nacional.

Compiègne, 1919

Para encerrar oficialmente as hostilidades da Primeira Guerra, após meses de intensas negociações, as potências centrais e os adversários da Tríplice Entente se reuniram em Compiègne para a assinatura do Tratado de Versailles, hoje considerado o estopim da Segunda Guerra, porque impôs à Alemanha reconhecer a independência da Áustria, ceder os territórios da Alsácia-Lorena à França e ainda reparar os danos causados pelo conflito, custos da ordem de trinta milhões de dólares.

Ardennes

Já tendo dominado a Dinamarca e derrotado as forças inglesas e norueguesas que defendiam a Noruega, as divisões alemãs, em maio de 1940, apoiadas pelos temidos tanques *panzers*, invadiram a Holanda, a Bélgica e também Luxemburgo. Logo depois, a moral dos franceses haveria de ficar baixíssima quando o que ainda restava de suas tropas e dos aliados britânicos foi encurralado em Dunquerque. Sem condições de resistir, em pouco tempo Hitler cumpriria o que prometera: entrar triunfalmente em Paris.

Pelos seus feitos na Primeira Guerra, que não se resumiram à heroica resistência em Verdun, Pétain, já considerado um herói nacional, recebeu o bastão de marechal em dezembro de 1918, mas ainda comandaria a ofensiva das tropas franco-americanas em território alemão. Nesse cenário, e sendo uma das personalidades mais populares da França, apesar dos seus 86 anos — ele nasceu em 1856 —, o agora marechal assumiu o cargo de primeiro-ministro do governo Lebrun, que se refugiara em Bordeaux.

A chegada de Pétain ao governo foi saudada como se dele se esperassem feitos extraordinários semelhantes aos obtidos vinte anos antes. Foi visto como um salvador. Mas a situação o deixava muito enfraquecido, por isso decidiu adotar uma tática militar defensiva — à qual De Gaulle se opusera —, e toda a França dava como selada a sua derrota militar.

Nesse ambiente, o Leão de Verdun, agora velho marechal, negociou um eufemístico armistício, por meio do qual cedeu aos nazistas boa parte do território francês, incluindo Paris. Em troca, Hitler tolerou a criação do *État Français*, cuja sede foi transferida para a estação de águas termais de Vichy.

Compiègne, 1940

Não bastasse a humilhação de entregar Paris aos nazistas, Hitler ainda exigiu que o ato de submissão fosse assinado no mesmo vagão de trem que fora palco do Tratado de Versailles. Queria devolver aos franceses a humilhação sofrida pelos alemães em 28 de julho de 1919.

Então, quinhentos anos depois de ter sido palco da prisão da heroína Joana D'Arc, Compiègne voltava a assombrar os franceses. Por trás da fachada do *État Français*, o governo de Vichy colaborou com o regime nazista, tendo tolerado, inclusive, a deportação de judeus para campos de concentração. O colaboracionismo de Pétain teve apoiadores e seguidores entre os políticos.[7] Contudo, também intelectuais, artistas e membros da burguesia,[8] mesmo sem se exporem, confraternizaram com os nazistas — em especial os que viviam na Paris ocupada. Lá a festa continuou, obviamente seguindo as rigorosas regras dos invasores: sem filmes americanos nos cinemas ou peças de teatro de autores judeus, e muito menos jazz — música de negros — nos cabarés. Contam-se entre os submissos Maurice Chevalier e Edith Piaf, que chegaram a cantar nos campos de prisioneiros franceses como parte da propaganda nazista. Até Picasso fazia de tudo para ficar de bem com os alemães, para continuar vendendo seus quadros em Paris. Portanto, a atitude de Pétain — se questionável — não fora desacompanhada.

Sendo perceptível a derrota que se anunciava, porém tendo evitado uma carnificina — afinal, o número de franceses mortos foi bem menor do que o da Primeira Guerra —,[9] Pétain fugiu das forças aliadas e se instalou na Alemanha, onde passaria os últimos meses da guerra. Com a vitória das tropas aliadas, o marechal Pétain, em atitude considerada por De Gaulle muito corajosa, atravessou a fronteira pela Suíça e retornou à França.

O JULGAMENTO

Com o fim da Segunda Grande Guerra, fez-se necessário eliminar o símbolo da humilhação representado pelo colaboracionismo de Vichy e curar as cicatrizes da consciência nacional francesa. Nada melhor, para tanto, do que a figura de Pétain assumir o papel de bode expiatório, que era inclusive exigido por aqueles que se opuseram ao triste *État Français*. Assim, de herói nacional a traidor da pátria, Pétain viria a ser julgado e condenado à morte pela *Haute Cour de Justice*.

Instalado, o Tribunal de Guerra o acusou de colaboracionismo e alta traição. A Alta Corte de Justiça que julgou o Leão de Verdun, ou o Traidor de Vichy, foi restaurada em suas competências — que haviam sido reduzidas em 1940 pelo próprio governo Pétain — em novembro de 1944.[10]

Sob a presidência do juiz Mongibeaux, a Corte foi encarregada de julgar o marechal Philippe Pétain, os membros de seu governo e seus eventuais cúmplices.[11] Esse tribunal de composição mista[12] teve entre os membros o presidente da *Cour de Cassation*,[13] assistido pelo presidente da câmara criminal daquela mesma Corte e pelo presidente da Corte de Apelação de Paris.[14] Seus 24 jurados foram escolhidos, por sorteio, entre os integrantes de duas listas. A primeira era composta por cinquenta senadores ou deputados que exerciam o mandato antes da assinatura de Pétain no Armistício. Todos haviam se oposto à rendição. Já a segunda lista era composta por cinquenta pessoas que pertenciam aos diversos movimentos da resistência — *La Résistance*.[15]

Certo ou errado, o fato é que, assim escolhido, o corpo de jurados foi, para dizer o mínimo, hostil ao acusado. Dizia-se que a intenção de todos, inclusive do general De Gaulle, era estabelecer um julgamento à revelia diante da ausência do réu. Porém, como já vimos, Pétain surpreendeu a todos e retornou à França.

"Deixem o réu entrar", ordenou Mongibeaux, presidente da Corte, iniciando o julgamento. E, com a altivez própria de quem foi um herói de guerra, Pétain entrou na sala da 1ª Câmara do Tribunal de Apelação de Paris vestindo o tradicional uniforme cáqui do exército francês com as medalhas e condecorações espetadas no peito. Apesar de estar na condição de réu, sua presença imponente impressionava a todos os presentes. Até os que lhe eram contrários, e que formavam a maioria, levantaram-se em sinal de respeito às glórias de seu passado.[16]

Entretanto, diante de um júri hostil, ele nada disse em sua defesa. Registra-se que teria declarado: "Um marechal francês jamais pede perdão. Só Deus e as próximas gerações poderão me julgar. Isso basta à minha consciência e à minha honra. Deposito toda a minha confiança na França."

Com essa postura, que pode ter sido interpretada como arrogante, a Corte, que já era hostil, sentiu-se livre para lavar a honra da pátria que havia sido humilhada pelos alemães e ridicularizada pelos aliados. Uma sentença e uma surpresa? Nem tanto.

O processo teve início no dia 23 de julho de 1945 e foi encerrado em 15 de agosto do mesmo ano. Dos 25 dias de duração, 17 foram dedicados a ouvir as testemunhas de acusação e de defesa. Defendendo Pétain, depôs o general Weygand. Apesar de ter pertencido ao governo de Vichy, ele fora preso pelos alemães sob a acusação de não colaborar adequadamente.

Outros militares, os respeitados generais Héring[17] e Serrigny,[18] também testemunharam a favor do ex-chefe de Estado, assim como Charles Trochu,[19] que fora político e homem de negócios. Mesmo tendo sido um "petainista", entrou para a clandestinidade na luta contra os nazistas na África. Seus testemunhos defenderam a decisão do réu, considerando as circunstâncias conhecidas no momento em que foi tomada.

Em 14 de agosto de 1945, os jurados se reuniram pela última vez. No dia seguinte, pronunciaram a sentença: "O tribunal condena o marechal Philippe Pétain à morte, suspende seus direitos de cidadão e confisca seus bens." Mas a sentença vinha acompanhada de uma inusitada recomendação: após anunciá-la, os jurados expressaram o desejo de que a pena capital não fosse executada. Então, De Gaulle lançou mão de seu direito de indulto e comutou a pena de morte em prisão perpétua.

Pétain ouviu o pronunciamento da sentença, impassível. E cumpriu a pena de prisão até sua morte, em julho de 1951, na ilha de Yeu, para onde fora levado quase que imediatamente após a condenação, a fim de evitar reações dos "petainistas".

A decisão

Certamente que, para condená-lo à pena de morte, o tribunal não levou em consideração as circunstâncias que jurados imparciais poderiam ter observado com mais atenção, afinal, em momento algum se cogitou que a decisão de ceder aos invasores tenha sido presidida pela má-fé do dirigente francês. Assim, evocando o princípio contido na *business judgment rule*, é preciso refletir se o fantasma representado por tantos franceses mortos na Primeira Guerra — e que seria uma tragédia reviver —, além da carnificina da qual Pétain fora testemunha ocular na Batalha de Verdun, sem mencionar o notório despreparo dos países aliados para enfrentar a nova investida da belicosa Alemanha, não poderia ter orientado e justificado a decisão tomada pelo marechal na ocasião do Armistício. A decisão fora apoiada por muitos e presume-se que tenha sido de boa-fé.

Portanto, é de se questionar a justeza da condenação decidida por um tribunal composto por jurados parciais ou, no mínimo, hostis ao marechal Pétain. Sobretudo se consideradas as circunstâncias que só vieram a ser conhecidas muitos anos depois de o acusado ter resolvido firmar o Armistício. Esse questionamento se justifica ainda mais pelo fato de que essa discussão continua atual, pois ainda hoje é tratada por uma associação de defesa da memória de Pétain,[20] fundada pelo general Weygand em 1951.

Bibliografia

FOMBARON, Christophe. "Le bilan de la bataille de Verdun". Disponível em: <http://www.lesfrancaisaverdun-1916.fr/histo-verdun-bilan.htm> Acesso em: setembro de 2018.

FOURNY, Marc. "10 chiffres pour comprendre la bataille de Verdun", *Le Point*. Disponível em: <http://www.lepoint.fr/histoire/10-chiffres-pour-comprendre-la-bataille-de-verdun-21-02-2016-2019942_1615.php> Acesso em: setembro de 2018.

JÜNGER, Ernst. *Tempestades de aço*. São Paulo: Cosac Naify, 2014.
LOYOLA, Victor. "O dilema de Pétain". Disponível em: <http://blogdovictor.net/2013/04/20/o-dilema-de-petain/> Acesso em: setembro de 2018.
MIROLO, Anido. "Philippe Pétain, Maréchal de France ses années noires de 1940 à 1944, suite 72". *Mediapart*, 9 mar. 2011. Disponível em: <https://blogs.mediapart.fr/anido-mirolo/blog/090311/philippe-petain-marechal-de-france-ses-annees-noires-de-1940-1944-suit>. Acesso em: set. 2018.
NOGUÈRES, Louis. *Le Véritable Procès du Maréchal Pétain*. Paris: Librairie Arthème Fayard, 1955.
OCHABA, Sabine. "1945: Pétain é condenado à morte", *Deutsche Welle*. Disponível em: <http://www.dw.com/pt-br/1945-Pétain-é-condenado-a-morte/a-896001> Acesso em: setembro de 2018.
FERNANDES, Ketllyn. "Artistas e intelectuais franceses sob o domínio nazista", *Jornal Opção*. Disponível em: <https://www.jornalopcao.com.br/opcao-cultural/artistas-e-intelectuais-franceses-sob-o-dominio-nazista-9036/> Acesso em: setembro de 2018.

NOTAS

1   Jünger, 2014.
2   Isso sem contar com os riscos de serem vítimas de minas terrestres ou balas de canhões não detonadas.
3   Desde Átila até a Guerra Franco-Prussiana, Verdun resistiu.
4   Henri Phillippe Benoni Joseph Pétain, nascido no departamento de Pas de Calais. Alistou-se em 1876, foi aluno da Academia Militar de St. Cyr e passou pela École Supérieur de Guerre. Sua carreira foi lenta. No posto de capitão, no início da Primeira Guerra, comandou o então tenente De Gaulle.
5   "Não passarão!": lema que inspirou um canto patriótico de autoria de Eugène Joullot e Jack Cazol.
6   Carlos VII de França, consagrado rei em 1429.
7   Em julho de 1940, instalada em Vichy, a Assembleia Nacional decidiu por 468 votos contra oitenta autorizar Pétain a aprovar a constituição que regeria seu governo. Até mesmo os socialistas, em sua maioria, votaram sim.

8   Sartre e o escritor católico François Mauriac foram unânimes em afirmar que a maior parte dos colaboracionistas pertenceu à burguesia.
9   567.000 entre civis e militares frente a 1.400.000 de mortes no primeiro conflito.
10 Noguères, 1955.
11 *Op. cit.*
12 "*Elle fut présidée par le premier président de la cour de cassation, assisté du président de la chambre criminelle de la cour de cassation, et du premier président de la cour d'appel de Paris. La Haute cour de justice, qui n'est plus la Cour suprême de justice, se composa de 24 jurés, tirés au sort sur deux listes, 12 par liste. La première liste comprit 50 sénateurs ou députés en cours de mandat au 1er septembre 1939, n'ayant pas voté les pleins pouvoirs à Pétain le 10 juillet 1940, Loi constitutionnelle du 10 juillet 1940. La seconde liste fut constituée de 50 personnes choisies par l'Assemblée consultative, dans les mouvements de résistance.*" (Mirolo, 2011).
13 A mais alta Corte do Judiciário francês.
14 Tribunal de segundo grau.
15 Conjunto dos movimentos que lutaram contra a ocupação nazista.
16 Vale a pena assistir trechos de jornais cinematográficos da época disponíveis no YouTube que registram a reação dos membros do tribunal à entrada do réu na sala de audiência.
17 Ele mesmo que, depois da Guerra, dedicou o resto de sua vida a defender a memória de Pétain. E hoje tem seu nome honrado nos *Invalides*.
18 Por ter lutado e convivido diuturnamente com o marechal em Verdun, também fez parte do Comitê de Honra da Associação de Defesa da Memória de Pétain.
19 pesar de não ter seguido a carreira militar, recebeu a Cruz de Ferro.
20 Association pour Défendre la Memoire du Marechal Pétain.

Luiz Gonzaga Pinto da Gama e Thurgood Marshall

Eduardo Secchi Munhoz

Introdução

O título indica algo inusitado.

Faz sentido um paralelo entre Luiz Gonzaga Pinto da Gama e Thurgood Marshall?[1] Ou entre as ações de liberdade, ajuizadas pelo primeiro, e o famoso caso *Brown*, defendido pelo segundo?

O brasileiro Luiz Gama viveu de 1830 a 1882. Nascido na Bahia, passou a maior parte da vida na cidade de São Paulo. O norte-americano Thurgood Marshall viveu de 1908 a 1993. Nasceu em Baltimore, contudo passou a vida adulta principalmente em Nova York e Washington.

Há mais pontos comuns, porém, do que à primeira vista se poderia imaginar. Embora tenham existido não apenas em países, mas em séculos diferentes, a vida de Luiz Gama e a de Marshall, e os casos judiciais que protagonizaram, imbricam-se com a história do Brasil e dos Estados Unidos. Têm muito a dizer sobre igualdade social, racismo, estruturas de poder e desenvolvimento econômico e social nos dois países.

Luiz Gama e Marshall eram negros. Iniciaram suas vidas nos estratos menos favorecidos da sociedade. Ambos valeram-se, sobretudo, do exercício da advocacia para lutar por igualdade social, contra o racismo e, no caso do brasileiro, contra a escravidão. No curso de suas vidas, obtiveram vitórias judiciais surpreendentes, que representaram contribuições concretas e determinantes para a transformação da sociedade. Embora heróis, são menos reconhecidos que outras figuras históricas, cujas conquistas jamais lhes poderiam causar sombra.

Este texto pretende contar um pouco da trajetória desses dois personagens e dos julgamentos seminais de que foram protagonistas. Ao narrar essas histórias, além de evidenciar como iniciativas individuais podem ser relevantes para mudar a realidade, espera-se lançar luz sobre determinados aspectos das sociedades brasileira e norte-americana — e, assim, refletir sobre algumas das razões que levaram os dois países a seguir caminhos de desenvolvimento econômico e social tão diferentes.

Luiz Gama

A vida de Luiz Gama poderia ter saído da mente criativa de um escritor ou de um roteirista de cinema.[2] Gama nasceu livre, em 1830, na Bahia. Filho de uma negra africana livre, de nome Luiza Mahin, e de um fidalgo de origem portuguesa, integrante de uma das principais famílias da Bahia. Após o desaparecimento de sua mãe, Gama, com apenas dez anos, foi vendido como escravo por seu pai. Foi, então, levado ao Rio de Janeiro e, mais tarde, a São Paulo.

Nunca se soube ao certo por que o pai de Gama cometeu tamanha atrocidade. Vender o próprio filho como escravo? Apenas o fato de ter passado da riqueza para a pobreza, mencionado por Gama, em carta autobiográfica enviada a seu amigo Luiz Mendonça,[3] não parece uma explicação suficiente. Há apenas conjecturas sobre o assunto, pois ele, numa atitude de rara nobreza, jamais revelou o nome do pai, para preservar sua memória.[4]

Aos 17 anos, Gama aprendeu a ler e a escrever. Antonio Rodrigues do Prado Junior veio estudar em São Paulo e, ao hospedar-se na casa do alferes Cardoso, a quem Gama servia como escravo, afeiçoou-se ao negro e decidiu alfabetizá-lo. Ele aprendeu rápido e, logo em seguida, passou a ensinar as primeiras letras aos filhos do alferes. Um dia, em 1848, Gama abordou seu senhor pedindo a carta de alforria, em virtude do trabalho que tivera para ensinar seus filhos. O alferes Cardoso, espantado, respondeu que não, pois para ele Gama não fizera mais que sua obrigação. O escravo, porém, não se deu por vencido e afirmou que iria aos tribunais para provar que era homem livre e que jamais poderia ter sido escravizado. Na carta antes mencionada, ele diz que fez a ameaça "depois de obter ardilosa e secretamente provas inconcussas de sua liberdade"[5]. Nunca se soube, porém, que provas eram essas. De toda forma, assim Gama se fez livre, e nunca mais foi incomodado por sua suposta condição de escravo.

Ao deixar a casa do alferes Cardoso, Gama ingressou na Força Pública da Província de São Paulo, lá ficando dos 18 aos 24 anos. Contudo, a carreira de militar não lhe caía bem, de modo que Gama deixou a farda, iniciando carreira como escrivão de várias delegacias de polícia, até tornar-se escrevente da Secretaria de Polícia.

Durante esse período, passou a assessorar um delegado, que também era professor da Faculdade de Direito do Largo de São Francisco, o conselheiro Furtado de Mendonça. Ao fazê-lo, Gama teve acesso à biblioteca jurídica do conselheiro,[6] que se tornou seu protetor. Estudando nesses livros, adquiriu conhecimento jurídico, apesar de não ter conseguido ingressar na veneranda Academia de Direito, em virtude da resistência e chacotas dos alunos.[7]

Nada obstante, ao longo de sua vida, Gama nutriu amizade e relações profissionais com estudantes e professores da academia. O diploma nunca lhe fez falta, pois conseguiu habilitar-se para exercer a advocacia perante os tribunais da Corte (como *provisionado*, conforme se permitia à época). Como *rábula*, tornou-se um dos maiores advogados da história de São Paulo e do Brasil.

Entre 1859 e 1861, o escrevente da Secretaria de Polícia fez-se conhecer por meio de seus versos, publicados na obra *Trovas burlescas de Getulino*. Poeta negro, de um único livro, teve, assim, sua porta de entrada ao mundo letrado de São Paulo. Gama passou a dar conferências, a escrever em jornais, a frequentar reuniões maçônicas, ligando-se à Loja América, e até a atuar politicamente, no Partido Republicano. Porém, em 1869, ocorreu um fato que se tornaria verdadeiro divisor de águas em sua vida. Ele foi demitido de seu cargo na Secretaria de Polícia, "a bem do serviço público".[8]

Nas palavras de Gama, em artigo publicado no *Correio Paulistano*,[9] "honro-me com a demissão que acabo de receber". Segundo a justificativa que recebeu na portaria de exoneração, a demissão deveu-se à maneira *inconveniente* e *desrespeitosa* com a qual Gama tratou o juiz municipal, Rego Freitas, "em requerimentos sobre não verificados direitos dos escravos".[10]

Tudo se deu em razão do caso do escravo Jacinto, representado por Gama no tribunal paulista. Ele defendeu a liberdade de Jacinto por este ter chegado ao Brasil após 1831, como se verá mais adiante. A despeito da clara fundamentação legal do pleito de Gama, o juiz Rego Freitas valeu-se de um artifício para evitar julgar a causa com a rapidez esperada. Dentre outros obstáculos, Rego Freitas, por duas vezes, decidiu que não seria o juiz competente para o julgamento. Diante desse comportamento do magistrado, Gama respondeu nos autos do processo de forma dura e veemente. Escreveu que o despacho do juiz era "ofensivo da lei", pedindo que ele cumprisse seu "rigoroso dever"; asseverou que, a despeito do "estúpido emperramento" do processo, tinha ele "coragem e moralidade" necessárias para manter o "juízo em sua posição legal".[11]

Ocorre que o juiz era amigo do presidente da província, Antonio Candido da Rocha, de modo que a petulância de Gama, ao defender de forma combativa a liberdade de um negro, valeu-lhe o cargo na Secretaria de Polícia. Tanto não bastasse, a petição nada convencional de Gama foi enviada pelo juiz à promotoria pública, que resolveu acusar o advogado pelos crimes de calúnia e injúria. O réu foi, então, a julgamento em 28 de dezembro de 1870. Gama defendeu a si próprio, e o júri, por unanimidade, absolveu-o da acusação, num evento que despertou grande interesse da comunidade paulistana e ampla cobertura dos jornais. Gama não esteve sozinho, tendo recebido apoio de intelectuais e da Loja América. O *Correio Paulistano*, de Américo de Campos, amigo de Gama, deu-lhe amplo espaço para propagar suas ideias nesse período.

A respeito da acusação que foi imputada a Gama, o *Correio Paulistano* posicionou-se no sentido de que a ação judicial representava "um fútil pretexto, mas com o propósito de afastá-lo da brilhante, posto que espinhosa, posição que ocupa na sociedade como advogado gratuito das causas de liberdade em toda província de São Paulo".[12]

A demissão de Gama da Secretaria de Polícia levou-o a dedicar-se exclusivamente à atividade de advogado e dela tirar o seu sustento e de sua família. De qualquer forma, dedicava-se às causas de liberdade por amor e idealismo. Mesmo antes de ser demitido, e seguiu sendo assim após esse evento, Gama publicava no jornal o seguinte anúncio: "O abaixo-assinado aceita, para sustentar gratuitamente perante os tribunais, todas as causas de liberdade que os interessados lhe quiserem confiar."[13]

Ao exercer a advocacia, Gama conquistou a liberdade de mais de quinhentos seres humanos,[14] tornando-se um personagem central na história da luta pela abolição da escravatura no Brasil.

Faleceu aos 52 anos, em 1882. O acontecimento foi registrado por todos os principais jornais da época. Mas a mais bela página a esse respeito é, sem dúvida, a de Raul Pompeia, seu amigo. Segundo Pompeia, "nunca houve coisa igual em São Paulo", e concluía: "Ia sepultar-se o amigo de todos." A cena, porém, era inusitada e provocava reflexão, como registrou Pompeia:

> No posto de honra das alças do esquife sucedia-se toda a população de São Paulo. Todas as classes representavam-se ali. Reparou-se particularmente num contraste estranho. Em caminho da Consolação, viu-se Martinho Prado Junior, o homem que quer a introdução de escravos na província, a fazer *pendant* com um pobre negro esfarrapado e descalço. Um e outro carregavam

orgulhosamente, triunfalmente, o glorioso caixão. Eu perguntei a mim mesmo se Martinho Prado era um escravocrata sincero.[15]

Contudo, a partir de certo ponto:

> um grupo, d'entre o grande número de pretos que tomavam parte no acompanhamento, não consentiu que ninguém mais conduzisse o corpo, e eles, revezando-se entre si, conduziram-no o resto o caminho.[16]

Assim se encerrou a vida dessa instigante figura. Sua atividade como advogado, projetando-se na poesia, no jornalismo e na política, tornou-o sem dúvida um dos mais importantes protagonistas da luta pela liberdade dos escravos no Brasil. Sua história — de escravo que se tornou doutor — é única, provocando reflexões profundas sobre a sociedade brasileira, como ficará evidenciar mais adiante.

As ações de liberdade fundadas na Lei de 7 de novembro de 1831. A estratégia jurídica de Gama

Muitas das ações ajuizadas por Luiz Gama, na busca da libertação de escravos, baseavam-se na Lei de 7 de novembro de 1831, cujo art. 1º dizia: "Todos os escravos que entrarem no território ou portos do Brasil, 'vindos de fora', ficam livres."

Como posto de forma cristalina na norma legal, qualquer negro que entrasse no Brasil após 1831 não poderia ser considerado escravo, sendo, antes, homem livre. Embora fosse clara, a regra jamais deitou raízes na realidade, tornando-se, como tantas no Brasil, mais uma lei "para inglês ver".

A expressão é bem apropriada, já que a proibição do tráfico de escravos resultou de forte pressão da Inglaterra sobre Portugal e Brasil. Assim, "para inglês ver", diplomas legislativos foram adotados para coibir o tráfico, como, no Brasil, as leis de 1818 e a de 1831. Contudo, como se as leis não existissem, a realidade continuou caracterizada pela ampla liberdade para o tráfico. Esse quadro é bem descrito por Luiz Gama:

> O mal, porém, não estava só na insuficiência das medidas legislativas, senão principalmente na máxima corrupção administrativa e judiciária que lavrava no país. Ministros da coroa, conselheiros de estado, senadores, deputados, desembargadores, juízes de todas as categorias, autoridades policiais, militares, agentes, professores de institutos científicos eram associados, auxiliares ou compradores de africanos livres.
> Os carregamentos eram desembargados publicamente, em pontos escolhidos das costas do Brasil, diante das fortalezas, à vista da polícia, sem recato nem mistério; eram os africanos sem embaraço algum levados pelas estradas, vendidos nas povoações, nas fazendas, e batizados como escravos pelos reverendos, pelos escrupulosos párocos![17]

Gama tornou-se um arauto da aplicação da Lei de 1831, promovendo ações de liberdade na defesa de negros entrados no Brasil após o início de sua vigência. Muito embora a aplicação da lei a determinados casos concretos devesse ser relativamente simples — como, por exemplo, em relação a negros jovens (nos anos 1860 ou 1870) que não falavam o português (chamados de boçais) e, por isso mesmo, evidentemente entrados no país após 1831 —, a verdade é que Gama enfrentava toda sorte de dificuldades.

Essas dificuldades eram de duas ordens. Primeiro, a tentativa de buscar uma interpretação jurídica que evitasse a incidência clara do art. 1º da Lei de 1831, o que se dava pela alegação de que tal diploma legislativo teria sido revogado pela Lei Eusébio de Queiroz, de 1850. Segundo, e talvez com mais frequência, o uso de um sem-número de procedimentos protelatórios pelas autoridades judiciárias que acabavam, na prática, por inviabilizar o reconhecimento da liberdade de negros que vinham buscar a defesa de seus direitos perante os tribunais.

Luiz Gama enfrentou essas duas estratégias pelo exercício combativo, veemente e insubmisso da advocacia, acompanhado da utilização da imprensa para divulgar os desmandos e abusos praticados, de modo a legitimar perante a opinião pública as suas iniciativas e a constranger as autoridades quanto à prática de atos claramente ofensivos da lei.

Quanto à defesa da interpretação de que a Lei de 1831 continuava em vigor, Gama demonstrou o notável conhecimento que detinha do Direito e da jurisprudência. Em artigo publicado na *Província de São Paulo* em 18 de dezembro de 1880, comprovou a profundidade de seu conhecimento jurídico e a habilidade em sustentar sua posição quanto à plena vigência da Lei de 1831. Vale destacar a seguinte passagem:

> A unidade de vistas na propositura das medidas sociais; a filiação lógica dos assuntos que formam a sua causa; a singularidade do objeto ainda que sob manifestações múltiplas; e a homogeneidade da consecução dos fins fazem com que estas duas leis — de 1818 e 1831 —, embora separadas pelas épocas, estejam calculadamente, para a inevitável abolição do tráfico, na relação mecânica das duas asas, com o corpo do condor que livra-se altivo nas cumeadas dos Andes.
>
> A lei de 1831 é complementar da de 1818; a de 1850, pela mesma razão, prende-se intimamente às anteriores; sem exclusão da primeira, refere-se expressamente à segunda, é a causa imediata da sua existência; é, para dizê-lo em uma só expressão técnica, relativamente às duas leis anteriores — uma lei regulamentar.[18]

Ao fazê-lo, Gama enfrentou a oposição dos mais altos círculos do império. A posição de que a Lei de 1831 e a de 1818 teriam sido revogadas foi defendida em sessão do Tribunal de Relação, no julgamento de *habeas corpus* impetrado por Gama em favor do negro Caetano. O desembargador Faria, procurador da coroa, defendeu essa posição baseando-se, entre outros elementos, em um parecer do Conselho de Estado manifestado pelo conselheiro Nabuco de Araújo,[19] homem de grande relevo no Império, tendo exercido inúmeros cargos, entre os quais o de ministro da Justiça.

Quanto às estratégias de protelação ou de ardil empregadas para evitar a aplicação da Lei de 1831, é muito interessante o caso iniciado em 5 de fevereiro de 1871. Gama, acompanhado de seu amigo Américo de Campos, com apoio da Loja Maçônica América, requereu ao juízo municipal a liberdade de nada menos que 14 escravos de uma vez só, todos do poderoso alferes Bonilha.[20] O fundamento é que eram africanos livres, na medida em que haviam desembarcado no Brasil após 1831.

Se a libertação de um único escravo já era um enorme desafio, o que não dizer de 14, de propriedade de um único senhor influente a quem o próprio imperador visitara em certa ocasião.[21] A quantidade de empecilhos, não propriamente derivados da interpretação da lei, para evitar a libertação era de surpreender. Logo na partida, três juízes declararam-se suspeitos para julgar a causa, sem, contudo, explicar o motivo.

Quando, finalmente, o juiz Vicente Ferreira da Silva assumiu o processo, mandou que o promotor público desse seu parecer, ao que o promotor argumentou que o correto seria ouvir o Curador de Africanos Livres. O escrivão, então, informou ao juiz que essa pessoa não existia. Na verdade, o Curador havia pedido demissão logo antes, e o novo indicado ainda não assumira, por não ter prestado juramento.

Gama e Américo de Campos insistiam que o juiz desse andamento à causa, informando que os negros cativos haviam fugido, mas que seu patrão procurava apreendê-los, com grande risco para os fugitivos.

Na petição apresentada ao juiz, disse Gama: "Mais de trinta dias passados, Ilmo. Sr., e a causa acha-se no mesmo ponto." Sobre a ausência de um Curador de Africanos Livres, frisou Gama, "se V. Sa. não se dignar de cortar esta calculada protelação, se bem que indireta e forjada fora deste juízo, os míseros pretos não encontrarão Justiça".[22]

O juiz Ferreira da Silva não se fez de rogado e continuou a requisitar a nomeação do Curador de Africanos Livres. Depois de muitas e exaustivas petições, o juiz titular Santos Camargo, finalmente, decidiu dispensar a presença do Curador de Africanos Livres. Nem por isso, porém, a causa passou a ganhar celeridade. A despeito da irresignação de

Gama, e de suas sucessivas petições, Santos Camargo, que então assumira a causa, protelava o processo ao nomear curador e mandando citar as testemunhas e os senhores dos peticionários, antes de ouvi-los, como mandava a lei. Para piorar, nesse período, os negros foram encontrados e aprisionados como escravos fugidos.

Gama bradava contra o juiz, ressaltando que o tempo havia se passado "sem que um só ato se desse no intuito de garantir o direito dos suplicantes", e que toda a demora se dava "em benefício dos usurpadores dos direitos e da liberdade dos suplicantes, que ainda não encontraram a proteção deste juízo, a quem aliás cumpre ampará-los".[23]

Interessante que a luta de Gama era fazer com que as fases preliminares da ação judicial fossem cumpridas conforme determinado na Lei de 1831. Não havia, do outro lado, advogados renomados procurando defender o suposto proprietário dos escravos, nem se apresentou a contra-argumentação jurídica calcada na revogação da Lei de 1831 pela Lei de 1850, de que antes se cuidou. Os contrários à libertação evitavam, assim, um confronto direto de debates jurídicos, preferindo valer-se de pretextos e subterfúgios para procrastinar o andamento do processo.

Ao final, o juiz Santos Camargo, de forma coerente com a estratégia de evitar o cumprimento da Lei de 1831, agiu de maneira ardilosa para julgar improcedente o pedido de liberdade. Em uma atitude abrupta, logo após serem ouvidas algumas das testemunhas, julgou que não havia elementos suficientes para "nutrirem a convicção" de que os africanos teriam sido importados depois de 1831.

Entendeu o juiz que três testemunhas eram suspeitas, pois — é de pasmar — também eram africanos e, portanto, seriam interessados na sorte de seus iguais. Gama e Américo de Campos recorreram da decisão, ao que o juiz Santos Camargo decidiu:

> Este recurso (...) é mais uma das impertinências com que se pretende, ainda que sem provas, arrancar do cativeiro tudo quanto na sociedade aparece com o nome de Escravo.[24]

Durante o processo, como usualmente fazia, Gama publicou artigos nos jornais denunciando as atitudes do juiz. Num desses artigos, publicado no *Correio Paulistano*,[25] Gama acusou o juiz de ter consultado secretamente as altas esferas do governo sobre como deveria proceder, tendo recebido, também sigilosamente, a instrução de protelar e evitar a libertação dos 14 africanos. A instrução teria partido diretamente do ministro da Justiça, Nabuco de Araújo:

> Os amigos deste magistrado afirmam que ele tivera, do Sr. Conselheiro do ministro da Justiça, instruções reservadas para protelar o julgamento de tais causas; e, a julgar-se imperturbável obstinação do juiz, parecem essas afirmações verdadeiras.
> Cumpre, entretanto, que se o sr. ministro deu instruções ilegais que lhe são atribuídas, as confirme em público, para que as possamos, com lealdade, discutir.[26]

Não há como comprovar se, de fato, tais instruções foram enviadas ao juiz Santos Camargo. Mas parece lícito concluir que na época havia, sem dúvida, grande preocupação do governo monárquico em relação à solução que seria dada à ação de liberdade proposta por Gama. A concessão da liberdade a 14 africanos de propriedade de pessoa importante e influente, a partir de uma leitura fundada na Lei de 1831, constituiria precedente perigosíssimo. A interpretação da Lei de 1831, e sua efetivação por meio de ações de liberdade, da forma propugnada por Gama, poderia abalar um dos pilares do sistema monárquico naquele período: a manutenção da escravidão.

Apesar da derrota na ação dos 14 africanos, mantidos em cativeiro pelo alferes Bonilha, Luiz Gama foi bem-sucedido em diversas outras ações de liberdade, resultando, como antes afirmado, na libertação de mais de quinhentos negros no Brasil durante o período da escravatura.

A análise desses processos deixa clara a estratégia de Gama. Além da habilidade na exposição dos argumentos jurídicos, do conhecimento da lei e da prática jurisprudencial, ele sabia usar como ninguém a imprensa com o objetivo de expor as mazelas das autoridades públicas, constrangendo-as perante a opinião pública, que, naquele momento, a despeito das pressões dos donos do poder político e econômico, gradualmente migrava para o reconhecimento de que a escravidão não era compatível com a dignidade humana e os princípios adotados pelas nações mais civilizadas.

Boa demonstração disso foi a seção inédita que Gama passou a assinar no *Radical Paulistano*, denominada "Foro da Capital". Nessa seção, Gama publicou artigos mensais comentando algum litígio judicial em andamento. Em seus artigos, Gama expunha ao público suas petições e as decisões dos juízes, e assim explicou os motivos de fazê-lo:

> Impus-me espontaneamente a tarefa sobremodo árdua de sustentar em juízo o direito dos desvalidos, e de, quando sejam eles prejudicados por má inteligência das leis, ou por desavisado capricho das autoridades, recorrer à imprensa e expor, com toda a fidelidade, as questões e solicitar para elas o sisudo e desinteressado parecer das pessoas competentes.[27]

Também muito ilustrativas foram as polêmicas travadas pelos jornais. Vale destacar a divergência entre Luiz Gama e o juiz Rego Freitas — que culminou com sua demissão da Secretaria de Polícia — a respeito do caso do negro Jacinto, de que antes se cuidou; também as polêmicas entre Gama e o juiz Santos Camargo em relação ao caso dos 14 africanos, antes relatado, e ainda sobre o caso da negra Polidora, envolvendo o mesmo juiz;[28] e, finalmente, a discussão entre Gama e um dos próceres da província, Rafael Tobias de Aguiar, a respeito do negro Narciso.

Quanto a este último, o conflito entre valores e princípios dos contendores dá bem conta da divisão vivida pela sociedade brasileira à época. Vale, por isso, relatar um breve resumo os fatos.

No seu testamento, Maria Carlota de Oliveira Gomes resolveu conceder liberdade a seu escravo Narciso, mas determinou que ele ainda servisse sua filha herdeira por 10 anos, após sua morte. Falecida a senhora, o negro Narciso pretendeu receber prontamente sua alforria, ao pagar o valor correspondente aos serviços de 10 anos — avaliados em 200 mil-réis —, com recursos que lhe foram oferecidos por caridade. Foi, porém, prontamente rechaçado pelo marido da herdeira, Rafael Tobias de Aguiar, que castigou o escravo, conforme denunciado por Gama, em artigo publicado no *Correio Paulistano*:

> Hoje, pelas seis horas da manhã, o Sr. Dr. Rafael Tobias de Aguiar veio à cidade, mandou chamar a sua casa, na travessa de Santa Tereza, o pardo Narciso, que trabalha fora a jornal, mandou tosquear-lhe os cabelos, e aplicar-lhe seis dúzias de palmatoadas para curá-lo da mania emancipadora de que estava acometido...!
>
> Não comentarei este fato. Deixo ao senhor Rafael Tobias a impunidade deste delito, e a justa admiração de seus concidadãos. Apenas acrescentarei que o Sr. Rafael Tobias de Aguiar pertence a uma das principais famílias de São Paulo; é nobre e rico; membro proeminente do Partido Liberal; formado em ciências sociais e jurídicas; já exerceu os cargos de deputado, de juiz municipal e de manter os grandes princípios evangélicos da liberdade, igualdade e fraternidade!...
>
> Cidadãos conspícuos de tão elevada hierarquia devem ser recomendados à consideração do país.[29]

Tobias de Aguiar, indignado, respondeu pelos jornais:

> Provoco ao Sr. Luiz Gama e aos seus protetores para que chamem sobre mim a mão da justiça para o castigo que apliquei ao escravo Narciso.
>
> Sou tudo o que o Sr. Luiz Gama em seu artigo diz que eu sou, e até liberal; (...)
>
> Tenho mais escravos e hei de castigá-los sempre que merecerem. E convido ao Sr. Luiz Gama para em algumas dessas ocasiões vir à minha casa para apadrinhá-los.[30]

A resposta de Gama é magnífica:

> Ao pardo Narciso (a ele somente) cabe sindicar a ofensa de que foi vítima; ele que o faça se o quiser. Eu apenas sou, e serei o defensor dos seus conculcados direitos.
> Eu não mamei liberdade com leite.
> Não aceito o convite que fez-me o senhor Dr. Rafael Tobias, de ir à sua casa, para assistir aos castigos que ele costuma infligir aos seus cativos. Declino de mim peremptoriamente tão elevada honra. Eu não sou fidalgo; não tenho instintos de carrasco; não mamei liberdade com leite. Deleite-se prazenteiro s.s. ao som cadente dessa orquestra sonora: que lhe faça bom proveito. Esta é naturalmente a teta em que s.s. mama liberdade...[1]

Havia uma questão jurídica relevante que, por meio dessa polêmica, Gama queria ressaltar. Defendia a posição de que, desde o testamento, Narciso tornara-se livre, de modo que tinha o direito de pagar o valor correspondente aos anos de serviço que ainda, segundo o testamento, teria de prestar. Essa tese, evidentemente, era muito perigosa aos senhores de escravo, pois poderia implicar que escravos buscassem sua alforria de forma forçada, mediante o pagamento de retribuição financeira.

A indignação de Tobias de Aguiar com a insubmissão e petulância de Gama é simbólica e ilustrativa de quanto o advogado incomodava as elites da época. Num de seus artigos em resposta a Gama, diz Tobias de Aguiar: "Onde, em que país vivemos?! Se passar a teoria de que o senhor pode ser forçado a alforriar o seu escravo (...) nem sei onde iremos parar!"[2]

A lei prevendo alforria forçada somente foi aprovada em 1871. Mas Gama, quando da polêmica envolvendo Narciso, já defendia sua juridicidade, a despeito da ausência de norma legal expressa, ao observar:

> (...) quer por Direito romano, quer por Direito português, quer por Direito pátrio — são admitidas as alforrias forçadas; isto é, contra a vontade dos senhores, mediante retribuição, e até sem ela.

> Esta doutrina é sobremodo jurídica, aceita pelos nossos melhores juristas, e mantida com elevada independência pelos tribunais superiores do império.[33]

Eis aí, bem descrita, a estratégia de Gama. Exercer a advocacia e buscar o apoio da opinião pública, mediante a publicação de artigos nos principais jornais da província de São Paulo. Dessa forma, pretendia ver as leis de proteção da liberdade aplicadas, vencendo as barreiras impostas pela elite econômica e política do país.

Gama lutou para que o Brasil deixasse de ser o país onde as leis são feitas apenas "para inglês ver". E viu na aplicação do Direito um caminho para o avanço da igualdade social e racial, a despeito de todas as dificuldades que lhe eram impostas.

Thurgood Marshall

Marshall nasceu em Baltimore, em uma família que, a despeito das dificuldades financeiras, possuía um nível de vida que lhe permitiu avançar nos estudos.[34] A comunidade negra de Baltimore, apesar da tensão existente quando da infância de Marshall, era politicamente influente e lutava contra o segregacionismo crescente. No bairro em que vivia sua família, embora majoritariamente negro, Marshall convivia com imigrantes russos, alemães e também italianos.

Marshall estudou na melhor escola para negros de Baltimore, situada a apenas três quadras de sua casa. Após a escola, ele convivia com amigos brancos e, sobretudo, com a comunidade judaica do bairro. Mais tarde, ingressou na Colored High School, novamente, escola exclusiva para negros. A escola não tinha biblioteca nem lanchonete e carecia de equipamentos básicos para propiciar uma boa educação aos alunos. Marshall sabia que os brancos tinham à sua disposição escolas muito melhores. Mais tarde, a despeito das dificuldades financeiras da família, Marshall ingressou na Lincoln University, onde também estudava seu irmão. Após anos na Lincoln, Marshall foi estudar na Howard University Law School, nas proximidades de Washington. A perspectiva de estudar em Howard não era das mais brilhantes. A reputação da escola era medíocre, sendo conhecida pelo fato de receber apenas os estudantes que não conseguiram entrar em outras faculdades.[35]

Na realidade, Marshall pretendia ingressar na University of Maryland Law School, que ficava perto de sua casa e cobrava valores não muito elevados, o que tornaria bem mais fácil para sua família mantê-lo na escola. Contudo, apenas dois estudantes negros haviam se graduado em Maryland e nenhum tinha sido admitido desde 1890. A impossibilidade de frequentar essa universidade foi muito marcante na vida de Marshall.[36] Mais adiante, uma de suas grandes vitórias judiciais foi justamente num caso no qual, representando um estudante negro, logrou determinar que este fosse aceito pela instituição.[37]

Em Howard, Marshall teve a felicidade de ter como diretor Charles Houston, um advogado que se formara em Harvard, tendo sido o primeiro editor negro da Harvard Law School. Houston iniciava um projeto para tornar Howard uma referência na formação de advogados negros. Para isso, obteve o apoio de advogados e professores em Washington, entre os quais o juiz da Suprema Corte Louis Brandeis. Houston desejava que os advogados negros educados em Howard se transformassem em engenheiros sociais, voltados à mudança da realidade, mais do que em advogados.[38]

Marshall graduou-se em Howard como primeiro aluno de sua classe. Havia apenas seis alunos restantes do total de 36 que iniciaram o curso[39]. Terminada a graduação, Marshall não encontrou emprego nos escritórios de advocacia de Baltimore, que não admitiam negros. Viajou, então, com Houston para participar de um projeto da NAACP — National Association for Advancement of Colored People (Associação Nacional para o Avanço das Pessoas de Cor). O projeto consistia em verificar as condições das escolas do país e desafiar a segregação racial nas escolas públicas.

Essa viagem foi decisiva para Marshall. Nela, ele abriu os olhos para a injustiça racial e foi tomado pela ideia de que, como advogado, poderia contribuir para a transformação da sociedade.

A relação de Marshall com a NAACP foi tornando-se cada vez mais próxima. O advogado se dedicava a casos da NAACP, enquanto seu escritório em Baltimore vivia em dificuldades financeiras. Houston, em certo momento, assumiu a função de advogado líder da NAACP, em sua sede nacional. Em 1936, por pressão de Houston, Marshall foi contratado como advogado da NAACP, num momento em que enfrentava séria crise financeira. Marshall aceitou o trabalho e deixou Baltimore para viver na sede da NAACP em Nova York.[40] Em 1938, Marshall tornou-se o principal advogado no escritório nacional da NAACP e, como tal, passou a coordenar e a atuar em uma série de casos cíveis e criminais envolvendo direitos de negros.[41]

Ao exercer esse papel, viajou pelos Estados Unidos, inclusive para cidades pequenas e longínquas do sul norte-americano, região onde o racismo e o segregacionismo possuíam raízes sociais e culturais muito profundas. Em diversos momentos, Marshall teve sua vida em risco.[42]

A estratégia de Marshall, na defesa dos direitos dos negros, foi sempre a de respeitar as leis vigentes e procurar vencer suas batalhas judiciais mediante o uso da interpretação e das técnicas jurídicas. Marshall sabia como atuar no "sistema legal dos brancos". Sua defesa dos direitos dos negros não se dava, portanto, por meio da organização de atos de desobediência civil ou mesmo de manifestações, procurando, ao contrário, encontrar as soluções na ordem jurídica vigente.[43]

Ao longo de sua vida, Marshall participou de julgamentos históricos, tornando-se um dos advogados norte-americanos com o maior número de vitórias na Suprema Corte. Atuou em 32 casos na Suprema Corte e saiu vencedor em 29 deles.[44]

De fato, a Suprema Corte foi o principal palco das vitórias do advogado. Nas instâncias judiciais inferiores, e sobretudo nas pequenas comarcas do sul dos Estados Unidos, em geral Marshall sofria derrotas fulgurantes. Mas lograva reverter esses resultados ao levar as causas à apreciação da Suprema Corte.

Marshall tornou-se, assim, uma das principais figuras na defesa dos direitos civis dos negros nos Estados Unidos nas décadas de 1940 e 1950.

Após vitórias incontestáveis, de importância crucial para a vida dos negros nos Estados Unidos, entre as quais a obtida no caso Brown, de que se falará adiante, em 1967 Marshall foi indicado pelo presidente Lyndon Johnson como o primeiro negro a integrar a Suprema Corte norte-americana, onde atuou quase até o seu falecimento, aos 84 anos, em 1993.

É curioso que, após o auge de seu reconhecimento, com a vitória no caso Brown em 1954, no período que transcorreu até sua morte na década de 1990, a opinião pública norte-americana tratou com crescente indiferença a figura de Marshall. A atuação dele na Suprema Corte era constantemente questionada, alegando-se que lhe faltava o mesmo conhecimento jurídico de seus pares brancos. Na defesa dos direitos civis dos negros, outros líderes mais jovens, como Martin Luther King e Malcom X, assumiram posição de destaque, deixando Marshall em segundo plano.[45]

Essa indiferença, no entanto, contrastou com as grandes manifestações de afeto e admiração quando de sua morte, em 1993. Milhares de pessoas compareceram ao seu enterro. Nas semanas seguintes, incontáveis matérias sobre Marshall foram veiculadas pelos principais jornais, revistas e televisão. Nas primeiras páginas dos principais jornais norte-americanos, contaram-se inúmeras histórias protagonizadas por Marshall.

Daí o acerto do editorial publicado no *Washington Afro-American*, por ocasião de seu falecimento: "Fazemos filmes sobre Malcom X, temos um feriado em homenagem a Martin Luther King, mas todos os dias vivemos o legado do juiz Thurgood Marshall."[46]

O CASO BROWN

A Declaração de Independência dos Estados Unidos, de 1776, diz:

Consideramos estas verdades como evidentes por si mesmas: que todos os homens são criados iguais, dotados pelo Criador de certos direitos inalienáveis, como a vida, a liberdade e a procura da felicidade. Que a fim de assegurar esses direitos governos são instituídos entre os homens, derivando seus justos poderes do consentimento dos governados.[47]

Abraham Lincoln considerava esse parágrafo um dos pilares da nação norte-americana, representando uma diretriz para a interpretação da Constituição. Ele imortalizou a ideia de liberdade e igualdade entre os homens no histórico discurso de Gettysburg, em 1863, contendo pouquíssimas palavras, mas plenas de significado:

Há 87 anos, nossos pais deram origem neste continente a uma nova Nação, concebida na Liberdade e consagrada ao princípio de que todos os homens nascem iguais. (...) Que esses homens não morreram em vão, que esta Nação, com a graça de Deus, renasça na liberdade, e que o governo do povo, pelo povo e para o povo, jamais desapareça da face da Terra.[48]

Nos Estados Unidos, o princípio da igualdade sempre sofreu a contradição de sua convivência com a escravidão. E, mesmo após a abolição da escravatura, o princípio da igualdade e sua aplicação pelos estados em relação aos negros foram alvo de forte divergência.

Após a Guerra Civil norte-americana, com a abolição da escravatura mediante a aprovação, em 1865, da 13ª emenda à Constituição, iniciou-se o chamado período da reconstrução. Nesse período, foram tomadas medidas para impor aos estados sulistas o respeito a determinados direitos e prerrogativas reconhecidos depois da Guerra Civil, especialmente em relação aos ex-escravos. Assim, em 1868, foi aprovada a 14ª emenda à Constituição, que, entre outras normas, determinou que todos os estados devem conferir tratamento igual perante a lei a todos os homens, inclusive aos não cidadãos, dentro de sua jurisdição (*Equal*

Protection Clause). A partir da 14ª emenda, ficou claro que os estados deveriam obrigatoriamente observar os direitos das pessoas, contemplados na Constituição, mediante as dez primeiras emendas aprovadas em 1791 (*Bill of Rights*).

Esses princípios estavam na raiz da luta pelo reconhecimento dos direitos civis dos negros nos Estados Unidos, a começar pela irresignação contra a segregação racial. A segregação envolvendo o direito ao voto, às escolas, ao transporte público e à moradia foi comum em grande parte do século XX, sobretudo nos estados do sul.

Como harmonizar a segregação racial e as leis estaduais que a permitiam com o princípio da igualdade, um dos pilares fundamentais da nação norte-americana? A resposta veio com a construção da doutrina jurídica do "iguais, mas separados" ("*separate but equal*"), construída a partir do caso *Plessy v. Ferguson*, julgado pela Suprema Corte em 1896.[49] Por sete votos a um, a Suprema Corte decidiu que leis segregacionistas aprovadas pelos estados não violariam a Constituição, mais especificamente a 14ª emenda.

O caso envolvia uma lei do estado da Louisiana que segregava negros e brancos no transporte ferroviário. Segundo a decisão da Suprema Corte, não haveria violação ao princípio da igualdade, na medida em que a lei estadual simplesmente representava a adoção de uma política pública. A separação entre brancos e negros, por si só, não ofenderia o princípio da igualdade, pois todos teriam acesso ao transporte ferroviário, embora de forma separada. Essa separação não implicaria tratar com inferioridade os negros, já que teriam acesso ao mesmo serviço. Assim, a determinação de que negros e brancos tivessem lugares separados não ofenderia o princípio da igualdade.

O juiz John Marshall Harlan, único a divergir da decisão majoritária, ressaltou que a história demonstraria o quão infame foi a solução adotada. Em seu voto, Marshall Harlan observou que a Constituição americana é cega em relação à cor e que não tolera a criação de castas entre as pessoas. Todos os cidadãos deveriam, portanto, ser tratados de forma igual perante a lei.[50]

Porém esse entendimento permaneceu isolado, e a doutrina do "iguais, mas separados", estabelecida a partir de *Plessy v. Ferguson*, prevaleceu por décadas nos tribunais norte-americanos. Essa decisão da Suprema Corte acabou legitimando a iniciativa de diversos estados, sobretudo do sul dos Estados Unidos, de aprovar leis estabelecendo a segregação entre brancos e negros em relação a diversos serviços públicos.

Esse era o quadro dominante no ambiente jurídico quando Thurgood Marshall iniciou seu trabalho na NAACP. Em várias ações judiciais, ele lutou contra as leis segregacionistas, enfrentando o princípio do "iguais, mas separados".

Inicialmente, o enfrentamento se deu a partir da demonstração de que os serviços oferecidos aos negros teriam qualidade inferior àqueles conferidos aos brancos. Essa diferença configuraria violação do princípio da igualdade, ainda que se adotasse a doutrina do "iguais, mas separados". Com base nesse argumento, Marshall obteve vitórias importantes ao longo de sua vida,[51] chegando ao caso *Sweatt v. Painter*,[52] de 1950. A vitória nesse caso, perante a Suprema Corte, animou Marshall a atacar diretamente o princípio do "iguais, mas separados", alegando que a separação, por si só, configuraria violação ao princípio da igualdade.

Na NAACP, muitos defendiam a visão de que sua estratégia — atacar diretamente a separação — não seria adequada. Melhor seria manter a linha, já acolhida pelos tribunais, de atacar a qualidade dos serviços oferecidos aos negros. A ideia era que esse caminho resultaria, ao final, na inviabilização da segregação.[53] Isso porque, ao exigir-se, como condição para a legalidade da segregação, que os serviços oferecidos aos negros tivessem a mesma qualidade daqueles oferecidos aos brancos, as decisões judiciais fariam com que os estados, na prática, acabassem com a discriminação, pelo simples fato de que não disporiam de recursos suficientes para duplicar serviços como escola, transporte, entre outros.

Apesar da dificuldade de atacar diretamente a doutrina do "iguais, mas separados", Marshall decidiu seguir esse caminho, preparando ações judiciais sobre segregação em escolas públicas em diferentes estados: *Brown v. Conselho de Educação*, no Kansas; *Briggs v. Elliott*, na Carolina do Sul; *Davis v. Conselho de Educação de Prince Edward County*, na Virgínia; *Gebhart v. Belton*, em Delaware; e *Bolling v. Sharpe*, em Washington D.C. Essas ações judiciais, ao serem examinadas conjuntamente pela Suprema Corte, ficaram conhecidas como o caso Brown.[54]

Marshall acreditava que as razões aduzidas nesses casos poderiam levar a uma revisão da doutrina do "iguais, mas separados", estabelecida desde 1896, com o caso Plessy. Ele estava convicto de que era chegado o momento de levar a questão novamente à Suprema Corte, com real possibilidade de vitória. A ideia era estabelecer que as leis segregacionistas e a doutrina do "iguais, mas separados" ofendiam a Constituição e a 14ª emenda. A segregação representaria, por si só, violação ao princípio de que todos os homens devem ser tratados de forma igual perante a lei.

Para levar o caso à Suprema Corte, a NAACP, liderada por Marshall, organizou uma grande equipe contando não apenas com advogados, mas também historiadores, sociólogos e psicólogos.[55] Alguns membros da equipe jurídica chegaram a criticar essa abordagem, defendendo que a estratégia deveria levar em conta exclusivamente os aspectos jurídicos. Marshall, porém, impressionou-se com os resultados obtidos por pesquisas sociológicas e psicológicas, especialmente as desenvolvidas por Ken Clark. Essas pesquisas, algumas realizadas com o uso de bonecas brancas e negras, mostravam que a segregação afetava a autoestima das crianças negras, infligindo nelas sentimento de inferioridade. Nos estudos, as crianças negras diziam, em sua maioria, preferir as bonecas brancas.[56]

A preparação do caso levou meses e exigiu dedicação diuturna da equipe. A apresentação oral do caso pelos advogados perante a Suprema Corte foi, então, marcada para 9 de dezembro de 1952.

Antes do julgamento, Marshall almoçou com John W. Davis, o advogado que defenderia a constitucionalidade da segregação em relação ao caso envolvendo a Carolina do Sul. Davis era um advogado de grande reputação, sócio de um importante escritório de advocacia, e havia defendido um grande número de causas perante a Suprema Corte. Também exercera importantes cargos no governo federal, além de ter sido um congressista e candidato a presidente pelo Partido Democrata em 1924. Apesar da idade avançada, Davis aceitou defender a Carolina do Sul, a pedido do governador James Byrnes, seu amigo. A filha de Davis, Julia, achou que o pai não deveria atuar no caso, afirmando que as leis segregacionistas feriam o espírito de integração da época. Seu pai, porém, disse que aceitaria o caso porque a lei estaria ao seu lado, com Plessy como precedente, e porque a forma de vida dominante no sul (*"southern way of life"*) estaria em risco. Na visão dele, a integração entre brancos e negros na escola causaria distúrbios e desavenças, levando a uma maior polarização racial.[57]

Marshall sofreu críticas por ter se encontrado com Davis antes do julgamento. Por que se reunir com um representante do segregacionismo sulista? Ele respondia às críticas com a afirmação de que ambos eram civis e advogados, e que ele deveria respeitar seu oponente.[58] Esse comportamento de Marshall dá bem conta da sua filosofia de buscar as vitórias respeitando o sistema legal e atuando segundo as regras e a ética dos tribunais, ainda que dominados pela elite branca.

O Departamento de Justiça, na gestão Truman, ao manifestar-se sobre as ações judiciais, defendeu a inconstitucionalidade da segregação racial, sustentando a necessária revisão do precedente Plessy. Os motivos do órgão eram sobretudo baseados na política internacional. Num mundo que acabava de sair da Segunda Guerra Mundial, argumentou-se que a segregação racial nos Estados Unidos conflitava com os princípios e valores defendidos internacionalmente contra a discriminação racial a religiosa.[59] Marshall ficou evidentemente satisfeito com essa posição do Departamento de Justiça, mas decepcionou-se com o fato de que, em sua manifestação, o departamento concordava com a aplicação gradual da integração nas escolas, segundo a possibilidade e as políticas adotadas por cada estado.[60] De fato, essa posição acabou prevalecendo com a adoção, pela Suprema Corte, da regra do *"with all deliberate speed"* ("com a máxima urgência").[61]

Ao sustentar oralmente o caso perante a Suprema Corte, Marshall conquistou todas as atenções, mantendo-se enorme silêncio na audiência.

Não havia microfone, mas sua voz dominava o ambiente. Marshall sustentou que a existência de escolas de qualidade inferior, ou com menos recursos, não era a questão a ser enfrentada. Era de se reconhecer que a segregação racial, por si só, representava violação da igualdade, na medida em que comprometeria o desenvolvimento da personalidade das crianças negras e destruiria sua autoestima. Segundo Marshall, a humilhação das crianças negras não representava um dano teórico, mas um dano real e concreto.[62]

Durante a arguição, o juiz Felix Frankfurter, de origem judaica, apresentou questões que incomodaram Marshall. Uma de suas perguntas foi no sentido de saber se o estado da Carolina do Sul não poderia criar qualquer classificação baseada em diferenças entre crianças. Por exemplo, poderia o estado separar estudantes inteligentes daqueles com mau desempenho? Poderia separar crianças com olhos azuis?[63]

Marshall respondeu, de forma assertiva, que as crianças de olhos azuis nos Estados Unidos jamais sofreram com a escravidão, perpetuada por meio das leis segregacionistas. Ao encerrar sua apresentação, criticou a posição de Frankfurter, mencionando que esperava dele uma linha de questionamento que contribuísse para a defesa do caso, dada sua origem judaica e o histórico de auxílio, no passado, à NAACP. Marshall disse ter se controlado para, diante de uma das perguntas, não ter feito a observação de que, se as causas em julgamento envolvessem crianças judias, provavelmente, não haveria dificuldade em solucionar a questão.[64]

Terminada a apresentação pelos advogados, passaram-se longos meses sem que houvesse qualquer deliberação do tribunal. Marshall acreditava na possibilidade de vitória, mas havia quem contasse a existência de cinco votos certos pela manutenção da posição adotada no caso Plessy.[65]

Então, em 8 de junho de 1853, de forma surpreendente, o tribunal apresentou cinco perguntas a serem respondidas pelas partes no processo. Elas diziam respeito fundamentalmente a aspectos históricos. Entre elas, o tribunal questionava os advogados se os legisladores que aprovaram a 14ª emenda teriam tomado em conta a proibição da segregação racial nas escolas públicas.[66]

Mais do que o interesse nos esclarecimentos, estava claro que a Suprema Corte procurava ganhar tempo. A eleição de 1952 levou Dwight Einsenhower à presidência da República, e o tribunal entendia que a nova administração precisaria de tempo para lidar com um julgamento que dividiria a nação, fosse qual fosse o resultado.

Então Marshall liderou novamente a equipe para trabalhar na resposta às indagações. A pesquisa histórica era muito relevante para responder à pergunta sobre a intenção do legislador ao aprovar a 14ª emenda. O resultado da pesquisa, no entanto, era desanimador, estando clara a ausência de evidências de que os congressistas, ao aprovarem a 14ª emenda, pretendiam proibir a segregação nas escolas. Nesse ponto, a defesa da segregação estaria em vantagem.

Em outubro de 1953, foi marcada uma nova data para a exposição oral dos advogados das partes. Mas pouco tempo antes da audiência sobreveio um fato que acabou por se demonstrar decisivo. Faleceu o presidente do tribunal, Frederick Vinson, um voto dado como certo a favor da segregação. O presidente Eisenhower nomeou, então, Earl Warren, governador da California, para a Suprema Corte. Marshall preocupou-se com essa mudança, mas, ao pesquisar o histórico de Warren e inferir qual poderia ser sua posição, encontrou somente informações positivas.[67]

A exposição oral dos advogados ocorreu somente em dezembro de 1953.

Enfim, a Suprema Corte marcou a audiência para divulgar a decisão: 17 de maio de 1954. No início da leitura da decisão por Warren, Marshall não conseguiu inferir qual seria a conclusão, se venceria ou se seria derrotado. Passou boa parte do tempo olhando para o juiz Stanley Reed, de Kentucky, que, acreditava-se, abriria um voto dissidente em apoio à segregação.[68]

Mas, para surpresa de todos, a decisão foi unânime pela inconstitucionalidade da segregação, pondo um ponto final à doutrina do "iguais, mas separados", adotada no caso Plessy. Dada a relevância do tema, Warren, durante meses procurou conversar com os demais juízes, destacando a importância de que a decisão da Suprema Corte fosse unânime a respeito da matéria.

Em passagem que se tornou histórica, a decisão ressalta:

> Separar crianças negras de outras de idade similar e qualificá-las somente por conta de sua raça gera um sentimento de inferioridade quanto à sua posição na comunidade. (...)
> Nós concluímos que, no campo da educação pública, a doutrina do 'iguais, mas separados' não tem lugar. Separar as instalações escolares é intrinsecamente desigual.[69]

O julgamento do caso Brown representou, assim, uma mudança radical na sociedade norte-americana. Não foi só nas escolas que a segregação passou a não ser admitida, mas em relação a toda e qualquer política pública. Finalmente foi possível dizer que a nação norte-americana deveria tratar todas as pessoas de forma igual perante a lei, como sonhou Lincoln em seu discurso de Gettysburg.

É verdade que, mais adiante, a Suprema Corte decepcionou Marshall ao reconhecer a possibilidade de os estados, em função dos recursos e condições materiais disponíveis, implantarem gradualmente a nova orientação. Marshall defendia a imediata aplicação da regra. As pressões políticas foram, no entanto, imensas, de forma que a posição adotada pela Suprema Corte significou grande alívio para o presidente Einsehower, que defendia o gradualismo.[70]

Porém o gradualismo da implantação não diminuiu a importância do caso Brown para mudar a face da sociedade norte-americana. Para muitos, esse foi o julgamento mais importante da Suprema Corte no século XX, por ter produzido efeitos concretos que mudaram de forma drástica a realidade social e racial do país.[71]

Os movimentos dos direitos civis devem muito ao caso Brown. A Lei dos Direitos Civis de 1964 (*Civil Rights Act*) veio afirmar e concretizar o princípio da igualdade de direitos estabelecido em Brown. Os anos seguintes ao caso demonstraram, de fato, um avanço social importante para os negros, muitos passando à classe média e vindo a ocupar cargos de alta relevância econômica e política. A eleição, nos anos 2000, de

Barack Obama para a presidência do país vem, sem dúvida, confirmar essa história. Seria impensável, na época das leis segregacionistas, que um negro pudesse vir a presidir os Estados Unidos.

Para que isso fosse possível, não há dúvida, foram determinantes as vitórias do advogado Marshall na defesa dos direitos dos negros em causas relacionadas ao direito ao voto, à moradia, ao transporte e à educação. Uma contribuição concreta e de efeitos práticos bem definidos.

GAMA E MARSHALL: O QUE APRENDER? AS SOCIEDADES BRASILEIRA E NORTE-AMERICANA E O ESTADO DE DIREITO

Mario Puzo, em *O poderoso chefão*, escreve que "um advogado com uma pasta pode roubar mais do que cem homens armados". Contudo a mesma frase pode ser usada em um sentido positivo.

Gama e Marshall demonstram que um advogado hábil, no uso da técnica jurídica e na mobilização da opinião pública, pode contribuir mais para o avanço da sociedade do que partidos políticos inteiros — ou até grandes manifestações em praça pública.

Gama e Marshall tinham o mesmo desejo: transformar a realidade com a afirmação da igualdade entre os homens e o reconhecimento dos direitos dos negros.

Na busca desse ideal, embora separados por épocas, países e culturas muito diferentes, adotaram a mesma filosofia e estratégia: buscar a transformação social por meio da aplicação da lei, acreditando, portanto, no Estado de Direito e nas instituições, ainda que fossem dominadas por elites brancas. Não há na atitude de ambos qualquer traço de ingenuidade, mas o reconhecimento de que essa estratégia pode ser efetiva, capaz de produzir resultados concretos.

No Brasil, o movimento abolicionista teve personagens históricos mais reconhecidos e populares do que Gama. Os nomes de Joaquim Nabuco, José do Patrocínio e André Rebouças são sempre lembrados como líderes do movimento abolicionista, que se caracterizou por comícios, eventos públicos, campanhas políticas e artigos em jornais no Rio de Janeiro e em diversas localidades do Brasil.[72]

Esse movimento tinha caráter claramente político e, por meios propriamente políticos, pretendia chegar à abolição. Luiz Gama, como se viu, nunca deixou de ser ativo politicamente no Partido Republicano ou na Loja Maçônica América. Mas sua estratégia principal eram as ações judiciais e a busca incessante da aplicação da lei pelas autoridades judiciárias, junto com a divulgação, na imprensa, das mazelas enfrentadas.

O movimento abolicionista, sem dúvida, contribuiu para a publicação da Lei Áurea em 1888 e, portanto, para a libertação dos escravos. Porém, a atuação de Gama produziu *individualmente* resultados mais concretos: a libertação de mais de quinhentos escravos por meio de ações judiciais. Mais do que isso, sua atuação jurídica pôs a nu a contradição entre a ordem jurídica — a lei — e sua aplicação pelas autoridades.

Como ninguém, Gama mostrou a infâmia de um país que produz leis "para inglês ver", longe de constituir-se, portanto, em um verdadeiro Estado de Direito.

A experiência de Marshall é semelhante. Também usou como estratégia as ações judiciais e a busca da aplicação da lei para o reconhecimento dos direitos dos negros. Sempre agiu para conquistar o respeito dos profissionais do Direito e dos magistrados. Procurou atuar dentro do sistema vigente, aceitando as regras do jogo e utilizando-as em favor de suas causas.

Por isso, Marshall sempre foi cético, e por vezes crítico, em relação às manifestações populares destituídas de objetivos concretos. Nunca concordou com atos de desobediência civil porque entendia que isso prejudicaria, e mesmo atrasaria, o reconhecimento dos direitos dos negros pela ordem vigente. Por isso, embora os apoiasse, via com ceticismo as manifestações lideradas por Martin Luther King, por não ver nelas resultados concretos e permanentes.

A exemplo de Gama, e de forma ainda mais decisiva que este, Marshall contribuiu para a transformação da realidade norte-americana. Suas vitórias na Suprema Corte, envolvendo direitos ao voto, à moradia, ao transporte e à educação, mudaram a face da sociedade norte-americana. O caso Brown, ao extinguir a doutrina do "iguais, mas separados" e reconhecer na segregação racial, por si só, uma ofensa ao princípio constitucional da igualdade, foi um divisor de águas no avanço civilizatório da sociedade norte-americana. No entanto, é curioso que, também como Gama, Marshall seja menos reconhecido em seu país do que líderes como Martin Luther King ou Malcom X na luta pelos direitos civis dos negros.

As dificuldades enfrentadas por Gama e Marshall, e os resultados por eles obtidos, dizem muito sobre as duas sociedades.

Nos Estados Unidos, é possível observar que, por maiores que sejam as críticas realizadas às posições adotadas pelas autoridades judiciárias, havia a preocupação de fundamentá-las com base na lei, na interpretação da normas jurídicas.

O caso Plessy, ao admitir a constitucionalidade da segregação e consagrar a doutrina do "iguais, mas separados", é altamente criticável da perspectiva de sua fundamentação jurídica, como bem o demonstra o próprio voto divergente do juiz Marshall Halen. De qualquer forma, é fato que essa doutrina jurídica foi aplicada por décadas de forma coerente e fundamentada, enraizando-se na cultura jurídica norte-americana.

Verifica-se, porém, um processo gradual de evolução jurisprudencial até a superação dessa doutrina. As vitórias obtidas sucessivamente por Marshall na Suprema Corte[73] evidenciam essa evolução da jurisprudência, até que, finalmente em Brown, ficasse reconhecido que a separação de seres humanos com base na raça, por si só, implica a violação ao princípio da igualdade e à dignidade do homem.

A experiência de Marshall indica que os tribunais inferiores, situados nas comarcas pequenas, eram resistentes ao reconhecimento dos direitos dos negros, ao passo que a possibilidade desse reconhecimento aumentava à medida em que as causas chegavam à Suprema Corte. Pode-se dizer que os círculos superiores de poder eram permeáveis ao avanço social, à transformação da realidade, liderando mudanças que enfrentavam resistências nas partes mais retrógradas da sociedade.

Nesses aspectos, a história de Gama mostra o Brasil como um país muito diferente dos Estados Unidos. Ao analisar-se o julgamento das ações de liberdade propostas por Gama, não se consegue depreender uma fundamentação jurídica clara, ainda que questionável. Também não é possível inferir uma evolução coerente e gradual das posições jurídicas adotadas. Pelo contrário, as autoridades brasileiras, em vez de buscar fundamento no debate jurídico, preferiam evitar o reconhecimento dos direitos dos negros por meio de subterfúgios, de estratégias protelatórias, evitando-se, assim, a aplicação da lei.

Marshall lutou contra uma doutrina jurídica claramente estabelecida no julgamento do caso Plessy. Já Gama lutou contra os adiamentos, as idas e vindas e toda sorte de chicanas que visavam evitar a aplicação de uma regra legal que era clara, sob qualquer ângulo de análise jurídica: os negros entrados no país após 1831 deveriam ser declarados livres, nos termos do artigo 1º da Lei de 1831.

Também ao contrário do que se viu nos Estados Unidos, a possibilidade de sucesso de Gama era maior nas instâncias inferiores. A libertação de mais de quinhentos escravos ocorreu, sobretudo, a partir de decisões de instâncias judiciárias inferiores. Nas superiores — ou nos mais altos círculos de poder — a resistência à mudança social era mais forte e estruturada. Boa ilustração disso foi o caso dos 14 escravos, visto anteriormente, no qual, segundo denunciado por Gama, houve interferência direta do Ministério da Justiça sobre a atuação do juiz da província de São Paulo. Também exemplo disso é a interpretação, nascida nos círculos superiores da corte — o Conselho de Estado —, de que a Lei de 1831 teria sido revogada pela Lei de 1850.

Algo interessante a aprender com esta análise comparativa é que, desprezadas as diferenças em termos de discriminação e racismo em ambos os países, é possível identificar nos Estados Unidos a presença de um autêntico Estado de Direito, ainda que imperfeito, porque havia a preocupação de respeitar e aplicar a lei, ainda que, em determinados períodos históricos, prevalecessem interpretações jurídicas pouco adequadas, de difícil defesa, como no caso Plessy. Enfim, evidenciou-se ser possível obter, nas altas instâncias de poder, as decisões que promovem efetivos avanços sociais. Por isso, esses fatores permitem reconhecer nos Estados Unidos um Estado de Direito, por maiores que sejam as suas imperfeições. Não ocorreu o mesmo no Brasil de Gama, afinal, a recusa em reconhecer os direitos dos negros não se baseou na aplicação da lei, ainda que por interpretações enviesadas, mas em pretextos, subterfúgios e procrastinações de toda ordem. A lei era clara quanto ao reconhecimento da liberdade de negros entrados no país após 1831, mas sua aplicação era evitada por meio de estratégias protelatórias.

Embora pareça sutil, a diferença é fundamental.

A não aplicação da lei por meio de subterfúgios, transformando-a em letra morta, que fica apenas no papel "para inglês ver", é a mais completa negação do que se conceitua como Estado de Direito. É, pelo contrário, o reconhecimento de que a lei pouco importa, podendo ser aplicada ou não, segundo a vontade e a conveniência dos poderosos.

Esse quadro de degradação do sistema normativo não ocorreu na experiência norte-americana, como podemos observar na história de Marshall.

Essa é talvez a principal lição a ser aprendida da história desses dois personagens. O Brasil, para tornar-se um verdadeiro Estado de Direito, precisa superar a torpe tradição de considerar a lei um mero elemento decorativo, cuja função é a promoção do bacharelismo, tão enraizado na sociedade tupiniquim.[74]

Esse é o primeiro passo para que a sociedade brasileira tenha a possibilidade de avançar social e economicamente. A lei é o limite para a vontade dos poderosos. É a condição necessária para que o princípio da igualdade entre os homens e o da liberdade possam ser concretizados. Nesse sentido, a construção de um Estado de Direito parece ser um fator inicial fundamental, uma condição necessária, ainda que não suficiente, para o desenvolvimento social.

Também é de se notar nas histórias de Gama e de Marshall a diferença de comportamento verificada nas mais altas esferas do poder em ambos os países. Se nos Estados Unidos o palco dos avanços no reconhecimento dos direitos dos negros foi a Suprema Corte, no Brasil não se pode dizer que ocorreu o mesmo. Aqui, o maior centro de resistência localizava-se justamente nas mais altas esferas do poder econômico e político.

As características das elites sociais e econômicas e a possibilidade efetiva de serem influenciadas — ou eventualmente sobrepujadas — pelas posições defendidas pelas camadas menos favorecidas da população também são fundamentais para o desenvolvimento de um país. A história pessoal de Gama — do escravo que se torna doutor —, sob esse aspecto, não deixaria de ser um alento, uma esperança, se não fosse evidente a enorme excepcionalidade que a marca.

Bem se observa daí que, se as lições tiradas das diferenças são interessantes para compreender as sociedades brasileira e norte-americana, mais importante é a conclusão a que se pode chegar a partir daquilo que Gama e Marshall têm em comum: o uso da lei para obter avanços sociais concretos e transformadores.

Essa é a principal mensagem que se pretende oferecer à reflexão do leitor. A efetiva observância dos princípios do Estado de Direito, abrangendo não apenas a edição de leis adequadas, mas, sobretudo, sua efetiva aplicação pelas instituições públicas, é um caminho possível para conquistar avanços sociais e para a transformação da sociedade.

As vidas de Gama e de Marshall são a prova cabal de que esse é um caminho, mais do que possível, promissor.

E nesse particular, nosso país, o Brasil, tem ainda muito a avançar.

BIBLIOGRAFIA

ACKERMAN, Bruce. *We the People, Volume 3: The Civil Rights Revolution.* Cambridge, MA: Harvard University Press, 2014.

ALONSO, Angela. *Flores, votos e bala.* São Paulo: Companhia das Letras, 2015.

AZEVEDO, Elciene. *Orfeu de carapinha.* Campinas: Editora Unicamp, 1999.

MENUCCI, Sud. *O precursor do abolicionismo no Brasil (Luiz Gama)*. Rio de Janeiro: Companhia Editora Nacional, 1938.
SCHWARCZ, Lillian (Org.). *Contos completos de Lima Barreto*. São Paulo: Companhia das Letras, 2010.
WILLIAMS, Juan. *Thurgood Marshall – American Revolutionary*. Nova York: Times Books, 1998.

NOTAS

1 O nome com que foi originalmente batizado foi Thoroughgood, variação do nome de seu avô, Thorney Good. Logo na infância, Marshall pede à mãe que mude seu nome no registro, por ser muito longo.
2 Sobre a vida de Gama, cf. Menucci, 1938; Azevedo, 1999.
3 Menucci, *op. cit.*, p. 19-26.
4 *Ibid.*, p. 39-43.
5 *Ibid.*, p. 49.
6 Azevedo, *op. cit.*, p. 191.
7 Menucci, *op. cit.*, p. 140.
8 *Ibid.*, p. 135.
9 *Correio Paulistano*, 20 nov. 1969 *apud* Azevedo, *op. cit.*, p. 111.
10 Azevedo, *op. cit.*, p. 111.
11 *Ibid.*, p. 112-113.
12 *Correio Paulistano*, 31 dez. 1870 *apud* Azevedo, *op. cit.*, p. 126.
13 *Radical Paulistano*, 31 maio 1869 *apud* Azevedo, *op. cit.*, p. 193.
14 Menucci, *op. cit.*, p. 144.
15 Pompeia, Raul. *A Província de São Paulo*, 26 ago. 1882 *apud* Azevedo, *op. cit.*, p. 21.
16 *Id.*
17 Menucci, *op. cit.*, p. 170-171.
18 *Ibid.*, p. 174.
19 Pai do famoso político, diplomata e abolicionista Joaquim Nabuco, autor de *O estadista do Império*, justamente em homenagem a seu pai.
20 Cf. Azevedo, *op. cit.*, p. 216-228.
21 *Ibid.*, p. 217.

22 *Ibid.*, p. 218.
23 *Ibid.*, p. 221.
24 *Ibid.*, p. 224.
25 Gama, Luiz. "Foro da Capital". *O Correio Paulistano*, 1º nov. 1871 *apud* Azevedo, *op. cit.*, p. 224-225.
26 Gama, Luiz. "Província de São Paulo/Foro da Capital". *A República*, 1º jan. 1872 *apud* Azevedo, *op. cit.*, p. 226.
27 Azevedo, *op. cit.*, p. 200.
28 Cf. Azevedo, *op. cit.*, p. 228-244.
29 Gama, Luiz. "Coisas admiráveis". *Correio Paulistano*, 27 nov. 1870 *apud* Azevedo, *op. cit.*, p. 207-208.
30 Aguiar, Rafael Tobias de. "Coisas admiráveis". *Correio Paulistano*, 29 nov. 1870 *apud* Azevedo, *op. cit.*, p. 208.
31 Gama, Luiz. "Coisas admiráveis". *Correio Paulistano*, 30 nov. 1870 *apud* Azevedo, *op. cit.*, p. 209.
32 Aguiar, Rafael Tobias de. "Ao público". *Correio Paulistano*, 1º dez. 1870 *apud* Azevedo, *op. cit.* p. 213.
33 Gama, Luiz. "Questão do pardo Narciso". *Correio Paulistano*, 4 dez. 1870 *apud* Azevedo, *op. cit.*, p. 214.
34 Sobre a vida de Marshall, cf. Williams, *op. cit.*
35 *Ibid.*, capítulos 3 e 4.
36 *Id.*
37 *Murray v. Pearson*, 1935. A vitória de Marshall, e de seu mentor Charles Houston, foi obtida na Maryland Court of Appeals, não tendo havido recurso para as instâncias superiores.
38 Williams, *op. cit.*, capítulo 5.
39 *Id.*
40 *Ibid.*, capítulos 8 e 9.
41 *Ibid.*, capítulo 10.
42 *Ibid.*, capítulo 13.
43 Cf. *Ibid.*, introdução: "*He rejected King's peaceful protest as rhetorical fluff, which accomplished no permanent change in society. And he rejected Malcom X's talk of violent revolution and a separate black nation as racist craziness in a multiracial society. Instead Marshall was busy in the nation's courtrooms, winning permanent changes in the rock-hard laws of segregation.*"
44 Cf. Williams, *op. cit.*
45 *Ibid.*, capítulo 33.

46 *Ibid.*, introdução: "*We make movies about Malcom X, we get a Holiday to honor Dr. Martin Luther King, but every day we live with the legacy of Justice Thurgood Marshall.*"

47 "*We hold these truths to be self-evident, that all men are created equal, that they are endowed by their Creator with certain unalienable Rights, that among these are life, liberty and the pursuit of happiness. That to secure these rights, Governments are instituted among Men, deriving their just powers from the consent of the governed.*"

48 "*Four score and seven years ago our fathers brought forth, on this continent, a new nation, conceived in Liberty, and dedicated to the proposition that all men are created equal. (…) that these dead shall not have died in vain that this nation, under God, shall have a new birth of freedom, and that government of the people, by the people, for the people, shall not perish from the earth.*" Disponível em: <www.abrahamlincolnonline.org>. Acesso em: 3 jun. 2018.

49 Cf. Williams, *op. cit.*, capítulos 20 e 21.

50 Cf. *Id.*

51 A título ilustrativo: *Murray v. Pearson*, 1936; *Smith v. Allwright*, 1944; *Shelley v. Kraemer*, 1948.

52 Cf. Williams, *op. cit.*, capítulo 18. Ao julgar o caso Sweatt, a Suprema Corte reconheceu, pela primeira vez, o direito de o estudante negro Sweatt frequentar a University of Texas Law School, independentemente dos desejos e objeções de outros estudantes. Embora, tecnicamente, a decisão da Suprema Corte não tenha superado a doutrina do "iguais, mas separados", os fundamentos adotados pela decisão, unânime, animou Marshall e sua equipe a atacarem diretamente essa doutrina no caso Brown.

53 Williams, *op. cit.*, capítulo 20.

54 Cf. *Ibid.*, capítulos 20 e 21. Sobre o caso Brown, cf. Ackerman, 2014.

55 Cf. *Ibid.*, capítulo 21.

56 Cf. *Id.*

57 Cf. *Id.*

58 Cf. *Id.*

59 Cf. *Id.*

60 Cf. *Id.*

61 Cf. *Id.*

62 Cf. *Id.*

63 Cf. *Id.*

64 Cf. *Id.*
65 O juiz William Douglas escreveu mais tarde que, depois de os juízes terem se encontrado em sessão secreta para debater o caso, ele concluiu que havia cinco votos para derrotar a NAACP em todas as ações judiciais que compunham o caso Brown. Cf. Williams, *op. cit.*, capítulo 21.
66 Cf. *Id.*
67 Cf. *Id.*
68 Cf. *Id.* Ainda sobre o tema, cf. Ackerman, *op. cit.*, defendendo que a decisão de Warren, em Brown, é a mais bem fundamentada decisão da Suprema Corte no século XX.
69 Williams, *op. cit.*, capítulo 21.
70 *Id.*
71 Cf. Ackerman, *op. cit.*
72 Cf. Alonso, 2015.
73 Cf. Williams, *op. cit.*, capítulos 18, 20 e 21.
74 A obra que melhor descreve o tema é *O homem que sabia javanês*, de Lima Barreto. Cf. Schwarcz, 2010.

A Fera de Macabu

José Gabriel Assis de Almeida

"Está tudo acabado. A injustiça está feita. Pobre Motta, vítima do seu próprio sangue."
TRECHO DE CARTA DE ANTÔNIO PEREIRA RABELLO AO COMENDADOR PEREGRINO ALVES DA CRUZ

O FIM

Dizem os relatos que o céu estava nublado em Macaé no dia 6 de março de 1855, terça-feira.

Por volta das 11 da manhã, foi aberta a cela da cadeia pública na então rua do Collegio, onde se encontrava preso Manoel da Motta, conhecido como Manoel da Motta Coqueiro, 56 anos. O preso foi retirado e, em seguida, vestido com uma túnica branca de pano grosseiro e sem bolsos; ainda teve os braços agrilhoados com pesadas algemas de ferro.

Manoel da Motta Coqueiro foi, então, para a rua, conduzido por dois soldados do Corpo Municipal Permanente do Rio de Janeiro, membros do destacamento que iria escoltá-lo. Segundo os relatos, tão logo ele chegou do lado de fora da cadeia, ouviu-se da população uma exclamação de surpresa.

Não era para menos: aquele que fora denominado pelos jornais a "Fera de Macabu", era um farrapo humano, de aflitiva magreza, frágil, cambaleante, como relatam os jornais da época.

Teve início, então, a última provação de Manoel da Motta Coqueiro: ao rufar de quatro caixas de guerra (um tipo de tambor), transportadas por soldados, e ao primeiro toque de clarim do corneteiro, uma lúgubre procissão começou a se mover. À frente ia um pelotão e a cavalaria da Guarda Nacional macaense, seguidos pelo porteiro e os oficiais de justiça. Logo atrás, a tropa do Corpo Municipal Permanente do Rio de Janeiro, levando, no meio, Manoel da Motta Coqueiro, carregado e amparado por dois soldados, pois seu andar era trôpego e vacilante. Depois caminhavam o juiz João da Costa Lima e Castro e o padre Leitão, acompanhados pelo escrivão das execuções e pelo coroinha que ajudava na missa. O cortejo era fechado por um grupo de infantaria da Guarda Nacional macaense.

A cada trezentos metros, o cortejo parava e o porteiro lia o resumo das acusações e da sentença. Esse suplício repetiu-se por nove vezes ao longo do trajeto para o patíbulo.

Ao passar em frente à capela do Santíssimo Sacramento, o cortejo nela entrou. Manoel da Motta Coqueiro foi levado a se ajoelhar perante o altar, cercado por quatro guardas. O padre Leitão celebrou uma rápida missa.

Ao final da missa, Manoel da Motta Coqueiro foi carregado pelos soldados para fora da igreja e, tão logo passou pela porta, novamente os tambores rufaram, o clarim soou e o porteiro fez um novo anúncio da sentença.

O triste cortejo chegou ao rossio, onde se destacava a forca erguida no meio da praça. A turba começou a gritar e a insultar Manoel da Motta Coqueiro. No meio do aglomerado de gente, os soldados abriram um caminho que terminava na base do patíbulo. Ali, o corpulento carrasco, todo vestido de preto e com um capuz pontiagudo que lhe escondia o rosto, esperava o infeliz condenado.

O porteiro subiu no cadafalso, enquanto as caixas de guerra rufavam com vigor e novamente se tocava o clarim. A multidão, finalmente, ficou em silêncio. O porteiro leu o resumo da sentença pela última vez, com o cuidado de destacar claramente cada palavra.

O juiz João da Costa Lima e Castro fez um sinal ao carrasco, que, com sua mão grossa, segurou o braço descarnado de Manoel da Motta

Coqueiro. Os soldados retiraram das mãos do preso o crucifixo que ele carregou desde que saíra da prisão, abriram o cadeado para soltar-lhe os punhos, que amarraram novamente, dessa vez pelas costas.

Eram duas horas da tarde; três já tinham se passado desde que a cela onde estava Manoel da Motta havia sido aberta. O escrivão perguntou ao condenado qual era a sua última vontade.

As narrativas da época informam que, nesse momento, Manoel, com a fisionomia alterada, ignorou a multidão. Mas olhou, um a um, o juiz João da Costa Lima e Castro, o escrivão Torquato, o delegado Pacheco, o subdelegado Domingos d'Oliveira, o padre Leitão, o alferes Villar, o capitão Castrioto, e disse no tom de voz mais alto que conseguiu: "Eu sou inocente. Minha maldição é que esta cidade vai pagar cem anos de atraso pelo que me faz."

Em seguida, Manoel da Motta Coqueiro recusou o copo de vinho, tradicionalmente oferecido na execução das pessoas de classe social mais elevada. Surpreendentemente, o carrasco não hesitou e, levantando um pouco o capuz, tomou de um só trago o vinho destinado ao condenado, cuspindo em seguida para o lado.

A um sinal mudo do juiz, o carrasco segurou o braço de Manoel da Motta Coqueiro e empurrou-o com a ajuda de dois soldados em direção à escada, cujos 13 degraus, afinal, o condenado conseguiu subir sozinho, ainda que cambaleante. Assim que o infeliz chegou ao alto da escada, as caixas de guerra começaram novamente a rufar. O carrasco colocou-lhe um capuz na cabeça e ajeitou a corda com o grosso laço do lado esquerdo do pescoço, um pouco abaixo da orelha. Essa era a técnica portuguesa: quando o alçapão do cadafalso era aberto, o peso do corpo fazia o condenado cair rapidamente e a queda quebrava-lhe o pescoço, resultando em imediata perda da consciência, ainda que o coração batesse por cerca de 15 a vinte minutos. Enfim, uma morte mais rápida do que por asfixia.

Porém o carrasco abriu o alçapão, o corpo caiu, mas o pescoço não se quebrou. Manoel da Motta Coqueiro ficou a balançar e a estrebuchar, esganado pela corda da forca.

Após hesitar alguns segundos, o carrasco resolveu repetir um gesto que teria visto em uma execução em Minas Gerais, inventado pela criatividade de um conhecido carrasco cearense chamado Pareça: subiu agilmente até a trave superior da forca, nela deslizou até o ponto onde pendia a corda que Manoel da Motta Coqueiro estrebuchava. Agarrou-se à corda, colocou, com todo o seu peso, os dois pés em cima dos ombros do infeliz condenado e fez força até que, finalmente, ouviu-se um forte estalo a assinalar o rompimento do pescoço. Para finalizar a cena, o carrasco saltou para o chão.

Então a vida de Manoel da Motta Coqueiro começou a esvair-se em espasmos, contrações e tremores que podiam ser vistos em seu corpo e suas mãos. Os movimentos iam ficando cada vez mais fracos até que, cerca de 15 minutos depois, cessaram totalmente, ficando aquele corpo sem vida na ponta da corda, balançando com o vento. Quando o corpo parou de se mexer, cessou o rufar das caixas de guerra e o clarim ecoou, anunciando a morte.

Os relatos da época indicam que a multidão estava em silêncio, perplexa. As pessoas foram abandonando o local pensativas e vagarosas. Provavelmente, poucos ali já tinham assistido a um brutal espetáculo de execução.

Trinta minutos depois do início da pena, o médico Velho da Silva declarou oficialmente a morte do executado. Alguns irmãos da Confraria da Misericórdia ajudaram o padre Freitas, outro sacerdote que estava presente, a baixar o corpo, que foi amortalhado num caixão rudimentar e carregado em uma carroça puxada por duas mulas.

O padre Freitas, os irmãos da Confraria da Misericórdia, os operários e alguns curiosos acompanharam o corpo na subida do morro de Sant'Anna. Ao chegar no alto, o caixão com o corpo de Manoel da Motta Coqueiro foi colocado em uma cova do lado de fora do cemitério católico da Igreja de Sant'Anna. Eis que era impossível sepultá-lo do lado de dentro. Um dos irmãos da Confraria deitou cal sobre o caixão, os operários cobriram a cova com terra e o padre Freitas, antes de sair dali, benzeu o local.

O MEIO

Manoel da Motta Coqueiro foi enforcado após ter passado não por um, mas por dois julgamentos perante um tribunal do júri.

Em ambos, ele foi declarado culpado do homicídio de Francisco Benedito da Silva e de quase toda a sua família, ocorrido na noite de sábado para domingo, do dia 11 para o dia 12 de setembro de 1852, na fazenda Bananal.

Apesar de ser noite de lua nova, chovia torrencialmente quando um grupo de pessoas (ainda hoje não se sabe se composto por seis ou oito homens) chegou à casa de Francisco Benedito.

Provavelmente prevendo o que iria acontecer, o filho de Francisco Benedito, José Benedito, ao perceber a aproximação do grupo assassino, tentou fugir, talvez para procurar socorro. Sem sucesso! Foi cercado pelos facínoras e levou uma paulada na cabeça com tal força que o crânio rachou, ficando ele caído a cinquenta metros da casa, a debater-se até falecer.

Deixando de lado sua primeira vítima, o bando avançou de forma inexorável para dentro da casa, arrombando a porta. Ali os assassinos se concentraram primeiro em Francisco Benedito, que foi retalhado e morto a golpes de facão e foice. Logo em seguida, sua mulher, Amélia, caiu e foi esganada, depois de ser golpeada a pauladas.

Na continuação daquele circo de horror e violência, as crianças menores foram mortas seguindo o mesmo ritual: primeiro uma violenta pancada na cabeça, seguida de tantas quantas fossem necessárias para causar o óbito. Assim morreram Antônia, de 14 anos, Manoel, de seis, Francisco, de cinco, e Bento, de apenas três.

O bando assassinava quase mecanicamente, sem aparentes escrúpulos, como se fosse uma tarefa qualquer. Seus membros estavam tão concentrados que sequer repararam em duas filhas de Francisco Benedito — Maria, de 12 anos, e Francisca, de 15 — que haviam escapado por uma janela nos fundos da casa e buscaram refúgio subindo em uma árvore, ficando Francisca no topo e Maria mais abaixo.

Terminada a tarefa mortífera, o bando já estava de saída quando um raio iluminou a árvore e revelou o esconderijo de Maria, mas, miraculosamente, não o de Francisca. Os facínoras puxaram Maria para baixo e a assassinaram ali mesmo, a pauladas, debaixo dos olhos e ouvidos aterrorizados de sua irmã Francisca.

Então, os matadores reuniram os corpos em um dos cômodos da casa e incendiaram-na. Por algum motivo que até hoje se desconhece, eles não contaram os corpos que ali jaziam, por isso não perceberam que Francisca havia sobrevivido. Tendo ateado fogo à casa, os bandidos deram por cumprida sua imunda tarefa e foram embora, seguindo pelo meio do mato.

Em choque, transida de frio e trespassada por um medo infinito, Francisca permaneceu escondida no alto da árvore, enquanto a tempestade recrudescia e a chuva aumentava a ponto de apagar o fogo e deixar a cena do pavoroso crime quase intacta.

Somente algum tempo depois, ainda no meio da noite, Francisca desceu da árvore e entrou na mata, onde se escondeu em uma pequena gruta. Permanecia assustada com a possibilidade de o bando de assassinos voltar à sua procura.

No alvorecer do domingo, dia 12 de setembro, Francisca caminhou em sentido contrário à fazenda Bananal, até ser encontrada, de tarde, andando sem rumo. Foi levada à fazenda de André Ferreira dos Santos, em Paciência. Estava em estado de choque, muda e chorando sem parar. Por coincidência, André Ferreira dos Santos era não apenas o inspetor de quarteirão — cargo que o encarregava da repressão de atos delituosos, zelando pelas propriedades e pelo sossego de todos que moravam em seu quarteirão, ou seja, um conjunto mínimo de 25 casas —, era também ex-cunhado e desafeto de Manoel da Motta Coqueiro, por razões que serão explicadas mais adiante.

Na terça-feira, dia 14 de setembro, os escravos que trabalhavam na fazenda Bananal notaram uma concentração de urubus sobre uma parte da mata. Foram ao local à procura de algum bicho morto e depararam-se com a cena do massacre.

Correram para a casa grande da fazenda e contaram a Manoel da Motta Coqueiro o que haviam encontrado. O fazendeiro mandou convocar os escravos para descobrir quem perpetrara tal barbaridade. Imediatamente, o escravo Carlos admitiu fazer parte do bando de assassinos. Sem hesitar, Manoel da Motta castigou-o de forma severa. Essa infeliz iniciativa de Manoel da Motta contribuiu para que mais nenhum escravo contasse coisa alguma a respeito do crime.

Em seguida, atordoado com o que havia sucedido, e provavelmente antevendo o que o futuro lhe reservava, Manoel da Motta Coqueiro deixou a fazenda Bananal de canoa, acompanhado de três escravos. Entre eles, Carlos, o que havia confessado a participação do crime. Refugiaram-se na fazenda Carrapato, também pertencente a Manoel da Motta. Dali seguiu, no dia 17 de setembro, para sua casa em Campos dos Goytacazes, onde se encontrou com a mulher, Úrsula das Virgens. Na madrugada do dia 18 de setembro, saiu fugido em direção ao norte da província.

Na mesma terça-feira — 14 de setembro — em que Manoel da Motta Coqueiro teve notícia daquele crime bárbaro, André Ferreira dos Santos também fora informado do massacre. Mandou imediatamente uma comunicação sobre o crime ao delegado de Macaé, aproveitando para, de forma antecipada, condenar o seu desafeto, Manoel da Motta Coqueiro:

> (...) indagando eu o motivo de tais mortes, constou-me que Manoel da Motta Coqueiro mandara pelos seus escravos assassinar toda a família no domingo à noite, doze do corrente, e que no dia seguinte, depois de os escravos terem assassinado a família, que o dito Coqueiro mandara atear fogo na casa para não conhecer-se o instrumento com que perpetraram o crime; (...) assim, haja V. Sa. de dar com urgência todas as ordens para que sejam capturados os escravos e Manoel da Motta Coqueiro, para serem punidos com o rigor da lei.

A partir daí começou-se a mover uma máquina acusatória e condenatória que não deixou a menor possibilidade de Manoel da Motta Coqueiro ter um julgamento justo.

O começo

Manoel da Motta nasceu em fevereiro de 1799, na fazenda do Coqueiro, apesar da sua certidão de batismo indicar 17 de agosto de 1802 como a data do seu nascimento. Como era habitual naqueles tempos, mais tarde passou a chamar-se Manoel da Motta Coqueiro, acrescentando o local de nascimento a seu nome.

Seus pais eram Ana Francisca do Nascimento e Manoel José da Motta, que era o administrador da dita fazenda do Coqueiro, localizada no município de Campos dos Goytacazes.

A fazenda era propriedade de uma prima muito rica de Manoel José da Motta, chamada Ana Joaquina de Almeida. Na verdade, Manoel José da Motta era do ramo pobre de uma das famílias mais ricas, influentes e tradicionais de Campos dos Goytacazes.

Manoel da Motta Coqueiro foi batizado no oratório da fazenda, consagrado à Santa Luzia, no dia 14 de setembro de 1802. Seu padrinho foi o tenente-coronel Manoel Batista Pereira, marido da dona da fazenda. Manoel cresceu naquela fazenda, onde aprendeu os ofícios da agricultura. Com 16 anos, desentendeu-se com o pai, saiu da fazenda do Coqueiro e foi empregar-se na fazenda do Queimado, de propriedade do capitão-mor Manoel Antônio Ribeiro de Castro. Foi ali, na fazenda, que conheceu Ana do Espírito Santo, uma mulher parda com quem teve uma filha natural, a quem deu o nome Chrescencia, cuja paternidade reconheceu apenas mais tarde, por ocasião de seu primeiro casamento.

Para evitar que Manoel da Motta se afeiçoasse à criança e também para proporcionar-lhe a possibilidade de mais instrução, o capitão-mor Manoel Antônio Ribeiro de Castro enviou-o para Campos dos Goytacazes. Lá Manoel da Motta encontrou o primo em segundo grau Julião Baptista Coqueiro (sobrenome também acrescido), filho dos donos da fazenda Coqueiro: Ana Joaquina de Almeida e seu marido, o tenente-coronel Manoel Batista Pereira, padrinho do futuro condenado à morte.

Em 1819, o primo Julião Baptista Coqueiro estava noivo de uma moça belíssima, Joaquina Maria de Jesus, quando teve de partir para o

Rio de Janeiro para estudar. Pediu, então, a Manoel da Motta Coqueiro que por ela olhasse.

A história não registra como aconteceu, mas Manoel da Motta Coqueiro apaixonou-se pela noiva do primo e teria sido correspondido, tanto que acabaram se casando em 7 de fevereiro de 1820. O casamento foi o primeiro passo de Manoel da Motta Coqueiro até a forca, afinal deu origem à ira vingativa e imorredoura do primo Julião Baptista Coqueiro.

O ódio se tornava ainda mais perigoso pois Julião Baptista Coqueiro virou, com o passar dos anos, um homem riquíssimo, proprietário de diversas fazendas em Campos dos Goytacazes, Carapebus e Conceição de Macabu, bem como da usina Santa Cruz, apontada como uma das maiores e mais importantes naqueles tempos. Aliás, como demonstração da riqueza, poder e influência, em uma das fazendas de Julião Baptista Coqueiro havia uma particularidade que a diferenciava das demais: era uma das nove que tinham engenho movido a vapor.

Ao dinheiro somou-se a influência política e social. Foi elevado à categoria de cavaleiro da Ordem de Cristo, tornou-se provedor da Santa Casa de Misericórdia de Campos dos Goytacazes, chegando ao ponto de uma de suas filhas acabar se tornando nobre por casamento.

Já Manoel da Motta Coqueiro, que sofria o ódio do primo, viria também a se entristecer com a viuvez. No dia 1º de março de 1823, sua esposa Joaquina faleceu de infecção pulmonar, deixando-o atordoado.

Mas uma boa notícia veio consolar Manoel da Motta Coqueiro. No início de 1824, cerca de vinte meses após ficar viúvo, ele recebeu como herança de um tio-avô, em conjunto com 11 primos, uma sesmaria com um pouco mais de 1.500 hectares no sopé da serra de Santa Catharina. Era uma boa oportunidade. Tão logo terminada a demarcação dos lotes que couberam a cada primo, Manoel, homem determinado e sem medo de esforços, lançou-se ao trabalho, desmatando e preparando a terra.

E o lote que lhe coube era bom, com terra fértil, e um dos limites ficava no rio Santa Catharina, o que permitia o escoamento da produção até ao rio Macabu e dali para Campos dos Goytacazes. Manoel da Motta Coqueiro batizou sua terra com o nome de fazenda Bananal.

Por ocasião da sucessão do tio-avô, Manoel da Motta Coqueiro conheceu uma prima, também herdeira, chamada Úrsula Maria das Virgens Cabral, descrita como uma mulher madura, de rosto bonito, decidida, rigorosa e tão trabalhadora quanto ele. Era mãe de dois filhos do comendador João Pinto Ribeiro de Sampaio — André Baptista Cabral e Manoel Joaquim Baptista Cabral. Úrsula, porém, não era uma mulher "malfalada". O comendador havia reconhecido os meninos em testamento; além disso, Úrsula das Virgens era sobrinha do "Collector de Rendas Geraes" de Campos dos Goytacazes, um importante cargo de confiança do governo imperial, dada a riqueza da região.

Seja qual tenha sido a forma de aproximação, Manoel da Motta Coqueiro e Úrsula das Virgens encontraram afinidades e ficaram juntos. Casaram-se no final de 1832. Do casamento nasceram Ana Francisca Cabral da Motta, em 1834, Benedito Cabral da Motta, em 1835, e Domingas Maria Cabral da Motta, em 1836.

Manoel da Motta Coqueiro era um empreendedor. Em 1839, decidiu adquirir os direitos de uma área num lugar denominado Brejo dos Patos. À nova terra deu o nome de fazenda Carrapato. No entanto, a terra pertencia à ordem dos Beneditinos, o que lhe valeu um duro litígio judicial, mas que ele venceu depois de uma longa luta, durante a qual conseguiu o apoio da Câmara Municipal de Campos dos Goytacazes contra o Mosteiro de São Bento no Rio de Janeiro.

Em 1841, Manoel da Motta Coqueiro alargou os domínios da fazenda Carrapato, comprando 2.178 hectares de terra contígua. Mais tarde, em fevereiro de 1842, Úrsula das Virgens requereu e obteve a posse dos bens de seu tio, somando mais uma fazenda às anteriores. Assim, Manoel da Motta Coqueiro e Úrsula das Virgens prosseguiram, perseverando no trabalho, sem contar esforços, conseguindo reunir ao longo da vida nada menos que cinco fazendas: duas de Úrsula das Virgens e três de Manoel da Motta Coqueiro. Essa fortuna pessoal lhes garantiu algum destaque na sociedade, chegando a ser citados no *Almanak Laemmert*, espécie de catálogo das pessoas importantes da Corte e de algumas províncias e municípios, publicado no Rio de Janeiro pela Typographia Universal.

Úrsula das Virgens figurava como a 68ª plantadora de café e Manoel da Motta Coqueiro ocupava o 82º lugar.

Essa razoável proeminência social permitiu a Manoel da Motta Coqueiro e a Úrsula das Virgens participar da recepção a D. Pedro II no dia 21 de abril de 1847, na fazenda Jurubatiba, durante a viagem imperial pelo norte da província do Rio de Janeiro naquele mês. Na ocasião, Manoel da Motta Coqueiro e a mulher tiveram a oportunidade de beijar a mão do imperador durante os cumprimentos e ainda participar do almoço em sua homenagem.

No ranking de Campos de Goytacazes, Úrsula das Virgens figurava em terceiro lugar, logo à frente de Julião Baptista Coqueiro, o primo que havia perdido a noiva para Manoel e, por isso, se tornado seu inimigo. Em sétimo lugar no almanaque, havia um outro desafeto de Manoel da Motta Coqueiro: seu cunhado André Ferreira dos Santos, que fora casado com a irmã de Manoel da Motta Coqueiro, que se chamava Anna Francisca e que faleceu precocemente. Além de proprietário da fazenda Santa Martha, em um distrito de Campos dos Goytacazes, André Ferreira dos Santos cuidava das fazendas de Julião Baptista Coqueiro — que conhecera e de quem ficara amigo quando lhe vendeu o lote que sua mulher havia herdado em 1824, juntamente com Manoel da Motta Coqueiro e os demais primos, conforme mencionamos, em Carapebus e em Santa Catharina; ambas faziam divisa com a fazenda Bananal, de Manoel da Motta Coqueiro.

A inimizade entre André Ferreira dos Santos e Manoel da Motta Coqueiro tinha origem em dois conflitos. O primeiro, por conta da divisa da fazenda Bananal. Os escravos de Julião Baptista Coqueiro, o noivo traído, avisaram a André Ferreira dos Santos que os escravos de Manoel da Motta Coqueiro tinham alterado o lugar dos marcos divisórios, aumentando as terras da fazenda Bananal em prejuízo ao dono das terras vizinhas. André Ferreira dos Santos foi conversar com Manoel da Motta Coqueiro. Os ânimos se exaltaram e acabaram tendo de ser apartados por escravos. A partir desse momento, deixaram de dirigir a palavra um ao outro.

O segundo conflito foi de natureza política. Apoiado por Julião Baptista Coqueiro, André Ferreira dos Santos começou a dar forma a um grupo político em Carapebus, que se opunham a Manoel da Motta Coqueiro e seus companheiros. Em 1847, André Ferreira dos Santos foi feito inspetor de quarteirão em Paciência, uma pequena vila nas margens do rio Macabu.

Em 1849, o grupo de Julião Baptista Coqueiro e André Ferreira dos Santos conseguiu eleger Domingos Pinto d'Oliveira como juiz de paz em Carapebus. No ano seguinte, Domingos Pinto d'Oliveira foi nomeado subdelegado de Carapebus, diretamente pelo chefe de polícia da província. A nomeação demonstrava claro poder político, pois o costume era o presidente da província nomear o chefe de polícia, que nomeava em cada município um delegado, que por sua vez nomeava subdelegados nas diferentes localidades, numa cascata de relações de estrita confiança.

Em 1850, o grupo de Julião Baptista Coqueiro e André Ferreira dos Santos nomeou Rozendo Lopes, outro proeminente fazendeiro, como subdelegado substituto de Carapebus.

Manoel da Motta Coqueiro se opôs a todas essas nomeações, aumentando a oposição e a inimizade com aqueles que agora ocupavam os postos de poder.

Não obstante essas rixas políticas, às quais à época ele parece não ter dado maior importância, a preocupação cotidiana de Manoel da Motta Coqueiro e da mulher era com a administração das extensas terras que possuíam, visto que a mão de obra para explorá-las vinha se tornando escassa. Naquela época, os ingleses pressionavam fortemente o Império brasileiro para limitar e pôr fim à escravidão. Eram frequentes os ataques aos navios negreiros. A pressão dos ingleses encontrava eco em uma parte da elite brasileira que também advogava o fim da escravidão.

Manoel da Motta Coqueiro e a sua mulher não estavam interessados nos aspectos ideológicos ou morais da questão, apenas no aspecto prático: em curto prazo, o aumento do preço dos escravos e, além disso, a substituição de toda a mão de obra escrava por alguma outra. Para escapar do aumento do preço, e talvez também devido a um caráter moral, o casal cuidava bem de seus escravos para não perder essa preciosa mão de obra por estafa, doenças ou castigos imoderados. Fora o fato de que não tinham posses como os grandes proprietários rurais, que podiam repor os escravos que morriam ou ficavam incapazes por conta das severas punições que lhes eram aplicadas.

Para equacionar o problema, Manoel da Motta Coqueiro e Úrsula das Virgens decidiram experimentar o sistema de colonos. A substituição de escravos por trabalhadores livres era uma experiência pioneira no Brasil. Alguns fazendeiros mais ricos recorriam a colonos estrangeiros porque eles tinham maior experiência na agricultura, e também nível cultural um pouco mais elevado (sabiam ler e escrever, ainda que de forma rudimentar, e conheciam as operações aritméticas básicas). Os colonos estrangeiros eram bem-vistos pelos grandes proprietários agrícolas, que não sofriam a barreira do idioma ou podiam contratar intérpretes caso precisassem.

Mas os pequenos fazendeiros não dispunham de recursos para importar a mão de obra, por isso começaram a trabalhar com colonos brasileiros.

A coabitação da escravatura com o sistema de colonos não era pacífica. Havia uma grande diferença entre colonos e escravos — em muitos casos, havia uma manifesta desconfiança, acirrando a rivalidade que ajudava a alimentar uma clara inimizade. Os colonos tinham tudo o que os escravos não tinham: liberdade, ausência de castigos físicos, direito a ficar com parte da produção e acesso à instrução e educação.

Também os feitores das fazendas não viam os colonos com bons olhos, pois a atividade dos colonos colocava em cheque a posição dos feitores, que eram levados a aumentar a produção dos escravos com medo de perder o próprio emprego.

Foi nesse contexto que, em 1847, Manoel da Motta Coqueiro recebeu, por indicação de um amigo, um primeiro colono na fazenda Bananal. Tratava-se de Francisco Benedito da Silva, casado e com seis filhos: José Benedito, com 15 anos, Francisca, com 12, Antonia, com 11, Maria, com nove, Manoel, com três e Francisco, com dois. Já na fazenda Bananal, nasceu Bento, em 1849.

O acordo entre Francisco Benedito da Silva e Manoel da Motta Coqueiro era simples: o primeiro iria cultivar em regime de meeira (ficando com metade da produção) um pedaço da Fazenda Bananal e ali construir, no prazo de dois anos, uma casa de adobe com cobertura de sapé. Enquanto isso, Francisco e a família morariam na casa de farinha. O acordo tinha validade de cinco anos, depois a parceria seria renegociada.

No início do contrato as visitas de Manoel da Motta Coqueiro à Fazenda Bananal eram raras e destinavam-se a discutir a lavoura de café, recém implantada. As relações entre o proprietário das terras e o colono eram das mais amistosas.

No entanto, apesar de trabalhador, Francisco Benedito da Silva bebia demais e — como muitos colonos — tinha um passado de conflitos com escravos nas fazendas por onde passara. Na fazenda Bananal não seria diferente, pois os escravos eram dirigidos para lá pelo feitor Fidélis, casado com uma escrava chamada Balbina, nascida em 1815, e que tinha grande ascendência sobre os demais escravos. De inteligência superior à média, de personalidade forte, rebelde e irascível, havia sido castigada muitas vezes, tendo um ódio visceral dos brancos. Tida como bruxa, realizava ritos satânicos e fabricava poções mágicas. Não obstante, havia sido ama de leite de Benedito Cabral da Motta, o segundo filho de Manoel da Motta e Úrsula das Virgens.

Balbina era também amante de Manuel João de Souza Mosso, um escravo liberto, agregado da fazenda Bananal. Este, por sua vez, era casado com a escrava Carolina, sobrinha de Balbina. Manuel Mosso veio a ser, durante cerca de um ano, entre o começo de 1851 e o de 1852, feitor da fazenda Bananal, mas Manoel da Motta Coqueiro o substituiu por ter se endividado nos comércios próximos à fazenda.

Portanto, estavam reunidos os elementos para a degradação do clima. Por um lado, o feitor e os escravos ficaram temerosos da influência que Francisco Benedito da Silva poderia vir a ter sobre o patrão; receavam que tal influência levasse Manoel da Motta Coqueiro a nomear o colono como feitor. Por outro lado, ficaram invejosos da liberdade do colono. Este, por sua vez, dedicava-se cada vez mais à bebida e menos ao trabalho. Assim, os escravos, incentivados por Balbina, começaram a se queixar sobre o colono a Manoel da Motta Coqueiro, nas poucas vezes em que este ia à fazenda Bananal.

Os conflitos aumentaram quando, com o passar do tempo, as filhas de Francisco Benedito da Silva começaram a chamar a atenção. A mais velha, Francisca, passou a ser cortejada por Sebastião Correia Batista, proprietário de um pequeno sítio. Era pobre, sem escravos nem condição social. Já Maria atraiu para si a atenção de Manuel João de Souza Mosso, afastando-o da mulher, Carolina. E Antônia tornou-se o alvo de Lúcio Francisco José Ribeiro, também um modesto agricultor, amigo de Sebastião Correia Batista.

Mas os objetivos amorosos ou lúbricos desses pretendentes encontraram obstáculo em Manoel da Motta Coqueiro, que havia passado a frequentar a fazenda Bananal mais assiduamente e começou a aconselhar o colono sobre os galanteadores das filhas, argumentando que nenhum deles prestava.

A opinião do fazendeiro chegou ao conhecimento dos pretendentes, rendendo novas inimizades para Manoel da Motta Coqueiro.

Mas não foi só isso. O próprio Manoel da Motta Coqueiro passou a dedicar tempo excessivo a Francisca, filha primogênita do colono. Primeiro públicas, as conversas acabaram se tornando privadas, ocorrendo dentro da casa principal da fazenda Bananal ou em longos passeios que faziam a sós pelas terras da fazenda.

Ao mesmo tempo, as relações entre Manoel da Motta Coqueiro e o colono Francisco Benedito da Silva foram se degradando. Primeiro pelo trabalho inconstante e baixa produtividade do colono. Depois porque o colono construiu a casa que constava como condição no contrato em local diverso do indicado por Manoel — e para lá mudou-se, à revelia do fazendeiro, que só tomou conhecimento da nova moradia do colono já depois de construída e com ele já instalado.

O fato irritou profundamente Manoel da Motta Coqueiro, que decidiu considerar o contrato descumprido e expulsar o colono. Para tanto, mandou que Francisco Benedito da Silva o encontrasse na casa principal no dia 7 de dezembro de 1851.

O que Manoel da Motta Coqueiro não sabia é que Sebastião Correia Batista — o preterido pretendente de Francisca que, como é óbvio, não tinha motivos para gostar do fazendeiro — havia informado a Domingos Pinto d'Oliveira — o subdelegado de Carapebus a quem Manoel da Motta Coqueiro havia feito oposição — que o fazendeiro havia ameaçado a vida de Francisco Benedito da Silva.

Essa informação foi transmitida pelo subdelegado a André Ferreira dos Santos — o ex-cunhado e desafeto profundo de Manoel da Motta Coqueiro —, que aconselhou Francisco Benedito da Silva a manter-se na casa construída para que não perdesse nenhum direito.

As inimizades de Manoel da Motta Coqueiro começavam a cercá-lo.

Em abril de 1852, Manoel da Motta Coqueiro recebeu uma notícia bombástica: Francisca estava grávida. Ele entendeu que a solução era dinheiro: bastaria dar a Francisco Benedito uma soma conveniente, distratar o contrato de meação e o colono sairia da fazenda Bananal com toda a sua família. Para tal desiderato, Manoel da Motta Coqueiro pediu ajuda a dois vizinhos, o fazendeiro José Medeiros Chaves e o modesto agricultor José Pinto Neto, amigo do colono, sem, contudo, colocá-los a par da gravidez de Francisca.

José Medeiros Chaves, o primeiro a conversar com Francisco Benedito da Silva, recuou quando foi por este informado sobre o motivo do conflito.

José Pinto Neto foi então instruído por Manoel da Motta Coqueiro a oferecer duzentos mil réis a título de indenização pelas benfeitorias. Francisco Benedito recusou e disse que queria pagamento não apenas das benfeitorias, mas também da honra da filha. O preço era a própria fazenda Bananal e o reconhecimento da criança pelo pai.

Desencorajado, Manoel da Motta Coqueiro pediu a um pajem para marcar um encontro com Francisca, que aceitou. No entanto, no local e hora marcados, junto com Francisca, estavam Francisco Benedito e o pretendente Sebastião Correia Batista. Eles atacaram o fazendeiro, espancando-o e deixando-o bastante ferido. Manoel da Motta Coqueiro foi salvo por uma escolta de escravos que, prudentemente, havia levado consigo e a quem havia ordenado que ficasse escondida, mas pronta para intervir em caso de necessidade.

Depois de tão amarga experiência, a partir de junho de 1852, Manoel da Motta Coqueiro deixou de frequentar a fazenda Bananal e passou a andar acompanhado de duas pessoas — que, hoje, seriam semelhantes a seguranças. O primeiro era Florentino da Silva; o segundo Faustino Pereira da Silva.

Ainda em junho de 1852, os escravos da fazenda Bananal presenciaram e informaram Manoel da Motta Coqueiro sobre a reunião que derivou em festa promovida na noite de Santo Antônio na casa de Francisco Benedito. Na ocasião, estiveram presentes André Ferreira dos Santos, Domingos Pinto d'Oliveira, Rozendo José e Sebastião Corrêa Batista, além de Lúcio Francisco José Ribeiro (o pretendente de Antônia, a filha mais nova do colono).

Todos eles — inimigos de Manoel da Motta Coqueiro — estariam envolvidos na investigação e no julgamento do fazendeiro pela morte do colono e sua família.

No começo de setembro de 1852, o fazendeiro havia combinado a entrega de uma importante partida de toras de madeira da fazenda Bananal a dois comerciantes de Macaé: Francisco José da Conceição e José Ignacio Lima e Silva. Era a continuação de negócios semelhantes feitos anteriormente entre as mesmas partes. Seguindo as ordens do feitor Fidélis, os escravos prepararam as toras para a viagem pelo rio, amarando-as e deixando-as na margem do rio Santa Catharina, prontas para embarque. Fidélis enviou ainda uma canoa para a fazenda Carrapato, para avisar Manoel da Motta Coqueiro sobre o embarque iminente.

No dia 8 de setembro, malgrado a ausência de Manoel da Motta Coqueiro, Francisco José da Conceição informou Fidélis que iria embora no dia seguinte, levando consigo a madeira. No dia seguinte, pela manhã, na hora do embarque, constatou-se que a madeira estava desamarrada e uma parte dela espalhada pela margem. A outra parte havia desaparecido, pois, tendo sido jogada no rio, seguira a corrente.

Fidélis considerou ser tal fato uma nova provocação de Francisco Benedito e, na noite do dia 10 de setembro, acompanhado por um grupo de escravos, foi até a casa dele tirar satisfações. Armados com o que tinham, o colono e os seus familiares repeliram o grupo.

Logo na manhã seguinte, dia 11 de setembro, Francisco Benedito foi procurar André Ferreira dos Santos, na qualidade de inspetor de quarteirão, para apresentar queixa contra Manoel da Motta Coqueiro, dando o nome de Fidélis e dos que o acompanhavam, informando ser a intenção deles matar a toda a família e, em seguida, atear fogo à casa.

O fazendeiro só chegou à fazenda Bananal perto das 11 horas da noite do dia 11 de setembro, em uma canoa a remos, manejados pelos escravos Peregrino, Sabino e Tomás. No grupo de viajantes estava ainda a escrava Catarina e o "segurança" Florentino da Silva. Chegaram completamente molhados, pois chovia muito e trovejava.

Manoel da Motta Coqueiro foi acolhido por um grupo de pessoas que o esperava: os vizinhos José de Medeiros Chaves e José Pedro Gomes de Moura, Manoel Norbertino, e os compradores da madeira, Francisco José da Conceição e José Ignacio Lima e Silva.

Jantaram e conversaram até tarde. Ao final da conversa, Francisco José da Conceição e José Ignacio Lima e Silva foram dormir em outra fazenda. Os demais, inclusive os vizinhos, preferiram dormir na casa principal da fazenda Bananal.

Na manhã do dia seguinte, 12 de setembro, já não havia mais chuva. Após o café da manhã, Manoel da Motta Coqueiro, José de Medeiros Chaves, José Pedro Gomes de Moura e Manoel Norbertino foram até o cais da fazenda Bananal, junto ao rio. Receberam o recado, dado por Faustino Pereira da Silva, de que os compradores da madeira, Francisco José da Conceição e José Ignacio Lima e Silva, já tinham estado ali e haviam pedido que os esperassem.

Os dois comerciantes chegaram logo em seguida, acertaram com Manoel da Motta Coqueiro a venda da madeira que havia sobrado e seguiram viagem pelo rio. Os três remanescentes, José de Medeiros Chaves, José Pedro Gomes de Moura e Manoel Norbertino, voltaram para as suas fazendas, e Manoel da Motta Coqueiro foi almoçar na casa principal da sua fazenda.

Na segunda-feira, dia 13 de setembro, na hora do almoço, Faustino Pereira da Silva veio pedir uma porção de açúcar, tendo Manoel da Motta Coqueiro mandado entregar-lhe dois pratos cheios. Gestos tranquilos de um dia sem novidades, tal como a calmaria que precede as grandes tempestades.

A INVESTIGAÇÃO

O comunicado sobre o crime, com data de 14 de setembro de 1852, foi enviado por André Ferreira dos Santos ao delegado de Macaé, mas caiu nas mãos de Domingos Pinto d'Oliveira, subdelegado de Carapebus. Note-se o grande infortúnio de Manoel da Motta Coqueiro: André Ferreira dos Santos, o inspetor de quarteirão, e Domingos Pinto d'Oliveira, o subdelegado, eram desafetos do fazendeiro e ainda tinham boas relações com o colono Francisco.

Domingos Pinto d'Oliveira pôs-se imediatamente em ação: organizou uma força policial e partiu, no dia 16 de setembro, para a fazenda Bananal à procura do fazendeiro, sem, contudo, o encontrar. No mesmo dia foi feito o relatório de corpo de delito, que, de tão falho, indicava terem sido localizados apenas seis corpos, em vez dos oito, errando ainda as idades das vítimas.

Domingos Pinto d'Oliveira seguiu então para Macaé, a fim de informar ao subdelegado local, Apolinário Pacheco, que no momento era delegado interino, embora fosse originalmente um farmacêutico e vereador da cidade. Domingos chegou com grande estardalhaço no cais e ali mesmo foi recebido por Apolinário. Sob o pretexto de exibi-las ao delegado interino, tirou de uma grande caixa, peça por peça, as roupas despedaçadas a golpes de facão e foice, tingidas com o sangue da família assassinada. Enquanto descrevia o que havia sucedido, imputava toda a culpa a Manoel da Motta Coqueiro. As pessoas que haviam se juntado no cais ficaram muito chocadas e impressionadas.

Aproveitando-se da ausência de delegado titular em Macaé, Domingos Pinto d'Oliveira começou o arremedo de investigação com o prestimoso auxílio de André Ferreira dos Santos, inspetor de quarteirão. Iniciaram os trabalhos ouvindo as testemunhas. Juntavam-se, assim, dois inimigos de Manoel da Motta Coqueiro para a tomada dos depoimentos.

A primeira a ser interrogada foi a escrava Balbina, que afirmou ter o seu dono chegado à fazenda Bananal no sábado e que ouvira dizer que, no domingo, ele havia contratado as mortes do colono e da respectiva família. O trabalho seria realizado pelo feitor Fidélis (seu marido) e os escravos Carlos, Domingos e Alexandre. Balbina afirmou ainda que ela mesma tinha ouvido, no almoço de segunda-feira, o fazendeiro perguntar aos escravos se haviam feito o serviço e ateado fogo à casa. Por fim, negou que Manoel da Motta Coqueiro tivesse recebido visitas no sábado à noite.

Mas o depoimento de Balbina estava repleto de inconsistências: como seria possível a contratação das mortes ter ocorrido no domingo se o massacre aconteceu no sábado? Mesmo que a depoente tivesse se equivocado nas datas, como era possível acreditar que os escravos teriam esperado passar o domingo inteiro para comunicar o patrão sobre os assassinatos somente na segunda-feira? E como era possível a casa não ter sido consumida pelo fogo, se na segunda-feira já não chovia? Como era possível afirmar que ninguém havia visitado o patrão, se cinco pessoas haviam sido recebidas na fazenda?

Além disso, o depoimento de Balbina era juridicamente nulo, pois, segundo as normas da época, os escravos não podiam depor contra seus donos. Balbina era oficialmente escrava de Manoel da Motta Coqueiro, embora tenha declarado no final do depoimento (ou fizeram-na declarar) que era propriedade de Manoel Joaquim Baptista Cabral, o "Collector de Rendas Geraes" de Campos dos Goytacazes, tio de Úrsula das Virgens. A bem da verdade, Manoel da Motta Coqueiro havia doado "de boca" a escrava ao enteado que tinha o mesmo nome do tio de Úrsula das Virgens.

De qualquer o modo, essa situação impedia o depoimento de Balbina. Apesar disso, a questão mereceu pouca atenção das autoridades e, posteriormente, dos jurados — e Manoel da Motta Coqueiro também nunca a esclareceu plenamente.

O segundo depoimento foi de Carolina, a escrava sobrinha de Balbina. Repetiu o depoimento da tia quase palavra por palavra, imputando o crime aos mesmos escravos, embora afirmasse que teria ouvido sobre os assassinatos através de outras escravas, e não de Balbina. Carolina também informou que o massacre teria ocorrido no dia 6 de setembro, a segunda-feira anterior à real data dos homicídios.

O terceiro depoimento foi de outra escrava, Thereza, que afirmou que tudo o que sabia sobre o massacre tinha ouvido de Balbina e Carolina.

Os três depoimentos eram totalmente inócuos, fosse porque se baseavam em "ouvir dizer", fosse porque eram de escravos contra o seu dono.

Surgiu, porém, uma quarta testemunha que ninguém esperava: o agricultor Bento Pereira da Silva, irmão de Faustino Pereira da Silva, por sua vez "segurança" do fazendeiro acusado.

Dizendo-se amigo de Francisco Benedito da Silva, o depoente afirmou ter apoiado a decisão do falecido de não deixar a fazenda Bananal e que, por isso, fora criticado pelo irmão Faustino Pereira da Silva.

Bento Pereira da Silva acusou o próprio irmão e Florentino da Silva, os "seguranças" de Manoel da Motta Coqueiro, de serem os comandantes dos escravos que mataram a família do colono, provavelmente seguindo a ordem de Manoel da Motta Coqueiro. Para arrematar, declarou que Faustino Pereira da Silva havia mencionado a terceiros que ele e Florentino da Silva também pretendiam matar, no dia 24 de setembro, André Ferreira dos Santos e Sebastião Correia Baptista.

Logo após esse estrondoso depoimento, o subdelegado Domingos d'Oliveira tentou, sem sucesso, prender Faustino Pereira da Silva, que fugiu. Teve melhor êxito com Florentino da Silva, que foi preso e levado para depor no dia 26 de setembro.

Ele afirmou ser inocente. Disse ter chegado de canoa à fazenda Bananal no dia 11 de setembro, junto com Manoel da Motta Coqueiro, e ali ter dormido. Afirmou que saiu no domingo pela manhã e retornou somente na segunda-feira, quando encontrou Manoel da Motta almoçando, tendo ambos voltado nesse mesmo dia para a fazenda Carrapato. Explicou que, na ocasião, estava tentando vender a posse de uma terra para Manoel da Motta Coqueiro.

Florentino da Silva negou que Manoel da Motta Coqueiro teria sido o mandante do crime. No entanto, afirmou ter ouvido dizer que os criminosos eram Faustino Pereira da Silva, Manuel João Mosso (o ex-feitor da fazenda, amante de Balbina e marido da sobrinha dela) e mais alguns escravos. Também disse que, no domingo, havia visto Faustino Pereira da Silva na fazenda Bananal, onde tinha ido pedir açúcar.

O depoimento de Florentino Pereira da Silva aniquilava o de Balbina, pois, se Florentino tivesse sido o executor dos homicídios e tendo ele estado na fazenda Bananal no domingo com Manoel da Motta Coqueiro, não faria sentido Manoel ter perguntado aos escravos (na segunda-feira como pretendia Balbina ou mesmo no domingo), se eles mesmos haviam cumprido a "missão".

Em seguida foi ouvido Sebastião Correia Baptista, morador das proximidades da fazenda Bananal e preterido pretendente de Francisca, a filha mais velha do colono que tinha sobrevivido. Sendo ele amigo do subdelegado Domingos Pinto d'Oliveira, o depoimento de Sebastião Correia Baptista prejudicava o fazendeiro Manoel. Repetiu praticamente o que havia falado Bento Pereira da Silva: disse ter ouvido Faustino dizer que, junto com Florentino, iria matar o depoente e André Ferreira dos Santos; informou ainda que Manoel da Motta Coqueiro havia pagado cem mil réis pelos homicídios do colono e sua família. Em sua versão os executores teriam sido Faustino, Florentino e os escravos Guilherme e Peregrino. Ainda disse que uma caixa com as roupas dos falecidos tinha sido localizada debaixo do catre da escrava Balbina e que o motivo do crime era a rixa entre o fazendeiro e seu colono, pois o primeiro não queria pagar as benfeitorias ao segundo. Por fim, revelou que Úrsula das Virgens havia dito que só voltaria à fazenda Bananal depois de a família do colono estar morta.

No curso do processo, nem o subdelegado Domingos Pinto d'Oliveira nem ninguém parece ter atentado ao fato de que Sebastião Correia

Baptista não explicou como tinha ficado tão próximo de Faustino, a ponto de tê-lo ouvido dizer que ia matar o depoente. Também ninguém parece ter estranhado que uma caixa com roupas da família assassinada tivesse aparecido debaixo da cama da escrava que era a principal acusadora de Manoel da Motta Coqueiro. Mais ainda: ninguém levou em consideração que Sebastião Correia Baptista estava longe de ser um depoente isento. Ter perdido a noiva para Manoel da Motta Coqueiro fez com que ele se tornasse um inimigo feroz do fazendeiro, a ponto de, como já vimos, junto com Francisco Benedito, ter emboscado e açoitado Manoel da Motta Coqueiro.

Em mais uma irregularidade patente, o depoimento prestado por Sebastião Correia Baptista foi presenciado por Florentino, que decidiu, então, alterar seu depoimento para acusar Manoel da Motta Coqueiro de não apenas mandar matar o colono e sua família, mas de ter participado pessoalmente da chacina. E ainda acrescentou mais um nome à lista dos executores: o escravo Sabino.

O depoimento seguinte foi de Manuel João de Souza Mosso, ex-feitor da fazenda Bananal. Ele afirmou ter sido encarregado por Manoel da Motta Coqueiro de cobrar uma dívida de cem mil réis e entregar o valor a Faustino. Não tendo a dívida sido paga, Manuel João de Souza Mosso foi dar a notícia a Faustino e dele ouviu que Manoel da Motta Coqueiro ainda iria sofrer muitas desfeitas de Francisco Benedito da Silva e de Sebastião Correia Baptista. Mais ainda, Faustino confessou-lhe ter sido contratado pelo fazendeiro para matar Francisco Benedito da Silva e Sebastião Correia Baptista por cem mil réis. Manuel João de Souza Mosso também disse que o fazendeiro o convidara para participar da matança e que dela havia participado um "homem de bem".

Manuel João de Souza Mosso também não era, propriamente, uma testemunha imparcial, pois, no início daquele mesmo ano, havia sido destituído do cargo de feitor da fazenda Bananal pelo mesmo homem a quem agora acusava. Além disso, o depoimento de Manuel João de Souza Mosso também não tinha muita lógica. Se a dívida de cem mil réis — que se destinava a financiar os homicídios — não foi paga, as mortes foram cometidas de graça? Também nunca foi apurado quem seria o "homem de bem" que teria integrado o bando criminoso.

Houve ainda vários outros depoimentos, mas todos os depoentes declaravam ter ouvido alguém dizer alguma coisa. Não havia nenhum testemunho direto dos fatos.

Em 16 de outubro, foi a vez de Faustino Pereira da Silva prestar depoimento, dias depois de ser preso. Afirmou-se inocente e declarou ter ouvido dizer que Manoel da Motta Coqueiro era o mandante do crime, que teria sido cometido por José de Souza Barão e uma outra pessoa desconhecida.

Manoel da Motta Coqueiro foi finalmente encontrado mais de um mês depois de iniciada sua fuga. Chegou preso a Campos dos Goytacazes em 23 de outubro de 1852. Dali continuou para Macaé. Perto de Carapebus, o preso e seus guardas encontraram um grupo de cerca de cinquenta cavaleiros macaenses, liderado por Domingos Pinto d'Oliveira, e do qual fazia parte um eufórico André Ferreira dos Santos. Quando a comitiva passou por Carapebus, houve um foguetório promovido por Rozendo José, outro desafeto de Manoel da Motta Coqueiro, em razão de rixas políticas.

Ao chegar a Macaé, a tropa que acompanhava Manoel da Motta Coqueiro teve de intervir para evitar o linchamento do preso pela multidão que o aguardava. O fazendeiro foi, finalmente, recolhido à prisão da cidade.

No dia 23 de novembro, mais de um mês depois de ter chegado a Macaé, foi tomado o depoimento de Manoel da Motta Coqueiro. As respostas às perguntas do subdelegado — e inimigo — Domingos Pinto d'Oliveira foram curtas, pouco informativas, para não dizer lacônicas. Praticamente se limitou a dizer ter chegado à fazenda Bananal no dia 11 de setembro, por volta de dez ou 11 horas da noite, debaixo de muita chuva, e ter voltado para Campos dos Goytacazes no dia 13 do mesmo mês. Afirmou estar acompanhado por Florentino, que desejava vender-lhe uma posse de terras, além dos escravos João, Peregrino e um terceiro cujo nome não se recordava. Declarou ser inocente e não saber quem era o autor dos homicídios.

No mesmo dia 23 de novembro, depôs o escravo Domingos, que havia sido preso no dia 5 de novembro. Foi acusado sem provas de fazer parte do bando de assassinos, mas era materialmente impossível ele ter participado dos crimes, já que não morava na fazenda Bananal pois havia sido cedido pelo fazendeiro para trabalhar em uma padaria em Campos dos Goytacazes. No entanto, Domingos afirmou ter ouvido de Fidélis que Manoel da Motta Coqueiro era o mandante dos crimes.

Após esses depoimentos, foi realizado o sumário de culpa por Apolinário Pacheco, o farmacêutico que pouco entendia de processo judicial ou de leis, coadjuvado por Domingos Pinto d'Oliveira, inimigo declarado do fazendeiro.

Ouvido outra vez, Manoel da Motta Coqueiro confirmou seu litígio com Francisco Benedito, afirmando decorrer o mesmo com a recusa do colono em deixar a terra e da divergência quanto ao valor da indenização pelas benfeitorias. Informou que, em razão de tal conflito, tinha sido fisicamente atacado por Francisco Benedito e deixara de ir à fazenda Bananal. Declarou ter pedido a José Pinto Neto, agricultor agregado de uma fazenda vizinha e amigo de Francisco Benedito, para tentar um acordo com o colono. Confirmou ter chegado à fazenda Bananal no dia 11 de setembro à noite e ter ali realizado a venda de um lote de madeiras para Francisco José da Conceição e José Inácio Lima e Silva e que, com o produto dessa venda, tinha a intenção de indenizar as benfeitorias de Francisco Benedito. Ainda disse que, no dia 12 de setembro, Fidélis e Alexandre tinham ido, na hora do almoço, à fazenda de Antônio Pinheiro, que ficava próxima, para buscar uma canoa. Esclareceu que havia entregado duzentos mil réis ao ex-feitor Manuel João para pagar uns bois que comprara de um fazendeiro chamado Francisco Gaspar.

Surpreendentemente, nem Apolinário Pacheco nem ninguém convocou Pinto Neto, Francisco José da Conceição, José Inácio Lima e Silva ou Antônio Pinheiro para confirmar as declarações. Pinto Neto poderia confirmar a degradação da relação entre Francisco Benedito e Manoel da Motta Coqueiro, bem como a agressão do primeiro ao segundo. Já Francisco José da Conceição e José Inácio Lima e Silva poderiam confirmar que estiveram na fazenda Bananal e que ali pernoitaram de 11 para 12 de setembro com Manoel da Motta Coqueiro. Por sua vez, Antônio Pinheiro era importantíssimo para confirmar ou invalidar o depoimento da escrava Balbina, pois, se o feitor Fidélis e o escravo Alexandre tinham estado na fazenda de Antônio Pinheiro na hora do almoço do dia 12 de setembro, Balbina não poderia ter ouvido Manoel da Motta Coqueiro perguntar-lhes se haviam realizado a matança.

Os demais depoimentos de Balbina, Carolina, Fernandes e Domingos, seguiram a tônica dos anteriores.

No dia 29 de dezembro, Apolinário Pacheco pronunciou como réus Manoel da Motta Coqueiro, na qualidade de mandante, e Florentino da Silva, Faustino Pereira da Silva, o feitor Fidélis e os escravos Domingos, Alexandre, Peregrino, Sabino, Guilherme e Carlos pela execução dos homicídios. Ao que parece, o critério seguido foi apenas o de terem sido mencionados nos depoimentos, independentemente de haver ou não provas ou indícios da efetiva participação nos crimes.

O julgamento

No dia 4 de janeiro, o promotor Paulino Ferreira do Amorim ofereceu denúncia, mas apenas contra Manoel da Motta Coqueiro, Florentino da Silva, Faustino Pereira da Silva e o escravo Domingos. Nunca foi esclarecida a razão pela qual não foram acusados o feitor Fidélis — aquele contra quem havia mais indícios e a única prova: a roupa das vítimas encontrada na senzala debaixo da cama de Balbina, sua mulher — e os escravos Alexandre e Carlos, mencionados em todos os depoimentos. A ausência de Fidélis parece indicar alguma negociação: em troca do depoimento de Balbina, Fidélis não seria incomodado.

Os réus eram acusados como incursos no art. 192 do Código Criminal do Império, segundo o qual:

> (Art. 192) Matar alguém com qualquer das circumstancias aggravantes mencionadas no artigo dezaseis, numeros dous, sete,

dez, onze, doze, treze, quatorze, e dezasete. Penas — de morte no gráo maximo; galés perpetuas no médio; e de prisão com trabalho por vinte annos no minimo (*sic*).

O julgamento foi presidido pelo juiz de Direito da comarca João José de Almeida Couto e teve início em 17 de janeiro, apenas 13 dias após a denúncia, dando aos réus pouquíssimo tempo para organizar suas defesas.

O advogado Luis José Pereira da Fonseca defendeu Manoel da Motta Coqueiro. O advogado de Faustino e Florentino era Luis José da Costa e Souza. O juiz designou este último como defensor dativo de Domingos.

O clima na cidade era péssimo para a defesa. O julgamento foi organizado como um espetáculo, atraindo inúmeras pessoas, inclusive de fora da cidade. A culpa dos réus já estava assente. Durante meses a população vinha sendo excitada e atiçada contra os réus, impedindo a serenidade necessária ao julgamento de um caso tão grave. Os jornais, a partir dos dias seguintes ao do crime, haviam feito uma ampla campanha sensacionalista contra Manoel da Motta Coqueiro.

Já no dia 21 de setembro de 1852, escassos nove dias após o crime, o jornal *Monitor Campista*, o mais importante de Campos dos Goytacazes, noticiava, sem qualquer chance para Manoel da Motta Coqueiro:

> Somos informados que em Macabu (…) acaba de ter lugar um crime horroroso, sendo assassinada uma família composta de 6 a 8 pessoas, entre as quais um menor de pouco mais de 2 anos, a golpes de foice (…) Feitas as averiguações, prenderam-se algumas pessoas e consta que, em consequência do que relataram essas pessoas, é esse crime atribuído ao sr. Manoel da Motta Coqueiro (…).

Dias mais tarde, nova notícia do *Monitor Campista*:

> No dia 18 do corrente, (…) o sr. delegado de polícia procedeu com o sr. escrivão Franco a uma busca na chácara em que reside o sr. Manoel da Motta Coqueiro (…). Consta que o motivo dessa

busca fora capturar-se o sr. Manoel da Motta Coqueiro (…), por se haver descoberto ser este, com seus escravos, que assassinaram família inteira, composta de marido mulher e seis ou oito filhos (…).

Da primeira para a segunda notícia, Manoel da Motta Coqueiro havia deixado de ser um suspeito para ser o culpado.

Como se não bastasse, os inimigos de Manoel da Motta Coqueiro ainda publicavam notas para enganar os leitores dos jornais.

Foi o caso do fazendeiro Rozendo José, inimigo político de Manoel da Motta Coqueiro, participante da comemoração realizada em junho de 1852 na casa da vítima, amigo e aliado de Julião Baptista Coqueiro (o primo cuja noiva havia sido "roubada" pelo acusado), de André Ferreira dos Santos (o ex-cunhado que tinha brigado por uma questão de terras) e de Domingos Pinto d'Oliveira (o subdelegado que era um rival político), além de responsável pelo fogo de artifício que acolheu Manoel da Motta Coqueiro quando este passou preso em Carapebus.

Rozendo José escrevera no *Monitor Campista*, em 9 de outubro de 1852:

> Os invasores eram escravos de Manoel da Motta Coqueiro, que barbaramente, a mando do seu bárbaro senhor, imolara as desgraçadas vítimas sem piedade das súplicas do ancião. O monstro que ordenou semelhante carnificina era duas vezes compadre daquele casal (…) Autoridades de Campos! Em nome de Deus, da lei, da moral pública, da nossa e vossa seguranças — velai pela captura de um monstro sem igual na natureza; (…) e ache ele o cutelo da justiça (…).

Tais notícias tinham sido repercutidas nos jornais do Rio de Janeiro, que as publicavam sem qualquer filtro ou reflexão.

Como se não bastasse, no dia anterior ao do início do julgamento, as roupas das vítimas, rasgadas e manchadas de sangue, apareceram penduradas nos postes das ruas principais de Macaé com cartazes a favor da condenação dos réus. Essa exposição demonstrou o pouco cuidado com as provas dos autos.

No dia do julgamento, ao entrar na sala onde seria julgado, Manoel da Motta Coqueiro já estava condenado. Naquele dia, os réus fizeram a pé o trajeto de cerca de 150 metros que separavam a cadeia da sala de audiência, instalada na rua da Matriz, em frente à Camara Municipal. Foram escoltados por grande número de milicianos, fortemente armados, atravessando uma multidão furiosa que os insultava.

A pressão da população por um lugar na sala de audiências era tão grande que o juiz mandou abrir as portas da sala de audiência, que ficou repleta, a ponto de o juiz ter, em contradição com a ordem anterior, mandado a força policial retirar algumas dezenas do local. Aliás, a excitação da multidão não coibiu o juiz de estimulá-la durante o julgamento para manifestar-se contra os acusados, comprometendo a serenidade necessária para se julgar fatos tão graves.

Iniciado o julgamento, os réus foram interrogados. Apesar dos protestos de Manoel da Motta Coqueiro e de sua defesa, o juiz conduziu o interrogatório daquele que era apontado como o mandante sem qualquer imparcialidade. Mas não era de surpreender, pois o juiz tinha dito a pessoas das suas relações, nos dias anteriores ao julgamento, estar convicto da culpa dos réus, a ponto de sequer ter se dado ao trabalho de se aprofundar no estudo dos autos do processo.

Foram ouvidos, como testemunhas, Manuel João de Souza Mosso, Joaquim José Licério, Amaro Antônio Baptista, Lucio Francisco José Ribeiro, José Medeiros Chaves e, como informantes, os escravos Balbina, Fernando, Carolina e Thereza.

Salvo o de Balbina, os depoimentos, no que dizia respeito aos homicídios propriamente ditos, eram fundados apenas em "ouvir dizer".

O julgamento foi interrompido para o almoço e continuou na parte da tarde, com as alegações do promotor e da defesa, que se estenderam pela madrugada.

Somente às cinco e meia da manhã do dia 18 de janeiro o juiz começou a redigir os quesitos. Posteriormente, verificou-se que eram um primor de imprecisão. O quesito três, por exemplo, perguntava: "O réo Manoel da Motta Coqueiro mandou fazer essa morte com incêndio?"

Às dez horas os jurados foram chamados de volta para deliberarem. Os debates devem ter sido intensos, pois só voltaram à sala de audiência às duas horas do dia 19 de janeiro. O presidente do conselho de sentença, Manoel dos Passos Silva Brasiliense, informou que os jurados, por unanimidade, consideravam os réus culpados e concordavam com quase todas as agravantes indicadas nos quesitos. O único quesito em que não houve unanimidade foi aquele que perguntava se havia circunstâncias atenuantes: por maioria de votos, entendeu-se inexistirem.

Então o juiz condenou os réus à pena de morte.

Há um ponto curioso na sentença. Ao final do texto, o juiz manda expedir uma certidão da mesma, a pedido de André Ferreira dos Santos, um dos inimigos figadais de Manoel da Motta Coqueiro.

Veja-se como o processo transcorreu em ritmo acelerado: o crime foi cometido em 11 de setembro, o sumário de culpa realizado em 29 de dezembro; em 4 de janeiro o promotor ofereceu a denúncia e em 7 de janeiro o juiz expediu as citações e convocações. O julgamento começou em 17 de janeiro e os réus foram condenados à morte em 19 de janeiro de 1853.

Inconformados, os réus recorreram e pediram um novo julgamento. O juiz João José de Almeida Couto encaminhou o pedido ao presidente da província, que, em 18 de fevereiro de 1853, deferiu prontamente o pedido, através de decisão destituída de qualquer imparcialidade:

> Convindo que não demore o julgamento dos condenados Manoel da Motta Coqueiro e outros corréus dos bárbaros assassinatos perpetrados na freguesia de Carapebus, cumpre que V. Mercê de todas as providências, a fim de que, com a possível brevidade, se reúna extraordinariamente o novo júri, pelo que eles protestaram.

O juiz João José de Almeida Couto Costa não se fez de rogado e rapidamente marcou o novo julgamento para o dia 28 de março de 1853, tomando todas as providências necessárias. Assinou a portaria de convocação extraordinária do segundo julgamento, procedeu ao sorteio dos jurados, examinou a urna onde seriam depositados os votos e decidiu os pedidos de dispensa dos jurados e das testemunhas.

Ocorre que, conforme era a regra da época, o juiz e o promotor que haviam participado do primeiro julgamento não podiam participar do segundo. Essa regra, contudo, não inibiu o juiz João José de Almeida Couto Costa; nem, por seu lado, foi obstáculo para a atuação como acusador, no segundo julgamento, do promotor Paulino Ferreira do Amorim, que havia redigido a primeira denúncia.

Se o juiz e o promotor continuavam no caso ou a influenciá-lo, Manoel da Motta Coqueiro tinha um novo advogado, Thomé José Ferreira Tinoco, um dos mais conhecidos advogados de Campos dos Goytacazes. Experiente, o advogado pediu, na véspera, o desmembramento do julgamento, para que cada um dos réus fosse julgado individualmente. O fundamento foi que os advogados dos demais réus haviam sido nomeados de última hora e que não havia a hipótese de uma defesa comum.

A manobra era clara: em primeiro lugar, tentar desvincular Manoel da Motta Coqueiro dos outros réus; em segundo lugar, permitir que a defesa não fosse atrapalhada pelos defensores dos outros réus, possivelmente menos hábeis.

O juiz que presidiu a sessão do segundo julgamento, João da Costa Lima e Castro, não teve outra alternativa a não ser deferir o pedido. Assim, às dez horas do dia 28 de março, começou o julgamento apenas do acusado de ser mandante do crime.

No entanto, Manoel da Motta Coqueiro não teve a sua segunda chance. O julgamento foi uma repetição do primeiro, e os novos jurados demonstraram, no decorrer da audiência, desinteresse pelo caso, conversando entre si, bocejando ou olhando distraídos para a sala e para o teto, ao ponto de o valente defensor ter concluído as suas alegações com a frase: "Que valor podem ter as minhas palavras, que reboam sobre um júri que não as ouve, que ressona?"

É fácil adivinhar que o resultado desse segundo julgamento foi idêntico ao do primeiro, com a sentença sendo proferida ainda no dia 28 de março. Igual desfecho, como era de se esperar, atingiu os outros três réus.

Manoel da Motta Coqueiro e seus companheiros de processo foram condenados sem que houvesse uma única prova contra eles. Ora, o Código de Processo Criminal da época, que havia sido alterado havia apenas 11 anos, determinava que, na ausência de prova concreta contra o réu, o mesmo não podia ser condenado à morte, nem mesmo se confessasse o crime pelo qual era acusado.

A última solução jurídica era o recurso (aliás, obrigatório) para o Tribunal da Relação, que foi interposto pelo novo advogado de Manoel da Motta Coqueiro, Antônio Fermino Gavia Gouveia, para arguir a nulidade do segundo julgamento sob a alegação de ter sido organizado pelo mesmo juiz do primeiro.

No dia 17 de setembro de 1854, pouco mais de um ano após os crimes, os magistrados do Tribunal da Relação, por dez votos a um, negaram provimento ao novo recurso, sob a alegação de que o juiz João José de Almeida Couto Costa "limitou-se a fazer a chamada [dos jurados]; a verificação das cédulas e os actos preparatórios" e que "as demais faltas allegadas são meras irregularidades que não induzem nullidade ao processo, no qual observarão-se todas as formulas substanciaes".

Assim, num caso de condenação à morte, o Tribunal da Relação preferiu uma interpretação estrita dos atos proibidos ao juiz do primeiro julgamento, considerando que a morte era compatível com algumas irregularidades, desde que houvesse cumprimento substancial das formas.

Antes mesmo de ser conhecida a segunda decisão do Superior Tribunal da Relação, o advogado Antônio Fermino Gavia Gouveia apresentou, em 3 de junho de 1854, o pedido de graça dirigido ao imperador D. Pedro II. O pedido de graça — tal como o recurso de revista — era obrigatório. Quando o condenado não o fazia voluntariamente, o mordomo dos presos — irmão da Santa Casa da Misericórdia que assistia aos presos — era designado para escrever e enviar o pedido.

A petição do advogado Antônio Fermino Gavia Gouveia listava todas as irregularidades encontradas no primeiro e no segundo julgamentos: a proibição de que escravos depusessem contra seu dono, os depoimentos contraditórios e inexatos, baseados apenas "em ouvir dizer", a ausência de provas que vinculassem Manoel da Motta Coqueiro aos crimes, a participação no segundo julgamento do juiz do primeiro etc. Contudo, a petição do advogado Antônio Fermino Gavia Gouveia dirigia-se muito mais à emoção do imperador, pois era sabido que D. Pedro II não decidiria com base nas questões jurídicas, mas sim no que lhe parecesse justo.

No entanto, o pedido de graça tinha de passar primeiro pelo presidente da província do Rio de Janeiro, Luiz Antônio Barbosa, que o encaminharia ao ministro da Justiça e este, então, o despacharia para o Conselho de Estado, que, através da sua Seção de Justiça, daria parecer.

Para impedir que Manoel da Motta Coqueiro tivesse qualquer chance, seus inimigos se mobilizaram.

Os irmãos de Julião Baptista Coqueiro (o primo a quem Manoel da Motta Coqueiro subtraíra a noiva) eram nada mais, nada menos que José Bernardino Baptista Pereira de Almeida, ex-ministro da Justiça e deputado provincial, e Bento Benedicto, também deputado provincial. Ambos fizeram pressão sobre o presidente da província, Luiz Antônio Barbosa, para agilizar o procedimento, que foi encaminhado, acompanhado do traslado de todo o processo, para o ministro da Justiça, em 10 de janeiro de 1855.

No âmbito do Ministério da Justiça parece que as pressões também encontraram terreno fértil. Já em 28 de setembro do ano anterior, José Thomaz Nabuco de Araújo, então ministro da Justiça, havia escrito, à margem de um ofício que tratava do caso, instruções para que se solicitasse por escrito ao presidente do Tribunal da Relação notícias do recurso de revista de Manoel da Motta Coqueiro, recomendando que fosse cobrado do tribunal "(...) a maior celeridade na expedição dessa revista, a fim de que esse crime atroz seja logo punido". Ou seja, parece que, para o ministro da Justiça, a culpa já estava estabelecida.

No dia 8 de fevereiro de 1855, o mesmo ministro da Justiça enviou o pedido de graça ao marquês d'Abrantes, da Seção de Justiça do Conselho de Estado, para emitir parecer, com nova recomendação de uma rápida decisão.

Como se não bastasse, nesse mesmo dia, o imperador D. Pedro II assinou um aviso para a Seção de Justiça do Conselho de Estado a determinar que este decidisse com urgência o caso de Manoel da Motta Coqueiro.

Em rápidos quatro dias, ou seja, em 12 de fevereiro de 1855, o marquês d'Abrantes, Miguel Calmon du Pin e Almeida, secundado pelo visconde de Maranguape, Caetano Maria Lopes Gama, haviam concluído a leitura dos autos, a reflexão sobre o assunto e a redação do parecer, além de já ter enviado para os seus pares. Uma rapidez desconcertante em um caso de, literalmente, vida ou morte.

O parecer informava que a culpa do condenado havia sido "plenamente provada pelas informações das escravas Balbina, Carolina e Thereza e pelos depoimentos de sete testemunhas", o que era errado, conforme visto anteriormente. Prosseguia afastando as alegações de nulidade dos julgamentos com base nas decisões do Tribunal da Relação da Corte e do Supremo Tribunal de Justiça. E concluía, em evidente subversão da regra do ônus da prova, que Manoel da Motta Coqueiro não havia apresentado álibi ou provas a seu favor.

O procurador da Coroa, a quem cabia examinar o pedido, também afirmou: "Não descubro pois alguma rasão em favor do Supplicante." (*sic*). E a Seção de Justiça do Conselho de Estado declarou: "O réo Manoel da Motta Coqueiro não merece a Imperial Clemencia." (*sic*)

D. Pedro II foi igualmente rápido. No alto, à esquerda da primeira página do parecer do marquês d'Abrantes e do visconde de Maranguape, lançou: "Como parece. Paço, 17 fevereiro 1855"... com a mesma mão que, no dia 21 de abril de 1847, havia sido beijada, com deferência e respeito, por Manoel da Motta Coqueiro.

As lições do passado ou a atualidade do caso Manoel da Motta Coqueiro

Manoel da Motta Coqueiro não foi o último condenado à morte no Brasil, nem terá sido o último homem livre condenado a ser executado, apesar da lenda que corre nesse sentido.

Entre 1855 e 1865, foram executados oito homens livres, entre pelo menos 16 que foram condenados à morte. Desses 16, três tiveram a pena comutada, e não há informações sobre cinco outros.

Ao que parece, o último homem livre condenado à morte e executado pela justiça civil (não militar) teria sido José Pereira de Souza, condenado e enforcado na cidade de Santa Luzia, Goiás, em 30 de outubro de 1861.

O escravo Francisco, enforcado em 1876, em Pilar das Alagoas, parece ter sido o último homem condenado e executado no Brasil.

O caso de Manoel da Motta Coqueiro é, contudo, excepcional por se tratar da condenação e execução de um fazendeiro que, se não era um dos homens mais ricos, era pessoa de posses e com alguma projeção social.

Logo após a morte de Manoel da Motta Coqueiro, começaram a surgir dúvidas quanto à sua culpabilidade. Passados o frenesi da condenação e a excitação da execução, as pessoas começaram a discutir o assunto mais serenamente. Aqui e ali, diversas vozes se levantaram em defesa da inocência de Manoel da Motta Coqueiro.

É difícil dizer, passados mais de 150 anos, se Manoel da Costa Coqueiro era inocente ou não.

Contudo é fácil perceber que todos os ingredientes do caso Manoel da Motta Coqueiro continuam atuais.

Deixando de lado a comparação fácil (e necessariamente inexata e tendenciosa) com os casos jurídico-políticos atuais, o que se extrai do caso Manoel da Motta Coqueiro é a fragilidade do sistema penal.

Quando hoje se discute a necessidade e a utilidade do agravamento das penas, é importante perceber quanto o sistema jurídico é falho. O Código de Processo Criminal em vigor à época do processo de Manoel da Motta Coqueiro exigia que a condenação à morte decorresse de provas materiais concretas. A confissão do réu era insuficiente para levá-lo à forca. Não bastava que o acusado reconhecesse o crime — era preciso que essa confissão fosse corroborada por outras provas diretas. No entanto, essa exigência da norma não impediu que Manoel da Motta Coqueiro fosse conduzido ao cadafalso.

Outra fragilidade ainda hoje presente é a fragilidade da investigação e o amadorismo quase displicente do processo: a investigação não investiga, o processo não debate os fatos e a sentença não corresponde à regra determinada pela norma jurídica.

No caso de Manoel da Motta Coqueiro, parece que tudo foi ainda mais longe quando se cometeu o mais grave erro do raciocínio jurídico: não se partiu da norma para o fato, a fim de se chegar à conclusão. O caminho foi o inverso: do fato se foi para a conclusão preconcebida e, então, procurou-se na norma somente os dispositivos que interessavam para assegurar a conclusão.

Diante do crime (o fato), Manoel da Motta Coqueiro era forçosamente o culpado (a conclusão), tendo as normas sido flexibilizadas para que as garantias processuais fossem afastadas, de modo a validar depoimentos de testemunhas duvidosas e manifestamente desafetos do réu, além de manipulação de provas, parcialidade dos magistrados, a participação no segundo julgamento dos magistrados do primeiro etc.

A melhor norma jurídica não resiste à sua aplicação equivocada, seja tal equívoco consciente ou inconsciente.

Por outro lado, é de se destacar, no caso Manoel da Motta Coqueiro, o papel da atualmente denominada "opinião popular": essa misteriosa vontade que raramente se manifesta pela boca ou gestos daqueles a quem pertence, mas apenas pela traidora tradução dos meios de comunicação e das redes sociais. Nesse particular, a maneira como os jornais da época manipularam e foram manipulados pouco difere do que hoje acontece. Sob o manto da independência e da liberdade de expressão, excessos foram cometidos naquela época como hoje ainda o são. A notícia que vende é a do escândalo.

Por último, a apropriação e a captura dos instrumentos do poder público pelos interesses particulares e a utilização do processo como instrumento de vingança é um dos mais terríveis desvios que o mundo do Direito pode conceber.

Manoel da Motta Coqueiro, infelizmente para ele, não era nem tão humilde que não despertasse atenção, nem tão importante que impusesse respeito. O que Manoel da Motta Coqueiro devia poder esperar do Direito era que este o protegesse. Lamentavelmente, ontem e hoje, o Direito, no Brasil, ainda está longe de proteger todos nós (e não necessariamente daqueles que pensamos ser os nossos adversários).

BIBLIOGRAFIA

Curiosamente, para um caso judiciário tão importante — e que na época gerou tanta comoção —, há poucos estudos publicados. Os principais são os seguintes livros:

CARVALHO FILHO, Luís Francisco. "Mota Coqueiro: o erro em torno do erro", *Revista Brasileira de Ciências Criminais*, v. 33, 2001.

FERA de Macabu. Linha Direta Justiça. Disponível em: <https://www.youtube.com/watch?v=q2Js_M_YLN8>. Acesso em: 26 set. 2018.

MARCHI, Carlos. *Fera de Macabu: a história e o romance de um condenado à morte*. Rio de Janeiro: Record, 1998.

PATROCÍNIO, José do. *Mota Coqueiro ou a pena de morte*. Rio de Janeiro: Livraria Francisco Alves/SEEC, 1977. (Original publicado em 1878.)

TINOCO, Godofredo. *Mota Coqueiro, a grande incógnita*. Rio de Janeiro: Livraria São José, 1966.

O PRESENTE TEXTO É UMA VERSÃO ROMANCEADA DOS FATOS HISTÓRICOS. AS CITAÇÕES TRANSCRITAS SÃO TODAS DO LIVRO DE CARLOS MARCHI.

São Paulo Apóstolo

Marcos Alcino de Azevedo Torres

Introdução

Convidado a participar desta obra coletiva, dei a sugestão — que foi acolhida — de escrever sobre o julgamento de Paulo, o apóstolo de Cristo. Trata-se de uma figura extremamente conhecida na história do povo judeu, assim como pelos demais povos (cristãos ou não) que tiveram acesso à Bíblia Sagrada,[1] sobretudo à parte chamada de Novo Testamento ou Evangelho de Cristo.

A primeira parte da Bíblia, conhecida como Antigo Testamento, e em especial o Pentateuco — Gênesis, Êxodo, Deuteronômio, Números e Levítico —, que é a Torá ou Bíblia Judaica, também tem seu valor histórico referendado por historiadores como A. Aymard e J. Auboyer. Os dois afirmam que "conhecemos a história de Israel através da Bíblia", acrescentando que esta coletânea tem valor documentário, "que gostaríamos, aliás, que fosse maior — mas qual o povo que, na época, se preocupava com a história?".[2]

Assim, o exame do julgamento de Paulo, que, na verdade, passou por diversos julgamentos,[3] se fará pelos quais ele passou até aquele realizado pelo rei Herodes Agripa II, uma vez que Lucas não registrou o julgamento de sua apelação para César, o imperador. E partirá da narrativa bíblica e de alguns autores que se dedicaram ao estudo mais aprofundado da história de Paulo, fundamentados não apenas no relato bíblico, mas também em outros documentos históricos. No entanto, ao longo do texto será necessário fazer referência ao que consta no registro bíblico, com a indicação dos livros da Bíblia, permitindo o exame pelo leitor.

Todas as transcrições de versículos deste artigo foram extraídos da tradução para o inglês do texto original por King James, em 1611, com tradução e revisão periódica para o português pelo Comitê Internacional de Tradução da Bíblia King James, sob a direção da Sociedade Bíblica Ibero-Americana.

Contudo, antes de falar de Paulo, é necessário abordar, ainda que sucintamente, o personagem principal da Bíblia: Jesus de Nazaré.

Em poucas palavras, o nascimento, a vida, a pregação, a morte e a ressurreição de Jesus provocou uma enorme divisão no povo judeu. Aqueles que se converteram ao cristianismo acreditavam que ele era realmente o Messias que haveria de ser enviado por Deus, como os profetas haviam predito, mas o povo judeu na sua maioria não acreditava que Jesus fosse o Messias esperado.

Hoje já não se pode ter dúvida quanto ao fato do nascimento, da vida e da morte desse homem. Mas ainda existem dúvidas quanto a seu significado e sua importância para a humanidade, isso sem mencionar o fato da sua ressurreição, embora o seu corpo não tenha sido encontrado no túmulo em que o sepultaram. As maiores especulações, inclusive, nascem desse fato. Houve mesmo uma ressurreição ou o seu corpo foi removido para algum outro lugar, a ponto de ter sido tão bem escondido que a humanidade, até hoje — e com todas as suas técnicas e tecnologias —, jamais encontrou os seus restos mortais? Sua história também se tornou extremamente conhecida pela afirmação bíblica de que Ele nasceu de uma virgem chamada Maria, por obra e graça, segundo o registro bíblico, do Espírito Santo de Deus (Lc 1,26-35).

Quando Jesus nasceu, por conta de sinais que ocorreram, um grupo de judeus acreditou que se dera o cumprimento da profecia de Isaías e passaram a considerar que o menino que acabara de nascer era o filho do Deus que os judeus acreditavam governar o mundo. Contudo, a sua natureza divina, bem como os milagres realizados, as suas pregações e também a ressurreição, tudo o que está descrito pelo relato bíblico — e também por alguns relatos históricos —, acaba sendo fruto de crença pessoal nessa "história".

De qualquer forma, tanto Jesus quanto Paulo nasceram no período da república em Roma (cidade fundada em 753 a.C.), após um dos períodos mais turbulentos da história romana, que começou após o fim das Guerras Púnicas, em 146 a.C., e perdurou até a ascensão de Júlio César, em 46 a.C.[4]

Com 12 anos, o menino Jesus, embora não haja nenhum registro bíblico de que tenha frequentado alguma escola ou que tenha contado com um instrutor conhecido (como se dera com Paulo, que fora discípulo de Gamaliel — At 22,23), já discutia com os doutores da Lei (de Moisés — instrumento normativo que tem como base os dez mandamentos e outras orientações passadas por Deus, constantes dos livros de Números, Levítico, Êxodo), deixando a todos admirados, ouvindo-os e interrogando-os (Lc 2,42-49, 52).

Diante de uma personalidade tão notável, a História foi dividida em duas eras, que representamos pelas siglas já tão conhecidas (a.C. e d.C.). Os fatos históricos passaram a ter um marco zero.

> Para a maioria dos povos — sejam cristãos ou não —, o ano vigente seria 2018 após o nascimento de Jesus Cristo. Existem algumas exceções, como o calendário judaico, cujo ano vigente é 5778. Na Tailândia, que segue o calendário lunar budista, estaríamos no ano de 2561; no Paquistão, o ano seria de 1439, e no Irã, 1396, só para ficar com alguns exemplos.[5]

Também não há dúvida de que os homens em geral — e os da ciência em particular — discutem até hoje se o universo em que vivemos é fruto de uma evolução ou de um ato de criação divina (teoria evolutiva versus teoria criacionista). O debate permeia os fundamentos religiosos, filosóficos e, sobretudo, científicos, principalmente a partir do século XIX, com a publicação do livro *A origem das espécies*, em 1859, por Charles Darwin. Entre os fundamentos religiosos, está o registro bíblico do livro de Gênesis: "No princípio criou Deus os céus e a terra" (Gn 1,1). Enfim, é esse Deus criador que inspirou a atuação de Paulo e também, por supostamente blasfemar contra Ele, o levou a prisão e a julgamentos.

Então é fácil perceber que tudo é fruto de crença. Ou se acredita no surgimento do mundo por obra do acaso, ou se acredita na existência de um ser superior e criador de todas as coisas. A perfeição do funcionamento do corpo humano e dos demais animais seria, assim, fruto do surgimento em algum lugar de um ser que foi evoluindo, ou fruto de Deus, que criou um casal bem conhecido, Adão e Eva, e a partir deles passou-se a povoar a terra.

Pois bem, Paulo enfrentou diversos julgamentos, tendo como pano de fundo a proclamação da mensagem salvífica de Jesus Cristo. Para ele, Jesus é o filho do Deus vivo. Paulo foi, de fato, o grande pregador de Deus, tendo empreendido viagens missionárias por toda a região do Império Romano, algo extraordinário, considerando que na sua época os meios de comunicação e de locomoção eram bastante rudimentares (At 16,37; 22,25-29; 23,27).

Quem era Paulo

Seu nome era Saulo. Nasceu em Tarso da Cilícia, por volta do ano 10 d.C. Era de uma família de judeus descendentes da tribo de Benjamim (Fl 3,5), originária da Giscala, cidade da Galileia. Ele cresceu e foi educado aos pés de Gamaliel, neto de Hilel, fundador da seita farisaica, e teria iniciado seus estudos rabínicos provavelmente entre os 13 e vinte anos de idade. Os judeus foram levados para a Cilícia no ano 171 a.C, a fim de promoverem os negócios na região. Tarso era conhecida por sua confecção de roupas de pelo de cabra, denominada cilício.[6]

Foi batizado com o nome de Saulo provavelmente em homenagem ao rei Saul, mas também tinha o nome Paulus, cognome romano, haja vista que, na época, era permitido a utilização de nome triplo. Sua família viveu em Tarso da fabricação de tendas, de produtos de couro. Tarso era uma cidade de bom padrão econômico — para se qualificar como seu cidadão, era necessário ter bens no valor de quinhentos dracmas. Além disso, certamente herdou dos pais ou avós a cidadania romana em razão de algum serviço prestado, já que Tarso não era uma cidade de judeus. Tal honraria era concedida a habitantes de algumas províncias e, portanto, seus pais devem tê-lo registrado como romano,[7] porque, quando ele foi preso e estava na iminência de ser açoitado pelos soldados romanos, avisou-lhes: "A lei vos permite flagelar um cidadão romano,[8] sem que este tenha sido condenado?" (At 22,25). O apóstolo afirmou em seguida que era cidadão romano por nascimento (At 22,27-28, última parte).

O romanista Daniel Antokoletz salienta que os romanos, por conta da expansão de seu império, provocaram uma romanização dos povos vencidos, e isso se dera por diversos meios, tendo constituído os territórios conquistados em províncias.[9] E para certas províncias, conforme outro romanista, Arangio-Ruiz, o império concedia cidadania romana.[10]

No livro de Atos dos Apóstolos, Lucas (autor também do livro que leva seu nome, seu primeiro livro, como ele mesmo salientou em At 1,1), um médico, teólogo e historiador, registrou todos os acontecimentos e presenciou, como discípulo de Jesus, não só aqueles decorrentes dos ensinamentos e da própria vida de Jesus, mas também dos atos e ensinamentos praticados pelos seus apóstolos e seguidores. Nesse livro, há registro de prisões e julgamentos por causa da divulgação do evangelho de Cristo, bem como pela prática de milagres (como curas e expulsões de espíritos malignos). Paulo surge pela primeira vez como Saulo, na ocasião do julgamento, pelo Sinédrio (Supremo Tribunal dos Judeus), seguido pela condenação e morte por apedrejamento de Estevão, considerado o primeiro mártir do cristianismo. Ele foi julgado e condenado sob a acusação de blasfêmia, não havendo registro de qual teria sido a atuação de Saulo. No entanto, certamente teve grande importância, considerando que as testemunhas que acusaram e apedrejaram Estêvão depositaram suas vestes aos pés de um jovem chamado Saulo (At 7,58), que a tudo aprovara (At 8,1).

Interessante pontuar que cristãos foram mortos com seu voto (At 26,10), o que sugere que, em certo momento, Saulo teve assento no Sinédrio. Nesse sentido, a opinião de F.F. Bruce é a de que, apesar de jovem, Saulo teria sido membro do Sinédrio, pois Cortes inferiores não podiam sentenciar ninguém à pena de morte.[11]

Segundo os historiadores Aymard e Auboyer, para o povo de Israel, a religião tem um caráter especial, no qual um povo reconhece a primazia de uma divindade particular, recusando-se a adoração concomitante de outras divindades. Com isso, a originalidade religiosa de Israel está no traço mais marcante deste processo religioso: a passagem da monolatria (adoração de um só deus) ao monoteísmo (crença na existência de um único deus).[12]

Saulo, então atento e zeloso aos preceitos de sua religião judaica,[13] junto com os demais integrantes de sua seita, inclusive os da cúpula rabínica — membros das sinagogas em Jerusalém e da Cilícia, onde Saulo era ativo (cf. At 6,9) —, entendia que aquela seita nascente, decorrente dos ensinamentos de Jesus Cristo (com a morte e ressurreição de Cristo, nasce a igreja cristã), era prejudicial para a religião judaica. Portanto, os judeus que a ela se convertiam, como Estêvão, deveriam pagar com a própria vida. Por isso, e também por ser fiel aos princípios que aprendera com Gamaliel e certamente com seus pais, solicitou aos líderes judeus algumas cartas que lhe apresentassem e lhe desse autorização, perante as sinagogas de Damasco, para prender os cristãos que por lá encontrasse (homens e mulheres) e levá-los cativos para Jerusalém (At 9,2).

Saulo era, de fato, o líder dos opressores da igreja cristã. Ele "respirava ameaças e assassinatos contra os discípulos do Senhor", perseguindo a igreja de Deus, tentando destruí-la pelo aprisionamento de cristãos em muitas cidades.[14] Assolava a igreja nascente com violência (Gl 1,13), entrava nas casas, arrastava homens e mulheres (At 8,3) e, quando a perseguição levou à "dispersão dos crentes, ele passou a perseguir os refugiados até mesmo além das fronteiras da província da Judeia". Pode-se ler nas entrelinhas que os helenitas eram o principal alvo de seu ataque.[15]

Saulo não acreditava que Jesus Cristo era o Messias esperado pelos judeus, principalmente em razão do modelo de execução enfrentada por Jesus: a morte na cruz. Esse tipo de execução era reservado àqueles que haviam sido frutos da ira e do desprezo divino ("pois o que for pendurado num madeiro está debaixo da maldição e do desprezo de Deus..." [Dt 21,23]). Portanto, Jesus não podia ser o Messias, o eleito de Deus que os seguidores de Cristo afirmavam, pois, na perspectiva de judeus como Saulo, isso constituía uma blasfêmia.[16]

Recebendo autorização do Sumo Sacerdote para o seu desejo de perseguir e prender cristãos, Saulo partiu em direção a Damasco levando alguns auxiliares (At 9,7), o que era até presumível, porque seria preciso levar os cristãos presos até Jerusalém. Segundo o relato de Lucas, Saulo, a caminho de Damasco, quando já estava próximo da cidade, recebeu uma visita inusitada. Lança-se sobre ele e sua comitiva uma intensa luz vinda dos céus. O foco está nele, que cai por terra. De súbito, Saulo ouve uma voz vinda dos céus, que lhe indaga: "Saulo, Saulo, por que me persegues?" (At 9,4). Atônico e sem saber o que estava ocorrendo, pergunta: "Quem és, senhor?". Então irrompe dos céus a resposta em aramaico: "Sou Jesus, a quem tu persegues." (At 9,5).

Paulo respondeu à voz referindo-se a "Senhor". Certamente isso se deve ao fato de que Paulo, com base nos ensinamentos que recebera, cria na existência de um Deus nos céus e, como fariseu, em espíritos e anjos, como se verá mais à frente.

Naquele momento, sem visão, perguntou o que deveria fazer, e a voz vinda do céu manda que ele siga até Damasco, pois lá alguém lhe revelará o que deveria realizar (At 9,6). Então, guiado pela mão, fora conduzido até Damasco, permanecendo cego durante três dias (At 9,8-9).

Nesse ínterim, o Senhor visita em sonho um dos seus discípulos de Damasco chamado Ananias, informando-lhe o que terá que fazer: "Apronta-te, e vai à rua que se chama Direita; procura na casa de Judas por um homem de Tarso chamado Saulo. Eis que ele está em oração neste momento, e acaba de ter também uma visão na qual um homem chamado Ananias se aproxima e lhe impõe as mãos, para que volte a enxergar" (At 9,11-12). Como era de se esperar, em razão da fama de opressor que Saulo carregava, Ananias se mostra temeroso e retruca, dizendo que conhecia os males causados por Saulo e que sabia que ele estava autorizado pelos chefes sacerdotes a prender os seguidores de Jesus. O Senhor, então, lhe dá uma ordem, afirmando que Saulo era um instrumento que havia escolhido, a fim de levar "o meu Nome diante de gentios[17] e seus reis, e perante o povo de Israel. Revelarei a ele tudo quanto lhe será necessário sofrer por causa do meu Nome." (At 9, 13-16).

E assim sucede que Ananias entra na casa de Judas, encontra Saulo e impõe as mãos sobre ele, declarando que foi enviado por Jesus para que ele volte a ver. Cai sobre os olhos de Paulo algo semelhante a escamas. Ele passa a enxergar novamente. Em seguida, é levado ao batismo, volta a se alimentar e passa vários dias na companhia dos discípulos em Damasco (At 9,19). A partir da sua conversão ao cristianismo, abandona o nome Saulo e passa a utilizar exclusivamente Paulo, pois é assim que esse personagem é chamado em algumas versões bíblicas.

A partir de então, Paulo começa a proclamar a mensagem de Jesus em todos os lugares por onde passa e em todas as circunstâncias que encontra. Realizando três grandes expedições, leva o evangelho a diversas regiões que se estendiam de Antioquia até o Ilírico, significando, à parte do próprio ministério de Cristo na terra, um grande evento, tendo durado cerca de 12 anos, entre 45 e 57 d.C.[18]

Tão logo convertido, Paulo iniciou seu ministério em Damasco. Após ter passado muito tempo pregando e evangelizando por lá, chega ao seu conhecimento que, de dia e de noite, os judeus estão se espreitando à porta da cidade para matá-lo. Entretanto, os seus discípulos, na calada da noite, colocam-no num cesto e passam com ele pela fresta que havia na muralha de Damasco, indo ele então em direção a Jerusalém para encontrar com outros discípulos de Jesus que lá vivem (At 9,23-26).

Pregação e percalços de Paulo que antecederam a seus julgamentos. A importância da cidadania romana

Após sua conversão, Paulo inicia seu ministério apostólico com objetivo de propagar o evangelho de Jesus Cristo, procurando, assim, convencer os gentios e os judeus de que Jesus era o Messias salvador do mundo, e que quem não cresse nele nem no seu sacrifício salvífico estaria excluído da vida eterna.

Paulo conhecia muito bem as escrituras sagradas dos judeus, pois, como já vimos, aprendera tudo em casa, aos pés de Gamaliel. Portanto, suas pregações, em razão de sua eloquência e sabedoria, levavam diversas pessoas a se converter ao cristianismo — que, na verdade, também tinha como fundamento as escrituras sagradas. Paulo ensina na escola de Tirano, todos os dias das 11 horas da manhã até as quatro da tarde.[19]

Chegando a Jerusalém, procura os discípulos de Cristo que lá vivem. Quer encontrá-los, mas eles ainda estão assustados com a fama de Paulo como perseguidor dos discípulos de Cristo e ainda não acreditam na sua conversão (At 9,28).

Por intervenção de Barnabé, que narra para os discípulos como foi a conversão de Paulo, supera-se a desconfiança inicial. A partir daí, Paulo passa a andar livremente com os discípulos, proclamando com toda a ousadia o nome de Jesus, inclusive para os judeus de língua grega. Contudo, mais uma vez alguns judeus fazem um plano para matá-lo. Tendo notícia da conspiração, os discípulos resolvem conduzir Paulo até Cesareia, e de lá o enviam para Tarso, sua terra natal (At 9,28-30).

Pela segunda vez após sua conversão, Paulo experimenta o risco de vida por conta da pregação dos ensinamentos de Jesus e de sua importância para o povo judeu e os gentios. E na proporção que a igreja de Cristo crescia pela atuação dos seus discípulos, não só ministrando a palavra de Deus, mas operando curas e milagres, a perseguição aumentava a ponto de o rei Herodes mandar prender alguns membros da igreja de Cristo para maltratá-los, enviando Tiago, irmão de João, para a excução a fio de espada. Percebendo que isso agradava aos judeus, o rei manda prender o discípulo Pedro, ordenando que fosse vigiado por quatro escoltas com quatro soldados cada uma, pois pretende levá-lo a julgamento logo após a festa da Páscoa (At 9 a 12,1-4).

Contudo, para os judeus, a Lei de Moisés, ou seja, a Lei de Deus — pois Ele mesmo havia ditado a Moisés para transmiti-la ao povo de Israel —, era a lei que estabelecia as regras e os parâmetros para que aquele povo alcançasse a graça divina. Eram — e ainda são — normas de comportamento que agradam a Deus, portanto, quando ocorre a sua violação, é considerado um pecado contra o Senhor. Dependendo da gravidade, o infrator experimenta as suas sanções, que poderiam ir da morte à cerimônia de expiação dos pecados.

A originalidade de Israel, ressaltam Aymard e Auboyer, consistia em integrar, mais do que qualquer outro povo, a moral na sua lei e a lei na sua religião. Entre os israelitas, leia-se povo judeu, o teólogo está inteiramente ligado ao legislador e ao moralista.[20]

A lei continha diversos rituais de julgamento para os erros cometidos, além de votos e sacrifícios de purificação. Passou de geração em geração até os dias de Paulo e chegando aos dias de hoje. Portanto, para os judeus, a salvação dependia do cumprimento da Lei Mosaica. Assim também acreditava Paulo até a sua conversão ao cristianismo. No entanto, após sua conversão, Paulo passou a ensinar que, para a salvação, era suficiente a crença no sacrifício de Jesus na cruz, pois isso cumpria o papel expiatório que a Lei de Moisés estabelecia através do sacrifício de um animal, normalmente um cordeiro.

A pregação de Paulo incomodava a liderança rabínica, pois ele dizia como fundamento de sua mensagem: "E, por intermédio de Jesus, todo aquele que crê é justificado de todas as faltas de que antes não pudestes ser justificados pela Lei de Moisés." (At 13,39).

É certo que essa mensagem não agradava aos judeus. Pelo contrário, deixava-os enfurecidos. E, assim como ocorrera com Estevão, procuraram fundamentos, nos termos da Lei de Moisés, para matar Paulo.

Chegando a Antioquia da Psídia num sábado, Paulo e Barnabé vão até a sinagoga, e, após a leitura da Lei e dos Profetas, os dirigentes perguntam-lhes se tinham alguma palavra de encorajamento para trazer ao povo. Paulo levanta-se, sinaliza com a mão, solicitando a atenção de todos, e passa a entregar sua mensagem a respeito de Jesus Cristo (At 13,14-41). Depois de sua fala, muitos convertidos ao judaísmo (judeus e gentios) passam a segui-lo e o convidam para que volte no sábado seguinte, quando, na ocasião, toda a população da cidade seu reúne para ouvi-lo. Esse acontecimento desperta a inveja dos judeus, que, de forma desrespeitosa e ultrajante, procuram contradizer o que Paulo prega (At 13,45).

Devido a essa atuação, os judeus convencem as mulheres da alta sociedade de Antioquia, bem como os principais líderes da cidade, a abrirem perseguição a Paulo e Barnabé, até que consigam expulsá-los da cidade (At 13,50). Os dois pregadores se dirigem à cidade de Icônio, onde continuam com a pregação do evangelho de Cristo, provocando uma grande divisão na cidade.

Uns apoiavam Paulo e Barnabé; outros se manifestavam contra eles, de modo que se formou uma conspiração para apedrejá-los. Tomando conhecimento disso, eles resolvem fugir para Listra, Derbe e suas vizinhanças (At 14,4-6). O apedrejamento era a pena prevista para aqueles que cometiam o pecado da blasfêmia, que significava ultrajar o nome de Deus e seus mandamentos[21] — e os judeus entendiam que Paulo praticava tal crime ao invocar o nome de Deus em suas pregações.

Em Listra, Paulo está pregando quando percebe que um paralítico o ouvia. Ele logo percebe que está diante de um homem de fé, por isso ordena-lhe que fique em pé. O homem obedece e se levanta, e a multidão começa a gritar, dizendo que os deuses teriam descido em forma humana, chamando Barnabé de Zeus e Paulo de Hermes. Apesar das explicações, afirmando serem apenas homens, como quaisquer outros, os dois não conseguem evitar que a multidão lhes homenageie com sacrifícios (At 14,8-15). Zeus era o grande deus do panteão grego, chefe de todos os demais deuses helênicos; Hermes era seu filho, porta-voz dos deuses do Olimpo. Como Paulo pregava, foi comparado a Hermes.

Alguns judeus, vindo de Antioquia da Psídia e de Icônio, chegam ao local. Devem estar seguindo os passos dos dois discípulos e certamente são os mesmos que os haviam expulsado em outras ocasiões. Esses judeus conseguem mais uma vez insuflar a multidão contra Paulo, de modo que eles o apedrejam e o arrastam para fora da cidade, acreditando que ele está morto. No entanto, quando os discípulos se reúnem em sua volta, Paulo se levanta e todos voltam para a cidade. No dia seguinte, Paulo e Barnabé vão a Derbe (At 14,19).

De Derbe, voltam para Listra, Icônio e Antioquia, depois de pregarem em todas essas cidades (At 14, 20-21). E seguiram pregando o evangelho pela Panfília, Perge, Atália, Jerusalém, Antioquia da Síria, toda região da Frígia, da Galácia, Ásia, região de Mísia, Bitina, Troade (At 14,24-25; 15,23; 16,6-10), até pararem numa cidade chamada Tiatira. Paulo tem agora Silas como acompanhante — Barnabé havia se separado dele em Jerusalém, porque queria levar João, também chamado Marcos, mas Paulo não concordou. Com isso, os dois se desentenderam de modo exacerbado e decidiram se separar (At 15,36-39). Então, quando Paulo e Silas se dirigem para um lugar de oração, surge uma jovem escrava com espírito de adivinhação, cuja atuação dava lucro aos seus senhores, tendo ela exclamado quando avistou os dois: "Estes homens são servos do Deus Altíssimo e vos anunciam o caminho da salvação" (At 16, 17). E assim ela fez por vários dias.

Paulo vai se irritando com essa situação repetitiva e ordena, em nome de Jesus, que o espírito a deixasse, e assim aconteceu. Mas seus senhores, percebendo que suas esperanças de lucro haviam terminado, arrastam os dois pregadores até a praça principal da cidade, que, diante dos magistrados, são acusados de estarem perturbando a cidade, pregando costumes judeus que aos romanos não era lícito acatar nem praticar. Os magistrados rasgam-lhes as roupas e ordenam que sejam açoitados com varas. Depois dos muitos açoites, os dois são encarcerados, tendo o carcereiro os prendido pelos pés ao tronco no interior da prisão (At 16,18-24).

No dia seguinte os magistrados enviam oficiais de justiça ao carcereiro com a ordem de soltar Paulo e Silas. O carcereiro, por sua vez, informa os cativos sobre a decisão dos juízes.

Paulo, conhecedor da lei e do Direito romano, afirma que, sem qualquer processo condenatório formal, tinham sido açoitados na frente do povo. Exige, então, que os magistrados pessoalmente, e na frente do povo, proclamem que estão livres de condenação. Quando tal reivindicação chega aos magistrados, eles ficam apavorados e resolvem ir até Paulo e Silas, suplicando suas desculpas e, assim, os conduzindo para fora da prisão (At 16,37-39).

Em Éfeso também ocorre uma situação semelhante, provocada por um ourives chamado Demétrio, que tinha por profissão confeccionar miniaturas de prata do templo da deusa Diana dos Efésios. Ele resolve reunir os artífices da cidade, alertando-os de que a pregação de Paulo arruinará seus negócios, uma vez que ele prega não apenas em Éfeso, mas também em toda a província da Ásia, persuadindo as pessoas que deuses feitos por mãos humanas não têm poder (At 19,23-27).

Logo se forma um alvoroço na cidade. Os macedônios Gaio e Aristarco, companheiros de ministério de Paulo, são presos e arrastados para o teatro local, formando uma grande assembleia. Compareçem o secretário-geral[22] da cidade, que é o principal oficial executivo, e uma espécie de intermediário legal entre o povo de Éfeso e Roma. Com a assembleia acalmada, o secretário-geral se dirige a Demétrio e aos artífices dizendo-lhes que, se tiverem qualquer acusação contra alguém, os tribunais estavam abertos, com procônsules, para receber as denúncias. E que, se houver qualquer outro pleito, deve ser decidido em assembleia regular, conforme a lei, pois, da forma como estavam fazendo, corriam o risco de serem acusados de perturbar a ordem pública. Assim é desfeita aquela assembleia (At 19,28-41).

O retorno a Jerusalém e os julgamentos populares

Depois de terem passado por diversas cidades, com pregações, curas, prodígios e até a ressurreição, em nome de Jesus, de um jovem chamado Êutico, os pregadores resolvem voltar a Jerusalém, sendo recebidos com grande alegria pelos irmãos em Cristo, reunindo-se com o apóstolo Tiago e com todos os presbíteros (At 21,17-18).

Havia também uma divergência entre a pregação de Paulo e a compreensão dos primeiros cristãos, cujo líder em Jerusalém era Tiago (At 21,20), que andara com Jesus, enquanto Paulo não chegou a conhecê-lo vivo, salvo o encontro na sua experiência de conversão no caminho de Damasco.

A questão básica era com relação à continuidade, após o sacrifício de Jesus na cruz, da necessidade de observância cega à Lei de Moisés para se alcançar a salvação e a vida eterna. Paulo entendia e sustentava que o sacrifício de Jesus, por si só, expiou todos os pecados do povo, não havendo mais necessidade de circuncisão do homem ao nascer nem a expiação de pecados através de cordeiros (normalmente eram os animais escolhidos), uma vez que Cristo era o cordeiro de Deus enviado ao mundo para salvação de todos, judeus e não judeus, e que era suficiente crer nessa mensagem para receber a benção divina.

Paulo não pregava a desobediência à Lei, como parecia para alguns, mas defendia não haver necessidade de certas liturgias e práticas para a obtenção da salvação (At 20,21), embora não "condenasse" quem continuava a praticá-las.

Tal situação preocupava a liderança da igreja em Jerusalém, pois todos tomaram conhecimento de que Paulo estava na cidade e tinham informações deturpadas sobre a sua pregação. Sugeriram-lhe, então, que ele realizasse um determinado ritual de voto a que alguns jovens estavam se dedicando para a purificação, a fim de demonstrar, com tal prática, que eram falsas as afirmações de que ele pregava a desobediência à Lei Mosaica (At 21,22-24) — mesmo porque Tiago e a liderança já haviam enviado cartas aos gentios convertidos pela pregação de Paulo, exortando-os a observar a Lei de Moisés (At 21,25). Por outro lado, eles sabiam da "aspereza dos judaizantes com relação a Paulo", pois "era comentada em toda parte."[23]

Segundo F.F. Bruce, os judeus inimigos tinham feito esforços para apresentar o trabalho de Paulo entre os gentios como "a sabotagem de um apóstata que ensinava judeus a se afastarem de Moisés", instruindo que não era necessária a circuncisão nem a observância dos costumes, afirmação que não correspondia à verdade. Mas os presbíteros de Jerusalém estavam preocupados com o fato de que muitos da própria comunidade estavam acreditando nesses boatos.[24]

Paulo aceita fazer os votos, como estabelece a Lei. Vai ao templo para declarar o prazo de cumprimento dos dias de purificação e da oferta que seria consagrada individualmente em favor deles (Tiago e os presbíteros convenceram Paulo a dar a oferta por todos). Contudo, prestes a terminar o prazo de sete dias, alguns judeus da província da Ásia veem Paulo no templo e incitam a multidão a agarrá-lo, bradando: "Homens de Israel, ajudai. Este é o homem que por toda a parte prega a todos contra o nosso povo, contra a Lei e contra este lugar. Além disso introduziu gregos no templo e profanou este santo lugar" (At 21,27-28).

Segundo a tradição e a lei, era expressamente proibida a entrada de qualquer pessoa não judia nos limites do átrio do templo, e sua violação sujeitava o infrator à pena de morte. Entre o pátio externo — espaço destinado aos gentios de todas as nações — e o pátio interno, havia uma barreira de colunas com advertências em grego e latim. Isto porque tinham visto Paulo na cidade conversando com um grego chamado Trófimo, mas, segundo o registro, a afirmação dos judeus eram falsas e tinham o único objetivo de se livrarem de Paulo. Porém, mesmo se tal fato tivesse ocorrido, quem deveria ser julgado era Trófimo em vez de Paulo.[25]

Após agredi-lo, arrastam-no para fora do templo e tentam matá-lo. Toda a cidade fica em grande alvoroço, informação que chega ao comandante das tropas romanas, que reúne alguns soldados e oficiais e segue até onde estava o tumulto. Quando os agressores percebem a chegada dos soldados, param de espancar Paulo. O comandante dá ordem para que ele seja algemado a duas correntes e realiza um rápido interrogatório com Paulo, para saber quem ele é e o que havia feito (At 21,31-34). O comandante se chamava Cláudio Lísias, e era tribuno romano. Sua fortaleza chamava-se Antônia.[26]

Muita gente se manifesta na multidão, e a gritaria é imensa, deixando o comandante confuso a ponto de decidir levar Paulo preso para a fortaleza. Mas a multidão continua enfurecida e, perto das escadarias da fortaleza, os soldados são obrigados a carregar Paulo, enquanto a turba grita: "Mata-o" (At 21,35-36). Paulo, então, pede ao comandante que o autorize a falar para a multidão. O comandante fica surpreso por Paulo usar o idioma grego e questiona se ele não seria um agitador egípcio que havia levado cerca de quatro mil terroristas armados ao deserto. Paulo responde que era judeu, da cidade de Tarso. Então, o comandante autoriza Paulo a se dirigir à multidão, o que fez utilizando o aramaico, mesma língua falada por Jesus (At 21,37-40).

Ele se dirige à multidão pedindo que se aquietem, o que curiosamente acontece. Inicia seu discurso falando de sua origem, educação, zelo e observância da Lei de Deus, narrando como fora sua conversão e por que havia deixado de perseguir os discípulos de Cristo. Fala ainda sobre o seu chamado ministerial, afirmando: "Contudo, o Senhor me ordenou: 'Vai, porque Eu te enviarei para longe, aos gentios'" (At 22, 1-21). A partir dessas palavras, a multidão começa a bradar: "Tira da face da terra esse tal homem, pois ele não merece viver!" (At 22,22). Isso porque os judeus não aceitavam que "outras raças e povos tivessem acesso ao Reino de Deus sem grandes sacrifícios e demonstrações externas de fé, como a circuncisão e a obediência absoluta à Lei e suas derivações rabínicas".[27] Para os judeus, Deus havia escolhido somente a eles como povo da promessa. Os historiadores seculares Aymard e Auboyer registram de modo interessante essa questão ao afirmar que, para Israel, Javé não se apresentava como um deus universal que se interessasse pelos outros povos, mas reservava seu amor, sua justiça, seu apoio e sua força protetora unicamente para Israel. Já os inimigos do povo escolhido eram detestados por Deus.[28] Daí se explica o ódio a Paulo, que entendia que Deus havia ordenado que ele pregasse para todos indistintamente.

O comandante determina que levem Paulo para o interior da fortaleza, dando ordem para o seu imediato interrogatório, mediante açoites, com objetivo de apurar as razões que levavam o povo a estar enfurecido com ele. Enquanto o amarram para interrogá-lo, conforme determinado, e se preparam para açoitá-lo, Paulo usa da mesma estratégia de defesa que havia adotado perante os magistrados em Tiatira, indagando-lhes se a lei permitia açoitar um cidadão romano sem que ele tenha sido julgado e condenado. Imediatamente o centurião vai ao comandante, noticiando a cidadania romana de Paulo. Então o comandante se aproxima para saber a respeito dessa alegação. Paulo confirma, dizendo que era, de fato, um cidadão romano de nascimento (At 22,25-29).

Do mesmo modo que os magistrados, o comandante fica temeroso porque mandara amarrar e açoitar um cidadão romano sem qualquer julgamento, isso porque, conforme o Direito romano, ele "deveria informar o prisioneiro das acusações formais contra ele", além de "registrar as acusações formais, a fim de fazer um relatório para seus superiores".[29]

Paulo perante o Sinédrio

Paulo é libertado, mas mandam reunir os chefes sacerdotes e todo o Sinédrio,[30] para que o réu se apresente diante deles (At 22,29-30). Conforme registro de Warren W. Wiersbe, o Sinédrio era composto por setenta (ou 71) homens entre "os principais mestres judeus, que, presididos pelo sumo sacerdote, cuja responsabilidade era interpretar e aplicar a Lei judaica sagrada às questões de sua nação, levavam a julgamento os que transgredissem a Lei". Nos casos em que "houvesse necessidade, o governo romano dava a liberdade para que o conselho aplicasse a pena de morte".[31]

Diante do Sinédrio, Paulo analisa cada um dos que o julgam e resolve adotar uma abordagem pessoal na abertura de sua defesa, tratando os membros do Sinédrio como "varões irmãos" ou, em outra versão, "caros compatriotas", afirmando que até aquela data cumpriu seu dever perante Deus com toda a boa consciência (At 23,1). Ao ouvir essas palavras, o sumo sacerdote manda que alguns daqueles que estão próximos de Paulo o esbofeteiem a boca.

Essa atitude violava o que nas escrituras se determinava em relação à conduta que deve ter todo sumo sacerdote, nos termos indicados em Levítico 19, 15: "Não farás injustiça no juízo, nem favorecendo o pobre nem comprazendo ao grande; com justiça julgarás o teu próximo." Paulo, que conhecia muito bem a Lei Mosaica, imediatamente retruca, com ira: "Deus te ferirá, parede caiada! Pois tu estás aí sentado para julgar-me segundo a lei, e contra a lei mandas que eu seja agredido?" (At 23,3).

Na verdade, Ananias, presidente do Supremo Tribunal dos Judeus, ao ordenar que batessem em Paulo, teria ele mesmo violado a lei, não somente a sua essência, mas também na letra, pois o mínimo que se esperava do sumo sacerdote era honestidade, justiça, compaixão e preocupação. Mas Ananias foi um dos homens mais corruptos a serem nomeados sumo sacerdote, pois roubava os dízimos de outros sacerdotes e ainda fazia todo o possível para aumentar sua autoridade. Era conhecido como um homem brutal, que se importava mais com os favores de Roma do que com o bem de Israel.[32] Este deve ter sido o motivo de Paulo lhe dar uma resposta áspera, predizendo que Deus o feriria, chamando-o de "parede caiada", que significa hipócrita.

A ESTRATÉGIA DE DEFESA DE PAULO

Paulo sabia que uma parte dos membros do Sinédrio era composta de saduceus e a outra, de fariseus; e que ambos divergiam na interpretação sobre aspectos da Lei de Deus. Diante dessa circunstância, ele faz sua própria defesa, afirmando que é filho de fariseu e que está sendo julgado por sua esperança na ressurreição dos mortos. Este é um dos pontos da discórdia entre eles, pois os saduceus não acreditavam na ressurreição, nem em anjos, nem em espíritos, enquanto os fariseus tinham a crença nisso tudo (At 23,6-8).

Instala-se, então, uma grande polêmica entre os membros do Sinédrio, dividindo a assembleia. Inicia-se uma violenta discussão, na qual os mestres fariseus afirmam, a propósito da afirmação de Paulo de que o Senhor Jesus teria falado com ele diretamente no caminho de Damasco: "Não encontramos neste homem mal algum! Quem pode garantir que não foi mesmo um espírito ou um anjo que lhe falou?" (At 23,9).

Segundo Warren Wiersbe, na sua estratégia, Paulo não estava fazendo um jogo político, pois o infeliz embate com o sumo sacerdote, logo de início, permitiu que ele percebesse que não teria um julgamento justo. Assim, se a sessão prosseguisse até o fim, certamente ele seria condenado e levado para fora a fim de ser apedrejado como blasfemo.[33]

A DISSOLUÇÃO DA ASSEMBLEIA DE JULGAMENTO

A estratégia defensiva de Paulo e seus argumentos provocam uma acirrada discussão, de tal modo que também acaba enfurecendo a multidão, fazendo com que Cláudio Lísias, tribuno e comandante das tropas romanas, determine que sua tropa deva descer até o local e tirar Paulo à força para levá-lo à fortaleza de Antônia (At 23,10). Para os soldados romanos, a hipótese de perder um prisioneiro que também é cidadão romano torna a situação muito embaraçosa, ainda mais porque Paulo podia perder a vida sem nem mesmo haver contra ele qualquer acusação formal.[34]

Esta é então a primeira vez que Paulo é apresentado a um tribunal, uma vez que o Sinédrio exerce a função de Supremo Tribunal dos Judeus e suas causas, pois não havia uma verdadeira separação entre regras religiosas e regras civis. Podemos perceber que isso é verdade ao consultarmos as regras relativas à propriedade, ao furto, sedução de mulheres etc. (Ex 22,1-31).[35]

Paulo perante o governador Félix

Diante desse quadro de ausência de julgamento, é certo que Paulo deveria ser posto em liberdade. Mas, na noite seguinte, o Senhor surge ao lado de Paulo e lhe diz: "Sê corajoso! Assim como deste testemunho da minha pessoa em Jerusalém, deverá de igual modo testemunhar em Roma" (At 23,11). Certamente, cumpria-se a palavra do Senhor dada a Paulo no caminho de Damasco, a cada um dos seus discursos de defesa, resultando o seu testemunho numa verdadeira pregação do evangelho de Cristo.

A partir dessa visita do "Senhor", Paulo logo soube que sua jornada não pararia ali em Jerusalém, mas curiosamente, conforme registro bíblico, em razão da dissolução da assembleia de julgamento, cerca de quarenta judeus procuraram seus líderes e sacerdotes para informar que haviam feito um voto de que não comeriam nem beberiam enquanto Paulo não fosse morto.[36] Ainda informaram que havia um plano: o Sinédrio deveria solicitar ao comandante que Paulo se apresentasse para se prosseguir as investigações contra ele, mas assim que chegasse ao Sinédrio, ele seria morto (At 23,12-15).

Contudo, não se sabe como (não há registro bíblico quanto a isso), a informação sobre essa trama chega ao sobrinho de Paulo, que, em visita ao tio, conta o que escutou. Paulo chama o centurião e solicita que se envie o rapaz ao comandante, pois ele tem algo importante a dizer. Assim feito, o comandante recebe o rapaz, indagando-lhe sobre o que ele tem a dizer. Depois de narrar o plano dos judeus para assassinar Paulo, o comandante determina que seja preparado um destacamento com duzentos soldados, setenta cavaleiros e duzentos lanceiros para conduzir Paulo até Cesareia e entregá-lo ao governador Félix. Envia também uma carta narrando a situação e informando que havia intimado os acusadores para que apresentassem formalmente ao governador todas as denúncias que tinham contra Paulo (At 23,25-30).

O preso é entregue ao governador, que lê a carta enviada por Cláudio Lísias. Pergunta de qual província era Paulo, que lhe responde ser da

Cilícia. O governador diz que o ouvirá quando os acusadores chegarem a Cesareia e determina que Paulo fique sob custódia no palácio de Herodes (At 23,33-35). Esse palácio fora construído pelo rei Herodes, o Grande, e lhe servia de residência enquanto estivesse visitando a província de Cesareia. Mas, na ocasião, já não tinha tal serventia e era usado como pretório romano, além de escritório de negócios oficiais do imperador, onde também hospedava os seus procuradores.[37]

Com objetivo de manter as acusações contra Paulo e exercer pressão política sobre o governador, Ananias, o sumo sacerdote presidente do Sinédrio (que se tornou inimigo mortal de Paulo), viaja cerca de cem quilômetros até Cesareia com outros líderes judeus. Estes levam consigo um advogado chamado Tértulo, uma vez que seria necessário ter alguém versado nas leis romanas e na retórica forense para assumir a missão acusatória formal de um processo contra um cidadão romano. Tértulo era um judeu helenista muito familiarizado com os processos do Tribunal de Roma.[38]

Apresentadas as denúncias, o governador manda chamar Paulo. Concede-se a palavra para a acusação. Formalista, como ocorre em nossos dias, o acusador Tértulo faz a abertura de sua fala tratando o governador de excelência, apresentando um preâmbulo lisonjeiro, com falsos elogios à pessoa e à liderança do governador entre o povo judeu, embora, na verdade, seu histórico fosse terrível e despertasse ódio nos judeus.[39]

Já para o teólogo John Stott, Tértulo era um advogado treinado e experiente. Isso o leva a iniciar seu discurso com o chamado *captatio benevolentiae*, que representa uma tentativa de conquistar a simpatia do juiz.[40] Tértulo apresenta três acusações contra Paulo, a saber: 1) perturbar a ordem, promovendo tumulto entre os judeus de todo o mundo; 2) ser o principal líder da seita dos nazarenos; 3) tentar profanar o templo sagrado dos judeus. Afirma ainda que, se o governador o interrogar, poderá verificar a veracidade de todas essas afirmações, que são confirmadas pelos líderes que contrataram Tértulo (At 24,5-9).

A perturbação da paz, conforme salienta Robert Gundry, era um crime frouxamente definido, que os imperadores tirânicos costumavam usar como arma de terrorismo político. Eis que qualquer situação poderia ser enquadrada dentro dessa categoria.⁴¹ Provocar tumultos e desordens públicas era considerado traição contra César, e seu infrator estava sujeito à pena de morte. Também era contra a lei ser líder de uma ramificação religiosa não autorizada por Roma.⁴²

O governador faz, então, um sinal para que Paulo inicie a sua defesa. Ele afirma saber que o governador é juiz sobre a nação judaica há muitos anos e por isso se sente motivado a apresentar a sua própria defesa, ou seja, sem solicitar a atuação de um advogado. Quanto às acusações contra ele imputadas, Paulo nega todas, afirmando que ninguém jamais o viu conversando no templo (referência certamente à acusação inicial de que levara um gentio ao átrio) nem tumultuando o povo nas sinagogas ou em qualquer outro lugar. Portanto, os acusadores não têm como provar qualquer uma das acusações contra ele. Por fim, confessa que serve ao Deus de seus pais, como discípulo do Caminho, que os acusadores denominam seita, mas que está plenamente de acordo com a Lei e com o que está escrito nos Profetas. Além disso, deposita em Deus a mesma esperança de seus acusadores, de que haverá ressurreição, tanto de justos como de injustos (At 24,12-15). Paulo sabe que a questão da ressureição é o pomo da discórdia entre os fariseus e os saduceus, como já registramos, por isso deve ter insistido nesse tema no momento de sua defesa.

Paulo, então, questiona o fato de que os judeus da Ásia, que o haviam acusado em Jerusalém, não compareceram perante o tribunal para que pudessem acusá-lo formalmente, o que certamente significa que eles não têm qualquer acusação formal para fazer (At 24,19).

O governador Félix ouve a defesa de Paulo e toma conhecimento da doutrina de Cristo, conhecida também como a doutrina do Caminho. Em seguida, adia o julgamento alegando que aguardará a chegada do comandante Lísias para, então, decidir (At 24,22).

Conforme atesta F.F. Bruce, Paulo não está tão interessado em se livrar da acusação, mas em provar que sua fé cristã é a interpretação legítima do Antigo Testamento, o livro sagrado dos judeus. Os cristãos, por conseguinte, deveriam compartilhar dos privilégios da *"religio licita"* concedida aos judeus. Bruce ainda salienta que as acusações do sumo sacerdote desmoronaram por falta de provas, por isso, Félix deveria ter posto Paulo em liberdade. Mas a protelação do julgamento demonstrou que ele pretendia usar Paulo como um peão no jogo de suas intrigas com os judeus, além de vislumbrar a possibilidade de ganhar algum dinheiro com a ocasião.[43] Isso porque Félix chamava Paulo com frequência para conversar, esperando que ele lhe oferecesse algum suborno (At 24,27).

A prisão de Paulo por parte de Félix perdurou por cerca de dois anos, sem que ele desse qualquer veredicto sobre o processo. Durante todo esse tempo, teve a oportunidade de falar sobre sua fé em Cristo Jesus para o governador e sua terceira esposa, Drusila. No entanto, quando Paulo começou a falar-lhe sobre domínio próprio e o juízo final, o governador ficou apavorado e pediu que parasse o discurso (At 24,24-25). A situação era perturbadora, pois Drusila era judia e já havia conversado com o marido sobre Deus e os profetas e também sobre o Caminho. Ela era filha mais nova de Herodes I, irmã de Agripa II, e tinha sido esposa do rei Azizo, mas o deixou aos 16 anos para se tornar a terceira esposa de Félix.[44]

De qualquer forma, Félix pretendia manter a simpatia dos judeus, por isso deixou Paulo encarcerado, mesmo sem tê-lo julgado. Após esses dois anos, Félix terminou seu governo e foi sucedido por Pórcio Festo, que, três dias após tomar posse, resolveu subir de Cesareia para Jerusalém.

Paulo perante Festo

Tão logo Festo chega a Jerusalém, os chefes sacerdotes e os mais eminentes líderes judeus comparecem diante dele para reiterar suas acusações contra Paulo. Rogam a Festo para transferir Paulo para Jerusalém de modo que eles o julguem, mas na verdade pretendem matá-lo. Festo afirma que Paulo está detido em Cesareia, para onde ele voltará em poucos dias. Então, diz que os judeus deveriam enviar seus líderes para apresentarem seus protestos contra Paulo (At 25,2-5) — ou seja, Festo reabre o processo.

Chegando a Cesareia, depois de dez dias em Jerusalém, Festo convoca o Tribunal e ordena que Paulo lhe seja apresentado. Os líderes judeus já estão presentes. Quando o apóstolo aparece, é rodeado por eles, que começam a lançar acusações das quais não tinham nenhuma prova. Após receber a oportunidade de se manifestar, Paulo reitera, perante Festo, que não cometeu pecado algum contra a Lei dos judeus nem contra o templo e tampouco contra César (At 25,8).

O governador Festo, ainda com pouco tempo de mandato, pretendia agradar aos judeus, então indaga a Paulo se concorda em ser julgado em Jerusalém, ao que Paulo, com inteligência e ciente de seus direitos, replica-lhe: "Eis que estou diante do tribunal de César, onde convém que eu seja julgado" (At 25,10). Estendendo sua defesa aos demais fatos que sempre pautaram a acusação dos judeus contra ele, mas talvez conhecendo o intuito do governador e, por isso, não se sentindo seguro num julgamento presidido por ele, Paulo resolve apelar para César. Festo, após ouvir os seus conselheiros, defere seu requerimento (At 25,11-12).

Conforme comentário da Bíblia King James, Paulo não temia a morte, pois tinha certeza da vida eterna com Cristo. Mas seus planos eram mais ambiciosos do que ser absolvido ou preservar a própria vida. Almejava ver o cristianismo aceito legalmente em Roma como religião independente do judaísmo, para que a igreja e os demais discípulos parassem de sofrer tantas perseguições.

No entanto, percebendo que Festo estava inclinado a dar preferência aos líderes judeus em detrimento da justiça, Paulo faz uso do Direito romano, requerendo que fosse julgado por César ou por um procurador dele em Roma. E então, manifesta-se em latim: *provocatio ad Caesarem*, um dos direitos mais antigos e respeitados do código legal de Roma, que era concedido a todo cidadão romano desde o ano 509 a.C.[45]

No mesmo sentido, F.F. Bruce afirma que Paulo pode ter sido influenciado por dois motivos para recorrer a César. Primeiro porque tinha certeza de que precisava ir a Roma ministrar a palavra (o Senhor já o tinha avisado disso em At 23,11). E, segundo, porque uma decisão favorável diante de um tribunal de César estabeleceria um precedente que, na prática, seria equivalente à declaração do cristianismo como religião lícita, e assim a divisão entre o judaísmo e o cristianismo ficaria cada vez mais visível. Um apelo a César era um processo custoso e longo, mas a sorte estava lançada.[46]

Interessante é que Paulo recorre a César sem que qualquer sentença tenha sido proferida no seu julgamento, deixando antever a possibilidade de um recurso apresentado de modo preventivo e assecuratório de direitos. Portanto, mais uma vez não se tem um veredicto contra Paulo, evidenciando, assim, a sua inocência.

Paulo diante do rei Agripa e sua Corte

Alguns dias após a sessão de julgamento a que nos referimos anteriormente, Festo recebe a visita do rei Agripa e de sua mulher Berenice. Festo acaba contando ao rei a história de Paulo e tudo o que havia ocorrido, inclusive que Félix o tinha abandonado na prisão. Do relato a Agripa, é possível perceber que Festo estava convencido da inocência de Paulo ao afirmar que os judeus não apontaram nenhum dos crimes pelos quais ele respondia. Pelo contrário, levantaram apenas as divergências sobre a própria religião judaica, em especial a discordância a respeito de um certo Jesus, já morto, mas que Paulo insistia em dizer que estava vivo (At 25,14-10).

Após ouvi-lo atentamente, o rei Agripa quis conhecer o prisioneiro que vinha causando tanta confusão. Festo promete que no dia seguinte eles iriam encontrá-lo, e assim se deu: Agripa e sua mulher chegam com pompa à sala de audiências, juntamente com seus altos oficiais e os homens mais importantes da cidade. Festo manda buscar Paulo (At 25,22-23) e abre a sessão de julgamento, confirmando que, na sua opinião, aquele homem é inocente, mas, como havia recorrido a César, teria de enviá-lo a Roma (At 25,25). Mas, para isso, Festo precisava fazer um relatório sobre as acusações que justificasse seu recurso para César.

Então, afirma que, a partir do interrogatório de Agripa, seria possível extrair elementos para escrever a César. (At 25,26).

Paulo, conhecendo a história de Agripa, abre sua defesa afirmando que se considerava um abençoado por estar na presença do rei naquele dia, pois teria uma chance para se defender das acusações dos líderes judeus, sobretudo porque Agripa seria versado em todos os costumes e questões judaicos, rogando que lhe ouvisse com paciência (At 26,2-3). Então, prossegue na sua defesa: em resumo, correspondia a mais uma oportunidade de salientar que era judeu zeloso na compreensão da Lei dos judeus e que, após a sua conversão ao evangelho de Jesus Cristo, passou a agir e a interpretá-la a partir do encontro com o Senhor no caminho de Damasco.

Antes de terminar, diz a Agripa e a toda a sua equipe que se sente agraciado por Deus pela possibilidade de, naquele dia, estar testemunhando a respeito de Cristo tanto a pessoas simples como para as cultas e notáveis. Neste momento, é interrompido por Festo, que o chama de louco e diz que todo aquele conhecimento o estava fazendo delirar. Paulo, com reverência, argumenta que está declarando palavras verdadeiras e que se encontra em pleno juízo, visto que o rei a quem fala compreendia bem daqueles assuntos, afinal, estes eventos não ocorreram num canto às escondidas. Ainda aproveita para lançar uma indagação ao rei Agripa: "Acreditais, ó rei Agripa, nos profetas? Sei que credes!" O rei responde, questionando: "Crês tu que em tão pouco tempo podes persuadir-me a converter-me em um cristão?" (At 26,22-28).

Paulo, então, lança seu apelo: "Seja em pouco ou muito tempo, suplico a Deus que não somente tu, ó rei, mas todas as pessoas que hoje me ouvem se tornem como eu, todavia, livres dessas algemas!" (At 26,29).

Após esse apelo, o rei, sua mulher Berenice, o governador e todos que os acompanhavam se levantam e saem do salão, comentando que Paulo não fez nada que merecesse o cárcere, muito menos a pena de morte. Em seguida, Agripa confessa a Festo: "Este homem bem que poderia ser posto em liberdade, caso não tivesse apelado a César" (At 26,30-32).

Mais uma vez Paulo é considerando inocente, mas não há um veredicto oficial. Assim, é mantido preso, mas continua cumprindo seu ministério de anunciar a palavra de Deus aonde fosse, perante judeus e gentios, perante o povo e as autoridades, sempre que tivesse a oportunidade.

Paulo enviado a Roma para ser julgado por César

Paulo e alguns outros presos foram entregues a um centurião chamado Júlio, que pertencia ao regimento imperial. Seriam levados a Roma num navio de Adramítio que passaria por alguns portos pela costa da província da Ásia. A viagem teria se iniciado no ano 58 d.C.[47]

A primeira parada foi em Sidom. Num gesto de bondade, o centurião permite que Paulo visite seus amigos e receba deles os suprimentos de que necessitava. E assim ocorreu ao longo de toda a viagem. Em cada lugar que paravam, voluntariamente ou por necessidade, Paulo tinha a oportunidade de rever seus amigos ou fazer novos, pregando-lhes o evangelho e realizando milagres e curas (At 27,4-44; 28,1-17).

Foi uma viagem demorada, na qual aconteceu de tudo um pouco, inclusive a ruína total do segundo navio, situação que havia sido prevista por Paulo, mas que foi ignorada pelo centurião e pelo capitão do navio. O registro de Lucas é uma verdadeira carta náutica da região, a ponto de F.F. Bruce afirmar que a narrativa de Lucas é considerada uma das obras-primas da literatura de naufrágios,[48] sendo uma inestimável fonte de informação sobre embarcações antigas, navegação e marinha.[49]

Um grupo de irmãos da igreja de Roma recebe a informação de que Paulo estava chegando. Eles resolvem ir até a praça de Ápio e a Três Vendas (At 28,15), que ficavam a cerca de 65 e cinquenta quilômetros de Roma, respectivamente.[50]

Ao chegar a Roma, Paulo tem permissão para morar por conta própria, mas sob a vigilância e guarda de um soldado, uma espécie de prisão provisória domiciliar. Também teve a permissão para receber visitas, pregar a palavra e narrar o que lhe havia acontecido. Essa situação permaneceu por cerca de dois anos, e ele recebia a todos que o procurassem (At, 28,17-31). Isso é uma evidência de que, em Roma, capital do império, o evangelho não fora proibido como religião ilegal.[51]

Warren Wiersbe salienta que Paulo sempre deixou as portas da casa abertas para aqueles que se interessassem em ouvir a respeito das coisas do reino de Deus, apesar de estar acorrentado a um guarda, cujo turno durava seis horas, e que, nessa circunstância, era obrigado a ouvir enquanto ele pregava, ensinava e orava. Não era de admirar, portanto, que alguns deles tenham se convertido. Durante a sua prisão, estiveram ao seu lado Timóteo, João Marcos, Lucas, Aristarco, Epafras, Justo e Demas. Também se encontraram com ele Onésimo, Epafrodito e Tíquico. Este último foi uma espécie de mensageiro de Paulo, tendo enviado as cartas às igrejas a seguir referidas.[52] Nesse ponto, o próprio Paulo, quando escreve suas cartas da prisão (aos Filipenses, aos Efésios, aos Colossenses e a Filêmon), registra o fato de os guardas terem ouvido a palavra e que alguns teriam se convertido (Fl 1,12-14; 4,22.).

O interessante de toda essa história é que o relato de Lucas no livro dos Atos termina sem registrar o resultado do recurso que justificou a ida de Paulo para Roma. Isso pode ser atribuído ao fato de que deveria ser registrado apenas o que fosse mais importante para a divulgação do evangelho de Cristo através de Paulo, tal qual o seu julgamento por César.[53] Pode-se também atribuir ao fato de que Lucas teria terminado o livro antes do julgamento, conforme opinião de Warren Wiersbe.[54]

Já Robert Gundry acredita que a demora do julgamento de Paulo pode ter ocorrido devido a diversos fatores: (1) a necessidade (e dificuldade) de seus acusadores terem de se deslocar desde a Palestina; (2) a destruição, durante o naufrágio, da documentação que fora preparada por Festo a respeito das acusações feitas contra Paulo, com a consequente necessidade de serem enviadas duplicatas desde a Cesareia; e (3) o atraso em que se encontrava a agenda forense de Nero, por causa do enorme número de casos que ele precisava julgar.[55]

O raciocínio de que o objetivo dos registros no livro dos Atos não era o julgamento, mas a atuação de Paulo como apóstolo, se confirma na observação de F.F. Bruce de que Paulo é o herói do livro de Atos a partir do capítulo 13, mas que o propósito de Lucas era seguir a propagação do evangelho de Jerusalém até os confins da terra. Esse vasto movimento atingiu o seu clímax quando Paulo exerceu um amplo ministério na metrópole do império, de forma que a conclusão abrupta está longe de ser um anticlímax. Afinal, a tarefa do autor estava concluída.

Nesse ponto, os autores se convenceram de que Paulo teria sido absolvido e liberto, tendo como razão de convencimento a sequência dos registros do Novo Testamento referente às cartas que Paulo enviou às igrejas que fundou, afirmando, aqui e ali, que estivera em tal lugar, que se encontrara com alguém, que deixara objetos em certos lugares, o que sugere que voltaria para pegá-los, como no caso de sua capa, livros e em especial os pergaminhos (2 Tm 4,13).

F.F. Bruce ainda assinala que o tempo de dois anos teria sido suficiente para que o processo contra Paulo estivesse pronto para julgamento, considerando que Paulo é o autor direto das cartas chamadas pastorais. Os estudiosos concordam que, de 62 a 65 d.C., Paulo seria um homem livre, visitando Creta e outros lugares ao longo do mar Egeu (Tt 1,5; 2 Tm 4,13-20).

Num relato mais completo, indicando que Paulo ficou livre por um tempo, os escritores do *Dicionário Tyndale* afirmam que Paulo retornou ao Oriente, tendo deixado Tito em Creta (Tt 1,5), e viajou até Mileto, ao sul de Éfeso, onde deixou Trófimo, que estava enfermo (2 Tm 4,20). Seguindo em direção à Macedônia, ainda visitou Timóteo em Éfeso (1 Tm 1,3), tendo deixado sua capa e seus livros em Trôade (2 Tm 4,13), o que indica que ele tinha a intenção de voltar para pegar seus pertences.[56]

Também com base nos registros nas cartas do próprio Paulo, temos a indicação de que ele fora preso novamente e, dessa vez, numa situação distinta, haja vista que não ficou em prisão domiciliar, mas acorrentado, sendo tratado como um criminoso. Essas referências podem ser extraídas da Segunda Epístola a Timóteo 1,16; 2,9; 4,13.

Embora não haja um registro firme de quando Paulo foi novamente preso, alguns autores acreditam que, quando resolveu perseguir os cristãos no ano de 65 d.C., o imperador Nero determinou a prisão de Paulo, que foi submetido a um julgamento mais rigoroso, resultando em sua condenação à morte. Essa prisão teria ocorrido provavelmente no de 67 d.C., e a execução de sua sentença, entre 67 e 68 d.C., já que Nero morreu no verão de 68 d.C.[57]

Paulo teria sido morto a fio de espada, no terceiro marco miliário da via Ostiense, num local chamado Aquae Salviae, e sepultado no local sobre o qual existe a Basílica de São Paulo Extramuros.[58]

Conclusão

Não há de fato um registro do julgamento de Paulo, à exceção dos julgamentos realizados diretamente pelos judeus, que, contudo, não lograram êxito na sua pretensão de matá-lo, seja com ciladas, seja com os julgamentos que empreenderam, embora tenha até existido um início de execução quando o apedrejaram e pensaram que ele havia morrido.

A alegação da cidadania romana não permitiu que os judeus o julgassem. Assim, há registro de acusações e defesas, mas não de um veredicto final sobre a razão dos fatos que os judeus haviam lhe imputado.

Por outro lado, é fácil perceber que, após a sua conversão no caminho de Damasco, e em razão de sua disposição na proclamação do evangelho de Cristo, Paulo padeceu intensamente, experimentando agressões e julgamentos que tinham como base a ira dos judeus por conta das divergências doutrinárias geradas a partir das suas interpretações à Lei de Moisés após o nascimento, a morte e a ressurreição de Jesus Cristo.

A perseverança de Paulo como cristão fervoroso fez com que ele pudesse aproveitar todas as oportunidades que surgiram na sua vida para pregar o evangelho de Cristo tanto aos gentios quanto a judeus, romanos, governadores, reis e autoridades em geral, conforme fora encarregado por Deus-filho no encontro no caminho de Damasco.

Paulo também tinha o cuidado de reiterar, por onde passasse e encontrasse com seus irmãos em Cristo, os ensinamentos de Jesus e encorajá-los a seguir o Caminho, exortando-os e, quando preciso, admoestando-os.

O apóstolo Paulo sempre procurou seguir uma vida reta conforme os ensinamentos que recebera de seus pais e de Gamaliel, interpretando a lei dos judeus conforme os ensinamentos de Cristo, de modo que ele não mudou de religião. O que mudou foi apenas a sua compreensão quanto à correta interpretação da lei.

A circunstância indiscutível da sua missão de propagador do evangelho de Cristo não foi interrompida pelos judeus, nem mesmo por sua morte. Nada foi em vão, se constatarmos que há no mundo hoje cerca 2,2 bilhões de cristãos, e cerca de 15 milhões de seguidores do judaísmo.[59]

Pressentindo que ia morrer, Paulo escreveu seu epitáfio na sua carta de despedida a Timóteo:

> "Porque eu já estou sendo oferecido
> por aspersão de sacrifício, e o tempo
> da minha partida está próximo.
> Combati o bom combate,
> acabei a carreira e guardei a fé.
> Desde agora, a coroa da justiça me está guardada,
> a qual o Senhor, justo juiz, me dará naquele dia;
> e não somente a mim, mas também
> a todos os que amarem a sua vida."
> (2 Tm 4,6-8)[60]

BIBLIOGRAFIA

ANTOKOLETZ, Daniel. *Tratado de derecho romano, primer curso*. Buenos Aires: El Ateneo, 1930.

AYMARD, André; AUBOYER, Jeannine. *O Oriente e a Grécia*. 5. ed. São Paulo: Difel, 1977. (História geral das civilizações, t. I).

BRUCE, F.F. *Comentário bíblico NVI*. 2. ed. São Paulo: Ed. Vida, 2012.

BURNS, Edward McNall. *História da civilização ocidental*. São Paulo: Globo, 1980. v. 1.

DICIONÁRIO bíblico Tyndale. São Paulo: Geográfica Editora, 2015.

GUNDRY, Robert H. *Panorama do Novo Testamento*. São Paulo: Vida Nova, 1991.

REID, Daniel G. (Ed). *Dicionário teológico do Novo Testamento*. São Paulo: Vida Nova, 2012.

RUIZ, Vicente Arangio. *História del derecho romano*. Madri: Instituto Editorial Reus S.A., 1936.

STOTT, John R.W. *A mensagem de Atos*. São Paulo: ABU Editora S/C, 1994.

WIERSBE, W.W. *Comentário bíblico expositivo: Novo Testamento, v. I*. São Paulo: Geográfica Editora, 2014.

Notas

1. Conforme o site de notícias *Gospel Prime*, em 2014, somente as Sociedades Bíblicas Unidas (SBU) distribuíram cerca de 34 milhões de exemplares da Bíblia por todo mundo. Disponível em: <https://noticias.gospelprime.com.br>. Acesso em: mai. 2018.
2. Aymard, Auboyer, 1977, p. 47.
3. Segundo o registro de John Stott, Paulo teria passado por cinco julgamentos. O primeiro foi diante de uma multidão de judeus na área do templo; o segundo, diante do Supremo Conselho dos judeus em Jerusalém; o terceiro e o quarto, em Cesareia, diante de Félix e Festo, que se sucederam como procuradores da Judeia; e o quinto, também em Cesareia, diante do rei Herodes Agripa II. Esses registros estão em seis capítulos da Bíblia e em quase duzentos versículos. (Stott, 1994, p. 379.) É sobre esses capítulos e versículos da Bíblia que trabalharemos neste texto.
4. Burns, 1980, p. 255-266.
5. Pesquisa no site: <https://incrivel.club>. Acesso em: abr. 2018.
6. Reid, 2012, p. 1002; Dicionário..., 2015, p. 1380.
7. Reid, p. 1002.
8. Conforme registro de Robert H. Gundry, a cidadania romana de Paulo, por direito de nascimento, era superior em ordem de escala a

de Cláudio Lísias, que a havia comprado, e os nomes dos cidadãos romanos estavam registrados em Roma e nos locais de suas respectivas residências. De modo geral o cidadão romano tinha consigo um certificado de cera, de madeira ou de metal, com os nomes e as testemunhas do fato; e se a afirmação de cidadania romana fosse falsa, a pena era a de execução. (Gundry, 1991, p. 272.)

9 Antokoletz, 1930, p. 47. Versão original: "La romanización de los pueblos vencidos se hizo por diversos médios, que fueron: la penetración, la incorporación, la hegemonia o confederación, la provincialización militar, la extensión jurídica"."Los territórios conquistados se constituían en Provincias, cada una de las cuales era regida por uma ley especial ('lex província') y mandada, según su importância, por um 'Praeses provincieae', por un Procónsul, por un Pretor o por um Propretor. Estos magistrados reunían em su persona la autoridad civil y militar. Para administrar justicia, se hacían assessorar a veces por um consejo de ciudadanos llamado 'conventuns'."

10 Ruiz, 1936, p. 138-139.
11 Bruce, 2012, p. 1247.
12 Aymard; Auboyer, 1977, p. 48.
13 Gl 1,14. "E, no judaísmo, eu superava a maioria dos judeus da minha idade e agia com extremo zelo em relação às tradições dos meus antepassados."
14 Dicionário..., 2015, p. 1381.
15 Reid, 2012, p. 1003.
16 *Ibid.*
17 A referência a gentios na Bíblia, e nos textos aqui referidos, significa todas as pessoas que não pertenciam ao povo judeu.
18 Bruce, 2012, p. 1241.
19 Gundry, 1991, p. 272.
20 Aymard; Auboyer, 1977, p. 54.
21 Comentários da Bíblia King James, nota 2 ao capítulo 14 de Atos dos Apóstolos.
22 O comentarista bíblico John Stott afirma o cargo do referido cidadão era de escrivão e que declarara que Paulo era inocente. (Stott, 1994, p. 381.)
23 Dicionário..., 2015, p. 1387.
24 Bruce, 2012, p. 1241-1242.

25 Comentários da Bíblia King James, nota 12 ao capítulo 21 de Atos dos Apóstolos.
26 Gundry, 1991, p. 274.
27 Comentários da Bíblia King James, nota 5 ao capítulo 22 de Atos dos Apóstolos.
28 Aymard; Auboyer, 1977, p. 49.
29 Wiersbe, 2014, p. 641.
30 Conforme registro de F.F. Bruce, o Sinédrio era a continuação do tribunal culpado do sangue de Cristo, de Estevão e de outras testemunhas cristãs, e as dissensões internas deste tribunal (como também ocorrem no nosso Supremo Tribunal), aliadas a métodos corruptos e violentos, roubaram-lhe muito de seu antigo prestígio. Além disso, o seu presidente, Ananias, era vil, e as suas intrigas o mantiveram no poder de 47 a 58 d.C., a despeito de todas as acusações contra ele. Foi assassinado pelos zelotes em 66 d.C. (Bruce, 2012, p. 1243), encontrado após fugir para Roma, escondido num aqueduto do palácio de Herodes (Wiersbe, 2014, p. 642), cumprindo assim o que Paulo havia dito em sua resposta à ordem de agressão dada por Ananias: "Deus te ferirá, parede caiada!" (At 23,3).
31 Wiersbe, 2014, p. 641.
32 *Ibid.*, p. 642.
33 *Ibid.*, p. 643.
34 *Ibid.*, p. 641.
35 Êxodo 22,1: "Se alguém furtar boi ou ovelha e o abater ou vender, por um boi pagará cinco bois e quatro ovelhas por uma ovelha"; 22,16: "Se alguém seduzir qualquer virgem que não estava desposada e se deitar com ela, pagará seu dote e a tomará por mulher."
36 Se cumpriram os votos, morreram de fome e sede ou atraíram a maldição ou então se arrependeram e creram na mensagem de Paulo e aí poderiam quebrar os votos.
37 Comentários da Bíblia King James, nota 10 ao capítulo 23 de Atos dos Apóstolos.
38 *Ibid.*, nota 1 ao capítulo 24 de Atos dos Apóstolos.
39 Bruce, 2012, p. 1245.
40 Stott, 1994, p. 407.
41 Gundry, 1991, p. 276.
42 Comentários da Bíblia King James, nota 3 ao capítulo 24 de Atos dos Apóstolos.
43 Bruce, 2012, p. 1245.

44 Comentários da Bíblia King James, nota 9 ao capítulo 24 de Atos dos Apóstolos.
45 *Ibid.*, nota 6 ao capítulo 25 de Atos dos Apóstolos.
46 Bruce, 2012, p. 1246.
47 Dicionário..., 2015, p.1388.
48 Bruce, 2012, p. 1248.
49 Dicionário..., 2015, p. 1389.
50 Bruce, 2012, p. 1250.
51 Gundry, 1991, p. 280.
52 Wiersbe, 2014, p. 665.
53 Bruce, 2012, p. 1251.
54 Wiersbe, 2014, p. 665.
55 Gundry, 1991, p. 279-280.
56 Reid, 2015, p. 1389.
57 Wiersbe, 2014, p. 665; Reid, 2012, p. 1009; Dicionário..., 2015, p. 1390.
58 Reid, 2012, p. 665.
59 Carolina Vilaverde, <https://super.abril.com.br/blog/superlistas/as-8-maiores-religioes-do-mundo/>. Acesso em: maio de 2018.
60 Redação conforme *Bíblia Sagrada*, trad. de João Ferreira de Almeida, Sociedade Bíblica Trinitariana do Brasil, 1995, p. 1300.

Charlotte Corday

José Alexandre Tavares Guerreiro

Em 1793, a morte de Marat, o amigo do povo, e a subsequente execução pública de Charlotte Corday, o anjo assassino,[1] são eventos centrais na história dos grandes crimes de sangue. São, ademais, particularmente marcantes no contexto da Revolução Francesa. Pode-se até mesmo dizer que constituem um só capítulo dessa história, verso e reverso da mesma moeda, fenômenos que explicitam duas posições políticas antitéticas, mas que só se compreendem quando comparadas ou consideradas de maneira recíproca, uma ao lado da outra. Trata-se do Terror Revolucionário, que então começava, e da reação ao Terror, ambos se articulando entre si no processo de desenvolvimento do novo regime.

O que singulariza esse evento dual é seu caráter explicitamente político, em acepção peculiar. Aliás, não só explicitamente, mas também *puramente* político. Mais claro ainda, pode-se dizer que se trata de tiranicídio, e bem se sabe quais as ambiguidades que esse crime pode comportar, inclusive a partir da concepção de sua pretensa justeza moral. De Plutarco à escolástica, passando por João de Salisbury[2] e por Tomás de Aquino, a justificação do tiranicídio constitui apaixonante tema filosófico, presente em mais de uma tragédia de Shakespeare.

É fácil entender a relevância do dilema. De um lado, põe-se em questão o fundamento da autoridade do poder político. De outro, a legitimação de seu exercício, que condiciona, de modo geral, a obediência dos cidadãos. No entanto, até onde vai a capacidade dos cidadãos de se insurgirem, de modo assim violento, contra o titular do poder político quando este perde sua legitimação? Em última análise, o tiranicídio é um desses momentos extremos da história em que a política se torna drama e se questionam as bases últimas da vida social. E é exatamente nesse momento que duas cogitações máximas se apresentam, dotadas de perene importância e sinais contrários: o terrorismo e o tiranicídio, semelhantes pela violência, mas díspares pelo objetivo imediato.

Contudo, nem sempre a definição precisa do tirano aparece clara ao longo dos diferentes contextos históricos. Entre o *tyrant* e o *king*, por exemplo, hesita, por vezes, o desenrolar da tragédia shakespeariana, como bem mostrou R.W. Bushnell.[3] Essa relativização de conceitos por trás das palavras leva a considerar, por exemplo, se um mau rei é necessariamente um tirano, ou até que ponto as variáveis de vocabulário traduzem noções flexíveis e mutáveis ao longo do tempo.

Quem terá sido Marat? E, sobretudo, que função teria o Terror, que ele bem encarnava, na defesa da Revolução, que se dizia ameaçada por inimigos poderosos e radicais às portas de Paris e até dentro da capital, meses após a extinção física do monarca? Essas são perguntas que se fazem quando questionadas as razões de Charlotte Corday. E refletem elas não só as razões de um assassinato, mas as razões de todo um movimento que se antepunha à Revolução e pretendia impedir sua caminhada.

Um dos líderes mais ativos da Revolução Francesa, Jean-Paul Marat cai, em 1793, sob o golpe do punhal de uma jovem que não tinha outro objetivo senão eliminá-lo exata e sumariamente. Charlotte Corday não ambicionava reconhecimento. Não queria carreira política. Não pretendia se guindar à condição de heroína nacional francesa. Seu interesse, ao contrário, foi expressamente este: o de remover do mundo a figura poderosa e temida de Marat. E ela o fez com frieza especialíssima, com determinação incrível, com a força dos grandes homicidas. Seu gesto não deixou qualquer dúvida: foi rápido e claro, claríssimo.

Compare-se o assassinato de Marat com o de John Kennedy, acerca do qual houve tantas controvérsias e tantas teorias conspiratórias. Ou ponha-se em perspectiva o tiranicídio mais célebre da Antiguidade, que fez tombar Júlio César ante a conspiração dos senadores liderados por Brutus. Se o episódio narrado por Suetônio deixa entrever razões pessoais, de inveja e orgulho por trás da morte do grande general romano, nada disso estará presente no ato singelo, mas cruento e definitivo, da jovem Charlotte. Quanto à morte de Júlio César, é claro que não se pode mesmo tomá-la em comparação com a de Marat: César era um; Marat, parte de um grupo que organizara o Terror, a Salvação Pública. Se ele morresse, ninguém sairia pelas ruas a proclamar como Cinna, na tragédia de Shakespeare: "*Liberty! Freedom! Tyranny is dead.*" ["Liberdade! Morreu a tirania!"].Matar Marat não equivaleria a libertação alguma. Bem o sabia Charlotte. Na visão da jovem girondina, acabava-se com a vida de um tirano; e, em sua visão, continuava a tirania. O Terror iria perdurar.

No caso da morte de Kennedy e de César, a repercussão posterior foi evidente, e houve profunda transformação política tanto nos Estados Unidos quanto em Roma. Verdade é que, no caso da morte de Kennedy, não se pode falar de tiranicídio e, no caso do assassinato de César, não se lograram os objetivos mais profundamente desejados, como a instauração da República — ao contrário, em seguida instaurou-se o Império Romano. Seja como for, porém, a morte de Marat não teria qualquer significado comparável no curso da Revolução Francesa.

É legítimo afirmar, no entanto, como abaixo reitero, que Charlotte, no íntimo, poderia cultivar uma ilusão: a de paralisar ou enfraquecer, na França, o Terror nascente, que então ascendia de modo formidável. Certamente não era razoável esperar que seu ato fosse por si só capaz de atingir esse propósito, ou que pudesse contribuir significativamente para reduzir o ímpeto da política desse mesmo Terror. No entanto, penso que essa motivação distante e pouco eficiente por vezes pode se abrigar nas intenções íntimas de certos criminosos políticos, que superavaliam seus próprios gestos ou creem nas forças de seus atos para além da sensatez e da própria experiência. Pode ser que tenha sido exatamente esse o caso de Charlotte Corday.

Como se percebe, entrecruzam-se nesse momento duas afirmações políticas: a do Terror e a da conciliação. Ambas serão, a bem dizer, o foco da maior parte das discussões posteriores sobre a Revolução. Do lado oposto ao Terror, pode-se divisar uma série de abordagens políticas, que vão desde o protesto puro e simples até os atos e comportamentos mais violentos, isto é, de contestação em sentido estrito. É nessa gama de possibilidades que se pensa em colocar aquilo que Charlotte Corday efetivamente fez ao assassinar Marat. Violência? Sem dúvida: homicídio é sempre violência. Mas, naquele momento em que o *ami du peuple* perde a vida, a sociedade toda já está conflagrada, resultado de um processo iniciado com os massacres de setembro de 1792 e com a ascensão dos montanheses, passando, evidentemente, pela própria execução do monarca Luís XVI, em janeiro de 1793.

Desde os últimos anos do século XX, acentuaram-se as revisões da historiografia relacionada ao que se passara na França a partir de 1789. O intuito desse movimento seria tanto relativizar, ou mesmo negar, a relevância do novo regime como elemento transformador da política ocidental quanto denunciar de modo veemente sua violência, encarnada sobretudo no extremismo jacobino. Se é verdade que a Revolução sempre foi estigmatizada por correntes conservadoras, é também verdade que, nas imediações do bicentenário (1989), intensificaram-se movimentos no sentido de lhe remover o conteúdo heroico, retirando-a da esfera dos estudos revolucionários oficiais na França, tradicionalmente liderados pela historiografia marxista.

Chega-se a dizer, como afirmou François Furet, que, para falar sobre a Revolução Francesa, seria necessário que o estudioso "mostrasse suas cores", ou seja, que dissesse de qual lado está, reduzindo-se, assim, a interpretação a um pressuposto ideológico simplista: a favor da Revolução ou contra ela. Os marxistas acusam os não marxistas de serem antimarxistas, enquanto os não marxistas fazem exatamente o contrário com os primeiros: chamam-nos de marxistas.[4] O debate é interessante, sem a menor sombra de dúvida, e nele intervieram estudiosos brilhantes, de ambos os lados. Dessa discussão, o que melhor se pode tirar são notas para o entendimento da política em geral e para a fundamentação do poder em particular. No entanto, sem entrar nessa querela e sem tomar partido, observo que o contraste entre Jean-Paul Marat e Charlotte Corday concentra a tensão dos eventos e, de certo modo, os unifica, revelando sua dual importância, seja em prol do Terror e de suas justificativas, seja em prol da atenuação do rigor revolucionário pela qual lutou Corday, a ponto de entregar conscientemente sua vida pela tese que esposou.

Um e outro fato, entre si vinculados pela paixão, sim, mas também pela contradição, dão pretexto a muita literatura e fantasia, as quais por vezes desbordam do respectivo significado histórico. Mais que repercussão histórica, porém, a morte de ambos veio a suscitar problemas complexos no âmbito da filosofia política. O tiranicídio, a que já me referi anteriormente, pode ocupar lugar principal nessa perspectiva.

Entre os móveis do ato, pode-se dizer que Charlotte não levava consigo apenas o vago desejo de vingar a França atingida pela violência revolucionária, ou mesmo de exprimir mera repulsa à política do novo Estado, que já havia conduzido ao regicídio de janeiro de 1793. Certamente, como se percebe daquilo que ela haveria de dizer antes do julgamento, nas suas intenções encontrava-se a vã tentativa de paralisar o movimento cruento em que a Revolução se tornara, mas não paralisar a *Revolução* em sentido mais amplo. De todo modo, duvida-se de que Corday pudesse crer numa eficiência tal de seu atentado que se tornasse capaz de catalisar sentimentos generalizados de repulsa ao extremismo, ou ainda que o simbolismo pudesse ser de tal modo intenso a ponto de contribuir para a mudança no estado de coisas que se havia instalado na França. Lembre-se, novamente, que o ano do assassinato (1793) começara com a execução do rei, logo em janeiro. Assim, Charlotte Corday não seria simplesmente uma tiranicida isolada na história,[5] mas uma das personagens de um drama bem mais complexo, que arrebataria toda a França e todo o Ocidente por muito tempo, dividindo até hoje opiniões e sentimentos.

Afirma-se que o gesto de Corday teria almejado um símbolo — nesse caso, uma pessoa pública que encarnava o próprio Terror.[6] Dito de outro modo, apenas um Marat seria abatido: a eliminação de um não haveria de se estender a todos os possíveis. No entanto, não teria a assassina se dado conta de que a vítima escolhida, o amigo do povo, padecia de doença que já o inabilitava à militância ativa nesse meio? No dia de sua morte, Marat se reduzia à condição de ser humano debilitado, mergulhado em um banho destinado a mitigar seu sofrimento.

De qualquer modo, não é simplesmente a brutalidade da morte o único traço relevante desses acontecimentos. Além da crueza primitiva, o que se põe em discussão é a mesma e antiga temática da paixão política que animou não só o Terror, mas igualmente a repressão do Terror. E já aí estamos diante de temas contemporâneos, embora sob outras vestes. Nos debates hodiernos, violência e fanatismo são veios permanentes de discórdia. E, a seu lado, o terrorismo.

Em 13 de julho de 1793, Jean-Paul Marat cumpria exatamente o papel de figura de proa no Terror que tomara o país. Tratava-se do período mais difícil da Revolução Francesa, que já então contava quatro anos — ou melhor, quatro anos menos um dia. Pela mão de Charlotte, que lhe crava um punhal ao peito, vem a sucumbir aquele que se fizera conhecer como "o amigo do povo", título, aliás, de seu jornal. Corday enviara a Marat duas cartas, rogando ser recebida por ele, mas sem resposta. Num fim de tarde, bateu à sua porta, mas foi impedida de entrar. Marat estava imerso em seu banho, no qual permanecia por muito tempo, a fim de aliviar problemas de pele (herpes ou eczema). Após breve altercação com Albertine Marat, irmã do jornalista, e ante a permissão de Jean-Paul, a jovem normanda entra. Tira então das vestes um punhal e o golpeia, com força inesperada e excepcional, dando fim à vida do amigo do povo, em cena rápida. Lamartine descreveria o fulminante episódio em trecho brilhante de sua *Histoire des Girondins*, de fortíssima carga dramática.

A determinação de Charlotte pode ser percebida com clareza. Ela não hesita. Parece, ao contrário, ter preparado aquele momento em todos os pormenores, entre os quais a disponibilidade do punhal. Quando chegara a Paris, portanto, seu objetivo já estivera definido e resolvido.

Quatro dias depois do atentado fatal, Charlotte Corday recebe a pena revolucionária: a guilhotina encerra sua existência. Nesse momento, após haver tirado a vida de Jean-Paul Marat, encontra seu instante maior. Torna-se protagonista do episódio. E Marat, assim erigido à condição histórica de mártir da Revolução, talvez tenha mesmo, como dizem alguns, ficado em segundo plano no imaginário francês.

Portanto, são duas figuras exponenciais da grande Revolução, apesar de suas diferenças políticas (ou, talvez, exatamente em razão dessas diferenças). Marat, radical, constitui, ao lado de Danton e de Robespierre, a tríade suprema da época. Corday será representada como a voz do protesto, erguendo-se contra o exagero e a violência do terror revolucionário. Tomados em conjunto, serão ambos mártires, ainda que por diferentes fundamentos.

Os fatos, vimos, ocorreram em apenas quatro dias. Marat não conhecera Charlotte antes do assassinato. Estão aí presentes, portanto, dois requisitos importantes da história da paixão política em ação: em primeiro lugar, o desfecho súbito, fatal e definitivo; depois, a motivação supraindividual, uma vez que nem Corday mantinha qualquer relação pessoal com sua vítima, nem sua morte se deveu a qualquer outra razão diversa da razão política. Da aparente simplicidade desse quadro, emergem naturalmente implicações múltiplas, que tornam as duas mortes, a de Marat e a de Corday, acontecimentos contundentes na história política do Ocidente, acabando por colocar em discussão ideias que haveriam de marcar momentos cruciais na formação de toda a filosofia política posterior.

Deve-se ter cautela, evidentemente, para não confundir a substância dessas ideias, afloradas com os incidentes, com certa aura idealista ou romântica que pode cercar os personagens, sobretudo Charlotte, que se sabia republicana havia alguns anos, malgrado sua ancestralidade aristocrática. Ela dirá, diante do tribunal que a condenaria: "Matei um homem para que cem mil não pereçam." Trata-se de uma frase de cunho evidentemente heroico, mas irreal em seu conteúdo, pois o certo é que apenas que um homem foi morto, e por Charlotte. O resto é incerto, na melhor das hipóteses.

São arrebatamentos assim que por vezes fazem de Charlotte Corday a personificação do mito da juventude pura e perfeita, de onde saem teorias estranhas à sua aventura política. Por exemplo, aquela de sua possível virgindade. Desse modo, tornada protagonista angelical do drama político, Charlotte passa a ser, igualmente, o centro de farta literatura e de manifestações artísticas de relevo incontestável.

A verdade, contudo, é que será sempre devido o elogio de Charlotte — talvez não como fez, lírica e indevidamente, Michel Onfray,[7] mas antes, como fruto da avaliação concreta de sua atuação no momento, quando se fez protagonista histórica em seu mais expressivo (mas moderado) traço republicano. Se cabe ressaltar virtudes, é porque com certeza lhe faltou motivação diversa para o crime que cometeu. O assassinato de Marat se deu na convicção de estar fazendo o bem a uma nação então visceralmente acossada pelo Terror. Já se disse que essa afirmação pode e deve ser relativizada. De todo modo, o gesto de Charlotte se enquadra *lato sensu* nessa categoria, nem sempre clara, do crime por motivo político (o qual pode se diferençar do crime político propriamente dito).

Charlotte Corday antepunha-se à perda do controle político sobre a sociedade que o Terror propiciara e que fizera a violência se espalhar pela França de modo verdadeiramente radical. De Marat partiria não apenas o incitamento ao crime e à perseguição sem limites, mas também a apologia do poder forte, e forte o suficiente para afastar o risco de qualquer indício de atividade contrarrevolucionária. Em oposição a essa figura de Marat, o republicanismo de Charlotte fazia remontar as ideias à república romana, que Charlotte certamente conhecia, tendo em vista a notícia que se tem de suas leituras — e ela amava os livros dos grandes historiadores romanos. É de se supor, portanto, que bem conhecesse o tiranicídio como espécie política e que pudesse prever, inclusive, sua própria morte após o atentado contra Marat.

Bibliografia

> MAZEAU, Guillaume. *Le bain de l'histoire. Charlotte Corday et l'attentat contre Marat (1793-2009)*, Champ Vallon: Seyssel, 2009.
> BREDIN, Jean-Denis. *On ne meurt qu'une fois — Charlotte Corday*. Paris: Fayard, 2006.
> BUSHNELL, Rebecca W. *Tragedies of Tyrants: Political Thought and Theater in the English Renaissance*. Ithaca: Cornell University Press, 1990.
> MAZAURIC, Claude. *Sur la Révolution Française — Contributions à l'histoire de la révolution bourgeoise*. 2. ed. Paris: Messidor, 1988.
> NEDERMAN, Cary J. "A Duty to Kill: John of Salisbury's Theory of Tyrannicide", *The Review of Politics*, Cambridge, v. 50, 1988.
> ONFRAY, Michel. *Le Religion du poignard — Éloge de Charlotte Corday*. Paris: Galilée, 2009.

Notas

> 1 Ou, para usar da expressão de Michelet, o anjo do assassinato: *l'ange del'assassinat*.
> 2 Cf. sobre o *Policraticus*, de John of Salisbury: Nederman, 1988, p. 365-389.
> 3 Cf. Bushnell, 1990.
> 4 Cf. Mazauric, 1988, p. 21 e seguintes.
> 5 Cf. Mazeau, *op. cit.*, *loc. cit.*
> 6 Cf. Bredin, 2006.
> 7 Cf. Onfray, 2009.

Antônio Callado e Carlos Heitor Cony

Roberto Rosas

Já se disse que o defeito da ditadura não está no ditador, e sim no guarda da esquina, no executar ordens explícitas ou implícitas, e geralmente de força.

Os regimes de força necessitam de restrições, imposição de penas, temor na oposição, medo generalizado.

Estabelecido o regime militar, no Brasil, em março de 1964, surgiram instrumentos de retaliação a partir do Ato Institucional de 1964 — moderado, diante da posterior legislação punitiva. Em 1967, por sua vez, foi editada a Lei de Segurança Nacional, que em seu artigo 48 determinava a suspensão do exercício da profissão ou emprego, até a sentença absolutória, daquele que fosse preso em flagrante ou tivesse denúncia contra si recebida. Nessa situação, estiveram inúmeros profissionais presos ou denunciados a partir de 1964 — o jornalista, que perdia seu emprego no jornal, na rádio; o advogado, que via suspensa sua inscrição da OAB; o médico, cujo número no CRM era anulado...

Respaldando-se no famoso artigo 48 da Lei de Segurança Nacional, um auditor militar mandou suspender o exercício profissional de determinados advogados, com o consequente fechamento de escritórios. O mesmo se deu com certos jornalistas, entre os quais Antonio Callado e Carlos Heitor Cony.

Esse ato restritivo chegou ao Supremo Tribunal Federal e foi apreciado em 21 de fevereiro de 1968. Assentada no texto constitucional, a Suprema Corte debruçou-se sobre a liberdade de profissão e a natureza dessa pena. Levou em consideração, acima de tudo, a necessidade de prover à própria subsistência e a privação dos meios para tal que seria consequência da aplicação do artigo.

Submetido como todos os brasileiros aos ditames do regime militar, naquele glorioso 21 de fevereiro, o Supremo Tribunal Federal julgou, por unanimidade, inconstitucional o artigo 48 da Lei da Segurança Nacional.

Callado, um dos beneficiados pela decisão do tribunal, esteve preso duas vezes. Seu nome ficou consagrado em virtude de romances como *Madona de cedro* e o antológico *Quarup*, que nos deu um retrato da realidade brasileira. Faleceu em 1997.

Cony, por sua vez, participou do protesto contra o governo João Goulart nas páginas do extinto jornal *Correio da manhã*. Teria escrito o famoso editorial "Basta!" (1964), uma violenta crítica a Jango. Logo implantado o regime militar, Cony sentira a potência que chegara e os exageros típicos dos regimes de força. Passou, assim, a assinar textos violentos contra o regime, sendo, por isso, punido com seis prisões. Não esmoreceu e partiu para grandes livros, entre eles o romance *Quase memória*.[1]

Ambos foram atingidos por atos restritivos dos direitos políticos, mas não baixaram as armas da inteligência e da escrita. Na realidade, foi precisamente em razão do contexto que produziram melhor. No entanto, restava ainda uma restrição mais grave: aquela contra o direito à sobrevivência, uma vez que eram jornalistas de profissão e tinham a imprensa como seu terreno, sua fonte de sobrevivência, do mesmo modo como ocorria a um número extraordinário de atividades — comerciantes, bancários, advogados (em particular aqueles que defendiam presos políticos), trabalhadores, sindicalistas. Todos, segundo o regime, subversivos;

aos olhos da sociedade, grandes profissionais, verdadeiros democratas, que pensavam e tinham coragem de expressão.

Hoje, a história muitas vezes parece esquecer esse triste episódio. Devemos, porém, resgatar sempre a lembrança do grau de força destruidora dos direitos fundamentais ali vivenciados, mas sobretudo a lição poderosa da força da Justiça.

Notas

1   Os jornalistas foram de fato os mais atingidos. Hélio Fernandes, do jornal *Tribuna da Imprensa* e crítico feroz do regime militar, ao contar como fez para superar a repressão, disse: "Proibido de escrever, passei a assinar João da Silva, até 15 de março de 1977." (NERY, Sebastião. *Ninguém me contou, eu vi*: *de Getúlio a Dilma*. São Paulo: Geração Editorial, 2014, p. 263).

Autores

Alberto de Orléans e Bragança é bacharel em Direito pela Universidade Federal do Rio de Janeiro e mestre em Direito Econômico pelo Instituto de Estudos de Direito Econômico.

Antônio Augusto de Souza Coelho é doutorando e mestre pela Faculdade de Direito da Universidade de São Paulo.

Antonio Cláudio Mariz de Oliveira é um dos principais nomes do Direito Penal brasileiro. Formou-se pela Pontifícia Universidade Católica de São Paulo em 1970, foi indicado como defensor dativo do Tribunal do Júri, trabalhou no Centro Social dos Cabos e Soldados da PM, atuou como conselheiro substituto da Ordem dos Advogados e secretário da Associação dos Advogados, instituição da qual se tornou presidente em 1983. Três anos depois foi eleito presidente da OAB. Também foi Secretário de Segurança Pública de São Paulo.

Carlos Affonso Souza é professor das Faculdades de Direito da Universidade do Estado do Rio de Janeiro e da Pontifícia Universidade Católica (PUC-Rio).

Carlos Gustavo Direito é pós-doutor em História Antiga pela Universidade Federal do Estado do Rio de Janeiro e juiz do 1º Tribunal do Júri da mesma cidade. É professor de Direito Romano da Pontifícia Universidade Católica (PUC-Rio).

Daniela Vargas é professora de Direito Internacional Privado na Pontifícia Universidade Católica do Rio de Janeiro e doutora em Direito Civil pela Universidade do Estado do Rio de Janeiro.

Edgard Silveira Bueno Filho é conselheiro do Instituto dos Advogados de São Paulo. Foi procurador do Estado em São Paulo, juiz do Tribunal Regional Federal da 3ª Região e presidente da Associação dos Juízes Federais do Brasil.

Edson Vasconcelos é mestre e doutor em Direito Constitucional pela Universidade de Lisboa. Atuou no Ministério Público, iniciou-se na Magistratura e é desembargador do Tribunal de Justiça do Rio de Janeiro. Foi vice-diretor da Escola de Magistratura do Estado do Rio de Janeiro, onde é expositor. Foi presidente do Tribunal Regional Eleitoral do Rio de Janeiro.

Eduardo Secchi Munhoz graduou-se pela Faculdade de Direito da Universidade de São Paulo, onde recebeu o título de doutor e também e atua como professor.

Gilberto Giusti graduou-se em Direito pela Universidade de São Paulo e tem mestrado (*Master of Laws*) pela Universidade da Califórnia, Berkeley. Dentre outros cargos, é membro do Conselho Consultivo da American Arbitration Association e ex-membro da Corte Permanente da London Court of International Arbitration – LCIA.

Guilherme Cundari é graduando em Direito pela Universidade do Rio de Janeiro, onde também realiza pesquisa como bolsista.

Gustavo Brigagão é presidente da Associação Brasileira de Direito Financeiro, membro do Comitê Executivo da International Fiscal

Association (IFA), presidente da Câmara Britânica do Rio de Janeiro, conselheiro da Ordem dos Advogados do Brasil no Rio de Janeiro, diretor de relações institucionais do Centro de Estudos das Sociedades de Advogados, diretor da Federação das Câmaras de Comércio do Exterior e professor em cursos de pós-graduação na Fundação Getúlio Vargas.

Ivan Nunes Ferreira graduou-se pela Pontifícia Universidade Católica do Rio de Janeiro, de onde é professor de Direito Processual Civil. Foi juiz do Tribunal Regional Eleitoral do Estado do Rio de Janeiro em 1989, 1993, 2005 e 2006. É conferencista da Escola da Magistratura do Estado do Rio de Janeiro, fundador e professor da Escola Superior de Advocacia da Ordem dos Advogados do Brasil no Rio de Janeiro, membro e presidente da Comissão Permanente de Direito Processual Civil do Instituto dos Advogados do Brasil, diretor-presidente da Associação dos Advogados do Rio de Janeiro, membro da Associação dos Advogados de São Paulo e do Comitê Brasileiro de Arbitragem, membro da Comissão de Arbitragem da OAB/RJ, membro da International Bar Association e membro da Banca de Concurso de Monografias de Direito Civil do Instituto dos Advogados Brasileiros.

José Alexandre Tavares Guerreiro possui bacharelado em Direito pela Universidade de São Paulo, onde concluiu mestrado e doutorado em Direito Comercial. É professor da USP.

José Gabriel Assis de Almeida é bacharel em Direito pela Universidade Cândido Mendes. Possui o "Diplome d´ Etudes Approfondies" pela Université Paris I e grau de doutor em Direito pela Université Paris II. Cursou ainda a Parker School of Foreign and Comparative Law da Columbia University Law School e o International Law Institute da Georgetown University, Washington. É professor adjunto da Universidade do Estado do Rio de Janeiro e da Universidade Federal do Estado do Rio de Janeiro e professor visitante da Université Toulouse I (2002, 2004, 2006 e 2008), da Université Paris II (2002) e da Université Paris X (2002).

José Roberto de Castro Neves é doutor em Direito Civil pela Universidade do Estado do Rio de Janeiro e mestre em Direito pela Universidade de Cambridge, Inglaterra, tendo-se graduado na UERJ. É professor de Direito Civil na Pontifícia Universidade Católica do Rio de Janeiro e na Fundação Getúlio Vargas. É membro da Comissão Permanente de Direito Civil do Instituto dos Advogados do Brasil e membro da Comissão Constitucional da OAB Nacional.

Luís Roberto Barroso é bacharel em Direito pela Universidade Estadual do Rio de Janeiro, mestre pela Yale Law School e doutor em Direito Público pela UERJ, onde atuou como livre-docente. Foi professor visitante na Harvard Law School, professor titular de Direito Constitucional da UERJ, professor visitante da Universidade de Brasília e conferencista visitante da Universidade de Poitiers (França) e da Universidade de Wroclaw (Polônia). Tornar-se-ia *fellow* no Instituto de Estudos Avançados de Berlim não fosse sua nomeação para ministro do Supremo Tribunal Federal.

Luiz Alberto Colonna Rosman graduou-se pela Universidade do Estado do Rio de Janeiro e também estudou na Faculdade de Ciências Políticas e Econômicas da Universidade Cândido Mendes. Possui, ainda, pós-graduação em Direito da Economia pelo Instituto de Estudos de Direito da Economia. É ex-professor da cadeira de Direito Societário da Escola de Magistratura do Rio de Janeiro, bem como do curso de Pós-Graduação em Direito Empresarial da Fundação Getúlio Vargas.

Luiz Gustavo Bichara é graduado pela Faculdade de Direito da Universidade Cândido Mendes e cursou o Program of Instruction for Lawyers da Harvard Law School. É membro do Conselho Consultivo da Associação Brasileira de Direito Financeiro, da Academia Brasileira de Direito Tributário, do Instituto Brasileiro de Direito Constitucional e da Associação Brasileira de Direito Tributário. Foi presidente da Câmara de Comércio Brasil-Honduras e vice-presidente da Câmara de Comércio Brasil-Argentina, além de membro do General Council da International Fiscal Association (IFA). Vice-presidente da Comissão Especial de Assuntos Tributários e presidente da Comissão de Assuntos da Justiça Federal, ambas da Ordem dos Advogados do Brasil no Rio de Janeiro, atuou nesta também como procurador-geral. É conselheiro federal da OAB e procurador especial tributário do Conselho Federal da OAB, desde 2013.

Luiz Olavo Baptista é bacharel em Direito e Ciências Sociais pela Pontifícia Universidade Católica de São Paulo e Ph.D. pela Université de Droit, d'Économie et Sciences Sociales de Paris (Paris II). É doutor honoris causa da Faculdade de Direito da Universidade de Lisboa. É professor titular aposentado do Departamento de Direito Internacional da Faculdade de Direito da Universidade de São Paulo e professor emérito da Faculdade de Direito de Ribeirão Preto da Universidade de São Paulo. Recebeu a Medalha Anchieta da Câmara de Vereadores de São Paulo, o Prêmio Barão de Ramalho do Instituto dos Advogados de São Paulo e o Grau de Alta Distinção do Quadro Especial do Conselho da Ordem do Mérito Judiciário Militar do Superior Tribunal Militar. Também é Grande Oficial da Ordem de Rio Branco.

Marco Aurélio Bezerra de Melo é desembargador do Tribunal de Justiça do Rio de Janeiro, mestre e doutorando em Direito, professor emérito da Escola da Magistratura do Estado do Rio de Janeiro e professor titular de Direito Civil do IBMEC/RJ.

Marcela Nogueira Reis é graduanda em Direito pela Fundação Getúlio Vargas no Rio de Janeiro e membro do Comitê de Jovens Arbitralistas.

Marcelo Roberto Ferro graduou-se pela Pontifícia Universidade Católica do Rio de Janeiro e é mestre em Direito Civil pela Universidade de São Paulo. Pela Université de Droit d'Economie et des Sciences Sociales de Paris, recebeu o "Diplôme Supérieur de l'Université en Droit Civil". Ex-membro da Corte da London Court of International Arbitration (2012-2017) e presidente de seu Latin American and Caribbean Users' Council, é ainda vice-presidente da Comissão de Arbitragem e ADR da Câmara de Comércio Internacional e presidente do Comitê de Arbitragem e Mediação da ICC Brasil. Atua também como professor de Direito Civil da Pontifícia Universidade Católica do Rio de Janeiro.

Marcos Alcino de Azevedo Torres graduou-se pela Faculdade Brasileira de Ciências Jurídicas. É mestre e doutor pela Universidade do Estado do Rio de Janeiro, onde leciona. Também é desembargador do Tribunal de Justiça do Estado do Rio de Janeiro e presidente da Comissão de Biblioteca do mesmo órgão. Atua, ainda, como presidente do Fórum Permanente de Direito da Cidade da Escola de Magistratura do Estado do Rio de Janeiro, diretor de estudos e pesquisas da Associação dos Magistrados do Estado do Rio de Janeiro e diretor de estudos especiais do Instituto dos Magistrados Brasileiros.

Marcus Vinicius Furtado Coêlho é doutor em Direito pela Universidade de Salamanca. Foi presidente nacional da Ordem dos Advogados do Brasil de 2013 a 2016 e está à frente da Comissão Constitucional da OAB Nacional de 2016 a 2019. É também membro da Academia Brasiliense de Letras e membro da Comissão do Senado Federal que elaborou o Código de Processo Civil.

Nadia de Araujo é professora de Direito Internacional Privado na Pontifícia Universidade Católica do Rio de Janeiro e doutora em Direito Internacional pela Universidade de São Paulo.

Paulo Penalva Santos graduou-se pela Universidade do Estado do Rio de Janeiro. Possui pós-graduação em Direito Empresarial pela

Fundação Getúlio Vargas. Conferencista da Escola de Magistratura do Estado do Rio de Janeiro, é também procurador do mesmo estado.

Pedro Paulo Salles Cristofaro formou-se pela Pontifícia Universidade Católica do Rio de Janeiro. É mestre em Direito do Comércio Internacional pela Universidade de Paris Nanterre. Professor da PUC-Rio e de diversos cursos de pós-graduação, integra a Comissão de Arbitragem da Câmara FGV de Conciliação e Arbitragem. É membro das Seções de Direito Antitruste, Direito Internacional e Solução de Conflitos da American Bar Association, vice-presidente de Mineração da Câmara Brasileira de Mediação e Arbitragem e vice-chair do Comitê de Assuntos Jurídicos da Câmara de Comércio Americana do Rio de Janeiro. Faz parte do Conselho Deliberativo do IBRAC – Instituto Brasileiro de Estudos de Concorrência, Consumo e Comércio Internacional.

Roberto Rosas formou-se pela Faculdade Nacional de Direito da Universidade do Brasil, hoje Universidade Federal do Rio de Janeiro. Foi ministro do Tribunal Superior Eleitoral, procurador do Tribunal de Contas do Distrito Federal e secretário jurídico do Supremo Tribunal Federal, entre outras atividades. Doutorou-se pela UFRJ e pela Universidade de Brasília. É membro da Academia Brasiliense de Letras.

Thiago Bottino é pós-doutor pela Columbia Law School (2014) e professor tanto da Fundação Getúlio Vargas, no Rio de Janeiro, quanto da Universidade Federal do Estado do Rio de Janeiro. Professor visitante da Columbia Law School (2018), é ainda membro efetivo da Comissão Permanente de Direito Penal do Instituto dos Advogados Brasileiros.

Vera Jacob de Fradera possui graduação em Direito pela Pontifícia Universidade Católica do Rio Grande do Sul, graduação em Línguas Clássicas (Latim e Grego) pela Pontifícia Universidade Católica do Rio Grande do Sul e mestrado e doutorado pela Universidade de Paris II. É professora permanente da Universidade Federal do Rio Grande do Sul, tendo sido visitante nas Universidades Federal do Paraná, Paris II, Rennes I, Estrasburgo, Veneza, Burgos, León, Buenos Aires e Trieste.

Direção editorial
Daniele Cajueiro

Editor Responsável
Hugo Langone

Produção Editorial
Adriana Torres
Carolina Rodrigues

Preparação de originais
Diogo Chiuso

Revisão
Alessandra Volkert
Carolina Leocadio
Luana Luz
Luisa Suassuna
Luiz Felipe Fonseca
Marcela Oliveira
Pedro Staite
Rachel Rimas
Raquel Correa
Suelen Lopes
Thais Entriel

Diagramação
Futura

Este livro foi impresso em 2024, pela Vozes, para a Nova Fronteira.
O papel de miolo é Avena 80g/m² e o da capa é cartão 250g/m².